質的心理学
ハンドブック

やまだようこ

麻生　武

サトウタツヤ

能智正博

秋田喜代美

矢守克也

【編】

新曜社

はじめに

　日本質的心理学会では、創立10周年を記念して、『質的心理学ハンドブック』を刊行することになりました。

　「質的研究」は、21世紀になって新しいものの見方と価値観、方法論のパラダイム変革をともなって現れてきました。質的研究は、心理学だけではなく、社会学、人類学、哲学、医学、看護学、教育学、保育学、文学、歴史学、経済学など他の多くの人間科学と連動して、学問横断的に発展しています。

　もちろん、これらの動きは21世紀になって急にはじまったわけではありません。野外科学、フィールド科学、実践科学と呼ばれて発展してきた動き、現象学や記号論やポストモダン哲学を背景に発展してきた動きなど、それぞれの領域で独自の発展があり、方法論も長く熟成されてきました。

　質的研究は、その源流も、その後の展開も一筋縄ではなく、いくつもの多様な流れが、今日の発展にむすびついているといえましょう。多様性とローカリティと変化可能性は、質的研究の重要な特徴です。

　「質的心理学」は、上記のような新しい国際的・学際的「質的研究」の一環として、理論的にも方法論的にも斬新な領域を開拓しめざましい発展をしてきました。

　質的心理学は、古くて新しい学問でもあります。かつて心理学の理論を作り出し、今なお大きな影響力をもちつづける研究者たちは、いずれも質的研究者でもあったといえるでしょう。彼らは質的な行動観察をもとに、大胆な洞察と緻密な論理で新しい見方を提示し、新しい研究領域を開拓してきました。たとえば、フロイト、ピアジェ、ヴィゴツキー、ケーラー、レヴィン、ダーウィン、ジェームズ、ミードなど、多くの心理学やその関連領域の研究者の名前をあげることができます。

　1940年代以降の心理学は、大きく変わりました。「科学」としての要件を整えることに熱心になり、数量化の時代を歩むことになりました。知能検査

やパーソナリティ検査がつくられ、知能や性格とは何かと論じられるより前に、測定され数値化されるものになりました。実験方法も洗練され、精緻な統計的分析がなされるようになりました。確かに、統計的な見方や数量化は科学的な方法の基礎を担うと考えられます。しかし、測定や尺度構成が優先され、数量化イコール科学的であるかのような幻想を生む傾向をもたらしました。

「質的心理学」は、古典の精神を引き継ぎ復活させるだけではなく、21世紀の新しいものの見方や方法論のパラダイム変換を伴いながら、新しい心理学の創造を求めています。古くて新しい学問、ということばの意味はそこにあります。

私たちは、過去の遺産を引き継いで、それを生成的に生かすことによって未来にむすびつけていかねばなりません。質的心理学は、従来の研究方法を批判しながら生まれてきましたが、学問であるからには、知を継承しながら新たなものを蓄積していく地道な姿勢が必要です。

また、海外に目を向けて国際的な視野をもつことも大事ですが、日本においてオリジナルな研究が長年行われてきたこと、それを歴史的に見据える視点を忘れてはなりません。

「日本質的心理学会」は、2004年に日本で初めて質的研究の専門学会としてつくられました。この学会は、2002年から刊行開始した『質的心理学研究』（新曜社）を母胎にしています。それ以前に遡れば、30年以上にわたる個別の研究活動や方法論の探究がなされ、「日本心理学会」において「定性的研究の実際」と題する発表企画も10年つづけられました。このような長い苦闘と実績の積み重ねの上に学会ができたわけです。2009年からは、対話をめざす学会機関誌『質的心理学フォーラム』も刊行されています。

質的心理学会が誕生して10年、多くの方々の支持を得て、飛躍的に発展してきた質的研究ですが、その来し方と行方を考えるために、ハンドブックをつくることにしました。

『質的心理学ハンドブック』は、新しい質的研究や質的心理学の「ものの見方」「方法論」の特徴を明確にするとともに、それによって実際に何ができるのか、「実践性」も重んじています。

質的研究や質的心理学は、学横断的で、発展途上で、それ自体が変容しつ

つありますから、これからも大きく変わるでしょう。したがって、このハンドブックがめざすものは、用語解説の教科書や最新の技法解説書ではなく、もっとも基礎的な部分をていねいに論じることです。なぜならば、もっとも基礎的なものこそ、もっとも実践性が高いからです。そして、具体的な文脈に根づいたローカルな知を大事にすればするほど、そこを貫いて深く透徹するインターローカルにひらかれた知に達すると信じるからです。

　このハンドブックは、質的研究や質的心理学に関心のある学際的な領域や実践に携わる方々、これから学問をはじめようとする方々、そしてすでに質的研究の道を歩んで来られた方々にも、折に触れて指針となり立ち止まり振り返ることができる原典として、活用していただきたいと思います。過去の歴史を整理しながら、その基礎を深く考えるために役立ち、さらに未来への見通しを指し示すことができればと願っています。

　　2013年8月

　　　　　　　　　　　　　　　　　　　　　　　　　　　編集委員一同

目次

はじめに i

Ⅰ部　質的心理学の理論と歴史

1章　質的心理学とは何か ─────────── 2

1節　質的心理学の核心　　やまだようこ　　　　4
- 1-1　変革としての質的研究　　　　4
- 1-2　質的心理学の基礎にある「ものの見方」　　　　6
- 1-3　意味づける行為とナラティヴ　　　　13
- 【参考書】　　　　23

2節　質的心理学の歴史　　やまだようこ　　　　24
- 2-1　古くて新しい質的研究　　　　24
- 2-2　質的研究の源流と流域 ── 実体概念から関係概念へ、個体概念から文脈概念へ　　　　27
- 2-3　質的心理学の古典と現在　　　　32
- 2-4　日本質的心理学会創設にいたる志　　　　43
- 【参考書】　　　　52

3節　質的研究の認識論　　渡辺恒夫　　　　54
- 3-1　認識論的解読格子　　　　55
- 3-2　認識論的対立の原型と質的認識論の源流　　　　59
- 3-3　認識論的転回と質的心理学の展開　　　　63
- 3-4　まとめ　　　　70
- 【参考書】　　　　70

4節　質的研究の倫理　　能智正博　　　　71
- 4-1　研究倫理とは何か　　　　71
- 4-2　データ収集に先立つ倫理的配慮　　　　77
- 4-3　研究の場の設定に関わる倫理　　　　80

  4-4 研究実施段階における関係の倫理 85
  4-5 個人情報の扱いに関する倫理 88
  4-6 まとめ ── 重層的なナラティヴとの対話に向けて 93
  【参考書】 94

2章　質的心理学の理論 ── 96

1節　心理と行動に関わる理論　　サトウタツヤ　98
  1-1 理論とは何か 98
  1-2 存在論・認識論・メタ理論・方法論 100
  1-3 自己論と社会構成・自己変容と臨床心理 102
  1-4 社会構成主義とナラティヴ・ターン 105
  1-5 時を扱う心理学理論と場を扱う心理学理論 107
  1-6 記号の理論と質的心理学 109
  1-7 まとめ ── 時代と理論 113
  【参考書】 114

2節　現象学的な理論とその展開　　西村ユミ　115
  2-1 事象の内側からの探究 115
  2-2 理性にまつわる問題系 117
  2-3 現象学が生まれた必然性と現象学を求める必然性 119
  2-4 フッサールの現象学、その発展 120
  2-5 現象学の継承の方向性と質的研究 124
  2-6 フッサール現象学の継承と発展 126
  2-7 現象学を手がかりにすること 132
  【参考書】 134

3節　言語とテクストをめぐる理論　　小島康次　136
  3-1 「記号」から「記号機能」へ 137
  3-2 古典的記号論を超えて ── テクストと解釈の世界へ 143
  3-3 質的研究におけるポリフォニーとしての対話 153
  3-4 ポストモダンとしての言語 ── ナラティヴ・アプローチ 157
  3-5 ポスト構造主義者ラカンの記号論 161
  【参考書】 169

4節　社会と文脈を重視する理論　　樫田美雄　171
  4-1 「社会」と「文脈」を重視する理論としての社会学 171

- 4-2 社会構築主義的諸研究の現在　173
- 4-3 フェミニズム ——「社会的に構築された女性差別」批判から「性体制」批判へ　174
- 4-4 障害学 ——「医学モデル」批判から周辺的諸カテゴリー批判へ　177
- 4-5 思考実験 ——「フェミニズム」と「障害学」の交錯場面の検討　180
- 4-6 まとめ —— 社会構築主義論争史を検討すると質的研究がしやすくなる　183
- 【参考書】　186

II部　質的心理学の方法論

3章　フィールド研究と参与観察　188

1節　フィールドへの参入と参与観察　柴山真琴　190
- 1-1 エスノグラフィーとは　190
- 1-2 エスノグラフィーの来歴　191
- 1-3 エスノグラフィーの方法論的特徴　196
- 1-4 良質な観察のあり方　198
- 1-5 良質な厚い記述とは何か　201
- 1-6 エスノグラフィー研究の真価　203
- 【参考書】　204

2節　相互行為分析と談話分析　山田富秋　205
- 2-1 相互行為分析と会話分析　206
- 2-2 道具的知識としての方法の知識　214
- 2-3 フィールド研究としてのエスノメソドロジー　217
- 2-4 まとめ　220
- 【参考書】　221

3節　フィールドにおける発達的研究　麻生　武　223
- 3-1 質的な研究法と量的な研究法との関係　223
- 3-2 歴史的な時間軸と質的な研究　227
- 3-3 目の前で生成している現象の観察と記述　234
- 【参考書】　238

4節　実践志向の質的研究の成り立ち　無藤　隆　239
- 4-1 質的研究の倫理性とは　240
- 4-2 日本の質的研究の前史としての思想の流れ　241

4-3	1960年代におけるミクロな心理的対人相互作用的基礎を求める転回点	243
4-4	保育・教育現場への関わりにおける実践研究	246
4-5	質的方法論の蓄積	249
4-6	方法的ブリコラージュとしての実践志向の質的研究者とは	251
4-7	混合法の成立へ	253
4-8	学界のポリティクスと質的研究の今後	256
4-9	暫定的結論とは	257
	【参考書】	258

5節　フィールドにおける学習・教育研究　　藤江康彦　　259

5-1	学習・教育の現場における質的研究とは何か	259
5-2	学習・教育の現場に調査者はどのような目を向けてきたか	262
5-3	学習・教育の現場への参与と倫理	270
	【参考書】	272

4章　ナラティヴ研究とインタビュー　　274

1節　ナラティヴとは　　森岡正芳　　276

1-1	ナラティヴの基本的視点	276
1-2	ナラティヴ視点を活かす	281
1-3	ナラティヴを基本とする研究の導入	288
1-4	まとめ	291
	【参考書】	292

2節　インタビューの概念　　川島大輔　　294

2-1	インタビューの歴史	294
2-2	インタビューが迫るもの ── インタビューの概念とメタファー	297
2-3	インタビューの類型 ── 構造、形式、人数による区別	298
2-4	インタビューの具体的研究法	301
2-5	インタビューの概念再考 ── むすびに代えて	303
	【参考書】	305

3節　インタビューの方法　　徳田治子　　307

3-1	質的研究におけるインタビュー法の展開	307
3-2	インタビューのデザイン	310
3-3	インタビューの実施	315

3-4　インタビュー場面での問い方と聴き方　　318
　　　3-5　まとめ　　323
　　　【参考書】　　323
　4節　ナラティヴ・テクストの分析　　能智正博　　324
　　　4-1　ナラティヴ・テクストの分析の位置づけ　　324
　　　4-2　ナラティヴの内容から意味の構造へ　　327
　　　4-3　ナラティヴ・テクストの形式への注目　　331
　　　4-4　ナラティヴの生成過程を捉える　　336
　　　4-5　ナラティヴ・テクストの分析のこれから　　340
　　　【参考書】　　343

III部　社会実践としての質的心理学

5章　実践とともにあるアクションリサーチ　　346

　1節　アクションリサーチの哲学と方法　　ハッ塚一郎　　348
　　　1-1　レヴィン再考　　348
　　　1-2　「リサーチ」の哲学 ── 科学哲学者としてのレヴィン　　350
　　　1-3　「アクション」の構造 ── 亡命者と研究のサイクル　　354
　　　1-4　問いとしてのレヴィン　　359
　　　【参考書】　　362
　2節　コミュニティと産業・組織におけるアクションリサーチ
　　　　永田素彦　　363
　　　2-1　アクションリサーチのミニマムな特性　　363
　　　2-2　アフター・レヴィン　　365
　　　2-3　合意形成のアプローチ ── ナラティヴの力を活かす　　370
　　　2-4　当事者による理論の活用を促すアプローチ　　373
　　　2-5　ベターメントの主体を作るアプローチ ── 解放としての民主化　　376
　　　2-6　センスメーキングを促すアプローチ　　378
　　　【参考書】　　380
　3節　質的研究者の実践としての倫理　　好井裕明　　381
　　　3-1　研究という実践をめぐる倫理の基本とは　　381
　　　3-2　質的研究が調べる対象とは　　385
　　　3-3　当事者性という問題へ　　388
　　　3-4　否定形の倫理から肯定形の倫理へ　　396

		【参考書】	398
4節	障害や福祉の場におけるアクションリサーチ　　田垣正晋		400
	4-1	社会福祉分野と実践現場との関係	400
	4-2	社会福祉におけるアクションリサーチ	401
	4-3	アクションリサーチの過程における研究者とメンバーの関係性	405
	4-4	研究者による介入としてのセンスメーキング	406
	4-5	障害者施策の住民会議に関するアクションリサーチ	408
	4-6	アクションリサーチの成果をどう検討するか	412
	4-7	まとめ	415
		【参考書】	416
5節	保育・教育の場におけるアクションリサーチと実践的知識 秋田喜代美		417
	5-1	教室におけるアクションリサーチの展開	418
	5-2	専門家としての実践者の知と理論	422
	5-3	実践の場と知を支える道具としてのビデオ	425
	5-4	専門家の成長と共同的探求としての実践研究	428
		【参考書】	431

6章　変革とともにある質的心理学　　432

1節	生活と暮らしの変革　　伊藤哲司		434
	1-1	日常の生活世界に寄り添う	434
	1-2	地域コミュニティに働きかける	437
	1-3	対話による異文化への気づきを促す	440
	1-4	現実を語りなおす	444
	1-5	まとめ――「渦中」の質的心理学へ	446
		【参考書】	447
2節	共同知を創出するものづくりワークショップ　　塩瀬隆之		448
	2-1	社会と生活で求められる変革	448
	2-2	共同知創出の技法としてのデザインワークショップ	450
	2-3	個人の生活への注目から始まるイノベーション	454
	2-4	小さな声を拾うための精緻な不完全さ	457
	2-5	共同知創出の場が欠かせない企業内教育	462
	2-6	「ために」から「ともに」へ	463

　　　　【参考書】　　　　　　　　　　　　　　　　　　　　　　465
3節　質的アプローチの教育と学習　　安田裕子　　　　　　　　466
　　3-1　質的アプローチの学びによる世界観の変革　　　　　　466
　　3-2　質的研究の教育カリキュラム・教育実践の方法　　　　468
　　3-3　学びの環境づくり　　　　　　　　　　　　　　　　　476
　　3-4　質的研究を進めるための知恵・ヒント ── 複線・複眼的思考の習得　481
　　　　【参考書】　　　　　　　　　　　　　　　　　　　　　　485
4節　社会実践のパラダイム　　矢守克也　　　　　　　　　　　487
　　4-1　社会実践、そして研究という社会実践　　　　　　　　487
　　4-2　社会実践を「見る」こと　　　　　　　　　　　　　　490
　　4-3　質的なデータと量的なデータ　　　　　　　　　　　　491
　　4-4　「見る」ことを見ること　　　　　　　　　　　　　　494
　　4-5　協同当事者として「見る」こと　　　　　　　　　　　499
　　4-6　永続するプロセスとしての協同実践　　　　　　　　　501
　　　　【参考書】　　　　　　　　　　　　　　　　　　　　　　503

文　献　　505
人名索引　　557
事項索引　　567

　　　　　　　　　　　　　　　　　　　　　　　装幀＝虎尾　隆

I部
質的心理学の理論と歴史

1章
質的心理学とは何か

1節　質的心理学の核心
2節　質的心理学の歴史
3節　質的研究の認識論
4節　質的研究の倫理

　本章では、「質的心理学とは何か」という根本的で基本的な問いについて考えてみたい。この問いには、誰にでも納得されるすっきりとわかる模範解答があるわけでもなく、多種多様な応答のしかたがあり、何十冊の書物をもってしても十分な答がえられるものではない。そして、この問いは、初学者だけのものでもない。学問の道を歩みながら、それぞれの立場で、繰り返し立ち止まり、対話を重ねながら、繰り返し問い返し、省察し直すものであろう。
　本章では、「質的心理学とは何か」という問いについて、次の4つの節に示される観点からアプローチすることにした。山への登り方が多々あるように、多様な接近のしかたがある。この4つの案内標識をもとにしながら、それぞれの質的研究の道を探求する学的冒険に乗り出していただきたい。

1節は、「質的心理学の核心」と題して、質的研究の基本概念について解説する。特に、心理学のパラダイム変換と質的研究の特徴についてまとめる。従来の心理学の人間観や方法論など基礎的なものの見方はナラティヴ・ターンによって、変革されている。質的心理学のモデルは、「主観」と「客観」に二元分割する従来の心理学モデルとは異なり、関係性や文脈性や変化プロセスを重視する「相互作用モデル」に基づくといえるだろう。さらに質的心理学において重要な概念、「意味づける行為」「社会的構成」「言語ゲーム」「対話」「テクスト」「ナラティヴ（語り・物語）」などを取り上げて論じる。

　2節は、「質的心理学の歴史」である。本節では、次の4つの観点から概説する。最初に、質的心理学の歴史を4期に分けて全体的に眺める。現在では、質的心理学の方法論は一般心理学全体の中に大きな位置をしめるまでに急速に変化している。次に、質的研究の源流と隣接流域について、言語学や科学哲学や社会学などの理論を中心に概観する。3つめには、質的心理学の古典と現在の考え方の相違と重要な論点を3人の心理学者の見解から浮き彫りにする。4つめに、日本質的心理学会が創設されたプロセスと「志」に焦点をあてて概説する。

　3節は、「質的研究の認識論」である。質的研究の基礎となる認識論を深く理解することは必須である。本節では、まず認識論的解読格子と名づけたモデルを提出する。これは、世界を見ることを学び直して経験される世界には基本的な構造があり、操作主義哲学にも同様な構造が見出されることから、両者に共通する枠組みとして考えられた。この認識論的解読格子をモデルにして、心理学の歴史における多様な潮流の認識論を解読する。そして、現代の質的心理学の認識論を、解釈学的転回、言語論的転回、物語論的転回の順序で明らかにする。

　4節は、「質的研究の倫理」である。倫理の問題は、近年ますます大きく鋭く問われるようになっており、変革も著しいので、最先端の知識と配慮を要する研究課題でもある。本節では、研究における倫理とは何かを整理し、質的研究のさまざまな領域で倫理的な問題に直面する場面の検討を試みる。明示的な倫理規範に則して、ルールに従う遵法的な判断だけではなく、具体的な文脈のなかで研究倫理を問い続ける姿勢が重要と考えられる。その姿勢は、研究を省察的に問い直して研究の質を高めていく質的研究の方法と深くむすびついているといえよう。

1節
質的心理学の核心
やまだようこ

　質的研究は、21世紀に発展した人間科学の再編を迫る学横断的な潮流であり、人間観や方法論の変革とかかわっている。本節では、質的心理学の核心となる「ものの見方」に焦点をあてて解説する。

　1-1では、質的研究全体にわたる人間観と方法論の特徴を概説する。1-2では、質的心理学の基礎にある考え方を解説する。質的心理学は、「主観」と「客観」に二元分割する従来の心理学モデルとは異なり、関係性や相互作用や文脈性や多様性を重視する「相互作用モデル」に基礎を置く。したがって、参与観察、インタビュー、アクションリサーチなど現場で相互作用しながら行う研究方法をとる。1-3では、質的心理学において重要な概念である「意味づける行為」「社会的構成」「言語ゲーム」「対話」「テクスト」「ナラティヴ（語り・物語）」などを取り上げて論じる。

1-1　変革としての質的研究

（1）人間観と方法論の変革
　質的心理学とは何だろうか。質的心理学は、単に質的データを扱う心理学研究というだけではない。質的心理学は、従来の心理学の人間観やものの見方と方法論の変革とかかわっている。

　ブルーナー（Bruner, 1990/1999）がいうように、自然科学を手本としてきた心理学は、行動主義や認知科学を経たあと、ナラティヴ研究を中核として、意味の行為（acts of meaning）を扱う心理学へと発展してきたといえるだろう。

　質的研究は、かつて定性的分析と呼ばれたものとは区別しなければならない。定性的分析は、定量的分析に先立つもので、科学の初歩や未熟な段階と位置づけられてきた。21世紀以降の新しい質的研究は、「質」そのものを重視する科学として根本的に変化している。

　現代の質的研究は、多くの理論をつくってきた古典的研究とも異なってい

る。質的研究は、1990年代後半ころから認識論や人間観によってものの見方を変え、研究方法を変革してきたからである。この変革は、ナラティヴ・ターン（物語論的転回）といわれる。質的研究は、心理学だけではなく、哲学、社会学、教育学、文化人類学、医学、看護学、文学、言語学、歴史学、経済学など多くの人間科学の学問分野を横断する大きな潮流になっている。

したがって、質的心理学とは何かという問いに答えるためには、今までの心理学が依拠してきた人間観や方法論と、新しい質的心理学が依拠している人間観や方法論が、根本的に異なる前提に立っていることを明らかにしなければならない。

（2）質的研究の特徴

質的研究の定義は、簡単ではない。理論的にも方法的にも多様で、しかも発展し変化しつづけているので一筋縄では説明できないのである。『質的研究ハンドブック』を編んだデンジンとリンカン（Denzin & Lincoln, 2000/2006）は、人文科学、社会科学、自然科学にわたって学問横断的で多方向性と多次元性をもち、自然主義的パースペクティヴと人間経験の解釈的理解の両方に関与すると同時にその2つの緊張を併せもつという趣旨の長い定義をしている。

ここでは、すべてに通用する抽象的で長い定義をするよりも、21世紀以降の新しい質的研究の核心を明らかにすることによって、質的研究とは何かという問いに迫ってみたい。

質的研究は、大きくみると次のような特徴をもつと考えられる。第一に世界に対するものの見方、認識論や人間観の変革とかかわっている。第二には、研究方法論が変革されている。第三には、新しい広範な学問横断的な潮流と連動しており、人間科学の再編成を迫っている。

実際に行われている質的研究は、理論的にも方法的にも、学問分野や文化風土によっても多岐にわたり、冒険的、野心的にめざましく変化している。質的心理学の研究に限ってみても、具体的な研究をみると相互の隔たりや多様性や変化に驚くばかりである。しかし、およそ次のような方法論の特徴は共通しているといえよう。

① 研究者と研究協力者との関係性や相互作用（インタラクション、相互行為とも訳される）を重視する。② 研究者や研究協力者が生活する現場（フィールド）や、それをとりまく社会・文化・歴史的文脈を重視する。③ 現場に参与して行う参与観察や、インタビュー、アクションリサーチなど、研究協力者との相互作用を含む研究方法が重視される。④ 広義の言語による相互作用が重視され、意味、テクスト、会話、ディスコース（言説、言述）、ナラティヴ（語り・物語）などが重要な研究対象になる。⑤ 現場で出来事に立ち会った当事者の経験や意味づけ、今まで声を発することが少なかった社会的弱者や少数者の声を重視する。⑥ 現場や文脈を含めたエスノグラフィーなど、具体的な事例を重視し、多様で丁寧な記述を行う。⑦ 研究の完成結果だけではなく、変化、生成プロセスや、リフレクション（省察）を重視する。⑧ トップダウンで直線的に結論を出す仮説検証型よりも、ボトムアップによる理論構築、循環・螺旋型の研究方略を重視する。⑨ 1つの方法だけではなく、複数の方法を組み合わせるトライアンギュレーションを試みる。⑩ 研究の発表形式として、従来の心理学論文の定型にとらわれない多様な形式を試みる。

1-2 質的心理学の基礎にある「ものの見方」

　質的研究は、多くの歴史的な系譜からできてきたので、理論的・方法的立場や研究領域はさまざまである。また、異種混交的であり、変化プロセスや変化可能性そのものを学問の性質に含む。全体を見渡すことは大変に難しい。ここでは、多様な質的研究の個々に言及するよりも、それらに通底する基本的なものの見方にしぼって考えてみたい。

(1) 近代科学への批判
　質的研究の基にあるのは、近代科学が依拠してきた基本的なものの見方への批判である。質的研究は、時代の要請によって変化している他の諸学問と連動しており、今後もさらに必要とされるだろう。トゥールミン（Toulmin, 1990/2001）は、近代科学がなぜ機能不全になったかを問い、今後向かう4つの流れを指摘している。

① 口述されるものへの回帰：哲学、言語学、文学、社会諸科学における、ナラティヴ、言語、コミュニケーションへの関心。
② 特殊なものへの回帰：理論や調査における、抽象的で普遍的なものだけではなく、特殊な状況で起こる特殊で具体的な問題の取り扱い。
③ ローカルなものへの回帰：知、行為、経験を対象とする研究における、普遍的な妥当性を追求するよりも、それらが埋め込まれているローカルな文脈との関連の重視。
④ 時間的なものへの回帰：問題の究明や記述を、時間的・歴史的文脈のなかへ位置づける。

　フリック（Flick, 2007/2011）は、トゥールミンのことばを引いて、質的研究は、次のような方向をとると述べている。具体的な事例を、その時間的、地域的な特性において分析すること、日常の文脈における人びとの発言や行為を出発点にすること、これらによって対象と課題に必要な柔軟性を保って具体的な研究を行うこと。
　心理学は、現実の人間行動の解明に必要な問題というよりも、科学的方法を適用しやすく操作しやすい問題を扱ってきたのではないだろうか。生態学的に意味のある研究、日常生活において必要とされる研究からかけ離れてしまったのではないだろうか（やまだ, 1986）。質的心理学研究は、人と文脈をむすびつけた具体的な研究を、理論的・実証的に根拠ある形で生み出すことをめざすのである。

(2) 人間観の変革 ── 伝統的心理学モデルと質的研究モデル

　心理学のものの見方と人間観をシンプルに眺めてみよう。図1-1は、伝統的な心理学モデルである。このモデルは、人を、環境（外界）と明確に「分ける」、二元分割の思想でつくられてきた。人は、知覚し思考し感情や動機づけや意志をもつ内的世界をもつと考えられてきた。人の内界は「心」や「主観」と呼ばれてきた。人の外には物質の世界があり、人間の内界と区分されて外界に属するものが「客体」「客観」と呼ばれた。
　一般の人々にとって心理学は、このような内界の「心」を扱う科学だと常識的に考えられてきた。しかし、学問としての心理学は、人々が素朴に考え

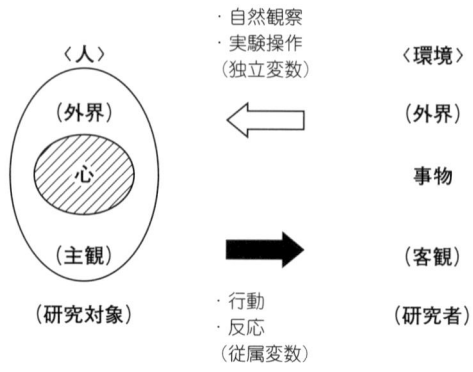

図1-1　伝統的な心理学モデル（やまだ, 2007より）

る常識的な心理学とは大きな隔たりがある。長らく、心理学者は、科学として「客観的な心理学」をつくるために奮闘してきたからである。

　心理学は長らく自然科学（古典的物理学）をお手本にしてきた。人間の心理現象も物理現象と同じように、外界の対象（object）として実在するもの、つまり主体（subject, 主観）から独立する客体としてとらえ、それを客観として実証することをめざしてきた。

　客観化とは外在化を意味するが、それは次のような手続きですすめられた。人間は自分がやっていることをすべて知覚したり意識したりできるわけではない。研究対象である人間の内界にある「心」を調べるために、意識化した内省報告を得ても、主観による偏りは避けられない。だから、誰が行っても同じ結果が出るように標準化された実験や観察や検査を行い、「心」を外界にできるだけ正確にアウトプットし、それを測定し分析する。研究者による外界からの操作を「独立変数」、それによって研究対象（被験者）から引き出されるアウトプットは「従属変数」と呼ばれた。従属変数としての「行動」や「反応」が、客観的なデータとして統計的に分析された。

　以上の説明は、実験心理学研究に良くあてはまる。臨床心理学研究ではどうだろうか。人間の内界や内面や主観を重視するので、正反対のように見えるかもしれない。しかし、伝統的な臨床心理学研究においても、人間観の基本は、ある程度共通していた。内界にあって隠されている研究対象の真の「心」を、外界に鏡のように映し出して投影したり、精神分析によって深層

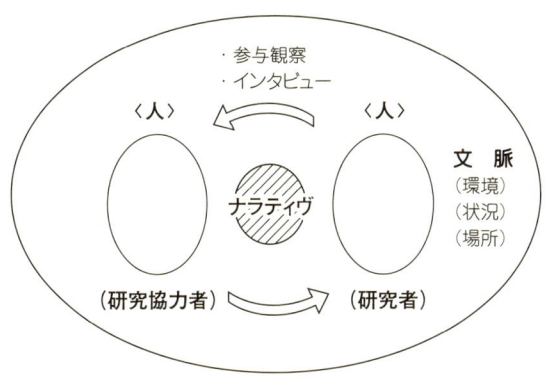

図1-2 質的研究のモデル（相互作用・共同生成モデル） （やまだ，2007より）
「ナラティヴ」は、「会話」「ディスコース」「テクスト」などに変換可能。

の「心」を表層に出そうとしてきたからである。

　内界と外界、主観と客観、どちらに重点を置くかは異なっているが、両者を二元分割する思想、2つに「分ける」操作は、実験心理学と共通している。実験心理学と臨床心理学は、両極でありながら相補的であった。両者ともに研究者や治療者が主体となり、被験者や患者の心理現象を実在の対象として研究してきたのである。

　図1-2は、質的研究の人間観を示すモデルである。質的研究に限らず、現在の人間科学の多くにもあてはまるモデルかもしれない。研究者と研究協力者は、同じ人間として共に主体性をもち、人と人は本質的に相互連関し、相互作用（相互行為）する存在であることを前提にしている。研究者と研究協力者は、共に文脈（環境・情況・場所）に埋め込まれているので、研究者は特権的な位置に立たない。

　質的研究モデルでは、おもな研究方法は、研究者と研究協力者が相互作用する方法、つまり参与観察（participant observation）やインタビュー（interview）やアクションリサーチ（action research）になる。

　従来の観察は、研究者が研究対象者から見えないように、外から一方視する観察であったが、参与観察は「フィールドに参与しパートの一員となって（パーティシパント）見る」方法である。従来は、特権的な研究者が被験者や患者に「面接」したが、インタビューは「対話によって相互に相手に入りながら（インター）見る（ビュー）」方法である。従来は、研究対象に変化を加

えると客観性が損なわれると考えられたが、アクションリサーチは「アクションを起こして相手と協働しながら研究する」方法である。

　研究者も研究協力者も、自分たち自身が埋め込まれた社会・文化・歴史的文脈（コンテクスト）から完全に外へ出ることはできない。普遍的な神の視点で出来事全体を知ることはできないし、そこで生じる相互作用を完全に操作することもできない。

　図1-2のように、相互作用によって生み出された会話やナラティヴは、客観でも主観でもなく、文脈のなかで人と人のあいだで共同生成されたものとイメージすることができる。

　インタビューで得られたナラティヴも、人間の内部にある「心」の外界への反映、あるいは内部に保存された「記憶」がそのまま引き出されるというよりは、インタビューの聞き手と語り手の相互作用によって共同生成されたものと考えられる。共同生成の他に、共同制作、共同構築、共同構成、相互主観性、間主観性などの用語も使われる。図1-2のモデルで「共同生成」ということばを用いているのは、誰かが主体になって意図的に建築物や制作物を「つくる」というよりは、その文脈や場のなかで「生み出される」と考えているからである。

　以上のような「客体」「客観」に対する疑問は、質的研究者にほぼ共通している。しかし、「主体」「主観」に対しては一致しているとはいえない。質的心理学は「主観的経験」を重視するという研究者もいる。しかし、「主観」という用語は注意深く扱わねばならない。「主語」がなくても出来事が記述できる日本語とは違って、特に西欧文化では「主体」「主語」という概念がない世界は想定しにくいと考えられる。だが、この用語そのものが、二元分割の人間観に依拠している。質的心理学では、「客観」とともに、「主観」も疑わなければならない。

　独自の個人としての「自己」の主体性と信じられていたものが、いかに深く「他者」や「文化・社会」や「歴史」とむすびついているかを発見したことが、質的心理学の世界観と方法論の変革にかかわっていると考えられる。それは現代の文化心理学や生涯発達心理学にも共通する見方である。広義の言語を用いる質的研究では、個人だけの「主観」にとどまることはできない。言語は、社会・文化的な共同世界のなかにあり、公共世界を形づくるものだ

からである。

　　個人だけに基づいて人間心理学を構成できないのは、人類が文化の中に参加し、文化を通して心的な能力を実現するからである。……心理学が文化にすっかり浸されているとすると、心理学は、人類を文化にむすびつけている意味作成や意味使用の過程を中心にして組織されなくてはならない。このことは、心理学において、われわれをより主観主義的な考えに立たせようとするのでは決してない。まさに逆である。文化に参加することによって、意味は公共的で共有されるようになる。(Bruner, 1990/1999, *Acts of Meaning*（意味の行為）邦訳『意味の復権』p.17）

(3) 普遍性と文脈性

　質的心理学のものの見方の基本には、あらゆる文脈から独立した普遍性をめざしてきた従来の科学に対して、自然科学のなかでも優勢になってきた「文脈主義」的なものの見方があると考えられる（やまだ, 1986, 2006）。

　たとえば、グラウンデッド・セオリーは、普遍性をめざしてきた誇大理論に対して、現場に根ざしてボトムアップで領域密着理論をつくろうとする (Glaser & Strauss, 1967/1996)。普遍性とは文脈に依存しないことであり、領域密着性とは文脈を重視する見方である。

　従来の科学は、単純化をおそれずに言えば、ギリシア哲学以来の「個体」と「普遍」という2つの概念からなる次のような思想をベースにしていたと考えられる。私たちの日常生活に現実にある具体的なものは、「具体的」の原義にあるように、くっついたもの、雑物である。そこから、「これ以上分けられないもの」である究極の物質へと分ける操作をすることによって、真理が得られる。科学の主要な方法論は、分ける（分析・分類・分化）作業によって純粋で究極の物質を取り出していく方法であった。

　究極の物質を探究する作業は、別のことばで言えば、空間や時間などの文脈から独立して立つことができる単体を求めること、つまり、時間の経過によって変わることなく持続し不変性をもつもの、場所や文脈によって変わることなく普遍性をもつものを探究することであった（Whitehead, 1925/1981）。ものが客観的に実在することが重視され、場所や時間を超えた、もの（エネ

ルギーや質量など）の保存や永続性という概念が追求されてきたのも同様である。心理学では、これ以上分けられないもの（individual）としての個人という概念が基礎になり、アイデンティティ（個の同一性と持続性）が重視されてきた。

　文脈主義とは、このような個体主義的な従来の考え方に対して、ものは本質的に文脈のなかで相互依存するので、相互連関や相互作用のなかでしかとらえられないとする考え方である。生態学など、新たに重視されるようになった科学も文脈主義の考えに立つ。

　質的研究では、数量化や統計的数値をめざすよりも広義の言語（イメージ・社会的表象・記号など）を重視した研究が行われている。数字は、いつでもどこでも誰にも通じるユニバーサルな記号である。それに対して、言語は、数字には還元できない人間生活の重要な部分を担うローカルな記号である。言語は、社会・文化・歴史的文脈に埋めこまれているので翻訳の困難を抱えこむが、人間生活や現場の文脈に密着した経験や出来事を記述することが可能になる。

　たとえば、1＋1＝2という数式は、普遍性をもつ。個別具体的な意味をもたない記号なので、文脈にかかわらず、いつでも、どこでも、何にでも通用する。砂粒でも、ゴミでも、薔薇の花でも、男と女でも、星の数でも、それが何であっても同じ数式を当てはめて、同じ結果を出すことができる。

　しかし、同じ2つでも、人間の生活には、「ゴミ」か「薔薇」かで表される意味の違いこそが重要である。どちらをプレゼントされるかは大問題である。しかも、ことばの意味は、一義的ではなく、埋めこまれた文脈によって変わる。薔薇という同じことばが、甘い愛の贈り物を意味することも、鋭いトゲを意味することもある。

　ことばは、多重の意味をもち、文脈に依存し、地域性（ローカリティ）と多様性（ダイバーシティ）をもつ（Geertz, 1983/1999）。数は、数式として構造化される。ことばも、有機的に組織化され、ナラティヴ（物語・語り）を構成する。したがって質的心理学では、数量を扱うときとは違って「文脈」「意味」「テクスト」「ナラティヴ」などの概念が重要になる。

1-3 意味づける行為とナラティヴ

　心理学は、自然科学と同じように科学になることをめざしてきた。心理学は、「心」を捨てて外から見える「行動」のみを客観的にとらえようとした行動主義のあと、「認知」を重視する認知心理学を経て、「意味の行為」を扱うナラティヴ心理学へと発展してきたといえよう（Bruner, 1990/1999）。
　1990年ころからの、ナラティヴによる認識論や方法論の変革は、「ナラティヴ・ターン（物語的転回）」と呼ばれ、質的研究の中核に位置すると考えられる（Denzin & Lincoln, 2000/2006; Denzin, 2004）。そこで、質的心理学にとっての固有の問題や方法を「ナラティヴ・アプローチ」を中心に考えてみたい。

(1) 人々の相互作用によってつくられる「意味」
　従来の心理学では、長らく「意味」は無視されるか排除されてきた。心理学では人間行動を、因果関係によって考えてきた。どのような要因が行動に影響するかが研究され、その要因として、知覚、認知、動機、無意識の動機、態度、パーソナリティなどの概念が考えられてきた。特定の行動が、特定の原因によってもたらされた結果であると考えれば、意味という概念は必要なく、せいぜい多数の媒介変数のひとつとしての扱いになるだろう。
　質的心理学では、従来の心理学が取り扱わなかった「意味」を重視する。しかし、この意味ということばが、何をさすのかが大問題である。
　「シンボリック相互作用論」の社会学シカゴ学派のブルーマー（Blumer, 1969/1991）による次の見解が明快である。この考えは質的研究の源流のひとつとなり、グレイザー、ストラウス、デンジン（Denzin, 2004）なども、この系譜につらなっている。
　シンボリック相互作用論は、次の3つの前提に立脚している。① 人間はものごとが自分に対してもつ意味にのっとって、そのものごとに対して行為する。② ものごとの意味は、個人がその仲間と一緒に参加する社会的相互作用から導き出され、発生する。③ このような意味は、個人が自分の出会ったものごとに対処するなかで、その個人が用いる解釈の過程によって扱われたり、修正されたりする。

意味の起源には2つの伝統的な説明がある。ひとつは、意味をものごとに内在したものとして、実在論的にとらえる説明である。もうひとつは、社会諸科学や心理学がとってきた見解であり、意味はある個人によってそのものごとに心理的に付加されたものとみなされる。この心理的な付加物は、その個人の心、精神、または心理的な構成物の構成要素が表現されたものとみなされる。

　シンボリック相互作用論は、どちらの伝統的な立場にも立たず、意味は人々の相互作用の過程で生じるものと考える。ものごとの意味は、社会的相互作用の文脈のなかで形成され、人々によってその文脈から引き出されるものである。

　このような前提を考えると、フリック（2007/2011）が、シンボリック相互作用論を「主観的視点」の分析や「主観的理論」の研究と位置づけているのは、誤解されやすいだけではなく、大きな問題があると考えられる。先に述べたように「主観」ということばは、注意深く使うべきである。

(2) 社会的構成

　近代西欧科学に依拠した伝統的なものの見方や研究法を疑い、「意味は人々との相互作用の過程で生じる」「広義の言語の重要性」を強調する考え方は、シンボリック相互作用論だけのものではない。この考え方は、21世紀の哲学、文学、言語学、心理学などそれぞれの文脈で独自の発展をしており、幅広い文脈で共有されている大きな潮流である。

　心理学においては、社会構成主義（social constructionism）が、もっとも影響力をもつ考え方のひとつである。ガーゲン（Gergen, 1999/2004）があげる文体練習の例は、「意味とは何か」という問いに関して示唆的である。下記は、その例文（訳本39頁）をもとに筆者が書き換えた文である。

　　【例1】乗物にいた男は、57分後、サン駅の入り口から10m離れたところにいた。彼は、年齢28歳、身長1m70cm、体重71kgの第2の男と、30mの距離を歩行している。第2の男は彼に15の単語で、直径3cmの丸いプラスチックを5cm上に移動するように声を発している。

【例2】私は、バスの中で見かけた男を、1時間後にサン駅前で再び見た。彼は若い友人と一緒で、その男は彼に「コートに予備のボタンをつけてもらったほうがよい。どこにボタンをつけたらよいか」と話していた。

どちらのテクストが優れているか、それは目的しだいである。外界のすべてのものを記述することはできないから、何を求めるかによって記述のしかたは異なる。【例1】は、科学的で客観的で、一見正確に見える記述である。しかし、どのような出来事が起こったのかわからない。【例2】と比較して特徴的なのは、誰が見たのかという観察者側の記述がないこと、何が起こったのかという出来事の意味とは無関係に、年齢や身長や体重や距離や単語数など、数値化できる情報だけを重視していることである。

従来の心理学は、ことばの意味を除去した【例1】のような記述を重んじてきたといえよう。客観的で正確と呼ばれてきたものは、ものごとを記述する方法のひとつにすぎない。「多様な現実」を記述する多様な言語がありうる。そして、その多様な現実は、社会的関係のなかで構成される。

ガーゲンは、社会構成主義の登場を理解するためには、ポスト経験主義、ポスト構造主義などポストモダンと呼ばれるものの考え方が不可欠であるという。そして、① ことばは現実をありのままに写しとるものではない、② 価値中立的な言明は存在しない、③ 記号論・構造主義から脱構築へという3つの転換をあげている。

それらは、言語とは何かについての議論でもある。① ことばは現実をありのままに写しとるものではない。これに関しては、20世紀でもっとも重要な科学哲学の本といわれる『哲学探究』で示された後期ウィトゲンシュタインの「言語ゲーム」という考え方があげられる。② 価値中立的な言明は存在しない。これに関しては、フーコーの権力関係論の分析が有名である。エスノメソドロジーなど社会学の日常会話分析やフェミニズムが追求してきたテーマでもある。③ 記号論・構造主義から脱構築へ。これに関しては、デリダの差延論などがあげられる。本論では、おもに①と③の一部について簡単に説明する。

(3) 言語ゲーム

ウィトゲンシュタイン（Wittgenstein, 1953/1976）は、論理実証主義に多大な影響を与えた『論理哲学論考』を書き、その後、自著を根本的に批判する『哲学探究』を書いた。彼は言語を、最初は「像」、次に「計算体系」、最後に「ゲーム」にたとえた。言語ゲームとは、実在に対応づけられるのではなく、一定の規則によって使用される日常生活のなかの言語使用という活動をあらわす。彼は、この書物を論理の体系としてではなく、答えのない対話という活動として、全体像を完全に描くことができない断片の「アルバム」や、縦横にあらゆる方向に巡る行程のように書いている。

> 「ゲーム」という概念は、ぼやけた境界をもつ概念であると言うことができよう。——「しかし、ぼやけた概念はそもそも概念だろうか」—— ぼやけた人物写真はそもそも人物写真だろうか。ぼやけた人物写真を、ぼやけていない人物写真に取り替える方が、いつもいいと言えるのか。ぼやけた人物写真の方がまさに必要だということはしばしばあるのではないか。（『哲学探究』第1部71節）

ウィトゲンシュタインは、ケーラーの実験をたたき台にして、なぜ問題と方法はすれ違うのかと問うた。この問いは、問題の核心に迫るよりも実験手続きの方を重視してきた心理学に向けられている。そしてこの問いは、ケーラーのアイソモルフィズム（心理物理同形説）の現代版ともいえる、大脳の神経生理学過程に心理現象の「実在」を求めようとする、現代の脳心理学にも当てはまる根本的な問いだと考えられる。

> 実験的方法は何事かを達成する。それによって問題が解決しないことの責めを、ひとは、それがまだ始まったばかりだということに負わせようとする。それはまるで、物質とは何であり精神とは何であるかを、化学実験によって明らかにしようとするようなものだ。……われわれが通常用いている心理学的概念（思考、記憶、感覚、感情、気分など）が、ケーラーを初めとする実験心理学者は、最終的には神経生理学過程によって定義できると考えるかもしれないが、……脳における過程についての知識が手に入っ

てはじめて、われわれは「何かを覚えている」とか「何かを忘れた」といった言葉の意味がわかるのではない。(『心理学の哲学Ⅰ』1093節)
　「考える」という概念をわれわれはどこから得るのか ・・・ 日常言語からである。(『心理学の哲学Ⅱ』20節)

　ウィトゲンシュタインによれば、意味とは言語ゲームにおける使用である。「理解する」ということを知ろうとすれば、それを内的プロセスに還元しないで、私たちは日常生活で、どんな時に、どんな状況において「わかった」と言うかを問うてみることになる。

(4) 対話と多声性とテクスト

　今まで見てきたように、言語を、構造や体系ではなく、相互作用としての活動と考えると、対話という概念が重要になる。

　対話（dialogue）は、西欧哲学で長い伝統をもつ用語で、語源的には「二つに分かれたことば」の意味であり、異なる意見のぶつかりあいをさす。自己と他者という二元分割と二項対立が基礎にある。

　バフチン（Bakhtin, 1959-1961/1988）の思想は、対話原理と呼ばれる。彼は、次の3つの観点を提示したと考えられる（やまだ, 2008）。① 自己は他者を媒介にし、他者との関係性に深く根ざす社会的存在である。② 自己のモノローグにみえることばも、隠された対話関係を含めて他者のことばとの対話である。③ ことばは、それ自体に対話性と多声性をもつ。ことばは、単一の声に見えてもさまざまな声から成り、他者の異質な声や相反する声を含む多声（ポリフォニー）である。

　バフチンは、さらに人文科学の対象は「テクスト」であると考え、次のように述べている。

　　人文研究の思考すべての一次与件としてのテクスト（書かれたテクストおよび語られたテクスト）。これらの学問と思考が唯一よりどころとする直接の現実（思考と体験の現実）は、テクストである。(バフチン, 1988, p.194)

自然科学では、主体をもたない客観的なシステムとして研究されるが、人文科学の対象は、事物ではなくテクストである。テクストの生産者としての人間である。人は、その本質において語る存在であり、テクストをつくりだす存在であるから、モノ扱いすることでは、人間に迫ることはできない。(バフチン, 1988, p.200)

　テクスト（text）という概念も、西欧文化の長い伝統に裏打ちされたことばであるが、語源は織物（textile）の織りの型である。現在の質的研究では、おもに解釈学や文学で使われてきたテクストという概念を、広義の意味で言語化されたすべてのものに使うようになっている。小説も、神話も、新聞記事も、広告も、科学論文も、インタビューのプロトコルも、コンピュータ言語も、すべてテクストとして同じ地平に並べられることになった。フィクションか事実かなどの基準で、それぞれのジャンルに分かれていた学問が学横断的にむすばれることになった。文化や建築でさえテクストとして読まれるようになった。
　テクストを扱ってきたのは解釈学であるが、解釈学も従来のものから革新された。物語論の哲学的基礎をつくったリクール（Ricœur, 1971/1985; 1985/1990）によれば、テクスト解釈とは、テクストの奥にある作者の意図を読み解くのではなく、テクストを単なる構造物として分析するのでもなく、テクストそれ自体に含まれている現実としてのテクスト世界が出来事としてわれわれに語りかけるものである。
　テクストが人間の生産物であることは確かだが、その背後にある作者や語り手の意図や歴史的実在を読み取ろうとするのではなく、テクストそれ自体と対話するという考えは、現代の多くの解釈論やディスコース（言説、言述）分析の立場になるだろう。

(5) テクスト間の対話と生成

　テクストとの対話という考えを、さらに根本的に飛躍させると、デリダ（Derrida, 1967/1977, 1983）のように、テクストとテクストが相互に多声的に対話し、生成的に運動するという考えになる。
　たとえ同じ文を引用しても、その文が埋め込まれていた元のコンテクスト

（文脈）から引き抜いて、別のコンテクストに入れると、多様な意味に変異し、差延が起こり、テクストは自ら変化していく。引用という反復が、同じモノとして持続する同一性を生み出すのではなく、別のコンテクストに置かれることで意味のズレが起こり、多様な差異と差延を生み出すのである。

　差延とは、差異（difference）からの造語である。差延（仏語では発音が同じで文字が違うが英語では differance と表記する）は、差異に時間的延期を含み、時間的・空間的にズレが生じて変異していく運動をさす。デリダの文章は、それ自体が彼の思想の表現であるから、論理構造によって構築されるのではなく、ことばがズレ、意味が微妙に変化していく運動として、ことばの戯れのようにつづられている。

> 　ある一つの「テクスト」を読むとは、その「テクスト」が差し向けていく無制限な「テクスト」の群を常に予想することであり、言いかえればそれら「テクスト」をたがいに「結び直す（relier）」ことである。……一つの「テクスト」を読むとは、その「テクスト」をいわば「再‐現前」として読むということであり、そういう意味でそれは再‐読すること、読み直す（relire）ことである。（デリダ 1972/2000. relire は relier の文字配列の変異になっている。髙橋注, p.182）

　テクストを読むという作業は、テクスト間をむすび直し、読み直す作業になる。しかも書き手や読み手としての「私」、西欧文化があれほど大切にしてきた「主体」という概念も疑われる。なぜなら、テクストは私の所有物としてコントロールできないし、私がいなくても生きつづけるからである。

> 　わたしは、次の明白な事実を認めざるをえなくなる。すなわち、この文は、これまでだれの許可も必要とせずにやってきたし、わたしがいなくても生きてきたということである。……
> 　このものは、ただ自分だけで語っていた。わたしの方がそれに対して釈明せねばならず、それに答え —— ないしはそれを引き受けねばならなかったのだ。……
> 　わたしは複数の声からなる対話（ポリローグ）というジャンルをもじって、発音することが不可能にみえる会話をつくってみた。……それはいう

1節　質的心理学の核心

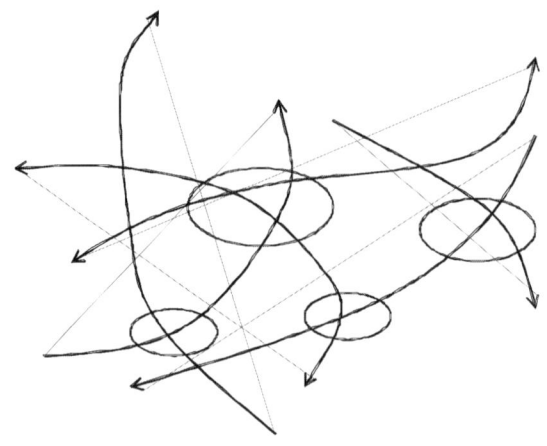

図1-3　生成的ネットワークモデル（生成的網目による多声対話）　（やまだ, 2008より）

なれば声に、しかも複数の声に呼びかけるエクリチュール（書かれたもの）で成り立つ装置だったのである。（デリダ, 1987/2003, pp.13-15）

　デリダの思想は、生身の人と人、自己と他者が向き合って声を交わす対話モデル（図1-2）を超えて、コンピュータ・ネットワーク、ウエッブなどに媒介されて「書かれたもの」が遠隔通信される現代の言語活動によくあうと思われる。発信者の意図にかかわらず、ことばの意味は絶えず変異を生んで大量に飛び散り、受信者が望まないところからも遠隔的に送りつけられてくる。自己が主体になれないだけではなく、誰もコントロールできない形で、テクスト自体が生きもののように移動し、運動し、重なりとズレを生み、テクスト間で多声的で多様な対話を行うのである。このような言語活動には、図1-2の対話モデルよりも、図1-3のような「生成的ネットワーク（網目）モデル」（やまだ, 2008）があてはまるだろう。

(6) ナラティヴ（語り・物語）

　物語論の背景にも長い歴史があり、研究者によって定義は異なる。ここでは、一般的に次のように定義しておく。ナラティヴ（narrative）とは、人々が広義の言語によって意味づける行為、つまり経験を有機的に組織化する相互作用と、語られたストーリーをさす。

ブルーナー（Bruner, 1986/1998）は、認識と思考の仕方には、論理実証（パラダイム）モードと物語モードという2つの様式があり、両者は経験を秩序だて、現実を構築する異なる仕方であり、お互いに相補的であるが、片方を片方に還元することはできないと述べている。
　論理実証モードは、心理学者が用いてきたパラダイムである。「ある出来事についての陳述が、真か偽か？」と問い、そこから、真か偽かを明らかにする条件設定がなされ、実証によってどちらかの答えがみちびかれる。
　物語モードでは、「2つ以上の出来事が、どのように関係づけられて陳述されるか？」が問われ、出来事がどのような意味連関でむすびつけられるかが問われる。どれが正しいかを決定することが問題ではない。複数の多様な物語が共存できるからである。
　たとえば論理実証モードでも、物語モードでも、「事実にかんする陳述」は「因果関係を含む陳述」に転換することができる。しかし、2つのモードでは、因果関係の型が違う。
　論理的命題では、「もしも x ならば、(then) y となる」という様式になり、普遍的な真理の条件の探究に向かう。どのような条件 (x) であれば、y という結果をもたらすか、条件分析が行われ、検証によって公式化される。
　物語では、「王が死んで、それから (then) 王妃が死んだ」という様式になり、「王の死」と「王妃の死」の2つの出来事のあいだの意味連関、「裏切り」「悲しみ」「自殺」などが探求される。
　物語モードでは、「裏切り」「悲しみ」、どちらが正しいか検証するという方向には向かわない。「王が死んで、裏切りを果たした王妃は悲しみと罪の意識に襲われ、自殺して死んだ」というように、矛盾する意味づけの共存がありえる。
　論理実証モードでは、正か誤かの結論が出るか、証拠不足で結論に達しないかどちらかである。物語モードでは、結論を1つ出すことが目的ではなく、「悲しい」「こっけいな」「不条理な」そのどれでもある意味づけが可能である。
　人生を物語としてみるライフストーリー研究がなされている（McAdams et al., 2001 など）。人生は、なぜ「物語」として研究されるのだろうか？　やまだ（2000）は、その理由を以下のように考えている。

① 私たちは、日常生活を論理実証モードではなく、物語モードで生きている。ピアジェは、子どもを小さな科学者のように描き、論理操作を最高の発達段階においた。しかし、ふつう人々は論理的に生きているとは限らない。ブルーナーがフォーク・サイコロジーと名づけたような研究、人々が日常生活でふつうにやっていることを知りたいならば、物語モードが適している。

② 論理実証モードでは、数学を用いた論理的抽象によって一般化する。物語モードでは、言語を用いて具体的な事例や物語やモデルとして代表させることで、日常生活にむすびついた形式で一般化しようとする。

③ 物語モードは、記憶など認知情報処理にすぐれている。知識が物語構造をもつことは、多くの認知研究で示されてきた。個々ばらばらの出来事ではなく、経験を組織化し、意味化し、筋立てると記憶しやすく、知の再編が容易である。

④ 物語モードでは、出来事と出来事のつながり、移行、生成、変化、帰結など、筋立ての仕方が問題になる。遺伝子と同様に、要素の数は限られていても、結びつきと配列が多様であることによって、多様な形態と意味が生成されうる。物語とは、語り直しによって出来事の筋立てや配列を変えることによって、異なるバージョンを生成し、それによって新たな意味生成を行う方法論である。ナラティヴ・セラピー（McNamee & Gergen, 1992/1997）は、その語り直しや物語の書き換えを促す方法である。

⑤ 人間は数式のまねはできないが、物語のまねはしやすい。物語モードは、機械的で正確な情報伝達というよりも、人と人の相互的なコミュニケーションの循環を生むような伝達に適している。物語モードは、物語をもとに新しい物語を生むという生成的循環を生みやすい。

⑥ 論理による知識よりも、人を感動させ、人の気持ちを揺り動かす知のあり方、感情や感性を動かす知に、物語モードは適している。この様式は人間がライフ（人生、生活、いのち）を生きるリズムと合っている。

⑦ 論理実証モードは、外部に実在すると仮定する唯一の事実を証拠として追求する。物語モードは、出来事の筋立て方や意味づけを追求する。

正しい物語は1つではなく、社会・文化・歴史的文脈によって、多様な物語がありうる。また、語り手の立場によって、物語は変わりうる。多数派の支配的な物語（マスター・ナラティヴ）に対して、別の立場からの物語や少数者の物語を提示しうる。
⑧ 論理実証モードでは、法則によって現在の常識を超えてここにない未来の予測をする。物語モードは、現在を越える時間軸で物語をつくりだす。物語は、過去の見方を変え、未来の生き方を変える力をもつ。

　以上、質的研究の核心となるいくつかの「ものの考え方」を述べてきた。最後に論理実証モードと物語モードを比較したように、質的研究は、伝統的な科学研究の方法や数量化を否定するものではなく、両者は相補的と考えられる。しかし、伝統的な科学の方法と質的研究では、依拠する人間観や認識論が異なり、それが方法論の違いを生み出している。実際に研究するときには、両者の特徴をよく知り、それぞれの長所を明確に浮かび上がらせる組み合わせが必要である。

【参考書】
フリック, U.／小田博志（監訳）／小田博志・山本則子・春日常・宮地尚子（訳）(2011).『新版　質的研究入門 ——〈人間科学〉のための方法論』春秋社.
　　質的研究の全体について、初心者から専門家まで、読みごたえのある詳しい入門書であり、世界の動向も知ることができる。
ガーゲン, K.／東村知子（訳）(2004).『あなたへの社会構成主義』ナカニシヤ出版.
　　世界をどのように見たらよいのか、質的研究の理論的源泉の一つである社会構成主義の考え方をわかりやすく解説している。

2節
質的心理学の歴史
やまだようこ

　質的研究は古くて新しい。古典的な質的研究と、21世紀以降にめざましく発展した現代の質的研究とは共通するところもあるが、大きな相違もある。本節では、質的心理学の歴史を次の4つの観点から概説する。

　2-1では、質的心理学の歴史を4期に分けて全体的に眺める。現在では、質的心理学の方法論は一般心理学全体の中に大きな位置をしめるまでに急速に変化している。2-2では、質的研究の源流と隣接流域について、言語学や科学哲学や社会学などの理論を中心に概観する。全体の流れは「実体概念から関係概念へ」「個体概念から文脈概念へ」と名づけられるだろう。2-3では、質的心理学の古典と現在の考え方の相違と重要な論点を浮き彫りにするために、1期のレヴィン、2期のオールポート、4期のブルーナーという、3人の心理学者の見解を中心に論じる。2-4では、日本質的心理学会が創設されたプロセスと「志」に焦点をあてて、3期に分けて概説する。

2-1　古くて新しい質的研究

(1) 古典と現代

　質的研究は古くて新しい。質的研究の歴史は古い。心理学や関連領域において、1940年代までの研究はダーウィン、フロイト、ユング、ジェームズ、ケーラー、ピアジェ、ヴィゴツキーをはじめとして、観察や事例の記述など質的研究によって重要な発見がなされ、そこから理論がつくられてきた。さらに、レヴィン、ハイダー、エリクソンなどまで含めると、心理学が依拠してきた理論の多くは、質的研究によってつくられてきたといえるだろう。実験的研究や調査研究は、仮説検証のための実証データを収集するために力を発揮するが、質的研究は、新しい理論の構築や仮説生成に向いているからである。

　これら古典的な質的研究と、21世紀以降の新しい質的研究とは、共通す

るところもある。しかし、大きな相違もあることをしっかり認識しておく必要がある。新しい質的研究は、その基礎において、1節に述べた「ものの見方」、人間観や認識論の根本的な変革をふまえているところが、大きな特徴といえよう（無藤ほか、2004, 2012; やまだ、2006, 2007a）。

質的心理学は、新しくて広範な学問領域を含む学際的な「質的研究」の潮流と連動している。質的研究の最近の発展はめざましい勢いである。たとえば、Sage 社から刊行された質的研究に関する方法論のテクストは、1980-1987 年では 10 冊、1988-1994 年では 33 冊だったが、1995-2002 年では 130 冊以上になる（Seale, Gubrium & Silverman, 2004）。2002 年以降では、飛躍的に増大して冊数が数えられなくなった。

およそ 2000 年を境界にして学問動向が大きく変化し、一般的な心理学の概念や方法論にも、質的研究の考え方が浸透してきたといえよう。被験者（subject）という用語も、研究協力者（participant）に変わってきた。

最新の 2012 年発刊の『心理学方法論 APA ハンドブック（3巻本）』（Cooper, 2012）では、第 1 巻の第 1 章、まず冒頭に「質的研究の認識論的基礎に関する展望」（Willig）が置かれている。従来は当然とされてきた「心理科学における因果関係の理論」は第 2 章となっている。

質的心理学と従来の心理学を、対等にならべ、質的研究を先に置く取り上げ方を見ると、旧来の心理学教科書とは驚嘆するほどの違いがある。現代心理学においては、一般心理学自体が質的心理学の考え方を取り入れて、急速に大きく変化していることがわかる。

クーパー（Cooper, 代表編者）による序章「心理学研究の客観性と研究方法との関連」では、真実（true）とは何かの議論から始まる。そして、図 1-4 のように「解釈的あるいは記述的探究（1章）」か、「因果的探究（2章）」か、どちらを選ぶかによって、研究デザインが大きく異なると述べている。前者の探究は、「質的研究」と「量的記述研究」に、後者の探究は、「因果モデリング」と「実験研究デザイン」に分かれる。

2 巻のパート 1 には「質的研究の方法」が下記のように 13 章にわたって詳しく解説されている。心理学の方法として明確に市民権を得るようになったといえよう。

① 質的方法の概観（1章　質的研究の多様性、2章　質的研究のメタ統合）。

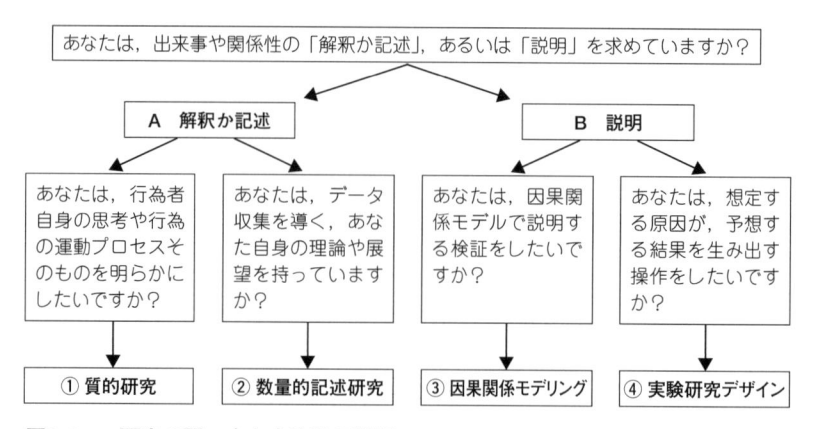

```
┌─────────────────────────────────────────────────┐
│ あなたは，出来事や関係性の「解釈か記述」，あるいは「説明」を求めていますか？ │
└─────────────────────────────────────────────────┘
              ↓                           ↓
      ┌──────────────┐            ┌──────────────┐
      │ A  解釈か記述 │            │  B  説明     │
      └──────────────┘            └──────────────┘
        ↓          ↓                ↓          ↓
  ┌────────┐ ┌────────┐        ┌────────┐ ┌────────┐
  │あなたは，│ │あなたは，│        │あなたは，│ │あなたは，│
  │行為者  │ │データ  │        │因果関  │ │想定す  │
  │自身の思│ │収集を導│        │係モデル│ │る原因が│
  │考や行為│ │く，あな│        │で説明す│ │，予想す│
  │の運動プ│ │た自身の│        │る検証を│ │る結果を│
  │ロセスそ│ │理論や展│        │したいで│ │生み出す│
  │のものを│ │望を持っ│        │すか？  │ │操作をし│
  │明らかに│ │ています│        │        │ │たいです│
  │したいで│ │か？    │        │        │ │か？    │
  │すか？  │ │        │        │        │ │        │
  └────────┘ └────────┘        └────────┘ └────────┘
       ↓          ↓                  ↓           ↓
  ①質的研究  ②数量的記述研究   ③因果関係モデリング ④実験研究デザイン
```

図1-4　研究の問い方と方法論の選択（Cooper, 2012, 序章をもとに，やまだが作成）

② 主題的アプローチ（3章　グラウンデッド・セオリー、4章　主題分析、5章　解釈学的現象学分析）。③ ナラティヴと言語を基にしたアプローチ（6章　ナラティヴ分析、7章　エスノメソドロジーと会話分析、8章　ディスコース分析と言説心理学）。④ 多重アプローチ（9章　事例研究法、10章　心理学における焦点化エスノグラフィー、11章　公共科学としての批判的参加アクションリサーチ、12章　心理学におけるビジュアル研究、13章　時間研究）。

(2) 質的研究の歴史的概観

デンジンとリンカン（Denzin & Lincoln, 2000/2006）は、北アメリカの質的研究の歴史を次の7段階に分けている。① 伝統的時期 1900-1950年、② 近代主義の時期 1950-1970年、③ ジャンルがうすれた時期 1970-1986年、④ 表象の危機 1986-1990年、⑤ ナラティヴ・ターン（物語的転回）1990-1995年、⑥ 質的研究の実験段階の後 1995-2000年、⑦ 未来 2000年以降。

デンジンらは、質的研究の全体を統括しようと試みているが、アメリカや英語圏の社会学を中心にしている。質的心理学を展望するには、ヨーロッパ大陸とその周辺、特にフランス、イギリス、ロシアの思想も重視する必要がある。また、社会学だけではなく心理学の視点からみた質的研究の歴史を見ていく必要があるだろう。

質的研究は、新しい潮流であるが、「ヨーロッパの質的研究の伝統」（Boundon, Cherkaoui, & Demeulenaere, 2003）全4巻を紐とけば、それは分厚い

古典的思想とむすびついており、ほとんど西欧哲学史になってしまう。とても歴史の専門家ではない筆者の手には負えず、その歴史の全体像を網羅することは難しい。

質的心理学の歴史は、これから専門家によってさなざまな形で書かれる必要がある。ここで試みるのは、年代記的「事実」を網羅的に記録する従来の歴史記述とは大きくかけ離れるが、何人かの心理学者を中核にして、「ものの見方」の変化を明らかにする「ナラティヴ歴史論」の一試論といえるだろう。

本節では、歴史的事実を正確に年代順に記述するというよりは、質的心理学とナラティヴ論を中心に、1節「質的心理学の核心」と関係する「ものの見方」という観点にしぼって概観してみたい。なお、1章3節と2章も相互関連し、互いに補足しあっているのであわせて参照していただきたい。

2-2 質的研究の源流と流域 —— 実体概念から関係概念へ、個体概念から文脈概念へ

(1) 言語論的転回 —— 記号論と構造主義

表1-1に質的心理学の歴史的概観を4段階に分けてまとめた。まず質的心理学とナラティヴ論の源流となる幾つかの流れを見ていきたい。表1-1「D 心理学以外の質的研究とナラティヴ論の系譜」を参照していただきたい。その流れを大きくまとめるならば「実体概念から関係概念へ」「個体概念から文脈概念へ」向かってきたといえよう。

ナラティヴ・ターンは、「言語論的転回（linguistic turn）」を前提にしていると考えられる。ここでは、ソシュール（Saussure, 1922/1972）による記号学と構造主義的なものの考え方をさす。ソシュール自身は、第1期の古典時代の研究者であるが、その影響が大きくなった第2期を言語論的転回とした。

ソシュールは、記号のシステムであるラング（言語）を、発話（パロール）と区別し、言語を物質的な音調や身体性や指示物と分離して、言語学を記号の学に変えた。意味作用は、現実に実在するものを指すのではなく、記号システムの2つの側面、意味するもの（シニフィアン）と意味されるもの（シニフィエ）の関係性に変わったのである。

「ラングには実体はなく形式である」という構造主義の考え方は、フラン

表1-1 質的心理学の歴史概観（ナラティヴ論を中心に）(やまだ, 2006改訂)

A 時期	B 心理学の主要なアプローチ	C 質的心理学, ナラティヴ心理学と研究者	D 心理学以外の質的研究とナラティヴ論の系譜
第1期 19世紀末-1940年代	実験心理学研究の開始 質的心理学の古典時代 （観察，手記による言語的記述と理論構成）	民族心理学，ヴント。精神分析学，フロイト，ユング。発達心理学，ビューラー，ピアジェ，ヴィゴツキー。ゲシュタルト心理学，ケーラー，レヴィン。人格心理学，ジェームズ，マレー。	科学哲学，カッシーラ，ホワイトヘッド。現象学，フッサール，メルロ・ポンティ，ハイデッガー，シュッツ。言語学，ソシュール。文化人類学，ミード，ベネディクト，マリノフスキー。ロシアフォルマリズム，物語論，プロップ。対話論，バフチン。
第2期 1950年代-	自然科学的（客観化と数量化）心理学の時代（行動主義，実験，測定，知能検査，性格検査，質問紙調査，尺度構成）	パーソナル・ドキュメント，オールポート。常識心理学，ハイダー。サイコヒストリー，エリクソン。	言語論的転回 記号論，構造主義，レヴィストロース，ラカン。言語行為論，オースチン，サール。科学哲学 科学革命の構造，クーン。歴史の物語論（分析哲学），ダント。シンボリック相互作用論（シカゴ学派），ブルーマー。グラウンデッド・セオリー，グレイザー&ストラウス。KJ法，川喜田二郎。ポスト構造主義，デリダ，バルト。
第3期 1980年代-	認知科学と情報科学的心理学の時代（認知革命，情報理論，伝達理論，コンピュータ・シミュレーション，ウエッブ・ネットワーク）	フェミニズム心理学，ギリガン。可能世界の心理，ブルーナー。	物語論，リクール。文化解釈学，ギアーツ。フェミニズム社会学。エスノメソドロジー。オーラルヒストリー。
第4期 2000年代-	新しい質的心理学の時代 （ナラティヴ・ターン） 大脳科学と生態科学的心理学の時代	ナラティヴ心理学，談話心理学，ライフストーリー，ライフレヴュー，自伝的記憶，ナラティヴセラピー，文化心理学，社会的構成主義，フォークサイコロジー，フェミニズム心理学，社会的表象論など。ブルーナー，ポッター，ガーゲン，マクアダムス，ホワイト，ワーチ，フリック，モスコビッシなど。	象徴的相互作用論の展開，デンジン，リンカン，プラマー。社会的構成主義，カルチュラル・スタディーズ，社会的表象論，文化表象論

スの人類学者レヴィストロースや精神分析学者ラカンに影響を与えた。「コード」（記号システムの法であるとともに社会的規則）の概念は、構造主義の主要用語になった。

　言語論的転回において、言語はフォルムの学となり、実在論的な言語観が関係概念（記号、構造）的言語観に変容したといえよう。言語は、実在物（りんごの実物）を指し示すものではない。それは、記号的関係性、つまり「意味するもの」（能記「りんごの聴覚表象」）と「意味されるもの」（所記「りんごなるもの」）の関係性からなる。言語は差異の体系としての構造と考えられるようになった。そして、レヴィストロースが行ったように、文化や民俗も差異の体系としての構造として読み解かれるようになった。

　しかし、構造主義では、変化しない究極のフォルム（形相）としての静態的な「構造」を扱おうとしていた。それに対して、ポスト構造主義と連動するナラティヴ論では、「対話」「相互作用」「生成プロセス」としてのアクティヴな言語観がより強調される。

　レヴィストロース（Lévi-Strauss, 1962/1976）が書いた『野生の思考』の一文から説明してみよう。構造主義では「作り出された構造的配列」としての記号的構造を作り出そうとした。それに対して、ナラティヴ論では「分解したり、組み立て直したりして、交互に目的となり、手段となるような構造的配列の作り出し方とその変化プロセス＝ナラティヴ」により関心を移しているといえよう。

> 　科学と同じく、ゲームは構造から出来事を作り出す。それに対して儀礼と神話はブリコラージュ（日曜大工仕事）と同様に、出来事の集合を（心理面、社会・歴史的面、工作面において）分解したり組み立て直したりし、また破壊しがたい部品としてそれらを使用して、交互に目的となり手段となるような構造的配列を作り出そうとするのである。(Lévi-Strauss, 1962/1976, 『野生の思考』p.41. やまだ改訂)

(2) 言語行為論とディスコース分析

　構造主義の言語観は、その後さまざまに批判された。イギリスでは、プラグマチックな伝統が強く、「言語行為論」（Austin, 1962; Searle, 1969）や後期

ウィトゲンシュタインの「言語ゲーム論」が影響力をもった。これらはナラティヴ論の源流のひとつとなった。

現在の第4期においても、イギリスは質的心理学の発信地のひとつで、ディスコース分析と言説心理学 (Potter, 2003; Hepburn & Potter, 2004; Willig, 1999)、批判的社会心理学、カルチュラル・スタディーズ、オーラル・ヒストリー研究 (Thompson, 1978) など多様な研究が発展している。

(3) ポスト構造主義

もうひとつのナラティヴ論の源流、フランス語圏のポスト構造主義 (Derrida, 1967a, 1967b, 1996; Barthes, 1979 など) は、言語行為論とは対照的に、テクストの読解と「脱構築」によって言語観を根底から変革している。脱構築とは、破壊や相対化をさすのではない。デリダ (Derrida, 1967b) はフッサールの古典を徹底的に読むことから始めた。彼らは、「破壊」「再構築」「書き換え」など容易にできない西欧哲学の言語言説の厚い伝統と重みをよく知っている。それらを見据えた上で、「作者」「テクスト」「主体」「自己」「他者」「引用」「エクリチュール（書くこと・書かれたもの）」などの概念の見方を変えたのである。

(4) 科学哲学 — 文脈主義、パラダイム論、歴史哲学

第2期における『科学革命の構造』(Kuhn, 1962) など、科学哲学によるパラダイム論や物語論も、ナラティヴ研究の源流となった。

第2期には、新しい分析哲学による「物語としての歴史」(Danto, 1965) も、出された。ダントは、歴史的事実が記されていると考えられてきた記録が、物語文によって構成されていることを明らかにした。彼は、過去の再現としての歴史学ではなく、過去を時間構造のなかで有機的に組織する歴史学という見方を鮮明にした。

ダントの考え方は、解釈学の革新から出発した第3期のリクール (Ricœur, 1985/1990) の物語論『時間と物語』に大きな影響を与えた。

(5) シンボリック相互作用論

アメリカでは、社会学のシカゴ学派シンボリック相互作用論の影響が大き

い（1章1節参照）。第4期ナラティヴ・ターン以降のシンボリック相互作用論の発展を、デンジン（Denzin, 2004）は、① 社会的世界がいかに働くかを、多様なナラティヴやストーリーで定式化する研究、② 日常生活の意味の産出としてのナラティヴや談話の研究という2方向にまとめている。現在では、社会的構成主義（Gergen, 1994/1998, 1999/2004）やフェミニズム論などさまざまな理論的立場が合流している（2章4節参照）。

(6) グラウンデッド・セオリーとKJ法

第2期には、シカゴ学派の系譜とつながるグレイザーとストラウス（Glaser & Strauss, 1967/1996）が、グラウンデッド・セオリー（GT）によって、質的研究の方法論における基礎をつくった。

同じ年に、日本では川喜田（1967）のKJ法が出版されている。KJ法はGTに匹敵する質的方法の先駆といえる。両者は、まったく独立に生み出されたが、同時代の大きな流れに共振しているのだろう。それぞれ独自の方法論にたどりついたことは大変興味深い。

GTもKJ法も、仮説からトップダウンで検証する従来の科学の方法に異議をとなえ、現場からボトムアップで理論や仮説を生成していく方法論という点では共通している。最近では、両者を質的データを分析するための技法や技術として使う傾向もある。しかし、GTは本来は文字通り、概念化による「理論」構築をめざす方法論である。KJ法も本来は、「発想法」である。KJ法は、抽象的な概念化よりも、新しいアイデアを柔軟に生成するのに適しており、図解化を重視するところに特徴がある。

(7) ロシアの物語論と対話論

ロシアにも独自の源流があった。プロップ（1969）の物語論は、第1期のロシア・フォルマリズムの流れをくむ。彼は、昔話の分析において、その内容ではなくフォルム（形式）に着目して共通性を見出した。のちに社会学者のプラマー（Plummer, 1995/1998）は、現代のセクシュアル・ストーリーのカミングアウト物語にも、プロップが指摘した形式が使われていることを見出した。このように物語論やバフチンの対話論（Bakhtin, 1988, 1995）は、後に英語圏で新たに再発見されて、第4期のナラティヴ研究と合流している。

2-3 質的心理学の古典と現在

(1) 古典的心理学とその継承

　質的研究は、古くて新しい。それぞれの学問の文脈では、長年問題にしてきた固有のテーマと論点と方法論がある。心理学においても、心理学の伝統をきちんと継承した上で、新たな生成が必要であろう。

　表 1-1 にまとめた質的心理学の歴史を見ていただきたい。第 1 期を質的心理学の古典時代と名づけた。それは、19 世紀末から約 1950 年まで、デンジンとリンカンの伝統的時期の区分にほぼ重なる。

　第 1 期において、フロイト『夢判断』(Freud, 1900)、ジェームズ『宗教的経験の諸相』(James, 1902/1962)、ヴント『民族心理学』(Wundt, 1900-1920)、ピアジェ『知能の誕生』(Piaget, 1936/1978)、ヴィゴツキー『思考と言語』(Vygotsky, 1934/1962)、ケーラー『類人猿の知恵試験』(Köhler, 1927/1967)、レヴィン『トポロジー心理学の原理』(Lewin, 1936) など、現在まで大きな影響力をもつ巨大理論は、質的研究から産み出されてきた。

　第 2 期のエリクソン『幼児期と社会』(Erikson, 1950/1977-80)、ハイダー『対人関係の理論』(Heider, 1958/1978) などは、第 1 期の古典時代を継承した理論家といえるだろう。

　第 2 期の 1950 年以降の心理学は、質に関する関心が低下して科学主義が万能であった。もともと心理学は物理学などの自然科学をモデルに発展してきた。心理学の基礎領域では、「心」という概念を捨てて外から観察される行動のみを扱った行動主義に代表されるように、「客観的」「数量的」研究を志向してきた。また、心理学の応用領域では、知能テストやパーソナリティ・テストなど、検査や測定と密接に関連して心理学が発展してきた（サトウ・高砂, 2003 など)。したがって、「思弁的研究」は排除され、仮説検証や実証的証拠は数量的測定にもとづくべきだという圧力が他の学問分野に比して非常に強かったといえよう。

　第 3 期には、認知科学や情報科学の発展があげられる。認知科学は、知覚、意識、知能、思考、行為など心理学の対象を情報処理プロセスとして研究し、情報科学やコンピュータ科学の発展と軌を一つにしてきた。哲学、心理学、

人工知能、神経科学、工学、言語学、人類学など多様な領域を含む学際的な分野からなり、認知革命といわれた。ごく簡単にいえば、認知科学的に見ると人間の心は「情報処理プロセス」として扱われる。

第4期に質的心理学やナラティヴ・アプローチが位置づけられる。簡略化すればナラティヴ論では、人間の心を「意味づける相互行為」に焦点をあてて扱う。

第4期「ナラティヴとしての質的心理学」は、第1期「質的心理学の古典」の遺産を部分的に引き継いでいる。しかし1節に述べたように、認識論も方法論も、根本的に大きく変革されている。その基本的な相異をきちんと議論しておかないと、心理学に生産的な貢献をもたらすことはできない。したがって、以後の論考では、特にその中核概念と関連したいくつかのキータームに焦点をあてる。

とりあげるべき理論や論点は多々あるが、ここでは、第1期のレヴィン、第2期のオールポート、第4期のブルーナーの3人の代表的著作を中心にして、現代の質的心理学の視点から見て重要な問題、「理論構成」「事例と一般化」「自己概念の変革」について概観してみたい。

(2) レヴィンの『トポロジー心理学の原理』——理論構成

ドイツのゲシュタルト心理学の系譜をひき、アメリカに移住したレヴィンは、「質」を重視した理論構成を方法論として明確に自覚した注目すべき理論家である。

パーソナリティや意志など人間の複雑な行動には、単純な実験的方法が適用しにくいので、ヨーロッパでは文学的、哲学的、思弁的に論じられてきた。アメリカでは統計的な個人差の研究に向かい、テストが乱用されてきた。彼はどちらも批判し、理論構成の重要性を明確にした。

> 唯一フロイトは、この方面で問題を深く掘り下げ、立派な業績を残している。ただし、精神分析の意図は、一般法則を事例的研究と治療上の仕事から基礎づけようとするものであり、これはたいていの科学者には、方法論的に不完全で採用できぬものに思われる。
> アメリカにおいては、単なる統計法はますます信用を失って来ているし、

また、2,3年前までは予想さえできなかったほどに、テストが乱用のかどで批判されている。

　単に事実を寄せ集めるだけでは秩序のない不生産な事態を招くにすぎない。理論的背景があってはじめて、因果的相互関係を決定することができるのである。理論なき科学は、諸事実をより分けて研究の方向を定める眼識を欠いている。実際問題としても、望む結果を得るにはどんなことをすべきか、という問題に答えるためには、理論が必要なのである。その理論は、思弁的なものではなく経験的なものでなくてはならない。理論と事実が相互に、密接に関係していなければならないという意味である。（引用文は、Lewin, 1936「序論」より翻訳し要約）

　レヴィンは、「本能」など大きな一つの思弁的概念で説明したり、抽象的分類をすることを批判し、一連の「構成概念」をつくることによって心理的現実を記述する必要性を述べた。それは、次のように説明されている。① 論理的に一貫していると同時に「心理学的生活空間」の特性にかなう性質のものであって、心理学的過程を構成的に表現し導出しえるような枠組みをつくること、② 環境、人、両者の特性を包括していること、③ 要請される以上に仮説をたてぬこと（つまり、思弁的な「説明」をせず「記述」的であること）、④ 漸近法で進んでいくこと。

　レヴィンは、① 思弁的（アリストテレス的。事物の本質とその全ての原因を解明しようとする）、② 記述的（できる限り多くの事実を集めて正確に記述しようとする）、③ 構成的（ガリレオ的。法則を発見し、諸現象はその法則体系の個別事象として扱われる）の3種類の概念化と方法論を比較して提示した。彼は、心理学における構成的理論をつくろうとした。彼は、心理学と数学とを隔てる距離についても自覚的であった。しかし、結局のところ彼自身のモデルには、当時新しい数学であったトポロジーやベクトルに期待を託し、数学の言語によるモデルに頼ろうとしたことは評価が分かれる。

　レヴィンが提起した「心理的生活空間」などの構成概念や研究方法は、アクションリサーチなどその後の多くの研究の基礎をつくった（5章1節参照）。しかし、レヴィンが試みた「理論構成法」自体は、心理学の主流にはならなかった。

　その後、第2期に、レヴィンと交流があったハイダーが「常識心理学」と

いう名前で、日常生活の常識から理論をつくりだす方法を試みている。ハイダーが「すっぱいブドウ」というイソップ物語の分析を行い、「帰属」など重要な心理的概念を見出したことは注目に値する。しかし、ハイダーの場合にも、心理学者の関心は、見出された理論の検証や実証データ収集の方に向かい、心理学における理論構成法そのものへの関心はうすかった。

第2期において、社会学者のグレイザーとストラウスが、理論化を行う方法論、グラウンデッド・セオリーを生み出し、その方法論が現在までさまざまに発展して、社会学における質的研究の基礎が築かれたのとは、学問の発展方向において大きな相違がある。社会学では、グレイザーたちが見出した「死のアウエアネス」という概念やその実証よりも、理論構成法そのものに関心が向けられたからである。

心理学においては、仮説生成や理論構成は、実証的研究への第一歩程度の位置づけしか与えられず、フロイトやエリクソンなど大きな影響力をもった理論家も、アカデミックな科学的心理学ではあまり認められなかった。レヴィンもまた、オールポートが批判するように、実証的研究においては数量的テストに頼り、「質」を擁護できなかった。

> レヴィンは、おそらくだれよりもたくみに、度数に依存しない合法則性の利点を述べ、正当な科学的な関心の領域における一回起的なできごとの地位を擁護したけれども、彼自身の調査研究は、これにもとづかないで、明らかに生起の度数についての量的なテストに頼っているのは、奇妙な事実である。(Allport, 1942/1970, 訳書 p.59)

優れた理論家が、理論をつくるときは「質的方法」を用いても、その実証や検証には実験的研究や数量的テストを用いるという方法論の流れは、レヴィンだけではなく、心理学において一般的であった。ピアジェの発達理論、ハイダーのバランス理論や帰属理論、エリクソンのアイデンティティ論なども同じ道をたどった。

この問題に関して、グレイザーとストラウスが明快に述べている次のような見解は、現在の質的研究者の多くに共有されていると考えられる。

量的および質的各々の形態のデータは理論検証と理論産出の両方に役立つ。多くの場合、両方の形態のデータが必要なのである。つまり、質的データをテストするために量的データが用いられるのではなく、両者が相補的に、相互検証的に用いられるのである。われわれにとってとりわけ重要なのは、その両者が同一の主題に関する異なった形態のデータとして利用できることである。両者は比較を通じて、各々が理論を産出するだろう。
（Glaser & Strauss, 1965/1988, 訳書 pp.21-22. やまだ改訂）

(3) オールポートの『パーソナル・ドキュメントの利用法』
── 事例と一般化

　科学の方法についてのいくつかの最近の議論が、科学の言語のほうがその目的よりも重要であると言わんばかりの儀礼主義をうみだした。これに反して、われわれの立場は、もしもパーソナル・ドキュメントの言語が、理解と予見力と制御力を、人間にそなわっている、科学の助けをかりない常識によって達成されうるレベル以上に、高めることを示すことができるならば、これらのドキュメントを妥当な科学的方法として認めなければならない、というものである。（Allport, 1942/1970, 訳書 p.187.「個人的記録」をパーソナル・ドキュメントと訳語改訂（やまだ））

　表 1-1 の第 1 期の古典時代から第 2 期に移るエポックに、オールポート（Allport, 1942/1970）の『心理科学におけるパーソナル・ドキュメント（邦訳、個人的記録）の利用法』が出された。この本は、ブルーマー（Blumer, 1969）『シンボリック相互作用論』第 6 章「トーマスとズナニエツキ著『欧米におけるポーランド農民』の評価」をもとに書かれた。現在でも価値が高い質的研究の方法論の古典だと考えられる。
　社会学者ブルーマーのシンボリック相互作用論は、質的研究の源流になり発展した。しかし、心理学では、質的研究は衰退した。心理学では、社会学以上に「数量化」に向かう圧倒的に強い流れがあったからである。
　オールポートの問いが現代の目から見ても新しいのは、生起度数や統計値によらない「質的記述」だけで、常識を超える新しい科学的知見や法則を生

み出し予測を可能にする学問の方法論になりうるかという根本的問いを提出したからである。質的研究は、ともすると「旅日記」(大橋・やまだ, 2005)「私語り」「体験談」の報告や「常識的概念」の再生産に終わる危惧がある。

> 事例研究法と統計的方法との相対的な価値について唯一可能な方法は、データの分類とその一般化が、常識的な観察という、ゆきあたりばったりの、質的で主観的な方法によってなされるべきなのか、それとも、統計的方法という、体系的な、量的で客観的な手つづきによってなされるべきなのか、という問題に解消する。(Lundberg の引用, Allport , 1942/1970 より, p.57)

質的心理学は、「常識的な観察という、ゆきあたりばったりの、主観的な方法」で、ただ常識を再生産するものであってはならないと考えられる。ただし、統計的方法だけが一般化へのルートだろうか。心理学は、統計的方法を用いた「一般化」か、質的方法を用いた「事例記述」か、という古典的な二者択一の問いに悩まされてきた。現代の質的心理学は、この二元分割を超えて、質を記述しながら一般化をこころざす研究方法を探究してきたといえよう。分類や類型やカテゴリー化や、多くの人々に共通する一般化を求めてやせこけた枠組みだけにするのではなく、豊かな多様性を記述する質的研究の長所を生かし、なおかつ、たまたま観察した特殊事例の記述にとどまらず、より一般的な理論を提起し予測性をもつ研究をする方法論が模索されてきたのである。

> おおくの事例を含めば含むほど、それだけますます一般化はおおまかになり、非個性化される。法則定立的な研究は、一般化をつくりだすために、不可避的に、ただ一つの、あるいはせいぜいごくわずかの側面を、具体的な人生からとりださざるをえない。どの二つの人生も、微にいり細にわたって比較されることはありえず、おおくの人生がとりあげられればとりあげられるほど、それだけますます共通の側面はすくなくなり、ついには、人間の普遍的な法則のやせこけた枠組みだけがのこることになる。対照的に、厳密に個性記述的な研究は、パーソナリティのゆたかさと多面性を維

持しており、みかけだおしの一般性の危機からはるかにはなれている。
（Allport, 1942/1970, 訳書 p.64）

　今でも質的心理学は、その賛同者からも批判者からも、個性記述的方法や事例研究をさすと誤解されやすい。オールポート（Allport, 1942/1970）は、法則定立的（nomothetic）研究と個性記述的（idiographic）研究を区別した。法則定立的な研究とは、一般法則を導き出す研究で、「その共通の特徴にかんして統計的手段によって分析するのにこのましいサンプルとなりうる、十分に数のおおいドキュメントのコレクションにのみ向けられる」研究をさす。個性記述的研究とは、比較や一般化が目的ではなく、「臨床的に妥当な、単一事例の理解と制御のために役立つ生き生きとして特異な描写」である。

　個性記述的研究は、特定の個人や個別の出来事を理解し、予見し、制御することを目的とする。特異な臨床事例や、殺人事件など特殊な出来事が起こったときには、その出来事の経過を詳しく記述する個性記述的研究は必要で有益だろう。それは、特異な一回起性の地震が起こったときに、地震学者が現地に出かけて、その地震の経過を詳しく記述するのにあたる。しかし、ふつう地震学者は、個性記述でとどまらず、それを他の事例と比較分析したり、原因を推定して部分的にでもシミュレーション実験して、現地で得られた仮説を確かめる方向に進むだろう。

　現代の質的心理学も同様に、個性記述的研究でも法則定立的研究でもなく、個性や事例記述をしながら、一般化や理論化をめざすことが多い。個別の事例を扱う場合にも、それだけを記述することが目的ではなく、何らかのかたちでの一般化が必要であろう。少なくともその事例が、そのほかの事例や他者の事例と比較検討できるか、あるいは、ほかの学問的な知識や論点と比較できる形で提示されなければならないだろう。

(4) ブルーナーの『意味の行為』── 自己概念の変革

　ナラティヴ研究は新しい潮流ではあるが、もともと多文化的、多発生的、多声的である。それぞれの場所に根づいた言語観を土壌に長い伝統をふまえて独自の発展をしてきた。それだけに多種の矛盾した見解や対立もはらみながら、全体として学問横断的な大きな流れになっている。

ナラティヴ・ターンには、新しい世界観や人間観が含まれている。したがって、実体としての「自己」概念を「物語的自己」へ、「アイデンティティ」概念を「物語的アイデンティティ」へ変えるなど、心理学の基礎概念を根本的に変え、研究方法も変えつつある。
　ブルーナーの『意味の行為』は、本章1節にも引用したように、第3期認知科学から第4期ナラティヴ心理学へのエポックを示す書物である。彼は、認知革命（cognitive revolution）を、客観主義の長い冬の時代の後、「心」を人間科学にとりもどすためのものだったという。
　ブルーナーによれば、初期の認知科学は、「刺激と反応」「外から観察可能な行動」「動因」など行動主義の概念から、「意味」を心理学の中心概念にしようという動きをもっていた。しかし、やがて「意味」は「情報」へ、「意味の構成」は「情報処理」へと重点が変化してしまい、支配的なメタファーが「計算機」「コンピュータ」になってしまったのだという。認知プロセスは、コンピュータプログラムと同等視され、人間の概念や記憶活動は、コンピュータ・シミュレーションで操作されるものになった。刺激と反応は入力と出力に、強化は制御子という用語に変わったが、これは、新しい装いの還元主義にすぎない。

　　情報処理は、「イスラム原理主義者の心の中では世界はどう統合されているのか」というようなやっかいな問題は排除する。「乗り物が定められた軌道を保つための操作情報を、オペレータに与える最適の方略は何か」というような問いを好む。意味と、意味を創造する過程は、「情報処理」と呼び習わされているものから驚くほどかけ離れているのである。
　　情報がどのように動き、処理されるのかということの理解に認知科学が貢献してきたことは疑問の余地がない。しかしまた、最初に認知科学を推し進めたはずのいたって大きな問題が、今もほとんど説明されないままいくぶんあいまいにされているという反省もまた、疑う余地はないのである。それは、意味の概念と、意味が共同体の内部で創造され、処理される過程をめぐって、精神科学をどのように構成すべきか、という問題である。
　　(Bruner, 1983/1993, 訳書 p.5, p.14 より。一部変更)

　ブルーナーは、かつてオールポートがハーバード大学で「パーソナル・ド

キュメントの利用法」を講義したとき、学生としてその講義を聞いていた。本の謝辞に名前があり、引用文献には共同研究の記載もある。これは、ブルーナーのもっとも初期の業績かもしれない。当時、オールポートがブルーナーと共同研究した「戦争亡命者の手記」分析は、現在のライフストーリー研究からみても興味深い。しかし、当時はその手記を「ナラティヴ」として分析する観点はなかった。そのころ同じハーバード大学には、物語的アプローチによる投影法である「TAT」を開発したマレーもいた。

　ただしブルーナー自身は、彼らの文献を引用せず、自伝でもわずかに触れているだけである。彼が批判するように、パーソナリティ研究は、散漫な現象記述か、そうでなければ静態的な分類や類型論に終わっていた。「個性記述」を熱烈に擁護したオールポート自身の研究も、パーソナリティ分析は常識的な類型論の域を出なかった。「水晶のようにクリアーで透徹した原理」を求めていたブルーナーは、実験的な認知心理学研究に魅力を感じた。

　　オールポートは博学な人だった。……私は彼の「学生」の一人になり、専門の話をしたり共同で研究をしたりして多くの時間を一緒に過ごしたけれども、しかし、私の思考様式に深い影響は与えなかった。その点ではハリー・マレーも同様だった。……パーソナリティ全体の直接的な研究は散漫になるか、さもなければ（その反動で）類型や価値や特性の静態的な分類にがんじがらめになるか、そのどちらかだと思われた。私は何か思いきったもの、単純化し、見かけの複雑さを何か水晶のようなものに表現し直す、そういう透徹した原理を求めていた。(Bruner, 1983/1993, 訳書 p.59)

　ブルーナーは、第2期の行動主義とテスト全盛時代を批判し、第3期の認知科学研究を強力に推進する旗手になった。そして第4期のナラティヴ論の先駆者になった。それだけ長い時間を要したのは、偶然の歴史の巡り合わせとはいえない。質的研究は、ナラティヴ・ターンを経てようやく、質そのものを「見かけの複雑さを単純化し、透徹する原理」としてアプローチできるようになったからである。

　さて、現在は第4期、ナラティヴ・ターンを経て、質的心理学の新しい時代を迎えている。それは、古典的な質的研究とどのように異なるのだろうか。

ここでは、心理学の重要概念のひとつ「自己」をとりあげて、歴史的変遷を概観してみよう。第1期（1940年代まで）の古典時代の質的研究（自己の本質化）、第2期（1950年代〜1980年代）の質的研究（社会文化的自己）、第4期（2000年代から）のナラティヴ研究（物語的自己）の違いを、ジェームズ、エリクソン（フロイト）、ブルーナー、代表的な3人の「自己」観から比較する。

1) ジェームズの手紙（James, H. 1920）**より**

人間の性格というものは、ある精神的もしくは道徳的な態度のなかにおかれたときに、はっきりしてくるものです。つまり、そのような態度が身に宿るとき、人間は、ものごとに積極的にしかも生き生きと対処できる自分を、きわめて深く、強く感じるのです。そのような瞬間には、次のように叫ぶ内なる声が聞こえてきます。「これこそが真実のわたしだ！」
（Erikson, 1968/1973, 訳書 p.9）

2) フロイトの手紙（Freud, S. 1926/1959）**より**

わたしをユダヤ民族に結びつけていたものは（わたしはそれを認めることを恥じるものでありますが）、信仰でも民族的な誇りでもありませんでした。……わたしの苦難だらけの人生行路にとっては必要不可欠なものとなっていた以下の二つの特徴は、ひとえにわたしの性質に負うものだという自覚が、わたしにはあったのでございます。その二つの特徴とは、第一に、わたしはユダヤ人でありましたために、数多くの偏見から自由であったことであります。他の民族の人々は、まさにそのような偏見のゆえに、知性の働きが限定されていたわけです。第二の特徴とは、わたしはユダヤ人であったため、いつでも野党に組みする用意ができており、「団結固い多数派」と折り合わなくてもやっていける備えができていたことであります。
（Erikson, 1968/1973, 訳書 pp.11-12）

3) ブルーナーの自伝より

思い返せば、私の子ども時代は、以後の私の人生とまるでつながっていないように思われる。私が将来知識人になるとか、学者になるとか、まして心理学者になるなどと人に思わせるものは、ほとんど見あたらない。……

私自身の子ども時代の歴史の「意味」は、その時実際に起こった事柄の文脈よりも、その後の事柄によって生み出された文脈によって左右されるように、今の私には思われる。昔の事柄の意味とは、ちょうど過去へ向かって流れていく時間のようなものであろう。これは、フレデリック・バートレット卿の記憶の説明に似ている。すなわち彼によれば、過去とは、一つの修復というよりもむしろ再構成であって、それぞれの再構成はまたそれ以前に再構成された形跡を含んでいるのだ。かくして、歴史の秘密は永遠に隠されている。(Bruner, 1983/1993, 訳書 p.5)

　第1期のジェームズの手紙は、隠されていた「本当の私」の「内なる声」が自覚された経験を語っている。外からは見えない自己の内部に実体としての「本当の自己」が実在するという自己観は、現在の心理学者にも引き継がれている。「本当の私探し」は、このような自己観に基づいている。
　フロイトは、第1期に属し、抑圧された内面の深層に「本当の私の欲望」があると考えた。したがって、ここに引用した「ユダヤ民族」として自身を語るフロイトの手紙は、古典的フロイト理論の中核とはほど遠いといえよう。これは、フロイトの系譜をひく第2期のエリクソン（1968/1971）が、自己のアイデンティティ論を提示するために巧みに引用したものである。自己を個人の内部の主観性に閉じず、外部の社会・文化・歴史的文脈と関係づけたところがエリクソンの新しさである。社会・文化に自己が包含されているという考えは、その後の文化的自己や社会的自己研究にも引き継がれた。
　第4期の先駆となったブルーナーの自伝は、ナラティヴ論の考え方を示している。自己を幼いときから現在まで持続する単一の同じ実体とはみなさないで、物語的に構成するものだと考えている。この考え方に立てば、自己は複数ありうるし、現時点で過去や未来の自己を構成したり、構成し直したりできるものになる（やまだ, 2006）。
　第4期の考え方に立つと、自己とは「内面に隠された唯一の本当の私（第1期）」や「社会文化とむすびつきながら、それらを超えて同一で持続する私のアイデンティティ（第2期）」ではなく、「構成された複数の私の物語」だということになる。つまり、自己概念は、「内なる実体としての自己」から、「社会・文化的な自己」へ、そして「物語的自己」へと変革されたのである。

2-4　日本質的心理学会創設にいたる志

　日本の質的心理学の歴史の全体像を展望するには、紙面の分量も足りず筆者の力量も及ばない。いつごろから、どのような研究を「質的心理学研究」とみなすのかという定義ひとつとっても、多々議論があるだろう。いずれ本格的歴史を専門家に書いていただけることを期待している。本項では、とりあえず「日本質的心理学会創設にいたる志」というテーマにしぼり、創設にかかわった筆者の視点と経験のライフヒストリーという限られた範囲を歴史素描の一端とすることをお許しいただきたい。

(1) 日誌研究会とモデル構成的現場（フィールド）心理学（1970〜1980年代）

　日本における質的心理学の源流は多くあると考えられる。特に発達心理学は、子どもの観察が重要なので質的研究と親近性が高かった。日本で質的心理学を立ち上げた研究者が発達心理学者であったのは、大きな理由がある（やまだほか, 2012）。

　ただし、かつての観察法の主流は、実験的観察か、研究者が一方視鏡で研究対象である子どもの行動を記録して生起頻度を数える方法であった。日常生活の現場で研究者と子どもが関係性をもち、相互作用しながら行う参与観察は、科学的な研究とは認められなかった。

　そのような時代に、1980年代の初めに「日誌研究会」がつくられた（主要メンバー、山田洋子、麻生武、秦野悦子、綿巻徹など）。これは、現在の質的心理学会の源流のひとつになったと考えられる（やまだほか, 2007）。日誌研究会は、各自がそれぞれ自分の子どもの日誌記録をつけて、そのノートの厚い束を持ち寄って見せ合いながら議論するゴーイング・マイウェイの活動であった。当時は、発表の場もなく、仲間もなく、名もなく、貧しく、学会の主流にはとうてい認められないようなマイナーな研究路線であった。それでも「手間暇かかる割に報われないが、それでも自分たちはあえてやるんだ」という熱い意気に燃えていた。

　山田は、1970年代から乳児の実験的研究と共に、自分自身の子どもの日常生活での観察記録を基にした研究を学会で発表していた（山田, 1975, 1982

など)。麻生とは、1980年の『心理学評論』に論文が同時に掲載された契機で知り合い、「日誌研究会」に誘った。

　当時の社会、歴史的コンテクストにおいては、心理学研究は、実験と調査による圧倒的な数量的・科学主義、行動主義の時代であった。山田は卒論で動物実験をしながら、これで人間の心理に迫れるのかという疑問を抱えていた。一度臨床の現場に就職して自閉症児のセラピーをしていたが、改めて「ことばの発生」を知るために発達心理学をやろうと志を立てて、大学院に入り直した。しかし現場からの発想という視点は持ち続け、大学の発達心理学の教科書は概念的すぎると感じた。

　1970年代後半から1980年代は、発達心理学に非常に熱い波がやってきた時代でもあった。乳児研究がはじまり「赤ちゃんは目が見える」「赤ちゃんは生まれた時から有能だ」など大発見が相次いでいた。当時は、乳児に対して実験的研究ができるということ自体が大変革であった。

　ピアジェの影響も非常に大きく、圧倒的に巨大なグランド・セオリーに熱中した時代でもあった。ピアジェが丹念に追った乳児の観察記録、『知能の誕生』『現実の構成』『表象の発生』という三部作は、まだ翻訳されていなかったが、バイブルのように読んだ。

　もともと言語発達研究では、日誌研究は古典的に重要な位置を占めていた。その中でも、ピアジェの三部作は驚異的で、毎日、毎日、子どもの観察を詳しく徹底的に記録して、それをもとに理論を構築していく学問の神髄を学ぶことができた。行動観察が徹底しているだけではなく、それをとことん理論化し説明する方法は、細かい行動のディテールを羅列的に出して終わる現場研究、あるいは既成の理論を現場に当てはめてつまみ食い的な観察事例の提示で終わる研究、そのどちらにもない凄さであった。

　もう一つ、当時の大学がおかれていたコンテクストがある。大学闘争の世代、団塊の世代を中心にして、「学問はこれでいいのか」という危機感が共有されていた。研究者個人が自分の生き方と学問とどのようにかかわるかを問い返し、みんなが真剣に考えていた。単なる大学批判や体制否定だけではなく、自分たちで新しい学問を創っていこう、マイナーでもいいから自分たちが良いと信じる学問をしていこうという熱い志が根底にあったように思われる。麻生(2002)は、のちに次のように振り返っている。

私が心理学を志したのは、1971年頃だった。当時の心理学は、認知心理学が興隆してきたとは言え、心理学はまだ行動主義の思想に強く影響されていた。行動主義の基本的な考え方は、よりシンプルな定式化を好む物理学を手本とする還元主義的な思想であった。事象をできるだけ客観的に記載し、その記載された事柄をより数量的なものにすることが科学的な心理学の目標とされたのである。
　なぜか、そのような心理学が当時の私には、たまらなく抑圧的な学問のシステムのように感じられた。……当時のそのような心理学の状況にあって、新鮮な空気がそこから流れ出てくるように感じられた事柄があった。それらは、数量化そのものの思想を発生学的に問い直しているように感じられた発生学的認識論者であるジャン・ピアジェの仕事であり、身体と知覚との関係を論じるメルロ・ポンティの仕事であり、そこで高く評価されていたアンリ・ワロンの仕事であった。……私にとって、質的な研究とは、あらゆる科学的な研究の原点、学問の原点に立ち返ることを意味していたのである。……目の前に現象している世界は、自然科学的に定式化できるほど単純なわけではない。私たちの目の前には驚くほど多様な世界が拡がっており、しかも、私たちも世界も日々生成し変化しているのである（麻生, 2002, pp.165-166）。

　子どもの観察日誌をこつこつ書いたものをベースにして、やまだ（1987）は、『ことばの前のことば』を出版した。麻生（1992）も、『身ぶりからことばへ』を出版した。当時の日本の心理学の出版状況としては、教科書か外国本の翻訳が中心で、若い研究者がオリジナルな研究を著書としてまとめて出すこと自体が画期的なことであった。これらを企画したのが当時若い編集者であった新曜社の塩浦暲であった。その後の『質的心理学研究』の発刊においても、質的心理学の陰の立て役者としての出版社や編集者の貢献は多大である。それは英米においても同様で、質的研究の発展は、それを支えてきたSage出版社なしには考えられない。
　やまだ（1986）は、『ことばの前のことば』出版の前に、「モデル構成的現場(フィールド)心理学」という方法論に関する論文を出した。心理学は実証のための方法論を洗練させてきたのに対して、現場から仮説やモデルを発見する方法

を体系立ててこなかった。そこで現場からモデル構成する方法論をつくるために、① 現場とは何か（複雑多岐の要因が連関する全体的・統合的場であって個々の要素に切り離せない）、② モデルとは何か（関連ある現象を包括的にまとめ、そこに一つのまとまったイメージを与えるシステム）を定義した。そして、③ 行動観察法の整理と比較、④ 数量的データと質的データの特徴、質的データの代表性と客観性の問題について論じた。

そのうち、質的データの代表性の問題については、次のように述べている。やまだ（2002、2007, 2010）は、その後「モデル構成的 現場 心理学」の方法を具体化し、さらにモデル化の方法論を発展させているが、最初の論文で提起された問いと議論は、現在の質的研究にむすびついている。

　　質的データをモデル構成に用いる場合に留意すべきことは、私たちが数量的データの扱いにあまりに慣れているために、数量的データにおける信頼性の概念を質的データにも当てはめようとすることである。数量的データでは、相互一致性があるほど信頼性の高い良いデータになるが、質的研究では新しい変数が発見できるほど良いデータだといえる。数量的データでは研究者の個性が消えるほど良いデータだが、質的データでは研究者の個性が最大限活かされる方が良いデータである。

　　質的データでは主観的で恣意的な解釈が許されるというわけではない。質的データの場合にも、個人のもつ解釈の歪みは是正されるべきである。しかし、複数の研究者の判断や解釈の使われ方は、図1-5のように、数量

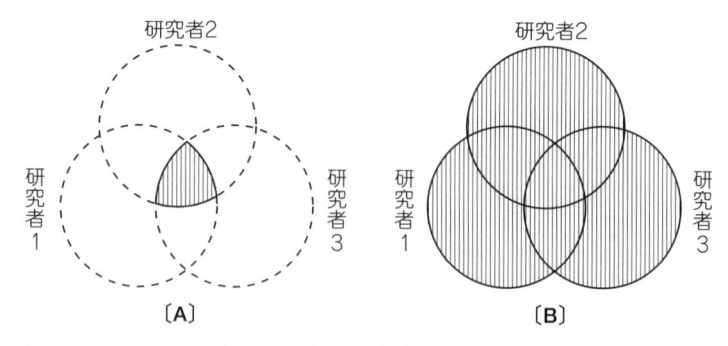

図1-5　数量的データと質的データの個人の歪み是正のしかたの相違
　　〔A〕数量的データ　　判断，解釈の一致する部分のみを採用する
　　〔B〕質的データ　　　判断，解釈の可能性をできるだけ広げる

的データと質的データの分析の場合では正反対である。数量的データの場合には他者と一致する部分のみが採用されるという方法で歪みが是正されるのに対し、質的データの場合には、個人が気づかない変数を他者が気づく可能性があるので、それらをすべて取り入れるという方法で歪みが是正される（やまだ, 1986/1997, pp.181-182）。

(2) 定性的研究の実際 ── 日本質的心理学会前史（1990年代）

　日本質的心理学会ができる前には、さまざまな人々の先駆的研究や運動があった。そのひとつが、サトウ・やまだ・南が中心になって「定性的研究の実際」と題して日本心理学会の「原理・方法」部門で1994年から10年間続けた発表である。当時は、まだ「質的研究」という呼称がなく、「定性的研究」「現場心理学」というような名前で自分たちの研究を呼んでいた。しかも、その「集団」は一枚岩で結束するのではなく、各自が個性的に活動していた。サトウ（2001）は、次のように述べている。

　　将来、日本の心理学史というものが本当に確立したときには、私たちのことを「現場心理学グループ」とでも命名してほしい。一人ひとりの研究は違っても、志を同じくする人々が集まって研究を行っていく。これは学派とは言えないまでも、ある種の集団を作っている。
　　……私たちは編者も著者も含めて、決して一枚岩的な集団ではない、むしろ、一人ひとり異なっているとさえ言える。
　　私が個人的にイメージしているのは、メンバーが後ろ向きに手をつないで円を作っている、ということである。……手を離したら、一人ひとりは、スピンアウトして、どっかに飛んでいってしまうかもしれない。しかし、手をつないでいるから、誰かが前に行こうとしても、その反対側にいる人が、逆の方向に行こうとするので決して簡単に進むことはできない。だから、根無し草のようにどっかに行ってしまうことはない。そして、前に行こうと思っても行けないというある種の葛藤エネルギーを浮力に転換するのである。（サトウ, 2001, p.189）

　「定性的研究」「現場心理学」研究は、それまでも少しずつ個人的に行われていたが、多様な専門領域にわたっており、学会においても孤立しがちであ

った。それらの人々が一堂に集まって、多様性や異質性や多声性を大切にしつつ「集団」として発表や議論できる「場」をつくろうとしたのである。質的心理学研究は、ともすると名人芸的になされてきた。著書やシンポジウムやワークショップで議論するだけではなく、誰でも参加できる「学会発表」の場をつくる必要があった。「多くの人による多様な研究」という志は、現在の日本質的心理学会にも引き継がれていると考えられる。

> なぜ学会発表なのか。学会発表は研究の最小単位であり、そこで発表できるようでなければ、論文を書いたり、本を書いたりすることはできないと考えるからである。……院生ができるような研究でなければ研究は続いていかない。そして、多くの人による多様な研究が行われなければ、その分野の研究の発展もあり得ない。天才肌の研究も否定しないが、それでは多くの人が観客・読者になってしまう。研究はそういうものではなく、みんなで積み上げていく必要がある。(サトウ, 2001, p.189)

　日本心理学会における「定性的研究の実際」発表と共に、各種学会でシンポジウムやワークショップも多数企画された。特筆すべきは、併行して「心理学の新しい表現法に関する論文集」が第10巻まで10年間にわたって刊行されたことである。
　これは、各所に散らばっていてモデルとなる論文が手に入りにくかった時代に、「論文集」としてまとめて見られるようにする試みであった。この論文集は、手弁当で印刷し、段ボール箱に詰めて、宅急便で日本心理学会の会場に運んで500円で販売された。それらの活動を担った大学院生を中心とした若いエネルギーが現在の質的心理学会を支える力になった。表1-2は、1994年第1号に掲載された論文タイトルである。
　日本心理学会において「定性的研究の実際」発表を7年間続けて、72の発表が積み重ねられたころ、やまだ・サトウ・南が編者となって『カタログ現場心理学 ── 表現の冒険』という本を出した。21世紀を切り開く新たな心理学の方法論を提案する「多声共存的な生成的カタログ（見本帳）」を提供しようという志は「表現の冒険」と名づけられた。

表1-2 「心理学の新しい表現法に関する論文集」で紹介した論文のタイトルと出典リスト

第1号（1994）

山田洋子　1986　モデル構成をめざす現場（フィールド）心理学の方法論　愛知淑徳短期大学研究紀要，25，31-50．
南風原朝和・芝　祐順　1987　相関係数および平均値差の解釈のための確率的な指標　教育心理学研究，35，259-265．
澤田英三・鹿嶌達哉・南　博文　1992　母親の素朴な発達観の特徴と構造について：事例的研究　広島大学教育学部紀要（心理学），41，89-98．
井上裕光　1993　集計データの比較［第2報］─同時分析と比較分析─　千葉県立衛生短期大学紀要，12，61-70．
佐藤達哉　1993　血液型性格関連説についての検討　社会心理学研究，8，197-208．
上村佳世子・田島信元　1994　子供の一日の生活に関する社会文化的研究　人間科学研究（早稲田大学人間科学部），7，111-118．
尾見康博・川野健治　1994　人びとの生活を記述する心理学─もうひとつの方法論をめぐって─　東京都立大学心理学研究，4，11-18．
佐藤郁哉　1994　フィールドノーツについての覚え書き─フィールド情報の組織化と構造化についての試み─　茨城大学人文学部紀要（人文科学），27，23-41．

1　現場研究の見本帳 ── 多様で多声的な生成的モデルの提供

　現場研究、とくに質的研究においては、実験研究や調査研究のように習うべき定型がなく、良いモデルが提供されていない。「定型」「雛形」「モデル」「やり方」は、「かた」から入るためにも、「かた」から出るためにも必要である。定型がないことは、研究者の自由創意を生かせる良い点ともなる。しかし「かた」がないと、初心者にはむだな試行錯誤が多くなり、経験者には「はじめの一歩」から次のステップへ進むことを難しくし、せっかく開発された方法や技術も蓄積しにくい。

　私たちが考える「かた」は、人々を鋳型にはめこみ流派を固定する型ではなく、人々の個々の試みが多様で複雑な図柄のまま自由にゆるやかに共存する「カタログ＝見本帳」である。現場研究の方法論は、生成的な共同の知をつくる科学的方法論として整備されるべきであろう。

　現場研究においては、できるだけ「多様な研究モデル」を提供し、そこをベースに新たな生成を生み出していけるような「共同の知」をつくっていく努力が必要である。

2　新たな表現法の開発と冒険を

　現場研究、とくに質的研究においては、単なる「データ処理」ではなく、データのまとめ方自体がその研究者の理論と方法論を統合した「表現」になると考えられる。質的データは、単に数量的データの初歩的段階ではな

い。数量的な処理とどのように相補的に併用するかということを含めて、「質」は質でなければできない「表現」をめざすべきである。したがって、得られた結果をどのように意味あるデータとしてまとめ、提示していくか、それを工夫すること自体が、現場心理学の本質的でトータルな作業（ワーク）だと考えられる。

現場研究においては、新たな研究の「表現法を開発」し、積極的に提案していくことが必要である。「おもしろい研究」「斬新なアイデア」「方法論的工夫」「理論的提案」を積極的に表現し、共に鍛えていく「共同生成の場」が必要である。

（やまだ・サトウ・南, 2001）

(3)『質的心理学研究』発刊と日本質的心理学会創設（2000年代）

日本質的心理学会は、2002年に創刊された『質的心理学研究』という雑誌が母体となって、2年後の2004年に学会設立に到ったという経緯をもつ。

『質的心理学研究』は、無藤の提唱で、やまだ、麻生、南、サトウを加えた5人の編者によって同人誌的な色彩ではじめられた。無藤は、初代日本質的心理学会理事長に就任したが、雑誌をはじめた当初は、学会になるとは予想もせず、「赤字になったら各自が10万円ずつ持ち寄って数年やってみよう」という感覚であった。

編集委員の5人は京都の鞍馬で合宿をして、どのような研究が望ましいのか、どのような雑誌にするか、寝る間も惜しんで熱い議論を重ねた（無藤ほか, 2012）。雑誌の名前は、『現場心理学研究』か『質的心理学研究』か、最後まで議論した。その当時は、ちょうど海外でも「質的研究」の潮流がまき起こった移行期であった。国際的に通用する名前が良いということで、最終的に『質的心理学研究』に落ち着いた。

海外でも質的研究が盛んになるのは、21世紀に入ってからである。ほぼ同時代に、日本の質的心理学研究が長い前史を経て、海外の研究の輸入という形ではなく、独自に発展して雑誌を創刊し、学会創立に到ったことは、日本心理学史のなかに特筆されることではないだろうか。

第1号の編集後記に「質的研究のレベルを上げる」という志を、無藤は次のように書いている。

「質的心理学研究」のような雑誌があったらよいのではないかと思うようになったのは、直接には三つの理由がある。一つは、質的研究が盛んになったのは嬉しいのだが（私が質的研究を始めたのは四半世紀前だから感慨深い）、あまりに玉石混淆であることだ。その「石」は、統計的量的研究よりさらに問題を抱えたものになりやすい。それが広がっていき、結果的に質的研究の全体の評価を駄目にしてしまうのではないかと危惧した。もう一つは、せっかくの質的研究が、特に学会を越えて拡がる場がなく、互いに似た研究をしていても、気がつかないということがある。その結果、研究の相互刺激と累積が難しい。第三に、既成の学会で質的研究を排除しないところは増えてきたが、枚数制限が厳しかったり、質的研究に無理解な審査のコメントが返ってきて、投稿者の意気を阻喪することがある。
　そこで、何とか、質的研究のレベルを上げるようにその方法の理解を持ちつつ審査することと、投稿者に枚数を含めて制限を緩める雑誌を構想した。（無藤, 2002, p.163）

『質的心理学研究』は、「論争と対話を重視する」という志をもち、コメントや著者と査読者とのやりとりも対話の形式で紙面に載せるなど多様な試みをはじめた。南は、次のように述べている。

　これは論争の多い雑誌だ。立ち上げる過程の中でも、発起していくつかの学会で投稿の呼びかけを行う中でも、集まり始めた論文を審査していく作業の中でも。そして、こうして第1巻を刊行する運びになり、編集後記を書く段階になっても。編集委員のあいだで、関心をもってくれる人たちとのあいだで、編集者と審査する者とのあいだで、何度も何度もやりとりが交わされる。質的な研究とは何なのか、その良しあしを判断する基準は何なのか。心理学という名前がつく理由は何か。それは心理学に限られるものなのか。などなど。すべて手探りで始まり、いっしょにやっていく作業（ワーク）の中で、だんだんと互いの考えのありかや、それらが個々には差異を持ちながらも、大きなうねりとしてはめざすべき方向性をもっていることが手応えとして分かってくる。
　学会の組織も持たず、雑誌として採算的に成り立つ保証もなく、それでも「始めよう！」とするのは、表現したいことを表現する場がないことへ

のいらだち、憤りに端を発している。ほんとうに面白いと思うこと、大切だと思うこと、伝えたいと思うことが、学問の形式によって抑圧され、書かれたものが命の入っていないペーパーになっていくことへの疑問。そういう疑問をかかえながら、それぞれの持ち場の中で、少しでも生きた研究や探索や思索をしようとしている人たちがいることを知っている。「学び、問う」という原点に立ち返って、自分にとって確かに感じられる「ある何か」に表現を与えるのは根気のいる仕事である。くじけそうになる。なかなか人に理解してもらえない。とにかく時間がかかる。「質的」であることは、不断に問い続け、議論し続けることを要求する。その孤独なワークを、他者と対話・討論できる場を創り出すことによって、自分の限られた経験の地平から、もっと他者に対して開かれた〈知〉へと鍛えていく道場としての雑誌。(南, 2002, pp.166-167)

『質的心理学研究』(2002) は予想以上に好評で、引き続いて「日本質的心理学会」も大きな期待と熱い渦のなかで創設された。その後の歴史は、また稿を改めて書かれる必要がある。2010年には、質的研究関連のテクストだけでも100冊を数えることになり(田中, 2010)、質的心理学が市民権を得るようになった。さらなる飛躍を望むとともに、本稿で述べた「初心」の志に、ときに立ち返ることも意味があるだろう。

【参考書】

デンジン, N./平山満義(監訳)(2006).『質的研究ハンドブック』1巻-3巻, 北大路書房.
　　質的研究の全体を見渡すのに良い。特に訳本の1巻には、社会学と人類学を中心にした質的研究の歴史が解説されている。

無藤隆・やまだようこ・麻生武・南博文・サトウタツヤ(編)(2002-2004)『質的心理学研究』第1号〜第3号, 日本質的心理学会(編)(2005-)『質的心理学研究』第4号〜, 新曜社.
　　日本の質的心理学のテーマと方法論の多様性と創造性、その研究の蓄積と歴史を知るためにも、ぜひ直接『質的心理学研究』を読んでいただきたい。

Cooper, H. et al. (Eds.) (2012). *APA Handbook of Research Methods in Psychology*. Volume1, 2, 3. Washington DC.: American Psychological

Association.

　特に第1巻は、現代の一般心理学の方法論において、質的心理学がいかに根底的な変革を行ったかが良くわかる歴史的記念碑となる書である。第2巻では、質的研究の具体的な方法も詳しく解説されている。専門家や若い学徒の必読書といえよう。

3節
質的研究の認識論
渡辺恒夫

 心理学における質的研究の認識論が本節のテーマであるが、認識論とは何か。なぜそれが質的心理学の理解と実践とに必要なのか。これらに答えるのに認識論説の羅列と紹介から始めても益はないであろう。認識論を理解する近道は自分で認識論を実行してみることであり、それには特別な知識はいらない。メルロ＝ポンティ（Merleau-Ponty, 1945/1982）は「哲学とはものの見方を学びなおすことである」と言ったが、それは認識論にこそふさわしい。認識論とは、自分自身の暗黙裡のものの見方を反省し、先入見を去って自分の目でものを見ることを学ぶことである。

 次に、認識論の必要性を理解する近道は、心理学の中で認識論がどのようにはたらいているかを、その完成形態を例にとって理解することである。認識論の完成形態は質的心理学ではなく「科学的心理学」の方に、精神物理学者スチーヴンスが1930年代に発表した操作主義哲学に見出される（Stevens, 1939）。科学的心理学の認識論が何であるかを正しく理解することによってはじめて、質的心理学の認識論が何でなければならないかがわかってくる。

 それにしても質的心理学の認識論は多様である。そこで本節で第三に試みることは、なぜそのように多様なのかを原理から理解可能にする「装置」を作ることである。本節ではこれを「認識論的解読格子」と呼ぶ。

 したがって本節の流れは次のようになる。3-1項では世界を見ることを学び直して経験される世界には基本的な構造が備わっていることを示し、次に操作主義哲学を検討してそこに同型的な構造が見出されることを明らかにし、両者に共通の構造から認識論的解読格子を導き出す。この解読格子を参照枠として、3-2項では歴史上現れた心理学のさまざまな潮流の認識論を解読し、3-3項で現代の質的心理学の認識論を、解釈学的転回、言語論的転回、物語論的（ナラティヴ）転回の順に解明していく。

3-1 認識論的解読格子

(1) 私が見ることを学び直した世界

　図書館にいて読書にふけっていて、ふと頁から目を上げ、館内を眺めやる。本棚が並んだあいだに人影が見え、窓の向こうでは青空に白い雲が浮かんでいる。このような光景を、先入見を去って記述する第一歩は何だろうか。第一に、私がいてそして世界があるということは、先入見抜きに確実のように思われる。認識の第一歩は分類であり、構造化である。今、見えている世界の中では、「私がいて世界がある」ということから、「私」と「私以外の世界」とに分けることが理にかなっているだろう。自己 vs. 非自己という分類であり、構造上の対立軸である。ただし物理学ではなく心理学のための認識論だから、「非自己」の代表としては白い雲より人影の方がふさわしい。自己 vs. 非自己（他者）である。この構造化を念頭に置いて次の場面に進もう。

　人影が近づいて向いの席に座り、抱えていた本を机の上に置く。はずみで私の鉛筆が転がり、床に落ちる。その人は謝って鉛筆を拾い上げ、机の上に戻す。ここで世界は運動の種類で分類されることになる。「人」の意図的行為と、振動を原因として機械的に転がる鉛筆のような「物」の運動である。意図的行為 vs. 機械的運動という対立軸である。

　今までの考察を踏まえ、縦軸に自己 vs. 非自己（他者）、横軸に意図的行為 vs. 機械的運動をとり、2次元空間として描いてみよう（図1-6）。これで、私

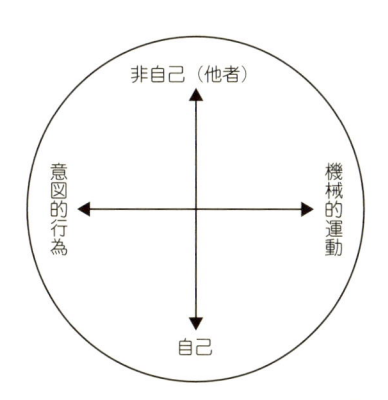

図1-6　私が経験する世界の基本的構造

が見ることを学び直した世界のもっとも基本的な構造が描かれた。ゼロから始めた認識論の最初の成果である。

(2) 操作主義哲学の認識論的検討

次に、科学的心理学のものの見方の完成形態としての操作主義の解明に移る。行動主義心理学が没落しても科学的心理学の認識論として操作主義の覇権が続いていることは、アメリカ精神医学会の手引書（DSM-IV）を見ても歴然としている（米国精神医学会, 2000/2002）。しかも、曖昧な概念を操作的に定義することで科学的・一義的にするという科学方法論の水準に、操作主義はとどまるものではない[1]。物理学者ブリッジマン（P. W. Bridgman: 1882-1961）の科学方法論としての操作主義を、心理学に導入するに当たってスチーヴンスは、科学性への深い反省に基づき一組の認識論的決断を行ったのだった。操作主義の原理として挙げられている6ヵ条（Stevens, 1939）を元に解明しよう。

まず、第1条「公共的かつ反復可能な操作に基づいて構成された知識のみが、科学の仲間入りを認められる」は、自然科学の世界では常識とも言うべき観察の公共性・再現性という科学性の要件を、言い直したものにほかならない。次の第2・第3条には、「心理学では全ての観察を、心理学者が自分自身についてなした観察をも含めて、『他者』についてなされた観察であると見なす」という、重大な認識論的決断が謳われる。3-1項（1）の、図書館に私がいて向こうに人がいるという状況で、心理学的観察は、私自身の感情や物の見え方を内省し自己観察することから始めることもできるし、向こうの人の行動や表情を観察することから始めることもできる。けれども操作主義は、心理学研究が他者の観察から始まることを要求する。たとえ私自身の心理を観察したとしても、心理学は、研究対象に対して常に他者の視点を取るという意味での、「他者の心理学」でなければならない。なぜ心理学が

---

[1]「科学方法論」は、科学において知識に達するためにはどのような方法を用いればよいかの考察。「認識論」は、「人はどのようにして知識に達するのか、そして人は何を知ることができるか？」という問いに答えを出そうとする哲学の一部門。近代科学の方法論の二本柱は観察と数学化であるが、知識の源は経験であるという経験論と、数学的真理は生来、人の精神に刻み込まれているという合理論を、それぞれ認識論的背景としている。

他者の心理学でなければならないかは、第1条の、観察という操作における「公共性」の要請から直接導き出されよう。観察者が多ければ多いほど観察の公共性は高まる。「他者」についての観察であれば、理論上は観察者の数は無限となり得るのである。

操作的定義について述べた第4条の次の第5・6条には、「弁別、すなわち分化反応が、根本的な操作である」という、もうひとつの認識論的決断が謳われている。他者の心理学であるだけでは科学性の十分条件とはならない。たとえば写真を見て「美しい」などと発したことばを録音した質的データは科学的データとは言えない。科学的データとするには弁別反応に基づかなければならないからである。そこで、美しさの段階を何段階かに分けて弁別をさせ、その結果を得点化して数値化する心理測定法が登場する。弁別反応を基本的な操作とすることは、測定し数量化するということである。なぜ心理学は質的記述にとどまらず数量化されねばならないのかは、第1条が意図する「再現性」の要請から導き出されるだろう。言語表現だけでは一義性が乏しく、再現可能性を持たない。弁別反応に基づき測定し数量化してはじめて、共通の測度に基づき再現可能となるのだから。

このように操作主義の6ヵ条を、第1条を基準に構成し直すと、操作主義とは、公共性・再現性という自然科学的な科学性公準の、直截な実現を意図したものであることが明確になる。図1-7として示そう。

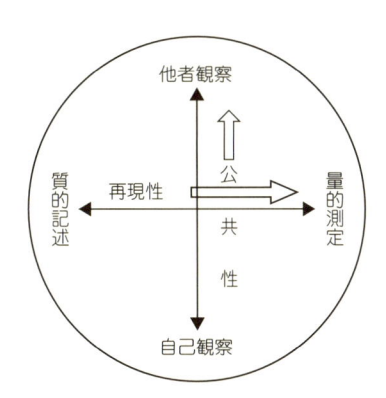

図1-7 操作主義認識論の構造
再現性はX軸右側ほど勝り、公共性はY軸上側ほど勝る事態が、矢印の向きで示されている。

(3) 認識論的解読格子の構成

この図と前の図 1-6 を照合することで、認識論的解読格子の構成に進む。両図の照合から、Y 軸（縦軸）における両者の共通性が浮かび上がってくる。「私が見ることを学び直した世界」（図 1-6）では、世界は自己／他者に構造化されていた。操作主義（図 1-7）では、自己／他者の二者択一のうち、他者を観察・研究の対象にせよという。ただし、操作主義での「自己／他者」の区別は絶対的なものではなく、自己を観察しても他者についての観察と見なせというのだから、「他者への視点」を取れというに等しい。したがって、Y 軸を〈自己への視点 vs. 他者への視点〉と表記し「認識論的な視点の対立軸」と名づけよう。

次に両図の X 軸に目を向ける。図 1-6 では X 軸の右側は「機械的運動」であり、図 1-7 では「量的測定」となっている。転がる鉛筆の機械的運動としての認識と、弁別行動の量的測定との共通項は、その目的に、法則的説明にある。そこで、X 軸の右側を「法則的説明」（略称：説明）と名づける。X 軸の左側は図 1-6 では「意図的行為」であり、図 1-7 では「質的記述」となっている。ここでも目的に焦点を合わせると、両者の共通項として「意味理解」が浮上してくる。意味を直観的に理解できる行為が意図的行為であり、意味を直観的に理解できるデータが質的記述である。それゆえ「意味理解」（略称：理解）として図に書き込み（図 1-8）、「認識論的スタンスの対立軸」の名を付ける。スタンス（立ち位置）の語を用いることで、〈説明 vs. 理解〉

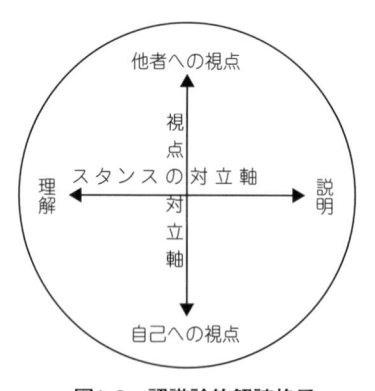

図1-8　認識論的解読格子

の対立を、対象の性質の区分（物か人か）に由来するというより認識論的な構えの違いとして、把握できるようになる。

あとは、X軸とY軸の確定に伴って出現した4つの象限に適切な名を付ける作業が残っているが、歴史的分析に入る次項に回そう。

3-2　認識論的対立の原型と質的認識論の源流

(1) 科学的心理学の誕生から行動主義へ

　認識論的解読格子ができたところで、この解読格子を使って心理学認識論史を描き出そう。まず操作主義とは、心理学を第1象限（他者視点・説明）に限定することでその科学性を完成させようとした認識論的企てであることがわかる。19世紀のフェヒナーの精神物理学では物理的刺激と感覚強度の関係が $S = K \log R$（S：感覚、R：物理的刺激、K：定数）で法則化されているが、「感覚」を観察できるのは自己の感覚としてだけである。したがって法則化を目ざしても、フェヒナーの精神物理学では「自己への視点」が採られ、認識論的解読格子では第4象限に位置づけられる。ヴントの実験的意識心理学も同様である（Schultz & Schultz, 1992）。すなわち初期の実験心理学は第4象限にあり、行動主義とその認識論である操作主義に至って第1象限へ移動したのである。この移動に伴い、心理学の対象も「意識」から「行動」へと変化した。「意識」と「行動」とを、第4象限と第1象限の名として後出の図（図1-9）に描き込んでおく。象限の名は今後、心理学の「対象」を意味するのである。

　同じ「科学的心理学」の中でのこの象限上の移動は、すでに見たように、近代科学の方法論的要請である〈観察の公共性・再現性〉に、いっそう忠実であろうとした結果であった。公共性の要請が「他者への視点」を呼び求め、再現性の要請が「法則的説明のスタンス」を呼び求めたのである。これによって心理学は、自然科学と同様の科学性の要請（公共性・再現性）を充たす、名実共に「科学的心理学」となり、論理実証主義における統一科学の構想下に入ることとなった（論理実証主義と統一科学については、表1-3参照）。

　こうしてみると、科学的心理学という制約を打破し質的心理学が興隆するためには、第1象限にのみ科学性を制限する狭い認識論的枠組みの打破が必

要だということになる。この認識論的転回は、20世紀の後半、新・科学哲学の登場以後、実際に起こったことだった。けれどもその前に、質的心理学認識論のルーツを一瞥しておこう。

(2) 質的心理学認識論の源流（1）——現象学とゲシュタルト心理学

「科学的心理学」以前の心理学は実質的には質的心理学であったとはいえ、質的研究の認識論は、科学的心理学の興隆を前にして対抗的に登場したのだった。そのような認識論の流れには現象学と解釈学の2つの系統がある。

現象学の始まりは、ブレンターノ（F. Brentano: 1838-1917）による志向性の発見にまで遡ることができ、そこに近代における質的心理学自体の始まりを見る説もある（Valsiner, 2005）。志向性とは耳慣れない言葉だが、物的現象と異なり心的現象は対象への指示関係を備えるということである。私が今、紙に書いた「猫」という文字は物的現象としてはインクの染みにすぎないが、自宅で飼っているネコという「対象」を「指示」するならば、志向性を持つ心的現象となる。志向性の発見とは、心理的な経験が「指示対象」を、つまり「意味」を、持つことの再発見と言ってよい。

今日、現象学は、現象学的還元という方法論的アイデアと共に、フッサール（E. G. A. Husserl: 1859-1938）の名に結びつけられている。還元とは、先入見に基づく臆見（＝ドクサ）をいったん棚上げして括弧に入れ、確実な知識のみに基づいて知識を根拠づけることである。ドクサを括弧入れすることを、判断停止（epoché）という。判断停止を受けるべき最大のドクサは、直接経験できる知覚的世界とは独立して世界が客観的に存在するという信念である。日常私たちは、このような信念を「信念」であるとさえ気づかず自明なものとして生きているが、そのような日常的な態度が「自然的態度」である。客観的世界の存在を、確実な知識である直接経験の世界（「現象野」）の構造分析をもとに根拠づけることが、現象学の課題である。ただしこの根拠づけは、物体的世界に比して「他者」の場合、うまく行かず、他者問題を難問として残すことになった（渡辺, 2013参照）。

フッサールが自分の現象学的還元を超越論的と呼んで経験科学的方法と厳しく区別したためもあり、現象学的心理学派がすぐに形成されたわけではない。けれども、先入見を排して主観的経験としての現象を観察するという現

象学的スタンスは、同時代のゲシュタルト心理学の中で生かされている。イギリス連合主義心理学以来の内観心理学が、意識は要素の連合によって構成されるという自然科学的原子論から持ち込まれた要素主義的先入見に支配され、有意味な経験をも連合法則によって説明しようとしたのに対し、知覚現象そのものを先入見なしに観察する態度は、知覚的世界がゲシュタルト（形態）というもっとも基本的な意味からなることの発見に導いたのだった。

(3) 質的心理学認識論の源流 (2) ── 解釈学

解釈学（hermeneutics）とはもともと、聖書の語句を解釈する学のことであったが、近代的な解釈学の始まりは19世紀のシュライアーマッハー（F. D. E. Schleiermacher: 1768-1834）に帰せられる。彼の名は、とりわけ、解釈学的循環という概念に結びつけられる。ある文献の全体の意味がわからなければ個々の語句の解釈はできないが、個々の語句の意味がわからなければ全体の意味も解釈できない。解釈学的循環の概念はその後、ディルタイ、ハイデガー、ガダマーらによる解釈学の発展の中で洗練され、人間の、世界と自己についての意味理解のあり方一般にまで拡大された。

解釈学の流れの中で人間科学論の構想を打ち出したのがディルタイ（W. C. L. Dilthey: 1833-1911）だった。19世紀半ば、コントやミルら経験論的実証主義者は、物理学を土台とし自然科学の方法によって未だ形を成していない人間科学をも建設しようという、後の論理実証主義の言葉を借りるならば統一科学の構想を推進し始めた。ディルタイはこの動きに反対し、「説明」を方法論的原理とする自然科学に対して人間科学独自の方法を「理解」と呼び、理解を方法論的原理とする諸科学を「精神科学（Geisteswissenshaft）」と呼んだ。「われわれは自然を説明し、生を理解する」とは、この原理を端的に言い表した言葉である（丸山、1985参照）。ディルタイ以後、説明／理解の二分法の妥当性をめぐって、いわゆる人間科学の方法論争が今日に至るまでくりひろげられることになる。それは「源流」というより「現代」に属することなので3-3項に譲るとして、これまでの議論を認識論的解読格子を使ってまとめよう。

(4) 解読格子の完成と質的研究展開への見通し

すでに第1象限と第4象限に「行動」と「意識」の名を付けたが、残され

た象限にも名を付けたい。フッサールは現象学の研究領野を意識とも体験とも呼んだが、内観心理学における法則的説明の対象である「意識」と区別できるよう、「意味ある経験」という意味で第3象限は「体験」と名づけたい。第2象限については、「表現」と名づける。これにはディルタイが参考になる。表現に感情移入してその背後の体験を解明することがディルタイにとっての理解であった。

ただし、このようなディルタイが理解に与えた感情移入という心理学的な原理は、後に批判を招くことになる。道徳習慣など民族的水準の表現は、たやすくは感情移入して背後の体験に到達するというわけにはいかないし、個人的水準であっても、ヒステリーの症状といった「表現」には感情移入は困難で、精神分析的な解釈によって意識的体験ではなく無意識的意味が解明されねばならないのである。ともあれ、第3象限「体験」に位置づけられる代表的な心理学の潮流をゲシュタルト心理学とすると、第2象限「表現」には精神分析を位置づけることができよう（精神分析が取る視点も「他者への視点」である）。

こうして4つの象限に名前が付いたので、図1-9として示す。これが心理学にとっての「研究対象」を構成する。今までの議論から、意識＝内観心理学、行動＝行動主義、体験＝ゲシュタルト心理学、表現＝精神分析、と対応づけると、19世紀の科学的心理学の誕生から三派鼎立状況にいたるまでの認識論的状況が、解読格子によって「解読」されたわけである。

次項ではこのような状況から現代史へと入るが、今までの議論から、質的

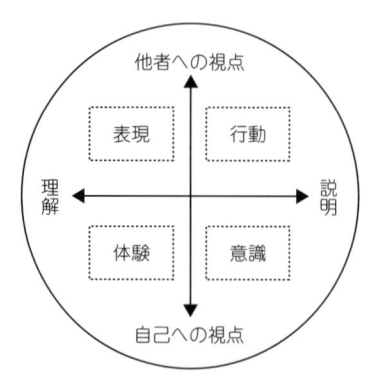

図1-9　4象限として現出した心理学の〈対象〉

心理学の再興に向かうには論理的に次のような可能性があることがわかる。まず、科学性の基準を批判し、スタンスの対立軸における左側（意味理解）の領域へと科学性を拡大することであり、実際に1960年代以降、解釈学的転回と共に科学認識論上に生じたことであった。第二の可能性は視点の対立軸を棄却する方向であり、言語論的転回の中で企てられている。第三はスタンスの対立軸を棄却する方向であり、物語論的転回によって試みられつつある。これらさまざまな「転回」の前提となる新科学哲学の登場から紹介していこう。

3-3 認識論的転回と質的心理学の展開

(1) 論理実証主義から新・科学哲学へ

表1-3に、1920年代～60年代に英語圏の科学認識論を支配した論理実証主義の「標準的見解」を要約した。20世紀の半ば以降、これらの見解はさまざまな方面から挑戦を受けることになる。

表1-3　7項目に要約した論理実証主義の標準的見解（石川・渡辺, 2004参照）

① 経験論と実証主義の基本的テーゼ	科学的知識の基本的要素はセンス・データとそれを反映する観察言明であり、言明の真偽の検証は感覚による観察によってなされる。観察と理論とは峻別されねばならない。
② 意味の検証可能性原理	検証可能な言明だけが意味がある。言明の意味とはそれの真偽が検証されうる方法のことである。
③ 観察の間主観性	観察は、複数の主観による観察の間での一致がある場合のみ正しいとされる。
④ 仮説演繹法	科学は演繹的・法則定立的構造を有している。個別的事象を記述する言明を一般的法則へと包摂することが、「説明」である。
⑤ 統一科学	さまざまな科学が同一の方法を用いているので統一が可能である。統一とは実際には物理学による他の科学の併合を意味する。心理学も例外ではない。
⑥ 正当化の文脈	仮説や理論のような科学的成果の評価において重要なのは、いかに論理的・方法論的・認識論的な基準にかなっているかという、「正当化の文脈」であり、歴史的・社会的・心理的な過程・状況である「発見の文脈」とは関係がない。
⑦ 科学と非科学の境界設定	科学哲学の課題は、科学の成功を説明し、科学と非科学・疑似科学を区別するための恒久的な基準を設定することにある。

ポパー（Popper, 1972/1980）は、科学と非科学の境界設定基準としての検証可能性原理を批判し、代わりに「反証可能性原理」を提唱した。「すべてのカラスは黒い」という一般法則を立てて「次に観察されるカラスも黒いだろう」という個別的な仮説を導き出し実際に黒いカラスを観察する、という仮説演繹－検証のサイクルを百万回繰り返しても、百万と1回目に白いカラスが観察されるという可能性を理論的に否定できない以上、法則を検証したことにはならない。仮説演繹法とは帰納法の変奏にほかならず、個々の観察をいくら蓄積しても一般法則の定立には至らないという、ヒューム（D. Hume: 1711-1776）によって指摘された帰納法の論理的欠陥はそのままである（仮説演繹法のわかりやすい説明は、伊勢田、2003 参照）。科学的言明には検証ではなく反証のみが可能であり、どんな観察によって反証されうるのかがあらかじめ明確になっているような「反証可能性」がなければ、科学的理論とは言えない。

　経験論と実証主義への批判が進行する中で、「第二世代」「新・科学哲学」と言われる科学哲学者たちが登場する。彼らの共通の関心は、理論の論理的構造よりも、科学者がその理論と仮説に到達する方法にあった。論理実証主義者もポパーも「正当化の文脈」に焦点を合わせたのとは対照的に、彼らは「発見の文脈」に光をあてるようになった。

　この世代の中でも重要な業績は、クーン（Kuhn, 1962/1971）のパラダイム論である。クーンは科学の社会的性質と知識の文脈依存的性質を強調し、ある共同体の内部における共通の実践的活動という基盤に立ってのみ研究は可能であるとした。いまや科学は神のごとき合理性の支配する世界ではなく、きわめて人間くさい活動として見なされるようになった。すでにポパーも仮説の形成を本質的に自由で創造的、抑圧的でない人間的な活動としていた。クーンは科学の社会的性質と知識の文脈依存的性質を強調し、ある共同体の内部における共通の実践的活動という基盤に立ってのみ研究は可能であるとした。(3) で見るように、ウィトゲンシュタイン（Wittgenstein, 1956/1971）も早く同様の結論にたどり着いていた。知識は実際的で社会的な基盤から生まれ、反省以前の実践的活動に依存しているのだ。こうしてみると、科学哲学におけるこの展開は、ドイツやフランスなどにおける解釈学的哲学の流れと共鳴し、次第に収斂してゆくように思われる。

(2) 解釈学的転回と象徴的相互作用論

　解釈学の流れを英語圏の科学哲学に最初に導入したテイラー（Taylor, 1979）によれば、人間科学の対象には「意味」があり、主体によって解釈され理解されねばならないが、単独では「意味」は成り立たない。「恥」は、「隠れる」といった反応を導くような特定の状態を指し示すが、ここでの隠れることが、追跡者から隠れることと同じでないと理解するためには、体験される感情（恥）に言及しないわけにはいかない。つまり、われわれは「恥」⇔「隠れる」という「解釈学的循環」の中にいる。行動主義はこの点で間違いを犯した。刺激なしに反応を定義することはできないし、逆もまた然りである。

　けれども、解釈学的哲学の導入以前に英語圏にはすでに、社会学と社会心理学の認識論としての解釈学的アプローチが、ブルーマー（Blumer, 1969/1991）が発展させた象徴的相互作用論が、存在していた。それによると、① 人間は、ミード（G. H. Mead: 1863-1931）の言う役割取得の過程によって「自己」を形成し、自己との相互作用というメカニズムを備えることで、刺激に対する反応を行うのではなく、自分が直面したものごとを解釈し、この解釈に基づいて自分の行為を組織立てるようになる。② 行為の研究は、行為者の立場から、すなわち、その行為にとっての状況を行為者がそれを見るように見ることで、行われなければならない。これは客観的アプローチの対極に位置する。③ 対人的相互作用としてのシンボリック相互作用は、他者の行為や言葉の意味を解釈することと、自分がどう行為しようとしているかに関する指示を、他者に伝達することから成る。④ 社会的世界はシンボリックな相互作用によって構成されていて、物理的世界を観察することと同じ意味では直接には観察できない。したがって、数量化や仮説演繹法に基づく検証や操作的手続きといった標準的方法は、社会科学と心理学には不適切である。

　このような観点から、ブルーマーは、操作主義と仮説演繹法を批判し、社会心理の研究とはまず「経験的社会的世界に直接行ってみることである」（p.41）と述べている。ブルーマーは研究技法を具体化したわけではなかったが、それを実現したのがグラウンデッド・セオリーであり、特に、仮説演繹法に替わる仮説生成型の具体的研究技法を提案したところに、この方法の意義と普及があった。

表1-4に、仮説演繹法と操作主義へのブルーマーの批判を要約しておいた。前者の批判は論理実証主義を、後者の批判は操作主義をターゲットとすることで、解釈学的転回に道をひらいている。

　解釈学的転回を認識論的解読格子によって評価してみよう。図1-10で、科学的心理学の認識論（操作主義）からの「移行」を矢印で記した。テイラーの解釈学的転回とはあくまで人間科学に関することで、自然科学との違いが強調される結果となっている。ブルーマーでも説明／理解の二分法自体は温存したうえでの、前者から後者へのパラダイム移行になっている。次に、「理解」の軸の周囲を回転する矢印は、研究者が他者である研究対象の意味ある行為（＝表現）を行為者自身の視点で解釈するという、象徴的相互作用論における他者への視点と自己への視点の往還運動を意味する。これは図1-9で述べた、他者の表現に感情移入することでその体験を内側から明らかに

表1-4　仮説演繹法と操作主義へのブルーマーの批判　(Blumer, 1969/1991)

仮説演繹法への批判	検証される仮説は、「理論またはモデルに深く根ざし、またそれを反映していることはほとんどない。さらに、仮説の検証は、それが、仮説によって制約された特定の経験的状況のみに限定されている場合には、明らかに不適切なものとなる。……以上特定化したふたつの条件がみたされないかぎり、研究者は、単に仮説だけを検証しているのであって、仮説がそこから導かれたモデルまたは理論図式を検証していることにはならないのである」（訳書 p.38-39）。 　これらの条件を満たすことが極めて困難であるため、「社会科学および心理学における理論図式は、それらから導出された仮説を、きわめて安易に検証してしまうという点で悪名高いものである」（p.39）。
操作主義への批判	知能とは知能テストによって測定されるもののことであるという操作主義的見解では、「知能テストは確かになんらかの安定的なものをとらえているのだから、この安定的内容がいったい何なのかはわからないと明言するかわりに、それを『知能』と名づけ数値を付与するというのである」（p.229）。 　このような操作的定義は社会科学特有の概念のあいまいさを免れているように見えるが、抽出された安定的項目には数値以外のいかなる内容もなく、それゆえ考察ができず、単に他の項目との数量的相関を明らかにできるだけである。このような方法で作りあげられたシンボルの体系を人間行動に適用する際には、それを解釈するため元のあいまいな概念に訴えることになってしまい、「研究者は、概念についてのもともとの問題に立ち戻らされるはめになるわけである。このことは何を意味しているのだろうか。」それは、操作的手続きで得られた概念は、日常的概念が使用された場合のみ理解と適用が可能になるということである。「したがって、この後者の概念と置きかえられるものではない」（p.230）。

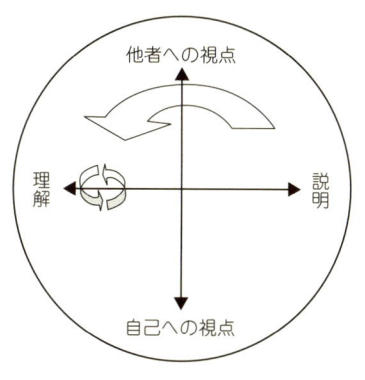

図1-10　解釈学的転回

するというディルタイ的な「理解」と基本的に変わらない構図であり、視点の対立軸自体は温存されている。次の言語論的転回では、この対立軸そのものへの無効化攻撃を見ることになるだろう。

(3) 言語論的転回 —— ウィトゲンシュタインと社会的構成主義

次に起こった重要な認識論的転回は、後期ウィトゲンシュタインや分析哲学の日常言語学派の影響下に生じた言語論的転回である。心理学的概念を社会的言語行為によって構成されたものと見なすこの認識論の下で、社会的構成主義が台頭する。ディスコース分析やポスト構造主義もこの流れに沿って理解できる。

ウィトゲンシュタイン（Wittgenstein, 1953/1976）によると、言語はチェスのようなもので、単語はチェスの駒のようなものである。語はそれが使われる「言語ゲーム」の文脈においてのみ意味を持つ。ゲームは規則を守ってプレイしなければならず、規則とはプレイする者とは独立の実在物ではなく作り出されるものである。言語ゲームは活動であって、ゲームの要素の意味は活動の中で明らかにされる。したがって、「語の意味とは言語内におけるその使用のことである」というのがウィトゲンシュタインの意味理論となる。語も言明も文脈においてのみ意味を得、言明とは主張したり、命令したり、質問したりするための道具として使われものである。したがって、意味を理解するためには、「生活形式」の習得が必要となる。意味とは生活形式の一部としての言語ゲームによって担われるのであり、ゲーム自体は真であった

り偽であったりすることはあり得ない。ゲームは、事実という基礎の上にあるのではなく、逆に事実を構成するのである。

　社会的構成主義は、ウィトゲンシュタインを出発点のひとつにしている。私たちが「悲しい」だの「期待する」だのといった心的概念を使うのは、他者を非難したり、賞賛したり、協議したりすることで、実践的目的を遂げようとするためにほかならない。すなわち心的概念とは、言語ゲームの中で実践的概念として社会的に構成されたものである、というのが社会的構成主義の答えであった。それゆえ、心理学（これは自然科学でなく社会科学にほかならない）には客観的理解などというものは存在しない。何が事実で何が真または偽なのかという認識論的基準は共同体の内部で構成されている以上、社会科学には経験的根拠を与えることができない（Gergen & Davis, 1985 参照）。

　言語論的転回を認識論的解読格子上に表したのが、図1-11 である。言語論的転回では、〈自己への視点／他者への視点〉という視点の対立軸が無効化される（図中の稲妻は対立軸への無効化攻撃を示す）。心理学の対象は言説（ディスコース）もしくは言説を記録したテクストであるが、バルト（Barthes, 1961/1987）の言うように、テクストはいったん書かれれば「真の作者」という意味でのテクストの主体は存在しなくなる。そもそも言説の主体としての「私」が存在するための条件とは、自己の身体でもないし他者の身体でもない。「自己」もまた、他の心的概念と同じ、言語ゲームの中で実践的概念として社会的に構成された概念にすぎない。それどころかハレ（Harré, 1985）によれば、語の誤用に基づいた間違った概念である。

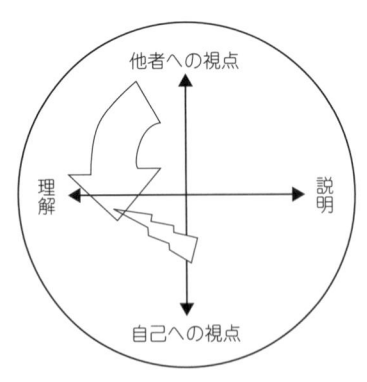

図1-11　言語論的転回。稲妻は対立軸への無効化攻撃

(4) 物語論的転回（ナラティヴ・ターン）

ナラティヴ・ターンについては本章1節と2節で詳しく述べられているので、その認識論的基盤をリクール（Ricœur, 1983/1987）を参照し要約して終えよう。出発点のひとつは、説明とは法則による事実の包摂であるという論理実証主義的な法則モデルへの、分析哲学内部での批判である。日常的経験の世界では、「泥道を走ったから自動車が故障した」といった物理的出来事に関する因果的説明であっても、偶然的一回生起的要因がありすぎ、法則への包摂と見なすことはできない。これは生物学や地質学でも同様で、それらの分野で説明とされているのは必要条件の特定にすぎず、それゆえ予測というものもできない。このような、個別的因果説明と呼べる説明のタイプは、「彼女が教室の窓を開けたのは蒸し暑かったからだ」といった人間行動の理解においても行われていることなのである。

もうひとつの批判の潮流が、分析哲学における「物語派」の潮流である。物語行為とは、時間的に離れた複数の出来事を時間的秩序に沿って筋立てる行為として定義される。物理科学における法則的説明といえど筋立て（plot）として物理法則を用いただけで、物語行為の特殊の場合と見なせることになる。かくして物理科学的法則的説明と人間行動理解の両極間には、さまざまな日常的因果説明の連続的スペクトルが位置することになる。

物語論的転回を認識論的解読格子上に表したのが、図1-12である。この転回には、〈説明／理解〉というスタンスの対立軸を無効化しようという企

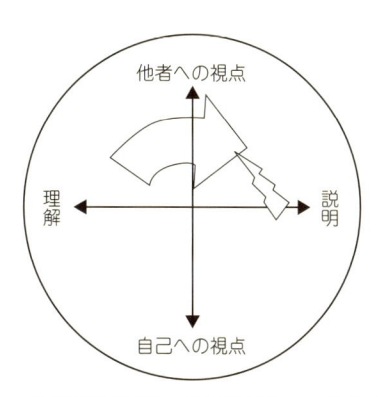

図1-12 物語論的転回。稲妻は対立軸への無効化攻撃

てが見て取れる。

3-4　まとめ

　近代自然科学の発展の中で形成されてきた科学性の規範が心理学に適用されると、人間経験を一部（他者視点・説明のスタンス）へと制限することになった。科学性の規範が目をつぶった人間経験の全体は、〈自己への／他者への視点〉〈理解／説明〉の2つの対立軸によって現出する4つの象限として表される[2]。質的心理学を導く認識論的転回は、他の象限への越境や、対立軸そのものの廃棄の試みによる、人間経験の全体性回復運動と見なすことができる。

【参考書】
丸山高司（1985）.『人間科学の方法論争』勁草書房.
　　「スタンスの対立軸」をめぐる19世紀以来の論争史が明解に語られている。類書中の白眉。
ウィトゲンシュタイン, L.／藤本隆志（訳）（1976）.『哲学探究』大修館書店.
　　「人間」は直接経験されず「自己」と「他者」のみが経験されるという人間科学の躓きの石を、唯一自覚していた人であった。本文で紹介した「質的研究史での公式見解」の裏の根源的思索に触れたい読者にお勧め。
渡辺恒夫・村田純一・高橋澪子（編）（2002）.『心理学の哲学』北大路書房.
　　心理学界と哲学界10名ずつの執筆者からなる本邦初の心理学の哲学書。姉妹編の『心とは何か』（足立自朗ほか（編）（2001）. 北大路書房）も、ウィトゲンシュタインにおける「自他の難問」の隠蔽を論じた崎川修論文が注目される。

---

[2] 対立軸のうち視点の対立がより根源的であって「自他のパラドクス」を構成する。このパラドクスは、「私は自分が人間一般の一例であることを知っているが、人間一般は直接には経験されない。(3-1 (1)で見たように) 直接経験されるのは自己と他者のみであるが、私はそのことを知らない（自覚しない）」と表現される。普段は問題にならないが、人間科学の方法論を立ち上げる際には躓きの石となる。操作主義は、「他者」によって人間一般を代表させることで躓きの石を回避しえた、首尾一貫した試みであった。これと比肩する試みは、ウィトゲンシュタインを除けば質的研究の認識論には見られない。

4節
質的研究の倫理
能智正博

　近年、研究を計画ないし実行する際には倫理的な配慮が不可欠とされるようになったが、本節では心理学とその関連領域における質的研究の研究倫理について概説する。倫理について考えることは一見、研究の実質的な部分から切り離された面倒な作業のように見えるかもしれない。しかし実際は、倫理的な配慮こそが研究の土台を形づくっていると言える。研究協力者やフィールドと比較的長期間にわたって関係作りを行い、その関係に基づいてデータを収集・分析する多くの質的研究においては特にそうである。

　本節ではまず、研究における倫理とはどういうものかを整理した後、質的研究のさまざまな局面において倫理的な問題に直面する場面の検討を試みる。そうした問題に対処する際に必要なのは、明示的な倫理規範に則して、「ルールがあるのだからこうしなければならない」といった判断ばかりではない。むしろ大切なのは、具体的な文脈のなかで研究倫理を問い続ける姿勢であり、その姿勢はまた、研究を内省的に問い直して研究の質を高める作業とも通底している。

4-1　研究倫理とは何か

　ベテランの心理学研究者のなかには、研究倫理は昔これほど厳しくなかったと感じる人が多いのではなかろうか。かつて研究法の教科書には倫理の話はほとんど載っていなかったし、実際 20 世紀の半ばまでに行われた有名な心理学実験のなかには、現在ではとても許容されそうにないものも含まれていた。研究者がもつ倫理意識や社会全体のチェック機能は時代や文化によって違っており、現在私たちが目にしている研究倫理の規範は、近代社会のなかで、もっと言えば 20 世紀を通じて「発見」されたものである（黒沢・青柳, 2005）。ここではまず、質的研究における研究倫理の問題を考える前提として、研究倫理がどういう経緯で「発見」され、それがどのような概念に成

長しつつあるのかを押さえておきたい。

(1)「倫理」の意味

「倫理」は ethics の翻訳語であり、その語源はギリシャ語の「エートス (ethos)」である。エートスはもともと「いつもの場所」を意味し、その場所における「習慣」やそこで共有される「性格」といった意味も派生してきたようである。習慣や性格を共有することで、その場所において共に生きることが容易になるわけだが、エートスはそこで、望ましい行動特徴に関わるエシックスに近づくことになる。また、倫理の「倫」は、つくりの「侖」が「環のようにひとつながりになったもの」を意味するところから、「つながりのある人間同士」という意味をもっている（白川, 2002）。倫理はそうしたつながりを支えるための「理」である。

倫理という語のこうした意味は一方で「道徳」との類似を予想させるが、この2つは厳密に使い分けられることもある。たとえば小浜（2002）によると、道徳は「伝統や慣習や権力によって、特定の共同体に具体的に根づいたもの」(p.54) で、多かれ少なかれ固定化した規範である。それに対して倫理は、「人間が互いの共存・共生をめがけるときに『これではまずい、なんとかしなければ』と感ずる精神の基本的な志向性の1つ」(p.55) であって、そのつどなされる観念の運動であるという。言語の比喩を使えば、ある社会において流通するなかで沈澱した辞書的な意味や文法のシステムが「道徳」に対応しており、それをもとに具体的な状況で発話して新たな意味や関係を生成しようとする試みが「倫理」に相当するだろう。倫理は、共同体の伝統のなかで固定化した道徳をもとにしながらも、具体的状況のもとで共生の関係を志向する動きそのものと言える。

倫理に関する思想史をひもといてみても、近年は倫理を動的に捉える立場が注目されてきているように見える（Brinkmann & Kvale, 2008）。かつて西洋社会のなかで主流だったのは普遍主義ないし原則主義であり、どこでも通用する行動規範の存在とそれを意志する理性の力がその大前提であった。また、結果主義ないし功利主義の立場では、他者に対する行為の利益損失を計算して、結果的により多くの幸福を生み出す行為が倫理的に是認された。こうした立場が廃れてしまったわけではないが、普遍的な規範の存在や利益損失計

算のための中立的視点の存在に対しては、今では多くの疑問が投げかけられている。それに対して、現在注目されている第3の立場が状況主義である。この立場では、一般的な規範や利益損失の計算結果が一定程度ありうるとしても、個々の行為が倫理的であるかどうかは、具体的な状況のもとで実践的に判断すべきものだとされる。すなわち、倫理の動的な側面がより強調されているのである。

(2) 研究倫理の時代

　研究倫理への意識が近年高まってきた背景には、近代以降の社会が培ってきた人間観の広がりがある。民主主義や自由主義の思想は、自由意志をもつ権利主体として個人を見る見方を一般化した。同時に、自由意志の行使は自分の行為に対する責任も伴うし、他人の自由意志の尊重も要請される（黒沢・青柳, 2005）。こうした時代の流れのもと、社会のなかでの自分の行為の意味や帰結に対する意識も高まらざるを得ない。また、20世紀は自分とは異なる度量衡をもつ「他者」との共生が人類の課題として浮かび上がってきた時代でもあった。たとえばフィールドワークをもとにした文化人類学の成立や社会学等でのマイノリティ研究の展開は、ドミナントな文化・社会の価値判断を研究対象に押しつけることへの反省と関係している。こうした他者性への注目は質的研究が発展する素地を提供したが（能智, 2013）、研究倫理を重視する近年の傾向を下支えしてきたと思われる。

　20世紀の後半に研究に対する見方自体が変化してきたことも、倫理意識の高まりに寄与している。かつて研究は、いわば「神の視点」から対象に影響を与えないで行われる、客観的で価値中立的な営為とみなされがちであった。パーカーによれば、1970年代になると、そのような価値中立性が一種の神話であり、研究活動が対象への影響を孕んだ政治的な行為であることが、広く意識されるようになってきた（Parker, 2005/2008）。このとき、影響の善し悪しを倫理的な観点から判断する要請が生じたとも言える。また、アカデミズムの世界が自由競争に基づく労働市場に組み込まれたことも、研究倫理への注目と無関係ではない。すなわち、研究業績を得ることへの圧力が強まり、成果を求めるあまり倫理的配慮に欠けた研究が行われる可能性が危惧されるようになったのである（佐々木・秋田, 2007）。研究倫理の強調は、こう

した可能性に対する歯止めという意味もあると思われる。

以上のような研究観・研究現場の変化と歩調を合わせて、研究倫理がさまざまな公的機関において規範化されるようになった。たとえば1964年に世界医師会が出したヘルシンキ宣言は、ナチスの人体実験への反省を込めて1948年に公表されたニュルンベルグ綱領をもとに、人を対象として医学研究を行う際の原則を示したものである（World Medical Association, 2008）。さらにヘルシンキ宣言の精神にのっとって、1974年には米国の政府機関が通称「ベルモント・レポート」を発表した（National Commission for the Protection of Human Subjects of Biomedical and Behavioral Research, 1974）。これは研究協力者との関係における研究者の行動原則とガイドラインからなり、以後さまざまな学術団体や政府機関などで提案されることになる綱領、規範、指針等の基礎となった（笹栗, 2012）。

(3) 心理学研究における倫理規程と質的研究

人間行動を研究対象とする学問分野として、心理学も以上のような流れの外にいることはできない。たとえばアメリカ心理学会ではすでに1950年代から倫理規範を作成・公表しており、現在でも改訂が続けられている（American Psychological Association, 1992/1996; 最新版は2010）。心理学における倫理規範には心理療法を中心とした実践に関わるものも含まれているのだが、研究活動における倫理ももちろん重要なトピックである。こうした規範は必ずしも質的研究の特徴を考慮して作成されているわけではないものの、最近では以下に述べるように、改訂が加えられるなかで徐々に質的研究に関係が深い項目も増えているように思われる。

日本では、1980年代くらいから諸学会で研究倫理に関する綱領や規程が整備され、21世紀に入ってからは研究倫理に関わるハンドブックが相次いで出版されるなど、議論や考察が深まっている（たとえば、日本発達心理学会, 2000; 安藤・安藤, 2005）。我が国の心理学研究における代表的な学術団体である日本心理学会も、1991年に倫理綱領のかたちで学会としての姿勢を明らかにし、ついで2009年にはより詳細な「倫理規程」を定めるところとなった（日本心理学会, 2009）。その規程には、19ページにわたる「研究と発表における倫理」というセクションが含まれているのだが、そこには質的研

究とも関連の深い「フィールド調査」という項目が認められる。また、「調査研究」のセクションには「面接調査」に関する倫理規程があり、そこに挙げられている諸項目も、質的研究の実践にあてはまるものが多い。

また質的研究に独特の倫理的配慮について議論したり、それを倫理規程に盛り込んでいこうとしたりする動きも、次第に認められるようになりつつある。質的研究と言っても幅広いが、たとえばハマースリーらはエスノグラフィ研究の経験をもとに質的研究の倫理を議論しているし、ブリンクマンらはインタビュー研究をもとに研究倫理を整理している（Brinkmann & Kvale, 2008; Hammersley & Traianou, 2012）。倫理規程のレベルでは、最近カナダの国立の3つの研究機関が合同で人を対象とする研究における倫理規程"Tri-Council Policy Statement: Ethical Conduct for Research Involving Humans (TCPS)"を改訂したが、そこでは1つの章が質的研究に割かれている。特に注目されているのは、実施途上でその目標や方法が変化・発展していく質的研究の特質である。執筆者たちはこの特質をどのように規程に反映させるかという点で苦心しているように思われる（Panel on Research Ethics, 2010）。本節はそうした最近の動向を横目に見ながら、質的研究の倫理について検討を加えたものとも言える。

(4) 研究倫理の原則

現在はそれぞれの学問分野に応じてとりまとめられ、やや乱立気味にも見える倫理規程なのだが、内容的にはかなり共通する部分が含まれている。なかでもとりわけ重視されているのは、研究協力者との関係における倫理である。その原則についてはこれまでも多くの議論がなされてきたが、上記のベルモント・レポートでは次の3つにまとめられている（笹栗, 2012）。

① **人格の尊重**（respect for persons）：研究協力者個人を自律的な主体として扱い、何らかの理由で自律性が低下している場合には、その人格を保護するよう努める。
② **善行**（beneficence）：研究協力者個人の福祉（well-being）に対して責任を負い、彼らにとっての研究の利益を最大化すると同時に、リスクを最小にする。

③ **正義**（justice）：研究のリスクは研究による利益を享受しうる集団で平等に分かち合い、特定の人々（たとえば社会的に立場の弱い人々）だけに負わせることをしない。

これらは研究のすべての局面に関与するものだが、大づかみに捉えるとしたら、研究のテーマや手続きを計画する段階は②に、研究協力者を選択する段階は③に、研究協力者と向き合う段階は①にもっとも関わりが深いと言えるだろう。

しかし研究者は研究協力者だけと関わりをもつわけではない。研究活動の場は協力者の向こう側の世界ともつながっており、そこにあるコミュニティや社会に対しても責任を負っている。まず、研究者は知識を生産するという責務をもち、研究者コミュニティからも社会全体からもそれを期待されている。まっとうなやり方でその期待に応えていくことは、研究者の職業倫理の重要な部分である（Hammersley & Traianou, 2012）。「まっとう」とはたとえば、データの収集・分析を適切に行いデータの改ざん・捏造などを行わないことであり、また、研究費の不正流用やアイデアの盗用を行わないということがそれにあたる。近年ではさらに、生成された知が一般社会に対してもっている意味に対しても倫理的な視線が向けられることがある。たとえばパーカーは、当該の研究実践が現状を変革しよりよい社会を構築するのに寄与しているのかという点を研究倫理の重要な一側面とみなしている（Parker, 2005/2008）。これは上記③の正義の原則を拡張したものとも言えるが、特に、アクションリサーチ的な志向をもつ研究においては見すごせない点であろう。

以上のような倫理の原則は、それぞれを単独で取り出せば、異を唱える人はほとんどいないだろう。難しいのは、具体的な研究場面に適用しようとするとそれぞれの原則から来る行為が互いに葛藤したり矛盾したりしうるという点である。研究者が研究過程のなかで関わることになる他者は一人ではなく、あちらを立てればこちらが立たないという状況は、むしろ日常的かもしれない。そのとき必要とされるのは、可能な選択肢を案出してそのなかからもっともよい（場合によってはもっともましな）ものを選ぼうとするねばり強い思考であろう。以下では、質的研究に焦点を絞ってそうした「不確かな場」（Brinkman & Kvale, 2008）のただ中で考えていくための参考となる手がかりを

示していきたい。

4-2 データ収集に先立つ倫理的配慮

ここからは、質的研究の過程を大まかに辿りながら倫理が問題になるいくつかの局面をとりあげていくが、このセクションではまず研究の開始時に注目する。量的研究であれば、先行研究から仮説を作り、条件を統制したデータ収集を計画するほか、関心対象の母集団をなるべく代表する研究協力者を確定する段階である。近年では研究計画を文書の形にし、倫理委員会に提出して許可を得ることが倫理手続きの一部として必須になりつつある。質的研究にも量的研究とさして変わらない手続きがしばしば期待されるのだが、ここで早くも、質的研究の倫理を考える上での独特の難しさが顔を見せることになる。

(1) 研究を構想・立案する段階の倫理

フリックによれば、倫理的であることは質的研究の質を担保するが、同時に、質の高い研究こそが倫理的であるという (Flick, 2007)。これは研究計画を立てる局面にも当てはまる。無論この時点で、量的研究のような厳密な研究手続きを決定していることが研究の質の高さを保証するわけではない。あまりに柔軟性の欠けた研究計画を立ててしまうと、フィールドや対象から学んでいくという質的研究の良質な部分を損なってしまうだろう。だからといって、漫然と研究を開始してよいというわけではない。手続き以前の問題としてまず重要なのは、自分の関心と研究の方法論が対応しているか十分に吟味しておくことである。質的研究の特徴を十分理解し、自分のやりたいことがその考え方（認識論）や手続き（方法論）に適したものであるのかを検討しておかなければならない。

また、そこで想定されたデータ収集や分析において何が得られ何がリスクになるのか、いわば、ベネフィットとコストの比較を行うことも期待される。これは質的研究に限定されるものではなく、すべての研究において必要な思考なのだが（金沢, 2006)、質的研究ではいっそう慎重かつ多面的に考えなければならない。「活動を横から見せてもらうだけ」、「話を聞くだけ」で特に

リスクはないと考えるとしたら、それは短見と言えるだろう。たとえば、「時間や労力を割く」というのもコストの一部である。自分にとってはたいした問題ではないと思えたとしても、異なる属性をもち異なる世界を生きている協力者が全く別の見方をする可能性を忘れてはならない。

特に、社会的な弱者と呼ばれている人——たとえば子ども、高齢者、障害者、病者、妊婦等——を研究対象とする場合には、研究の影響が及ぶ範囲を幅広く見積もる必要がある。たとえばフリックは、ホームレス青年たちの生活の参加観察を行った上でインタビューを行い、彼らの「健康」に関する考え方と経験を調査している（Flick, 2007）。この研究が、これまでヘルスケアのシステムから無視されてきたホームレス青年の健康状態を明らかにし、福祉サービスを改善するために役立つ提案を生み出しうるとしたら、それがこの研究のベネフィットということになる。その一方、ホームレス青年は社会的に無力で不安定な状況に置かれており、その点で彼らは脆弱性をもっていると言える。研究報告のなかで自らの生活が他人の目に曝されること自体、彼らにとってのリスクとなるかもしれない。一般的に言えば、これをベネフィットと比較し、リスクを小さくする努力のなかで、研究は倫理的に是認されることになる。

(2) 他者の目としての倫理委員会

ただしコストとベネフィットの比較はそれほど簡単ではなく、残念ながら研究者はベネフィットの方に注意が向きがちである（金沢, 2006）。研究者とは独立に研究倫理委員会が作られ、研究計画をチェックする体制が整いつつあるのはそうした理由にもよる。いわば、研究倫理を確認する「他者の目」が制度的に保証されようとしているのである。こうした委員会は、米国で1970年代から作られ始め、IRB（Institutional Review Board）と呼ばれている。現在では研究計画の事前チェックだけではなく、研究倫理に関する啓発活動、研究者が倫理的に難しい状況に直面したときの相談なども含め、幅広く活動しているという（Amdur & Bankert, 2011）。最近では欧米の雑誌に投稿しようとすると、掲載の前提として、倫理委員会の認可を受けた研究だと示すことが必要とされるようになってきた。

まだ不十分ながら日本でも、倫理委員会的な組織を備えた機関の数は着実

に増加しつつあるし、事前チェックの手続きも明示化されるようになってきた。たとえば筆者の所属する東京大学では、人間を対象とした研究を新たに立ち上げる場合、所定の書類に必要事項を記入して関連書類とともに全学の倫理委員会に提出し、審査を受けなければならないとされている。記入しなければならない項目には、以下のようなものがある。

- 研究課題名
- 研究の概要（目的、方法、研究対象および資料、研究参加者の実体験）
- 研究施設とその役割
- 研究における倫理的配慮（インフォームド・コンセント、個人情報保護、資料等の取扱）
- 安全確保の方法

これらの項目は、質的心理学だけではなく、人間を対象にしたすべての研究に適用可能な一般性をもっている。他の大学でも多かれ少なかれ類似の項目の記載が求められるだろう。

(3) 質的研究にとっての倫理委員会

ただ、こうした倫理委員会の審査においては生物・医学系の量的研究が基準となりがちであり、人文・社会科学系の研究、特に質的研究に対して適切な判断が下せるのかどうかという点には、しばしば疑問が投げかけられてきた（Clandinin & Connelly, 2000）。先にも述べたように、質的研究ではその手続きがかなり流動的であり、データ収集前に確定できない部分が大きい。具体的にどんな追加質問をするか、何に注目して観察するかなどは、研究開始後に適宜決められることも多く、倫理委員会の事前審査書類にすべてを明記することは困難である[1]。この点をもって研究計画の瑕疵とされると、質的研究の許可はなかなか下りないということにもなりかねない。また、一般に倫理委員会は方法論について保守的であると言われている。質的研究は新たな研究手続きを工夫することもまれではないため、否定的に見られやすいという指摘もある（Lincoln, 2012）。

---

[1] したがって質的研究者は、しばしば予備的な観察やインタビューを行ってから、倫理委員会等に向けた正式な研究計画書を書くこともある（Bogdan & Biklen, 2008）。

さらに、倫理委員会が掲げる指針が一人歩きし、それに合わせることが目的化してしまう危険性も見逃すべきではない (Parker, 2005/2008)。研究計画の認可が研究開始の前提条件だとしたら、研究者は「どういう計画を立てれば倫理委員会に認めてもらえるだろうか」と考えるようになるのは人情である。このとき研究計画は、当初のモチーフやフィールド・対象者の具体的条件よりも、既存の倫理規程、さらにはそれをもとにしたチェックリスト等に枠づけられてしまうおそれがある (Flick, 2007)。結果的に、研究法が限定されるばかりでなく、本来考えるべき具体的状況のなかでの倫理が軽視されるようになるかもしれない。他にも、倫理委員会が研究実践のなかでそのつど生じる倫理問題を扱いにくいこと、対象者個人よりも研究組織が訴訟の対象にならないように配慮しがちであることなど、問題点の指摘は決して少なくない。

　もっとも、そうした問題点があるからと言って倫理委員会に背を向けて自分の判断だけに頼ろうとするのも危険であろう。研究において倫理的な配慮を要する側面は多岐にわたり、複数の目でチェックすることがむしろ望ましい。倫理委員会もまたその目の1つとして利用し、具体的な場面での倫理を考える上の材料とすればよいと考えられる。なお、倫理委員会の側も近年少しずつ質的研究の観点を審査基準に取り入れ始めており、過去に指摘された問題点も部分的にせよ解消しつつある点は注目すべきであろう (Amdur & Bankert, 2011)。倫理委員会は不変の強圧的な権力ではない。すぐれた質的研究の知見が蓄積されることで、倫理委員会自体も変わっていくのである。

4-3　研究の場の設定に関わる倫理

　研究の方向が倫理委員会など外部の目からも認められたら、研究は次の局面に移る。質的研究では、データ収集の場や協力者を探し関係作りを始めるのが通例で、その関係の質がデータの質を左右する。ここで無視できないのが、いわゆるインフォームド・コンセントの手続きである。研究の場は研究者から研究協力者へ力が行使される場であり、その力を相対化して、協力者自ら自由に研究参加について判断できる場を設けることが望まれる。インフォームド・コンセントはそうした「対等な場」を作り上げるために工夫され

てきた装置の1つである。ただ質的研究の場合、具体的な状況のなかで必ずしもその装置を機械的に適用できないことがある点には注意を要する。

(1) インフォームド・コンセントの手続き

インフォームド・コンセントは、研究協力者にその研究に関して情報提供し、実質的な理解が得られた上で研究参加を決めてもらう手続きのことである。背景にはベルモント・レポートのところで述べた、協力者の自律と自己決定を尊重する「人格の尊重」の原則がある。欧米ほどの契約社会ではない日本の文化にはなじまないのではないか、専門的な内容について素人が自己決定できるのか、などといった疑問を投げかけられながらも、この手続きは医療の世界で次第に受け入れられるようになり、さらに実証研究の世界にも広がってきた（星野, 1997）。たとえば日本心理学会の倫理規程における「フィールド研究」のセクションには、次のような記載がある（日本心理学会, 2009）。ここには、インフォームド・コンセントの手続きにおいて、具体的にどのような情報が伝えられなければならないかが簡潔に記載されている。

> フィールド研究に携わる者は、対象フィールドに参入する前に研究協力者に対し、研究目的、観察手続き、研究成果の公表方法、研究終了後の対応について十分な説明を行い、理解されたかどうかを確認した上で、原則として、文書で同意を得なければならない。説明を行う際には、研究に関して誤解が生じないように努め、研究協力者が自由意志で研究参加を決定できるよう配慮する。また、研究の途中で参加を中止できることも伝え、中止してもなんら不利益を被らないことを保証しなければならない。(p.18)

こうした手続きの前提には、研究協力者が十分な理解力・判断力を備えており、自らの自由な意志で行為できるという条件がある。子ども、あるいは「知的障害者」や「精神障害者」と呼ばれる人々のなかには、その条件を満たさない人もいるが、そうした場合には、保護者や後見人などを代理人（＝「代諾者」）として研究参加の同意を得なくてはならない。もっとも、条件を満たしているかどうかの判断には慎重さが求められる。たとえば「知的障害者」というラベルが付与されているからと言って、ただちに「参加の意志を

問うことは無意味だ」ということにはならない。複数の感覚チャンネルで時間をかけて伝えれば自発的に同意・不同意の意志を示すことができる場合もあるし、認知機能に波がある人には調子のよいときに判断を求めることも可能である。

　研究者はまた、自由な意志決定が発揮できる環境が相手に与えられているかどうかという点にも配慮しなければならない。たとえば、最初にフィールド参入の許可を出したゲート・キーパーが強い力をもっている場合、フィールドのなかの人々は研究者からの参加の依頼を積極的には断りにくいかもしれない（会田, 2007）。能智（2003）のような障害者を対象にしたインタビュー研究で、授産施設の長が研究を許可して研究者が入ることがアナウンスされる場合を想像していただきたい。「インタビューを受けるかどうかは自由に決めてください」と言われたとしても、そこに、協力する方向への暗黙の強制力が働いてしまう可能性がある。インフォームド・コンセントの手続きの際には、不承諾であってもそこでの生活に特に不利益が生じるわけではないということを確認し、説明の際にも強調しなければならないだろう。

（2）インフォームド・コンセントが困難な状況

　以上のようなインフォームド・コンセントの手続きを行うことが現実的に難しいことも質的研究では皆無ではない。たとえば、フィールド研究で公園や街路など不特定多数の人々が出入りする場を対象とした観察を行う場合、彼らすべてにこの手続きを行うことはほとんど不可能であろう。実際、対象者の特定が現実的に困難でリスクも予想しにくいような自然観察については、インフォームド・コンセントは不要とされている（たとえば American Psychological Association, 2010）。しかし、出入り自由であっても一定数の常連がいるような場 —— たとえば村本（1996）が検討した公園のラジオ体操場面、北村・能智（印刷中）の緩やかなサポートグループなど —— になると、判断に迷うだろう。場の責任者がいる場合にはその人に対して手続きを行い、事後的にデータをチェックをしてもらう、常連がわかっている場合には彼らに対して手続きを行い、彼らの観察データを中心に検討するなど、その場で可能な対応を適宜行っていく必要がある。

　また、インフォームド・コンセントの手続きを文書で行うことは、研究協

力者との間に緊張をもたらし、関係がよそよそしくなる等の懸念もある（文野，2001）。それまで日常生活の延長線上で自然なやりとりがなされていたところに契約的な文書が示されることで、そこにフォーマルな関係が持ち込まれてしまうのである。契約的な関係に慣れていない高齢者の場合など特に注意を要する。桜井（2005）は、協力者の属性によっては文書を使わず口頭で研究内容を説明し、その反応を記録させてもらうという方法をとることがあるという。これもまた代替的な手段の1つとして覚えておいてよい。ただその場合は、研究の情報を協力者にどう伝え、どのようなかたちで承諾を得たのか、事後に検討できるよう、録音・録画などの形で記録しておくべきだろう。

　さらに、研究目的や手続きを事前に協力者に知らせることが、データの質を低下させてしまうおそれがある場合には、真の意図を隠した状態、つまり「デセプション」のもとで研究を開始することがある。質的研究では、社会的に望ましくない活動や権力的な行為をテーマとした参与観察やインタビューを行うことが皆無ではない（Duckett, 2011）。そうした研究では目的や意図の開示は、結果として不都合な事実が粉飾されたり隠蔽されたりする可能性を伴うだろう。ジャーナリズムで行われる「潜入取材」などを考えるとわかりやすい。たとえばデンマークのジャーナリストのビリングは、幼児性愛愛好集団の集まりに潜り込んで観察を行い、貴重な報告をまとめているが、これは自らの立場を隠した取材ならではの成果である（Billing, 2003/2004）。ただ学術研究の場合は、デセプションを行うベネフィットとリスクをいっそう慎重に事前に検討し、必ず倫理委員会など第三者の目を通してその計画の妥当性を確認しなければならないだろう。また、研究終了後には何らかの形でデブリーフィング、つまり、研究の目的や意義の開示を行うのが原則であることも忘れるべきではない。

(3) 研究の発展とインフォームド・コンセント

　研究開始時にインフォームド・コンセントで規定した研究協力者との関係がずっと続くわけではないのも質的研究の1つの特徴である。それは長期にわたるやりとりのなかで変化し、それに伴って相手に対する期待もしばしば違ったものになる。信頼関係が深まって、当初合意されたデータ収集の手続

きやデータの扱いなどがいっそう柔軟になるかもしれない。あるいは、「情報提供－取得」といった単なる一方向の関係から変化して、お互いに意見を言い合うような双方向的な関係が生じるかもしれない。たとえば菅野（2007）は、子育てに関する縦断的な研究のなかで、初期には専門家としての研究者という立場が、次第に「一般的なことしか知らない研究者」に変化してお互いが教え合うような関係性が構築されたという。このとき、研究に対する協力者の向き合い方も更新され、得られるデータの質も異なるものになると思われる。

　研究者がデータとの対話のなかでテーマを修正し、結果的に協力者へのアプローチも違ったものになることも、質的研究では珍しくない。たとえば松尾（2010）は、被爆者の経験についてのライフストーリー・インタビューを行ったが、その分析の方向は研究経過のなかで顕著に変化したという。すなわち、当初は協力者の語る原爆体験それ自体に関心があったのだが、データを読み進めるなかで、協力者たちがどのように自分の原爆経験について語り始めたかというところに注目し始めた。研究の焦点が変化すれば質問の仕方や分析方法も変化するだろうし、当初インフォームド・コンセントで記載したのとは異なる種類の情報が公になる可能性も出てくる。そこで生じうるベネフィットやリスクも当然変化する。

　研究目標・手続き・データの扱いに大幅な変更をする場合、倫理委員会に研究計画の修正を申請することも求められるが、それ以上に重要なのは、研究協力者に対しても再度、「インフォームド・コンセント」の手続きを行うことである。形式的には毎回同じ書式で文書としてインフォームド・コンセントを取得するというやり方が望ましいが、難しいようであれば与えられた条件の範囲で工夫することも可能だろう。どのようなやり方をとるにせよ、期間が長期にわたるような質的研究で大事なのは、研究者と研究協力者がどのような役割を果たすのか、繰り返し確認しその都度合意しておくことである。そうすることが研究協力者に対する敬意を示すことにもつながるだろう。質的研究ではしばしば、「インフォームド・コンセント」は1回限りの通過点ではなく、持続的に更新し続けるべき一連のプロセスなのである。

4-4　研究実施段階における関係の倫理

ベルモント・レポートにもある研究協力者の「人格の尊重」は、インフォームド・コンセントにとどまらず、そのつどのやりとりのなかでも実現されなければならない。質的研究では、そうしたやりとりを基礎とした良好な関係のもとでこそ、より深い語りや自然な場面の観察が可能になるため、この局面の倫理的配慮は特に重視される。ただ、研究上の関係は、当然ながら「研究する－される」という非対称性に特徴づけられているし、データをもとに新たな知を生成するといった目的によって支えられてもいる。そうした点では日常の対人関係とは大きく異なっており、そこでは普段とは異なる独特な配慮も必要となるだろう。

(1) 信頼関係の構築とその限界

質的研究上の関係作りは、フィールドや協力者（の候補）に接触した時点から始まる。ていねいな研究依頼、出会いの場における礼儀などはほぼ常識であり、その積み重ねが信頼関係（ラポール）の構築と安定に寄与することになる。

フェミニスト的な立場では、研究者と研究協力者の間に生じがちな力の差異が忌避され、より対等な友人関係に近いものが望まれるかもしれない。確かに、上下関係を意識しないパートナーとしてインタビューを行った方が深い自己開示が期待できそうに思えることはある。たとえば大倉（2002）は、対等に近い立場での語り合い的なインタビューを通じて、従来とは異なるアイデンティティの側面を明らかにしている。そうした関係のもとでの研究が、結果的に協力者のエンパワーメントにつながるという議論もある（Mishler, 1986）。

しかし良好な関係が望ましいからと言って、単に親しさが増せばいいというものではない。佐藤（2002）の指摘するように、対象と同一化しすぎること（オーバーラポール）が必ずしもよい成果を約束するとは限らないし、研究終了に伴って関係が疎遠になったときに協力者が受ける影響を考えると、友達のような関係を無前提に理想化することには慎重であるべきだろう。ク

ヴァルとブリンクマンは、協力者から信頼を得ようとする研究者の工夫が、かえって欺瞞的なものに見えてしまう危険性にも言及している（Kvale & Brinkmann, 2006）。心理臨床の場であれば、最終的にクライエントの問題解決という目的があり、ラポール構築はクライエントのためにも必要な作業とみなすことができるのだが、研究の場はそうではない。共同的に研究を進める場合があったとしても、研究者と研究協力者の役割の違いをゼロにすることは現実的には難しさを含んでいる。こうした点を直視しつつ、その限界内でお互いが納得できる立ち位置を、ときに迷いながらも模索していくほかないだろう（Fontana & Prokos, 2007）。

(2) 研究者と研究協力者の関係の多重性

質的研究では研究者と協力者の間に別の役割関係が入り込みがちである点にも、注意を払っておいた方がよい。一般に研究者が研究者以外の役割をもつことは望ましくないとされるが（日本心理学会, 2009）、たとえば参与観察を行う際には、参与の程度に応じてフィールドのサブ・メンバーとしての役割が与えられるのが普通だし、それが研究を進める上で役に立つことも多い。研究者が担う役割がフィールドへの貢献につながり、双方が利益を得るという互恵的な関係が構築されるのも決して悪いことではない。しかし、そうした関係性の深まりのなかで研究者にできる以上のことが協力者から期待されると、研究者は対応に苦慮することになる。

研究者が何らかの専門的知識や技能をもっている場合、それに基づく貢献を求められることは珍しくない。会田（2007）は、研究者が看護師などの医療者であるとき、非医療者である研究協力者が自分の受けている治療について質問をしてくる例を挙げている。研究者の回答の内容によっては、研究協力者とその主治医との間の信頼関係にひびが入るかもしれない。かといって、研究者が「私には関係ない」とにべもなく答えるとしたら、協力者とのそれまでの良好な関係が損なわれてしまうおそれもある。こういったジレンマ状況に対する無理のない対応の例として会田（2007）が挙げるのは、その治療について信頼できる一般的な情報源を伝え、協力者が自ら情報収集して判断を下せるようにサポートするというやり方である。しかし、これも常に成功するわけではなく、もっと具体的で直接的なアドバイスを求めてくる協力者

もいるかもしれない。質問の内容や研究者自身の専門性などの諸要因を考慮した上で、持続的に対処していく必要がある。

(3) データ収集とその後の協力者への配慮

実際にデータ収集がなされている間、研究者は自らの行為がどのように協力者に体験されているのか、協力者の言動を通じて常にモニターし続けるべきである。構造化度の低いインタビューの場合など特に、協力者は一見自由に話をしているだけのように見え、特別な配慮は不要と思えるかもしれない。むしろ一定時間じっくり話を聞いてもらえることで、結果的に心理治療的なベネフィットが得られることもある（Kvale & Brinkman, 2006）。しかしその一方、自由に話している分つらい体験の方に連想が向かい、心理的な負荷がかかってくる例も認められる。テーマ的には緊張を強いるものでない研究だったとしても、研究者の何気ない一言や追加の質問から、思いがけず深刻な話へと移行してしまう可能性もある。

すべての研究者が心理臨床のトレーニングを受けているわけではないので、デリケートなテーマについてインタビュー研究を行う場合には、不測の事態に備えて準備を怠らないことが肝要である。考えられるリスクをインフォームド・コンセントの手続きのなかで協力者に伝えておくことは最低限必要だろうし、そのリスクが現実になった場合を想定した対策も立てておいた方がよい。たとえば川野（2005）は、自死遺族に対するインタビューを行う際に、まずクリニックからインタビューが十分可能な方を推薦してもらって研究の説明をし、承諾を得ている。その上で必要に応じて事後にクリニックでケアが受けられるという体勢を整えてからインタビューを開始している。別室で、精神科医を待機させながらインタビューを行ったこともあると聞く（私信）。不測の事態はそれでも起こりうるわけだが、「想定外」の領域をできる限り減らしておこうとする姿勢は持ち続けるべきである。

研究を終了する際にも、それが協力者にとってどのような意味をもっているかを想像しながら、どのような終わり方が望ましいのかを考えておきたい。長期にわたる信頼関係のもとで行われた研究では特にそうだが、突然の終結は直接の研究協力者にも研究フィールド全体にも深刻な傷を残すことがある。協力者やフィールドの関係者は、見捨てられたような感覚に陥るかもしれな

いし、それまでの信頼関係が結局論文作成のための手段でしかなかったのかと落胆するかもしれない。悪くすると、「データの取り逃げ」とか「フィールド荒らし」などといった非難を受けることすらある（文野, 2001）。研究が終了してからも一定期間は連絡をとり、研究成果をきちんとフィードバックすることは、そうした誤解を招かないようにするための1つの方法である。また、研究者との関係を補填するような関係の構築を援助しながら、少しずつ離れていくのも、1つのやり方であろう（Taylor, 1991）。

4-5　個人情報の扱いに関する倫理

本格的なデータ収集が始められてからは、質的・量的を問わず研究協力者の個人情報を適切に扱うこと、すなわち守秘義務の遵守が、研究者の責務の重要な部分をなす。これは主にベルモント・レポートで言う「善行」の原則に関係しており、協力者のリスクを最小化する努力の一環と言える。質的研究では協力者のプライバシーに関わる情報を扱うことが多いため、データを収集、保存、整理、発表するそれぞれの段階において、量的研究以上の慎重さが求められる。データの保存について言えば、オーディオ・ビジュアルな一次データは鍵のかかる場所に厳重に保管しなければならない。また、フィールドノーツやトランスクリプトなどのテキスト化に際しては、固有名を仮名や記号にした上でファイルにパスワードをかけて保存しなければならない。こうした配慮は、いくらか手間がかかるかもしれないが複雑ではない。やっかいなのは、フィールドや研究協力者との関わりのなかで、守秘義務を巡ってのジレンマが体験されるときである。

（1）関係者の間での個人情報の扱い

質的研究のデータ収集は、研究者－研究協力者という1対1の関係のもとで行われているように見えても、協力者の背後にはフィールド内の他の人々が控えていることを忘れるべきではない。協力者の選択において、つぎつぎ協力者に協力者を紹介してもらう「雪だるま式サンプリング」が行われるときなど特に要注意である。というのも、ある協力者の語った情報が他の協力者に伝わったり、他の協力者の関心の的になったりすることが珍しくないか

らである。別の協力者が話したことについて質問を受けた場合、質問者に情報を漏らす必要はないわけだが、断り方によっては協力者でもあるその質問者との関係を壊すおそれがある。データ収集時に得られた情報が第三者に開示されないという原則は、複数の協力者の間にも適用されるということをあらかじめ伝えておくほか、適宜説明して理解してもらうほかはない。

　質的データの収集時に、複数の研究協力者が互いの個人情報に接することもあり得る。単一のテーマをめぐって協力者たちに、グループ・インタビューを行う場合などがその典型である。たとえば東村（2012）は、障害をもつ子どもの就労と自立をテーマに母親たちに語り合ってもらっている。このとき、個々の体験に耳を傾けるのは研究者だけではなく、グループの参加者全員が聴き手になる。こうした場合、心理臨床におけるエンカウンター・グループと同様、そこで見聞きした個人情報についてはその場から外には出さないようにしなければならない。協力者には、インフォームド・コンセントのなかで言及しておくなど事前にその点を伝えておくことが望ましい。

　同様の状況でしばしば難しいのは、直接の研究協力者が未成年者や障害者などケアされる側であったり、組織の職階上部下に位置づけられたりする場合である。ケアする側や上司が、研究協力者の語り内容や行動について報告してほしいとリクエストしてきたとしたらどうだろう。そのフィールドでの研究を許可したゲート・キーパーからのリクエストだと、むげに断ることに抵抗感をもつ研究者もいると思われる。たとえば、高橋（2013）は総合学習のプロセスについて高校生にインタビュー調査を行った。こうした研究のなかで校長が「今後の個別指導や教育改善のため」結果を知りたがったとき、どう対応すればよいかあらかじめ考えておいた方がよい。データ収集がかなり進んだ時点でやりとりするよりも、なるべく早い時期にゲート・キーパーの期待も聞いておき、考慮できる部分は考慮しつつ、研究者ができること・できないことをはっきり伝えておくことが望ましい。

(2) 望ましくない行為に関わる個人情報

　フィールドと長期にわたって関わったり個人的な語りを詳細に聴き取ったりする質的研究においては、普通であれば外部の人間には隠されるであろう出来事に直面することも、思わぬ告白を聞かされることもある。たとえばイ

ンタビューのなかで、第三者に暴力的に復讐しようと計画していると漏らされた場合、どうすればよいだろうか。過去には米国の心理臨床面接において、そうした告白が後に実行されてしまった例がある（会田, 2007）。一般的に言えば、自傷他害に関する情報は、心理臨床の実践においては守秘義務の原則の例外として扱われる（日本心理学会, 2009）。実際、上記の事件の裁判においても、そうした計画を知った場合には守秘義務が免除され、狙われている人物への警告の義務が生じるとされた。もっともその計画は語り手の単なる空想で、実行可能性がほとんどない場合もあるかもしれない。研究者は、語られた他害の計画がどの程度現実的なものかという査定を行いながら、それを通報するかどうか決断を下さなければならない。これは決して簡単な作業ではない。

　差し迫った自傷他害といった極端なケースでなくても、守秘義務を単に遵守するだけでよいのかどうか迷う場面は少なくない。たとえば、慢性疾患をもつ協力者から話を聞いていて、協力者が処方された薬を飲んでいないとわかった場合、これも一種の自傷として担当医に知らせるべきだろうか。また、学校でのフィールドワーク中に、いじめを疑わせる場面に遭遇したり話に聞いたりすることもある。いじめかどうかの判断も一筋縄ではいかないが、大事をとって責任者に知らせるべきなのだろうか。また、望ましくない行動が過去に起こったものである場合には、別の難しさが加わる。たとえばライフストーリーのインタビューで、かつて違法なドラッグの取引に関わっていたと告白されたらどうすべきだろうか。通報することで、直接の協力者だけではなく、その協力者につながる他の協力者候補からの信頼も失うかもしれない。逆に気づかないふりをして自分の胸に納めてしまうと、問題となる行為を暗黙のうちに認めたものと解釈される危険性もある。

　こうしたジレンマ状況に直面しないように予防線を張っておくことは、研究を遂行する上で大事かもしれない。自傷他害など一般的な守秘義務の限界について前もって協力者に伝えておくほか、研究テーマによっては「非合法活動については通報義務が生じる」と予告しておくこともできる（Rubin & Rubin, 2005）。そのように述べることで、ジレンマ状況をひきおこしそうな情報の開示を牽制するのである。また、そうした状況に遭遇した場合にはまず、問題となる行為の意味や問題点、通報した場合の帰結などをフィールド

との関係のなかで問い直してみるべきだろう。その行為がフィールドではどれくらい問題とみなされるのか、通報はフィールドにどんな影響を与えるのか、問題を指摘するのにどういうやり方があり得るのか、自分は指摘の結果にどれだけ責任を取り得るのか、などといった問いを投げかけてみる（文野, 2001）。さらに重要なのは、自分ひとりで抱え込まないということである。指導教員や同僚、場合によっては倫理委員会にも相談した上で、最終的にとるべき行動を決定することが望ましい。

(3) 研究発表時における協力者の情報の扱い

研究の成果を、学会や学術誌などで発表する際に研究協力者の個人情報が表に出ないようにすることは、個人情報保護法との関連もあり、倫理的な配慮における大きな柱となっている（日本心理学会, 2009）。かつて臨床心理学の研究などでは、クライエントの許可を得ないままに個人情報が論文に掲載されることもあったが、周知のように現在では厳しく制限されている（金沢, 2009）。すなわち、氏名、生年月日、住所などを消去したり固有名を仮名にしたりするだけでは不十分であり、本人を知る人がその記述を読んだとしても人物同定ができないように、細部の記述を変更するなどの工夫を施すことが求められる。なお、記述を変更する際には、結果に関係しない部分を慎重に選択しなければならないのは当然である。

また、協力者やフィールドに関わる写真を使う際には、思わぬところに人物や場所の同定を可能にする情報が含まれている場合があることに注意すべきである。たとえばリーヴィらは、子どもが描いた家族画の写真を論文の一部として用いる例を挙げているが、いかに稚拙なものであってもそこに家族の特徴 —— たとえば肌や髪の濃淡、身体障害の有無など —— が現れてしまうかもしれない。また、そこに署名があったりすると、たとえその部分を黒塗りしていても名前の長さの情報が伝わってしまう（Reavey & Prosser, 2012）。

こうしたデータの加工はいくつかのジレンマをしばしば質的研究にもたらす。まず何より、研究協力者の具体的属性が隠されたり変更されたりすることによって、記述の厚みが損なわれ、独自の意味が読み手に伝わりにくくなるおそれがある。たとえばライフストーリー研究では、他の人とは異なるその協力者のユニークな人生の諸側面が注目されるが、具体的情報が加工され

ることでユニークさが伝わりにくくなるかもしれない。フィールドワークにおいても、フィールドの具体的なありようの記述こそが、そこで生きている人たちの行為を理解ないし説明するために欠かせない文脈情報となることが多い。対象の独自性や新奇性などを通じて研究の価値を伝えたいと考えるほど、研究協力者や対象フィールドにのみ当てはまるような個別的情報を示したくなりがちだろう（Clandinin & Connelly, 2000; 桜井, 2005）。

なお、写真のなかの人物同定を困難にするための加工に関しても、それに伴ってジレンマ的な状況がもたらされることがある（Reavey & Prosser, 2012）。たとえば能智（2006）は、人物の目を隠したり顔をぼやけさせたりするなどの処理を加えるという一般的なやり方で、被写体が誰であるかわからないようにした。しかしこうした画像処理は犯罪報道などに関係して用いられることが多く、結果的にネガティブなイメージを被写体に与えてしまうおそれがある。この研究の場合、幸い協力者からは何のクレームもなかったものの、別の画像処理方法がなかったかどうかという点は、十分反省すべきところである。

その一方、匿名化されることで独自の声が失われてしまい、カテゴリーの一例となることに抵抗感をもつ研究協力者もいる。そうした人は、実名で結果を公表してほしいと望むかもしれない。たとえば、日高ら（2012）は神経難病患者のライフ・エスノグラフィーを書く際に、本人の要請に応じて実名と顔写真をそのまま使っている。確かにテーマによっては、こうしたやり方でより積極的に協力者のオーサーシップを認め、論文やレポートに著者として名前を記載することも可能になるだろう。実際、研究者が報告書の著者というよりも編者と名乗る場合もある（たとえば中野, 1980）。パーカーの言うように、匿名化は研究を発表する上での自明の手続きではなく、発表の仕方を考える上での1つの選択肢と言えるのである（Parker, 2005/2008）。

ただ、どの程度個人情報を含めるかの選択は、本人ばかりでなく周囲の関係者の声を聞くなかで決めていく必要があることも忘れてはならない。というのも、本人に関する情報の開示がその家族などの関係者のプライバシーの侵害にもなりうるからである。また、対象者が子どもの場合には特にそうだが、現在の非匿名化の希望が将来変化しうる可能性もまた考慮する必要があるだろう。公表される個人情報の範囲は本人のチェックを受けた上で決めら

れるのが原則だとしても、本人の意志を超えた条件にも目配りを怠ることはできないのである。

4-6　まとめ —— 重層的なナラティヴとの対話に向けて

　本節では、質的研究を行う際に考慮すべき倫理的側面について、その全体的な見取り図を描き出すことを試みた。問題が生じても、多くの場合そこに唯一絶対の解は存在しないし、与えられた条件のもとで倫理規程等を参考にしながらそのつど方向を決定していくほかない。ショーンによれば、現代社会で専門職がより適切な実践を行うためには、実践する自分を広い文脈のなかで反省し、その結果に応じて自分の行動を修正していく反省的実践家（reflexive practitioner）であることが必要とされるという（Schön, 1983/2001）。これは、倫理的な配慮のもとで研究活動を行おうとする場合にもそのまま当てはまる。

　研究倫理に関わる課題の解決において考慮されるべき条件は、必ずしも1つだけとは限らない。発達心理学者のブロンフェンブレンナーが子どもの発達を生態学的に捉え、マイクロシステム、メゾシステム、エクソシステム、マクロシステムといったレベルの相互作用のもとで発達の方向が定まるとしたことはよく知られている（Bronfenbrenner, 1979/1996）。研究倫理的な課題の解決の方向もまた、こうしたさまざまなレベルとの対話において重層的に決定されるべきものである。それぞれのレベルは、独特の価値や規範に関わる語り（ナラティヴ）をもっている。ある意味で倫理を考えることは、複数のナラティヴの間の対話と交渉のなかで共有可能なナラティヴを作り上げていくことである（宮坂, 2011）。研究倫理においても同様のことが言える。

　質的研究の倫理に関する教育のためにクヴァルとブリンクマン（Kvale & Brinkman, 2006）が提案しているのも、結局そうした対話の前提として多様なナラティヴを意識化していく作業にほかならない。彼らは、研究者それぞれ自らの研究実践を多面的に内省し、状況を分厚く記述していくことを重視する。具体的には、問題となっている出来事を、目の前の研究協力者、協力者の集団、彼らの属するコミュニティ、より大きな社会、研究者集団など多層的な文脈に位置づけ、それぞれの文脈でその出来事がどういう意味をもつ

かを捉え直していくことになる。加えて、裁判で類似の判例が参照されるように、他の事例と具体的なレベルでの比較を行ったり、あるいは同僚や倫理委員会などの目をもう一度通過させたりする試みのなかで、とりあえずどうするのがいちばん望ましいかが判断される。

　こうしたプロセスは、ほかならぬ質的研究の実践において私たちが日々心がけていることとも響き合っているのではないだろうか。たとえばフィールドワークのデータ収集においては、対象についての分厚い記述は質の高い研究の大前提である。質的データの分析においても、研究者は時間的・空間的文脈を考慮しながら個々のデータについて暫定的な解釈を行うのがふつうである。それを新たなデータと絶えず比較しながら説得力を高めるほか、他者の目を通してその論理性が確認されたりもする。研究倫理に則った実践を行うスキルは、実は質的研究の質を高めるためのスキルと共通点をもっている。本書5章3節で、好井は研究倫理との格闘が質的研究の質を高めると指摘しているが、ある意味でそれは当然とも言える。というのも、倫理的な研究実践を心がける時、私たちは同時に質的なデータを幅広く収集し深く読みこむ場に自らを置いているからである。

【参考書】

古澤頼雄・都筑学・斉藤こずゑ（編著）（2000）.『心理学・倫理ガイドブック ── リサーチと臨床』有斐閣.
　　日本発達心理学会が監修した研究倫理のガイドブックである。倫理規程となるとなかなかとっつきづらい印象があるが、本書は研究や臨床の過程をたどるなかで、必要とされる倫理的な配慮が明快に解説されている。研究を行うことと倫理に向き合うことが2つの別々の作業ではないということが、実感として理解できるだろう。

安藤寿康・安藤典明（編）（2011）.『事例に学ぶ心理学者のための研究倫理　第2版』ナカニシヤ出版.
　　日本パーソナリティ心理学会が企画した研究倫理のテクスト。内容的には2005年の第1版とほとんど変わっていない。倫理が問題となる事例が呈示され、それに対して唯一の解答を教えるというよりも、さまざまな観点からのコメントや解説を重ねていく点が特徴である。絶対の解答がないところでどうい

う行動を選択するか判断するという、倫理的な実践のスキルを高めていく上でも有用である。

2章
質的心理学の理論

1節　心理と行動に関わる理論
2節　現象学的な理論とその展開
3節　言語とテクストをめぐる理論
4節　社会と文脈を重視する理論

　本章では、質的心理学を支える理論について多方面から考えてみる。広義の「理論」とは、何かについての「合理的で一貫性のある言明のまとまり」のことであり、世界や人間そのものに関する基本的認識（認識論）、扱う現象を限定した上での仮説群や説明の体系（理論）、対象と方法の選択に関する言明（方法論）のレベル（水準）に分けられる。本章では、狭義の「理論」を中心に、認識論や方法論にも目配りをしながら、それぞれの領域でどのような理論があるのかを解説する。

質的心理学は「質的」と「心理学」の積集合ではなく和集合である。したがって、心理学という学範（ディシプリン）のみに理論的根拠を求めるのではなく、心理学、哲学、言語学、社会学などにおいて、質的研究を支える理論について広く知ることは極めて重要なことである。また本章では、これらの学範と緊密な関係にある諸学範、精神医学、看護学、文学、人類学などの理論も必要に応じて扱う。理論といっても様々なレベルの理論が存在するが、厚みのある研究を行うために様々な理論を知ることは欠かせないであろう。なお、本章に含まれる4つの節は、概ね、精神内界に注目する理論から外的環境に注目する理論へという順序で配列されている。ただし、内界と外界が明確に区分された二項として対立しているわけではなく、双方は常に相互作用し支え合っているという点を忘れてはならない。

　1節は「心理と行動に関わる理論」と題して、心理学や精神医学の伝統の中にある諸理論を扱う。また、理論、とは何かについての基礎的な解説も行うことで章全体の見通しを明確にする。心理学は行動を単線的因果でとらえ数量的に扱うことで発展してきたが、発達や臨床といった領域、つまり、時間に伴う変容を扱う領域では、現在で言う「質的アプローチ」の影響も小さくなかった。特にロシアの心理学者ヴィゴツキーの理論は発達を扱う理論として見直され、21世紀の学者達によって新しい展開がなされている。

　2節は「現象学的な理論とその展開」と題して、哲学的な伝統の中にある諸理論を扱う。その中心は解釈学や現象学におかれるが、決してそれらのみに留まることはない。また、看護学などの実践領域に与えた理論の意義についても論じる。

　3節は、「言語とテクストをめぐる理論」と題して、言語学や文学の伝統の中にある諸理論を扱う。言語活動、執筆活動は人間に特徴的な行動であり、また、精神性を伴ったものである。人間が生産する言語・文学を対象とする理論のうち、質的心理学と切り結ぶものにはどのような理論があり、実際、質的心理学にどのように影響を与えているのかについて検討していく。

　4節は、「社会と文脈を重視する理論」と題して、社会学・文化人類学の伝統の中にある諸理論を扱う。人間は個として抽象的な時空を生きているのではなく、人と人が関わりあう具体的な場に生きている。そうした場のとらえ方にもミクロなものからマクロなものまであり得るが、ここでは何らかの意味で社会的文脈を扱いつつ質的心理学の基礎となっている理論を検討していく。

1節
心理と行動に関わる理論
サトウタツヤ

　この節では、2章全体の導入として理論とは何かを考える。その後に、心理学や精神医学の学的伝統の中にある心理と行動に関わる諸理論を扱う。心理学は行動を単線的因果で捉え数量的に扱うことで発展してきたが、発達や臨床といった領域、つまり、時間に伴う変容を扱う領域では、質的アプローチの萌芽が見られていたのである。具体的には、場の心理学と文化心理学、自己論、ナラティヴ・ターン、ゲシュタルト質などに関する理論を概観することで、心理学領域における質的研究の理論のあり方について考えていく。また、ヴィゴツキーの理論が他の研究者によってどのように受け継がれたのかについて検討することで、理論の持つ豊穣性についても考える。

1-1　理論とは何か

　理論とは、現象を説明するための枠組みである。理論があることによって、自分が興味を持っている現象を一定のまとまりを持ったものとして捉えることが可能になる。目の前の出来事が個別の偶発的事象でしかないと考えれば、その事象への対応は小手先・表面的なものになるが、理論的に理解できるなら、その理解は深いものになり、将来を予測するなどして対応に一貫性を持たせることが可能になる。

　事実の記述は —— それが概念や理論なしで可能かどうかは大問題であるがそれは措くとして ——、理論ではない。目の前でリンゴが木から落ちるという現象が起きたとして、それが夢ではないこと、リンゴと命名されている同一の物体が一定の時間のあいだに移動したこと、などの前提があってはじめて「私の目の前でリンゴが1つ木から落ちた」という記述が可能となるが、これは記述であって理論ではないとするのが普通である。ただし、「リンゴの実は木から落ちるものだ」となれば、経験的な理論と呼べないこともない。多くのリンゴの木からリンゴが落ちることを説明できるし、リンゴの木にな

っている実の将来を予測できるからである。三段論法の運用が可能になるのである。

　　大前提＝リンゴの実は落ちるものだ。
　　小前提＝この木になっているのはリンゴだ。
　　結　論＝このリンゴは木から落ちるべきものだ。

という具合に予測も可能になるのである。なお、この結論が記述か予測かを考えることは（面倒ではあるが）おもしろい。一般に三段論法は演繹的推論の典型であるから、演繹的な推論を予測と呼ぶかどうか、ということを考えてみたいのである。先の文章の結論自体は「リンゴが落ちる」という記述にすぎない（いつ落ちるかを明言しているわけではない）ということができる。だが、一方でこの結論が今ではない時間のことを述べ、しかも、過去について述べていないとするなら、それは未来の出来事を述べていることになるから、予測と呼ぶことができる（推論に時間が内包されているかどうか、という問題は面倒である）。

　さて、この理論では、梨や桃の実がどうなるかはまったく説明できない。また、机の上にある消しゴムが床に落ちたとして、それとリンゴの実が落ちることと関連性があるかどうかも不明である。こうした事象に対してまったく異なる説明を与えてくれるのが、ニュートンの万有引力の理論である。

　ニュートンの理論は、物が落ちることの理論であるかのように見えるが、それにはとどまらない。2つの物体は、お互いに引き合っている（引っ張り合っている）という理論である。リンゴは落ちているのではなく、(1) 地球とリンゴが互いに引っ張り合って、(2) より質量の大きい方（ここでは地球）に引き寄せられ、(3) リンゴが落ちたように見える、のである。そして、その現象を私たちは「リンゴが落ちた」と記述するのである。

　また、ニュートンの万有引力の理論によって、衛星の軌道についての説明が可能になる。地球の周りを回っている衛星に月がある。この月が常に地球から一定の距離をとっているということは、引力の釣り合いということで説明することができるのである。「リンゴは木から落ちる」という経験的理論では、梨のことが説明できないのはモチロンのこと、月の軌道についても説明することはできないが、万有引力の理論は —— 非常にシンプルではあるが

——月の軌道、梨の実の振る舞い、机の上から落ちる消しゴムの振る舞い、リンゴの実の振る舞い、を説明することができる。もちろん他の多くの事象の説明も可能である。よい理論は単純であり、単純だからこそ、汎用性を持つのである。

心理学の理論は心理学に関連する現象を扱う理論である。知覚・記憶・発達・社会・臨床その他の領域において、生起する現象について体系的な説明を行うことができるのが心理学的理論である。理論がなければ、目の前の出来事は、偶然の事象以外の何ものでもなく、対応も難しくなるということであり、理論があれば、一貫した対応が可能になり事象の予測も可能になるということである。また、その理論を構成する下位仮説の検証を通じて、下位仮説が正しくない場合には理論の修正がなされることもある。

1-2 存在論・認識論・メタ理論・方法論

ここで、存在論、認識論、メタ理論、仮説、方法論という語と理論の関係について考えておく。

存在論（ontology）とは、この世界に何が存在し、それ（ら）はどのような性質を有するのか、を考えるものである。何が存在するのか、を問う議論である。

認識論（epistemology）とは、世界に関する知識をどのように得ることができるかを考えるものである。世界は人間とは別に客観的に存在し、それを完全に捉えることができる、というのはひとつの認識論的立場である。人間の推理判断は数式によって記述できる、ということは、先の認識論とは別の認識論に基づく立場の表明である。

世界は認識できるのだ、という形の認識論が強くなると、認識が存在より優位となる。認識しない・できない物は、存在しないことになりかねないからである。だが、存在と認識とは、本来的には別の問題であり、認識できない存在はあり得るかということも議論しうるのである。

メタ理論（metatheory）とは、理論のあり方の前提となる理論という意味でメタという語が使われている。その正しさを確かめるための直接的な手がかりが記述されていない理論は、メタ理論であると言える。したがって、何

がメタ理論で何が理論であるかは、その時々、場合場合によって異なるかもしれない。人間の性質は遺伝によって決定される、というのは、理論と言ってもよいのだが、心理学にとってはその確からしさを確かめるための記述レベルで書かれておらず、心理学にとってはメタ理論であると言える。

AをすればBが起きる、のような言明は、一般的に命題と呼ばれる。命題はそれ独自で検証することができる言明であり、その確からしさが低い場合には仮説と呼ばれる。仮説はそのまま理論として扱われる場合もあるが、一般には仮説がまとまって体系的な説明をする場合に理論と呼ばれる。

方法論とは、理論が言明する内容を検証するためのやり方についての知識体系である。なお、方法と言った場合には、特定の研究テクニック（技法）を指すことになる。

以上、いくつかの用語について説明してきた。より具体的なレベルから順にして、以下で簡潔にまとめてみよう。

・方法は、特定の研究テクニックである。
・方法論は、知識を獲得するための技術の体系である。
・仮説とは、現象についての暫定的な言明である。
・理論とは、仮説を体系化して現象の説明を一貫して行うものである。
・メタ理論とは、理論を成り立たせるための前提としての理論である。
・認識論とは、メタ理論の前提となる、人間と知識の関係についての立場（の表明）である。
・存在論とは、考察の対象となる存在の性質・あり方についての考えである。

質的研究と量的研究の違いは数字を使うかどうかの違いだ、というような議論の仕方がある。量的研究は数字を用いるが質的研究はテキストを用いるというようなことである。こうした議論は、方法論に焦点をあてた議論である。量的研究は実証主義だが、質的研究は解釈主義である、という議論になれば、それは認識論的背景についての議論となる。存在するものは量としてのみ存在するという言い方や、存在するものは意味としてのみ存在するという言い方になれば、存在論的な議論となる。

次項では、心理と行動を対象とする理論について、つまり心理学において、質的な研究に関連の深いいくつかの理論を紹介していこう。

1-3 自己論と社会構成・自己変容と臨床心理

(1) フロイトの理論

精神医学と臨床心理学の接点に精神病理学という領域がある。精神的変調の記述と理解を行い、そして改善・治療へとつなげる領域である。この領域において、もっとも影響力を持つのがフロイト（S. Freud: 1856-1939）が創始した精神分析の理論である。そこで、本項においては、精神分析を中心に他の動向も含めて紹介しておきたい。

精神分析においては、神経症（現在では人格障害とも重なる）の発症と症状の維持を「変なこと」や「病像」と見るのではなく、本人の歴史や状況の側面から見ることで神経症症状の意味を探る。

興味深いことに、本人が症状の原因だと思うことに行き着くと、その症状が消失するということも多く見られた。フロイトはこうした観察に基づき、治療法理論、心的機能とメカニズムの理論、発達理論、からなる精神分析の理論を作り上げた。また、その大前提として、人間にはリビドーという一種の性的エネルギーが存在するとした。

フロイトの治療技法論は、神経症症状を一種の適応と見なして、その原因となった出来事を追究することが治癒をもたらすという理論体系であり、そのための技法として自由連想法や夢判断が開発されて用いられた。

心的機能とメカニズムの理論は、人間の精神メカニズムを自我・超自我・イドという3つの領域から成るとするものであり、それぞれの機能を論じるものである。

発達理論は性的なエネルギーを担う部位が発達・加齢と共に口・肛門・性器へと移っていくとする理論である。

彼の壮大な理論は、もちろん彼1人で作り上げたのではなく —— たとえば同時代のフランス心理学者・ジャネなどの影響もあると言えるのだが ——、また、一度にすべてを作ったわけでもない。しかし、フロイトが総合的な理論を作ったことによって精神分析は多くの支持を得たのである。精神分析を

学ぼうとする若い学徒が大量にフロイトのもとに押し寄せた。フロイトのもとで精神分析を学んだ者たちの多くは後に離反するし、精神分析の実証性に大きな疑問が投げかけられているのは事実である。また、成人期以降の発達についてはほとんど記述していないに等しいという欠点もある。だが、たとえそうであっても、精神変調の記述と治療のための大きな枠組みを提示したフロイトの功績は無くならないだろう。

　（精神分析とは異なる）精神病理学においては、統合失調症患者の自己世界を理解する研究が多く行われた。たとえばレインの『引き裂かれた自己』である。また、純粋な精神病理学とは異なるがナチスドイツの拘束を受けたフランクルの著作『夜と霧』も、過酷な環境における自己のあり方を捉える好著である。彼らは実存主義という立場を取るに至る。人間の生活には意味が必要だとする理論だと言ってもよい。

(2) 自己の理論

　フロイトの精神分析を受け継いだ者たちには、自己心理学の一派がいる。アイデンティティの確立や混乱に関して、同一性を重視したエリクソン（E. H. Erikson: 1902-1994）が中心である。彼は自身の父親を知ることが無かったという境遇もあって自己同一性に興味を持ち、人々が人生の段階において社会とどのような関係を持ち、どのような課題を達成し、自己をどのように構築するのか、を理論化したのである。

　さて、自己という概念はアメリカのウィリアム＝ジェームズ（W. James: 1842-1910）によって心理学に取り入れられたと言える。彼は主体としての自己を純粋自己と経験自己に分ける提案をした。前者は「I」であり、純粋自己たる「I」によって知られる自己の側面（客体としての自己）が経験的自己であり「me」である。ジェームズは意識を実体化して捉えたわけではない。その著書『心理学原理』において、意識の流れを強調している。人間の意識は静的な部分の配列によって成り立つものではなく、動的なイメージや観念が流れるように連なったものであるとする考え方なのである。しかし、この考え方も心理学的な研究パラダイムに取り入れられると、流れを捉えるというよりも、主体的自己意識尺度、客体的自己意識尺度、のように実体化されて捉えられていくようになった。

表 2-1　心理学における自己の考え方の変化（サトウ・渡邊, 2011）

17世紀	ロックの自己	社会が変化しても同一である感覚の源泉としての自己
19世紀	ジェームズの自己	社会から見られるものとしての自己
20世紀	エリクソンの自己	社会から与えられる課題を乗り越えるものとしての自己
21世紀	ハーマンスの自己	さまざまな役割を持つものとしての自己

　21世紀になって注目されている自己理論のひとつに対話的自己（論）がある。オランダの心理学者・ハーマンスら（Hermans & Kempen, 1993/2006）が提唱したこの理論では、唯一の固定的な自己というものを仮定しない。父母に対しては「子としての私」、恋人に対しては「彼女・彼氏としての私」というように、個人の自己を「〜としての自己」が複数集まったものとして考えるのである。ただし、これらは役割のように固定したものではなく、個別の相手との関係によって規定される。

　また、ポジショニング（位置取り）の考え方を自己理論に取り入れ「〜としての私」に関する自己内対話によって自己が構築されていくと考える。つまり、こうした複数の自己が単に並列的にあるというのではなく、相互の位置関係を考える。野球で9人のプレーヤーがそれぞれのポジションを守るように、さまざまな自己がそれぞれのポジションで役割を果たすのが自己だと考えるのである。エリクソンのアイデンティティが、確立するものであったのに対して、ハーマンスの対話的自己は常に流動的で変幻自在となる。この意味で、対話的自己は自己の構「築」ではなく、構「成」という語がふさわしいだろう。

　対話的自己の理論は、異なる自己が対立ではなく融和していく可能性を秘めた理論であり、それゆえグローバル化が進む世界に受け入れられる可能性がある。まったく見知らぬ他者・考えもしないような行動をとる他者に対しても、相手との関係に応じた自己のポジション（Iポジションとも言う）を柔軟に設定していけばよいからである。英語で「I」にあたる語を日本人はさまざまに使い分ける。このことが、相手との関係によって自己のポジションを微妙に変えていることの表れだと捉えられるなら、「〜としての自己」が複数集まった感覚というのは、実は日本人には受け入れやすいと言えるだろう。また、自己を複数の変数に分けて測定するのではなく、自己を複数のI

ポジションから成ると考える考え方は、質的な方法論に合致するものでもある。

1-4 社会構成主義とナラティヴ・ターン

(1) 社会構成主義

人間を有機体の一種として捉え、心理学という学範(ディシプリン)の性質を「行動の記述・予測・制御を目ざす」自然科学の一分野であると規定していた時代があった。そうした心理学は1970年代にそのピークを迎え、発達心理学・社会心理学においてさえも実験的研究の価値が高まり、時には絶対視されるようになっていた。

こうした中、社会心理学においては、一種の地殻変動が起き、社会構成主義と呼ばれる立場が心理学で台頭する素地を作っていった。社会構成主義は社会学においてバーガーとルックマンの著作『現実の社会的構成』(Berger & Luckmann, 1966/2003) などが先導したが、心理学においては、1985年、アメリカでガーゲン (Gergen, 1985) が社会構成主義について論文を発表し、イギリスで1987年にポッターとウェザレル (Potter & Wetherell, 1987) が発表したディスコース分析のテキストなどを通じて、広まっていった。

実験社会心理学者として活躍していたガーゲンは、論理実証主義を心理学(特に社会行動を対象とする心理学=社会心理学)に適用することは困難であると考え、社会構成主義を心理学に導入することを主張した。論理実証主義は、外界の実在を前提とし、それを何らかの形で写し取ることができると考える立場である。それに対し社会構成主義は、世界を写し取る記号(主に言語)の根源を問う。簡略に述べれば、言語に代表される記号は、社会・歴史の産物であり、外界に規定されるものではなく、また、記号(言語)の意味も絶対的な意味が存在するのではなく関係性における機能として理解されるべきものである、ということになる。すべてが社会的に構成されていると考えるのではなく、世界の記述様式が社会的に構成されていると考えるものであり、したがって、その記述様式の反省的吟味が必要であり、あらゆる言説は「支配的言説」として再吟味にさらされる必要があるのである。論理実証的な説明様式もまた、支配的言説にすぎず、その言説が機能する文脈を理解したう

えで、他の代替的説明様式へと開かれていかなければならないのである(Gergen, 1994/2004)。

こうした姿勢は、「認識が外界に従うのではなく、外界が認識に従う」としたカントのコペルニクス的転換と態度を一にする。ただし社会構成主義は、決して現実世界を否定しているわけではなく、現実を認識し記述するときに、超越的客観主義をとることはできないということを述べていると解されるべきである。ガーゲン（1999/2004）は『あなたへの社会構成主義』において、社会構成主義の主要な研究スタイルとして、ナラティヴ、共同的研究（現場の人・当事者と研究者との共同）、アクションリサーチ、を挙げている。

ガーゲンが論文を発表した1985年は、ジオルジによる『現象学と心理学的研究』やリンカンとグーバによる『自然主義的探究』が出版されるなど、画期的な年となった。さまざまな分野で質的な探究を志す研究者が現れてきたのである。さらにこの時期には、後に「ナラティヴ・ターン（物語的展開）」と呼ばれる動向も芽吹いていた。

(2) ナラティヴ・ターン

人が意味を構築し、意味を伝えるという側面は、心理学において除外されていた領域であった。心理学におけるこうした動向を変えたのがナラティヴ・ターンである。ナラティヴは、語りとも物語とも訳されるが、人の語る物語、であり、いずれにせよ体系的な意味のまとまりを重視するという動向である。ターンは転換であるから何が転換したのか、が重要である。対象がナラティヴになったというような問題ではない。質的な研究法を重視するということになったのである。単なる認識論的な転換だけではなく、研究法を含むパラダイムの転換が含まれていることが重要なのである（ナラティヴ・ターンについては1章1節、2節でも言及されているのでここでは多くを記さない）。そして、心理学の対象を人間の行動に限るのではなく行為の意味にまで拡張することによって、人間説明の理論も広がることが必要である。その中心人物はブルーナーである。

ブルーナーは知覚研究に社会性の問題を持ち込み、知覚が社会的な影響を受けるとするニュールック心理学で名を馳せた。その後、彼は、『可能世界の心理』において、人間の認識には、「論理実証モード（Paradigmatic

Mode：パラディグマティック・モード)」と「物語モード (Narrative Mode：ナラティヴ・モード)」という2つの思考様式がある、と指摘した (Bruner, 1986/1998)。物語モードによって人間の意味構成の理論を作ることがナラティヴ・アプローチの課題である。

なおナラティヴ・アプローチは、意味の問題を時間という文脈に位置づけることも重視することから、ライフストーリー研究やライフヒストリー研究との親和性が高いと言える。ちなみに、ライフストーリーは人生物語であり、語り手の主観的意味づけを重視するが、ライフヒストリーは生活史であり、客観的な社会的出来事における個人のあり方を重視するという違いがある。

自然科学の一分科であることを目ざした心理学は、人間を、① 動物の種のひとつとして扱う、② 時間や場所と独立した普遍的存在として扱う、③ 個々の人間を取り替え可能な研究対象として扱う、④ 全体ではなく、それを変数化して取り出す、という特徴がある。社会構成主義やナラティヴ・ターンは、こうした心理学のあり方への異議申し立てと捉えることもできる。人間を時間や場所とともにあるものとして捉え、個々人の個別の生を扱い、変数ではなく全体として扱う、ということである。

1-5 時を扱う心理学理論と場を扱う心理学理論

(1) ゲシュタルト質と時間

時間を扱う心理学はゲシュタルト心理学の根本となるゲシュタルト質という考え方にひとつの例を見ることができる。ゲシュタルト (Gestalt) はドイツ語であり、全体とか形態の意味である。

ゲシュタルトの重要性を説いたのはオーストリアのエーレンフェルス (Ch. von Ehrenfels: 1859-1932) である。エーレンフェルスは、メロディを例にとって「全体的な質」ということを説明した。彼は1890年に「ゲシュタルト質について」という論文を発表した。メロディは複数の音符からなるが、その音符の順番を入れ替えると、異なる質のメロディになるか、メロディが崩壊する。その一方で、すべての音符を変えて異なる音の連なりにしたとしても（たとえば、ドから始まるメロディをソから始まるメロディにして演奏しても）同じ質のメロディを奏でることができる。

メロディの研究は現在の質的心理学にも大きな示唆を与えてくれる。①メロディを構成要素たる個々の音符に分けても全体の質はわからない、②個々の音符の並び方によって質のあり方が決まる、そして、③五線譜という仕組みによって、メロディを記録することができる、ということである。五線譜は単に音符の順番を記したものなのだろうか、そこに生きた時間を組み込みうるのだろうか、という問題を考えることは大変興味深い。

(2) 時間と共にある人生を描く理論

　音符と五本の線と限られた記号を用いることで、実にさまざまな音楽を記譜していくのが楽譜というシステムである。もちろん楽譜は音楽そのものではないが、それは研究が人生そのものと同じではないことと同じであり、質的研究が楽譜システムを模倣する妨げにはならないだろう。複線径路・等至性モデル（TEM: Trajectory Equifinality Model. Valsiner & Sato, 2006; 安田・サトウ, 2012）によって開発された結果の図的表示法は、そうした可能性を持っている。

　これまでの質的研究においては、構造を明らかにするための研究手法は発展してきたと言えるが、過程（プロセス）研究の手法は立ち後れていたと言える。発達心理学においては言語発達研究を中心に過程を描く研究は十分な厚みをもって行われてきたが、日記法を除けば手順化が共有されてきたとは言いがたい。

　なお、時間を人生と共に描くことと時間表象の問題を混同してはならない。また、時間を捨象せず過程を扱いさえすれば質的研究としての「質」が高くなるわけではない。従来の心理学が人間を閉鎖的システムとして考え、単線的因果を求め、刺激の提示と反応時間のズレを実験条件に組み込むことで研究を行ってきたのに対して、アンチテーゼを唱えることが必要である。理論的見地から、人間をどのようなものとして捉えるかが重要になるのである。人間を開放的システムとして考え、時間と共にある人生を重視するということが重要なのである。より具体的にはシステム論における開放システムの考えを取り入れること、一般化ではなくモデル化を目指すこと、が重要となる。

(3) 場の理論

場について取り入れた理論としてレヴィンの理論を紹介したい。ゲシュタルト心理学者・レヴィン（K. Lewin: 1890-1947）は、トポロジー心理学などを通じてフィールド（現場）における心理学を牽引した。$B = f(P, E)$ という式は、人間の行動（Behavior）が、人（Person）要因と環境（Environment）要因によって影響を受けるということを表したもので、一種の理論的立場の表明だとも言える。また、彼は、机上の問題ではなく、実社会において重要な問題に取り組みながら解を求めるアクションリサーチを重視して活動を行い、「よい理論ほど実践的なものはない」ということに多くの心理学者が気づくべきだと主張した（5章参照）。

1-6 記号の理論と質的心理学

(1) ヴィゴツキーの理論

21世紀初頭の現在において、質的研究をある意味で支えることになっているのがヴィゴツキー（L. S. Vygotsky: 1896-1934）の理論である。1896年、ロシア革命前のベラルーシに生まれた彼は、革命の動向に翻弄されながら、1934年に亡くなるまで、精力的に研究活動を行っていた。ヴィゴツキーはゲシュタルト心理学者・ケーラーのチンパンジーの洞察研究にヒントを得て、記号の心理学を構想した。さらに、中央アジア地区において活動し少数民族の子どもたちに関する研究を行った。また、1931-32年にはルリヤと共に、ウズベキスタンで認識過程の形式の歴史性と構造変化を研究した。

ヴィゴツキーの理論の神髄とは何か。人間の高次心理機能は言葉によって媒介されている、という命題にある（中村, 2013）。ここで高次心理機能とは人間にのみ固有の機能のことを指しており、一般的には随意的注意、記憶、意志、思考を指すと考えられている。そして言語を媒介とした思考＝言語的思考が高次心理機能の中核であると考えられている。また、ヴィゴツキーは高次心理機能の研究を通じて人格全体の発達を考えていたし、欠陥学を通じて今でいう発達障害児・者の固有の発達についても考えていた。

なお、行動主義の理論が動物と人間の連続性を強調する理論であるのに対して、ヴィゴツキーの理論は、人間の独自な機能を対象にしている理論であ

るということができる。ヴィゴツキーの業績は彼が1934年に死んだ後は、「内言と外言」「発達の最近接領域」などといった一部の概念を除いて心理学の中では忘れ去られてしまったかのようだったが、1980年代以降に北米で再発見され、新しい息吹を与えられることになった。「ヴィゴツキー・ルネッサンス」である。ヴィゴツキーのアイデアが再誕生し、それに着想を得た多くの研究者たちが独自の理論を展開したのである。こうした動向は活動理論、文化歴史的アプローチなどと総称され、コール、ワーチ、エンゲストローム、ロゴフ、ヴァルシナーなどによってさまざまなバリエーションが展開中である。理論の展開という観点から少し考えてみたい。

(2) ヴィゴツキー理論の拡張

すでに述べたように、ヴィゴツキーの理論の中核は、人間の高次心理機能は言葉によって媒介されている、という命題にある。これはヴィゴツキーの三角形として知られる次の図で表される。

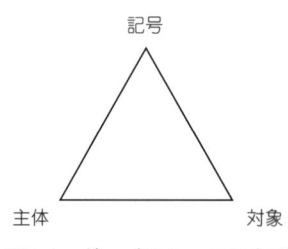

図2-1　ヴィゴツキーの三角形

媒介物を介するという点こそが、ヴィゴツキー理論の特徴であるが、これらの理論を拡張ないしは展開する研究者も少なくない。

まず、包括的な理論として活動理論がある。

ワーチによる活動概念を解説した茂呂（2012）によれば、活動の概念は以下のような特徴を持つ。

・記号や道具によって媒介されたプロセス。
・多層レベルに分化した内的構造を持ち内的ダイナミズムを有する。
・目標志向性あるいは行為レベルを有する。

・発達的・発生的な説明を可能にする。
・社会的相互行為を通した内化の過程でもある。

　つまり、外言から内言へというヴィゴツキーの研究を、単に言語に限定するのではなく記号へと拡張したうえで、その内化と外化を扱っているのが活動理論だと言える。
　この他、ヴィゴツキーの心理学は、エンゲストロームの拡張化された媒介、ヴァルシナーの発生の三層モデルにおける記号の内化・外化のメカニズム、など重要な考えの源泉となっている。
　エンゲストロームは人間の活動の最小単位としての活動システムを提案した（Engeström, 1987）。これは先の媒介に関する三角形をルール、共同体、分業などの概念を取り入れて、文字通り拡張したものである（図2-2）。なお、エンゲストローム自身は、自らの理論を活動理論の第三世代と位置づけている。彼の整理によれば、第一世代はヴィゴツキーの三角形モデルであり、第二世代は協働活動における分業を考察の範囲に加えたレオンチェフの考え方である。第三世代は、さまざまな協働のあり方を視野に入れ、特に多文化におけるさまざまな声やさまざまなシステムのネットワーキングをモデル化しようとする活動理論である。
　一方、ヴァルシナーは記号の内化と外化について、ドイツ心理学に伝統的な考え方である層理論を取り入れて説明を試みる（図2-3）。記号は簡単に内化するのではなく、変容を伴いながら内化するというものであり、この理論では第二層において記号が発生するとする（Valsiner, 2007/2012）。この理論

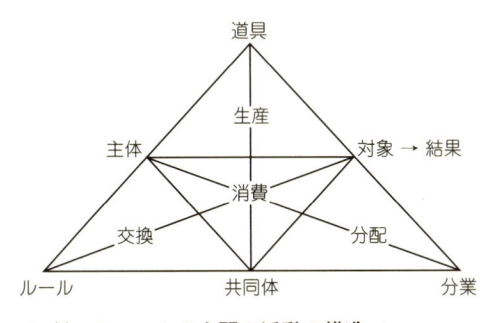

図2-2　エンゲストロームの人間の活動の構造（Engeström, 1987/1999）

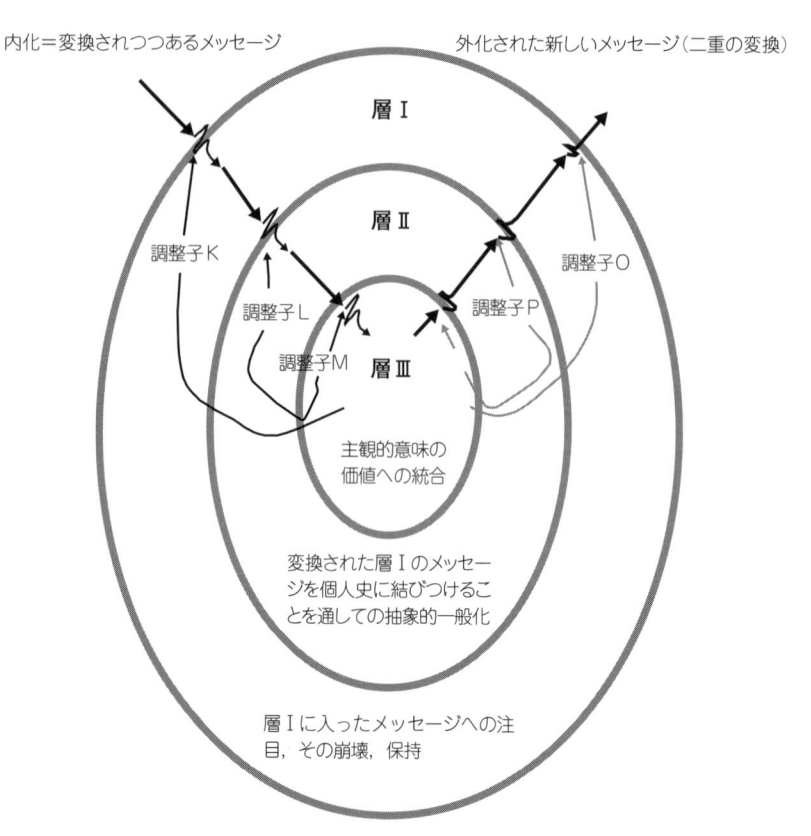

図2-3 ヴァルシナーの内化／外化の層モデル（Valsiner, 2007/2012）

は（一般的な概念としての記号ではなく）促進的記号という概念を用い、人間のダイナミックな生活や新しい価値の創造などを説明しようとする。この考え方は個人を考察の単位にしているという点で伝統的な心理学の考え方と合致するが、諸個人の協働やネットワーキングのあり方をどのように説明していくのかについて発展の余地がある。記号の内化と外化のプロセスを扱うことで、価値の変容や創造が起きたプロセスを記述し、理解するための方法論である TEM（複線径路・等至性モデル；サトウ, 2012; 安田・サトウ, 2012, 前述 p.108）と結びつき、ライフストーリー、ライフナラティヴ研究へと広がりを見せている。

1-7 まとめ ── 時代と理論

　本節ではピアジェ（J. Piaget: 1896-1980）の理論そのものについては取り上げなかったが、ヴィゴツキー自身がピアジェを批判的に扱っていたことから両者を比較する論者は少なくない。ピアジェはヴィゴツキーと同年に生まれた心理学者であり、子どもの認識の発達を通じて広く認識発生の問題について精力的に研究を行い、理論化を行った人物である。
　ピアジェは自己中心的発話から社会的な発話が生じると考えた。ヴィゴツキーは外言から内言に移行すると考えた。子どもが発話をするという現象はどこでも見られることであるが、この2つの理論を比較するなら、理論が異なれば、同じ現象であってもその意味づけは大きく変わっていることがわかるだろう。
　なお、ピアジェとヴィゴツキーを比較して、「ヴィゴツキーは質的研究のコアを維持しえたが、ピアジェは量的研究に回収されてしまった」というレッテルを貼ったところで意味はない。ピアジェは認識の発生問題を扱い、臨床法と呼ばれる独自の手法を用いて認識の変容を明らかにした。しかし、心理学界においてはピアジェのアイデアを「実験に落とし込む」ことが流行して、幾多の実験が生み出されていった。もし、ヴィゴツキーの理論が1960年代に心理学界で「再発見」されていれば、ピアジェの理論と同じように量的研究に回収されていった可能性がある。
　理論はある意味、時代と伴走するし、時代が理論を選ぶ側面もある。ピアジェの認識研究は臨床面接法によってその発達的な質的変容を記述するものであり、研究者－対象者という二分法に乗りやすいのに対し、ヴィゴツキーの発達研究は観察・フィールドワークに基づき、個人とその環境（文化－歴史）を重視するものであったから、実験的手法に乗りにくい、ということはあったかもしれない（このことはヴィゴツキーの研究が1960年代に再発見されることは困難であったということを意味するし、再発見が可能な時代だからこそ再発見されたという一種のトートロジーがあると言えるのかもしれない）。
　ついでに言えば、フロイトの精神分析にしても（本稿では扱わなかった）ワトソン（J. B. Watson, 1878-1958）の行動主義理論にしても、その理論が唱え

1節　心理と行動に関わる理論

られた直前の状況を理解することが重要である。なぜ、彼らの理論がインパクトを持ったのか。それはその当時において打ち破られるべき閉塞感が存在したからであろう。今の私たちから見れば精神分析と行動主義はまったく対立するものに見えるかもしれないが、その当時においては宿命主義や遺伝主義を乗り越えて人間の心理を説明する力を持っているとして歓迎されていたのである。

　翻って、現在の質的研究を支える理論はどのようなブレイクスルーを持ちえるのだろうか。心理（学）の研究において、質的研究を取り入れようという主張は、方法論的な拡張を行おうと言っているだけの主張であると受け止められてしまう。そうではなく、人間のあり方・生き方の理論を根本的に変革していこうという志が必要である。10年を迎えた日本質的心理学会には、そうした志の高さも求められているのではないだろうか。

【参考書】

中島義明（編）（2001）.『現代心理学［理論］事典』朝倉書店.
中島義明（編）（2012）.『現代心理学［事例］事典』朝倉書店.
　　理論を「原理的な考え」として捉え、心理学のさまざまな分野について、その諸理論を解説したもの。知覚から臨床まで幅広い。［事例］事典の方が、事例と関連づけながら理論を考えることができるため、理論とは何かということを考えるには有用である。
茂呂雄二他（編）（2012）.『ワードマップ　状況と活動の心理学 ── コンセプト・方法・実践』新曜社.
無藤隆他（編）（2004）.『ワードマップ　質的心理学 ── 創造的に活用するコツ』新曜社.
　　「ワードマップ」とは主題と関連する用語をさまざまな角度から精選して読みやすく配置するというコンセプトである。2つの本は、それぞれ本稿で扱った内容に関連する項目がたくさん収録されており、さまざまな概念の整理をするのに好適である。

2節
現象学的な理論とその展開
西村ユミ

　本節では、現象学が、学問の歴史的な文脈の中で、いかなる課題を乗り越えるために生まれてきたのかを示す。それによって、現象学が向かおうとしている方向と、思想の枠組みを示す。次いで、現象学という思想が多様である理由を、フッサールの思想の展開を中心に紹介し、この思想が他の思想家に継承されることによって、いかに発展し、乗り越えられたのかを検討する。さらに、現象学の課題と枠組み、展開が、質的研究にいかに摂取されているのか、両者がいかなる関係にあるのかを、病い経験や看護実践の探求を例に挙げて論じる。

2-1　事象の内側からの探究

　「事象そのものへ」立ち返り、そこから当事者にとっての経験（現れ）の構造や意味を探求し直すこと。これは、現象学という現代思想の創始者フッサールが、自らの哲学の方法に与えたテーゼであるが、しばしば人間科学領域の研究、特に質的研究において重要視されている。研究という取り組みにこのテーゼが要請されるのは、それまでの前提や方法論などに反省を企てなければ探求できないような事象に出会ったときであろう。実際に私も、重度の昏睡状態が持続する遷延性植物状態（意識障害）と診断された患者と、長期にわたって関わり続ける看護師たちの経験を探求する際に、既存の枠組みを捨象し、事象そのものから彼らの経験を捉え直すことを迫られた（西村, 2001）。

　この経験から、探求しようとする事象の方が、知らぬ間に私たちが持ってしまっている前提や既存の理論を用いて説明すること、つまり、外側から持ってきた枠組みによって事象を分析することの問題性へと、私たちのまなざしを向けさせていると言っていいだろう。それゆえ、こうした研究領域においては、事象を外側からではなく、その事象が生み出されている内側から探

究をすることへと促されるのだ。

　この内側からの捉え直しという要請は、いかなる"方法"によって学問知を創造するか、という問いと深く関わっている。また、20世紀初頭に始まった思想運動である現象学から多大な影響を受けている。近代哲学や科学的方法の問題性に積極的に疑義を唱えた現象学は、人間科学領域の学的な取り組みにも多大な影響を及ぼしてきた。そもそも、事象そのものへ立ち返ることを要請したフッサールは、「厳密学としての哲学」の探求を、自らの仕事の主たる目的として位置づけていた。知を探求する方法に関する議論は、その学問のあり方を規定する重要な営みである。が、それは、その学問領域の内側のみから生まれてくるのではなく、その時代の思想の大きな枠組みやその変化に影響を受けつつ、諸領域が互いに影響を及ぼしあって生まれてきたと言える。

　まさに、19世紀後半に哲学と科学は、その学的基盤を揺さぶられるような大きなうねりに飲み込まれた。しばしばその典型例として紹介されるニーチェの説くニヒリズムは、それまでの西洋の文化形成を支えてきた指導原理がその効力を失ったことを物語っていた。それは、近代の哲学者たちが前提としていた「理性」、言い換えると神のロゴスという、永遠かつ絶対的な真理の領域であったものの崩壊を意味した（木田, 1991）。

　本節で紹介する現象学という思想運動は、この崩壊した理性を別の角度から回復させようとする試みでもある。そのため本節では、最初に、崩壊を避けられなかった近代の理性がいかなる問題を抱えていたのか、さらに、その問題をいかに乗り越えようとしたのかを、現象学を研究分野とし訳書も多い哲学者の木田（1970, 1991）の議論を下敷きにして概観する。次いで、現象学がその問題をどのように乗り越えようとしたのかを、主にその創始者フッサールの中期、後期思想を紹介しながら検討する。フッサールのこれらの思想は、経験諸科学の学問の基礎づけに関わる議論、言い換えると、その学問領域の事象を探求する方法論の視点としても積極的に取り入れられてきた。これらの検討をもとに、現象学を手がかりとした経験諸科学の研究が、いかなる問いに応答しようとしているのかを確認する。さらに、彼の思想がいかに引き継がれて展開されていったのかを、弟子でもあったハイデガー、および、フランスにあってフッサールを発展的に取り入れたメルロ＝ポンティの

現象学を紹介しつつ検討する。これらの思想が質的研究、とりわけ著者が専門とする看護学や周辺領域の研究といかに関連しているのかは、上述の議論に挟み込みつつ検討したい。

2-2　理性にまつわる問題系

　本節で議論の入り口とした近代的な思想の枠組みを設定したのは、ルネ・デカルトとされている。デカルト (Descartes, 1637/1997) は、真理の探究においては、「ほんの少しでも疑いをかけうるものは全部、絶対的に誤りとして廃棄すべきであり、その後で、わたしの信念のなかにまったく疑いえない何かが残るかどうかを見きわめねばならない」(訳書, 以下同, p.45) と考えた。しかし、「そう考えているこのわたしは必然的に何ものかでなければならない」(p.46)。「わたしは考える、ゆえにわたしは存在する（ワレ惟ウ、故ニワレ在リ）」(p.46) が哲学の出発点とされたのはそれゆえである。この「わたし」は1つの実体であって、その本質（本性）は「考えるということ」だけである。そうであれば、わたしを存在するものにしているのは考えるための原理としての「精神」であり、デカルトはこれを身体（物体）から区別した。他方で、精神とは別の真理に幾何学者の扱う「対象」を挙げ、それを「連続した物体」として捉える (p.51)。それゆえデカルトは、物体（身体）と精神（心）とを分断した二元論者として位置づけられた。実際には、両者を区別した後の議論において、「真の人間を構成するためには、理性的魂が身体と結合し、より緊密に一体となる必要がある」(p.79) と述べていることも断っておこう。

　しかし、木田 (1991) は、デカルトの思想が孕む問題性として、この二元論を挙げるのみでは不十分であり、「正しくない」(木田, p.17) と述べる。木田によれば、デカルトの仕事が後世に対してもっとも大きな影響を及ぼしたのは、ここで述べられている「わたし」を、身体から完全に切り離された純粋な理性とし、この理性の明確な認識対象、つまり「客観」となり得るものだけが真に〈存在する〉という資格を与えられるという図式なのである。言い換えると、デカルトの思う「わたし」は、「世界のうちに何が存在し何が存在しないのかを決定する」(木田, p.17) 理性なのであり、それゆえに、こ

の「わたし」自体は世界のうちに存在してはいない。つまり、「世界」はわたしにとっての対象として位置づけられているのであり、「世界」は、世界の内に存在するとは言えない理性であるわたし、その意味で超越論的、理性的な主観によって認識される限りで存在するものとなる。わたしが考えることをやめると、「わたしが存在したと信じるいかなる理由も無くなる」（デカルト, p.47）。このことから木田は、「わたし」と「世界」とは、切り離されながらも、「近代の理性主義の相互に補いあう二面だった」という（木田, p.36）。

　デカルトの思想によると、理性は存在するものの全領域を認識しうることになる。言い換えると、わたしの理性は神の存在によって成り立ち、近代の哲学は神の似姿である人間にその理性を認めたことになる。それゆえ、「近代的人間は自己の理性の力を確信し、その理性的能力によって自己のあり方を定めたり、自然に技術的に働きかけたり、また社会を合理的に改造していく自信を得たのである」（木田, p.17）。そもそも、世界の中に存在しえるものは、理性が認識し得るもののみであるのだから、こうした操作も可能になると考えられたのであろう。そして、この能力とその理性によって把握された自然の秩序——客観的世界、つまり「存在するものの全体は、絶対的な空間・時間のなかで、それ自体において明確に規定された構造をもって存在する」（木田, p.18）という前提——への素朴な信頼があったからこそ、自然科学の方法があらゆる学問領域に滲透したと言える。先取りすると、これとは別の前提をもった研究方法があり、質的研究の多くはそこに位置づけられる。しかし、質的な分析をする方法の中にも、自然科学の枠組みに依拠したものがあることを断っておこう。

　このような理性のあり方、および客観的世界の想定、木田の言葉を借りると、理性と客観的世界との「相互に補いあう二面」が近代理性の弱さの根源であり、19世紀末から20世紀の哲学や科学を危機に陥れた。数学や物理学等々の科学的とされる営みそのものの内部から、近代科学におけるこの前提が覆されるような事象、つまり客観的世界に見られた自然の秩序のほころびが次々に発見されたのである。

　同様に、心理学や社会学、歴史学等々の人間諸科学の学問領域も、ある種の危機的な状況に陥っていた（フッサール, 訳書, 1995）。それは、これらの領域が、物理学の方法である実証主義的方法を取り入れて研究を自然科学化し、

普遍的な学問的認識を構築しようとしたためである。当然、これらの領域でも哲学と同様に、「客観的世界」を想定すると理解できないような事象が次々に発見された。こうして、理性はデカルトの言う意味での力を持たなくなり、世界の客観性は事実と見なされ難くなっていった。

　20世紀に入ると、上述した哲学の危機の認識やそれぞれの学問領域の問題状況に迫られて、特に人間を対象とする精神科学や社会科学の諸学問領域において、人間をその具体性と全体性において捉え直していこうとするさまざまな動きが認められた（木田、1970; Denzin & Lincoln, 2000/2006）。これらは、一方で人間諸科学の領域の問題であるが、同時に、存在するものの全領域を把握する理性と客観的世界という図式を提示した哲学の課題でもあった。

　フッサールに始まる現象学運動は、こうした歴史的背景から生まれた課題、つまりデカルトの残した課題を正統に継承し、それを乗り越えようとして取り組まれた。フッサールは、こうした課題の根底にある、主－客の「相互に補いあう二面性」、主体と客体という二者択一の閉じられた関係性を解体し、改めて世界が意識においていかに現れるのかを問い直そうとしたのである。

2-3　現象学が生まれた必然性と現象学を求める必然性

　近代理性主義の基本的な前提である「客観的世界の想定」とこの世界という存在のすべてを認識できる「理性」の想定は、自然科学の枠組みには収まり切らない事象に関与する多くの科学の分野において疑問視されてきたが、著者の専門領域である看護学も例外ではない。後発の学問分野である看護学は、1950年代に学としての知識基盤が不十分とされ、その開発がまずは求められた（Tomey, 2002/2004, p.42）。言い換えると、学問を成り立たせる理論の構築が要請されたのである。この際、既存の医学の枠組みである主体と客体の二元論に対する、挑戦ともいえる議論が織り込まれた。

　たとえば、自らの理論開発に現象学を取り入れたペイターソンとズデラード（Paterson & Zderad, 1976/1983）は、「人間的看護の内容には、相手のために看護師の主導する主体－客体の一方通行的な関係のような、慈善的・技術的要素が含まれるだけではない」（p.3）ことを指摘する。そして問われるの

が、人間と人間との「相互に影響しあい喚起しあう」「生の体験」(p.2) であり、それを記述するために現象学の「事象そのものへ」というテーゼが参照された。彼女たちは、「生きた体験」は言葉で引用することはできても、こうした体験が「すぐ理論的また分析的に解釈され、レッテルをはられ、簡単に片づけられてしまう」ため「奥底まで見通すことは、なかなか難しい」(p.10) と指摘し、そのようなことにならないために現象学的態度が求められる、と主張したのである。

また、パースィ (Parse, 1881/1985) は、自然科学ではなく人間科学に基礎を置く看護理論の開発のために、ハイデガーやサルトル、メルロ＝ポンティらの思想に学び、「人間は主体性をもつことで、世界に対して弁証法的関係をもって存在しており、生成の過程で生じる課題に意味を与えている」(Parse, 1998/2004, p.16) とする。明らかにこうした記述は、看護実践が主体と客体、つまり看護師と患者との二元的関係で成り立ってはいないことを意味しており、この考えを支えているひとつの思想が現象学であると言っていいだろう。

後に詳しく触れるが、近年、看護理論として紹介されているベナーの一連の研究（Benner, 1989/1999, 2001/2005）も、その源泉に同様の問題意識を共有している。

ここで確認しておきたいのは、こうした指摘がなされても、実際の研究においてはそのプロセスや成果の背後に、主体と客体とが分離した二元論が横たわっているという点である。乗り越えようとしているにもかかわらず、それが実現しないのは、われわれが知らぬ間に自然科学的枠組みに絡め取られているためであろう。現象学運動は、この暗黙裡の前提を積極的に退けようとし、新たな視点や方法を提案していく。

2-4　フッサールの現象学、その発展

次に、前述した意味において、経験諸科学のある種の研究方法を、その根底から問い直すことへと導いたフッサールの思想を概観したい。このフッサールの取り組みは、大きく前期、中期、後期に分けて論じられている（木田, 1970, p.9）。ここでは、人間諸科学への影響が大きいとされる中期思想と後期

思想の概要を紹介する。

(1) 中期思想

そもそもフッサールが現象学的な態度に重きを置き、事象に接近する方法を開発したのは、「哲学」を真に厳密で根本的な学にすることを求めたからであった。われわれは「もの」を意識し、それとともにその意識そのものを意識している。デカルトが、「われ思う、ゆえにわれ在り」という命題を掲げたのは、この意識を持っていることが疑いようのないことだ、という意味であった。しかし、たとえばフッサールの師であるブレンターノが目ざしたように、この次元の意識を実証科学の立場からとらえようとしても、意識は特定の個人に働く現象であり、いっさいの存在の根源としての意味を持たない。それゆえフッサールは、実証主義の立場を批判して、根源的な意識をどのように考え、獲得すべきかを哲学の課題としたのである。

そこでまず問題にされたのが「自然的見方」ないしは「自然的態度」であった。たとえば、日常的に自然的見方に立って物を見たり聞いたりしているとき、われわれの周囲には空間時間的な世界が広がっていて、われわれ自身もまた他の人々もこの世界の中にそれぞれの位置を占めていると経験する。そこでは、こうした世界の「存在」が素朴に断定されている。「このように世界を『あり』と素朴に断定し、『世界内部的』に生きるということが自然的態度の基本的性格である」(木田, 1970, p.45)。この断定は、日常的な態度だけでなく、自然科学や精神科学等の学的営為が世界に存在する物や人、その状態を素朴に「あり」と断定して研究対象とする態度にも見て取れる。

ところが、こうした断定は「たえず積み上げられる日常的経験から生じた一種の習慣にすぎない」(木田, 1970, p.45)。たとえ科学的な研究が先行研究を根拠にしていると言っても、その先行研究自体が、世界の存在(「あり」)を素朴に仮定し、認識できるものだけを対象にしてきたことは否めない。そして、この断定が習慣を足場として生まれているために、私たちはそれを問題にしたり、このような見方をしていること自体を自覚したりすることはほとんどない。哲学を厳密な学とすることを目ざすフッサールは、このような見方に根本的な変更を要請した。

そこで編み出された方法が、「判断停止(エポケー)」である。この方法で

は、世界についての素朴な断定を括弧に入れて、逆に、私たちに直接与えられる意識体験から、いかにしてそのような断定が生じているのかを見直すことが目ざされる。言い換えると、世界があるという判断をいったん停止し、それによって得られる純粋意識の錯綜を解きほぐし、そこからいかにして世界という意味が現れてくるのかを見極めようとするのである。しかし、この際の判断停止は、世界が存在するという判断を否定しているのではないことを断っておこう。「ただその遂行をストップし、あるいはそれに自分も身を入れて行なうのをやめてそこへ反省の眼を向けるのである」（木田, 1970, p.46）。

判断停止によって、ブレンターノから継承した志向性という概念にも捉え直しが求められる。そもそも志向性は、意識の作用があるものに向けられ、それを指示するという意味であったが、世界が存在するという判断や世界という意味が、それを構成する意識の作業に遡って問い直されることにより、別様の意味を纏うことになる。

この志向性の構造は「わたしの体験」として与えられているのであるから、「既成の概念や理論でものを見るのはもちろん、事象を外から枠づけする理論をつくるよりも、まず『事象そのものへ』」（細谷, 1980, p.30）立ち返ることが要請される。現象学的見方によって新たな経験が与えられる、その経験（事象）を既存の概念で説明したのでは、自然的見方に後戻りすることになる。フッサールの現象学は「データの外に立ってそれを説明するためのものではなく、事象の内側からそれを理解しようとするものなのである」（細谷, p.30）。フッサールは現象学の方法によって、「意識のもつさまざまの指向性の構造ないし層の普遍的記述」（細谷, pp.30-31）、言い換えると、純粋意識の構造を、その志向作用と志向される対象との相関関係として解明し、一切の哲学、および科学の基礎学である「第一哲学」としての現象学を構想しようとした。

(2) 後期から晩年の思想

フッサールが上述した「現象学的還元」の構想を確立したのは、『イデーン』第1巻（1913年）であったが、ここでの還元は、科学的な見方も含む自然的態度による世界定位の判断停止と、その反省によって得られた純粋意識

が世界の意味をいかに構成しているのかを明らかにすることであった。言い換えると、世界という客体的なものの意味の生成を、純粋意識の構成作業に遡って明らかにするという認識論的操作を解明することであった。

ところが『イデーン』第2巻においてフッサールは、「自然的態度」と「自然主義的態度」とを区別して、還元において判断停止されるのは、自然科学のように自然を客体化してみる「自然主義的態度」であると考える（木田, 1990, pp.72-73）。先取りすれば、自然主義的世界が排除されることによって、普段は反省されることのない自然的態度、客体化に先立つ自然な世界経験に立ち返るのである。ここで還元の構造が大きく変わっているのを見て取ることができるだろう。フッサールは、こうした自然的態度による日常経験の生きられる世界を「生活世界」（Husserl, 1936/1995, p.223）と呼ぶ。

19世紀末から20世紀初頭の実証主義的な学の概念は、「理性の問題」をとり落としてしまい、「いわば哲学の頭を切り取ってしまった」（同, p.26）。同時に、私たちは、その実証科学が作り出した「客観性」（同, pp.228-229）という理念に強く縛られるようになり、その原理的に知覚不可能な客観的世界によって生活世界が隠蔽され見失われることになった。フッサールは、危機に陥った学問を回復させるためには、この客観性、つまり自然主義的態度を判断停止して、根源的な自然的態度、直接直観に、「つねにあらかじめ与えられている」生活世界に立ち返ることを求めた（同, p.230）。そして、そこに学問の問うべき問題があることさえ気づかれていない「生活世界」の学としての現象学を構想した。フッサールは、この生活世界にも独自の構造があり、学的な解明が求められるというのだ。

加えてフッサールは、「実証」概念の捉え直しも求めた。現象学的還元は、すべての実証科学の拠って立つ客観主義に対して判断停止を行うことであったが、実証的ということを「実証科学」という意味ではなく、「われわれの体験に直接与えられた最も始原的なものであるという意味ならば、現象学こそ真正の実証主義というべきである」（細谷, p.42）。実証科学や経験科学は、この始原的な体験を解体してしまったのである。現象学的還元によって行おうとすることは、この解体から始原的体験を回復することである。

先に中期思想では、純粋意識が世界の意味を構成すること、つまり対象を能動的に定める作用としての志向性が問題とされた。ところが、どのような

対象であっても、それだけが独立して経験されるわけではない。それらは、「世界地平のうちにある対象として意識されるという仕方でのみ『与えられて』いるのである」(Husserl, 1936/1995, p.256)。生活世界は、「われわれにとって、いつもすでにそこにあり、あらかじめわれわれにとって存在し」、「あらゆる現実的および可能的実践の普遍的領野として、地平として、あらかじめ与えられている」(同, p.255) のである。つまり、世界は対象を定位する能動的な活動に先立って、受動的に「いつもすでに」「あらかじめ与えられている」。われわれが関心を持たなければならないのは、この「与えられ方、現れ方」(同, p.262) なのである。

その与えられ方を掘り下げていくと、個別的な主観性には還元されえないものが見出される。「生活世界は決して各自的な世界に尽きるものではなく、つねに多数の主観による共同主観的構成に基礎づけられている」(木田, 1970, p.68) のである。この相互（間）主観的な構成という文脈において、フッサールの他者論は展開される (Husserl, 1973/2012)。「客観のみならず、主観そのものも初めから独立して存在していて、あとから他の主観との関係に入るようなものではなく、むしろ主観そのものが他の主観（他者）との関係のなかで初めて生成してきたものとして、その『発生』が問われることになる」(Husserl, 1973/2012, 解題, 浜渦, p.548) のだ。

このようにフッサールの後期思想は、純粋意識の世界構成から生活世界の現象学へと大きく舵を切り直し、あらかじめ与えられる世界、その世界への受動的な内属というあり方へと関心を向けていった。そこに他者の問題や、ここでは取り上げなかったが身体、時間性などの問題が発見されていく。現象学的方法は多様な課題に沿って展開されていくがゆえに、開かれた方法と呼ばれているのである。

2-5 現象学の継承の方向性と質的研究

以上に見てきたとおり、フッサールは事象そのものの分析を通して、新たな見方を発見し、思想自体を発展させてきた。それゆえ、どの時期のフッサールの思想を継承したかによって、現象学の受け取り方が大きく異なっていることも指摘されている。たとえば細谷 (1980) は、現象学と経験的知識と

の結合を試みたドイツのシェーラーとフランスのメルロ゠ポンティとを比較して、次の違いを紹介している。前者においては、「現象学は何よりも、直観的にとらえられた事象の普遍的本質の静態的な構造分析であるが」、後者においては、「現象学的方法の徹底的な反省としての性格を強調し、その未完結性、両義性にこそその強みがあるとしている」(p.43)。そして、この２つの傾向は、フッサール自身の中期の思想と後期の傾向をそれぞれ継承発展させたものであるとも指摘する。

　これと類似の傾向が、経験諸科学に取り入れられた現象学的研究にも見て取れる。「現象学的研究」と記されていても、経験の普遍的本質の構造を見出そうとする研究から、経験がまさに生まれてくるその構造を記述しようとするものまでさまざまであるのは、フッサールのある時期の思想から影響を直接受けたり、フッサールの思想を継承した哲学者の思想に手がかりを得たりしているためであろう。

　しかし、経験諸科学で取り入れられている現象学的研究には、ある種の類似性を見て取ることができる。たとえば、医療や看護学の領域では、トームス（Toombs, 1992/2001）が、自らが多発性硬化症を患い患者としての立場において持つ見解と医師の見解との相違を現象学的に明らかにしている。この際、トームスは、現象の不変的な特徴を記述することを重視するが、習慣化した方法で世界を解釈する立場を「自然科学に由来する論理的立場」(p.17)、「直接体験を因果的に構成していく理論的・科学的説明に従って、直接体験を抽象的概念にまとめる『自然主義的態度』」(p.21) とし、これらを棚上げしようとする。

　またトーマスとポリオ（Thomas & Pollio, 2002/2006）は、患者の経験について「私たちが知っていると思っていることすべてを『括弧で括る』」(p.19)と記述している。ここで主張されているのは、研究の焦点が当たっているある人の経験や事柄について、私たちがあらかじめ持っている知識や枠組みを棚上げすることの必要性である。それらは、後期思想において捉え直された、「自然主義的態度」への判断停止と言ってもいいだろう。

　これは、看護学という実践を伴った学問の特徴に依る傾向であるかもしれない。看護学における現象学的研究では、看護実践のあり方や技能に関心が向けられたり（Benner, 2001/2005; 広瀬, 1992a, 1992b）、看護師が手を差しのべ

ようとする患者の経験（Thomas & Pollio, 2002/2006）が探究されることが多い。これらに関心が寄せられる理由のひとつとして考えられるのは、医学の領域においては、その実践や評価が、経験から離れた医学・看護学の知識という根拠や手順に基づいて行われることが推奨されているためだ。その患者の状態も、「『主観的』症状と『客観的』症状が区別されている」（Benner & Wrubel, 1989/1999, p.x）ことを付け加えておこう。もちろん、このような根拠に基づくことは必要だが、それが行き過ぎると見落とされてしまうこともある。医学の枠組みの中に納まりきらない患者の経験、既存の知識では説明のできない実践が、医療現場にはたくさん埋め込まれているのだから。

　そのため、分析等々の手法によって実践や経験を見えがたくしていたりそれを解体している自然主義的態度、いわゆる自然科学的な視点や実証主義的な枠組みを棚上げして、事象の内側からそれらを解きほぐすことが要請されるのである。自らの態度や見方を捉え直し、その事象へと接近するにふさわしい態度や方法をその事象に学ぼうとしたときに、それを推奨する現象学が導きの糸となるのである。そして、そうであれば、現象学に依拠した研究、つまり現象学の概念や記述によって事象を分析している研究は、現象学的とは言えないのかもしれない。依拠するのではなく、捉え直しが求められる事象に向き合うこと自体が、すでに現象学的な試みなのであり、それを保証し支えるのが、現象学という思想であるのだろう。

2-6　フッサール現象学の継承と発展

　次いで、フッサールの思想のその後の展開を紹介したい。ここでは、フッサールの思想を直接引き継いだハイデガー（M. Heidegger: 1889-1976）の思想と、フランスに持ち込み発展させたメルロ＝ポンティ（M. Merleau-Ponty: 1908-1961）の思想を中心に紹介したい。

(1) ハイデガーの思想

　「おのれを示す当のものを、そのものがおのれをおのれ自身のほうから示すとおりに、おのれ自身のほうから見えるようにさせる」（ハイデガー, 1927/2003, p.87）。これが、ハイデガーにとっての現象学の形式的な意味であり、「事象

そのものへ！」と定式化された格率である。ここでの「見えるようにさせる」とは、ハイデガーの課題である存在者の存在が、「忘却され、この存在とその意味とへの問いが発せられていないほど、はなはだしく隠蔽されていることがある」(pp.89-90) ために、そのもっとも固有な事象内実のほうからそれを明るみにもたらすことを意味している。その意味で、「存在論は現象学としてのみ可能」(p.90) なのだ。

そもそもハイデガーは、フッサールの助手を経験し、彼の現象学の身近でその生きた精神に触れていた。「他方でそこには密やかに熾烈な批判が介在していた」(渡邊, 2003, p.7) とも言われている。それゆえ、ハイデガーの存在論は、フッサールの精神を引き継ぎつつ、それを換骨奪胎していくプロセスそのものだった。

周知のとおりハイデガーの代表作は『存在と時間』である。本来予定されていた前半部分しか刊行されず、後半部分の刊行は断念されたまま残された。この著作で究極の課題とされたのは、存在者（Seiendes）の存在（Sein）、存在者を存在者として規定する当のものとしての「存在一般の意味」の究明であるが、前半部、つまり現行の『存在と時間』で取り組まれたのは、存在の了解を本質とする現存在（人間）という存在者の存在の追究であった。その理由は、存在の意味を問うには、その存在について、漠然としてであっても存在了解を持っている存在者を手がかりにするしかないからである。それゆえ現存在のその存在の仕方を、まずは解明することから開始したのである。

ハイデガーが存在を問題にしたのは、「存在が、あらゆる存在者の根底をなすものとして、西洋の古代中世以来、哲学の根本問題として伝承されてきたから」(渡邊, 2003, p.22) である。存在は、何々「である」とか何々「がある」という言い方において、ありとあらゆるものごとについての述語となる。それゆえ中世哲学においては、「あらゆるものの差異を超越しながら、しかも類比の統一においてあらゆるものに関与する超越者ないし超越概念と位置づけられた」(同, p.23)。

後期になると、「そうした存在は、彼方の超越的なものではなく、むしろ、もっとも身近の、この上なく親近なもの、すなわち近さそのものであることが明言され、その近さにおいて人間は『存在に触れる』ことができる」(渡邊, pp.25-26) とハイデガーは語るようになった。その日常的で、また通常は

2節　現象学的な理論とその展開　127

隠蔽されている存在の真相を顕わにするために、「現存在の個別化された特殊的な実存の身近な現場のなかで、実存的な思索的経験とともに、存在は、痛切に実感され、解明されることができる」(渡邊, pp.26-27)。言い換えると、「存在問題を日常的な人間の前理論的なレベルでの理解にまで立ち返って」(門脇, 2008, p.15)、自明であるがゆえに闇に覆われて隠蔽されているそのあり方から、それを真相においてあばき出し、それをありありと見えるようにさせるはたらきが、現象学的態度なのである (渡邊, 2003, pp.29-30)。

この現象学的考察においては、「現存在がそれについてすでにおぼろげにもっている誤った存在了解、すなわち事物的存在性の存在理念を破砕し、それを暴力的とも思われる熾烈さでもって打ち壊して、世界内存在の真相を、つまり、おのれの存在構造と存在意味を、当の現存在自身に告げ知らさねばならず、このように告げ知らせることが解釈学であるとハイデガーは考えていた」(同, p.30)。ハイデガーにとっては、哲学は普遍的な現象学的存在論であり、それは現存在の解釈学から出発する。その意味でハイデガーの方法は、現象学的な解釈学なのである。

たとえば、ベナーとルーベル (Benner & Wrubel, 1989/1999) は、ハイデガーの現象学 (的解釈学) を手がかりに、「人の生き抜く体験としての健康と病気」に注目し、客体として扱うことのできない「反省的思考に先立つ人間の基本的なあり方」(p.9) を探求した。ハイデガーによる、「人間は自分の置かれた状況を、己れにとってそれが持つ意味という観点から直接把握する」(p.47) ことを下地として、これを可能にする〈身体に根ざした知性〉、「存在の意味」、何かを大事に思う「気づかいの能力」、「状況そのもの」(p.48) という切り口から、患者の経験や看護実践のあり方を理解する方法を編み出していく。

ハイデガーの現象学は、ベナーらの実践的な関心を触発し、彼らを「隠蔽されている人間存在のあり方の探求」へと導いている。この隠蔽する「何か」として、まずは、看護理論における説明の枠組みと看護実践の方法論が二元論的、機械論的人間観を前提としていることが指摘される。とりわけ、看護理論は、「実践から出発して、あるいは実践のために探求されているというより、むしろ看護教育カリキュラムを組むために探求されており」、「看護理論が看護師の実践によってその内実を規定されるという面は希薄であった」

(Benner & Wrubel, 1989/1999, p.6)。そこで求められたのが、「日々実践されている熟練看護の実像を記述し解釈し説明する理論」(Benner & Wrubel, 1989/1999, p.6) であった。ベナーらにとって、この実践と理論とを橋渡しする理論構築の支えとなったのがハイデガーの現象学であったのだ。もちろん、ここでの現象学的解釈学は、反省に先立つ人間存在のあり方を探求する方法でもあった。

(2) フランスへ ── メルロ゠ポンティとサルトル

次いで、フランスへ移植された現象学が、メルロ゠ポンティらの思索の中で、新たな深化と拡張を見ることになる、そのあり方を確認しよう。

現象学のフランス的段階を代表するのは、サルトルとメルロ゠ポンティである。こう述べる木田 (1970) は、彼らの現象学の摂取の違いを次のように論じている。「サルトルのばあい、初期の諸研究においてはフッサールの『イデーン』第1巻に、「現象学的存在論」という副題をもつ『存在と無』においては、主としてハイデガーに依拠しているのに対して、メルロ゠ポンティは早くからフッサールの後期思想に親しんで、それを積極的に展開していくのである」(p.102)。つまり、「サルトルが現象学に、結局はいっさいの受動性から解放された透明な意識の、一挙にして果たされる自己開示を見ようとするのに対して、メルロ゠ポンティにとっての現象学とは、徹頭徹尾世界のうちにとりこまれ自分自身にもその半身しか見えない意識の、完結することなき自己省察なのである」(p.123)。

すでに述べたとおり、フッサールの現象学のどの時期の思想に親しんだかによって、現象学の理解や発展の方向性が大きく異なる。それはそのまま、経験諸科学に現象学が摂取されたときの、その展開の仕方の違いを作っていると言えるだろう。

ここでは、メルロ゠ポンティが、フッサールの思想をどのように批判的に継承したのかを概観しておきたい。たとえば、病い経験や看護実践などの探究においてサルトルよりもメルロ゠ポンティが引用されることが多いのは、病いに関わる経験や実践が透明な意識による自己展開としては見えてこない、むしろ自らにも十全に見えない意識を自己洞察によって、わずかながらでも開示できる可能性を持っているためであろう。

メルロ＝ポンティは主著『知覚の現象学』(1945/1967) の序章において、まず現象学の多義性について論じ、その理由がフッサール自身の哲学の中にあることを指摘する。が、その多義性を批判するのではなく、「問題は幾つも引用文献を数え立てることではなくて、むしろわれわれにとっての現象学を定着し客観化すること」(訳書, p.3) である、と断言する。そして「現象学というものは、ただ現象学的方法によってのみ近づき得るものだ」と述べ、自らの現象学の構想に着手するのである。

この指摘は研究方法を考える際の導きの糸にもなる。現状においては、人間諸科学の現象学的研究のスタイルはあまりにも多様であり、それがこの方法論の理解を難しくしている、としばしば指摘される。しかし、ここで「われわれにとっての」と述べられているとおり、各々の研究において探求しようとする事象が方法をも求めてくるのであれば、事象そのものから方法を立ち上げ、それを記述的に開示することこそが、「われわれにとっての現象学」を定着させることにもなる。

さらにメルロ＝ポンティが指摘するのは、現象学的方法においては「記述することが問題であって、説明したり分析したりすることは問題ではない」(同, p.3) という点だ。「説明」とは、フッサールが還元によって乗り越えようとした科学的説明のことである。われわれは、自分自身のことを因果関係の結果として、あるいは諸科学の対象として知るのではなく、その手前で「私の視界から」、私に知覚された世界経験として知るのである。その意味で、「科学とはこの世界経験の二次的な表現でしかない」(同, p.4)。他方の「分析」はデカルトやカントなどの「反省的分析」を意味する。デカルトやカントは、意識の世界経験から出発しながらも、その経験とははっきり異なった、世界を構成する可能性の条件としての主観へと遡る。つまり、反省的分析においては、"世界から切り離された"主観ないし意識が分析されるのだ。しかし現象学は、主観と世界との分離、その二者択一の閉じられた関係を解体し、主－客の二元的なあり方をいかに乗り越えるのかを課題として始まった。メルロ＝ポンティは、「記述」によってこの課題の乗り越えを試みようとする。

その記述は、われわれへの世界の現れ方として為される必要がある。「世界というものは、それについての私のなし得る一切の分析に先立ってすでにそこに在るものであって」(同, p.6)、それは構築したり構成したりすべきも

のではなく、それがあるとおりに記述されるべきなのである。それは判断や述定作用の手前で営まれる「知覚」を重視することを意味する。この知覚は対象化された世界についての科学ではなく、ある意味を図として浮かび上がらせる地としていつも既に働き出している。この経験においてわれわれはいつも世界内におり、「世界のなかでこそ人間は己れを知るのである」(同, p.7)。この世界経験へと立ち返ることによって見出されるのは、「世界へと身を挺している主体」(同, p.8) である。このように、序章の最初の指摘において、メルロ゠ポンティはフッサールの後期思想を継承しつつ、記述の次元を定めていく。

この流れで、フッサールの「現象学的還元」についても触れ、特に還元によって超越論的意識に立ち返り、世界はこの意識の前で絶対の透明さをもって構成され、意味を与えられている、という中期思想に見られる方法を紹介する。フッサールの方法が観念論であると指摘されるのは、意識が世界を構成するという発想ゆえである。が、メルロ゠ポンティは現象学的還元に徹することで「世界からその不透明性と超越性とを奪い取ってしまう」(同, p.9) と指摘する。フッサール自身も、世界はすべて明るみになるものではなく、顕在しなくとも地平としてすでに与えられており、他人がなければ私も成り立たず、世界への内属も難しいことを指摘してきた。したがって私(の実存)は、反省によって単に私自身へ己にしか手の届かない私を与えるのではなく、他人たちの持ちうる意識を含んでおり、そこで他者と交渉しうる「歴史的状況のすくなくとも可能性だけは含むのでなければならない」(同, p.11)。そうであれば、私は「世界内存在」として見出されるべきであり、それによってあらゆる種類の観念論は排除されるのだ。

以上の議論によってメルロ゠ポンティは、超越論的還元とは「常識や自然的態度のもっている諸確信を放棄することではなくて」(同, p.12)、あらゆる思惟の前提として「自明なもの」になっているこれらの確信を喚起し、それとして出現させる方法なのだと言う。「反省とは、世界から身を退いて世界の基礎としての意識の統一性に赴くことではない。反省はさまざまな超越が湧出するのを見るためにこそ一歩後退するのであり、われわれを世界に結びつけている指向的な糸を出現させるためにこそそれを緩める」(同, p.12) のである。フッサールの助手、オイゲン・フィンクが言った「世界をまえにし

ての〈驚異〉だ」が端的にこれを示している。

メルロ＝ポンティは、事実を超えて本質を捉えるフッサールの「形相的還元」についても、誤解されていることを指摘して、独自の解釈をして見せている。メルロ＝ポンティによれば、本質は目的ではなくて手段なのである。「われわれの実存はあまりにぴったりと世界のなかにとり込まれてしまっているため、世界のなかに投げ込まれているそのときにはそうなっている自分を認識することができず、したがって、われわれの実存は自分の事実性を認識し克服するためにはまず理念性〔本質性〕の領野を必要とする」（同, p.14）のである。たとえば木田（1970）は、「意識の本質」を求めようとすることは、意識という言葉の意味を展開することではなく、実際に私（の意識）に現れる事実そのものを露わにすることなのである、と述べている。

フッサールの方法の、メルロ＝ポンティへの継承についてみてきたが、メルロ＝ポンティにとって現象学のもっとも重要な収穫は、「極端な主観主義と極端な客観主義とを接合させたことにある」（メルロ＝ポンティ, 1945/1967, p.22）。世界に合理性があるということは、さまざまの展望がつき混ぜられ、さまざまの知覚が互いに確かめあって、そこから１つの意味が立ち現れてくるということである。が、その意味は、私の経験と他者の経験の交点に、それら諸経験の絡み合いを通して浮かび上がってくる意味なのである。

「哲学とは己れ自身の端緒のつねに更新されていく経験である」（同, p.13）と言明したメルロ＝ポンティは、この意味生成としての経験の更新、未完成の世界の捉え直しを、「知覚」経験を糸口にして進めることになった。それは「世界を見ることを学びなおす」果てしない努力として為される。それゆえ、彼の哲学は「端緒」の状態にとどまるのである。

2-7　現象学を手がかりにすること

いかなる目的をもった研究が現象学的な思想を求めるのか。また、このような思想を手がかりにして、いかに質的研究を進めるのかが、われわれにとっての課題として残されている。現象学的研究だからといって、現象学という思想そのものやそこで見出された概念等々を用いて具体的な事象を分析することは、現象学を裏切ることにしかならない。たとえフッサールの現象学

用語であっても、経験の外部の知識でしかないためだ。「事象そのものへ」立ち返って、その経験の内から、それがいかに成り立っているのかを記述すること、それが現象学の方法論的態度であり、解体された理性の回復への取り組みとして求められたのである。

　そうであれば、現象学的研究はその入り口がまずは問われるのではないだろうか。たとえば、患者の経験であれ看護実践であれ、既存の知識や枠組みで分析、解釈された研究は多い。しかし、それでは見えてこないことがある。

　著者の場合は、遷延性植物状態とされる患者をケアする看護師たちの、患者との"かかわりの手応え"を探求しようとした際に、従来の医学的枠組みでは乗り越えがたい課題に直面した（西村, 2001）。その課題とは、"かかわりの手応え"が第三者にもわかるように客観的に観察されること、患者の側にも確かな変化が観察されること等々を退けることである。患者の「意識の徴候が見られず他者とコミュニケーションを図ることができない」という医学的な定義を前提にすると、患者との関係自体も成り立たない。それゆえ、この定義や自然科学的な枠組みを棚上げして、看護師たちが経験していることに立ち返る必要性に迫られた。この「立ち返る」という発想を、現象学が支えてくれたのだ。言い換えると、探求しようとする事象の方が現象学という思想を求めてくる、あるいは、その事象へのアプローチにおいて、「事象そのものへ」立ち返ることが、何よりもまず求められる。これが現象的研究の入り口である。

　また、探求しようとしている課題がわれわれの経験や実践に埋もれていて捉えがたいこと、そのはっきり自覚できていない、あるいは見えていないことを、見えるようにするのが現象学的記述である。現象学は、主－客に分離されていない、意識される手前の経験へと分け入る記述を提案している。その記述は、事象の特徴の方に導かれて定まってくる。そうであれば、ここで求められるのは、そのような次元へと分け入る思考のスタイル、記述のスタイルを学ぶことなのである（鷲田, 1997）。

　もうひとつの手がかりを示しておこう。先に、現象学的研究への入り口として、「事象そのものへ」立ち返って、その事象の成り立ちを捉え直すことが要請されるような課題であるか否かの吟味を挙げた。捉え直しが求められるのは、研究をする際に陥ってしまいがちな自然科学的思考、あるいは、そ

の事象への先入見などが、私たちの見方を覆っているためである。知らぬ間に上空飛翔的に事象を眺め、経験の外側の知識を用い、希望や期待、習慣化された理解等々を分析のまなざしに挟み込んでしまっている。現象学者の記述を読むことによって、われわれは自らのそのまなざしに気づかされる。もちろん、事象の方がそれに気づかせてくれるが、「事象そのものへ」というテーゼがあってこそ、事象に徹する態度へと促されるのである。

　現象学的研究は、しばしば明確な方法が示されていないと指摘されるが、事象にその事象の見方、その事象とかかわる態度、それへのアプローチの方法を学ぶというスタンスは明確である。それゆえ、事象の外側に"手続き"としての方法を作り出すことが難しい。

　現象学では、世界にいかに関与しているのか、そこで何が起こっているのかに、徹底的に関心を向ける。これが、フッサールやメルロ＝ポンティが現象学を「実証主義」と言った理由である。この徹底した態度によって、それまではっきり見えていなかったことが分節化して見えるようになったり、調査者においては、それを通して他者（差異）に出会うことが、それまで見えているけれども注意を向けていなかった営みへと分け入ることを促す。そうした分節化は、記述という営みにおいて更新される。その意味で、現象学的研究過程そのものが、その事象に学びながら、また事象の意味を捉え直しながら、研究方法自体を見出していく過程であり、その過程で、これまで見えていなかったことが見えるようになってくるのである。現象学が未完結の営為であるのは、こうした特徴を持っているためである。

【参考書】

木田元（1991）.『現代の哲学』講談社.
　　本書は、現象学などの現代思想が、いかなる学問の歴史的な文脈から生まれてきたのか、いかなる課題を担っているのかが、わかりやすく紹介されている。本節の議論の枠組みは、本書を手がかりにしている。

ベナー, P. & ルーベル, J.／難波卓志（訳）（1999）.『ベナー／ルーベル現象学的人間論と看護』医学書院.
　　本書は、〈人を気づかい世話をする実践〉としての看護の隠れた働きをハイデガーやメルロ＝ポンティの現象学などを理論的視覚として、具体的な事象の

記述を通して探求したものである。思想と実践との往復のひとつのスタイルとしても参考になる。

3節
言語とテクストをめぐる理論
小島康次

　第3節は、「言語とテクストをめぐる理論」と題して、言語学や文学の伝統の中にある諸理論を扱う。言語活動、執筆活動は人間に特徴的な行動であり、また、精神性を伴ったものである。人間が生産する言語・文学を対象とする理論のうち、質的心理学と切り結ぶものにはどのような理論があり、実際、質的心理学にどのように影響を与えているのかについて検討していく。

　言語とテクストに関する理論を語るには、まず記号論について述べなければならない。現代記号論の第一人者としてエーコ（U. Eco: 1932- ）の説を概観する中で、ソシュール（F. de Saussure: 1857-1913）、パース（C. S. Peirce: 1839-1914）といった記号学、記号論の創始者の説を論じることになる。池上（1984）によれば、記号論とは言うならば「文化の論理学」であると定式化できる。文化を担い表現する最大のメディアが言語でありテクストである。言語とテクストの位置づけをめぐっては「意味」と「コミュニケーション」の問題が前景に浮き出てくる。背景には「解釈」の問題（解釈学の系譜、ハイデガー、ガダマー、ハーバーマス等）が見え隠れして、それらが合わさって全体像が描き出される。そして着地点である質的心理学との記号論的な繋がりをバフチン（M. Bakhtin: 1895-1975）の対話論ならびにラカンの精神分析論に求めることになろう。

　「一般記号理論」は未だ完成されていないプロジェクトであり、それ故、発話行為論、文化人類学の諸説（例：エスノグラフィー）等、いずれ記号研究の一分野として再定式化されるべき研究領域が現在は独立に存在し、必ずしも相互の関連がついているわけではない。したがって、それらと質的心理学との関係もレヴィ＝ストロース流に言えばブリコラージュ（寄せ集めの仕事）にならざるを得ないのが現状である。

3-1 「記号」から「記号機能」へ

(1) 現代記号論への序

エーコは記号論について、その著『記号論』(Eco, 1976/1996) の中で、「記号理論の輪郭」と題して次のように論じる。一般記号理論の輪郭として考慮すべきことは、(a) コードの理論、および (b) 記号生産の理論の2つであり、これらは記号の2つの側面、すなわち「意味作用の記号論」と「コミュニケーションの記号論」に含まれるものだとする。特に (b) には、日常言語の使用、コードの進化、美的コミュニケーション、相互作用的コミュニケーション、記号の使用一般等々、広範な現象が対象として含まれるという。

記号とは何かということを明らかにするためには、記号と非記号を区別し、「記号機能」という、より柔軟な概念（コード理論の枠組みの中で解明できるもの）に移し替える必要がある。言い換えれば、(a) コード理論と (b) 記号生産の理論の区別を明確にすることにより、従来の「ラングとパロール」、「言語能力（コンピテンス）と言語運用（パフォーマンス）」、「統語論（および意味論）と語用論」等の区別に見られた問題点を克服して、テクスト形成やコンテクストにおける曖昧さをなくすような新たなコード理論の構築が目ざされる。それにより、(魅力的ではあるが輪郭の曖昧さが残る) 語用論の問題とされてきたことをそれ自身の枠内で解決できる新しい意味論が可能となるという。

「記号」に代えて「記号機能」という概念を持ってくることの意義を論じる前に、まず、古典的な記号学、記号論について簡単に概観してみよう。記号論（学）の体系を築いた人物としてソシュールとパースを挙げることができる。2人は記号論という学問を、それぞれ「何かを表現しようと意図している2人の人間のあいだに生ずるコミュニケーションのための手段の体系」（ソシュール)、あるいは、「記号とその対象およびその解釈項という3つの要因の共同作用ないし、それを含むところの1つの行為または影響関係」（パース）と定義している。

これらの2つの定義に共通しているのは、受信者として必ず人間がいるということであり、発せられたコードは受信時に意味としてデコードされなけ

れば、それは記号とは呼べないということである（逆は必ずしも真ではない）。特にソシュールは記号というものを少なくとも2人以上の人間同士のあいだでやりとりされるキャッチボールのような過程をイメージしていたように思われる。したがってそこでは発信者も人間でなければならないという前提があり、かつ、発信者となるためには何らかの意図がなければならないとされる。それに対してパースは記号というもの、あるいはその体系から人間的な要素を取り去って、抽象的な体系を構想していたように見える。パースにあっては発信者が人間でなくても、また、そこに何かを伝達しようという意図がなくても記号現象は成立する。たとえば人の顔に生じた発疹が麻疹の徴候であるためには、それを麻疹として診断する医師の存在があれば十分である。発疹自体は患者が病気を知らせるために意図して生じたものではなく、純粋に生理学的・自然的現象にすぎない。

(2) 記号論の創始者 —— ソシュール

ソシュールは、『インド・ヨーロッパ諸語の母音の原初体系に関する覚書』(1878) を初めての著書として出版し、言語学研究者の仲間入りを果たした。しかし、ソシュールが目ざしたのはそうした言語間の比較ではなく、どの言語にも共通に当てはまる規則性を発見すること（一般言語学）だった。ソシュール自身はこのテーマに関する著書を残していない（その後、遺稿集が発見されている）が、1907年から1911年にかけて行われた3回にわたる講義の詳細なノートが弟子たちの手により出版されたのが、『一般言語学講義』である。

そこでソシュールが取り組んだ問題は、言葉はなぜ通じるのかという原理的なものだった。それはさらに一般的な記号の問題の一部でもあった。記号論を展開するに際し、ソシュールは記号表現（媒体＝シニフィアン）と記号内容（意味＝シニフィエ）を区別する。意味を担う記号表現と担われる記号内容との関係が「ラング」と呼ばれる規則体系に依存するのに対して、「パロール」は個別具体的な使用というレベルで捉えられる何かだとされる。このラングとパロールを合わせた個別言語の全体像がランガージュとなる。ラングはあくまで抽象的な性質を持つものであり、具体的に現れ出てくる要素はパロールであるが、ソシュールが対象としたのは規則の束であるラングの

方だった。ラングを構成する単位は単語である。止め処ない音声であるパロールを音素（「聴覚映像」と呼ばれる）に切り分け、概念（語義）と対応させる最小単位が単語だからである。意味を構成するもっとも重要な要素であるはずの「文」は、自由度が高くその時々で多様な現れ方をすることからパロールの問題とされ、ラングの単位とは認められなかった。

　記号を記号表現と記号内容を持つ何かだとすれば、言葉は定義により記号だということになる。記号表現と記号内容とは表裏一体で相互依存関係にあり、一方が他方より先に存在するわけではない。ソシュールの理論的後継者とされるイェルムスレウ（L. Hjelmslev: 1899-1965）も記号「表現」と記号「内容」を区別はするが、いわゆる形式と内容の二元論的な区別とは異なる点を強調する。音声という表現が意味という内容を入れる容器であるかのように考えるのは間違いだという。意味は、あくまで発話の過程において音声を伴う理解という能動的な活動を経て初めて生じるものだとされる。

（3）ソシュール言語学の基本原理 ── 構造主義の誕生

　ソシュール自身が設定した言語学の基本原理は2つある。第一の原理は、「恣意性」である。先に区別した記号表現と記号内容は元々性質の異なるものであり、それらのあいだには何ら結びつくべき必然性がない。犬を表す日本語は「イヌ」と発音される単語であるが、英語であれば同じ犬がdogと表記され、「ドッグ」と発音される。他の言語にはまた違った表記と発音が対応し、それらのあいだに関連性はない。同じ言語であっても地方によって方言があるなど変異があり、また、時代によって言葉は変化することが知られている。

　第二の原理は、「線状性」である。これは単語が音素列として線状に並ぶ性質のことで、この音素列に対応する音声が実際に言語を知覚する際の対象となる。これは言語という記号に特有の性質だとされる。確かに言語では熟語や文に含まれる単語の順序が異なれば意味もまったく異なる場合が多い。「他人のフンドシで相撲を取る。」と言えば、他人の物を利用して自分の利益を図ることを意味するが、「他人の相撲でフンドシを取る。」と言い換えると、とんだ破廉恥なことになってしまう。

　また、ソシュールは1つの言語にまったく同じ意味の単語はないという原

則を暗に持っていたようである（町田, 2004）。完全な同義語の存在は冗長であり、無駄である。一見、同じ意味の単語を組み合わせた表現のようでも、実際に使用される際には異なる制約があり、まったく同じとは言えない。「男と女」と「男性と女性」は、意味的に重なってはいても、常に同じニュアンスで用いることはできないだろう。前者は生物学的な性別を基本にした広い意味の対比に用いられるのに対して、後者は文化的な性役割に纏わる性差に関する場合に多く用いられる。

　1つの言語に完全な同義語がないとすれば、その言語が持っている単語の意味はすべて異なることになり、ある単語の意味を決定するには他のすべての単語の意味と違う点を考慮に入れなければならないことになる。つまり、ある単語の意味は他の単語の意味（ソシュールの用語では「価値」）との関係によって決まるということである。

　このことを一般化すると、単語の意味はその単語が属する体系内の他の記号との関係（ソシュールはこれを「連合関係」と呼ぶ）に依存し、単語はその文脈から独立した絶対的な意味を有するものではないと定式化できる（Saussure, 1910/2007）。ある単語の意味が、その単語を要素として含む体系に属する他の単語の意味と異なるという性質に基づいて決定されることから、ソシュールは、「ラングの中には差異しかない」とさえ言明する。言語が示す体系のことを「差異の体系」と呼ぶ所以である。

　単語の意味が差異の体系を考慮せずには決まらないとしても、それだけでは言葉の意味に関する原理が尽くされたとは言えない。個々の単語は、それ単独では意味が確定しないことも分かっているからである。一般に事柄を表す上での最小単位は文であるが、それはラングではなくパロールの問題として、言語学の対象から外されたはずである。ここでソシュールは少しアクロバティックな手段を駆使する。実質的に文である単語の繋がった状態を連辞と呼び、連辞の中の単語間の関係を「連辞関係」と名づけた。連辞においては複数の単語の語順が問題となり、そこには必ず規則が見られる。これは正に文法規則のことであり、後にソシュールが「構造」と呼び換えたように、文法構造の問題はやはりソシュール言語学にも位置づけられていたと考えられる。

(4) パースの記号論 ── 文化の迷宮としての記号世界

　パースの記号論の特徴は、「われわれは、記号でのみ思考する」、「記号として理解されなければ、なにものも記号ではない」(Peirce: 1839-1914) という表現に現れているように、どんなものでも誰かがそれが何かを意味している、すなわち、それ以外の何かを指示するか、何かの代わりをしていると思えば記号になり得る、ということである。ソシュールの場合、記号は伝達を意図された人為的な手段に限られるのに対して、パースでは、記号は必ずしも人間によって意図的に発せられなくてもよい。気象学的な自然の徴候も、先に挙げた身体上の医学的徴候も、受け手がそれを記号として意味づけることが可能であれば、記号になり得る。われわれは、ものごとを「慣習という日常の体系」に関連づけることにより、ほとんど無意識のうちにあらゆることを記号として理解している。したがって、記号論の関心の中心は、日常の意味世界における記号の使用についてだということになる。

　このような記号概念の拡張を可能にしたのはパースの記号に対する定義がソシュールとは大きく異なるからである。パースは記号現象を構成する要素として、「記号」、「対象」、「解釈項」の３つを措定し、これらの共同作用が記号世界を構成すると考えた。これら３つの要素のうち、ソシュールの定義ともっとも異なるのが「解釈項」であろう。これはいわゆる解釈者のことではない。解釈項とは、たとえ解釈者がその場にいなくても記号を記号として成り立たせることを保証する媒介的役割を果たすもの（疑似精神）である。解釈項とはある１つの対象と結びつけられる別な表象であると考えられる。

　この表象を明らかにしようとすれば、別の記号でそれを名指す必要があり、それはさらにまた別の記号で名指される必要があるというように、この過程は無限に続くことになる。このようにして記号の意味が記号それ自身の体系によって基礎づけられることが可能になるとされる。したがって言語とは、相互に説明し説明される関係にある連続した慣習系によって成り立つ、自己分類体系だということができる。

　一般化すれば、記号とは、「何か（解釈項）が指示しているもの（対象）をそれと同じように指示できるように規定するもの」であり、さらに「今度はその解釈項が記号となるというような過程が無限に繰り返される」一種の迷宮のようなものである。このように記号の定義の中に「無限の記号現象の過

程」が含まれることに注意すべきであろう。表象の対象とは初めの表象の解釈項であるような表象のことにほかならない。しかし、こうした表象から別の表象へと受け継がれる無限の系列もどこまでも続くわけではなく、「習慣」と呼ぶ絶対的な対象を最終的な解釈項とするとパースは言う。

　この最後の解釈項は記号だろうか？　エーコはこれを記号ではなく、記号を結びつけ、互いに関連させる意味分野の総体であり、構造そのものであるとした。

(5) エーコの記号論 ──「記号機能」の必然性

　これまで見てきたように、記号（学）論には、ソシュールとパースを起源とする2つの流れがある。イェルムスレウら、ソシュールの記号学に属する立場と、モリス、オグデン、シービオクらパースの記号論に属する立場とに分けられる。エーコは、これら2つの流れにまたがる立場をとっていると見られるが、「すでに成立している社会的慣習に基づいて何か他のものの代わりをするものと解し得るすべてのもの」という記号の定義からして、パースの説により近い位置にいると考えられる。

　ここ10年位のあいだに、記号論には理論的な転換が見られたという。記号システムの分類という静的な分析から離れ、記号や意味が生成される形態や、システムとコードが社会的営みの中でいかに使われ、いかにその枠を越えていくかという方法の探求へと向かっているように思われる。以前はメッセージを生成する記号システム（言語、文学、映画、建築、音楽等々）の研究が主流であったが、今はそれを介してなされる作用が主に検討されている。それはコードを構成し、変える行為であるが、同時にコードを用いてその行為をなす個人を構成し、変化させていくことでもある。したがって記号過程の主体は個人であるということになる。

　パースの記号論の概念だった「記号過程」という用語は、エーコによって、ある文化が記号を作り、記号に意味を付与する過程を指すための概念に拡張された。エーコにとっては、記号過程は社会的活動であるが、記号過程という個人的活動に主観的要因が含まれることを認めるところは新たな時代への幕開けを予感させる。つまり、この見解は、ポスト構造主義的な記号理論の2つの流れに沿ったものとなっているのである。その1つは意味作用の主体

的側面に焦点をあてたものであり、意味は主体の作用として解釈される（主体は記号表現の作用である）ラカンの精神分析的アプローチに代表される見方であり、他の1つは意味作用、つまり個人間のコミュニケーションにおけるその実際的、倫理的、イデオロギー的利用の社会的側面に重点をおいた記号論である。そこでは、意味は文化的に共有されたコードを通して生産される意味論価値として解釈される（de Lauretis, 1984）。しかし、エーコはそうした方向性を見据えながらも、あくまで記号論の方法論的立場を貫く姿勢を崩さず、主体の問題は記号論を超えたところの埒外であるとした。

3-2　古典的記号論を超えて —— テクストと解釈の世界へ

（1）主体の復権とイデオロギー

　慣習とシステムの構造主義的二分法は結果から過程を、構造から主体を切り離すその硬直性を批判されてきた（Coward & Ellis, 1977）。慣習より構造を重視するこの考え方では、構造の変化を説明できない。1920年代後半、ヴォロシーノフ（V. N. Voloshinov: 1905-1960）とバフチンは、ソシュールの共時的手法と言語システムの構造を強調する考え方を批判した（ヴォロシーノフ, 1973）。ヴォロシーノフは、ソシュール流のパロールに対するラングの優位性を逆転して「記号は、組織化された社会的意思交換の部分でありその外部では存在できず、ただの物理的人工物に戻ってしまう」（Voloshinov, 1973）と述べた。記号の意味は、言語システムの他の記号との関係の中だけにあるのでなく、それを使用する社会的文脈の中にある。ソシュールは歴史性を無視したことでも批判されている。プラハ学派の言語学者のヤコブソンは、「純粋な共時性は幻想にすぎない……。すべての共時システムは、お互いに分離できないシステムの構造的要素として過去と未来を有している」と言明している。言語は前の世代から受け継いだ静的で閉じた、安定したシステムではなく、常に変化しているシステムとして扱われるべきであるとする立場からは、記号は、「階級闘争の闘技場」であり、「記号システムの社会的な次元は性質と機能にとって本質的であり、システムだけを孤立して研究できるものではない」（Hodge & Kress, 1988）ということになる。

　バフチンが導入した「言葉」の概念は、「語」を意味すると同時に「言説

(discourse)」を指す用語でもあった。これは、主体によって支持された言語活動であり、また、言語活動の内部で自らを構成する主体の概念でもある。言説、言語行為、発話等々、現代の言語学が取り組むべき問題は、おおよそこの主体の場において精神分析の力を借用しながら、バフチンによって明示されてきた。

それまでの言語学（ソシュール、イェルムスレウ流の）が措定した言語という枠組みは、主体を抽象化したところに成り立つものだった。その時代の詩学は文学テクスト（小説、詩）のような複雑な意味を内包した対象には無力だった。「言葉」において示される意味は、言説に反映された外的な指示対象の中にあるのではない。他方、言説を発する自己の内部において閉じた主体が意味を独占しているのでもない。

言説は複数の分割された「私」が同時に異なる言語審級へと分配されて存在する。対話とは、他者の声を複数の「私」が聴くポリフォニーであり、やがて、複数の「私」が互いに自らの声を聞かせ合う関係の中で意味が立ち上がる。とはいえ、意味を固定するための特別な主体があるわけではない。バフチンの言う主体とは、呼びかけの主体であり、ラカン流にいえば欲望の主体ということになる（Lacan, 1966/1972）。

バフチンは、このポリフォニーを対象とする学を言語学ではなくメタ言語学であるとする。対話性とは、言葉の中に、その言葉の上に重ねられた別の言葉を見出すことである。臨床的対話（ナラティヴ・セラピー）において語られる「充ちた言葉」（ラカン）というのは、それがポリフォニー的であることを必要条件とする。つまり、真の対話が成立するためには、間テクスト性という開かれた空間がなければならない。

ドストエフスキーのポリフォニー小説における主人公に対する作者の新しい芸術的立場に関するバフチンの議論は、徹底的に推し進められた対話的立場であり、それは主人公の独立性、内的な自由、未完結性と未決定性を承認するものである。作者にとって主人公とは価値ある「他者」、つまりもう1人の完全な権利を持つ他者の「私」なのである。こうした社会科学あるいは人文科学の土台をなす思想的背景として、まず、テクストと解釈の理論的系譜を検討することにしよう。

(2) 了解的方法からテクスト解釈へ ── ディルタイの解釈学的方法とその限界

シュライエルマッハーらにより体系化されていた文献解題のための解釈学を精神科学の方法論として発展させたのがディルタイ（W. Dilthey: 1833-1911）である。ディルタイの解釈学は「生（独：Leben）」の解釈学だと言われる。形而上学がそうであったように、世界を何の媒介もなしに解釈するのではなく、まず人間的生を内在的に解釈し、理解しようとするところに生の解釈学の面目がある。ここで言う「生」とは体験、理解、歴史的把握の中において捉えられ得るものとされる。

ディルタイの問題意識は、自然科学の方法である「説明」に対して、その科学性に匹敵する独自の方法を精神科学において構築することであった。それが「理解」あるいは「了解」であり、シュライエルマッハーの解釈学的志向をさらに徹底し一般化したのが了解的方法である。こうした方法が可能であるためには、人間が人間を理解する能力を第一能力として措定しなければならなかった。他者の精神生活を自らのものと置換し得る心理的な想像力を前提にする必要があったのである。それ故、ディルタイは心理学を精神科学の基礎学としての地位に就かせた。ここにおいて、心理学的記述分析の方法と解釈学的方法とは、2つながら精神科学的方法を構成する相互補完的な認識論的基礎とされたのである。

久米（1978）によれば、これらの方法間の関係それ自体に根本的なアポリアがあるという。すなわち、他者と置換し得る能力による了解から文学によって固定された生の表現の了解であるテクスト解釈へいかに移行するかという問題である。言い換えれば、記号の構造化された総体であるテクストを解釈することによって、心的生活の再現、再生は可能かという問題に直面するという。

塚本（1995）は、この問題に対するディルタイ自身の議論を一定程度評価しながらも、それが根本的な解決に至らない点について次のように論じる。心理学に代わって解釈学をその方法の基礎学に持ってくるにあたって、ディルタイは「表現」をキー・コンセプトとしている。「生」が必ずしも意識に限定されるものではなく、意識下の層をも含むものだとすれば、当然のことながら、意識的内省のみによって「生」の全体を捉え尽くすことは不可能で

あろう。「表現」とは、そうした意識にのぼらない体験としての「生の表出」（驚きの感情に伴って意図しないで生じる表情など）をも含むものである。この「表現」が個体の次元だけでなく、共同体の次元を含むものであるところに問題があるとする。すなわち、共同体次元の「表現」の全体像こそが歴史であり、精神科学の基本的所与である。そうした表現は歴史的に作り出されると同時に、歴史そのものを構成する「生」の表現形態としても立ち現れてくる（歴史における「解釈学的循環」）からである。そうすると、表現的世界と歴史的世界とは重なり合うことになり、「生」は歴史‐社会的に制約されているという事実が明らかになる。ここで、心理学を精神科学の基礎学とすることの限界が決定的なものとなる。

心理学的発想の限界を克服する方途として、ディルタイは歴史を媒介として人間が人間自身の生を省察する方法を持ってくる。これが「歴史的自己省察」と言われる解釈学的認識方法である。しかしながら、ディルタイの「表現」はあくまで「生」そのものに内在する有意味的構造を超え出るものではなかったために、心理主義からの完全なる脱却には至らなかった。ディルタイの基本的姿勢である「生」の解釈から世界へという方向性は、確かにそれまでの形而上学の無媒介性に対する批判としての意味を見出せる。しかし、それはあくまで認識論から出発した議論であって、生が認識の問題に先立って存在すべき世界の問題（存在論）を不問に付したものだった。

こうしたディルタイの解釈学を批判的に摂取し、生の存在論からの再出発を試みたのがハイデガー（M. Heidegger: 1889-1976）であろう。ハイデガーは「現存在」をキーワードとして、了解を基礎づける存在と世界の問題を定式化しようとした。その意味で、ハイデガーの（少なくとも初期の）哲学は「存在の解釈学」だと言うことができる。

(3) 解釈学の存在論的展開 ── ハイデガーの現象学的解釈学

ハイデガーについて述べる際には、キーワードとして知られる「現存在」について説明しておく必要がある。『存在と時間』（Heidegger, 1927）の中心概念であるが、難解な概念として知られる。しかし、「現存在」とは端的に言えば人間のことである。ただし、「人間」では言い表せないことを表すための哲学用語なのだということを理解しておく必要がある。

プラトンからアリストテレスを経てカントに至るまで、西欧の哲学が一貫して問題にしてきたのが「存在とは何か？」という哲学的問いである。存在論とは、人間が世界を知る方法として、世界を構成している「存在物」（あるいは「存在者」）を体系的に分類するという手立てで、その洗練された形が科学と呼ぶ人間の営為であった。

　われわれ人間はどうやってそうした存在物（存在者）の"存在"を知ることができるようになったのだろうか。プラトンの例では、「三角形」の図形イメージがよく知られている。3本の線分によって閉じた図形は、内角の和が180度になるある普遍的な図形、すなわち「三角形」と呼ばれる図形になる。この内角の和が180度になるという観念も、すべての三角形（三角形の形状は無限に存在する）を測定できない以上、経験的に確かめられるものではない。存在物の意味というのは、たまたま出会った犬の特徴でもなければ、たまたま見た三角形の形でもない。存在物の意味とは、そうした存在物をその存在として見る視点、プラトン流に言えばイデアだというのである。真の存在は、個々の存在物を超えたイデアであり、個別の具体的な存在物（存在者）をそれとして了解する超越的な視点だと考えられる（存在了解）。

　プラトンの言うイデアの世界はいわば神の国であって、人間は結局そこに近づくことはできても、その世界に入ることはできないとされた。3千年後にハイデガーが提起したのは、それを人間として可能にする道標の発見だった。ハイデガーは1915年にフライブルグ大学に赴任するや、ギリシア哲学、特にアリストテレスに関する徹底した文献研究に基づく講義をしている。『デ・アニマ』、『ニコマコス倫理学』、『自然学』等々。そして、『存在と時間』が出版される前年の1926年に、アリストテレスとプラトンに関するもっとも濃密な講義（「古代哲学の根本概念」）を行っているのである。

　「存在」そのものの世界、それはギリシア以来、人間が直接知ることのできない世界とされてきた。そこに近づくにはどうすればよいのか。ハイデガーが言う存在世界への道標とは何か。そのもっとも大きな道標が「現存在」なのである。それは確か「人間そのもの」ではなかったか？　しかし、先に述べたように、人間は、存在物（存在者）の一つであると同時に、そうした存在物を存在させる根拠でもあるという二重性を持っている。犬は、ただ毛の生えたワンワン吠える動物として存在することは可能だが、それを、まさ

に「犬」という意味のある存在者たらしめているのは人間なのである。その意味で犬は、人間なしには存在し得ない。

　つまり、人間という存在者は特別な存在者だと言えるであろう。人間という存在そのものも、人間自身が、自分たちを人間という視点において意味づけて初めて人間であり得る。したがって、存在一般（イデア）の世界へと至るには、そうした世界を意味づけている特別な存在者、すなわち、人間を分析することがもっとも確実な「道」だということになる。その道標に印された言葉が「現存在」なのである。神の力を借りずとも、人間自身が意味世界を創造する仕方を分析することで、存在一般の謎に迫ることができる、それが現存在分析（哲学的）と呼ばれるもののエッセンスである。

(4) 時間の2つの相 ──「現在に生きるものは永遠に生きる」

　ここまではギリシア哲学がある意味で到達していた地点からそれほど遠く隔たってはいないとも言える。人間は人間自身を語ることによって、他の事物と異なる存在としての地位を獲得している。しかし、他方、そのことによって多くの試練にさらされることにもなった。人間の存在はそれ自体パラドックスである、というのもその一つの表現であろう。「『クレタ人はウソつきだ』とクレタ人（のエピメニデス）が言った」というあのパラドックスを思い出してみよう。また、アポロンの神託を受けるデルフォイの神殿には、「汝自身を知れ！」と刻まれた碑がある。いずれも人間が人間自身を完全に知ること、完全に語り尽くすことは、神の力を借りずには不可能だということの証だとも考えられる。

　それでは、現存在という大きな目立つ道標にしたがって歩き出したこの道は間違った道だったのだろうか。確かに、ここから先の道は格段に見通しが悪くなる。しかし、そこに一条の光が射して、次の道標が現れる。それが「時間」である。「存在と時間」、ハイデガーの主著の書名であることは言うまでもないだろう。ハイデガーはここで存在を説明するために時間を2つの違った相に分けて捉える。1つの相は過去から現在、現在から未来へと持続する時の流れで、普通、われわれが時間というとこちらの相の時間を指すことが圧倒的に多いと思われる。もう1つの違った相における時間は、刻一刻、その瞬間にのみ存在し、かつ、すぐに消える時間である。

ここから先に進むには軽装では難しい。それなりの装備を整える必要がある。形而上学という峻険な峰に直接挑むのではなく、少し回り道をしながら登りやすいスロープを探してみると、すでに馴染みのソシュールの記号論という比較的なだらかな道が見えてくる。われわれが使う言葉の意味は、ソシュールによれば、それが記号として、他の記号との差異によって生じるのだとされる。たとえば、「男」という言葉の意味は「男らしさ」を数え上げて、辞書的な定義をしてみても確定しない。それは、「女」という記号との体系的な差異によって立ち上がってくるものだと言う。ソシュール流に言うと、瞬間という時間が意味を持つのは、それを際立たせる「永遠」という時間との体系的な差異によると考えられる。逆に、永遠というのは、誰もそれを経験したこともなければ、実際に到達することもできない状態であるが、瞬間との対比において理解することが可能となる観念である。男と女が合わさって人間という１つの全体を構成するように、瞬間と永遠とはある１つの全体を表しているのではないだろうか。言い換えれば、瞬間というのは永遠との関係において存在の相を示していると考えられる。それは過ぎ去る時間とは別の次元に属する観念だとハイデガーは言うのである。「現在を生きる者は永遠に生きる」という一見、謎に満ちた命題の意味がそこにある。

　個々の存在物（存在者）は生まれ、変化し、死ぬ。生物だけでなく物質も生成し、変化し、消滅する。真の存在はそうした変化を超えたところにあり、永遠の相を持つとされる。人間は、そうした有限の、消滅する存在者であると同時に、永遠の相を有する存在そのものでもある。それが「現－存在」ということの意味だとされる。あらゆる個々の存在物を越えたところに、普遍的な"存在"がある。逆に言えば、そうした一般的な存在（有）に気づいたとき、初めて人間は個々の存在物（者）を記述する知恵（学問）を身につけたと言えよう。

(5) 解釈学の復権と「言語」の場 ── ガダマーの哲学的解釈学

　ハイデガーの存在論の影響の下にディルタイにおける心理主義と歴史主義を共に批判的に捉え直し、さらに解釈主体とテクストとしての「世界」や「歴史」とのあいだの対話の可能性についての理論を構築したのがガダマー（H-G. Gadamer: 1900-2002）である。ガダマーによれば、テクストの意味は、

著者がそこに込めた主観的な意図や自己理解を超え出て絶えず変容していくものであるから、理解は対話をモデルとして考察できるような構造を持っているとされる。こうしたガダマーの解釈学は、一見、シュライエルマッハー、ディルタイらの伝統的解釈学の系譜に連なる精神科学基礎論の一つに数えられるべきものに思われるが、そうではない。ガダマーの問題意識はそうした二元論を超えるより根源的な視座からのものであり、いわばカントの現代版とも言うべき立場に立つものである。すなわち、近代科学を可能にしている人間の認識の条件は何か、また、そうした認識の限界はどこにあるのかという問いなのだと考えられる。

　したがって、ガダマーの問いが精神科学だけに向けられているのでないことは当然のことであろう。そしてこの問いは、主観性による一切の理解行為に先立つ問いであり、また、理解を扱う諸学問の方法的行為にも先行する問いであることから、学問論上の基礎をなす問いであると言えよう。ガダマーがハイデガーの「(存在の) 解釈学」を自らの理論の中心に持ってきたのは、ハイデガーの時間的分析論こそが理解を単なる行為様式の1つの姿ではなく、現存在の存在様式そのものであることを明示した説だったからである。それが「解釈学」であるというのは、現存在の存在としての「関心」の分析を通して、「存在の意味を解釈する存在論」であることによる。すなわち、理解こそが世界とかかわる人間存在の普遍的な契機であるということであろう。こうしたことから、理解の二重構造、すなわち、「世界の理解」と「現存在の自己理解」との不即不離の関係が導き出される。

　ガダマーは、『真理と方法』(Gadamer, 1960/1986) で、デカルトに始まる近代科学の方法主義に対して、ハイデガー流の事象主義を対峙させ、解釈学そのものの放棄に向かったハイデガーとは逆の方向、すなわち、「真理の経験」としての「解釈」の身分を深化させることによって、方法を超えた真理の次元へと解釈学の可能性をもう一度取り戻す道をとった。この道は、ハイデガー哲学が存在論的な基礎づけを追求するあまり見失った精神科学の認識論へ回帰する方途でもあった。

　さて、ガダマーがいったんハイデガーの存在論を経由した上で、立ち返っていった解釈学の第一の場とは何であろうか？　この問いに答えるためには、まず、「解釈学の場」とは何かを明らかにしておく必要がある。ディルタイ

以後の解釈学における「解釈」は、単に主体が対象としての世界を一方的に解釈するというようなものではなく、解釈主体それ自身の自己理解を含む「解釈」という意味を前提とするものであった。したがって、「世界」はすでに主体によって「解釈された世界」としてしか主体の前に立ち現れることはないし、同時に、「主体」自体もそうした「世界における主体」として解釈された世界に制約されていることになる。このダイナミックな経験構造は「解釈学的循環」と呼ばれ、全体と部分のあいだの無限の遂行運動として定式化される。

「解釈学の場」とはこの遂行運動の場のことである。ガダマーの「理解され得る存在は言語である」という存在論的な基本命題や「存在するすべてのものは言語の鏡において反省される」という認識論的な命題において明らかなように、ガダマーにおける解釈学の第一の場とは「言語」である。ディルタイの「生」やハイデガーの「現存在」という目新しい場に比べると、「言語」はあまりに平凡な場のように思われる。しかし、この「言語」という場はガダマーばかりでなく、その後（後期の）ウィトゲンシュタイン、リクールによっても共有された重要な場であると言えよう。また、ガダマーとハーバーマスとのあいだでなされた論争も、この「言語」をめぐってのものだった。

(6) ハーバーマスとガダマーの論争 ── 言語ゲームから言語論的転回へ

ハーバーマスは、近代までの理性概念が認知的・道具的側面に限定されてきたことに対する批判として、コミュニケーション的合理性の問題を対置した社会的行為に関する一般理論を構想した。既存の実証主義的な行為理論が扱い損ねてきた意味および意味理解を含む一般理論のために理解社会学を充実する方略を選択したのである。意味理解の問題を扱う上で重要な間主観性を他者との相互行為における調整メカニズムとするために、ハーバーマスが参照したのが後期ウィトゲンシュタイン（L. Wittgenstein: 1889-1951）の「言語ゲーム」論だった。間主観性を言語ゲームという言語のネットワークの中で変化するものと捉えることにより、コミュニケーションを通じて調整可能な間主観性の姿が立ち上がってくる。

言語ゲームにおいて主体間の一致が見られるためには、主体同士が同一の

生活世界に属している必要がある。異なる生活世界に属する主体間における一致を理論化するには、メタ言語の導入が必須であるとされる。しかし、異なる生活世界における多様な言語ゲーム間を調整するメタ言語ゲームという発想は、対象言語に対するメタ言語の関係という新たな理論的問題を生むことになる。その説明の根拠をメタ言語に求めると、さらにその上のメタ言語が必要となり、無限遡行を引き起こすことにもなりかねない。こうした理論的困難を回避するために、ハーバーマスは、ここでガダマーの哲学的解釈学に着目する。多様な言語ゲーム間の調整を理論的に上下の構造による説明ではなく、水平の構造により表現し得る道具立てとして、ガダマーの言う「解釈学的経験」が有用だと考える。つまり、日常言語の多様性をそのままに、その説明のためのメタ理論を想定することなく、主体間の行為調整を行い得るアプローチを解釈学に求めたのである。「解釈学的経験」は、隔たりを保ちつつそれを架橋し、コミュニケーションが断絶することを防止する役割を果たすと期待された。

　このように、ハーバーマスはウィトゲンシュタインの言語ゲーム論を基盤とする言語論的方法によって理解社会学を基礎づけるに際し、ガダマーの哲学的解釈学で補完することで「コミュニケーション的行為の理論」へと至る道筋を見出した。しかし同時に、その問題点も強く意識せざるを得なかった。解釈学的アプローチによって言語ゲームに歴史的な時間性を与えるモデルが可能となった反面、解釈学的理解を行う主体における伝統の拘束性が問題として浮上してきたのである。というのは、ガダマーの想定する解釈学的主体は、伝統の中で解釈学的理解を行う存在であるところから、その伝統の有する権威に強く拘束され、その意味で主体は能動性を失い歴史に埋没してしまう危険性を避けられないと考えられるからである。さらに言えば、伝統としての言語は社会的諸過程に依存しているのであり、支配と社会的権力の媒体としての側面を免れない以上、必然的に権力による暴力関係を正当化することに寄与することになるという。

　ハーバーマスによれば、ガダマーの解釈学における言語の位置づけでは、権力というシステムの強制による「体系的に歪められたコミュニケーション」への対処は不可能であるということになる。すなわち、ハーバーマスらフランクフルト学派が標榜する「イデオロギー批判」という言語が果たすべきも

っとも重要な機能を、ガダマー流の解釈学では果たし得ないという批判を端緒として、いわゆる「ハーバーマス＝ガダマー論争」がしばし人口に膾炙することとなった。ハーバーマスがとった対処法は、理解の先行構造として行為の主体に与えられる伝統的権威に対して「反省」という過程を加えることにより、それが主体に対する支配の構造へと変容していくのを防ごうというものであった。ハーバーマスは彼の想定するコミュニケーション的水準において、行為主体の反省を武器として、合理的な合意を達成する方途を考えたのである。

　ハーバーマスのコミュニケーションと対話を道具立としたイデオロギー批判は、期せずしてバフチンのポリフォニー論に繋がるものと考えられる。それは取りも直さず、質的研究法における言語の位置づけを明確にする方向性を指し示している。

3-3　質的研究におけるポリフォニーとしての対話

(1) ポリフォニー小説における対話性 —— バフチンの対話論

　バフチンの対話理論が考察の対象にしているのは「他者」であり、「他者の"私"」の問題である。『ドストエフスキーの詩学』(Bakhtin, 1963/1995) において、バフチンは「他者の意識というものは客体として、モノとして観察し、分析し、定義するわけにはゆかない。可能なのはただそれらと対話的に交流することだけである。ポリフォニー小説の作者は、極度に張りつめた大いなる対話的能動性を要求される。それが弱まるやいなや、すぐさま主人公たちは凍りつき、物象化され、小説中にモノローグ的に形式化された生の断片が出現することになる。」と述べる。

　ここで言う物象化とは「人格としての人間を貶め」、人間の能動性を「死せるモノ、物言わぬ素材に対するものに限定し」「非－意味的な論拠によって他者の声を完結させる」こととされる。しかし本来、「人格は客体的認識に服さず自由に対話的に"私"にとっての"他者"として開示される」べきものだとバフチンは言う。人格はただ対話という形式を通じてのみ"他者"として示されるものであり、また、そこにおいてのみその独立性や内的な自由が承認されるものなのである。

実証主義科学というものは知識のモノローグ形態であり、知性がモノを観察し、それについて意見を述べるスタイルの科学である。そこにはただ1人の主体、観察者、語り手しか存在しない。その対象とされるのは声なきモノのみである。認識の客体はどのようなものであれ（人間も含めて）、モノとして知覚され認識され得る。だが主体それ自体は、モノとして知覚され研究され得るものではない。なぜなら「主体としての」主体が主体でありながら「声なきもの」になることはできないからである。したがって、それの認識は対話的でしかあり得ない。

　『ドストエフスキー論の改稿に寄せて』（1961/英：1984）の中に、次のような記述を見ることができる。人間の形象に対する作者の基本的な立場は、外在性への批判であり（見附, 2009）、内的人格を云々することへの抑制である。ポリフォニー小説における作者の新しい対話的立場は、内的および外的な外在性の包括的な視座によって保証される。

　見附（2009）によれば、モノローグ的外在性とポリフォニー的（ダイアローグ的）外在性には根本的な違いがあると言う。「外在性」という理念は、バフチンの初期から後期にかけて一貫して用いられたものであるが、初期には、「行為の哲学に寄せて」で展開された存在論的な「相互的な外在性」とでも呼ぶべき意味と、「美的活動における作者と主人公」で美学上の理念として提起された「モノローグ的外在性」とでも呼ぶべき意味との2つの意味合いを有していたとされる。バフチンは後に、初期美学における「外在性」をモノローグ的なものと見なし、ドストエフスキーの作者としての立場の中に新しい「外在性」、つまり「ポリフォニー的（ダイアローグ的）外在性」を見出したと言う。これがバフチンの小説論におけるモノローグからダイアローグへのアクセントの移動である。この「ポリフォニー的（ダイアローグ的）外在性」という理念は、「美的活動における作者と主人公」における美学的な理念ではなく、「行為の哲学に寄せて」における存在論的な理念（「相互的な外在性」）を発展させたものと見られる。つまり、「超越的」立場からの「完結」ではなく「関与」の理念の方が受け継がれたと見るべきであろう。初期美学において、存在を超越し、あたかも神のような位置にいた作者は、ポリフォニー小説においては、主人公に対して対話的に応答することで作品の中の対話に関与する一参加者となるのである。

(2) トルストイとドストエフスキーの作品における作者の位置

次に、作者の位置に関する具体例についてバフチン（1963/1995）がトルストイの短編小説『三つの死』を分析した部分を引用して示す。

> トルストイがここで提示する死は、生の決算として生に光をあてる死、ある人生の全体を理解し、評価するためにふさわしい一点としての死である。したがってそもそもこの小説には、それぞれの意味と価値において十分に完結された三つの生が描かれていると言うことができる。そしてこの三つの生と、それによって分けられた小説の三つの部分は、それぞれに内的に閉ざされていて、互いを知らないのである。…（中略）…それぞれに閉ざされた世界を持つ三者（トルストイ『三つの死』における裕福な地主貴族婦人、御者、樹木の三者）は、それらを包含する作者の単一の視野と意識の内において統一され、比較対照され、まとめて意味づけられている。この作者こそが、彼らについてすべてを知り、三つの生と三つの死のすべてを比較し、対決させ、評価しているのだ。三つの生と死が互いを照らし合うのはただ作者のみのためであり、かれらの外側にいる作者は、彼らの存在を最終的に意味づけ、完結するために自らの外在性を利用しているのである。登場人物たちの視野に比べて、作者の包括的な視野は、巨大でかつ根源的な余剰部分を持っている。（訳書 pp.143-144）

ここでトルストイの場合、個々の登場人物の生と死を完結する全体的な意味は、作者の視野の中においてのみ解明されるのであり、ひとえに登場人物の一人ひとりに対する作者の視野の余剰のおかげで、つまり登場人物自身は見ることも理解することもできないということのおかげでそれは可能なのだ、とされる。このモノローグ的外在性は、作者のみが利用できるものとして描かれている。したがって、トルストイのこの短編は、多次元的であるにもかかわらず、ポリフォニーも対位法を含んでいないとバフチンは判断するのである。

もしドストエフスキーがこの短編を書いたならばという仮定の上で、バフチン（1963/1995）は次のように述べる。ドストエフスキーは「作者である彼

自身が見て知っている重要な事柄を全部、主人公たちに見させ、認識させたであろう。そして自分のためには（求められている真実にとって）本質的な意味での作者用の余剰をまったく残さなかっただろう。地主貴族夫人の真実と御者の真実は突き合わされ、対話的接触を強いられたであろう（もちろん必ずしも直接のまとまった対話の形を取るとは限らないが）。そして自分も両者に対して対等な対話者としての立場を取ることであろう。作品全体は大きな対話として構成され、作者はその対話の組織者兼参加者として振舞い、自分に最後の言葉を留保することはしないであろう」（訳書p.148）。

これが「ドストエフスキーのポリフォニー小説における、主人公に対する作者の新しい立場」である。

(3) 人文科学としての心理学に向けて

「外在性」という存在論的な前提は小説論だけではなく、バフチンの対話理論全体における前提でもある（見附, 2009）。人文科学とは、いわば人格としての人間（とその所産）に対して人間が構成する学問である。そこにあるのは人格と人格との関係であって、認識主体と声なきモノとの関係ではない。したがって、バフチンにとって、人文科学は人格に対するものとして対話的活動によって構成されるべきものなのである。構造主義についてバフチンが、「構造主義にはただ1つの主体、研究者自身の主体しかいない」と言う意味は、人文科学であるはずの構造主義がモノを対象にするかのようなモノローグ的な態度をとっている点を指すと思われる。

異質な文化のよりよい理解のためには、自己を忘れて、その文化の中へ移住し、その異質な文化の目で世界を見ることが必要だという考え方がある（見附, 2009）。創造的な理解をするためには、しかし、時間における自己の位置、自己の文化を放棄するべきではないと言う。理解にとって重要なことは、理解する者の外在性、時間における、空間における、文化における外在性であり、研究者が創造的に理解したいと思うものに対する外在性であるとされる。

文化の領域においては、外在性はもっとも力強い理解の推進力である。異質な文化は他者の文化から見たときにこそ、余すところなく、深く自己を開示するものである。他者の異質な意味に出会い触れ合うことで、1つの意味

はそれ自身の深淵を開示するのである。そのような２つの文化の対話的な出会いのもとでは、それらは一体になることも混じり合うこともなく、どちらも自身の統一と開かれた一体性を保ちながら、互いに豊かにされる可能性が開かれる。バフチンが言うポリフォニーとしての対話とは、このように出会う者同士が互いに、自己の独立性を維持し外在性を保ちながら対話的に関係し合うことを言うのではないだろうか。それによって、われわれ自身が見ることのなかった自身の新しい側面を、その関係の中で知ることさえできると考えられる。

　この異質な文化を質的研究のフィールドと置き換えれば、ポリフォニー的（ダイアローグ的）外在性によるアプローチが、ある一者（研究者）の超越的な外在ではなく、それぞれが唯一の現存在として存在に関与する自立した者たちの相互的な外在に由来する対話が質的研究に豊かさをもたらす、という理解の方向が見えてくるであろう。

3-4　ポストモダンとしての言語 ── ナラティヴ・アプローチ

（1）ナラティヴ・アプローチの背景 ── ポスト構造主義

　ナラティヴとは何かというような真正面からの問いは、ナラティヴを中心テーマとする本書4章1節に譲ることにして、ここでは、これまでの議論を実際に用いる具体的な方法として、質的研究法であり、また、臨床的技法でもあるナラティヴ・アプローチについて、対話性の観点から言及してみよう。

　ナラティヴ・アプローチは社会構成主義（social constructionism）との類縁性が強く、人間の思考や概念は人々の社会的交流から生まれ、言語によって媒介されるという見方はこれまで論じてきたさまざまなアプローチと共通である。すべての知識は人と人とのあいだにある間主観的空間で発展し「共通の世界」が形成されるとする思想はポストモダンと呼ばれ、対話（言葉、語り）による主観的現実の理解と、現実の意味の変換を強調する立場は特にポスト構造主義（主にフランス語圏）と呼ばれることもある。

　ここでも言語は、ディスコースとして、ナラティヴ・アプローチや社会構成主義を理解するための必須の概念である。また、言語の意味は絶えず変化するとされるところは現代の記号論とも通底する思想であるが、言語はわれ

われの思考や感情を他者に伝達する単なる道具ではなく、人や世界のアイデンティティを構成するものなのだという考え方を徹底した立場だと言える。

ポスト構造主義が構造主義と異なるのは、語に付随する意味を固定化せず文脈によって変化すると見る点である。話すこと、書くことをその行為と切り離さないで扱うことによって、語を個人的ならびに社会的変化の場と見なすことが可能となる。自己が、言語と社会的相互作用の所産であるとするならば、人は誰と、どのような環境で、どのような目的で交渉するのかによって絶えず変化するのであって、意味が固定化されることはない。これまで議論してきた思想と同様の主張ではあるが、それらが曲がりなりにも安定を志向していたのに対して、ポスト構造主義は、むしろ不安定をそのまま受け入れるところから出発する点に真骨頂がある。下手をすると悪しき相対主義、挙げ句の果てのニヒリズムへの陥落を危惧する声が常につきまとうのはそのためであろう。

(2) ナラティヴ・アプローチにおける物語性とディスコース

ホワイトとエプストン（White & Epston, 1990/1992）によれば、経験とは人が世界を語る語り方であり、ストーリーこそが、人々の生々しい経験を秩序立てて理解するための基本的枠組みを提供するものだという。現実とはこうした物語やストーリーを通して解釈されたものであり、物語の真実は「事実」の中にあるのではなく、物語の意味の中にこそあるとされる（Bruner, 2002/2007）。

意味とは言葉と世界のあいだ、あるいは記号と指示対象とのあいだの対応によって定義されるものではなく、記号間の関係の中で見出されるものだった。記号は言語ネットワークの他の記号との比較によって、それが占めている場から意味を得ている。だから、意味するものと意味されるものの関係は固定的なものではなく、多義的で多様なものであることを許す多面的ディスコース中の1つであるということになる。ここで言うディスコースとは、出来事の特定のバージョンを生み出す一群の意味、メタファー、表象、イメージ、ストーリー等のことである（Burr, 1995）。つまり、出来事を語る異なるストーリー、それによって社会を構成する異なるやり方が存在することを表すものであり、ナラティヴの文脈に近い用法として使われるときには「言説」

と訳されることもある。

　「引きこもり」という言説に対して意味づけがなされる例を考えてみよう。「引きこもり」という現象そのものは良くも悪くもない。その中に特に葛藤の強いものや精神的な症状を呈しているものについては精神医療の対象になるが、大多数は学校に行かず、あるいは仕事をせず、一日中家の中に居て多くは昼夜逆転の生活を送っているだけである。しかし、日本社会という文脈において、この「引きこもり」という言葉の意味するところは、決して価値中立的なものではなく、この状態に陥っている人やその家族に対して大きな不全感と無力感を与える意味づけがなされている。また、「引きこもり」が2000年あたりから急増したというマスコミの言説は斎藤（2003）が指摘するように事実ではないが、「引きこもり」の延長上に青年の非就業（ニート等）率が社会問題化したために、「引きこもり」に対する注目が急激に高まったことから派生した言説と考えられる。

　ナラティヴにおいては、「引きこもり」という現象を見ていく際に、このディスコースがわれわれに対してどのような理解の枠組みや意味づけをもたらし、そのことによってわれわれの思考や行動にどのような影響を及ぼしているのかを分析することになる。

(3) ポストモダンとしてのナラティヴ──「大きな物語」の死・主体の死

　ポストモダンの指標は2つあるとされる（Lyotard, 1979/1986）。1つはこれまで記号論のところで述べてきたように、文化を記号システムとして捉えることである。そして、第二の指標が「主体の死」である。ここでいう主体とは、西欧近代においてもっとも重要で普遍的とされてきた自律した個人のことである。科学という価値ある活動も、人間の普遍的な権利を実現する政治理想も、この個人の自律性を前提としなければ無意味なものとなる。それほど近代思想の背景としての主体概念は重みのあるものだった。

　これまでの項で述べてきたようにポストモダンはあろうことか、この根本概念に対して疑義を呈するところから出発したのである。いやむしろ、主体が理性と自律性の源泉であることを徹底的に退ける暴力的なポーズをとったとさえ言える。なぜなら、主体を支えるはずの言語が世界を正しく映し出す鏡のようなものではなく、社会過程の上で機能している不安定なものにすぎ

ないことが明らかになってしまったからである。ディスコースを独立した主体の反映としてみる見方は必然的にディスコースの不当な物象化を導き、その結果、イデオロギー的、価値的偏見による多くの悲劇を生んだのが近代という時代だった。

リオタール（Lyotard, 1979/1986）はポストモダンの条件を正当性への批判に焦点を合わせて論じる。正当性とは、何が有効で、何が合法的か、また、ある行為が正しく、そうでない行為は誤っているとするのは何によるのか、といったことを決める基準である。リオタールが問題にする「大きな物語」(meta-narratives) とは、「精神の弁証法」（ヘーゲル）、「労働する主体の解放」（マルクス）、「意味の解釈学」（ガダマー）、「無意識による主体の抑圧」（フロイト）等々、近代の思想界を牛耳ってきた大理論を指す。

ハーバーマスはどうか？　伝統や権威への信仰が揺らいで価値の相対化が起こったことを描いた『晩期資本主義における正統化の諸問題』（Habermas, 1973/1976）を世に問うたのは彼である。しかし、リオタールはハーバーマスの問題点を、彼自身が必要と感じている解放のナラティヴを提案できていないことだと指摘する。彼らのあいだでなされた激しい論争の決着はついていない。

大きな物語の崩壊に伴ってコミュニケーションを強調する文化の再物語化が起こり、もろもろのナラティヴ、物語を語ることへの関心が高まっている。ナラティヴ的知は、大きな物語における普遍的正当性とは対極に位置する局所的な内在的正当性によって支えられ、文脈の中で語られること自体が自らを正当化することになるという。前項（ポリフォニー論）の末尾で異質な文化間の問題として述べたことは、個人間の会話にも成り立つ。ポストモダンの思想は、異質な言語ゲーム、共約されないものに焦点をあて、そこでの会話は仲間内の対話ではなく、それらの対立の相克として理解される。合意形成は対話の目的ではなく、討議のプロセスにおける単なる一段階でしかない。

3-5 ポスト構造主義者ラカンの記号論

(1) ポストモダンからみた精神分析 ── フロイトの無意識からラカンの言葉へ

ラカン（J. Lacan: 1901-1981）は、フロイトに還れというスローガンを声高に唱えながら、心の真実が無意識の隠れた深部に存在するということには明確に否（ノン）をつきつける（ただし、ラカン自身はフロイトの無意識との違いを認めようとはしないが）。ラカンの「無意識は言語（ランガージュ）として構造化されている」とする見方は、むしろ、もっともラディカルな脱構築主義者デリダのテクスト読解論に近いと見られる。フロイト（S. Freud: 1856-1939）を批判してやまないドゥルーズとガタリ（Deleuze & Guattari, 1975/2006）も、ラカンに対しては、「（フロイトとは）まったく別の道をたどった」と一定の評価をした上で、オイディプスにかかわる部分に対しては仮借ない批判を展開する。

ラカンにおいて無意識とは、主体に対するパロールの作用の総体であり、この水準で主体はシニフィアンの作用として構成されるのだとされる。すなわち、人間は言語の世界に参入することによって、同時に無意識を抱えることになったというのがラカンの大前提である。

フロイトは、「エスのあったところに、自我をあらしめよ」と述べた。1920年以降、彼が第二局所論を導入し、エス（欲動の源泉）と超自我（倫理あるいは道徳の源泉）を現実的に調整する審級として自我（エゴ）の役割を表現したものである。フロイトにあっては、神経症患者は自我を強化することによって健康な人格を回復できるとされる。しかし、ラカンはこうした「自我」がどのようにしてヒトに備わるのかを厳密に解明しようとした。もっと精確に言うならば、その創発の謎に挑戦した。それが鏡像段階論だったと考えられる。

フロイトも自我の形成過程に言及していないわけではない。フロイトによれば自我は、エスの一部が外界からの禁止のような抑圧に対処するために変容したものだとされる。だから自我は完全にエスから分離しているのではなく、境界上では融合していると見られる。その主な仕事は、抑圧によって生

じた不快感を現実原則によって調整し、心的構造内に不協和音が生じないようにすることである。しかしながら、自我（また、超自我）がどのようにエスから派生するのかということに関するメカニズムは十分に説明されているとは言い難い。

人間の精神構造に自我のような装置が設（しつら）えられることになったのは、動物一般において機能していた本能の働きが何らかの理由で阻害されるようになったことに原因があると考えられる。個々の衝動は、本能プログラムという全体として生存という目的のために整序された状態から、そのままでは互いに矛盾し、葛藤する不適応な状態に分断され、バラバラになってしまった。このような種としての不安定さを解消する術は、原理的にはなかったであろう。おそらく、さまざまな偶然的な出来事の重なりによって、ヒトは外的な対象に本能に代わる役割を見出し、それを内化することに成功した唯一の種だったのであろう（小島，1991）。

ここで問題になるのは、それまで存在しなかった自我という装置がどのようにして創発したのか、ということ、また、順序としては逆になるが、外的な対象を内化するとはどのようなことか、それはどのようなメカニズムによって可能か、ということである。これは、系統発生的なレベルあるいは人類史における1つの出来事としての意味と、それを個体発生のレベルにおける出来事として個々人が獲得する上での意味という二重の課題を投げかけるものである。

フロイトは『トーテムとタブー』（Freud, 1912-1913/2009）において人類史的なレベルの意味を、また、オイディプス・コンプレックスの発見によって個人の発達上の意味を明らかにしたのである。それは真に天才の名に値する業績であることは論を俟たない。しかし、そのフロイトの理論は、20世紀という新たな思想の世紀における洗礼を受けなければならなかった。第一に、創発のメカニズムとしてみるとフロイトの自我、超自我の発生に関する説明は素朴すぎる。それは、19世紀的な実在論的合理主義思潮下では十分了解可能だったものではあるが、20世紀的な問題状況下ではさらに精密な論議を必要とする。第二に、上記の課題ともかかわるが、自己言及性のパラドックスを理論に取り込んでいない点に問題がある。特に、自我のような装置の在り様を論じる際に、自己言及性のパラドックスへの論及は不可避であろう。

第三に、言語そのものに根ざす問題が論じられていない。これはソシュールに代表される言語学の飛躍的進展、さらに哲学における言語論的転回をまって初めて課題として俎上に載せられたことである。

(2) ラカンの視座による自我の成立過程 ── 想像的同一化と鏡像段階

　ラカンの同一化の概念は、フロイトを超えて究極的な問題提起にかかわるものである。それは、すでに存在する2つの心域間の相互関係を理解することにとどまらず、それらの一方が他方を創り出すような関係、いわば創発のメカニズムに表現を与えることだったからである。フロイトの場合、同一化の観念は、すでに存在する2項間に変容が生じることとされ、心理学的な三次元空間で行われた伝統的な図式を無意識の空間に置き換えただけのものだったのに対して、ラカンは、そこに新たな心域の創造のメカニズムを見出した。すなわち、自我が対象に同一化する、というフロイトの図式を逆転させて、対象こそが自我の同一化の原因であると主張したのである。つまり、自我とは内部から外部への運動や投射によって形成されるものではなく、逆に、それは初めから外部受容的な何ものかであるとされる。言い換えれば、フロイトは外部実在世界を前提とした上で、それを内化するメカニズムとして自我の投射のような形成過程を考えたのに対して、ラカンはそうした前提自体をも疑問に付し、括弧に入れてしまうところから出発する (Lacan, 1975/1991)。

　ラカンにとって同一化は、新しい心域の生成を意味する。人間が初めて自分が人間であるという原初的体験を持つのは、鏡の中に映った自分の姿を見て、その像をわがものとして引き受けるときにであるとラカンは言う。しかし、それは自分自身だけでできるのではなく、自分を抱いている母の眼差しをたどって振り向くことによって初めて達成される。母の表情の中に、自分を認めてくれるまなざしを発見することで子どもは、ようやくその像が自分自身であると認識できる。

　このいわば鏡像への同一化の過程は、純粋な視覚的現象に還元することはできない。だから、おそらく鏡像を自己と認知できるかどうかという実験研究との整合性は一定の意味を持つとはいえ、それがこの問題の決定的な要素ではあり得ない (Julien, 1990/2002)。ここでもっとも重要なことは、子どもがその像をわがものとして内在化するためには、母（ラカンのモデル、"シェ

ーマ L"では、大文字の他者＝Aとして表される）において 1 つの場所を確保しなければならないというのっぴきならない要請である。

はたしてその場所は、十全たる自我の存在を保証する安住の地だっただろうか。答えは否である。それは実際には未だ完成されていない全体像を辛うじて視覚像としてのみ早目に示された空間的同一化の囮だったのである。そうしてみると、鏡像段階とは、先取りされていながらも、それが不十分であるために内的な力が加速されるような、身体における未熟さを一気に統合する視覚像によって演出されたドラマなのである（Lacan, 1966 /1972）。

想像的同一化の過程で、ラカンの言う自我はどのように形成されるのだろうか。こうした議論の前提として次のことを理解しておく必要がある。外部世界が実在するモノによって構成されているとする 19 世紀的な認識の前提をまず覆さなければならない。対象とは、モノそのものではなく、そのモノの心像であるということを明確にしておく必要がある。外部世界と自我とは共に心像によって構成された同じ物であり、両者は境目のない 1 つの想像的領域なのだということである。つまり、自我について言うならば、外部と内部の区別は存在しないことになる。それどころか、自我は、意識的な内部感情の中にあるのではなく、むしろ、外部にある像（自分と似た他者像、あるいは、己自身の姿を認めることができる像）の中にこそ現れるのである。

それはどのようにして可能なのだろうか。ナシオ（Nasio, 1988/1990）は、この他者像の中に現れながら、さらにそこから遠ざかるもの、それこそが真に自我をとりこにするものの正体であると言う。他者像の中の知覚し得ない部分とは、その陰の部分であり、性的な部分にほかならない。自我は、その心像の中の窪んだ部分、すなわち穴の部分と現実的に同一化すると考えられる。自我を生み出す想像的同一化とは、この空白の部分との融合を意味する。

鏡に映った自分の全身像を初めて見たとき、子どもは強烈な衝撃を受け、その虜になる。自我はこのとき、子どもの心像の輪郭にすぎなくなり、人間的形象を示す中身のない空虚な枠となってしまった。この最初の輪郭線が、後に無意識の主体を表象する象徴的心域へと変化するものと考えられる。

(3) ラカンのセラピーにおける言語化——想像的同一化から象徴的同一化へ

フロイトは同一化を三通りの形式で記述している（Freud, 1921/1970）。そ

の第一の形式がオイディプス成立の条件であり、最初の同一化が超自我だとされる。これは全体的同一化と呼ぶべきもので、神話的な父に対する攻撃的な取り入れである。『トーテムとタブー』(1912-1913/2009) でフロイトが論じたように、原始時代、群れのボス（父）を若者たちが語らって打ち殺し、そのボスが所有していた妻たち（母）を争って奪い合ったときの記憶痕跡である。いわば父殺しの寓話を世代間で伝達することにより、オイディプス・コンプレックスの土台を形成するものとも言える。

　ラカンが注目するのはフロイトが「一なる印し」と呼んだ、部分的な性格を持つ同一化の方であった。フロイトはこれを、神経症症状を説明するために導入し、敵意や性欲の対象である人物の表象によって主体が置換されることを指すものとして用いた。対象が失われるとき、そこに向けられていたリビドーの備給は同一化と取り替えられる。その場合の同一化は部分的で、限定されたものであり、どの対象からも1つの特徴しか取り入れないものであるところから、この「一なる印し」という名前がつけられた。

　ここで言う「対象」とは先に述べたように、実在する人物やその特徴の一部を指すものではない。厳密なラカンの用語法に従うと、それは無意識的な表象（イメージ）を意味するものと考えられる。この部分的同一化には、ラカンの理論における象徴的同一化、想像的同一化、幻想的同一化という3つのカテゴリーの区分に対応する3つの種類の同一化が含まれる。

　ここでは、想像的同一化からいかにして象徴的同一化が創発するかについて考えてみよう。象徴的同一化とは、まさに無意識の主体が立ち上がる過程を指し、次項で述べるようにひとつの際立ったシニフィアンが生じることと軌を一にする。ラカンはソシュールの記号学の原理にしたがって厳密な形式論理的分析を推し進めた結果、シニフィアンを統合している輪郭線の存在に行き着いたのである。

　輪郭線とは、その人の生の外部にありながら、つねにその人らしさを表す不在の特徴のことである。この謎めいた"輪郭線"の正体は何か。その答えはあまりにも呆気ない。それは言語である。言語を学ぶことによってわれわれは記号と化す。この人間という一種特有の記号のあり方に対する呼び名が「シニフィアン」である (Lacan, 1981/1987)。ここで注意すべきはシニフィアンとは何かの対象を示す意味の記号ではないということだ。それは失われ、

欠けてしまった何かを示す記号ではなく、消し去るという行為そのものの代理物と考えられる。いわば大地に穿った穴（の痕跡）そのものではなく、そこに生じた空無を間接的に示す掘り出した土塊のようなものによって辛うじてその存在を知ることができる受け身的な記号であり、行為そのものでもなく、その痕跡を先送りする反復的な運動を表すものでしかない。

　ところで、神経症者が治癒するのは、それまで言葉にできなかったことを語ることができるようになることによってである。フロイトの意識化に対して、ラカンはこの言語化こそが決定的に重要であると指摘した。精神分析最初期の症例アンナ, O. は、ブロイアーを介して、フロイトに多くのヒントを与えただけでなく、この治療法を「煙突掃除」とか、「おしゃべり療法」と自ら名づけ、ラカンにも影響を及ぼしたことになる。神経症の原因は、強い嫌悪を引き起こす体験そのものではなく、その嫌悪を言葉にできなかったということであるという病因論が導かれる。症状とは、できなかった言語化の代わりに現れるものであるから、語ることによって初めてそれは消失するものである。

　この言語化の中心をなすのが、ラカンによってシニフィアンと呼ばれるものである。元々ソシュールの言語学で用いられた用語であるが、ラカンはそれを精神分析の概念として再生させた。ソシュールによって与えられた記号の原理は精神分析学という新たな導き手による洗礼を受けて、記号の原理そのものの成立過程を問題にする地点にまで到達した。ここまで来れば、言語とは共時的な構造という静的なものではなく、通時的な運動であること、また、その運動によって成立する言語表現は、単線ではなく様々な表現の交錯した複線でありポリフォニーであるというバフチンの視点との距離はさほど遠くない。

（4）ラカンにおけるシニフィアンと無の刻印 ── 自己は他者である

　ラカン自身、ソシュールのアナグラム研究が知られる前に、すでに言語のポリフォニー（多声性）について言及している。もうひとつの創発である記号そのものの成立過程の解明に向かうラカンは、主体が想像界から象徴界へと接合されてゆく瞬間の重要性と永続性について繰り返し論及する。なぜなら主体の分割が起こるのも、欲望の対象がシニフィアンにすり替えられるの

もこの瞬間においてであり、この最初の結合の場面にこそ象徴内に生きる人間としての出発点が見出されるからである。したがってこの想像界と象徴界の接続がトポロジー的にどのように表現されうるかがラカンにとっての重要な課題とされ、それは後にボロメオの輪という図式によって漸く明示化されるに至ったのである。

　ここでもう一度シニフィアンとは何かという問いにもどってみよう。ラカンの理論におけるもっとも重要なキーワードであるシニフィアンという概念に対して、ラカン自身は意外にもそれほど明確な定義を与えていない（伊藤, 1995）。なぜならシニフィアンは既にソシュールの言語学において厳密に定義された概念であって、それに何ものをも付け加える必要を感じなかったのだろう。ラカンの理論の中でもシニフィアンはソシュール言語学同様、恣意性と差異の体系の2つを特徴としてもつ、もっとも基本的な概念である。したがってシニフィアンは自らのうちに自らを支持できるようなものを持たず、他のシニフィアンとの差異によって初めてその意味を知ることができるような存在である。言い換えれば、シニフィアンとはそれ自体では意味をもたない欠けた、空虚な存在だといえよう。しかし、それは別のシニフィアンに対してその無を差し出すことができる開かれた空無である点が重要である。

　ソシュールの記号学において往々にして誤解が生じやすいシニフィアンとシニフィエの対応関係は、ラカンの場合においても反復される。シニフィアンの意味は記号内容であるシニフィエではない。それは別のシニフィアンとの関係のもとにしかとらえられない何ものかである。主体自身もシニフィアンによってしか表されることがない以上、主体もシニフィアンの作用によって現れてくるものにほかならないことになる。同様に無意識も言語を通してのみ接近可能なものであり、パロールとの結合がなければ感知されることができないものである。だから、無意識もまた、パロールの作用だと言えよう。

　無意識とはシニフィアンの連鎖を介して初めて現れてくるものであり、それ以前には存在しないものである。人間は言語の世界に参入することによって、同時に無意識を抱えることになったというのはこの意味においてである。無意識は主体に対するパロールの作用であり、パロールの発展のなかで主体が決定される次元でもある。他方、パロールが他者に理解されるためにはそこにランガージュがなければならず、その意味で無意識はまた、言語（ラン

ガージュ）の構造をもっていなければならない。

　言語はわれわれの住む世界の意味を構成するものだと考えられているが、実際は、言語と対象とはこれまで述べてきたように、それらの間に必然的な関係があるわけではない。そして言語はわれわれが生まれる前からそこに厳然と存在し、われわれはそれを受け身的に学ぶ他対処の方法がない。自己の外にある言語という他なるもの（大文字の他者）を無条件に受け入れることによって主体は記号となり、自らの消失をシニフィアンによって代理させることができるようになる。

　シニフィアンは次なるシニフィアンに回送されて連鎖を形成し主体を生み出していくけれども、それが主体そのものを表すということは決してなく、主体と同じ空無を刻み込まれ先送りされた他者によってのみその役割が果たされることになる。ラカンの「自己は他者である」という命題は、「人間は記号である」というより根源的な命題から自然に導かれたものと思われる。

（5）ラカン理論は本当に難しいか？

　ラカンの理論には奇を衒う表現が多く難解であるというイメージがつきまとう。しかし、ラカンはこれまで見てきたように、2人の巨匠ともいうべき先達の忠実なフォロワーだった。むしろ、その2人の学説を愚直に、なぞるように展開してみせただけであるように思える。敢えて言えば、かの孔子が先哲の教えに対し最大級の敬意を払い、「述べて作らず」（「論語」述而篇「子曰わく、述べて作らず、信じて古を好む。ひそかに我を老彭に比す」）と言ったことと相通じるのではないか。孔子にとって老彭の事績はあまりに偉大で完璧な教えを体現しているので、そこに何ひとつ不足なものも余剰なものもないと思えたのである。だから、孔子がやるべきことは、ただただ先哲の教えをその時代の言葉で忠実に語ることだった。しかし、先哲の事績は孔子という天才の言葉によって初めて魂を入れられ、新たな生命を吹き込まれたことは言うまでもない。

　それでは、ラカンにとっての先達とは誰か。一人はフロイトその人である。「フロイトに還れ」というラカンの有名なスローガンは決してレトリックではなく、文字通りに解すべきだろう。もう一人の先達とは誰か。実はフロイト以上にその学説に忠実に従っているソシュールである。フロイトの精神分

析をソシュールの記号学の道具立てを使って細部にまでこだわりをもって再現したのがラカンの理論だと言えるかもしれない。このように言うと、ラカンのオリジナリティはないのかと詰問されそうだが、決してそうではない。精神分析を記号論で再構成することがどれほど困難なことであったかは、ラカンの理論を理解すべく取り組んだ者であればすぐに気づくはずだ。改めて見れば2つの理論の徹底的な接合の試みであるラカンの理論が、ラカン以外の誰も実現できなかった独創的なものになっているのが分かる。

「ラカンはワカラン」などと語呂合わせの揶揄を受ける晦渋な文章は、ラカンが敢えて自分流に分かりやすい文章を創作したりせず、先達の説に忠実に議論を展開したための結果であるように思われる。フロイトを理解するのもソシュールを理解するのも、俗流のレベルを超えようとすると並大抵の努力では困難である。ましてそれらを接合した理論となれば難度はさらに高まる。しかし、いったんフロイトを経由しソシュールを経由した目でラカンを読むならば、整然とした理路の明快さにラカンが展開する理論的風景は一変する。ジジェク（Žižek, 1991/1995）がデリダ、フーコー、ドゥルーズらを尻目に、「ラカンこそ唯一の"ポスト構造主義者"である」と語る言葉は正鵠を射ている。ラカンは言う「どうぞ、ラカン派になるのはあなた方の勝手です。私はフロイト派なのですから」（1980年、カラカスにて）。

【参考書】

エーコ, U.／池上嘉彦（訳）（1996）.『記号論Ⅰ・Ⅱ』岩波書店.
 ソシュール、パースによって先鞭をつけられた記号論（学）を自立的な研究分野として規定するために、エーコは「記号」という日常概念を「記号機能」という慣習によって定められたコードに基づく表現と内容の相関関係を表す概念に置き換える。地味ではあるが、コードに関するチャレンジングな一書である。

バフチン, M.／望月哲郎・鈴木淳一（訳）（1995）.『ドストエフスキーの詩学』筑摩書房（ちくま学芸文庫）.
 バフチンがギリシアの風刺劇まで遡って、民衆的な文芸のジャンルを横断する「カーニバル」という視座からの歴史を俯瞰しながら、ドストエフスキーのポリフォニー小説に到達するスリリングな書。本節の中では、トルストイの作品と比較しながら、自立した作中人物同士の対話性について論じた。

ジジェク, S.／鈴木晶（訳）（1995).『斜めから見る —— 大衆文化を通してラカン理論へ』青土社.
　ラカンをポスト構造主義者としてみる見方を理解する上でもっとも分かりやすい入門書である。題材は少し古い時代のものになりつつあるが、アルフレッド・ヒッチコックの映画であったり、スティーヴン・キングの文学（映画化された作品に『スタンド・バイ・ミー』『ショーシャンクの空に』等がある）であったりする作品群を縦横無尽に駆使して、ラカンという難解なテクストに対する一つの読み方のヒントを与えてくれる。それが学者たちのラカンへの「正面からの」視線から抜け落ちがちな特徴に対する「斜めから見る」見方の提案にもなっている。

4節
社会と文脈を重視する理論
樫田美雄

　現代社会は、多様で複雑なので、その多様さや複雑さに見合った探究のツールと理論を必要とする。「文脈」への注目という視点や、洗練された「社会構築主義」は、そのツールや理論になりえる。本節ではこのことを、「フェミニズム理論」における「社会的に構築された女性差別」批判から「性体制」批判への展開史を補助線にして、障害学領域での思考実験を交えながら例証する。なお、本節での議論の背景には、主体と他者との同時構築論に基づいた質的研究の蓄積の歴史があり、その中に、ゴフマンの諸業績を位置づけることも可能であろう。さらに、本稿において、ヒアリング・ヴォイシズ研究や、障害者バスケットボール研究の質的研究的意義も明らかになったと言えよう。

4-1 「社会」と「文脈」を重視する理論としての社会学

　社会学のスタート地点をどこからと考えるか、という問題については、いくつもの解答案が挙げられうるが、もっとも有力な解答は、それをフランス大革命後の国家学的社会学の成立期に置くものであろう。その時点ではじめて、市民にとって、自らの社会が、自らコントロールすべきものとして現れ、そのための学問が必要となった。もはや社会で起きることを、王や貴族の決定の問題として、他人任せにできなくなったのである。市民は、社会を自らが望む形にするために、どのようにしていくのがよいのか、探求しなければならなくなったのである。

　しかし、現代社会学は、もはや、この草創期の社会学と同質ではない。草創期の社会学が持っていた上記の国家学的性質は、現代では、政策科学の方に引き継がれていっていると言えよう。現代社会学の方は、「社会」というものをより純粋に考察する方向に発展してきている。すなわち、「社会」というものが持っている「多様性」と「創発特性」[1]と「問題解決性能」[2]

を、それ自身の資格で価値があるものとして、確認し、探求する方向に進んできている。

そして、現代社会学は、たくさんの質的研究に支えられて発展してきた。たとえば、ゴフマン（Goffman, 1961/1984）は、参与観察とインタビューに基づいて、精神病院の中の秩序を、参与者の個人的性格や属性に還元されないものとして描いた。すなわち、どの種類の病棟にいるかというような社会統制のパターンと結びついたものとして描いたのである。

現代社会の特徴が、多様性の増大と複雑性の増大であるとするのならば、その多様性や複雑性の増大に対応して探究を進めるためには、当然に社会学も変わっていかなければならない。その変化が質的研究によって先導されているようなのである。

このような展開の中で、「文脈」が現代社会学の近年のキーワードとなっていくことになる。この文脈の重要性と現代社会の特徴との結びつきについては、次項以降で見てゆくことにしよう。

ここまで、社会学の成立と発展に関して、簡単に述べてきた。まず、それは、国家学的社会学として成立し、のちに、社会探究を手段とする学問から、目的とする学問へ、社会設計の社会学から、社会編成の仕組みの探究の社会学へと、現代社会の複雑性の増大に対応してきた。

この発展の道筋は、フェミニズムを補助線に、社会構築主義を理論的基盤として見てみるとよく見える。次項においては、その作業を実際に行っていくことにしよう。

---

[1] ほかならないそのものが持っている特性のこと。ここでは、社会の特性のことであり、社会の要素である個人の特性や、社会の外側にある地球の特性に解消できない社会それ自身の性質のこと。
[2] 社会を対象とし、社会についての知識を蓄積した社会学は次第に、社会そのものが、はじめから秩序だっていると考えるようになった。その方向性のなかで、社会の秩序だっているありさまそれ自身の中に、社会問題と社会問題の解決の両方を同時に可能とするような基盤があり、それは探究可能だと考えるようになった。そこに「社会構築主義」の発想のルーツがある。なお、このように述べたからといって「社会構築主義」が自動的に「文脈決定論」を意味するわけではない。なぜなら個別行為もまた、集団や文脈に対して文脈的質を持つからである。

4-2　社会構築主義的諸研究の現在

　さて、「社会的場面」や「文脈」の重要性をもとに考える考え方は、広義に社会構築主義と呼びうる。このとりまとめ方は、いささかおおざっぱだが、ひとつの類型化として価値がある。そして、そのような幅広さのもとで考えるのならば、ある現象解釈を提供するときに、新規性ある「文脈」への言及をしている、現代のすべての人文科学者・社会科学者を構築主義者だ、と言ってもよいだろう。心理学の領域に引き寄せていうならば、家族療法やナラティヴセラピーの諸実践はすべて社会構築主義[3]的背景を持つといってよい。構築主義的研究の成果は人口に膾炙したものだけでもすこぶる多い。そして、良質な構築主義研究は、ひとつの文脈が他の文脈と相互に支えあっている秩序的様相をも同時に明らかにしてきた。

　たとえば、フランスの歴史学者であるアリエスは『〈子供〉の誕生』(Ariès, 1960/1980) の中で、大人と違う存在としての〈子供〉が近代において成立したのは、子どもに大人とは違った役割としての教育を与える期間が延長されたからかもしれないが、それが可能になったのは、子どもの数が減ったからかもしれない、と主張する。結局のところ、子どもの数の減少は、子どもが〈子供〉として成立した原因かもしれないし、子どもが（いわゆる子どもらしさをそなえた）〈子供〉になったから、子どもの数が減少したのかもしれないという循環した議論になっている。しかし、この循環をトートロジーと呼んで非難するべきではない。むしろ、単に、「文脈」や「社会的場面」の重要性に言及するだけでなく、この循環した構造に言及している点で優れて社会システム論的な社会変動の研究ともなっていると評価するべきだろう。R. D. レインやグレゴリー・ベイトソンも、このようなシステム論的秩序に敏感だった。

　同じような議論の構造は、「フェミニズム」にも、「障害学」にも存在して

---

[3] 社会構築主義と同様の思潮を心理・教育の領域では社会構成主義と呼ぶことが多い。K. J. ガーゲンの諸著作の邦訳題名にも社会構成主義の用語が採用されている（たとえば、『社会構成主義の理論と実践』ナカニシヤ出版）。しかし、本稿では発想の類似性に注目し、両名称を代表するものとして社会構築主義を採用する。

いる。以下では、これらの研究を紹介しながら、「社会」と「文脈」を重視する理論的立場が、複雑性を増しつつある現代社会の理解において、どのような成果を上げてきたのか、そして、それと同時にどのような問題に苦しんできたのかを明らかにしよう。

4-3 フェミニズム ──「社会的に構築された女性差別」批判から「性体制」批判へ

　米国のフェミニストで奴隷反対論者であったルクレシア・モットは、ロンドンでの奴隷制反対大会（1840年）に、女性だからという理由で参加を許されなかった[4]。その後、アメリカでの奴隷制は廃止され、自由民になった奴隷には参政権が与えられることになった（1868年）。けれども、参政権を授与されたのは、男性だけだった。奴隷は解放されることがある。参政権がなかったものに、参政権が与えられることもある。それなら、男性と女性に別様に配置されている諸権利を、男女平等に再配置することも可能なはずだ、という議論は、平等を本義とした近代社会では通用しやすい論理であるはずなのに、男性‐女性間には差別があった。

　そのような背景の中で「男女に分離したカテゴリーに対する根本的な問題提起」がなされ、性別について「そのカテゴリーが本質的なものではなく、……（中略）……社会的に構築されたものだ」（竹村, 2000, p.7）という認識が主張された。この理解をベースに、諸権利を再配分すれば、性差別は解消されていくというのが、初期の段階のフェミニズムの基本的認識であった[5]。本項の上掲のような理路からのフェミニズムは、今では「平等派フェミニズム」と呼ばれているが、これは、素朴な道具立ての構築主義と親和性が高い。素朴な構築主義は、今ある区別は、別様でもあり得るという主張をするが、この主張は、人間一般の公平性を前提とする近代社会では、性差別をなくす方向での議論の基礎として利用可能であった。

　とはいえ、性別の二値的編成という大きな「前提」を残したままの「平等派」の議論は、「参政権」の獲得後は、むしろ、成人女性の主婦化という均

---

[4] この部分の記述は、竹村和子『フェミニズム』(2000) 第1章「どこから来て、そしてどこまで来たのか」に多くを依存している。

質化と手を携えあって、不平等な競争条件を隠蔽する方向で機能してしまうという問題を孕んでいた。つまり、別様であり得るからといって、別様でなければならないわけではない、というストーリー、大人のプライベート領域での人生選択は当事者の任意だ、というストーリーを、平等派の道具立ては乗り越えられなかったのである。さらに、近代後期になって、個々の女性のライフコースの多様性が増してしまうと、こんどは逆に、個人差に埋もれて社会的な差別の痕跡が不可視化してしまった。これらの点が問題になるなかで、差別の複雑性を支える性別編成の複雑性に、照明が当てられていくことになった。たとえて言えば、大きな細菌から小さな細菌に敵が変わったならば、光学顕微鏡の倍率を上げることで、より細かなメカニズムまで把握して問題指摘と対処をしようということになったのである。

こうしたプロセスを経て、1990年代の「クイア理論（Queer theory）」の隆盛に至ることになる。現代のフェミニズムは素朴な構築主義とは異なる、洗練された構築主義の水準に達していると言えよう。すなわち、たとえば「同性愛‐異性愛」の対カテゴリーについて言えば、それが根源的に性別の二値的編成を基盤として成り立っているものなので、抑圧されている側のカテゴリーのあり方であっても、すなわち、「ゲイであること」や「レズビアンであること」も、「異性愛」が優位である社会の影響を受けて成り立っていると考えるのである。つまり、現代フェミニズムは、事ここに至って、性に関するさまざまなカテゴリーの相互依存関係＝性体制を、その編成と作動の位

---

[5] この部分、若干竹村の元の議論の流れとは違った紹介になっていることに注意。竹村は、フェミニズムを最終的には自己解体的な運動となるべきものとして現代的視点から位置づけている。すなわち「フェミニズムは『女』というもっとも身体化されている存在、本質化されている存在を切り開いて、それを歴史化すること、つまりそれを取り巻く社会関係の糸をたどり、『女』というカテゴリーのみならず、それと相補的な関係にある『男』というカテゴリーを解体し、そして女と男という『異なった二つの性』を必須のものとしている異性愛主義の桎梏 ──『非異性愛者』だけではなく、いわゆる『異性愛者』をも呪縛している桎梏 ── を明らかにすること、またひいては、『女』のアナロジーを利用して戦略的に説明されてきた他のさまざまな抑圧形態から、そのアナロジーを奪い去ることである。」（竹村, 2000, p.vii ［ルビは引用者、強調は原著者による］）とフェミニズムを定義するのである。しかし、われわれにとっては、フェミニズム史が課題ではなく、他の構築主義的な社会の理論との構造的異同が課題なのであり、その課題に沿った記述法をここではしている。

相において精密に論じることとなった。つまりは、「ゲイ」や「レズビアン」や「異性装者」に積極的に注目するクイア理論のインパクトを受けて、フェミニズムは、単純な文脈決定論ともとられかねない「社会的に構築された女性差別」批判の立場から「性体制」批判の立場に転進することができたのである。

　竹村『フェミニズム』(2000) 中の記述を利用して、ここまでの内容を確認しておこう。ジュディス・バトラーが主張するとおり、ジェンダーとしての性は、身体的差異としてのセックスの基盤の上に成立するものではない。「わたしたちの身体は身体そのもの（存在）ではなく、それを認識している様式だと見なす考え方は、身体を存在論から認識論へと、生物学的決定論から社会構築論へとシフトするものである」（竹村, 2000, p.54）。

　けれども、身体を、存在でないものとして扱ったとして、そのあと、われわれは、性に関わる現象を、どのように認識したらよいのだろうか。決定されたものでなく構築されたものであるという議論を受け入れた後、どのようなことが起きていると把握していけばよいのだろうか。単純な社会構築主義的道具立てが、行き着くべき目標ではないとわかったあとに、われわれはどこに向かえばよいのだろうか。セックスの部分も含めた性体制そのものを議論の対象にする準備はできたが、その先は、不分明であった。フェミニズムは現在この水準で、さまざまな理論的活動を行って、人文科学・社会科学をリードしているが、けれども、現在でもこの苦闘を闘い続けているのだと言えよう。

　けれども、現代フェミニズムにおいて、どんな具体的な議論が戦わされているのかを明示するのは本稿の課題ではない。本稿の課題は、その「フェミニズムの今」にとっての具体的議論を解説する一歩手前にとどまって、議論の展開の図式的特性に関して、もう少し構図的な見取り図を示すことだろう。すなわち、その存在論的地位が自明視されていた「男性 − 女性」カテゴリー対と、性別分業社会では、その左右それぞれに「公」と「私」を割り当てることになる「公的領域 − 私的領域」カテゴリー対との関係が、総合的に見直されていくとき[6]、議論の流れの中で、現在のカテゴリー編成上の社会秩序を支えるもの／変革するものとして、人々の日常における「実践」や、複数のカテゴリー編成間での「支えあい関係」に注目が集まるようになって

きた、ということを確認することが、ここですべき事柄だろう。

　すなわち、本稿で書かれるべきなのは、そういう「実践」探求系の社会の理論のあり方が、フェミニズムの中で有力になってきているということである。それ以上詳しい議論は、別の著作の中で行われるべき事柄だろう。

　さて、ところで、上記のような展開は、実は社会構築主義をめぐる理論的展開の中で起きていることの、個別具体領域での現れということもできるだろう。しかし、フェミニズムと社会構築主義理論のあいだの、展開推移の、図式的類同性の確認に入る前に、もうひとつの応用例を見ておく方がよいと思われる。障害学である。

4-4　障害学 ──「医学モデル」批判から周辺的諸カテゴリー批判へ

　「障害学」のスタートにおいては、「障害の社会モデル」という画期的な理論・視点があった。それは、障害を個人の属性として見なす「医学モデル」への批判として提起され、「『障害』を、個人的な属性としてのインペアメント（身体的・精神的・知的な欠損）と社会の中で生み出されるディスアビリティ（不利益や制約）に区別し、後者こそが障害者が経験する困難の原因だとみなす」（後藤, 2010, p.80）ラディカルな考え方である。

　すなわち、障害者がたとえ、インペアメント（欠損）を持っていたとしても、だからといって、現在の社会内での差別的な扱われ方が正当化されるわけではない、という主張である。これは、日常の中では不可視のものとされていた「文脈（社会的な障害の取り扱い方）」を、そこにこそ原因がある、と名指すことで可視化しようという試みであるとも言えよう。実例を挙げれば、下肢麻痺者に移動の困難があるのは、下肢が麻痺しているからというよりは、車イス利用者に十分に円滑な移動の可能性を与えていないような、社

---

[6] たとえば、バトラー（Butler, 1990/1999）によって、ジェンダーの基盤としての生物学的差異（セックス）という理論構成の、原因部分（セックス）と結果部分（ジェンダー）の逆転がなされ、セジウィックら（Sedgwick et al., 1985/2001）によって、ホモフォビア（同性愛恐怖）と結びついた形での、「ホモソーシャル（男性同士の結びつき）」的社会メカニズム（公的領域の中の男同士の私的つながり等）が解明された。つづめて言えば、平等主義的なフェミニズムの時代に比べて数段複雑な、けれども社会的なメカニズムが解明・主張された。

会の側の設備とサポートの状況ゆえなのだ、と考えてみようということである。とすれば、その社会側の設備の状況を変えていくことが次の課題として、見えてくることになる[7]。

とはいえ、この「社会モデル」は、「障害者」の生きづらさを解消するにあたって、万能ではなかった。たとえば、それは、「知的障害者」をどのように扱うのか、という点で難しい問題を孕んでいたし、より明確に、健常者と「同じことがしたい」わけではないものにとっては、無力な思考法であった。発達障害者の高森明は、「アブノーマライゼーション宣言」（高森, 2008）を提起し、「人間」と異なる種の「先駆け」かもしれない「（発達）障害者」の欲望は、人間に近づくことではない、という主張をする。そして、「支援」において、そのような異種的欲望のありように十分に対応できていない臨床心理専門職を挑発する[8]。たとえば、「私は人間として承認されることを望まない」と彼は言うのである。

なぜ、このような難題が発生するのであろうか？　この項では、すでに、フェミニズムにおいて、「社会」と「文脈」の重要性の認識がどのようにその学を導きつつ、難題を生じさせてきたかを見てきたので、その展開モデルを利用しながら、この問題を論じていくことにしよう。

まず、以下のような類同関係を確認しよう。生物学的性差である「セックス」と社会文化的性差である「ジェンダー」という対比があるとして、それになぞらえて、生物的な基盤としての「欠損（インペアメント）」と、その社会的意味づけとしての「障害（ディスアビリティ）」があると見なすことができるだろう（表2-2参照）。

このとき、「セックス」にどのような文脈を当てはめるかという問題が「ジェンダー」の違ったありさまを可能にするだろうし、同様に、「インペア

---

[7] 杉野の『障害学』（2007）は、障害学の実践性と多様性を理解すべきであるという適切な動機に基づいて書かれている。本稿での、少々単純化された障害学の扱いに納得できない読者の方は、杉野のテキスト等を読んでその幅広さを理解してもらいたい。なお、杉野は、すでに障害学とフェミニズムとの関係にも言及しており、参考になる（杉野, 2007, pp.248f.）。

[8] 挑発は、2008年に開催された第44回臨床心理学会大会のシンポジウムで行われたが、その記録は『臨床心理学研究』に掲載されている（樫田・高森ほか, 2009）。また、それを受けての東京での討論集会の記録が、同誌に掲載されている（栗原・久能, 2009）。

表 2-2 「社会的文脈」を各理論(フェミニズム・障害学・構築主義)はどう扱っているか

	フェミニズム	障害学	社会問題の構築主義
理論的展開方向	二値的議論から諸カテゴリーの重合的議論へ(ジェンダー論からクイア理論へ&主体と他者との同時構築論へ)(バトラー,1990/1999;セジウィック,1985/2001)	家族・能力・所有の問い直しへ(立岩,1995) 資源としての障害(阿部ら,2001;渡,2012) 当事者性の拡張	シークエンシャルな秩序研究への志向 カテゴリー錯誤由来の認識利得批判(ライル,1949/1987;浦野,2008) OG問題批判(中河,2009) 記述主義批判(田中,2006) 当事者性の拡張
初期構図批判 cf. 資源としての差異 cf. ラベリング理論批判としての構築主義	自然としてのセックス批判 非男性的価値の主張 例:人格としての性志向 男並み志向の放棄	自然としての欠損批判 欠損の個性化 例:アブノーマライゼーション宣言 例:ヒアリング・ヴォイシズ 健常志向の放棄	どの文脈を選ぶのか(OG問題) クレームされた状態(問題のある状態) クレーム申立活動 ↑ (問題のない状態) クレームのない状態
初期の構図と社会的文脈 cf. 19世紀フェミニズム cf. 障害学 cf. ラベリング理論	結果としてのジェンダー(問題のある状態) 社会的文脈↑ (問題のない状態) 基盤としてのセックス	結果としての不利益(問題のある状態) 社会的文脈↑ (問題のない状態) 基盤としての欠損	二次的逸脱(更に問題ある状態) 社会的文脈↑ (問題のある状態) 一次的逸脱

メント」にどのような文脈を当てはめるかという問題が、「ディスアビリティ」の違ったありさまを可能にするだろう。

表 2-2 に、本稿のアイディアを仮説的にまとめておいた。すなわち、フェミニズムにおいても障害学においても、そして社会問題の構築主義においても、その初期の構図は基盤としてのカテゴリーに一定の文脈が働くことで、問題となるカテゴリーの状態が出来するという構図であった。これに対し、現代のフェミニズムにおいても現代の障害学においても、そして現代の社会問題の構築主義においても、違った構図が力を得てきている。それらにおいては、基盤としての諸カテゴリー(例:セックス、欠損、一次的逸脱)の自然

性に疑いの眼が向けられ、基盤としてのカテゴリーと問題としてのカテゴリーの同時生成性に注目が集まっている。そういう形で社会と文化を重視する諸理論はその理論編成を複雑化させつつ同時に洗練されたものにしつつあるのである。

4-5　思考実験──「フェミニズム」と「障害学」の交錯場面の検討

このように道具立てを揃えたあとで、標準的な社会規範を前提とした思考実験を行おう。最終的な議論の見通しを手早く得るために、「フェミニズム」の系列の議論と「障害学」の系列の議論を組み合わせながら考えてみよう。そうすると、以下のような結果を手に入れることができる。

たとえば、家族は、「子ども」や「病者」に対しては、その生活に不足する部分（衣・食・住）を無償で提供することが規範的に期待されているが、そのとき、「（家族成員としての、大人の、病気でない）障害者」に対してのみ、「家族による介助」ではなく、「介助の社会化」を要求する論理がどのようにして可能となるのか。すぐには、論理が思い当たらないはずだ。

あるいは、実際的に再生産労働（家事労働）の一部として、障害家族の介護責任を家族の中で担わせられている女性家族構成員にとって、自らの役割を逃れるどのような文脈が社会的に存在するのか。家族の介護をすることよりも優先される他の事柄は、個別にその優先性の正当性が確保されなければならないが、そのような論理はなかなか見つからないはずだ。

また、性別化された賃金体系のもとでの合理的選択として、中壮年期を定位家族[9]の老親にたいする専任家事従事者となったまま過ごして、自らも高齢者になった女性に対し、中壮年期に比較的高額給与を得た兄弟が得ている年金権を分割贈与すべきかどうかという問題に答える論理も、なかなか見つからないはずだ。

すなわち、「フェミニズム」と「障害学」を交錯させた思考実験をするだけで、諸カテゴリー間の関係は錯綜しており、一方の論理だけで一般的な公平さに関する主張をすることは、個別事例の処理にはあまり有用ではないこ

---

[9] 定位家族とは、自分が子として所属する家族のことであり、親子関係が軸になる。生殖家族の対語。

とがわかる。

　さて、このような思考実験結果は、社会構築主義的思考の無効性を示唆するのだろうか。

　そうとも言えるし、そうでないとも言えるだろう。もし、社会構築主義の道具立てが、以下のような簡単なものなら、YESだろう。すなわち、その道具立てが、他の社会内要素から独立して存在し、独立して作用するような「社会的文脈」と、「初期状態（例：基盤としてのセックス、基盤としての欠損）」からなっているのだとすれば、そのような素朴な道具立てでは、これらの事例で生じてくるところの「社会問題」をうまく同定することすらできないだろうからだ。素朴な社会構築主義的思考は、現実との対応関係をうまく持つことすらできないだろうと思われる。

　けれども、むしろ、上記のような思考実験の結果が社会構築主義に対して意味しているのは、もっと洗練された道具立ての必要性ということなのではないだろうか。たとえば、洗練された社会構築主義的議論は、上記の思考実験を、それぞれ、「家族」に関する諸規範の問い直し、「所有」に関する諸規範の問い直しにつながっていく事例として扱うことだろう。

　この後者の主張が意味を持つことのもうひとつの傍証として、広い意味では精神障害者解放運動であると言える「ヒアリング・ヴォイシズ運動」の成果を挙げることができるだろう。

　日本臨床心理学会の調査によれば、聴声者（物理的な音源がないにもかかわらず、声が聞こえると質問紙調査で答える人）は、人口の約6％（日本臨床心理学会編, 2010, p.10）程度いるという。海外の類似の調査でも3〜4％程度という数値が上がっており、この値は荒唐無稽ではないと言えよう。そして、国内でも海外でも、いずれであっても、声が聞こえるものの過半は、医学的に見て、特に問題がない暮らしをしている。

　つまり、このことが意味しているのは以下のようなことであろう。これまで、一部の精神障害（統合失調症や解離性障害等）にとって、メルクマール、すなわち、判別的な特徴であると思われていた「幻聴（当該話者が周りにいないのに声が聞こえることは、医療上のカテゴリーとしては、このように呼ばれてきた）」は、むしろ、「統合失調症」等の疾病の認定メカニズムのプロセスの中で、その認定実践の結果として「発見」されていたものである、という

ことが言えそうなのである。

　別の言い方をしよう。「聞こえる（ヒアリング・ヴォイシズ）」という「基底的状態」は、事実認定の推論的構図の中ではある種の精神障害の前提だが、現実の中では、しばしば「精神障害を認定しよう」という活動の中で、活動を通して「発見されるもの」なのである。そして、そういう社会のメカニズムをより適切に詳細に反映する道具立てを持つならば、すなわちそういう洗練された道具立てを持った社会構築主義ならば、この現代の現実社会の中での諸カテゴリーの複雑な相互関係を記述していくことが可能であるように思われるのである。

　基底的部分の意味も可変的であること、そのような事象にも対応した構築主義の理論が必要であること、これらのことは、本節の論理構成上重要なので、そのことを傍証する事例をもう1つ挙げておこう。

　渡（2012）が例示する「障害者スポーツ」の事例がわかりやすい。渡自身「車イスバスケットボール」のプレーヤーなのだが、車イスバスケットボールでは、欠損（インペアメント）が、そのまま資源となるのである[10]。つまり、チーム5人の障害度に応じた持ち点の合計が、14点以内でなければならないなかで、障害が重ければ重いほど、個人の持ち点が低い（最低1点から最高4.5点）。ということは、障害が重い参加者は、その自らの持ち点が小さい分、他の参加者の持ち点を大きくする余力をチームに与えている、ということになる。その結果、車イスバスケットボールに参加しているプレーヤー固有の欠損（インペアメント）について、以下のように言えることになる。すなわち、「各人のインペアメントは、『できないこと』としてではなく『できること』として持ち点化されることで『できなさ』としてのインペアメントではなくなる」（渡, 2012, p.176）。このように言えることになるのである。意味の転換は、この場合、基盤としての欠損の部分、インペアメント本体において生じているのである[11]。

---

[10] なお、この発見は、阿部ら（2001）が主張した、「資源としての障害」パースペクティヴの実践結果であると言えよう。なお阿部ら（2001）は、欠損も含めた広い意味で障害という語を使っており、本稿とは用語法が異なることには注意してほしい。

4-6　まとめ ── 社会構築主義論争史を検討すると質的研究がしやすくなる

　前項では、簡単な思考実験をもとに、現代社会的な複雑な状況を考えると、フェミニズムも障害学も、その初期的な理論構図を維持しがたいだろうこと、そして、従来の基盤的カテゴリー（性別の生物学的基礎とか、身体の欠損とか）を相対化する視線を獲得すれば、議論の破綻を避けることができるかもしれないこと、これらのことを見てきた。

　しかし、社会現象の探求において、社会的文脈への言及が決定的に重要であるにもかかわらず、なぜ、「逃げ水」のようなこと、すなわち頼るべき文脈とみえていたものが頼ろうとすると基盤的性格を保持できなくなるというようなことが起きてしまうのだろうか。なぜこんなに話が複雑になってしまうのだろうか。もっと大きな構図による解説が必要なのではないか。

　そのように考えたときに、参考になるのは、社会構築主義に関する論争史であろう。幸い日本には、平英美・中河伸俊編『新版構築主義の社会学』(2006) というコンパクトな良書がある。本書、とりわけ、編者による各章と、田中による7章（田中, 2006）を読むと、大きな展望が得られる。

　おそらく問題は、「文脈」の説明力がありすぎることだ。

　この世で起きていることには、すべて「文脈依存性（インデキシカリティ）」がある。これは間違いがない。けれども、「文脈」は誰によって、どのように発見されるべきなのか？　また、発見可能な諸文脈が大量にあるとき、われわれはどこまでたどり着くことを、落ちつきどころと考えたらよいのだろうか。

　この「文脈依存性に関わるアポリア」は、構築主義論争史では、オントロジカル・ゲリマンダリング問題（OG問題）という形で現れた。ウールガー

---

[11] 上記の車イスバスケットボールにおける「重度障害者優遇ルール」は人為的なものであり、一般化された教訓を得るには不適切なものなのではないか、という疑問があるかも知れない。けれども重要なのは、人間の生活は多様であるということなのである。障害者水泳において、麻痺した足が水中に垂れ下がって水の抵抗を増してしまうことは「人為」ではない。足そのものの欠損者は陸上では体重を支える「足」を持たないが水中では麻痺した足を持っている人より、有利になる。そういう人間生活の多様さにみあった形で「欠損」の意味は変わっていく可能性を持っているのだ。

とポーラッチ (Woolgar & Pawluch, 1985/2000) は、もともとの「どの文脈を選択するか問題」に対してとりあえずの解答を与える試みとしてなされた、スペクターとキツセの議論 (Spector & Kitsuse, 1977/1990, p.119) (「クレイム申し立て活動への注目」) においてもなお、問題が未解決のまま残されている部分があることを主張したのだが、それは、いささか、筋違いの批判であった (この点については、中河, 1999 参照)。どう筋違いであるか短く書くと、ウールガーとポーラッチは研究者が現実を把握するやり方の妥当性を問題にするが、現実に人々が行っていることそのものを内側から探究する手法があると考える以外にはこの難問は解くことができないし、そう考えればよいだけだ、ということになる。

むしろ重要なのは、田中 (2006) が「記述主義批判」の形で述べるように[12]、まず、スペクターとキツセがどのような方策をとろうとしたか、その可能性と限界を確認することである。スペクターとキツセの方法は、社会問題について、社会問題化のプロセスに注目する、というものだが、記述主義という問題を抱えていた。つまり、「文脈に言及すること」と「文脈を生きること」は別の社会的活動である、ということが踏まえられていなかったのである。この点で、「文脈を生きること」の内実を「文脈への言及」から読み取ろうとするスペクターとキツセの方針は、不適である。

とはいえ、そもそも、われわれの生きている社会は、当事者の「定式化」(記述) を頼りにしなくても、そこで何が起きているかを適切に理解し、適切に対応した振る舞いをすることができる、という性格を持っている。この部分で、スペクターとキツセを擁護することができるのではないか、とも思われるのである。すなわち、ひとつの行為は、端的に他の行為に接続していることによって、その適切な意味を獲得している。スペクターとキツセの提案は、そのようなものとして社会秩序を理解すること、すなわち、行為と行為の連鎖の中の「シークエンシャルな秩序」として社会秩序を理解すること、

---

[12] 社会構築主義の陥っている問題を、別様の道具立てで解説している論者として、浦野 (2008) がいる。浦野は、ギルバート・ライルの「カテゴリー錯誤」の議論を引いて、構築主義が、持っている説得力 (現実は信じられていたとおりではない、というアイロニックな衝撃力) が、カテゴリー錯誤に由来するものだと主張するが、その議論は、田中 (2006) の記述主義批判や、中河 (1999) によるオントロジカル・ゲリマンダリング解釈 (疑似問題であるという処理) と重なる部分がかなりあると言ってよいだろう。

意味と意味の相互反映性の中で社会秩序を理解することとして、引き継ぐことができる部分を持っており、この引き継ぎ可能な部分まで否定するのはよくないのである。

　つまり、複数の当てはめ可能な「文脈」がある中で、どの「文脈」のあてはめが適切なのかという問題を、論文の読者の納得度を最大化する方向で解くのではなく、記述主義的解釈に依存してしまうのでもなく、現実にリファレンスがとれることを条件に、シークエンシャルな秩序研究の枠組みで解くようにしていけばよいというのが、構築主義論争の、日本におけるひとつの解決方向になっていると思われるのである。そのような議論の枠組みのもとで考えれば、フェミニズム理論や障害学を含んだ、「社会」と「文脈」の重要性を前提とした諸社会理論にも、ひとつの収斂の方向性が見えてくることになるだろう。

　なお、最後に少々大胆な予測をしておくならば、「フェミニズム」においても、「障害学」においても、この節で見てきたように、単純な道具立ての社会構築主義的説明は実効性を失いつつあり、代わりに、より複雑に諸カテゴリーの重合状況を踏まえた議論が有力になりつつあると言えるが、そのような理論の変化が、理論の内在的発展だけに影響を受けた結果であると考える必要はないだろう。樫田（2006）の主張なども踏まえれば、そのような社会理論の変化は、同時に、おそらくは、社会全体というものを想像して考えることが次第に困難になってきて、大きな物語的思考が説得力を失ってきているという、現代社会の質的変化の影響をも受けての結果なのではないだろうかとも考えられる。とするならば、質的調査の理論を学ぶことは、間接的に現代社会を学ぶことにもなるはずだ。さらには次のようなメリットもあると思われる。質的研究を実際に行おうとしたときに調査にかかわる理論が、調査に枷(かせ)をはめるものに見えるときがあるかも知れないが、そのようなときには理論の方が時代遅れになっているかも知れないと疑う眼を持って欲しい。そういう眼で新しい理論的動向をさぐってもらえれば、必ずやあなたの調査を支える理論の萌芽が諸研究の中に見つかるだろう。なぜなら、社会と文化を重視する理論の最新の状況は基盤的カテゴリーを前提として置くことをやめる方向にあり、それは生活を精密にとらえようとする質的調査にとって支援的なものだからだ。

【参考書】

平英美・中河伸俊（編）（2006）.『新版　構築主義の社会学 —— 実在論争を越えて』世界思想社.

　　日本の社会構築主義の水準の高さを示す好著。全体が、編者の理論的到達点のもとで統合的に書かれており、わかりやすい。

前田泰樹・水川喜文・岡田光弘（編）（2007）.『エスノメソドロジー —— 人びとの実践から学ぶ』新曜社.

　　精密な思考が、さまざまな理解ツール（図等）とともに呈示されており、質的なデータを用いた経験的研究が、どのようにすれば可能になるかがわかる。

II部
質的心理学の方法論

3章
フィールド研究と参与観察

1節　フィールドへの参入と参与観察
2節　相互行為分析と談話分析
3節　フィールドにおける発達的研究
4節　実践志向の質的研究の成り立ち
5節　フィールドにおける学習・教育研究

実験室に閉じこもった研究では見えなかった現実の世界に足を踏み出した心理学が質的心理学である。しかし、そこには以前からそこに足を踏み入れている先達たちがいた。彼らは自らの足でフィールドを歩き回り環境を探索し、そこにいる人たちと交流し、観察したことを記録していたのである。彼らは、自然人類学者であり文化人類学者であり社会学者であり医療関係者であり教育者であった。心理学がフィールドに降り立ったときから、心理学はそれらの諸学問と急速に混ざり合い、そこに蓄積されていた知恵を吸収し、新たな質的心理学として自己変容し始めたと言ってよいだろう。まだこの変容プロセスは、今日も休むことなく生じ続け、その結果、新しい問いと新しいフィールドが次々ともたらされ続けている。

　本章では、このように具体的なフィールドに出会い変容生成しつつある質的心理学の姿を、4つの視点からフィールドに即して描き出すことを目指している。1つは、エスノグラフィーの視点である。エスノグラフィーは文化人類学で生まれた手法であるが、それが保育などの新たなフィールドに適用されて、さまざまな新たな問題を見いだしつつある。参与観察をどのような制約をもった方法として位置づけるのかなどが論じられる。2つ目は、エスノメソドロジーの視点である。人々の日常生活の中で「あたりまえのこと」として見えなくなっている隠されたコードを暴くのがその特徴である。ここでは相互行為の分析や会話の分析に関わる諸問題が論じられる。3つ目は、発達心理学の視点である。発達心理学は、チャールズ・ダーウィン、ジャン・ピアジェといった幼児のフィールド観察の伝統をもっている。ここでは、それが「歴史的発生や微視発生の現場としてフィールドをとらえる」こととどのように関わっているのか論じられる。4つ目は、フィールドに根ざす教育心理学や保育の視点である。教育現場や保育現場に足を踏み入れ研究することは、常に教育や保育の現場を撹乱することである。そこに教育現場や保育現場の質的研究の固有の難しさがある。ここでは、フィールド研究が何を目指しているのか、その歴史的経緯や、その方法に対する倫理的な認識もふまえて論じられる。

1節
フィールドへの参入と参与観察
柴山真琴

　本節では、エスノグラフィーにおける参与観察というデータ収集法を踏まえて、参与観察の特徴を整理する。参与観察を主要技法とするエスノグラフィーが心理学を含む複数の学問分野で採用されてきた背後には、従来の研究方法論の限界を克服し、文脈・プロセス・意味・当事者の視点の理解を志向する新たな人間探求方法への希求があった。本節では、こうした志向性を持つエスノグラフィー（特に参与観察）の方法論的特徴、良質な観察と記述の要諦、エスノグラフィー研究の意義について解説する。

1-1　エスノグラフィーとは

　「エスノグラフィー（ethnography）」という用語は、「ethno＝民族」と「graphy＝記録されたもの」から成る合成語で（山下、2005）、2つの意味で使われている。ひとつは、「データ収集の際に用いられる一連の調査方法」という意味である（Merriam, 1998/2004）。調査方法としてのエスノグラフィーでは、参与観察・インタビューを主要技法とし、文献収集・生活史の検証・調査日誌の作成なども併用される。参与観察については、1-3項と1-4項で詳述する。

　もうひとつは、「エスノグラフィーの技法を用いた調査の記録（調査報告書）」という意味である（Merriam, 1998/2004）。調査報告としてのエスノグラフィーは、従来、「民族誌」と呼ばれてきたが、近年、学校・病院・工場・会社などがフィールドワークの単位とされることが増え、本来の意味での「民族」誌ではなくなってきた。今日では、「エスノグラフィーの方法による調査の記録・報告」という意味で民族誌と呼ばれている（山下、2005）。また、社会学では、エスノグラフィーによる調査報告書を「モノグラフ」と呼ぶことが多い。

1-2　エスノグラフィーの来歴

エスノグラフィーは、複数の学問分野で採用されている研究方法であるが、ここでは文化人類学・社会学・心理学におけるエスノグラフィーの展開について概説する。

(1) 文化人類学における展開
エスノグラフィーは、ライプチヒ大学留学時代にヴント（W. Wundt: 1832-1920）とビュッヘル（K. Bücher）のもとで民族心理学や民族学を学んだマリノフスキー（B. Malinowski: 1884-1942）によって、19世紀末に文化人類学の研究方法として確立された。

マリノフスキーは、ケンブリッジ大学のトレース海峡地域調査団に参加する機会を得て、1914年にオーストラリアに渡航したのを契機に、トロブリアンド諸島に通算2年間以上滞在し、現地語を習得して現地の人々と交流しながら調査を行った。彼はこの調査経験から、① 文化の諸側面の相互連関の把握を重視する「全体論的接近法」、② 現地人の「現在の事実」を詳細に記述する「共時的分析」、③ 対象とする社会集団の「内部者の視点」（emic view）から文化を理解する方法としての「参与観察」を考案した（江淵、2000）。「全体論的接近法」と「共時的分析」は、「機能主義」（文化・社会現象を互いにはたらきあう機能の構造として描き出す立場）と呼ばれている（泉、1980）。

マリノフスキー以前の調査研究は、未開人の文化から人類文化の過去を類推する進化論的な歴史再構成法が採用され、探検家や宣教師から得た情報や資料を書斎で整理・分類する作業が中心であった（後世の人類学者から「安楽椅子人類学」と揶揄された）。また、文化人類学の黎明期になされた異民族・異文化研究は、植民地を持つイギリス・オランダ・フランスなどの国々が植民地支配の体制作りのために原住民の政治・経済・家族・信仰などの仕組みを調べることを目的としていたことから、非西洋社会で見られる異質な制度の数々は、文化の多様性の指標ではなく、西洋人から見て「未開」「野蛮」の指標と捉えられた（江淵、2000）。現地語を習得・駆使して現地の人々と直接交流しながら現在の社会生活に関するデータを収集し、人々の視点から生

活世界を理解することを通して文化を描き出すという、従来の間接的資料に基づく進化論的歴史再構成法を克服するために考案されたマリノフスキーの方法（エスノグラフィー）は画期的なもので、文化人類学の方法論的基盤を作るうえで大きな役割を果たした。マリノフスキーの調査報告は、『西太平洋の遠洋航海者』(Malinowski, 1922/1980) として出版されている。

　マリノフスキー以降、エスノグラフィーは文化人類学研究の中核的な方法となった。日本でも1950年代に九州大学を中心に文化と教育に関する研究が開始され、教育人類学者の江淵一公がその先導的な役割を果たした (Minoura, 2012)。

(2) 社会学における展開

　文化人類学で開発されたエスノグラフィーは、20世紀初頭にアメリカで顕在化し始めた社会の諸問題（貧困・犯罪・離婚・人種間葛藤など）を解決するための調査法としても採用されるようになった。文化人類学者が非西洋社会の異文化を理解する方法としてエスノグラフィーを開発したとすれば、社会学者は自国内に住む異文化的背景を持った多様な人々の日常生活を理解する方法として発展させたと言える。アメリカ社会学研究において特に有名なのが、シカゴ大学社会学科の研究者集団（「シカゴ学派」と呼ばれた）による一連の調査研究である。トマスとズナニエツキによる『ヨーロッパとアメリカにおけるポーランド農民』（部分邦訳の題名は『生活史の社会学』）(Thomas & Znaniecki, 1918-1920/1983) は、シカゴ学派の範例とされる都市民族誌である。

　同著以前のアメリカでは、① イギリスの社会哲学者スペンサーの影響を受けた思弁的な社会進化論的論説、② 特定の社会問題（スラムなど）について詳細なデータを集めて調査者の基準から結論づける社会踏査、の2つの流れが社会学と呼ばれていた。『ポーランド農民』は、当事者の考えや行動・生活がわかるデータ、そのデータを適切に解釈する概念、概念に一貫性を与える理論という3つの条件を高度な水準で達成し（高山, 2003）、それ以前の「思弁的」社会学を「経験的」社会学に転換させた画期的な研究として評価されている（中野, 2003）。

　著者のトマスは、ドイツ留学時代にヴントの民族心理学に出会い、帰国後、シカゴ大学に再入学して博士号を取得した経歴を持つ。トマスは1910年に

シカゴ大学教授になり後進の指導に当たったが、徹底したフィールドワークによる経験的調査は、シカゴ学派の特徴となった。1920～30年代に出版されたシカゴ学派によるエスノグラフィーの研究領域は、「都市・コミュニティ研究」「世論とコミュニケーション」「人権とエスニシティ研究」「犯罪と逸脱」「政治社会学」の5つに及んだ（中野, 2003）。ボストンのイタリア人居住区（スラム）の青年集団の一員となり、その経験と参与観察に基づいて著したホワイトの『ストリート・コーナー・ソサイエティ』（Whyte, 1943）は、都市民族誌の古典的名著とされている。

　しかしながら、パーソンズ（T. Parsons）とマートン（R. K. Merton）が活躍した1950年代は、統計的分析を多用した量的調査が主流となり、エスノグラフィーは一時的に衰退した。エスノグラフィー研究が再燃したのは、1960年代のアメリカとイギリスであった。アメリカではマイノリティの教育問題が社会問題として深刻化し、青年の学校・社会からの脱落・逸脱過程を明らかにすることが緊急の課題となり、エスノグラフィーが再び脚光をあびた。ベッカーの『アウトサイダーズ』（Becker, 1973）はこの時期の研究のひとつで、逸脱者とされる人々の生活世界を当事者の視点から活写した。こうした盛衰を辿りつつも、シカゴ学派の知的伝統は、「象徴的相互作用論」を定式化したブルーマー（H. G. Blumer）やエスノグラフィー教育を体系化したヒューズ（E. Hughes）らを経て、上述のベッカー（H. S. Becker）やゴフマン（E. Goffman）、ストラウス（A. Strauss）らへと継承されていった（野田, 2003）。

　一方、階級（上流・中産・労働者）区分が残存するイギリスでは、学業成績の階級差発生のメカニズムを解明することが焦眉の課題となっていた。1970年代半ばに登場した「新しい教育社会学」の旗手であるヤング（M. F. D. Young）は、教育環境の諸要素を教育の機能という側面から分析する従来の構造・機能主義の限界を指摘し、ブラックボックスのままにされていた学校や教室の内部過程こそを明らかにすべきだと主張した。この「新しい教育社会学」の担い手たちは、「現象学的社会学」「エスノメソドロジー」「象徴的相互作用論」の総称である「解釈的アプローチ」を中核的な研究パラダイムとし、その研究方法としてエスノグラフィーを採用した（Karabel & Halsey, 1977/1980）。その後、「新しい教育社会学」は、「教師－生徒間の交渉過程を詳細に記述する方向」と「学校内で生起する過程を社会の経済的・政治的布

置から説明しようとする方向」に分化して発展した（志水, 1985）。ウィリスの『ハマータウンの野郎ども』（Willis, 1977/1996）は、後者の立場の代表的研究で、ハマータウン男子校（入試のない新制中等学校）に通う労働者階級の子どもたちが、反学校文化を形成しながら生産労働の人生へと自己誘導する過程を鮮やかに描いたエスノグラフィーとして有名である。

　日本において（教育）社会学研究で解釈的アプローチとエスノグラフィーが採用されるようになったのは、1980年代以降である。シカゴ大学でエスノグラフィーを修めた佐藤郁哉の『暴走族のエスノグラフィー』(1984) は、暴走活動を「青年期の遊び」と捉え、暴走活動に含まれる多様な遊びの経験内容を当事者の視点から解明したエスノグラフィーとして注目された。また、保育者の集団呼称に着目して幼児が幼稚園集団の一員になっていく過程を描いたエスノグラフィーとして、結城（1998）がある。

(3) 心理学における展開

　心理学におけるエスノグラフィーの源流は、ヴント（W. Wundt）の民族・文化心理学にある。ヴントは、人間の心の営みを扱う領域として、感覚や知覚などの基礎的な領域を扱う「個人心理学」と、思考や問題解決などの高次の領域を扱う「民族・文化心理学」の2領域を構想した。また、研究方法として、個人心理学には実験（内観法）が、民族・文化心理学では観察と記述が必要であると考えていた。特に民族・文化心理学については、「人々の共同生活で形成される集合的な精神過程」を解明すること（特に言語・文化の中にある精神の記述）を目ざしていたが、実験心理学が台頭する中で二次的な地位に追いやられた（茂呂, 2001）。個人が生きる社会文化的文脈を無視した実験室での実験・観察とそれに基づく発達理論の定立という研究姿勢は、1970年代まで続いた。

　心理学研究においてエスノグラフィー研究が本格的に展開したのは1970年代半ばで、2つの流れを見ることができる。ひとつは、コール（Cole & Scribner, 1974/1982; Cole, 1996/2002）やロゴフ（Rogoff, 2003/2006）に代表される「文化歴史学派」である。社会文化的環境と人間発達過程との相互構成性に早い時期から気づいていたコールやロゴフは、ヴィゴツキー（L. S. Vygotsky）の理論的伝統（人間の高次精神機能は歴史・社会的起源を持つという

考え）を継承しつつ、文化人類学由来のエスノグラフィーを取り入れることで、社会的実践を中核に据えた人間発達研究の方法論を提案した。もうひとつの流れは、ガスキンス・ミラー・コルサロ（Gaskins, Miller & Corsaro, 1992）に代表される「解釈的アプローチ」の唱導者たちである。彼女らは、子どもは普遍的な文化を学ぶのではなく、特定の信念・実践・解釈枠組みの中で特定の文化を学ぶという前提に立ち、人間発達の過程を「文化の意味体系の中に自分を方向づける過程」と捉え、子どもの意味創出過程を解明する研究方法として解釈的アプローチとエスノグラフィーを導入した。

日本の心理学におけるエスノグラフィー研究の拠点のひとつは、東北大学社会心理学研究室で、行動主義心理学が席巻した1960年代にヴントの民族心理学を基本に据えた独自の社会心理学研究を展開させた（大橋, 1998, p.ix）。下北半島の農山漁村に住む青年の社会化過程を長期のフィールド調査に基づいて歴史的・構造的に解明した一連の研究（e.g. 安倍, 1965）は有名である。東北学派の伝統を受け継ぐ大橋英寿は、自らの立場を「エスノグラフィックな社会心理学」と位置づけ、「まず研究対象に素手で密着し、現象をありのままに忍耐強く観察して試行錯誤しながら対象と課題に見合った方法や概念を見つけだしていく」（大橋, 1998, p.39）解釈的・仮説生成的なアプローチとフィールドワークの重要性・必要性を強調した。20年に及ぶ沖縄でのフィールドワークに基づいて、沖縄の豊穣な精神文化の一部であるシャーマニズムが「病気治癒システム」と「危機への対処システム」を担っていることを解明した『沖縄シャーマニズムの社会心理学的研究』（1998）は、大橋の代表的な研究成果である。1990年代に入ると、心理人類学者の箕浦康子が東京大学を中心にエスノグラフィーの本格的な指導と指導書の刊行（箕浦, 1999, 2009）を開始し、エスノグラフィーを研究方法にした発達研究や心理臨床研究が蓄積されるようになった（e.g. 柴山, 2001; 谷口, 2009）。

以上に見るように、文化人類学・社会学・心理学において、エスノグラフィーは単に質的データの収集法として開発・導入されたのではなく、それ以前の時代の社会現象へのアプローチの仕方の転換とセットで導入されていることがわかる。すなわちエスノグラフィーは、従来の研究方法論の限界を克服し、人間営為や人間発達の過程を当事者の視点を掬い取りつつ包括的に捉

え、人間の社会的行為の規則性と意味の理解を志向するもうひとつの人間探求の方法として提案されたと言える。

1-3　エスノグラフィーの方法論的特徴

(1) データ収集法としてのエスノグラフィー

　研究をデザインするためには、データ収集法を決めるだけでなく、自分は社会現象をどのようなものと見なすのか、研究目標や研究の焦点は何か、自分は研究対象とどのように関わるのかなど、研究の認識論も決める必要がある。社会科学における代表的な認識論には、「実証主義的アプローチ（positivistic approaches）」「解釈的アプローチ（interpretive approaches）」「批判的アプローチ（critical approaches）」の3つがある（Carr & Kemmis, 1986; LeCompte & Preissle, 1993）。「実証主義的アプローチ」はデュルケム（E. Durkheim）に基礎を置く立場で、「解釈的アプローチ」はウェーバー（M. Weber）の理解社会学に源流を持つ。「批判的アプローチ」は、1980年代半ば以降に登場した批判理論（フェミニズム・ネオマルクス主義・ポストモダン主義・ポスト構造主義など）を指す。これらの立場は併存可能であるが、学問分野によって比重の置き方に違いが見られる。文化人類学では、「解釈的アプローチ」が特権的な地位を獲得してきた。教育社会学と発達心理学では、「実証主義的アプローチ」が主流な中で、1970年代以降に「解釈的アプローチ」が導入された。3つの学問領域で登場した「解釈的アプローチ」は、単一の理論を指すわけではなく、学問領域によって依拠する個別理論が異なっているが、社会的事象についての前提、研究の目標と過程、研究の焦点、観察者と対象者との関係などにおいて共通性を持つメタ理論的立場の1つである。表3-1に3つの認識論の特徴を整理した。

　これまでのエスノグラフィー研究では、「解釈的アプローチ」が認識論として採用される傾向があったが、他の認識論に依拠することも可能である。教育や国際開発の分野では、「批判的アプローチ＋エスノグラフィー」を研究方法論とした研究も行われている（箕浦, 2009）。エスノグラフィーはあくまで質的データ収集法のひとつであり、認識論とセットになって研究方法論となる。エスグラフィーというデータ収集の道具をどのような使い手に持た

表3-1 3つの認識論的立場の特徴 （柴山, 2013の表25-1を改変）

特徴＼認識論	実証主義的アプローチ	解釈的アプローチ	批判的アプローチ
研究の論理の基盤	道具的行為の作用圏において，操作可能な一般化された経験を捉えるために構想。測定可能性の基準の下で，行為の客観的な原因の説明を志向。	コミュニケーション的行為の作用圏において伝達可能な個別化された経験を捉えるために構想。解釈可能性の基準の下で，行為の主観的理由の理解を志向。	社会との境界領域で生じる，表象的な個別化された経験を捉えるために構想。解放的認識を導く関心の下で，自己の表象を社会過程や社会関係の中に解体することを志向。
社会的事象についての前提	中立的な事実が実体として存在すると仮定。厳密な観察により，事実を歪めずに記述することが可能。	生の事実や堅固な事実は存在しないと仮定。先行知識や理論の介在によって，社会現象の把握が可能。	社会的事象の客体性・外在性・モノ性を否定。社会的現実は常に構築・再構築の過程の中に存在すると仮定。
研究の目標	すべての状況下における人間行動を支配する普遍的な法則を定立すること。	特定の状況下における人間行動に見られる規則性について，他者と共有可能な理解を得ること。	批判的省察により，人間行動を規定する要因を解体すること。
研究の過程	自然科学の研究をモデルにして，人間行動を測定し，因果律によって説明すること。	社会的相互作用・意味づけ・コミュニケーションの分析を通して，人間行動を理解すること。	意味・コミュニケーション・支配に仕組まれた隠れたパターンを暴くことにより，構造や行動を変革すること。
研究の焦点	観察可能な行動，対象の測定とデータの定量化，変数の統制	観察された行動の意味，間主観的な理解，変数の説明	隠れた意味や前提，抑圧のパターン，変数の顕示
研究者の位置	研究対象とする事態や人々には関与せず，客観的な測定を志向。	研究対象とする事態や人々と関わりながら，自分自身をツールにした事態の把握を志向。	社会的・政治的に積極的な役割を担いながら，事態の変革を志向。
対象者の位置	受身的な情報提供者	積極的な協働者	協働的で積極的な認識主体
知識の妥当性	対象者とは独立に，研究者の水準においてモノローグ的に問われる。	研究者と対象者との間で，ダイアローグ的に問われる。	対象者の自己省察と自由の実現によって検証される。

せるのかを決めてはじめて、エスノグラフィー研究に着手できるのである。

（2）当事者の視点と文化的規則への比重

　エスノグラフィーの方法的特徴として、次の2点を挙げることができる。ひとつは、対象とする集団の「内部者の視点（emic view）」から文化の理解を試みることである。人々の生活に可能な限り参加して人々の日常的な営みを見聞きする「参与観察」は、そのための方法である。参与観察をすることで、外部から見ているだけでは観察できない対象を自然な状態で観察できるだけでなく、人々の振る舞い方・考え方・感じ方など人間の主観的・内面的な側面に近づくことができると考えられている。「内部者の視点」は、「部外

者の視点（etic view）」と対比されつつ対で使われることが多い。心理学研究でも、エスノグラフィーが導入される以前から、行動主義心理学の中で発展してきた「科学的観察法」や動物行動学の手法を人間に応用した「人間行動学的観察法」が採用されていたが、これらはいずれも「部外者の視点」からの観察法であった。エスノグラフィーは、人々の経験に「内部者の視点」から接近するための新たな観察法として導入された点に留意したい。

　もうひとつは、フィールドの実践に脈打つ文化的規則への注目である。1990年代までに書かれた教育実践のエスノグラフィー研究を概観すると、研究の単位が何であれ（生徒・学校・学習・カリキュラム・インフォーマルな教育など）、「文化」が研究をまとめ上げる概念になっていた（LeCompte & Preissle, 1993）。また、エスノグラフィー研究における「文化」概念は、「ある集団の人々に共有された行動パターンを構造化する信念・価値観・態度、ないしは共有された信念と社会的相互作用のパターンとの連関」という意味で使用されることが多かった（Merriam, 1998/2004）。つまりエスノグラフィーという方法は、観察法の中でも、人々の日常活動や相互交渉・相互解釈の過程を当事者の視点から記述することを通して、そこに脈打つ文化的規則性を解明することを志向する点に特徴がある。この点で、調査報告としてのエスノグラフィーは、特定の集団に共有された文化を鍵概念にして社会的現実を再構成した産物ということができる（LeCompte & Preissle, 1993）。

1-4　良質な観察のあり方

　「参与観察」はエスノグラフィーの主要な技法のひとつであるが、「参与＝フィールドにいること」だけを意味するわけでない。ここでは、良質な観察をするための要点を3点にまとめて解説する。

(1) フィールドへの参入
　フィールドとは、「研究しようとしていること、調べようとしていることが実際に起こっている場所・場面、あるいは出来事として直接体験される場所・場面」（南, 2004, p.14）を言う。参与観察では長期の参与を認めてもらえるフィールドがあることが前提となるが、フィールドは最初から自分の研究

にとって最適な場として出来上がっているわけではない。フィールドへの参入過程では、フィールドの人々と良好な関係（「ラポール」と呼ぶ）を築き、人々と共にフィールドを生きるという部分を少なからず持つ（山本, 2004）。つまりフィールドとは、フィールドでの自分の居場所を見つけながら、手間暇をかけて人々と共同で育てていくものであることを認識する必要がある。

特に初めてフィールドに入る場合には、自分の立ち位置（認識論的立場・研究の目的・対象者との協働の度合いなど）を考え、観察者としての振る舞い方（対象者への関わり方や研究者倫理の遵守など）に細心の注意を払いながら、フィールドの人々との相互理解を重ねることが大事である[1]。良質な観察は、長期にわたってフィールドの一員として受け入れてもらえるだけの信頼関係を保持できるかどうかにかかっていると言っても過言ではない。

(2)「参与」と「観察」

参与観察という方法は、内部者の視点から文化を理解するための方法として開発されたことはすでに述べたが、なぜ内部者の視点に接近するために「参与」が必要になるのだろうか。フリック（Flick, 1995/2002）で引用されているハマースリーは、次のように説明する。

> （自分が属する集団かあるいは他の集団の ―― 引用者補足）人々との、日常生活における親密で、比較的長期間にわたる相互行為に入り込むことによって、エスノグラファーは、対象者たちの持つさまざまな信念、動機づけ、行為などを、他のいかなるアプローチを使用する場合よりも、よりよく理解することができる。(Hammersley, 1992. フリック, 1995/2002, 訳書 p.122)

すなわち「部外者の視点」から対象とする集団の文化を眺めた後に、「内部者の目」で対象文化を具体的に経験するうえで、「見習い（apprenticeship）」という学習方法がもっとも有効だと考えられているからである。フィールド

---

[1] 研究者倫理については、古澤・斉藤・都筑（2000）、柴山（2006）、本書1章4節を参照してほしい。

の人々の生活を身をもって体験することを通して、人々が何を考えて行動しているのか、ある出来事をどのように感じ意味づけているのかなどを把握することが可能になる。つまり参与観察における「参与」とは、フィールドの文化の見習いをしながら内部者の視点を学ぶという学習過程を指しているのである。

同時に、参与観察では、「部外者の視点」からフィールドを見ることも求められる。

> 調査者が日常的理解を超えたレベルで、フィールドにおける事象や意味の関連についての知見を得たいのであれば、『プロのよそ者』としての距離も保たなければならない。(フリック，1995/2002，訳書 p.180)

日常的でありふれた事柄の中に特別なものを見出すためには、フィールドの中に入り込んで可能な限り「内部者の視点」を得るだけでは不十分で、「部外者の視点」からフィールドの出来事を整理し体系化する「観察」が不可欠となる（フリック，1995/2002，訳書 p.179）。要するに参与観察とは、内部者の視点からフィールドの文化を学びつつ、同時にプロのよそ者の視点からもフィールドの文化を考察するという、「参与」と「観察」の緊張関係を内包した複眼的な視点からフィールドの人々の営みを理解する方法と言える。

(3) 観察の螺旋的な積み上げ

長期にわたる複眼的な観察では、研究目的に照らして必要なデータを収集できるような段階的な観察の遂行が必要になる。スプラドレー（Spradley, 1980）は、「全体的観察」→「焦点的観察」→「選択的観察」という3つの段階を経て、参与観察を高次化していくことを薦めている。各観察の要点は、次のとおりである。

> 「全体的観察」：フィールド調査の方向づけを得るための非特定的な叙述を行うことにより、フィールドの複雑性を把握し、具体的な設問と視点を見出すための観察。
> 「焦点的観察」：研究設問に特に関連のある事象やプロセスに次第に視点を

絞った観察。
「選択的観察」：焦点的観察で見つけた典型的な行為やプロセスの証拠・実例を中心にデータを蓄積するための観察。

　各観察段階にどの程度の時間と観察回数を充てるかは、フィールドの状況や焦点をあてる事象によっても違ってくる[2]。ただし、観察データの積み上げは、参与観察を続けるだけで可能になるわけではない。観察段階の移行過程では、① 手持ちのデータから研究設問や観察の焦点を模索・精緻化する「集まりつつあるデータとの対話」、② フィールドで探求している事柄を先行研究・関連研究の知見や理論と交絡させる「先行研究・関連研究との対話」、③ データの暫定的な分析を通して洞察や示唆を得る「自分自身との対話」、が必要になる（柴山, 2009）。

　観察の3段階の本質的な違いは、フィールドで生起する事象を幅広く観察するか特定の焦点に絞って限定的に観察するかという見るべき事象が広いか狭いかにあるのではなく、フィールドで生起している事象への洞察と研究設問の吟味が浅いか深いかにあると言える（柴山, 2006）。つまり参与観察における「見る」とは、フィールドでの観察を通してデータを集める行為だけを指すのではなく、データが持つ意味や理論的示唆の読み取りなど、見えないものとの関係を捉えて意味づける行為も含んでいるのである。

1-5　良質な厚い記述とは何か

　フィールドで生起した出来事や人々の言動を包括的に捉えて複眼的視点から読み解こうとする研究姿勢は、データの記録方法にも反映される。ここでは良質な記録を書くための要点について述べる。

(1) フィールドノーツの作成
　エスノグラフィーでは、フィールドで見聞きした出来事についての記録や

---

[2] 観察段階の移行のさせ方については、スプラドレー（Spradley, 1980）や箕浦（1999）を参照してほしい。

覚え書きの集積を「フィールドノーツ」と呼んでいる。人々の言動をそれが生じた文脈（いつ／どこで／どのような状況で）やその人の生活の全体的脈絡の中に位置づけて、その言動の意味を複眼的に理解するためには、それが可能になるような記録を作る必要がある。良質で厚い観察記録を書くための要点は、次の3点に整理できる。1つは、参与観察中に必ずメモをとり、観察直後にメモを見ながら詳細なフィールドノーツを書き上げることである（佐藤, 2006）。2つ目は、自分が五官を通して得た情報を自分や他者が読んでわかる形に記述するだけでなく、その記述を位置づけ説明する無形の情報と文脈も書き込みながら記録を作成することである（西川, 2010）。3つ目は、手持ちのデータの暫定的な分析から立ち現れてきた洞察や示唆、研究の理論的・方法論的考察、研究設問の精緻化、研究の進み具合や自己省察など、自分自身のためにも記録することである（Merriam, 1998/2004）。詳細な観察記録を書くことは、「内側の視点」を織り込みながらフィールドで見聞きしたことを具体的に書き記すことであり、それに対する自分の解釈や考察を書くことは「プロのよそ者の立場」から人々の日常的営為の意味づけを試みることである。複眼的視点は、フィールドノーツの作成過程でも必要になる。

エスノグラフィー研究では、〈見ること（観察）−書くこと（記録）−考えること（暫定的分析）〉が相互依存的・螺旋的に進んでいく。「外部者 → 内部者」に移行して見ることによって、なじみのない行為の意味に接近でき、フィールドノーツを書きながら「内部者 → 外部者」に視点移動することによって、行為の意味をより広い視野から理解することが可能になる。よく見ることで書く力が増進され、書きながら考えることを通して見る力が鍛えられる。良質な観察記録は、この過程を繰り返すことで産み出される。つまりフィールドワークのたびにフィールドノーツを書く目的は、単にフィールドで得たもろもろの研究情報を文字化することだけにあるのではなく、「対象とする集団の理解に向けて架けつつある梯子の一段一段」（Agar, 1980, p.113）を作るためにあるのである。

(2) フィールドノーツから調査報告書へ

多大な時間を費やして丹念に作成されたフィールドノーツは、他者の目に触れることはめったにない。フィールドノーツは調査報告書（民族誌）とし

て再構成され公刊されてはじめて、他者と共有可能な実証的な研究資料となる。ここでは調査報告書の書き方をめぐって、1980 年代に人類学で議論された問題を 2 点に絞って述べる。

問題のひとつは、解釈人類学者のギアーツが行った社会科学の実証資料としての民族誌批判である。従来の民族誌では、著者（研究者）は現地社会全体を俯瞰する透明な存在で、観察者に関する記述が欠落していたという指摘である（江淵, 2000; 高倉, 2009）。参与観察が現地の人々との交流を前提とするデータ収集法である以上、観察者は相互作用過程に何らかの影響を及ぼしているおそれがある。ギアーツ（Geertz, 1973）は、対応策のひとつとして、観察者（研究者）・現地の人々・読者が対話できるような民族誌を書くこと、具体的には自分の関与も含めて出来事の背景・展開過程や人々の解釈過程を可能な限り詳細に記述した「厚い記述」を書き、それを読者が自由に解釈できるテクストとして提示することを提案した。

もうひとつの問題は、パレスチナ出身の英文学者サイード（Said, 1978/1993）が出した「オリエンタリズム」批判である。サイードは、民族誌において、無意識にせよ東洋（特にイスラム世界）が西洋よりも「劣位なるもの」として構築され描写されてきたこと（これを「オリエンタリズム」と呼んだ）を指摘し、民族誌を書くこと自体が社会的・政治的な過程であることを喝破した（浜本, 1997）。これらの 2 つの指摘は、文明社会・西洋の人間が未開社会・非西洋の人間集団を描く場合に限らず、自文化内の他集団の調査報告書を書く場合でも、観察主体と観察対象の集団がどのような関係であろうと自覚すべき留意点である。

1-6　エスノグラフィー研究の真価

調査報告書としてのエスノグラフィーを書く目的は、① 人間集団の個別性の解明を通して、人間の経験の多様性と豊饒性を理解すること、② 同時にそれらを貫く人間の社会生活と営為に見られる普遍性を探求することにある（高倉, 2009）。もちろんこれが可能になるのは、特定の集団の社会生活の全体像が、研究者によってあらかじめ決められた外在的な項目によって調べられるのではなく、フィールドの人々の生活の中にある有機的な連関や人々

の意味世界を核にして具体的に描かれるからである（高倉, 2009）。その際、人々の住まい方や振る舞いが自らの視点や暗黙の前提に拘束されていること、その被拘束性が一定の範囲で共有され反復されていることを把捉するうえで、「部外者の目」「異人の目」が有効になるのだろう。もちろん部外者や異人も自らの文化に拘束されていることを忘れてはならないが。

　筆者は、特定の文化で生まれ育ったフィールドワーカーが自らの文化的被拘束性を自覚しつつ、内部者の視点に接近して個別のフィールドで常識化・身体化された行為・発話・信念等を掬い取り、プロのよそ者の視点からそれらの意味を語り直しひとつの解釈の形を示すことに、エスノグラフィー研究の意義があると考えている。つまりエスノグラフィー研究とは、フィールドへの密着とフィールドからの離脱を繰り返しつつ、質的にも量的にも豊かな解釈の形を積み上げることを通して、フィールドの人々の営みを立体的に理解するための絵図を提供し、複数の絵図の色合いの重なりと差異が示唆するものをより広い世界の中に置き直して考え続ける学問的営為と言えるだろう。

【参考書】

箕浦康子（編）(1999).『フィールドワークの技法と実際』ミネルヴァ書房.
　　心理学研究法としてのエスノグラフィーの教育と普及に大きな役割を果たした必読の入門書で、技法編と実践編（研究例）から構成されている。分析と解釈に比重を置いた続編（『フィールドワークの技法と実際Ⅱ』）も併せて読むことを薦める。

佐藤郁哉 (2006).『フィールドワーク 増訂版』新曜社.
　　フィールドワークの手引書として日本で初めて出版された記念すべきテキストの増補改訂版。項目ごとの読み切りで書かれた構成で、フィールドワーク事典のように使えて便利なだけでなく、その内容も深い。

2節
相互行為分析と談話分析
山田富秋

　この節では、参与観察を通したフィールド研究の方法として、相互行為分析と談話分析を紹介する。日本において相互行為分析とは通常、西阪仰(1997)の命名した相互行為分析を指す。それは社会学におけるエスノメソドロジーから発展した分析手法であり、特にウィトゲンシュタインの言語哲学に大きな影響を受けている。ウィトゲンシュタインが「考えるな、見よ」という有名な警句によって、実際に起こっている現象から遊離した思弁にふけることを厳しく戒めたように、目の前の相互行為から離れて理論的思弁にふけり、そこから導き出された理論でもって実際の相互行為を置き換えてしまうことを根本的に批判する。したがって相互行為分析のポリシーとは、ある相互行為がいかに組織されるのかを、その相互行為の具体的進行から離れず、その展開に忠実に沿って明らかにしようとすることである。

　それでは、相互行為分析と談話分析とはどのように結びつくのだろうか。狭義の談話分析の歴史的展開については後ほど触れるが、一般的に談話(discourse)とは「文より上位のレベルで一定のまとまりを有する言語行動、そして実際に、あるコンテクストで起こる言語行動、またそれを文字化したもの」(メイナード, 1997, p.9)と定義される。この定義からすれば、談話を対象とする研究であれば、かなり幅広い分野が広義の談話分析に含まれる。実際、フーコーに影響を受けた批判的談話分析(Critical Discourse Analysis)からビリッグ(Billig, 2005/2011)のレトリック分析、それに会話分析(Conversation Analysis)までもが談話分析に包含されることになるだろう。

　この節は相互行為分析の紹介である以上、談話分析の中でも、相互行為分析にもっとも適合的な会話分析を紹介することにしよう。そして会話分析について説明するときに、具体的な分析例も同時に示すことによって、会話分析と狭義の談話分析の異同も明確になる。会話分析がなぜ相互行為分析と適合的であるのかと言えば、西阪(2001, 2008)が指摘するように、サックス(Sacks et al., 1974/2010)の創始した会話分析が、会話という相互行為のメカ

ニズムを明らかにするというだけでなく、相互行為を組み立てる規範的手続きの分析としても位置づけることができるからだ。というのも、ウィンチ (Winch, 1958/1977) が「概念的」探求と表現したように、相互行為はいつでも公的で規範的に組織化されている以上、会話分析が「概念の文法としての、相互行為の組織化手続き」(西阪, 2001, p.21) の研究に最適だからである。それは串田秀也 (2006) が、相互行為への参加の組織化も含めて、規範的な相互行為秩序が「内部から」達成される過程の分析として会話分析を位置づける観点と、ある意味で共通している。

2-1 相互行為分析と会話分析

(1) 概念分析としての会話分析

近年の研究を踏まえると、相互行為分析は会話分析を統合したウィトゲンシュタイン派エスノメソドロジー (西阪, 2001, 2008) として定義できる。会話分析は会話データを蓄積してデータ横断的に研究するスタイルを取っているので、表面的には経験科学のひとつであるかのように見える。ところが、前田 (2008) が相互行為分析／会話分析と互換的に表現し、西阪 (2001) が批判的に検討しているように、それはまったく的外れである。すなわち西阪は、サックスが初期に構想した「自然な観察科学」という新しい社会学的企図を字義通り自然科学をモデルとした観察科学と捉えるのは誤りであると指摘する。むしろこの表現を「私たちの日々の活動において自然のままに公的に観察可能であり、利用可能である」(西阪, 2001, p.7) 成員の方法・手続きの研究として解釈する。そして「観察可能で、報告可能な」公的手続き (＝エスノメソッド) を、クルターとウィトゲンシュタインを通して概念の文法として読み替えれば、サックスの考案した会話分析は経験的な仮説構成を目ざす科学的で構築的な研究ではなく、むしろ、帰納的に仮説検証することができない、いわばアプリオリ (Coulter, 1983) な性格をおびた相互行為の組み立て方に、一定の見通しを与える概念分析だということになる。一言で言えば、それはウィンチの言う「概念的」探求 (西阪, 2001, p.10) としての社会科学である。

会話分析もウィトゲンシュタインも初めての読者のために、今述べたこと

をもう一度別な角度から説明しよう。ここで重要な点は、公的な観察可能性にある。普通私たちは西阪（1997）の言う2段階過程説＝解釈モデルに立っている。つまり、誰しも心の中に「思い」があって、それは本人にしかアクセスできない。したがって私たちは、内面に閉じ込められた思いを、その外的表現である行動や言葉から解釈するという考え方である。だが、この2段階過程説は実際に私たちが行っているものなのだろうか。串田（串田・好井, 2010）は超能力の比喩を使って、実際の会話例に会話分析を施すことで、この解釈モデルを皮肉っている。串田の例を紹介すると、

((ダイゴのアパートにて))
01 ダイゴ：ユキエちゃんアメフト好き：：？（(新聞を見ながら)）
02 （1.5）

※会話分析のトランスクリプト記号について、コロン：は、音声の引き延ばしを示す。コロンの数は音の引き延ばしの長さに対応する。(1.5)のカッコは沈黙を示し、カッコ内の数字は沈黙の秒数を示す。01, 02 は発話者に対応する。

　この会話ではダイゴが01で発話した後で、1.5秒の沈黙がある。この沈黙は誰の沈黙として聞こえるだろうか。公的な観察可能性に訴えれば、この沈黙はダイゴの沈黙とは見えない。むしろ、02のユキエが黙っていると端的にわかる。しかもただ黙っているだけでなく、ダイゴの問いかけに応答していないのである。私たちはなぜこのようなことを一瞬にして理解できるのだろうか。通俗的な2段階過程説にしたがえば、私たちは何らかの方法を使って、この2人の心の中をのぞくことができたということになる。それは串田が言う「超能力」なのかもしれない。ところが実際に私たちに起こっていることは、2人の心の中をのぞき込まなくても、この会話の断片を一瞥しさえすれば、ユキエがダイゴの問いに答えていないことがすぐにわかる。これが公的な観察可能性である。つまり具体的な会話場面という言語の実際の使い方を見れば、端的にその場面を理解できるのである。もしこれが正しいとしたら、2段階過程説が前提としていた、行動や言葉が内面（心）を伝えるという考え方も間違っているのだろうか。そのとおりである。この点は心理学専攻の読者には特に受け入れがたい可能性があるので、クルターとウィトゲ

ンシュタインの考え方を紹介しながら、もう少し詳しく論じることにしよう。

　たとえば意図という概念を取り上げてみよう。2段階過程説に立てば、私たちは人の発話の意味を理解するために「意図された意味」をそのつど知る必要があると考えるかもしれない。ところがこの仮説にしたがえば、普通のコミュニケーションが非常にややこしい複雑な過程になってしまうのである。クルターは言う。

> そのばあい、相手のことばや言語行為の意味をまずもっとも基本的なところでつかんでおくために、そして相手の側でもこちらの言っていることの意味を確実にとらえられるようにするために、コミュニケーションにおける意図を、逐一［相手に］帰属したり［みずから］表明したりしていかなければならなくなる。(Coulter, 1979/1998, 訳書 p.88)。

しかも、

> そのとき、コミュニケーションにおける意図はことばのなかに表現されなければならないわけだけれども、その当のことばは、どうやって理解できるのか。そのことばの意図を確定することがさらに必要となり、そのためには、……と以下同様につづき、けっきょく、意図の確定は不可能にならないか。(ibid.)

と問う。この困難を要約して言えば、最低限2人の人間がお互いに相手の指示するものを理解しようとしたら、ある種の「相互知識」を前提にせざるをえなくなる。ところがそのこと自体が、その前提となる「相互知識」を必要とすることになり、それはいわば無限の相互知識を必要とするパラドックスを引き起こしてしまうのである。

　したがって、外に現れた表現と内面の心といった2段階過程説はとうてい支持することができない仮説となる。むしろ私たちはこうした解釈モデルに依存していないし、依存せずとも、実際のコンテクストにおいて生起する行動や表現の意味をたちどころに理解するのである。つまり行動や表現は端的に何らかの社会的行為を構成しているのであり、その背後に内面や心を想定

する必要はまったくないということである。

　この点はウィトゲンシュタインの「言語ゲーム」という概念にも通じる。彼の有名な「石板」と「石板！」の区別を引き合いに出すなら、2段階過程説に立った「石板」ということばの使い方は、外的世界にある石板を名指している陳述文であるということになる。くどいようだが、この際にあることば（石板）が対象を名ざしているというとき、普通はそのことばが何らかの石板のイメージを心に呼び起こすと考えられている。そして陳述文において、このことばが呼び覚ます心のイメージと外界の対象とが結びつけられる。よって陳述文とは対象の記述となる。ところが「石板！」を考えてみよう。もちろん具体的なコンテクストを見なければわからないが、少なくともこれは石板という外的対象を記述しているのではなく、そこの石板を持ってこい等々の命令文として聞こえる。つまりことばの使い方を陳述だけに限定することはできないのである。

　こうして彼は、挨拶する、劇を演ずる、冗談を言い、噂をする等々のさまざまな言語のはたらきを列挙し、それを言語ゲームと呼ぶ。そして、

　　「言語ゲーム」ということばは、ここでは、言語を話すということが、ひとつの活動ないし生活様式［生活形式］の一部であることをはっきりさせるのでなくてはならない。言語ゲームの多様性を次のような諸例、その他に即して思い描いてみよ。(Wittgenstein, 1953/1976, 23節)

と言う。すなわち、言語ゲームは単なる行動や表現でも、ましてや陳述でもなく、むしろ生活形式を構成している。

　西阪はこのことをサックスの考察に結びつけて考察する。それはある10代の少年たちから成るグループセラピーに新しい少年が途中で入ってきたとき、すでにそこにいた少年たちの1人が「いま自動車について議論していたんだ」と言う例である。自動車についての話題は10代の少年たちにとって恰好の話題であることを考えれば、この少年の発言は「たんに事実を記述しているのではなく、その新人の少年にたいして議論の仲間に加わるよう『誘いかける』という行為を行っている」（西阪, 1997, pp.27-28）のである。そして途中で入ってきた少年にも、自分が誘いかけられているということがわか

2節　相互行為分析と談話分析　209

る。

　ここにはたらいている公的な理解とは何だろうか。それはウィトゲンシュタインが「考えるな、見よ」と言うように、自然言語に習熟している者（＝メンバー）であれば、誰でもそこで実践されている言語ゲーム（つまり自分たちの話の輪に新入りを誘うこと）を理解し、そこで起こっていることを適切に推論できるという理解である。

　長らくお待たせしたが、ここで串田の会話例を会話分析の概念道具を使って分析しよう。ダイゴの問いかけにユキエが答えないために沈黙が生じていると理解できるのは、会話分析が隣接対（隣接ペア, adjacency pair）と名づけた規範的期待を伴った知識をはたらかせるからである。つまりここでは、質問をしたら応答が返ってくるべきであるという規範的期待がはたらいている。隣接対は第一対成分（例：質問）と第二対成分（例：応答）から成り、それぞれ隣り合った位置で生じ、それぞれの成分を別々の話し手が発し、第一対成分は第二対成分よりも先に生じ、第一対成分はそれに対応する種類の第二対成分を要求する（串田・好井, 2010, p.21）。つまり質問は応答の先に来ることはなく、質問に対して挨拶などの第二対成分が来ることは規範的に期待されないということである。したがって、第一対成分を発する話し手はこの規範的期待を用いて、相手に同じ種類の第二対成分を言わせることができる。しかしこの会話例のように期待した第二対成分が発せられず、そこが沈黙となったときは、質問に対応すべき応答が来ないこと、つまりその場所が不在であることが端的に理解可能になる。したがって、ダイゴの問いかけにユキエが応答していないと理解できる。

　この会話分析の結果は、たまたまユキエが答えなかったというように、具体的な会話を見なければわからない。その意味で会話分析は経験的な研究であるが、質問に対して応答が来るという期待だけを取り上げると、それは経験的に発見できる規則ではない。むしろそれは経験的探求に先立って、質問–応答という概念にアプリオリに期待されている規範である。

　その意味で会話分析は、アプリオリな規範を分析する概念分析（Winch, 1958/1977; 西阪, 2008, pp.43-44）となる。つまり概念は「公的な場で、他者に対してあるいは他者とともに行為・活動を組織するために参照されるものである。つまりそれは、本質的に相互行為を組織するための道具立てにほかな

らない」(西阪, 2001, p.20)。たとえばある相互行為が授業であるのは、その参与者たち自身が自分たちの活動を「授業」の概念に結びつけ、あるいは自分たち自身を「授業」と結びついた「教員」や「学生」として捉えているからである(西阪, 同頁; 前田ほか, 2007, p.105)。したがって概念の文法とは、相互行為の実際の展開を具体的に組織していくための手続きでもある。こうして概念分析と相互行為分析とは分かちがたく結びつくのである。

　会話分析が明らかにしたのは、会話的相互行為の組織化に関わる、隣接対のようないろいろな種類の連結手続き(tying procedures)である。それは自然言語に習熟した観察者＝研究者だけでなく、何よりも会話に参加している人々自身にとって相互に理解を表示し、確認するための手続きなのである。それによって「サックスおよびかれの共同研究者たちは、日常の会話における理解を心理的な作用と(誤)解したりしない。かれらにとって、理解は、達成された成果であり、しかも社会的に産出され管理されるものである。言語が実際にもちいられるとき、そこには、そのつど一定の構造が識別できる。それゆえに、この構造をとおして、会話当事者たちはどのような理解をそのつどもっているかが、(相互行為のなかに、互いにたいして)表示されるのだ。成員たちは、このような構造に志向しているからこそ、そのつどの状況に応じて、理解および誤解の双方を相手にみとめ、相手に帰属することができる」(Coulter, 1979, pp.57-58/1998, p.115)。

(2) 談話分析と「方法の知識」

　会話分析の基本的立場を紹介したので、ここで相互行為分析／会話分析と談話分析の異同を明らかにしよう。確かに談話分析の中に会話分析も含める立場もあるが、彼らと明確に一線を画するシェグロフ(Schegloff, 1997)を尊重して、ここでは両者を異なる研究分野とする。また、英語では同じDiscourse Analysis と表記しても、言語学において発展してきたものと社会心理学のそれとは明確に違う。また同じ英語表記でも、日本では言説分析と訳されるフーコーのそれも、同じ英語表現で歴史社会学の文脈において流通している。言語学においては、社会学や文化人類学との交流を通して談話分析が誕生した。それは人工的文章ではなく、むしろ実際に話された談話を、それが語られたコンテクスト(文脈)において研究するという画期的な方向

転換である（メイナード, 1997; 橋内, 1999）。言語学とエスノメソドロジーの交流については、すでに別なところで触れたことがあるので（山田, 1998）、ここではポッターとウェザレル（Potter & Wetherell, 1987）を始まりとする社会心理学における談話分析に絞って論じることにする。そしてこの流れが、ギルバートとマルケイのディスコース分析（Gilbert & Mulkay, 1984/1990）を研究モデルとして発展してきたため、ここでは鈴木（2007）に習って、社会心理学のディスコース分析を狭義の談話分析と呼ぶことにしよう。

　鈴木（2007）はウーフィット（Wooffitt, 2005）によりながら談話分析の研究分野と特徴を簡潔に紹介している。この学派の礎石となったギルバートとマルケイの科学社会学研究は、実際に話された談話だけでなく、書かれたテクストも談話に含めた点、談話それ自体を研究のトピックとした点、そして科学者の説明方法を解釈レパートリーとして分析した点において、それ以降の談話研究のモデルになった。そしてポッターとウェザレル（Potter & Wetherell, 1987）は、ギルバートらの研究を継承する一方で、従来の社会心理学を認知主義と批判して退け、言語論的転換以降の社会構築主義的な言語観（上野, 2001）に立って新しい心理学を構想した。特に興味深いことに、エドワーズら（Edwards & Potter, 1992）のディスコース心理学（discursive psychology）は、まさにクルターの概念分析（論理文法分析）に大きな影響を受け、心理学の諸カテゴリーを実際の相互行為の中に跡づけようとする（鈴木, 2007, pp.2-4; Wooffitt, 2005, Ch.6）。

　鈴木（2007）はまた、日本における浜田寿美男の供述分析（浜田, 2002）だけでなく、シルバーマンたちのエイズ・カウンセリング（Silverman, 1997）の研究成果やロジャーズ派のカウンセリングの談話分析をディスコース分析に含めるなど、狭義の談話分析におさまらない広範囲な紹介を行っている。そこで、鈴木も詳しく紹介している会話分析とディスコース分析のあいだで闘われた論争を別な角度から取り上げることで、談話分析と会話分析の違いを明確にしたい。

　この論争はシェグロフ（Schegloff, 1997）が批判的談話分析を、会話に参加している当事者とは無関係な研究者の視点を外部から押しつけていると批判したことから始まる。つまり、すでに見たように、相互行為における会話の意味は、会話当事者にとって端的に理解され、互いに表示され、志向される

ものである以上、会話の意味の分析は会話当事者の志向(オリエンテーション)に即し、そこから例証できるものでなければならないはずである。ところが、批判的談話分析は研究者自身の理論的・政治的関心を会話に押しつけることによって、この会話当事者の志向を体系的に覆い隠してしまうのである。シェグロフは、批判的談話分析は不必要に大げさな政治的関心を抱く前に、会話当事者の志向を経験的に明らかにすべきだと忠告した。

この忠告に対して、ウェザレル(Wetherell, 1998)とビリッグ(Billig, 1999)が応酬したところから論争が発展する。ここではウェザレルの反批判について特に注目したい。彼女はシェグロフの要求する、当事者の志向に適合した分析とは、会話分析家が会話的相互行為の、ある特定の時点において、当事者にとって意味のある(レリヴァント)と認めた志向だけに限定されているので、それは彼女には受け入れがたいほど狭隘すぎるというのである(Wetherell, 1998, p.403)。なぜなら「当事者の志向に表示される議論の筋道をさらに追求したり、メンバー自身の解釈方法の内容をさらに深く問うべき」(Wetherell, 1998, p.404)だからだ。

実はこのような論争は過去にもある。それは会話における男女の割り込みを権力の表現としたフェミニストの分析に対するシェグロフの批判である。山田(好井・西阪・山田, 1999)で詳細を紹介しているが、そこで出された論点はこの論争とほぼ同じである。つまり、① ジェンダーという属性への志向が会話当事者自身のものなのかどうか明らかにされず、② 会話当事者の男あるいは女というアイデンティティが、特定の会話メカニズムと結びついたものとして分析されていないのである。彼の批判の根底には検証基準(proof criterion)がある。シェグロフは、分析家の記述の妥当性は、分析が明らかにした会話現象に会話当事者自身が実際に志向しているかどうかを調べることで検証されるとした。

さて、目敏い読者であればすでに気づいたと思われるが、シェグロフの言う当事者の志向(participants' orientations)とウェザレルの言う志向とには、大きな隔たりがある。つまりそれは方法についての知識と内容についての知識との隔たりである。西阪(2001, pp.9-10)は「方法の知識」を論ずるなかで両者の区別を的確に論じている。たとえば質問−応答といった隣接対のはたらきについて述べよと言われても、私たちは意識的に答えることはできな

いだろう。つまりそれは命題や内容の形式で「心の中」に持っている知識ではないからだ。ところが、実際に隣接対がはたらく場面に出会えば、前に紹介した例のように第二対成分の不在に適切に気づくことができる。つまりそれは命題的な知識ではなく、使っているときには端的に見えない（ガーフィンケルの seen-but-unnoticed）実践的能力である。西阪はこれを眼鏡に喩えて「使用中の道具の知識と似ている」（西阪, 2001, p.10）としている。つまり、ウェザレルの言う深い分析とは、当事者の議論の筋道や解釈内容という「内容の知識」に関わる分析であり、相互行為分析／会話分析は「方法の知識＝エスノメソッド」の解明を目ざす。会話分析と談話分析の違いはまさにここに存する[1]。

2-2 道具的知識としての方法の知識

相互行為分析／会話分析がエスノメソッドとしての「方法の知識」を明らかにする卓越した分析であることを強調してきたが、ウェザレルの不満はそれによって解決できるのだろうか。いやむしろ答えの水準をずらされたもどかしさを覚えるに違いない。それではエスノメソドロジーは、なぜ「内容の知識」を探求しないのだろうか。

---

[1] ウェザレルと同じ間違いはディスコース分析を包括的に紹介している鈴木（2007）にも見られる。彼は山田（山田・好井, 1991）の主張訓練（assertive training）の例を取り上げ、デートレイプを拒否する訓練マニュアルの直接「ノー（No）＝いいえ」と言えというアドバイスに当事者が従うことは難しいという。むしろ、隣接対の第二成分の優先性（preference; 前田ほか, 2007, pp.6-4）に配慮して、多くの女性が遠回しに断ることを例証した研究（Kitzinger & Firth, 1999）を挙げる。そして「好まれない応答の仕方は教えられなくても誰もが知っている」（鈴木, 2007, p.83）と指摘する。確かに男性こそ女性差別を変える主体であるという鈴木の結論には同意するが、ここで言われている優先性についての知識は「方法の知識」であり、見えているが気づかない実践的な能力である。したがって、鈴木の言う「知っている」というのは意識の内容として知っているわけではない。
　私が1970年代後半、アメリカ留学中に入手した主張訓練のパンフレットには、「ノー」を言うことが難しく、相手に頼まれればすぐに「イエス」と言ってしまう女性の悩みに対して、直截に「ノー」と言うのではなく、間接的で緩和された断りの表現にしなさいという助言が載っていた。これは会話分析の優先性の知見とたまたま適合する興味深い助言だが、もし当事者に優先性の知識が「内容の知識」としてすでに備わっていたとしたら、「ノー」とうまく言えない悩みも生まれてこないだろう。

この問いを解く鍵は、西阪が方法の知識を使用中の道具の知識と似ているとしたところにある。使用中の道具が透明性をおび、使っているときにはテーマ的に意識されないことを最初に体系的に明らかにしたのはハイデガー（Heidegger, 1927/1963）である（山田, 2011b）。そして相互行為分析／会話分析にきわめて近いハイデガー解釈として、サッチマン（Suchman, 1987/1999）にも影響を与えたドレイファス（Dreyfus, 1991/2000）がいる。

　ドレイファスは『存在と時間』第1部の道具的存在性の議論を軸にハイデガー哲学を「技能の現象学」として再構成した。すなわち、私たちの日常生活を占める習慣的な行為や道具使用は、意識された心的表象を伴わない没入的な志向性であり、技能的な「いかになすかの知（know-how）」である。ハイデガーはこれを存在者（もの）との配慮的交渉と呼ぶ。ところが私たちの「解釈傾向」（＝2段階過程説）によって、この配慮現象は隠蔽されてしまう（H.s.68, 1963, pp.159-60）[2]。彼はガーフィンケルやウィトゲンシュタインと呼応するように、配慮において出会う道具的存在性（Zuhandenheit）にアクセスするために、理論的解釈を徹底的に排除する必要があると主張する。その結果、目立たず「存在論的透明性」をおびた道具が出現する。この透明性を支えているのは道具の背後にある全体的な文脈であり、この規範的な文脈に適切にはめ込まれることによって、道具は道具としての意味を持つ。その際に「（前略）背景となっている状況全体・世界もまた、目立たない仕方で理解されていなければならない」（門脇, 2010, p.84）のである。ドレイファスはここにウィトゲンシュタインとの共通性を読み取る。すなわち、あらゆる事柄の理解可能性は、規範的で全体的な背景的文脈としての生活形式の一致に求められるのであり、それ以上の哲学的基礎づけは不必要なのである。

　門脇によれば「ハイデガーは当初、現存在の前理論的な日常的な存在了解を、そこで現存在の存在論的構造を取り出すことができる、中立的で無差別的な理論的な基盤だと考えていた」（門脇, 2008, pp.106-7）という。つまり道具的存在性をそのまま論理的に敷衍すれば、現存在（Dasein, つまり人間）の存在論的構造を明らかにできると考えていたようだ。ところが『存在と時間』

---

[2] ハイデガー研究の慣用にしたがって、『存在と時間』からの引用は Heidegger, 1927 からドイツ語原本のページ数で示す。

を論述していく過程で「この日常性が同時に、自らを世界のうちに喪失している現存在の非本来的な様態である」(門脇, 2008, p.107) ことがわかってきたという。それは技能的な知としてはたらく道具的存在者への配慮とは異なる、他の現存在（人間）に対する気づかい、つまり共同存在における他者把握のことである。

　ハイデガーが描く日常的な他者把握は非常にネガティヴなものである。それは平均化され匿名化された世人（das Man）の支配の状態であり、そこで現存在は平均性、均等性、存在免責、迎合といった類型化された「世人というありさまで存在している」(H.s.129) だけなのである。ここから相互行為分析／会話分析に対して重大な問題が提起される。

　すなわち、意識された心的表象を伴わない「方法の知識」の解明が妥当性を持つのは、道具的存在性における世界了解に限定されるという問題である。つまり「通常の行為の仕方によって端的に可能になる理解可能性」(Dreyfus, 2000, p.24) は匿名化された類型的理解としてだけはたらくために、私たちの他者理解は誰でも理解できる一般的な理解にとどまり、彼らを「ただわずかに頭数として取り扱う」(H.s.125, 1963, p.274) だけなのである。つまり道具的存在性における端的な理解可能性は、共同存在における他者理解にとっては逆に大きな障壁になる。

　ウェザレルの不満はこの文脈で理解できるようになる。すなわち彼女が解明しようとした現象とは、端的に理解可能な「方法の知識」ではなく、何らかのトラブルに直面して技能の透明性が攪乱され、匿名的で類型化された「世人の支配」が意識的にテーマ化される「内容の知識」なのである。ここに両者のズレが生じる。

　くどいようだが、ここで再度確認すれば、相互行為分析／会話分析のターゲットは、繰り返し産出可能で、典型的な行為の認識可能性である。先にあげた車の会話に誘う行為について、西阪 (2008) は次のように述べる。

> 認識可能な行為のこの認識可能性は、この行為を産出するための手続きによって与えられている。特定の手続きに従ってそれが産出されているからこそ、それは特定の行為（誘い）として認識（再認）可能である。というのも、認識可能である以上、それは繰り返し産出可能でなければならず

（原理的に一回しか行われない行為は認識［再認］不可能だ）、同じもの（再認可能なもの）が繰り返し産出されるためには、そのための特定の手続きが用意されていなければならないからだ。実際、手続きも何もなく何かが産出されても、でたらめなものがでたらめに産出されただけにすぎない。（p.15）

　ところがウェザレルが問題にするのは、西阪の言う再認可能な類型的行為の理解ではない。むしろ匿名化された類型的理解にトラブルを持ち込み、類型性が攪乱された後に、類型性を背景として現出する、当該現象に固有の理解なのである。それは類型的な再認可能性を破綻させることによって生まれる一回性の理解と言い換えてもいいだろう。ハイデガーが主張するように、道具的存在性と現存在（Dasein、人間）の共同存在性のあいだには、深淵が開いている。「世界」を発見し、現存在を開示するには、「現存在が自分を自分自身から閉め切るために用いていたさまざまな蔽塞や不明化の一掃として、さまざまな歪曲の打破という形でおこなわれ」（H.s.129, 1963, p.282）なければならないのである。

　ガーフィンケルは道具の透明性を攪乱し明るみに出すトラブルを「ハイデガー的トラブルメーカー」（Garfinkel, 2002; 山田, 2011b）と呼んだ。しかしそれは道具の透明性を破壊するだけでなく、端的な理解可能性を通して再現される「世人の支配」をも打ち破る契機を構成すると考えられる。この点で、グード（Goode, 1994）の障害のフィールドワークは大きな示唆を与える。それはさまざまな方法を使って健常者の平均化され匿名化された「世人の支配」を打ち破る、試行錯誤の軌跡として読み直すことができるからだ。そこで示されたトラブルの解決プロセスは、まさに共同存在における他者理解の試みである。

2-3　フィールド研究としてのエスノメソドロジー

　ガーフィンケルが「ハイデガー的トラブルメーカー」として挙げる一例が、障害を持つ経験である（Garfinkel, 2002, p.125）。そして、グードが研究したのはまさに、風疹症候群に起因する先天性ろう盲と知的障害のある2人の女の

子、クリスティーナ（クリス）とビアンカの障害の経験であった。ここではクリスについて研究を開始した当初にグードが行った自己点検を取り上げて、グードが彼女の障害を理解しようと試みる過程で、彼がいかにして「世人の支配」から脱却していったのかを明らかにしよう（Goode, 1994, Ch.2; 山田, 2012）。

　クリスは複合的な障害を抱えており、それがどれほど重度なのかを医学的に測定することは不可能に近く、医師などの専門的スタッフはクリスの障害がほとんど改善の見込みがないばかりでなく、彼女は自分の考えさえも持っていないと決めつけていた。実際、医療スタッフと、日々彼女と接するケアスタッフとのあいだの認識には大きな開きがあった。つまり、医学的処置がほとんど何もできないために、医療スタッフは無力感に打ちひしがれ、彼らの日常業務には重い絶望感が支配していた。ところが彼らは決定権だけは持っていたので、クリスの日常をまったく観察したことがないにもかかわらず、現場から遊離したリハビリテーションプログラムを組み立て、それを彼女に強制的に課していた。グードはそれを機能回復訓練というより「動物の調教」（Goode, 1994, pp.14-15）に近いものとさえ捉えている。ところが長期間日常的なケアに携わっているケアスタッフは、専門的知識はないものの、日常的な関わりから、検査時だけ接する医療スタッフとは違って、クリスたちが普段発揮するさまざまな能力を認めることができたのである。

　こうした施設調査の結果、グードはクリスに対するスタッフの更正的な処遇によって、彼女自身が持っている本来の能力が隠蔽されているのではないかと見当をつけた。ところが、彼女の世界を理解しようとすると、そのことに対する最大の障壁は自分自身だということがわかってきたという。つまりグード自身も健常者であり大人である世人の匿名的で類型的な理解に支配されており、クリスとの相互行為を通して自然にわき上がってくる感情や思考もまた、そこから発するものだった。つまり施設で観察されたクリスの行動は、グードにとってはとても想像できないものであったり、そのままでは「普通ではない」、つまり「異常」な行動に見えてしまったりした。

　そこで、彼は自分自身を点検すること（self-examination）を最初の大きな課題とする。つまりクリスとの日常的関わりを検討する作業は、桜井（2002）の「自己を調査の道具とする」のとまったく同じように、世人に支配された、

調査者である自己を自己言及的に検討する作業になる。こうしてグードは（ア）日常生活において、ろう盲であることを真似てみる、（イ）夢分析の本格的な訓練を受ける、（ウ）クリスについての自分自身の記述を批判的に考察する、という3つの作業を行った。

具体的には（ア）ろう盲であることを耳栓と目隠しを使って再現してみたが、これまでの見えて聞こえる経験の蓄積があるために、生まれた時からろう盲である経験を疑似体験しようとしても、それが不可能であることがわかったという。しかしこの疑似的な障害体験（ハンディキャッピング）がまったく役に立たなかったわけではなく、自宅での実験では、いつもの簡単なことが達成できずにいらいらしたり、自分のまわりの家具や家人などにぶつかることで、周囲の物体や自分自身の潜在的な危険性に気づいたりすることになったという。

そして（イ）夢分析はハイデガーの「世人の支配」を考えるうえできわめて示唆的である。つまり、彼が繰り返し見た夢のひとつに「月にクリスをぽーん」と名づけた夢がある。それはまず暗い空に浮かぶ小さな遠くの光点が、標的の中のクリスの顔の白黒の絵として見えてくる。その顔が次第に信じられないくらいの大きさになり、背後の音楽が耐えられないほどに大きくなると、グードは不安と怒りで耐えられなくなり、その顔を手のひらで打つ。するとクリスの顔は暗い空に戻って行き、音楽は静まり、普通はそこで目覚めるというものである。グードはこの夢を次のように分析した。

> 私はしばらくして、これらの夢がクリスに対する私の感情的自己の2つの別々の反応を表していることを理解するようになった。私の一部（共感と思いやり）は、クリスを救い、彼女を私自身と同じようにしたいと望んでいた。別の一部（恐れ、憎しみ、そしておそらく同情）は文字通り彼女を地上から放逐したいと望んでいた。（Goode, 1994, p.27）

そして（ウ）の「記述の批判的考察」とは、フィールドノーツの中でクリスの行動を記述するときに「逸脱した」あるいは「異常」等々のマイナスの評価で記述することを避けられないという問題である。その理由は、グードが健常者として社会化されてきた以上、健常者の知覚を暗黙の裡に正常とす

る見方に呪縛されてしまうからである。

　ここでグードがクリスを理解しようとしたときに立ちはだかったものとは、匿名的で類型的な世人に支配された調査者である自分である。グードは以上の自己点検を遂行することによって、一つひとつ「世人の支配」を克服しようとしたと解釈できる。すなわち、人工的な疑似障害体験は健常者としての日常的身体感覚を相対化することに貢献し、夢分析はクリスを救いたい、あるいは逆に放逐したいという健常者である自分に自然に生起する強い感情を分析の俎上に載せることになり、そして健常者の無意識的で自動的な評価的見方は意識化される必要があった。つまり、グードが自己点検として実践したことは、調査者である自己を「世人の支配」から少しでも解放することである。

　こうして施設という制度的文脈においては「能力がない」あるいは「欠陥がある」とされてきたクリスは、グードとの相互行為においては、人間としての能力の点でグードとほとんど変わらない、つまり同じであるということが結論づけられた。たとえばグードの人差し指を自分のまぶたに規則的に落とさせるといったクリスの単純な身体運動も、施設の日常の中では単なる「遊び」として片づけられた可能性があるが、このフィールドワークの経験を通して、他者とのコミュニケーションという社会的意味を持っていることがわかったのである。

2-4　まとめ

　私はここで相互行為分析／談話分析を「内容の知識」ではなく、道具的透明性をおびた「方法の知識」を解明する研究であると位置づけた。それによって、相互行為分析や会話分析に多く寄せられる批判や誤解を退けた。確かに相互行為分析／会話分析の論証の緻密さと明晰さは群を抜いており、多くの追随者を生んだもっとも生産的な研究分野であることは疑いようがない。しかしながら、批判的談話分析の疑問を追求していけば、「方法の知識」ではなく「内容の知識」それ自体の研究が大きな課題として浮上してくる。そして、この問題を解く鍵は、ハイデガーの道具的存在性の議論にあった。すなわち、「方法の知識」をそのまま他者理解に用いると、それが逆に理解の

障壁となり、匿名的で類型的な「世人の支配」下に入ってしまうのである。
　グードが明らかにしたように、調査者自身も自己の知覚や感情を世人に強く呪縛されており、調査者が他者を理解しようとすれば、世人に支配された自己を自己言及的に点検し、そこから自己をひとつずつ解き放つ必要がある。ここからフィールドワークの経験に固有の知の様態が明らかになる。それはローカルな文脈（コンテクスト）に調査者の身体を置くことで、他者である対象者を巻き込んで展開し、変化していく間主観的な知と呼ぶのが適切だろう。
　このことは薬害 HIV 感染被害調査において、私たちがメディアも含めた世人的な類型化をフィールドワークの経験を通して乗り越えていくプロセスと共通している（山田, 2011a）。その意味で、フィールドワークの経験とは「世人の支配」との絶え間ない闘いとも言うことができよう。この観点から初期のエスノメソドロジストが好んで取り上げた社会問題のフィールドワーク（Sudnow, 1967/1992; Wieder, 1978/1987）や、フィールド研究の蓄積から生まれたエマーソンたちのエスノグラフィー論（Emerson et al., 1995/1998）を振り返ると、彼らの仕事は「世人の支配」を脱却する自己言及的なエスノグラフィーとして読むことができる。グブリアムたちのアクティヴ・インタビュー論（Holstein & Gubrium, 1995/2004）もここに含めて考えれば、それはライフストーリーの社会学までも射程に含むことが了解されるだろう。ここに、相互行為分析／談話分析も包み込んだエスノメソドロジー的フィールドワークの可能性が開かれる。

【参考書】

ガーフィンケル, H. ほか／山田富秋・好井裕明・山崎敬一（編訳）（1987）.『エスノメソドロジー —— 社会学的思考の解体』せりか書房.
　　もうすでに古典と言ってよいが、ガーフィンケルのアグネス論文を始め、ウィーダーのコードの分析やサックスの講義の一部など、エスノメソドロジーを知るために必須で基本的な論文が集められている。

サックス, H.・シェグロフ, E. A.・ジェファソン, G.／西阪仰（訳）（2010）.『会話分析基本論集 —— 順番交替と修復の組織』世界思想社.
　　会話分析を理解するための必読文献である。ひとつは会話当事者による会話の

順番交替の管理メカニズムを明らかにした、アメリカ言語学会誌に掲載された論文であり、もうひとつは修復の精密な組織化を解明した。

3 節
フィールドにおける発達的研究
麻生　武

　この節では、まず発達的研究における量的な研究方法と質的な研究方法が相補的な関係にあることを論じる。事象の記述的な計測、また単位時間あたりの事象の計測数を捉えることが好ましいにもかかわらず、なぜ質的な研究法が必要なのか、それを研究における4つの歴史的な時間軸を指摘することによって示す。4つの時間軸とは、第一は「自然史」の時間であり、第二は「人類史」の時間である。この2つはダーウィンやピアジェによっても尊重されてきた。だが第三の「社会・文化の歴史」の時間は、ヴィゴツキーなどでは深く考慮されたものの、発達心理学では長く無視されてきた。それへの反省はなされつつある。しかし、第四の「個体史」の時間に関しては、まだ十分に対象化され展開しているとは言えない。本節では、個別的「個体史」的な生成の現場を捉えることと、個別を越えた「普遍」を捉えることとを、学問として統合していくことが未だなされていない発達研究の重要な課題であることを指摘する。

3-1　質的な研究法と量的な研究法との関係

（1）発達的研究と量的な研究法との親和性

　自然史として子どもを観察したのは、おそらくチャールズ・ダーウィン（C. Darwin: 1809-1882）が最初である。彼は、自分の子どもが生まれる前から認識の起源を探る手段として赤ん坊に関心を寄せ、1840年に息子が誕生してからは、科学的フィールドノートを取るのと同じ精神で観察を行っている（Wallance, Franklin, & Keegan, 1994）。ダーウィンは37年後の1877年になってようやくその記録の一部を『マインド』誌に発表している。ヒトの由来を明らかにするために子どもを観察するという視点が生まれたのは、ダーウィンのおかげなのだ。発達心理学はその精神を直接引き継ぐことで誕生したのである（麻生, 2007）。その意味で、発達心理学の中には、生物の進化を巨視

的な時間軸で捉えるダーウィン的な視点が常に含まれているといっても過言ではないように思われる。その証拠に、ボールドウィン（M. Baldwin: 1861-1934）、ワロン（H. Wallon: 1872-1969）、ウェルナー（H. Werner: 1890-1964）、ヴィゴツキー（L. S. Vygotsky: 1896-1934）、ピアジェ（J. Piaget: 1896-1980）といった発達心理学の古典的巨匠たちの仕事には、必ず進化論的な視点が含まれている。

　ダーウィンがその進化論的な視点を見出したのは、地質学の研究からであったことはその主著『種の起源』（Darwin, 1859）にも書かれている。地層には、その地層ができた地殻変動の歴史が刻み込まれているのである。それと同様に、生物の姿形やその生態にも、自然からの圧力に対して生き延びるために常に緊張関係を強いられてきたその種の歴史が刻み込まれていると発想したところにダーウィンの偉大さがある（麻生, 1996）。つまり、発達的な時間の捉え方の基には、生物学的な進化の時間の捉え方があり、その進化的な時間の捉え方の基には、地質学的な時間の捉え方があると言えるだろう。

　ダーウィンは生物学と地質学とをつなぐような研究も行ってる。そのひとつが、ミミズと土壌に関する研究である。ダーウィンは、ミミズが石をその強靱な砂のうの中で酸によって磨りつぶし糞として排泄することで、地表がミミズの体内を通過して産み出される肥沃土（ミミズの糞塊）によって覆われていくことを根気のいる長期的な研究で明らかにしている（Darwin, 1881）。そこでは小さなミミズのきわめて小さな行為が、長い年月のあいだ積み重なっていくことで、環境を大きく変化させていくことが力強く主張されている。

　発達的変化にしろ、生物学的な変化にしろ、地質学的な変化にしろ、それらの変化を記述し捉えていくには、当然のことながら量的な記述はなくてはならないものである。少し考えればわかるように、地質学的変化を質的にのみ記述することなどあり得ないことである。地面が1年間に何センチ隆起した、また下降した、地層を形成する成分が何パーセントどのように変化したといった量的な記述のない地質学の論文は想像しがたいと言えるだろう。進化に関わる生物学的な変化を記述するのにも量的な記述は不可欠である。ダーウィン的な視野から進化を捉えるには、それぞれの個体や種の違いによるよる微妙な差異の測定はきわめて重要である。嘴の長さがどれくらいなのか、妊娠期間や出産の期間がどれぐらいなのか、測定できることはすべて測定しなければ、生物の進化を捉えることはできない。

発達的研究でもそれは同様である。発達的な変化を捉えるためには、測定することが不可欠である。たとえば、乳児の微笑 (smile) の発達を研究するには、乳児がいつどのような状態のときにどのような刺激に対してどの程度の頻度で微笑したのか、それを継続して記録していくことがまずしなければならないことだろう。高齢になった認知症の老人の微笑を研究するにも、おそらく同様の忍耐強い継続的な観察が必要なことは言うまでもない。微笑というものはカウントできる現象である。それが、どのような変数（たとえば、老人の年齢、認知症の程度、日々の社会的な交渉の頻度、ケアのされ方などといった変数）とどのようにリンクしているのか、それらの変数同士の関数関係が、時の経過とともにどのように変化していくのか、それを捉えることではじめて、人生の終末期における微笑の発達研究が可能になるのである（残念なことには、この種の研究はまだ行われていない）。

進化の断続平行説で著名なグールド (S. J. Gould) によれば、ダーウィンはその最後の著作『ミミズと土』(Darwin, 1881/1994) において、歴史を復元しようとする（進化論のような）科学のために有効な推論の原理を確立した。小さな変異や変化を、ていねいに観察しそれを測定し続けることによって、大きな歴史的な時間の中で何が生じたのかという科学的な推論が可能になるのである。ダーウィンは死ぬ1年前に『ミミズと土』という形で、彼が抽象した歴史学的方法を具体的に例証することで、科学者としての人生を総括したのである。グールドは「ちっぽけな自然への愛と、進化や歴史科学の原理の確立を目ざしたいという野望」を持ったダーウィンにふさわしい最後の書物であると絶賛している。発達的研究はそのようなダーウィンの思想と方法から生まれてきた研究分野である。よって、それが量的な研究方法ときわめて親和的であることは、当然のことである。

(2) 発達的研究がなぜ質的な研究法と親和的なのか

発達的な研究法の基礎は観察にある。実験的な研究にしろ、実験の結果を観察することができなければ意味をなさない。発達的な事象（現象）の観察において、量的な計測が必要になる状況は、2つに分けることができる。1つは、事象それ自体の記述的な計測である。もう1つはその事象の単位時間あたりの生起頻度の計測である。

たとえば、乳児が母親のスマイルに応答的にスマイルしたという事象を考えるとしよう。その事象が生起した日時時刻、乳児の月齢、母親と乳児との距離、乳児の応答の反応時間など、それらの測定は記述的な測定である。この母親のスマイルに対する応答的スマイルが、たった1回しか観察されなかったとすれば、いくら現象の記述的な計測を行ってもそれを量的な研究法で処理して、有意義な結論を導き出すことができないだろう。

事象の記述的な測定が意味を持つためには、同じカテゴリーに属すると研究者が認定する事象が反復して生じる必要がある。つまり、事象の単位時間あたりの生起頻度が計測できるような状況ではじめて、事象の記述的な測定値が、生起回数あるいは時間軸上の関数値として、量的に研究可能になると言えるだろう。言い換えれば、逆に、観察事象それ自体が新奇性を持ち次々と連続的に生成変化してくような状況では、事象の単位時間あたりの生起頻度を測定することがそもそも難しく、よって、量的な研究法をスタートさせることが困難になってしまうのである。

たとえば、ダーウィンの『乳児の伝記的素描』(1877) から「愛情」についての記述の一部を見てみることにしよう。

> おおよそ5ヵ月のころ、この子どもは乳母のところへ行きたいという意志をはっきり示した。彼は1年を少し過ぎたころ、しばらく離れていた乳母に何度もキスをしたが、それ以前には愛情を外的行動によって自発的に表したことはなかった。愛情の一種である同情については、6ヵ月と11日に乳母が泣く真似をした時、口の両端をちょっと引っ込めて悲しげな顔つきをしたことによって、はっきりと知られた。(Darwin, 1877; 大脇訳, p.75)。

これはダーウィンが37年前に書いた自分の観察記録を読み返して、それをもとに執筆されたものである。おそらくその観察記録には、もう少し詳しく観察事象の記録がなされていたものと推察される。生後1年目、次々とさまざまな心的な機能が出現していくありさまを記述しようとすると、質的な研究法に頼らざるをえないと言えるだろう。それは量的な研究法を避けたからそうなるのではなく、まだ量的な研究が可能になるほど、観察される事象が確定されておらず、よって事象の単位時間あたりの生起頻度などが計測で

きないからにほかならない。

　質的な研究法というのは、反復されない、たった1回限りの事象を観察し記述していくには不可欠な方法なのである。もちろん、質的な研究法で観察記述されたデータが蓄積され、そのデータをカテゴリー化することで、当初異なる事象として記述された事柄が、同一のクラスに新たに分類され、単位時間の生起頻度が計算可能になり、量的な研究に発展していくといったことは大いにあり得ることである。

　その意味で、発達的な研究は、質的な研究法にも量的な研究法にもきわめて親和的な研究分野なのである。観察事象それ自体が、なかなか同定しがたい、揺れや変異を含んでいるときには質的な研究法が表に浮かび上がり、観察事象のカテゴリー化が進みそれが時間あたりにカウント可能になってくると、量的な研究方法がクローズアップされてくるのである。両研究方法は、対立するというよりは相補的な関係にあると言えよう。

3-2　歴史的な時間軸と質的な研究

（1）観察されている事象の中に蓄積されている歴史性

　今日日本でなされているフィールド観察に基づく発達的研究の多くは、量的な研究である。それらは研究者が注目する行動や反応をカテゴリー化し、それらをビデオ録画された観察データから数え上げることによってなされている（麻生, 2011）。そのような量的方法による研究が盛んだということは、その基となる質的な研究法による研究が十分になされて、観察すべき事象が十分に安定的にカテゴリー化されるに至ったからであろうか。

　残念なことに必ずしもそうではない。園児たちの「いざこざ」を観察者が定義して、それを録画された園児たちの相互交渉から同定し数え上げ量的な研究を行うことは可能である。しかし、そのように「いざこざ」を外的な視点からコード化することによって子どもたちの「いざこざ」を捉えることには、実はかなりの無理があるのである。

　このことは、宮内（2004）が、ある幼児同士の「いざこざ」の意味内容がその録画ビデオを何度も見直すことで、また当該の幼児の日頃の生活情報を知ることで大きく揺らいでいくことから、観察によって正確に「出来事」を

捉えることが本質的に困難であると指摘していることからも理解できる。1人の子どもの「泣き」を捉えるにしても、柴坂・倉持（2003）が行ったように、その子の仲間関係やこれまでの泣きの歴史を丹念にたどっていく必要があると言えよう。彼女たちは4歳児クラスで「泣き」の一番多かったある女児を、約1年間にわたって継続して観察し、その子の「泣き」の原因が前期と後期で大きく変化していき、その子が仲間関係の中でたくましく成長しているありさまをいくつもの観察エピソードで生き生きと描き出している。このように目の前の事象をできるだけ忠実に捉えるには、その事象が生じた時間的あるいは歴史的な文脈をしっかり捉えておく必要があるのだ。残念なことに、今日の量的な研究の多くは、そのような厚い質的研究を踏まえたうえでなされたものではない。

　子どもたちの生きている場面と時間は、反復可能な非歴史的な抽象的な時空間ではない。子どもはある状況の中に住み込み、個々の経験を重ねるという具体的な歴史を生きているのである。活動主体にとっての場面や状況の生態学的な意味や、その存在のあり方の歴史性に敏感でなければ、ダーウィンの血を引く発達的研究だとは見なしがたいと言えるだろう。その点、ピアジェは十分にダーウィンの系譜に属する人であった。ピアジェ（Piaget, 1936/1978）は『知能の誕生』において次のように語っている。

> 吸啜などの反射の継起は、モーターをときに応じて周期的に使ったり休ませたりするのとちがって、ひとつひとつの歴史的な展開過程を示す。あるとき起こった反射事象は、前回の反射事象に依存し、また後続のものを条件づけるというふうに、ひとつの真に有機的な発達を示すのである。実際、その内的メカニズムがどうであれ、ともかくこの歴史的過程の変化を外から捉え、<u>あたかも個々の反応がおのおの他の反応を媒介なしに直接的に規定しているかのように</u>記述することが可能である。そこに全体性をもった反応が見出され、心理学が始まる。（谷村・浜田訳, 1978, p.24）［下線は筆者］

　ここでピアジェが主張していることは2つある。1つは、生活環境や周囲の人たちの働きかけの違いによって、それぞれ子どもの活動図式の発達は、

それぞれ独自の歴史的な展開過程として描かなければならないということである。もう1つは、下線部を引いたところである。その意味することは、おおよそ次のようにまとめることができる。活動図式の発達は、内的メカニズムなどその他の要因をカッコで括っても、図式独自の歴史的展開過程を機能的同一性をもとにある種の組織化の進展として記述することができるという理論的な主張である。

　子どもの感覚運動的活動を徹底的に外側から克明に観察し、活動図式の歴史的展開過程をつないでいくために機能レベルでの理論化を行ったのがピアジェであったと言えるだろう。ピアジェの観察は、冷たい観察のように捉えられがちだが、必ずしもそうではない。生活の片鱗がところどころに記載されている。「ジャクリーヌは1月9日生まれで、ずっと外のバルコニーで日中を過ごしたために、6月生まれのルシアンヌや5月生まれのローランにくらべて、はじめのうちはずっと不活発であった。また、そのために、私がジャクリーヌを実験した回数も、最初の数ヶ月間は、他の2人に較べてずっと少なかった」（谷村・浜田訳, p.123）などと書いている。これは「つかむのを見る」というシェマの発達がジャクリーヌで遅かったことの理由が述べられている箇所である。ある個体の行動の観察というのは、その個体を根気よくていねいに継続して観察することにある。ピアジェが言うように「良い観察というものはあらゆる統計的資料を凌駕するものである」（谷村・浜田訳, p.75）。その意味で、行動の歴史を丹念に記述していくには、その研究は必然的に質的なものにならざるをえないと言えるだろう。

(2) ひとつの時代・状況を生きる観察者と被観察者

　ダーウィンやピアジェが捉えきれていなかったもう1つの時間軸がある。彼らが捉えていたのは地質学的な時間であり、進化や品種改良が生じる時間であり、個体の歴史が積み重なっていく時間であった。触れられていなかったのは、社会文化的な歴史的な時間である。ピアジェは、一時、科学史を専門としたが、彼には自分たちの文化を相対化する視点は残念ながらほとんどなかった。彼の目からすれば、近代科学の洗礼を受けていない非西洋の社会の文化は、単に合理的な知性発達を妨げる因習的な制約を人々に課している足かせ以外の何ものでもなかった。

だが、「社会・文化」にいったん目を向けるや、発達的な研究にはまったく新しい世界が開かれてくるのである。私たちが子どもを見つめる「まなざし」それ自体が、実は私たちの生きる「社会・文化」の中で育まれてきたものなのだ。科学者の立場という、時代や状況から超越した、特権的な理性の立場が存在するということ自体、大いなるフィクションなのである。とはいえ、生物の進化を問題にしている限り、また生後1年目初期の感覚や運動発達を問題にしている限り、「社会・文化」の問題には目をつぶって研究を進めることは可能である。しかし、具体的な環境の中で育つ子どもの姿を、できるだけその彼または彼女を取り巻いている状況を巻き込んだ形で捉えていくには、私たちが組み込まれている「社会・文化」は無視できない大きな要因になってくる。

　私たちが、被観察者のみならず観察者自身もそれぞれの「社会・文化」に組み込まれた形で存在していると認識するや否や、私たちはダーウィンやピアジェの思想の単純な延長上に安住していることは不可能になってしまう。それは、観察者自身がもはや第三者的な特権的な位置にとどまることができなくなるからである。

　発達心理学者が考慮しなければならない時間軸は、4つのカテゴリーに分けることができる。

　1つ目は「自然史」の時間である。物理学者の和田（2004）はこの「自然史」を9つの進化で特徴づけている。① 時空（時間と空間）の進化、② 粒子の進化、③ 天体と元素の進化、④ 太陽系の進化（地球の誕生）、⑤ 地球の進化、⑥ 有機物の進化（生命の誕生）、⑦ 単細胞生物の進化、⑧ 高等生物の進化、⑨ 人類の進化。

　2つ目は、「人類史」の時間である。この人類史をたどって行くための資料は、発掘される考古学的な資料以外に、次の4つの分野からも得ることができる。① 現在の子どもの発達プロセスの中には人類史が濃縮されている。② 700万年前にヒトとの共通祖先から分岐したボノボやチンパンジーに対する諸研究から、ヒトの起源についての手がかりが得られる。③ 現在の狩猟採集民の暮らし方から、古代人の生活を想像することができる。④ 障害を持つ人たちについての研究からも、多様な人間の在りよう、古代的な人間の在り方について想像することができる。

3つ目は、「社会・文化の歴史」である。現生人類が誕生したとされる約20万年前から、現在に至るまで人類はさまざまな社会や文化を産み出してきた。その中で人がどのように進化し変容してきたのか、それを知るには、現在におけるさまざまな社会や文化の在り方、その下での人々の生活スタイルの多様性を捉えていく必要がある。

そして最後の4つ目は、「個体史」の歴史的な時間である。そこには個体の生育史、その個体が誕生以来生きてきた関係の歴史と、体験の歴史が刻み込まれている。

ダーウィンやピアジェはこれら4つの時間軸をどのように捉えていたのだろうか。彼らの生きた時代的制約はあるにしろ、1つ目の「自然史」の時間軸、2つ目の「人類史」の時間軸に関しては、共にそれらを強く意識して研究を行っていたことはまず間違いのないことであると言ってよいだろう。ピアジェは生涯にわたって進化を研究する生物学者でもあり続けた。また自己組織化のパイオニア的な研究者でもあった（麻生, 1996）。また、ダーウィンは人類の起源について自然人類学的な研究も行っている。彼らが、十分に扱わなかったのは、3つ目の「社会・文化の歴史」の時間軸と4つ目の「個体史」の時間軸である。ダーウィンにしろピアジェにしろ、幼い子どもというものは、系統発生のプロセスを個体発生のプロセスである意味再現してくれる、恰好の観察対象なのである。

もちろん彼らは、単純に個体発生が系統発生を繰り返すなどと考えていたわけではない。彼らは観察を重視する科学者であった。個体発生と系統発生との関係を調べるためにも、まず子どもを観察しなければならない。かくしてダーウィンもピアジェも、我が子を観察したのである。先にも述べたように、ピアジェは認識の個体発生を捉えるためには、その個体の独自の体験プロセスを歴史的に記述していかなければならないことを十分に自覚していた。だが、彼が注目したのは機能的な同一性によって子どもの活動を切り取り記述することであった。認知発達の実体的なメカニズム（神経生理学的メカニズム）は外からはわからない。よって外からわかる行為の記述を丹念にしていこう、それがピアジェの戦略であった。そこで描かれた赤ん坊というのは、その赤ん坊の生きる「社会・文化」から抽象されて、取り巻く社会的・関係的な環境世界からも抽象され、活動図式のシステムとして捉えられた、「個

性的ではある」ものの、きわめて「抽象的な赤ん坊」の発達する姿であった。ダーウィンもピアジェも、人間の精神形成における「社会・文化」の媒介的な役割を考慮し、一人ひとりの子どもたちが、彼らの組み込まれている社会や文化の中で、それぞれの個別的な相互作用の歴史を生きていることを、残念ながら捉え損なったと言えるだろう。

「社会・文化の歴史」「個体史」という残された2つの時間軸のうち、前者の時間軸をみごとに捉え、「社会・文化」の媒介的な役割を十分に組み込んだ議論を展開したのが、ヴィゴツキー（Vygotsky, 柴田監訳, 2005）である。コール（Cole, 1996）の『文化心理学』（天野訳, 2002）やロゴフ（Rogoff, 2003）の『文化的営みとしての発達』（當眞訳, 2006）などの仕事は、そのヴィゴツキーの精神を引き継ぎ展開していったものだと言えるだろう。残されたのが4つ目の「個体史」の時間軸である。

私たちがフィールドで出会うのは、この4つ目の時間軸である。目の前の現場では、個々の子どもが具体的で個別的な場を生きて、それぞれが独自の「個体史」を重ねつつある。そのようなフィールドにおける発達を捉えるには、当然のことながら私たちはその場の中に足を踏み入れなければならない。そのとき私たちは、どのような立場でどのような資格で、その場に入り込むのだろうか。

たとえば、私は自分の息子の日誌的な観察を、息子の誕生時から行った（麻生, 1992）。私の関心が対人関係やコミュニケーションにあったこともあって、私の観察はダーウィンのものともピアジェのものとも異なるものであった。私はごく自然に父親として子どもに接しつつ、子どものメッセージを読み取り、あるいは解釈し、子どもとコミュニケーションしつつ、それを観察し記録しようとしたのである。私(1)はいわば土着の原住民として生活しつつ、同時に、私(2)はインフォーマントとして原住民である私(1)を裏切り、研究者としての私(3)に情報を手渡したのである。私(1)と私(2)と私(3)とは、必ずしも同一ではない。フィールドに足を踏み入れ参与観察を行うことは、必ず、そのような自己分裂を伴うものである。しかも、自己分裂はこれにとどまるものではない。日誌的観察記録を書いた私(3)は、日誌を書いているその社会歴史的な時空（社会・文化の時間軸）に制約されて存在しているのである。日誌に何を書くのか、その時代におけるある地域の文化歴史に規定

されているのである。私(3)が書いたものを、25年後に私(4)が読み、それを私(4)の生きている「社会・文化」の位置から分析し新たな意味づけを行うこともあり得るのである。拙論「生後2年目公園の仲間との出会い —— 25年前の日誌的記録から」という論文は、まだ世の中に「公園デビュー」ということばすらなかった1980年代初頭のある都市近郊の町中の公園における幼児の仲間関係を、「公園デビュー」ということばがすでに死語となりつつある時点から描き論じたものである。

　私たちがフィールドにおいて行う観察は、必ずしも科学的な「観察」ではない。なぜなら私たちが観察しているのは、反復可能な事象の観察ではなく、歴史的な時間の中で急速に変化しつつある環境の中で、反復できない個別的な人生を生きている、個々の人間だからである。かつてそれは文学の対象でしかなかった世界を、私たちは質的な研究の記述の対象として捉えようとしていると言えるだろう。「科学的な観察」というものは、あくまで「普遍」の存在を前提にして、その「普遍」を捉えるための手段としてなされるものである。だが、生活者として私たちの眼に映る現象世界を記述していくには、もっと素朴な「観察」に対する考え方が必要なのだ。そのような素朴な観察の在り方を、私は「現象的観察」と名づけている（麻生, 2009）。

　ルリヤの『偉大な記憶力の物語』(Luria, 1968/2010) のあとがきで天野は、マックス・ウェーバー[1]が「科学を、具体的なものから一般法則を抽象し、抽象的なモデル、法則だけを追求する古典主義科学と、生き生きとした具体的なもの全体を追求するローマン主義科学に分け対立させた」(p.207)ことを指摘し、ルリヤがその書物において後者の研究を自覚的に目ざしていたと述べている。ルリヤは上記の書物の最後に「心理学は、まだ、生の人間の人格について語ることができる真の科学にはなっていない」(訳書, p.197) と語っている。ルリヤがそのように書いて半世紀が経過したが、事態はさほど変わっていないように思われる。私たちに求められているのは具体的なものを生き生きと叙述する力なのだ。おそらく、それは生きられた世界に深くコミットする中でしか生まれてこないものであろう。もし、心理学に少しでも希望があるとすれば、それは質的心理学という形で新しい風が少し吹き始めつ

---

[1] 正しくはマックス・フェルヴォルン。

3節　フィールドにおける発達的研究

つあるように感じられることである。

3-3 目の前で生成している現象の観察と記述

(1) 具体的に生成していくものを記述する

　フィールドにおける発達研究は、そのような「具体性の科学」を目ざすものだと言えるだろう。「具体的なもの」を描くとは、その個体が置かれている具体的な場を描き、その周囲の人的物的環境とその当該に個体がどのように交渉しているのかを描き、それを歴史的な展開過程として記述することにほかならない。

　確かに、ダーウィンは、具体的なものから一般法則を抽象しようとする精神において偉大な古典主義的な科学者の一人であった。だが同時に彼はナチュラリストとして具体的なものを徹底的に追求するローマン主義的精神も持ち合わせていたように思われる。彼のミミズの活動を記述する精緻さやその具体性は半端なものではない。佐々木（2005）は、そのような記述の仕方、「行為を、それが識別し、発見し、利用した周囲の物および環境の性質として、さらにそれらが複合する性質の集合として記述する」（p.294）というダーウィンのやり方を、「ダーウィン的方法」として名づけ、そのような方法で自ら心理学の研究を推し進めようとしている。

　佐々木が「ダーウィン的方法」で行った2つの研究を簡単に紹介しよう。1つは「『起き上がるカブトムシ』の観察」（佐々木, 2011a）である。佐々木は、1匹のメスのカブトムシを床に仰向けに置きその周囲にタオル、うちわ、鍋敷き、チラシ、爪楊枝、リボンなど15種類のものを置き、カブトムシがどのようにその環境の性質を利用して行為を展開していくのか、そのプロセスをできるだけ忠実に描こうとしている。次の記述は、うちわの上に仰向けに置かれたカブトムシが、起き上がるまでの15秒間のプロセスを、まとめたものである。

　　虫は何かの上に仰向けに置かれると、そこにあるうちわの骨のような凸部を後脚で押して前進する。両後脚にかかる力の差は前進に回転を付け加える。それを継続していると、そこでは起き上がることのできない表面（う

ちわ）が他の表面（床）にかわる所まで来る。そこには2つの異なる表面が隣接する縁がある。たとえば、床の上に置かれたうちわはその表面が床と隣接するところにわずかな隙間を作っていた。その隙間は後脚の先端をさし入れられる幅を持ち、うちわには虫の全身の転換でかかる力にたえる重みがあった。そこで縁が起き上がりの支点となった。虫の下に広がる移動可能な表面と、その下あるいは横にある表面の隣接から生じる性質には、起き上がりを虫に与えていることがある。(p.50)

　佐々木はこの論文の中で、「行為と環境の、のっぴきのならないかかわりあい」を観察することで、意志や意図と呼ばれているものを、環境と絡み合っていく行為系列として記述していく新しい方法を示そうとしている。しかし、カブトムシの行為系列の中に、個体史的に織りなしていく累積する行為の再体制化を読み取っていくことは難しいだろう。
　佐々木（2011b）は、1人の乳幼児が屋内で出会う段差をどのように行為系列の中に取り込もうとしていったのかを縦断的なビデオ観察データをもとに分析し、環境と触れ合う揺れ動く微細なものの中から新しい行為系列が分化生成してくるさまをみごとに描き出している。布団のような低い段差からソファーや階段のような大きな段差まで、段差にもさまざまな多様性がある。生後2年間、子どもはそれらの段差を「落下系」「繋留系」「飛越系」といった3つの行為パターンで越えて行く。おそらく、これら3つの系には独立した発達の起源と経路が存在しているのである。佐々木の立場からすると、個体の歴史は、固有で多様な環境の中で個体が環境と絡み合った形でさまざまな行為系列を生み出していくプロセスの中に、埋め込まれてしか存在しないことになるだろう。
　子どもは物理的な環境に包囲されて育つだけではない。さまざまな人にも包囲されて育つ。子どもは他者とどのように交流しているのか、その揺れ動く微妙な自己と他者とのせめぎ合いを描き出そうとしたのが麻生・伊藤（2000）の研究である。課題はきわめて単純であった。1歳前半から2歳後半の子どもたちを対象に、実験者が子どもの前で新版K式発達検査の赤い積木を左右の手に持ちカチカチと打ち鳴らして見せるのである。そして「どうぞ」と笑顔で、子どもの前に積木を差し出すのである。多くの場合、子ども

は実験者の意図を読み取り、受け取った積木を正面の実験者の顔を見ながらカチカチと打ち鳴らす。そこで実験者は、「ありがとう」と言ってそれを受け取って、またカチカチと積木を打ち鳴らす。そしてまた笑顔で「どうぞ」と積木を差し出すのである。このパターンを子どもが拒否するまで続けるのである。

結果は一人ひとりの子どもの反応の驚くべき多様さと、子どもの反応が毎回「揺らぎ」を伴って微妙に揺れ動き変化していくありさまの複雑さが印象深いものであった。麻生と伊藤はそれを次のように記述している。

> （検査者は）子どもの関心や注意を惹きつけようと微妙にまなざしの強度や姿勢や声を調節しています。子どもも大人である検査者に基本的に従順であろうとしつつも、検査者の意図や状況を読もうと側の母親の様子をモニターし、微妙な"揺らぎ"を示しています。そこには、必ず、時には共振しあったり反発しあったり、時にはすれ違ったり誤解しあったりする、さまざまな駆け引きがあります。それが、自己の意図と他者の意図の調整です。本論が記述しえたのは、そのような自己と他者の複雑な意図調整のごく表面的な様相の一部にしかすぎません。しかし、このような簡単な素描でも、意図調整の多彩さと複雑さが十分に理解できるように思われます。1人の子どもの中にも、たくさんの"自己"と"他者"が存在しています。子どもの目の前にいる1人の検査者もまた、決して1人ではありません。子どもにすれば、その他者の視線や表情の中に感じられる意図の数だけ、たくさんの"他者"がいるのです。そして、その一人ひとりの"他者"に対して、それに「従おう」とする"自己"や「逆らおう」とする"自己"といった複数の"自己"があると言ってよいでしょう。（麻生・伊藤, p.99）。

佐々木が切り取って描いたカブトムシの行為系列も、家の中のさまざまな段差と格闘している赤ん坊の行為系列も、麻生と伊藤が描いた、1～2歳児の自己と他者との意図調整にしても、登場したカブトムシや子どもたちの生活史全体から見れば、ほんのごく一部分の活動にすぎない。しかし、そのような生じていることのほんの一部であれ、それを立体的に描き出そうとするや、想像を絶するような困難が待ち受けているのである。

残念ながら、私たちは目の前で生じていることさえ十分に描き出す力をま

だ持ち合わせていないのだ。先に引用したルリヤの表現をもじって言うならば、「発達心理学は、まだ、生身の子どもが育つ具体性を描き出し、その子どもが日々脱皮していく姿を描くことができるような真の科学にはなっていない」と言ってよいだろう。もちろん、佐々木のように勇気あるチャレンジャーが存在することは、発達心理学の希望である。

　しかし、目の前の具体性を単に記述できればそれでよいわけではない。発達的研究は、先にも述べたように4つの時間、「自然史の時間」、「人類史の時間」、「社会・文化の歴史的時間」、「個体史の時間」、この4つの時間を「目の前の具体的なものの生成」にリンクさせなければならないのである。ダーウィンもピアジェもヴィゴツキーも、そのような試みの系譜に属していると言えるだろう。「具体的なものの生成」に接するフィールドにおける発達的研究が、正統的な大きな課題を背負っていることは、常に忘れてはならない。

(2) 個別と普遍、研究のアポリア

　発達的研究を志す者が、目の前で「具体的なものが生成している」フィールドに出たときに抱える特有の困難がある。それは目の前の事象が、その事象の生じているローカルな「社会・文化の歴史」の場に深く根をはっているからである。観察者である私たちもその場から自由にはなれない。井の中の蛙であることを必然的に運命づけられているのである。また具体的な一人ひとりの子どもは、彼らの生育史や生活史を背後に背負った形で私たちの目の前に現れる。彼らの生きてきた過去に私たちは直接に接することはできない。観察者も被観察者もそれぞれ固有の「個人史」を背負って、出会うわけである。

　「観察」、正確に言えば「現象的観察」(麻生, 2009)はひとつの出会いである。私たちはその「出会い」を記述するのである。私たちとインタラクションしながら、目の前で「生成している具体的なもの」を記述することは、日本の私小説作家が行ってきたこととかなり似通ってくるのではないだろうか。だとすると、そのような具体的、個別的体験世界の記述から、どうやって「普遍」にたどり着けるのだろうか。一瞬一瞬、生まれ消えていく生成する「具体性」を捉えること、それを「普遍性」に届く言葉に置き換えていくこ

と、それは発達的な視点に立つ質的研究が背負うべき重い十字架であるように思われる。

【参考書】
麻生武（2007）.『発達と教育の心理学』培風館.
　　フィールドにおける発達研究を行うには、何よりも発達的な視点が不可欠である。発達的な視点とは、ヒトの系統発生の時間軸、歴史社会的な時間軸、個体発生の時間軸を常に意識しながらさまざまな人間現象を捉えていくことにほかならない。この書物はヒトの「子育て」「遊び」「想像力」「生命理解」「見えない教育」など、幅広いテーマについて、発達的な視点で包括的に捉えていくことへの誘いがなされている。

麻生武（2009）.『「見る」と「書く」との出会い ── フィールド観察学入門』新曜社.
　　フィールドにおける発達研究を行うには、目の前に起こっている現象を目や耳で捉え、それを記述する力がなければならない。このことは思いの外難しいことである。「見た」ことを「書く」とは、いったいどのようなことか、この書物では豊富な観察文の実例を示しつつ、基礎論的な議論がなされている。

佐々木正人（2005）.『ダーウィン的方法』岩波書店.
　　フィールドにおける発達的研究を最初に行ったのはチャールズ・ダーウィンである。ダーウィンは、静止しているものを観察したのではない。巨視的な視点で生成していくものだけではなく、微視発生的に生成していくものも、恐るべき探求心で精緻に観察している。環界の中で動いているものこそが生命である。この書物は、「運動」を観察することの深い意味を問い、具体的なダーウィン的方法によるさまざまな研究が紹介されている。

ロゴフ, B.／當眞千賀子（訳）（2006）.『文化的営みとしての発達』新曜社.
　　時と場所が違えば、子どもの発達がどれほど異なった様相を見せるのか、この書物は豊富な写真と実例でそれを示してくれる。文化を異にするフィールドに入って研究することで初めて見えてくる「ヒトの発達」というものがある。ヒトの系統発生の時間軸、歴史社会的な時間軸、個体発生の時間軸、それらが複雑に重なり交差していることをまざまざと示してくれる書物である。

4節
実践志向の質的研究の成り立ち
無藤　隆

　本節では、質的アプローチにおいて実践的な志向の研究がいかに成り立つかを、1960年代以降の代表的な質的研究の成果の整理と、著者の個人的な研究史とを重ね合わせつつ、また実践を展望するということの哲学的な分析を踏まえて、検討する。実践者自身による研究を含め、実践者と研究者の協力が基本であること、実践を新たな視点から照らし出すあり方こそが質的研究である所以であること、そのために実践者と研究者の共通する理論枠組みと記述言語を重視すること、そこでは実践の改善ということを含め広義の倫理性が中核であることを論じたい。

　そもそも、質的心理学また質的研究方法について、公的論述や公的歴史とは成り立つものなのか。それはすでに背理なのではないか。むろん、公的というよりも、多くの人がそうであろうと納得するであろう流れはあるし、その折々の影響力の強い著作や論文があることは明らかだ（本ハンドブック全体がそれを証している）。しかし、質的というときに、たとえば、ローカリティの尊重を言う。それはたとえば、日本という場、さらに筆者（私）なら発達心理学・教育心理学といった学問や幼児教育や小学校教育といった実践に近いところでの研究と支援の活動といったところに身を置くことである。

　主流とか中心といった捉え方にも疑義がある。いわばあらゆる流儀やアイデアはその何かが有力であるかどうかではなく、ひとまずは尊重されるべきではないのか。むろん、研究活動の興亡の中で、生き延びるものや発展していくものもあるだろうし、あるいは消えていくものや他に吸収されるものもある。だが、各々の場で各々の時期に出会うべき課題に真摯に取り組んで案出されたものであるなら、それはどこかで継承され、見直され、作り直されるべきものなのではないか。実際に、そういった試みは絶えず無数になされているのでもある。

　むしろ、歴史にせよ、理論的論述にせよ、そこから今に生きているまた生かしていけるであろうアイデアを拾い出しまた見直し、現在の研究の方法論

のレパートリーを広げるとともに、そのいわば当初の生命を再度取り戻し、研究の拡散状況を活性化する必要があるのではないか。生きた概念をそこから取り出し、異なる光を当てつつ、今そして今後に至る芽生えの多様性として見直す作業である。それをいくつかの「声」として取り出し、そこに響き合いの可能性を探りたいと思う。

4-1 質的研究の倫理性とは

　質的研究とはひとつの照明のあり方なのではないだろうか。その広義のデータにより当該の問題を新たな視点でまた隠れていた点を見えるようにしていく試みである。照明とは illuminaiton であるが、歴史的哲学的用語に置き換えれば、enlightenment であり、それは啓蒙と訳される。ここで、質的研究の倫理的次元から実践的志向の正当性を論じたいのであるが、それは、研究者自身と研究対象である相手との関係性のあり方の問題である。その点について、フーコー（Foucault, 1984/2002）の「啓蒙」をめぐる議論を手がかりに考えておきたい。まず、フーコーの議論を見てみよう。

　哲学的な問いとして、現在に対する関わり方、歴史的な存在の仕方、自己自身の自律的な主体としての構成という３つを同時に問題化する必要があると言う。それはひとつの態度であり、哲学的エートスに基づく。そのエートスとは、ひとつには、啓蒙の名で単純で権威的な二者択一を迫るものではないということだ。歴史的に規定された存在としての自分自身の分析が試みられる。そこでは、とりわけ「人間主義」と啓蒙との混同を避けるべきである。人間主義のテーマ群はあまりに順応的で、多様で、内容の堅固さを欠くだろう。これに対して、自律する中での自分自身の絶えざる創出という原理を対置するのである。

　もうひとつの哲学的エートスの特性として、外と内との二者択一を脱して境界に立つべきことがある。必然的に制限されるべきであるといった形で行使される批判を、可能的な乗り越えとして行使される実践的批判へと変えていく。「私たちが行うこと、考えること、言うことの主体として、私たちを構成し、またそのような主体として認めるように私たちがなった由来であるもろもろの出来事をめぐって行われる歴史的調査」（訳書, p.19）を行うので

ある。考える、述べる、行うそれぞれにおける言説を歴史的な出来事として扱うことを目ざす。「在り、行い、考えることが出来る可能性を、私たちが今在るように存在するようになった偶然性から出発して、抽出する」(p.20)。それはまた、歴史的‐実践的な実験的試みであり、私たち自身に対する私たち自身の働きかけの作業であると規定される。それは確かに一方で、常に部分的で局所的な調査である。それは常に繰り返し、やり直さなければならない。だが同時に、その作業は固有の一般性・体系性・均一性を持つ。その上で、技術的諸能力の増大と権力関係の強化を切り離しうるかを問うていく。

その均一性においては、人間が実践システムの中で行動するときの実践のテクノロジーの面と自由な戦略面を扱う。実践的総体は、事物との関係（知の軸）と他者との関係（権力の軸）と自己との関係（倫理の軸）からなる。そこでの主体の成立を両面から取り上げる。

一般性においては、個別的調査を、問題化の一定の形式によって一定の歴史的な形として構成されることとして分析する。「一般的な射程を持った諸問題を、歴史的に単独な諸形態において分析する」(p.24)のである。

以上のフーコーの議論はむろん、現在のさまざまな人間的現象を、インタビューや観察その他の方法で検討する質的な研究に直接に当てはまるものではない。だが、それらの質的な研究は（また実は量的研究であろうと）、それが現在のある姿を検討するにせよ、問題設定と背景の展望においては歴史的な視野に開かれるべきものであり、また事物と他者と自己との関係の中で捉えねばならず、さらに実践形態において分析していくべきことであることは理解されるだろう。その実践に関わる研究とは、何かに役立つという直接的な関係以前に、新たな照明を与えるというはたらきを担う。また自己に帰り、他者の生活に関わる限りにおいて倫理的であらざるを得ない。

以下の論述では、この議論をいわば導きの糸としながら、質的研究の広がりと歴史を多少とも踏まえつつ、そのとりわけ実践的性格を検討したいのである。

4-2　日本の質的研究の前史としての思想の流れ

ここで私の考える質的研究の日本における前史に簡単に触れておきたい。

それが日本における実践的質的研究の実は前史となるべきものではないかと考えているからである。

　実践的なあり方を重視する立場からとりわけ重要なのが教師などによる実践者自身の研究であり、実践の叙述である。日本では明治時代から教師自身が自らの実践を対象化し、それを記述し、実践のレベルでのていねいな分析を行い、実践の向上に努めてきた歴史がある（稲垣・佐藤, 1996）。その教師による実践的検討は今でも盛んであり、さらに実践者と研究者の協同研究のひとつのスタイルとして発展してきた（秋田, 2012）。本節後半で論じる実践を志向する実践的研究の議論はその流れの一端を受け継ぎつつ、そこから大いに啓発されてきたのである。

　第二は「主体性」をめぐる哲学的な議論である。この点については、哲学史家の小林による整理がある（小林, 2010）。「主体性」をどう捉えるかについての日本のある意味で土着の問題意識はどうやら京都学派に遡れるらしい（熊野, 2009）。小林（2010）は、「主体」という用語に注目して、明治期の翻訳から西田幾多郎、和辻哲郎、さらに戦後の主体性論争を追い、その用語が表舞台から消え、たとえば「アイデンティティ」などの言葉となって改めて問題とされている経緯を検討した。質的研究での問題意識とまさに並行するものではないだろうか。質的研究における、研究者主体の問題、実践的研究における実践主体の問題、それを研究においてどう可能にしていくかの検討、さらに質的研究が否応なく組み込むであろうパーソナルな営みとしての研究のあり方にとって、親密でさえあるような問題設定なのである。そういった問題意識が日本における質的研究の展開の背景としての哲学的議論を支えていることは、質的研究がしばしば研究者また研究の対象者（すなわち実践者）の主体性の回復を目ざしているがゆえに重要である。

　第三に「人間主義的あり方」の問題がとりわけ質的研究や実践研究ではしばしば真剣に検討されてきた。質的な研究方法論の擁護としてとりわけ実践に関わる場面において、実践者の主体的人間的あり方を大事にしたいという価値が提示されることもある。それは素朴に見える問題意識であるが、実は研究を動機づける重要な意味があり、特に近代日本の思想展開において大きな意義を担うのであり、実践志向の研究を考えるうえで十分検討すべき課題である。

その課題に示唆を与える論述として鈴木（1979）がある。それは、文芸学の立場から特に大正期の「生命主義」について検討している。それは北村透谷の「宇宙の生命」を人間が心の奥底で感じるのだとする議論を先駆けとする。そこに、生物進化論、仏典、自然主義、中国伝統思想としての「気」、自然主義、さらに象徴主義、女性解放思想、相互扶助思想、自由恋愛思想、等の種々の考えが合流していく。西田幾多郎、和辻哲郎の京都学派を経て、「宇宙大生命」を感得する日本思想へと発展する。その一方で、芸術表現は生命の象徴表現であり、たとえば、純粋無垢な幼児の心こそ大自然の根源につながるとする童謡運動にも展開する（この指摘は日本の保育学の成立にとって重要な意味を持つ）。なお、それらは昭和ファシズムの中でそのイデオロギー的支柱にもつながるのであるが、しかし、戦後のある意味でのヒューマニズムへとつながるものでもある。鈴木のこの議論を見る限り、質的研究の動機のひとつとしての主体性擁護がこういった人間主義／生命主義の一面を持つのだと理解できる。現在のわれわれにとっても、とりわけ実践と相渉（あいわた）るときに出会わざるを得ない視点であろう。

　以上は、日本における質的研究の展開を探るときにこれまで論じられることが少ないようであるが、しかし、日本における実践志向の質的研究の成立において欠かすことのできない視点であると考える。

4-3　1960年代におけるミクロな心理的対人相互作用的基礎を求める転回点

　上記の哲学的また文芸的さらに実践研究や議論がいつ心理学的研究につながるようになったのか。それを同定することは難しく、今は徐々に展開したとしか言えない。個別の心理現象を社会的なあり方につなぐことの多少とも実証的でデータ収集による検討が始まったころがひとつの転回点であろう。それを、社会性（社会的現象）のミクロな基礎と呼べば、その検討はいつ頃から始まったか。おそらく1950年代後半から1960年代におけるその展開が、1970年代以降の質的研究の広がりの方向を定めたと言えるのではないか。以下、簡単にその主要な研究成果を挙げておきたい。それらの消化の努力が日本における質的研究の土台を形成したと言えるだろう。実際にはおそ

らく、前項までで述べた日本の文脈と以下の欧米からの研究の移入がとりわけ実践的志向の質的研究へと成立を可能にするのは1990年代までを要したのではあるだろうが。

ひとつは現象学的社会学の成立である。その確立者であるシュッツ（A. Schutz）は1959年に亡くなっているが、その英語版の全集は1960年代に出版されている（その和訳は、たとえば、シュッツ, 1980）。個人のレベルでの意識において社会を捉えるという記述法を示し、また理論化した。その影響は次に述べるエスノメソドロジーの成立や、バーガーとルックマン（Berger & Luckmann, 1966/2003）などに見られる。

第二に挙げられるのが、エスノメソドロジーの成立である。1960年代から1970年前後に、ガーフィンケルやサックスの初期の論文や講義録が出されている。会話レベルでのやりとりが社会のあり方を規定し、むしろ社会とは社会的なやりとりにおいて出現する権力の問題であるとした。それと共に、会話の順番の交代のメカニズムなどの会話分析の手法とそこで見出されるルールを定式化した一連の研究が広く影響を与えた。

第三に、グラウンデッド・セオリーの成立がこの時期である。グレイザーとストラウスの著書（Glaser & Strauss, 1967/1996）は質的研究のまさに嚆矢と言える。実際のインタビューなどの記録を少しずつカテゴリーに直し、またそこでの次元や値をその記録に即して取り出し、ボトムアップにそれらのつながりへと発展させて理論化するやり方はその後、社会学・看護学のみならず、心理学でも広く使われるようになった。

第四に、エスノグラフィーの展開も挙げてよいだろう。文化人類学において「未開」の部族の文化研究に使われた手法が都市のもろもろの社会現象にも適用され、たとえば、そこには学校現場も含まれる。それを通して、ミクロなやりとりレベルの検討もなされるようになり、それがエスノメソドロジーとは異なった意味で、社会や文化のあり方であると論じられる。文化の安定した形のみならず、それが変容し、生成される場を捉えようとするところに広い影響力があったと言えよう。

こうみると、半世紀の研究の蓄積は大きい。学問を大きく塗り替えてきて、いよいよ、ミクロな基礎がマクロレベルの知見と整合的統合的になってきているからである。むろん、その発展は質的研究だけが担ったわけではなく、

むしろ、質的な研究もその大きな流れの一翼を担ったのではないだろうか。とりわけ質的な心理学レベルの研究はそこにおいてこそ意義を担うのであろう。

たとえば、エスノグラフィーは、人間の集団生活を種々の表現により記述するために、フィールドワークを中心とした方法を用いるものである。相手の個人的経験や研究者自身の経験を利用もする。誰が誰と誰に向けて何のために書くかがそこで問われる。

事例研究の中で、ケース・ヒストリーは単一の事例のストーリーを語る。事例研究（ケース・スタディ）はその事例を分析的理論的な目的のために用いる。ライフ・ヒストリーは口頭（話し言葉）による自伝的ナラティヴである。しばしば事例研究はケース・ヒストリーと結びつけられる。また、当事者が一人称で語る場合がある。個人的経験であり、しばしばコミュニティに共有されるストーリーであり、解釈の行為である。

グラウンデッド・セオリーは、理論的志向を持ち、データにより例示していくものである。経験的材料を集め、分析する系統的で機能的な導きにより中範囲の理論的な枠組みを構築し、集めた経験的材料を説明しようとするものである。

解釈的実践の分析とは、意味と秩序の状況的検討をローカルで社会的な達成として行うものである。エスノメソドロジー、談話分析、会話分析、その他さまざまなものがここに入る。

アクションリサーチは研究と実践との直接の結びつきを打ち出し、研究プロジェクトを共同で保持することや社会的問題をコミュニティに基礎を置く分析を行う価値を尊重する。ローカルなコミュニティ・アクションを強調し、共にはたらく相手の福祉と利益を守ろうとする。価値の中立性を否定し、なお科学的であることは可能だとする。参与的アクションリサーチは臨床的方法と親和性がある。どちらも変革を追求する。臨床的方法では診断と治療という枠を守るのであるが。

では、そういった流れが質的な研究と実践研究の発展と交錯とどうつながってきたかを次に示す。とはいえ、上記のような理論的学術的な議論に学びつつ、いかにして心理学レベルでの質的研究を実践志向の中で作り出すかは簡単にその方向が見えてくることではない。とりわけ、私がこの試みを開始

しようとした1970年代においてはそうである。そこで、ややパーソナルな歴史を辿りつつ、その展開を示したいと思う。それは単に個人史ではなく、同時代的に少なからぬ研究者が試みてきたことでもあるはずである。

4-4　保育・教育現場への関わりにおける実践研究

私がどういった関心の下で質的研究の伝統に学び、自らの研究へとそれを取り入れ、またそこでその開発へ関与するようになったのかを述べたい[1]。

(1) 保育・授業を見ること

当初より考えていたのは、これまで挙げてきた哲学的学術的関心と共に、子どもの発達研究の成果を保育・教育に結びつけたいということであった。そのためには、発達研究のオーソドックスな研究とともに、子どもの様子をいわば「自然な」場面で学びたいと考えた。折しも生態学的妥当性が強調される時代風潮でもあった。そこで、幼稚園・保育園の子どもの遊びを観察することを始めたのであった。

では、そういった実践現場の様子をどう研究と結びつけていけばよいのか。単に様子を知って、参考にするとか、あるいはそこにいる子どもを使って発達研究をするというのはともかく、現場の保育自体について何らかの解明を行い、またそこに有益な示唆をいずれ提供できるようにするのはどうしたらよいのか。量的な方法は現場での問題設定とは程遠いように思われた。そうなると、質的な記述が不可欠だ。現場の保育者が保育を取り上げ、記述し、論じることと同一でないにせよ、そのこととの接点を実りあるものにする工夫が必要になる。

その当時（1970年代半ば）、出てきていた方法的理論的な先駆に学ぶことを試みた。とりわけ、① 教育エスノグラフィー、② エスノメソドロジー、

---

[1] なお、この自伝的再構成と思える記述は自伝的真実性を追求するものではなく、質的研究に関わる時代思潮に向けての考察でもあることを注意してほしい。実際にこのように明快に研究生活が進むはずもなく、また研究上の行きつ戻りつは無数にあったに違いない。なお、参照する文献はその当時に私が実際に読んだものというよりは読者の便宜を考え、比較的最近のものを挙げているときもある。

③ ディスコース(談話)分析、などである。いずれも現場あるいは複雑な事態あるいは現実の相互作用の質を捨象することのない方法であり、理論的枠組みだと思われた。

　たとえば、エスノグラフィーが文化人類学から来ているにしても、その特にミクロなレベルのものからは、現場をさまざまな手段を使って詳細に質的に記述することと、観察者の視点と子どもの視点、教師の視点などを組み合わせる三角測量の考え方(トライアンギュレーション)、ミクロな視点から時にはビデオを使って詳細な分析をすることを学んだ(たとえば、Erickson, 1986 はビデオによるミクロなエスノグラフィーを展開した)。エスノメソドロジーは日本への導入期であり、サックスの論文や初期の研究者たちの論文集が読まれていた(たとえば、Sacks, 1974)。何より会話のやりとりの徹底した記述とそこから鮮やかに打ち出される会話の仕方やその発言の取り方におけるミクロな権力関係への注目は、微少な社会のあり方への視野を開いた。ディスコース分析は認知心理学の勃興期における文章理解研究と記号学の伝統を接合したところで成立したと見てよいだろうが(van Dijk, 1985)、それは文章理解のみならず、会話理解に発展できる可能性を持っていたし、発話を言語行為として検討する哲学的言語学的営為の進展(「言語行為論」)は特に、サール(Searle, 1969)と結びついて、認知科学の一翼として発展していった。特に、単語や文を超えて文章レベルでの情報処理を可能にする認知心理学のモデルが発展し、また社会状況との関連の中で行為の意味を捉える「行為論」ないしプラグマティクスが実証的に扱えるようになった。

(2) 実践者と話し合う

　並行して考えざるを得なかったことは、現場の実践者との関係である。研究者はいかなる関係を形成していけばよいのか。実践側は何を期待するものなのか。現在とは違って、研究と実践の距離は遠いうえに、おそらく大学にいる人間の権威的あり方は現場に対してむしろ権力的に作用する面もあり、また逆に、現場の側は例外はあるものの、通常の大学の研究者には実質的な何かを期待することなどはまるでないというのが大部分ではなかったか。

　しかし、そこで考えるといっても、ほとんど手がかりもなく、戸惑いばかりであった。観察・研究の結果を実践者に返していくが、反応は特にはない。

実際、反応しようもないほど、研究者側の記録や結果はあまりに客観的であったり、微細であったり、あるいは私などの場合、発達心理学そのものの枠組みであったりしており、研究のロジックで終わっていただろう。逆に、現場側でもたとえば、実践の記録を見ても、その詳細な記録をどう生かせばよいかもあまり見えていなかっただろう。ビデオを使うことすらなじんでいなかった。

　そこで、現場の実践をまずは学ぶのだと申し出て、ひたすら見ていく、また記録を取ることとした。実際に、若いことは学ぶ姿勢を取りやすいことでもある。最初は子どもの遊ぶ様子や子どものやりとりを見ていたわけだが、実際には保育の場は生活の営みでもあり、またさまざまな規定や約束事による制約がある場でもあり、何より保育者が働きかけを行うところであることが遅まきながら理解できていった。

　そのようにして質的な記述と分析を試みて、それが詳細にわたるほど、実践者の共感を時には受けるとともに、かえって実践者からの批判が誘発されることもあった。統計的な数字と検定があふれている論文だと何も言われない。理解できないというだけでなく、関係ないと感じていたのだろう。だが、質的記述は実践者にも理解可能であり、そうすると何のためかが問われる。しばしばそこでの考察が見当外れであるとか、あるいは当たり前で今更研究に値しないと批判を受ける。互いの用語が食い違うことにも気づいた。相手の用語を使うことが必要なのか、その時代の心理学用語に固執すべきか、どちらに意味があるかがわからない。少しずつ実践者と話し合いを重ねる中で、保育・教育の現場的用語になじんでいったのである。

(3) 実践研究と向き合う

　気がつけば、実践者自身も少なからず研究をしているのであった。一緒にその研究を考えることも増えていく。改めて、そういった教師・保育者の研究もまた「研究」であるとはどういうことかを考える。そういった実践者の研究と研究者の研究の接点においてひとつの連携関係を形成できないものだろうか。では、そこで、中身のある対話をするにはどうしたらよいのか。学問としてのわかりやすい解説ではなく、何か意味のある対話はあるのか。

　たとえば、実践のことばはそのとおりの意味なのか。保育者はよく「遊び」

とか「子ども主体」といった言い方を愛好するわけだが、それはどうやら発達心理学での用語とはだいぶ異なる意味らしい。それはたとえば幼稚園教育要領で規定されているとも言いがたく、実践の慣例の中で形成された独自の意味合いを込めて使われている。また、実践研究とは実践自体とセットであって、よりよい実践を行いつつ、それを理屈づけるもののことを指すようだが、そのことは何を意味するか。研究とは実践と独立した言説的価値をそこで担っているのか。

実践に本当に示唆を与える研究はあり得るか。実践者が繰り返し読んで参考にする著作などはあるわけだが、それは研究としてということなのだろうか。奥深い意味を持った文章を何度も読むとはそれを契機として実践を振り返るための手立てなのではないか。テクストや論説は実践者に意味があるかもしれないのだが、それは具体的なノウハウを示すか、そのつどの政策的動きを情報として伝えるか、あるいは今のように奥深い対話の場を提供するものであり、それは研究者のイメージする研究とはだいぶ異なるようにも思える（このあたりの事情を考察しまとめたものは、無藤, 2007）。

4-5　質的方法論の蓄積

質的な研究方法論が欧米において盛んになってきていることは日本の心理学でも1980年代には明瞭になってきていた。その中心がグラウンデッド・セオリーである。それは単なるインタビュー・データの分類法ではなく、データに根ざすとはどういうことかを正面切って考えることなのである。数量的データはたとえば質問紙での評定のように、尺度の何段階かに答えるところで、どう考えて答えたかを研究者は見ないことにして、後からの数値の統計処理を通して推測する。むしろ、そこを正直にどう答えたかを尋ねて、そこから考えたらどうなのか。だったら、わざわざ研究者の作った尺度を与えるのではなく、その人の活動の現場の実践に即して、どう考え感じているかを聞き出して、そこから尺度的なカテゴリーを作ったらよいのではないか。同時に、研究者の思い込みをデータにいわば押しつけて見たいものを見るのではなく、データから立ち上げていくにはどうしたらよいのか。グラウンデッド・セオリーにおける「切片化」により、データを1つひとつに区切って、

他の文脈を考慮せずにそれに即して検討していく手法はそのひとつの対応である。

　フィールド（現場）の詳細な記述は、たとえ関係者にはかなりよくわかっているように思える幼保・小学校などにおいても必要なのではないか。やりとりの詳細な分析は十分研究たりうるのかもしれない。そこに会話・ディスコース分析は有効に機能しうるのかもしれない。さらに、現場の様子と結びつけることはできるのか。保育や授業の研究はその延長線で成り立つのか。現場に立ち入って、そこでの人々と共に活動しつつ、フィールドノーツを取り、また他の手法によるデータも集め、自分自身の現場感覚を大事にしつつ、記録をまとめていく。それはまさにエスノグラフィーの出番である（佐藤，1984は多大な示唆を与えた）。

　事例研究はいかなる意味で質的な研究となるのか。臨床心理学での事例研究と呼ばれるものの多くは単に理論的枠組みが決まっており、それに応じて心理臨床の実践を行い、その枠を是認するように考察するという以上のものを出ないように思えた。だとすれば、事例研究とは何か。質的な方法論を取り入れ、詳細な分析と理論的明晰化が不可欠なのではないか。

　また、1エピソードの分析は研究たりうるか。実践研究ではしばしば数個のエピソードを持ち出し、それにより議論を進めることが多い。それは意味があるか。質的研究としても成り立ちうるのか。質的研究として公表されているものの中に、そういったものもあるが、それは研究としてどういった特徴を備えているのだろうか（鯨岡，2005; 無藤，2008）。それはもっとも素朴な意味での質的研究であろう。ある程度の長さのエピソードを取り出し、それを分析するのだが、そこにグラウンデッド・セオリーと違って、暗黙の現場感覚や他のエピソードからの理解を用いているからである。ただし、どのエピソードを取り出すかは結局、分析を豊かにできるものを選ぶといったことが多く、恣意的にならざるを得ない。確かにそれらの点で厳密性が少なくなることになる。といって、エピソードの記述に即してそこで何が言えるかを検討するのであり、その意味での客観性を備えている。

　以上のような問題意識を持ちつつ、無藤（1997）では、発達心理学と質的研究の枠組みを利用しつつまとめたのである。そこでは、そういった流れとともに、G. H. ミード（『精神、自我、社会』1934/1973）とそれ以降の象徴的

相互作用論などの流れを参照した。そこでは、相互作用の始まりから、それが意味を互いに担い、社会的なあり方を構成していくのかを分析する枠組みとなる。さらに、ウィトゲンシュタインの言語ゲーム論（『哲学的探究』1953/1994-95）がひとつの方向を示した。とりわけ、すべてはことばのやりとりに現れているのであり、そこに背後の深層的あり方を考えることはしないという分析態度であり、そこで成立していくルールを取り出すという方針であり、またやりとりがまさにそのままでひとつの文化となるという点である。そこから、次第に、実践研究は実践自体の提示と別の自立した価値を持ちうるか。そうだとすれば、実践を対象として、研究者と実践者の何らかの協同のうえに成り立つ研究の可能性を目ざそうと試みを開始したのである。実践志向の質的研究の成立はそこにひとつのあり方を見て取ることができるように思う。なお、そこでの記述言語を実践から取り出し、そこでの主要用語を分析する方法として再詳述法を提唱した（無藤, 2005）。

　そこで改めて質的研究の広がりを見直すことができるし、すべき段階に来た。第一に質的研究はきわめて広範な広がりを見せ、とりわけ1990年代以降、多様に発展してきている。それを元に実践志向にしても、質的研究またその方法論の深まりが生まれてきている。方法論もまた多様となり、むしろ特定の方法に固執せずに、そこでの研究の狙いに即して使えるものは使うというやり方が増えてきた。ここでパーソナルな記述から離れ、改めて質的研究の多様性を概観したうえで、その意味での方法論を述べよう。

4-6　方法的ブリコラージュとしての実践志向の質的研究者とは

　質的研究の方法論の浩瀚な展望は、デンジンとリンカン（Denzin & Lincoln, 2001/2006）やリンカンとグーバ（Lincoln & Guba, 2000/2006）を参照してほしい。そこから特に「方法的ブリコラージュ（手元で使えるものは何でも使いつつ、創造的な工夫をする）」の考えを紹介したい。それが実践的志向において鍵となる方法なのである。

　方略とは、研究者が方法的ブリコラージュとして経験的材料を集める段階になって用いるスキルや想定や実行や材料の実践を指す。その方略が研究者を個々の特定のアプローチや方法に結びつける。そのうえで、どのアプロー

チであろうと、質的研究者がブリコラージュとしての方法論を用いる際の多様な実践と方法の面からその特性を検討できる。

インタビューという手法は現代社会ではもはや研究者の独占的なものではなく、特に訓練を受けずに使うことも多い。出来事をめぐって個々人が構成したものがそれ自体として力を持ち、意味、社会的価値を担うと見なされている。だが同時に、インタビューはその場においてさまざまな当事者が交わり会い交渉されて生まれるテクストなのである。そこに、客観性と離脱性を求める実証主義的研究と、インタビュアーと対象者のあいだに開放性と情緒的関わりと潜在的に長期になりうる信頼関係の成り立つものであろうとする立場によることのあいだに大きな矛盾が生まれる。

社会的状況の中に入り見ることが観察による材料収集である。参与観察ならそれは参与したことによる観察となる。ナラティヴ・エスノグラフィーは参与する中で相手側の世界に関わるところで作り出される。そういったテクストは読み手にどれほど真実らしさを作り出すかで評価される。純粋で客観的で離脱した観察はない。観察者の存在は決して消すことはできない。

視覚的方法は写真や動画やその他の視覚的に捉えるものである。写真において観察者のアイデンティティと対象者（主体）の視点と何を撮影するのかは常に問題を含んだものである。カメラは中立的な観察道具ではない。

オート（自己）エスノグラフィーでは研究者は自らのエスノグラフィーを行い、書き記す。自分の研究をこそ研究することができるのだと見る研究者は多い。研究者が同時に研究の対象者になる。

個人的記録として日記、自伝、交換帳、回想、手紙、個人の記録（パスポート、出生証明書、自動車免許証、逮捕歴等）などを検討できる。そういった記録から、たとえば、研究者自身の主観的な過程や経験を取り出せる。研究の際のフィールドノートはエスノグラフィーにおける研究者の変化を見て取れる。

人間の経験を語りや動画などを通して探る際にテクスト・談話の分析として、内容分析という量的方法、記号学としての構造的方法、ナラティヴ・ディスコース分析という解釈理論におけるポスト構造主義的発展とがある。記録素材は状況的構成物であり、ある種の約束事と理解により形成される表現の一種である。社会生活の透明な表現ではあり得ない。

そこにあるものを素朴に実在するとするのではなく、社会的に構成されたものとするのは、その社会的構成がものの存在により重みがあることを知っているからである。またそういった観察をことばにするのは意味ある仕方で相互作用する出来事、活動、現象、経験を同時的に検討したいからである。

解釈と表現の実践を定義する過程は常に現在進行形の、出現してくる、予測不可能な、終了することのないものである。そこにはもはや神の眼のような方法論的確実性を保障するものはあり得ない。すべての探究は探求者の立場（スタンドポイント）を反映し、すべての観察は理論負荷的であり、理論から自由な知識はない。ナイーブなリアリズムや実証主義の時代は過ぎたのである。あるいはまた、質的研究を評価する基準は道徳的でもあり、具体的場面での実際的、倫理的政治的な関連の中で行われる。倫理とは、ケア（配慮）、共有的管理、隣人性、愛、親切などに基づく研究を要請する。それが社会的批判と社会的行為につながる。

質的研究者は解釈的ブリコレール（ブリコラージュする人）なのである。インタビューし、観察し、物質文化を調べ、視覚的方法を使って考え、詩やフィクションや自己エスノグラフィーを書き、説明的ストーリーを語るナラティヴを構築し、質的コンピュータソフトウエアを使い、テキストに基づく探究を行い、応用エスノグラフィーやプログラム評価に携わるのである。そこに、もはや実践者と研究者という簡単な区別はない。

4-7 混合法の成立へ

実践を志向するというとき、常に質的方法のみを用いるのは実際上賢明とは言いがたいように思う。それは実践を良くするための種々の経路があり、そこでは使えるものは何でも使うというブリコラージュ的方法論が支配し、そこに量的方法も含まれると考えるべきだからだ。だとすると、混合法の発展は注目すべきことでもある。

研究の方法論の発展として、特に伝統的な方法論の中に位置づける努力は、質的方法論の歴史の正統的な流れから見ると、むしろ逸脱のように捉えられるかもしれない。実証主義への妥協であると批判を受けることもある。その歴史的経緯をどう捉えるかは、今後の研究方法論の発展を考えるうえで、大

きな教訓を提供してくれる。その上、初めに述べた私自身の関心の発展から言えば、混合法の推進の考えは私のような質的方法と量的方法の双方を共に活用したいという立場からは大いに検討に値する。

　ブライマン（Bryman, 2006）によると、質的方法と量的方法を組み合わせるという混合法（mixed methods）は、以前からあるアプローチではあるが、1990年代後半から特に盛んになり、2000年代にはひとつの方法論的ジャンルを構成するに至っており、以下のような展開を見せる。

　量的方法はそれ以前、正統的方法であり、自然科学に類した理念を代表し、実証主義的な認識論を掲げていた。それに対して、現象学や解釈学に則り、質的方法論を主張する立場が強まる。そこに、それは相容れない2つの立場なのか、両立は可能か、まして1つの研究の中に混合することは意味があるかという論争が生まれる。「パラダイム戦争（Paradigm Wars）」と呼ばれる論争が1970年代から1990年代にかけて生じる。そこでは、質的方法と量的方法が互いに相容れないアプローチであることが主張された。科学史家のクーンのいわゆるパラダイムであり、通約不可能だというのである。その通約が不可能だというのは、根本にある認識論と存在論が異なるのだとも論じられた。実証主義か構成主義かが典型的な対立である。

　では、質的方法と量的方法を組み合わせることはナンセンスなのか。そうだと賛同する立場もあるが、そうではなく、組み合わせを是認し唱道する立場も現れる。そこでは、哲学的な立場と研究の実際の進め方は必ずしも同一ではない。確かに質的方法の方がより倫理的かつ共感的な方法論なのだとする意見もある。だが、方法の選択はもっと多様な基準を考慮することでなされるのではないか。さらに第三のパラダイムとして質的方法と量的方法を組み合わせる混合法を提唱する立場もある。それに対し質的方法と量的方法を組み合わせることへの抵抗も強い。平和共存は無理で、一緒に使うことが各々の特徴をむしろ損なうのだという意見も継続してある。研究方法論の底にある哲学的伝統を無視はできないというのである。量的方法の中核にある実証主義（あるいはリアリズム、あるいは合理主義）は、質的研究者の言う解釈学的循環（あるいは自然主義）とは両立しないとする。もっとも、中間的な立場もまたある。

　議論は次第に協調できるやり方を探るところへと向かう。異なった方法的

アプローチは異なったレベルの異なった抽象度にそれぞれ該当する。あるいは、質的方法と量的方法はそれぞれ現実の部分的イメージを提供するのであり、それらが合わさって全体像を描き出せる。とりわけ混合法をプラグマティズムにより正当化するようになる。複雑な研究課題に答えるには手に入る道具やアプローチを何でも役立つなら使えばよい。さらに、質的方法と量的方法にそれほどの明確な区分けがパラダイムとしてあるわけではないとする論者も現れた。実証主義や現象学などの哲学的立場は方法の選択への多くある中のひとつの影響源なのである。むしろ、研究状況の必要に応じることが重要なのだとするのである。

　質的と量的とは三角測量的（トライアンギュレーション）（つまり同じ現象を違うやり方で捉えている）であるとする議論は当初よりなされてきた。実証主義の枠組みでは、同一の現象を異なる方法で捉えるなら、それは一致することにより確かな知見となる。三角測量は、量的な方法の中のことを、質的方法へと広げ、また、データ、調査者、理論、方法論的アプローチの多様化へと拡張した。

　では、その方法で見出された結果について、それらは本当のところ、どの程度に比較可能なのであろうか。データの関わる対象についてというより、それはたとえば、質問する側の各種の文脈によるのかもしれない。三角測量は単に１つの発見を用いて、別の発見の真実性を検証するという問題ではないのだと理解されてきた。さらに複数のパラダイム間のつながりを考える立場から、「メタ・トライアンギュレーション」等も提案され、特に理論構築のための跳躍台としていこうとする。

　むしろ現実自体が多様であり、多様なアプローチを必要とするのではないか。そこでは、観察者対観察されるものの単純な対比はもはや成り立たない。１つの発見を特権化するのではなく、混合法においてはとりわけ、複数の方法による結果の対照にそれ自体として積極的に取り組むのである。むろん、各種の方法は簡単に統合できるというものではない。それぞれの方法は独自の下位文化の中で育ってきた。統合はその文化の融合となるのだから、簡単にはできない。質か量かはそのどこに重きを置くか、どこを分析上先んじさせるかで統合のあり方も変わってくるのである。

4-8　学界のポリティクスと質的研究の今後

　理論的研究的営みは同時に学界としてのあり方の見直しを並行して意味がある。学者世界の生き残りとは研究論文の共有により可能になるものであり、同時に、研究論文は公表されてこそ意味がある。どこに発表できるかが問題となる。個人的には著書でもよいが、本来、研究者、とりわけ若手研究者には学会誌が不可欠な媒体であり、しかもある程度の長さが必要である。また、修士論文・博士論文で認められることが必要である。「日本質的心理学会」の設立がそういったポリティクスを動かす試みであることは明らかであった。ハンドブック類の刊行もおそらくそういった意味が日本でも欧米でもあるに違いない。

　だとすると、方法論的整備は質的方法の認知にとって不可欠である。そして、学界としての整備が方法の良否と継承を実質化する。その結果としてのマニュアル化は普及と共に、通俗化と平板化をもたらすのはやむをえない。では、その洗練というより、研究の必要に応じての展開の場をどう確保し、進めるか。まさにそれが本稿の問題意識である。

　質的研究はどう発展させうるのか。それが2000年代の問題設定であろう。そこでは、事例の詳細な記述が核となる。ある現象がよく見えるようになったという研究者自身また読み手の研究者・実践者のいわば「照明経験」を目ざす。同時に、実践を志向する場合にとりわけ、現場性をどう入れ込むか、その場のリアリティ感覚とは何かを問題とする。そのうえで、理論的な飛躍や眺望を明らかにする。では、そこに実践との関係はどう入り込みうるのだろうか。

　1990年代以降、質的研究は量的研究とどちらが優先するかなどはともあれ、心理学その他のひとつの有力な方法論として位置づいたと言えるだろう。では、実践に関わるところではどうなのか。実践的論文の対話的あり方に注目する必要がある。専門的実践者の暗黙的知を外に出すこと自体が研究である。が同時に、それが「外」からどう見えるか、既存の研究知見からどう解釈しうるか、さらに実践者であろうとなかろうと何度も見直し考える過程において、その実践と位置づけはどう変わりうるのか。そこでの方法的工夫と

しては、記述と解釈は相対的に区別することで、他の解釈の視点を取り入れ、論文の中における対話を可能にすることである。さらに図や写真の組み合わせによる記述と解釈の組み合わせの可能性については無藤（2008）を参照のこと。

とりわけ、実践との関係において質的研究を捉えるならば、その発展の方向を4つの面で考えることができる。

- **現場性**：現場感覚は現場に身を置くことの感覚の生かし方である。その場のリアリティ感覚と違和感としての検出を共に可能にする。
- **生成性**：生成過程そのものを記述する。変化を引き起こすものと変化自体とが一体的であることの様相である。
- **対話性**：実践に共に向かい合いつつ対話し、そこから他の場への通用性を探る。
- **パーソナル性**：パーソナルな声としての研究を可能にする。関わるときの自分の感覚を保持し、そのうえで表現を通して共通性を求める。

だが、研究として発展するには、特定の現場を離れていくことも必要であり、それが一般性の問題であり、同時にとりわけ現場的あり方を政策の問題につなげるときに必要になる。制度論や大規模な量的サーベイとも組み合わせていくべきでもある。そこでは、先述したように、近年著しい発展を遂げている「混合法」の導入が不可欠になる。また、方法論が自律するというより、研究の目的と研究内容に応じた使い分けが目ざされるところとなるだろう。

4-9　暫定的結論とは

以上、実践志向の質的研究の成立の歴史的流れをスケッチし、質的な方法論のアイデアの多様性を時間軸を意識しつつ検討した。いくつかの動向がわかる。第一に哲学的な思潮が経験的データ収集の手法と研究へと転換していくことである。第二は、方法論が整備され、マニュアルでありテキストとなり、学界としての安定性を確保するようになることである。第三は、それを

脅かすように繰り返し新たな哲学的主張が持ち込まれ、また実践からの有効性と倫理性の問いかけが提示されることである。第四には、量的方法との対比と共存の可能性が進みつつ、そこへの批判が絶えず提示されることである。質的研究の多様性と豊かさは明らかであるが、それは決して安定した一律の方法として落ちつくものではないことは確かではないだろうか。

【参考書】

無藤隆（2007）.『現場と学問のふれあうところ ── 教育実践の現場から立ち上がる心理学』新曜社.
　教育・保育現場に関わりつつ学問的な立場を積み上げ、そこに学問的な成果をもどしていくにはどうしたらよいか。現場実践から学ぶとは何を意味するか。そういった問題をめぐって筆者の研究や現場実践への関与歴を辿りつつ、「教育心理学」の可能性を検討したもの。

鯨岡峻（2005）.『エピソード記述入門 ── 実践と質的研究のために』東京大学出版会.
　現象学の立場から実践エピソードについていかに立ち入った理解を可能にする記述としていくかを具体例を豊富に挙げて論じている。現場の実践者が研究をするとはどういったことで可能になるかの実例であり、研究者と実践者の協同的な関係の一つのモデルとなる。

秋田喜代美（2012）.『学びの心理学 ── 授業をデザインする』左右社.
　研究者が授業・保育実践を見て研究するだけでなく、その改善・向上を図る。また実践者が自らの実践を研究ベースによりつつ見直し、向上させていく。その双方を可能にする実践者と研究者の協同的なあり方はいかにして可能か。種々の動向に目配りの行き届いたテキスト。

5節
フィールドにおける学習・教育研究
藤江康彦

　学習・教育の現場は、家庭、就学前教育機関、学校、生涯学習施設、地域、企業など多様であるが、本節では「学校」における研究を念頭において検討していく。まず、学習・教育の現場における質的研究とはどのようなことを目ざしているのかを考える。次いで、主として学校をフィールドとして進められてきた質的研究を、授業、子ども、教師、集団、教室談話の点からそれぞれについて概観する。そして、学習・教育の現場における研究のあり方について、現場の独自性に触れながら検討していく。

5-1　学習・教育の現場における質的研究とは何か

(1) フィールドにおける学習・教育研究とは

　学習・教育の現場である学校をフィールドとした研究において質的方法がとられる場合、どういった志向性や問題意識が背景にあるのだろうか。学習・教育の現場における営みを教育実践とすれば、教育実践は、当該の実践への参加者が、制度的な場において、何らかの媒体を介して、カリキュラムや行為・文化に規定されつつ、同時にそれらを生成させながら活動することであると見なすことができる。フィールドにおける学習・教育研究は、図3-1にあるような事象を対象とし、実際に学習や教育の現場に赴いて行われる研究全体を指すといえる。

```
参加者　　　：教師，子ども，仲間，同僚，など
場所・制度　：学校，教室，サークル，職場，など
媒体　　　　：教材，学習材，視聴覚機材，コンピュータ，振る舞い，発話，など
カリキュラム：指導計画，実践記録，参加者のねがい，評価，隠れたカリキュラム，など
行為・文化　：教室談話，学級文化，教授行為，社会的相互作用，など
```

図3-1　教育実践を構成するもの

心理学者は現場になぜ赴くのか。1つには、学習・教育の営みを「理解する」ためである。人間の学習や発達に「教育」はきわめて大きな影響を及ぼしている。教育という営みのもとでの学習や発達がどのような機制を有しており、教育という営みが学習や発達においてどのような機能を果たしているのかを明らかにすることは、心理学研究の中心的な課題の一つである。2つには、学習・教育の営みを「創造する」ためである。学習の現場における学習者の学習の様態に即した学習環境や教授システムの改善に心理学の理論や方法論を用いて関与していく過程で、学習者の内的過程を微視的に把握したり構造的に場を捉え当事者間の諸関係に配慮しつつ問題解決の方向性を示すことは、心理学諸領域における対象への関わり方でもある。後者は、アクションリサーチとして他節にて論じられているので、本節では前者を中心に考えていく。

(2) 学習・教育の場の特徴と質的研究

　学習・教育の場の特徴の1つ目は、子どもや教師といった、固有の学習経験や生活経験を有する授業の当事者が授業をめぐって集う場であるという点である。学校における教師や子どもの実践を対象にする教育研究、特に教育方法学においては、学問の立ち上げの時期から教室に入り、子どもや教師と同じ時空間に身をおき、教師の働きかけ、子ども一人ひとりの思考のあり方や授業参加のあり方に目を向け、それらが相互作用をしながら授業が展開する様子を捉えてきた。授業における教授・学習の展開や雰囲気、教室における子どもの生活を包括的に捉えようとする研究が進められてきた（たとえば、木原, 1958; 砂沢・鈴木, 1960; 重松・上田・八田, 1963）。その点では、教育方法学者にとって、質的研究は必ずしも新規な方法論ではない。しかし、心理学における質的研究法の広がりによって、たとえば、分析の妥当性や信頼性をめぐって、データ収集方法やサンプリング、事例の選び方などが議論されることで研究対象のとりかたや研究手法がより洗練され、精緻化されている。教育実践を対象とする研究に対して、心理学が果たした役割は方法論的側面だけではない。たとえば、村瀬（2007）が指摘するように、ヴィゴツキー理論を基盤とする社会的構成主義の考え方は、授業における子どもの学習を意味づけ語る、「文脈」や「道具」という概念をもたらした。社会的構成主

に基づく授業研究は個人の知的営為を学級に媒介し、個人間の葛藤を出現させ、調整を行い、合意形成を志向する過程としての教室談話を分析することで、差異性を尊重しながらより整合性の高い認識へと向かう可能性を対話や相互作用に求める過程を明らかにした（佐藤, 1996; 高垣, 2009 など）。

　学習・教育の場の特徴の2つ目は、制度的状況であるということである。制度的状況であるとは、マクロには、教育に関する法規を実体化する各種の制度の下で教育の営みが進行しているということであり、ミクロには、教育の場への参加者の行為や身体がある一定のパターンをなしうるということである。たとえば、日本の教室においては、教科学習は学習指導要領という制度に基づいてその内容が選択されている。また、教室において成功裏に振る舞うためには、「学校」という場、「学級」という組織において適切と見なされている行動をうまくとることが必要となる。社会的、制度的、政治的状況に生きる当事者を捉えることは「新しい教育社会学」といわれる動きの中で取り組まれてきた。解釈的パラダイムに基づく研究においては、教室談話は何らかの規範に基づいて生成されており、発話は単なる認知の内的表象ではなく社会的な行為であると捉えられ、教室においては教師と生徒の社会的関係性に基づく社会的規範が相互作用的に生成され運用されていると見なされた。参加者の行為は規範に規定されると同時に規範を資源として円滑に営まれるものとして捉えられた（稲垣, 1989; 秋葉, 1997）。

　ここで問題となっているのは、制度と個人との関係である。個人の行為は制度の制約を受けるが、それは一方向的なものではなく、個人の行為が集積することで制度が再構築されるという側面もある。また、制度は文化的特質を持ち、それゆえに社会文化的文脈からの影響を大きく受ける。それゆえ、制度－社会文化的文脈－個人は相互に影響を及ぼし合い、これら三項の関係のあり方によって、実践のあり方は変わっていくといえるだろう。

　そのような状況下での認知過程に関心を持っていたのは、ポストヴィゴツキアンによる種々のアプローチである。たとえば、学校教育においては科学的な言語使用や思考や探究といった学校教育制度に特有の様式でもって教科の内容を学ぶ。子どもは科学的なことばや探究の手続きを用いて教材に働きかける。さらにことばや手続きを用意したのは教師であるし、さらにその背景には科学的なことばや思考や探究の様式を用いて学ぶことをよしとする制

度的な学校の文化がある。制度的な教育において科学的な内容を習得させるという公教育の論理のもと、内容的に誤っていても、制度的なことばを用いていれば正しいと見なされることもある（Wertsch, 1991/2004）。無藤（2004）が指摘するように、質的心理学は記述することがその主たる営みとなる。教育の現場において具体的に立ち現れるものごと、その個別のあり方を詳細に捉え記述的に再構成することを通して、教育の場における制度－社会文化的文脈－個人の関係のあり方を捉え、場の構成を解明していくのである。

　学習・教育の場の特徴の３つ目は、きわめて合目的的な営みであるという点である。それゆえ、研究には単にその場を記述し、再構成するのではなく、目的の実現がよりよく図られているかを検証したり、そのための改善策を提出することが求められる。教育心理学においても、実践現場を内側から理解し、教育的価値と向き合い、そこで生きる人々と協働してよりよい実践を創出することをめざす実践的動機に基づく「実践を通しての研究」（鹿毛, 2002）が志向されつつある。実践上生じた課題を解決するにあたり、心理学研究の蓄積としての理論や方法論を適用するのである。

　その際、実践上生じた課題を研究者が教師とともに探究していく点が、「実践を通しての研究」の基盤となる。実践を通しての研究としては、「アクションリサーチ」（矢守, 2010 など）や「コンサルテーション」（小林, 2009 など）があげられる（5章参照）。さらに、学習を促進するための認知的・社会的条件を明らかにし、その知見をもとに学習環境をデザインすることを志向する学習科学の動き（たとえば、三宅・白水, 2003; Sawyer, 2006/2009）もあり、学習環境としての学校や教室がデザインの対象として捉えられるようになった。このように、教育の場は観察の場から介入の場まで、非常に大きな研究のフィールドとして存在する。

5-2　学習・教育の現場に調査者はどのような目を向けてきたか

　では、研究者は実際にどのようにフィールドに関わり、記述してきたのか。教育心理学を中心に発達心理学、教育方法学、教育社会学も射程に入れながら、子ども、教師、授業、教室談話、集団の５つの対象にどのようなまなざしが向けられてきたのか概観していく。

(1) 授業へのまなざし

　学習・教育のフィールドにおいて授業は中心的な活動である。授業は数多くの要素から成立しているが、質的研究としては、教師の教授行為、学習の社会性、教授法の開発、教室談話などにまなざしが向けられてきた。教室談話研究については項をあらためてみていく。

　教授行為として、子どもの発話への教師の対応に着目する研究として、小学校低学年の学級において、授業進行から外れた子どもの発話への対応（岸野・無藤, 2005）、「一対多の対話」が導入され成立していく過程（磯村・町田・無藤, 2005）などがある。とりわけ、小学校低学年の教室においては集団の規範や授業のルーティンを子どもが獲得することが教師によって意図される。この時期に獲得した規範やルーティンはその後、公教育制度の下で成功裏に学習に参加するために必要となるからである。授業におけるルールの導入や共有を促そうとする教師の行為の研究は低学年だけにとどまらない。小学校高学年の「話し合い」を中心とする国語授業を支える「グラウンド・ルール」の共有過程（松尾・丸野, 2007）やその特徴（松尾・丸野, 2008）、などが授業観察と発話データの質的量的分析から示された。小学校低学年の授業においては、子どもが「授業」という社会的制度的状況において徐々に適切に振る舞えるようになる過程が示されるのに対して、高学年では子どもの側も授業の状況を把握しより適切な発話生成を志向するため、教師は視点の多様性と違いをもとにした学習の深化を志向し、全ての子どもを学習の主体とする談話の場づくりを目ざしていくことが示される。

　社会的構成主義、社会文化的アプローチに基づき、学習の社会性に着目する研究として、たとえば、談話や図などの道具に媒介された学習過程が描かれている。中学2年の理科の授業において暗記的に概念を習得する単声的学習から既有知識とのあいだで妥当な意味を創発する多声的学習へと向かう過程（田島, 2008）、小学5年の算数の授業において「数直線図」などの概念を表象する「数学ツール」への立ち戻り（以前学習した内容の振り返り）が概念理解を促すことや数学ツールそのものにも理解深化の過程があること（河野, 2005）、繰り返し立ち戻る過程で子どもたち同士による足場かけがなされ、子どもたちの理解深化が支えられていたこと（河野, 2007）が明らかにされた。

人間の学習はもとより言語や図などの道具に媒介されて成立する。その過程の内実について明らかにしていくためには、授業という社会文化的文脈の諸要因の中でどのようにことばが生成され、聴かれるのか、図がどのように子どもに活用され、また子どもの学習を規定するのかについて包括的かつ微視的にみていく必要がある。教室における教科学習という意図的に組織された集団的活動システムであるからこそ、このことが可能であるといえよう。

　さらに、学習の過程を記述するだけではなく、学校現場で開発された教授方法や、学習方略を基盤とした教授方略を用いる介入的な研究も進められている。たとえば、小学5年の理科の授業において生徒を教師役と、日常経験知しか知らないと想定される他者役とに分けて、教師から他者に説明する形式をとる「説明活動」が概念理解に及ぼす効果が相互作用分析によって明らかにされている（田島・森田, 2009）。また、協同学習を基盤としながら概念理解を促す学習環境づくりを試み、実践して子どもの変容を捉える研究も進められている。たとえば、小学4年の理科の授業においてTarget（学習内容）の理解のためにAnchor（学習者の既有知識、直観的知識）とのあいだ（Jump）を細分化するブリッジングアナロジー方略に沿った教授法（高垣・中島, 2004）、相互教授法（高垣・田原, 2005）、小学5年の理科の授業における相互教授法を理科向けに発展させたGIsML（Guided Inquiry supporting Multiple Literacies）（高垣・田原・富田, 2006）、相互教授法と概念変容教授とを関連づけたもの（高垣・田爪・松瀬, 2007）、高校物理におけるコンフリクトマップ（高垣・田爪・降旗・櫻井, 2008）の使用などである。それぞれ、学習内容を踏まえて、教材開発や研究法の検討がなされており、効果が認められている。いずれも、相互教授法を通して協同的に子どもの概念変容を促す教授法を開発しているが、その効果を測定するにあたり授業の文脈における変容過程そのものを捉えていくうえで観察記録に基づき文脈を詳述する質的心理学が威力を発揮する。

　学習環境デザインへの実験的なアプローチは近年、増えつつある。桂（2010）は、アメリカの大学における「クリエイティブライティング」に基づき「ワークショップ授業モデル」を再構成して中学校の音楽授業の小中学生が交流する合同授業の場を中心としたアクションリサーチを行っている。また、坂本ら（2010）は、小学5年の総合的な学習の時間での、解決よりも

合意形成が目ざされるような問題解決場面において、合意をめざし具体的な条件付きの賛成や反対、代替策といった、新しいアイデアを提起するような「知識構築型アーギュメント」を子どもが獲得する学習環境デザインを検討している。研究者が参与観察するにとどまらず、実際に教授方略、活動構成、カリキュラムのレベルで教師と協働して取り組むことも学習・教育におけるフィールド研究である。学習者である子どもの変容からのみ成果を捉えるのではなく、教師の変容やカリキュラムの改善も検討対象とすべきであろう。アクションリサーチの教育的基盤は「参加」である（Mcniff, 1988）といわれるように、改善や成果が現れるプロセスに参加することが、教師にとっての広い意味での研修の機会となるのである。

(2) 子どもへのまなざし

子どもへのまなざしは、学校という制度的環境において戦略的に行動を形成して適応していこうとする姿に向けられる。たとえば、小学5年生と6年生の子どもが教室における評価に対して、テストを最重視するか学業以外で高評価を得るかを子どもなりに選択し、個々人が生かされる道を探して評価をめぐる相互行為を重ねている姿が描かれている（金子, 1999）。また、自ら得意なスキルや有用なアイデンティティ資源を創造的に利用しながら、所属学級コミュニティと社会的に統合し、教科学習でも成果を上げ、日本の小学校に異文化適応している日系四世のブラジル人少年たちの姿が描かれている（森田, 2004）。エスノグラフィーに基づくこれらの研究は、子どもたちが学校教育制度や文化に一方的に制約を受けるのではなく、制度や文化をときにうまく活用しながら子どもたちなりの生存戦略として行為形成している点での能動性を浮き彫りにした。子どもたちのこのような戦略的で適応的な行動が教育の営みを成り立たせていることを逆照射している。

子どもへのまなざしは、移行期の子どもたちにも向けられる。たとえば、小学校入学後、教師による発話ルーティンの導入や媒介、話型の指導を受けて、一対多のコミュニケーションにおける言語形態（二次的ことば）やきまりの習得を含む教室ディスコースを用いるようになり、1学期中には活動を主導するようになった小学1年生の子どもたちの姿が描かれる（清水・内田, 2001）。一方で、小学校への適応を意識した幼稚園での「直接的指導」に対

する、「自分のペースで」、「できる範囲で」自分で考えて行動させようとする小学校での指導のあり方の違いが、子どもの学校発達的ニッチとの「相互調節の仕方」の齟齬につながり、相互調節に対する子どもの積極性の差異を生じさせているといった移行の困難も描かれる（菊池, 2008）。幼小移行期への着目は、学校教育への適応が、教室のディスコースコミュニティへの参加や教師の意思と自己の意思との調整を成功裏に行うといった課題へと子どもなりに対処していく過程であることが明らかになる。

　子どもへのまなざしは、適応の過程だけではなく子どもの活動の変容の過程にも向けられる。長期にフィールドに入り、子どもの行為を教師や仲間との相互作用としてみていくことにより、学校における子どもの行為形成やその変容過程を関係論的に捉えることが可能になる。

　たとえば、小学3年生の学級での1年間にわたるフィールドワークからは、当初「声が小さい」ことが問題化されたある女児が、アーティファクトとの関わり方に「その子らしさがある」ことが教師に見出されたことや「声が小さい」のではなく聞き手にとって「聞こえない」ことが問題であることの可視化を経て質疑応答の連鎖が生じるようになった（本山, 2004）。子どもが発表者として自立していく過程を関係論的に捉え、なぜ自立していくように見えるのかを明らかにしている。

　学校における子どもの発達は、乳幼児期の発達においてもそうなのだが、それにも増していっそう微視発生的にみることで明らかになることが多い。学校における子どもの発達は学校教育という社会的、制度的、文化的文脈への適応というかたちで遂げられるため、共に学び暮らす他者との相互作用によって関係論的に捉えることとなる。研究方法として長期にわたり、子どもの活動を文脈や状況も含めて詳述することではじめて捉えることができるのである。

(3) 教師へのまなざし

　教師へのまなざしは、専門職としての熟達、専門性向上の背景へと向けられる。専門性の向上に及ぶきっかけとなった要因の重なりとしての「転機」として「生活科」の導入に深く関わった教師へのインタビューでは、制度変革－環境移行－加齢－個人史の輻輳の物語が語られ、熟達として、教育観、

授業観、子ども観の変容、それぞれへの見方の広がりが明らかになった（岸野・無藤, 2006）。制度改革は危機的移行であるが、創造性の発揮、新たな専門性の獲得の契機でもあり、その契機は日常の営みの中にもある。とりわけ、学校というきわめて制度的文化的特質を有する状況が熟達の現場となるという点で、教師の熟達はその制度的文化的状況への参入と連動している。校内授業研究会の事後協議会の談話分析からは、在籍年数の長い教師はローカルナレッジの形成を促す役割を担っており、教職経験の長い教師は、実践的知識の豊富化を担っていることが示された（坂本, 2012）。事後協議会の「談話空間」は学校が在籍する教師たちにとってのディスコースコミュニティであり、そこにいかに参加するかが教師集団におけるメンバーシップの獲得を保証することを示している。また、その学校文化における先達であることが、協議会における発話への説得力を増すこととなっており、学校の談話共同体への適応が教師にとって重要性が高いことも示している。

　教師へのまなざしは、教室や学校における経験へも向けられる。教師は生徒指導の経験を振り返り、「集団をみる／個人をみる」、「生徒を未熟な者として関わる／対等な人間として関わる」という矛盾する視点の二重性に葛藤を感じつつも「人間的なつきあい」を重視して折り合いをつけ、生徒との関わりを築いたと語る（松嶋, 2005）。さらに、教室における感情経験にも目が向けられる。教師は、授業において生徒の行為や自らの方略の成否に対して感情を経験しており、状況に応じて異なる感情が混在すること、感情は、心的報酬の即時的獲得、柔軟な認知と創造性の高まり、悪循環、反省と改善、省察と軌道修正という5つの過程で教師自身の認知、行動、動機、実践の改善に関連する（木村, 2010）。また、授業の挑戦水準と自己の能力水準を高く評価する授業で快感情を経験し、同時に注意集中といった認知能力、生徒に対する積極的な働きかけや活力といった活動性、授業への専心没頭と統制感が高まる（木村, 2011）。教職は情動的実践であり（Hargreaves, 2000）、自己が不安定になりがちななかで、日々実践を続けていくことの原動力が「やりがい」でありそれを支える快感情の生成過程の解明が教師へのエンパワーメントの方策のあり方に示唆を与えよう。

　教師へのまなざしは、さらに新任教師にも向けられる。「正統的周辺参加」の観点から実践共同体としての教員組織への参加と捉えれば、若手教師は、

身につけるべき知識やスキルがあり相互交渉によって学習するが、就職以前には実践へのアクセスが制限されていたために、「どうしていいかわからない」状況に陥る。そこから抜け出すためにベテラン教師や同僚との対話を求め、経験を積むにつれてわかる、できるという実感を持つことが経験への信頼を高める（徳舛, 2007）。

教員養成段階と現場との非連続性は従来より指摘されている。大学で学んだことが役に立たないというある種の失望感や、教職に対する理想と現実とのあいだのギャップによるリアリティショックにさいなまれながら、他方で先輩や同僚と協働しつつ自らのキャリアを形成していく教職のありようが示唆されよう。

(4) 集団へのまなざし

学習、授業の場である教室は、集団生活の場でもある。教室における集団への着目からは授業における学習の文脈としての集団過程が明らかにされている。たとえば、小学校3年生の教室では、学級標語の使用をめぐって、当初教師は、子どもの学習態度や対人関係の問題解決に関して標語を用いており、権力関係に変わる普遍的な規範として位置づけていたが、次第にトラブルの予防や学級の方向性の提示に使うようになり、子どもは教師との関係の中でその意味を理解するようになった。教師は行動の規制に標語を使いながらも、子どもの遊ぶ余地を残しながら、学習態度の形成や授業の構造化といった学業面と学級内の人間関係の問題解決を統合的に方向づけていた（岸野・無藤, 2009）。子どもが集団で生活する場は、制度的な授業の場にとどまらない。たとえば、学校外のサッカーチームでは、指導者が当初は、集団的活動からの逸脱に敏感に反応していたが、次第にその原因を子ども個人の動機づけなどに求めるのではなく関係性の中で子どもの行為を捉えるようになり、指導のあり方が変わっていった（梅崎, 2004, 2006）。いずれも、教師が集団活動からの逸脱行為やそのような行動をとる子どもに対する見方を関係論的なものに変容させていく過程と集団としての活動の質の変容が描かれている。これはルールが内面化するだけではなく、逸脱行動が逸脱としてみられなくなる過程でもある。社会文化的、制度的状況における子どもの発達のあり方はそれを捉える大人の側の視点に規定されるともいえよう。

(5) 教室談話へのまなざし

　授業は音声言語の相互作用によって進行しており、研究のまなざしは教室談話そのものへも向けられる。わが国においては「授業分析」として授業の逐語記録に基づいて実践から理論を構築することが長年取り組まれてきた（重松, 1961 など）。近年では、先述のように学習や発達の社会文化性への着目などによって、質的研究の一つのあり方として教室談話研究が進められてきている。教室談話研究は学習過程の研究が中心であるが、教室談話の成立機制（藤江, 2001）自体への着目もなされている。その一つが発話タイプへの着目である。科学的概念のレジスターと生活経験のレジスター（Wertsch, 1991/2004）、方言と共通語（茂呂, 1991, 1997）、常体と丁寧体（岡本, 1997）といった相対する2つの発話タイプの使い分けに着目するものや、フォーマルとインフォーマル、そしてどちらともとれる「両義的な発話」に着目をするもの（藤江, 2000）などがある。これらの研究は、いずれも授業観察を中心としたフィールドワークに基づいている。教室における言語的多様性や異種混交性を示すとともに、使い分けをすること自体が教師や子どもにとって知的営為であること、特定の社会文化的状況とある種の会話や思考活動の形式が結びついていること、を示唆する。

　また、教室におけるコミュニケーションのあり方についての研究も近年比較的多くみられるようになった。たとえば、教室談話の分析を通して、授業における「聴く」行為が、先行する話者の発話をとり入れるだけではなく話し合いの流れや聴き手の返答を考慮しながら自己の発話を形成することであることが明らかにされ（一柳, 2007）、物語文理解において「聴き合い」がどのようになされ教師がどう支援しているか（一柳, 2009）、「聴く」行為の個人差（2010）などに目が向けられている。「聴く」という行為が、授業におけるグラウンド・ルールのあり方、学級や課題構造によって異なることが明らかにされたが、「聴く」という行為自体も談話を構成する能動的な行為であり、発話行為と授業の文脈とが相補的に生成し合っていることが示唆される。

5-3　学習・教育の現場への参与と倫理

　これまでみてきたような、学習・教育の現場に参与しつつ行う質的研究を進めるにあたり、とりわけ学習・教育の場であるからこそ留意すべき点について検討する。

　1つには、フィールドの選択と参入についてである。教育や学習の現場である学校をフィールドとする場合、校内研修の講師やスクールカウンセラーといった外部の専門家としての関わりが日常的にある学校において調査を実施することが多く、箕浦（2009）が指摘するように、当事者に直接的に関わる支援者であるとともに観察者の立場もとるダブルロールを担う。子どもや教師の行動戦略や熟達の過程に分析的な目を向けながら、他方でその成就を支援したり彼らの感情の揺らぎに寄り添い共感する。その際のポジショニングは、フィールドの人々を対象化すべき自己と、何か役に立つことを志向する自己といった輻輳する自己が立ち現れ「身もだえ」、戸惑い動揺する（掘越, 2002）。そのような経験をどのように扱うのかは、研究方法上の課題である。

　また、教育研究の場合、あえて一定の成果を収めている実践例や先進的な取り組みを選んで取り上げることもしばしばある。たとえば、志水（2009）は、厳しい社会経済的背景を持つ地域にありながら、学力面などで高い成果を上げている「力のある学校」を取り上げてフィールドワークをし、その理由を質的量的に明らかにしている。心理学研究では、どのような対象においても共通してみられる特徴を抽出してモデルを生成することが志向されるのに対して、モデルとなる学校を探してエントリーし、その学校の特徴を描き出すことから敷衍して学校の本来果たすべき役割、学力向上のための要件などを明らかにしていく研究は、教育を対象とする研究が価値中立的ではその役割を果たすことができないということを示してもいる。つまり、フィールドの実態を探る研究だけではなく、フィールドのあるべき姿を探る研究も志向されうるのである。子どもの学習方略から指導方略を導きその有効性を探るデザイン実験も、学習指導の理想的なあり方を追究するという意味でこのあり方に近い。広く実践が持つ価値を見出して語るのか、価値ある実践を見

出したり、創出して語るのかの違いであるともいえる。フィールドに希望をもたらすことも、教育・学習研究の果たすべき社会的役割であろう。

　2つには、分析と記述についてである。現場における学習・教育の営みを理解するためのフィールドワークは、箕浦（2009）が指摘するように、他文化に赴いて行われることが多い人類学や社会学のフィールドワークとは異なり、調査者自らが慣れ親しんだ文化内において行われる場合が多い。このことは、フィールドになじむという点では有利であるが、他方で、調査者の個人的経験の質が調査のあり方に大きく影響しうる点で、留意する必要がある。吉田（1988）は、「授業」を「理解」することについて論じるなかで、授業理解のあり方は、その人の授業体験の質により、浅くもなり深くもなる、と述べる。われわれは何らかの被教育経験を有している。そのようなわれわれは学習や教育の営みを自らの被教育経験を手がかりとして理解しようとし、子どもや教師の経験に自身の経験を投影し「実践を理解した」と見なしてしまいがちである。教室談話の解釈も解釈者の主観は免れず、その主観は無意識のうちに解釈者自身の被教育経験に基づいている場合がしばしばである。質的研究は「知るための記述（過程としての記述）」と「明らかにするための記述（成果としての記述）」からなる（藤江, 2006）が、分析者が自らの被教育経験を超えて、授業や学校という文脈と新たに出会い直す、そのためにも厚い記述が必要なのであるといえるだろう。

　3つには、研究対象者、とりわけ教師との関係性のあり方である。教育の営みは教師が子どもと日中のほとんどの時間を共に生活しつつ、子ども一人ひとりとその子どもの特徴をみながら関係性を形成し、それを基盤として学習や発達の支援を行う場である。調査者が入ることで、関係性形成や関係性のありように影響が出ることへの防衛反応はきわめて大きい。それゆえ、子どもはもちろんのこと、教師へのケアについて細心の注意を払う必要がある。教職の特色として「不確実性」がある（秋田, 2006）。何が「よい教育」かについての安定した評価基準がないために、達成感を得られることはなく、むしろ不全感や不安感がつきまとう、という特徴である。教師の仕事はその成果を即時的に判断できることはなく、むしろ「個々の生徒に向けて希望を投資」（Hargreaves, 2000）するといわれるように、子どもたちのその後の生活や人生に見出すしかない。他方で、研究者が捉えようとするのは、まさに

「いま、ここ」の実践である。その実践のありようを丸ごと捉えようとする際に、教師にとっては未達成の結果を観察されていることとなり、研究者側にそのつもりはなくても、教師からしたら「暴かれた」と感じるようなことをしてしまうかもしれない。また、教師には、集団のメンバーでありつつ、一人ひとりが自立した専門家であることが求められる。とりわけ公立学校においては異動があるため、一時的に同僚性を築いても、永続的ではない。対象となる教師の校内での立場、信念の微細な差異に敏感になり、配慮することが調査者には求められるであろう。

【参考書】
秋田喜代美・藤江康彦（編）(2007).『事例から学ぶはじめての質的研究法 ── 教育・学習編』東京図書.
　　学習や教育の場でのフィールドワークに基づく質的研究法についての入門書。実際の研究例から、問いの立て方、研究方法、研究のまとめ方、フィールドへの関わり方やフィードバックのあり方を学ぶことができる。
秋田喜代美・恒吉僚子・佐藤学（編）(2005).『教育研究のメソドロジー ── 学校参加型マインドへのいざない』東京大学出版会.
　　第一線の研究者による、フィールドとの関わりについての一人称の語りと、数量的研究から談話分析、エスノグラフィー、ライフストーリーまで、歴史研究から国際比較研究、アクションリサーチまで、と多様な研究論の紹介の2部構成である。

4章
ナラティヴ研究とインタビュー

1節　ナラティヴとは
2節　インタビューの概念
3節　インタビューの方法
4節　ナラティヴ・テクストの分析

人間は古来よりナラティヴ（語り／物語）とともに生きてきた。それは集団のなかで共有される一方、近代以降はさらに個人のユニークな特徴を生成し理解し、場合によってはそれを修正する手段としても機能するようになった。ナラティヴ研究とは、そうしたナラティヴをターゲットにしたり、あるいはそれを道具として探求を進めたりする質的研究の総称である。また、ナラティヴ研究において中心的な位置を占めるのがインタビューという方法である。ナラティヴは、自然場面の観察や既存の文書の検討を通じて研究することもできるのだが、それが生み出される場を設定するインタビューはやはり、研究資料の収集手続きとして欠かすことはできないであろう。

　かくして本章では、ナラティヴとインタビューというこの2つの言葉をめぐって展開されることになる。1節「ナラティヴとは」では、ナラティヴの意味と機能を押さえた上で、その概念を質的心理学に導入する意義を、臨床事例とともに論じる。次いで、筆者の言う「ナラティヴ・ベイスト・リサーチ」において、ナラティヴがより具体的にどのような働きをなしうるかが解説される。2節「インタビューの概念」では、まずインタビューを社会・歴史的に位置づけ、インタビューの類型と様々な研究法を紹介する。その上でインタビュー研究の諸問題として、宛名性、権力性、共同構築性という近年のインタビュー研究におけるトピックが論じられる。3節「インタビューの方法」では、最初に質的研究におけるインタビューのあり方の変化を指摘し、その上でインタビューの手続きや手順、語りの聴き方や質問の仕方についての説明を加える。節の最後は、著者の経験に即して聴き取りの困難な事例についての考察で締められる。4節「ナラティヴ・テクストの分析」では、インタビューの結果得られたテクストをどのように読み、どのように分析するかにふれる。現在は、従来質的データの分析として使われてきた手法を越えて様々な試みが行われており、その代表的なものについて解説を加えた上で、今後の分析法についての展望が述べられる。

　ナラティヴとインタビューという2つの言葉は、一方が明示的に言及されない場合でも常に相互に影響しあっていると言える。インタビューという行為をより実り豊かなものにしようとするのであればナラティヴ概念の多面性を念頭に置かざるをえないだろうし、ナラティヴをより深く探求しようとするならば、インタビュー概念の広がりや多様な試みを考慮した上でデータ収集の工夫を重ねていくことが必要とされるからである。4つの節が響き合いながら、ナラティヴ研究とインタビューについて、読者をより深い理解へと導くことができればと思う。

1 節
ナラティヴとは
森岡正芳

　この節では質的心理学の研究において、ナラティヴが寄与する点を検討する。心の現実を形づくる基盤に言語活動がどのように関わるかという議論の中で、ナラティヴという概念は中核をなす。まず当事者の視点である。実際に人生は聞いてみないとわからない。ナラティヴは個別の体験を当事者の立場から描くことにおいて有力な視点を提供する。とくに自己のケアについて、外からは見えにくい心の営みに光をあてることができる。たとえば「いじめ」を耐え忍ぶとき、人は心の中でいろいろなストーリーを作り、何とか現実を生き延びている。語るという行為は自己そのものを成り立たせ、支えている。また専門家の側のものの見方をふりかえることにナラティヴの視点は役に立つ。自分がどのようなものの見方をしているかというメタ理論の検証は、実践現場において欠かせない。ナラティヴを探求すると、人間科学のさまざまな領域との接点が浮かび上がってくる。

1-1　ナラティヴの基本的視点

　　現実の世界はストーリーの世界のようには「現実的」ではない。(The real world is not really like storied world.) (Bruner, 2002, *Making Stories*.)

　保健医療・心理臨床・福祉・教育といった人間科学の実践領域で物語やナラティヴという視点や形式がどのように有効であろうか。物語、語り、ナラティヴというコンセプトを人間科学に積極的に導入する必要がなぜあるのだろうか。この背景要因として、人間科学が実践を抜きに学の形成が成り立たない時代に入り、名前を持った個人の現実に参加し、そこから認識を組み立てていく必要に迫られていることが挙げられよう（やまだ, 2000; 能智, 2006）。
　また言語論的転回と呼ばれる思想潮流の変化も背景にある。人文学、社会科学は言葉の指示的（referential）な側面に対して、構成的（constitutive）な

側面を活かすところに力点が置かれるようになった（坂部, 1990）。言葉を用いる場面の対人力関係や社会的文脈によって、言葉が内包する意味は変化する。意味の動的な生成をもとに人間科学の諸分野を再構成していこうという動向がある。

たとえば、心理療法の領域では1990年代より、ナラティヴを基本に置いたセラピーが話題を集めている。これは言語が現実を構成していくという発想に依拠するもので、主に家族療法の理論的展開の中で始まり、ナラティヴ・セラピー（White & Epston, 1990/1992）、コラボレイティヴ・アプローチ（Goolishan & Anderson, 1992/2001）などが注目をあびて久しい。

体験の想起、語り直しを通じて、クライエントの生活史に位置づけていくという作業がさまざまな心理療法の各学派で共有されるところから、広義のナラティヴ・アプローチはセラピーの各学派をつなぐキーコンセプトとなっている（森岡, 2002）。

(1) ナラティヴとは

ナラティヴの定義は多様である。物語、語り、ストーリーなどの用語との差異化も困難である。どれも日常用語であり、意味の幅が広がるのはやむをえない。実践のそれぞれの現場で定義を立てることが必要である。この節では以下に述べるブルーナー（J. S. Bruner）のナラティヴの枠組みを基本に置くが、文脈によって物語、語り、ストーリーという言葉をナラティヴの類義語として用いる。

日本語では語りと物語の区別がある。語りが語る行為に重点が置かれるのに対して、物語は主に口頭での言語行為の内容をさす。語るという行為は話すという行為と区別される。日常の会話でも、「語り合う」という言葉と「話し合う」という言葉はよく区別しているはずである。「今後の対策について話し合う」のであって、決して語り合うとは言わない。「同窓会で高校時代の同級生たちと語り合う」のであって、決して話し合うとは言わない。「話す」という言葉は状況に依存し、話し手聞き手に双方向性がある。「語る」はそれに比べ状況からは独立し、一定の形式をもつ言語行為である。語り手聞き手の役割は固定している。

一方、ナラティヴ（narrative）という英語には、物語の内容と形式、語る

という言語行為が包含される。ナラティヴは特有の言語形式を持つ。つまり、「筋／プロットを通じて複数の出来事がつなげられ、1つのまとまりをもって区切られる言語形式」である。

　物語文（narrative sentence）とは時間的に隔たった少なくとも2つの出来事（E1, E2）を考慮しつつ、直接にはE1について記述する文を言う。通常それらは過去時制をとる。これは行為を記述する文に共通する特徴である（Danto, 1965）。たとえば、「大雪で新幹線が遅れた」という出来事（E1）を人が述べるとき、この言葉は物語文である。それによって発話者は到着が間に合わなかった出来事（E2）の理由づけを行う。以上からも、ナラティヴは特別な言葉でないことがわかる。誰もが日々産み出している。

　物語文は、時間的前後関係にある複数の出来事を一定の文脈のなかで関連づけるような記述で、文脈が変化すれば、過去の出来事の意味づけもまた変わるという特徴を持つ（野家, 1996）。つまりナラティヴによって具体的な出来事、事象と事象のあいだをつなぎ筋道を立てる。そこに意味が生まれる。ナラティヴは意味を生む行為と深く関係する。

(2) 意味の優位性

　心理学でナラティヴの視点を明確に位置づけたブルーナーは、人間科学のパラダイム転換を課題として「人間の心理学」を積極的に提示した（Bruner, 1986/1998）。その中心概念は意味であり、意味の構成（construction of meaning）に関わるものであることを強調した。生きる行動の主体として人は、他者との関係の中で、生の営みをどのように展開し、それを意味づけていくのだろうか。人間の心理学はこのような全体存在としての個人に焦点が当たる。ブルーナーは科学的心理学との対比から、因果関係の方法論によっては捉えられない事象、生活の社会的、個人的豊かさ、歴史的深さを測るもうひとつの心理学を明確にしていこうとする。

　人々は信念という形で世界についての知識を持っていると仮定される。一貫性を持ち組織化されている。これをブルーナーはフォークサイコロジー（folk psychology）と名づけた。ここに迫るには科学的実証主義とは異なる思考のモードが必要である。表4-1のように、ブルーナーはもう1つの思考様式の特徴を物語的様式とした。この思考様式は、出来事の体験に意味を与え

表4-1 思考の2つの様式（mode）(Bruner, 1986にもとづき作成)

様式	範例的様式 (paradigmatic mode)	物語的様式 (narrative mode)
目的	具体的事象に対して一般的な法則を探求することが目的	出来事の体験に意味を与えることが目的
方法の特徴	カテゴリー分類 論理的な証明を追求 事実を知ることが目標 合理的仮説に導かれた検証と周到な考察	出来事と出来事の間をつなぎ筋立てる 説明の真実さ・信憑性(believability)に依拠 体験を秩序立て，意味を与えていく一つの有効な手段 物語としての力はそれが事実かどうかということとは独立して論じられる
記述の形式	単一の確定的な指示的意味（reference)が重視される	対象記述は観察者を含む文脈が重視される 意味はその場でたえず構成され多元的なものとなる
原理	すぐれた理論	すぐれた物語

ることが目的であり、具体的事象に対して一般的な法則を探求する様式とはそもそも目的が違う。科学的実証主義が合理的仮説に導かれた検証を学の基盤に置くのに対して、物語思考は、出来事と出来事のあいだをつなぎ筋立てることによる説明の真実さ・信憑性（believability）をよりどころとする。対象の記述は観察者を含む文脈が重視されるため、そこで喚起される意味はその場でたえず構成され、多元的なものとなる。

(3) ナラティヴの構成要素

人は自分の人生を語ろうという根本的な心のはたらきがある（Elms, 1994）。人は根本的に、体験を物語の形式やプロット構造へと体制化するレディネスあるいは傾向性を持つ（森岡, 2002）。ブルーナーは、ナラティヴを人のコミュニケーションにおけるもっとも身近なもっとも力強い言語形式のひとつであると捉え、ナラティヴが談話のレベルではたらくときの特性を論じている。

まずナラティヴの基本的な構成要素は出来事（events）、心的状態（mental states)、登場人物（characters）あるいは役者（actors)、そして彼らが関わって生じる事（happenings）である。それらは物語の筋／プロットの中で意味

が与えられる。

ある例からナラティヴの基本的な構成要素について考えてみよう。学生Aさんの手記である。

> 私は小学校の4年の後半から卒業までのあいだ、クラスの女子全員から、繰り返し集団無視を受けていた。とくにクラス替え後の5、6年生はひどいものだった。クラス替えを機に無視されなくなると思っていたのは甘く、逆に4年生のときに同じクラスだった生徒たちは、女子全員を仲間につけ、第一段階で失敗した。

Aさんは、小学校卒業までこの状態であったという。それどころか「次に主犯格の彼女たちは、同じクラブの地元の中学の先輩にも私のことをムカつく奴と言いつけた。偶然にもその現場を目撃した私は、このまま地元の中学に行けば今よりもっとひどいいじめに遭うのではないかと感じ、私立中学を受けることを決心した」という。

小学校のクラスの雰囲気は、「私に話しかけたら次はお前がターゲットだという雰囲気に包まれていた。話しかけても、返ってくる言葉は少なかったり、(私が) 存在していないふりをされた。」という。Aさんが何とか持ちこたえられたのは、「男子たちがそんな女子たちの命令を聞かずに普通に接してくれたことだけが頼りだった」という。結局解決策は、地元の学校を離れることだった。

Aさんは、今でも当時の心の傷は消えていないという。「彼女たちはいじめられた子たちがこんなにも長い間、今でもときどき夢を見るくらいに、当時の苦しみから逃れることができていないことを知りもしないだろう。」このようにAさんは述べる。

深刻ないじめの体験をまとめているが、ナラティヴの基本要素がこの手記の中に含まれている。ナラティヴは、名前を持つ人物が登場する。人称的世界における体験が語られる。特に自己の体験が一人称で語られるとき、それを「自己物語 (self narrative)」と名づける (森岡, 2002)。Aさんの例は典型的な自己物語である。

ナラティヴはその語りを共有する相手を前にして、語り聞く行為が基本で

あるので、どのような相手にどのような場面で語られたかによって、出来事の配列や構成要素はそのつど変化する。またナラティヴを構成する素材は個人が体験した出来事だけではない。場合によっては、語り手だけでなく聞き手もストーリー記述の登場人物となる。

　ナラティヴは特有の形式と構造を持つ言語表現である。まず、出来事の言語表象が単位であり、複数の出来事が時間的順序の中で筋立てられる形式を持つ。しかし複数の出来事が時間軸上に並んでいるだけでは、ナラティヴにならない。ナラティヴは個々の出来事が全体と関連し、構造化された意味秩序を持っている。ナラティヴは出来事に対して意味づけを行う枠組みを与える。

1-2　ナラティヴ視点を活かす

　心理学の諸領域で、ナラティヴの視点を導入することの積極的意義について、すでに多様な研究が報告されてきているが、ここでは以下の3点の特徴に絞って検討を行いたい。

1. 個人の体験を資料として活かす
2. 変化プロセスを記述する
3. 体験の現実を再構成する

以上を通して、ナラティヴ・アプローチを基本とする研究の基本をまとめとして提示したい。

(1) 個人の体験世界

　クラインマンは『病いの語り』(Kleinman, 1988/1996) の中で、医療の実際場面での資料をもとに、同一の病気に対し医療従事者側と患者側がまったく異なった描き方、つまり物語を持つということを明確にした。この点で保健医療領域でのナラティヴ論の基調をなす一冊となった。

　病気を記述する場合、「私が」入るか入らないかで症状や問題の捉え方、意味が変わってくる。症状を自分と切り離して対処することはもちろん必要

なときはあるが、次のような場合はどうだろう。慢性の糖尿病の人が、定期的な検査をうまく通過するために検査の前は食事療法を励行し、検査がうまくいったら、また飲酒好き放題で症状悪化という悪循環を繰り返す患者群がある。医療関係者は指示に従わない患者ということで括ってしまう。病気について医療関係者だけでなく、患者本人も症状だけを切り取って対処しようとすることが生じる。医療の場では、生体レベルでの対処が優先されるが、患者の側からすると一人ひとりの生があり、人生の歴史がある。クラインマンが掘り起こした、医師と患者のコミュニケーションのすれ違いは、生（life）の多義性から派生する。

病気（sickness）が個人の人生の中で持つ意味を切り離さないこと。クラインマンは医療専門職が医学モデルにしたがって「外側から」構成する疾患（disease）に対置する形で、患者や家族が自らの体験に即して「内側から」述べる「病い」（illness）を描き出した。同一の病気にたいして、後者の立場からはまったく異なった叙述内容と形式が出てくる。同一の病気も、視点を変えることによって異なる様相が見えてくるのである。病いの体験を理解するうえで、当事者のストーリーに耳を傾けることが不可欠である。病気には医療従事者側が捉えている側面とは異質の、ストーリーとして語られ、聞き取られることを本質とする側面がある。患者と家族の語りこそが病気についてのオリジナルな談話（original discourse）である。

疾患にたいして、医学はあくまでそれを見ようとする可視的な方法論を推し進めてきた。一方病いは語り聞かれる、むしろ不可視なものであることに注目したい。慢性の病いの背景に、個人のはかりしれない怒りや悲しみの感情が言葉にされず潜伏している場合がある。また病いが逆説的にその人の「私性」（I' ness）の感覚の核である場合、症状だけを切り取っての対処はかえって状態をこじらせる。

ここで個人の生の文脈と切り離さず、その中で病いや障害、心理的苦しみの意味を捉えていく立場が出てくる。さまざまな心理的援助やセラピーは、本人が生きやすい文脈をさらに創出していくための共同作業として位置づけることができよう。そのときにナラティヴという再現表象形式から捉えていくことが、重要な手がかりを与えてくれる。

問題や症状について、患者の生（生命・生活・人生）の文脈を抜きに語る

ことはできないこと。問題や症状に対する「私の」語りを聞いていくと、医療専門職の立場とはまったく異なった描き方になる。それも病いの重要なもうひとつの記述の仕方であると認めること。患者の自分の病気に対する理由づけや説明は、医療専門職がラベリングした病名とは異なったディスコースになることがあること。まずこのような発想の転換がナラティヴの視点を取ることによって生まれてくる。

そのような「私の」語りを紡ぎ出していくための協働者として、聞き手の積極的な位置づけがなされる。構成の協働性には危険が伴う。ナラティヴは必ずしも意味生成的で、語り手にプラスになるとは限らない。へたをすると聞き手が、問題や症状を固定してしまうストーリーづくりに荷担してしまうことが十分あり得る。語り聞くという場を支配する制度的・歴史社会的な文脈はドミナントでしかも潜在していることがえてしてある。

物語は名前を持つ誰かの物語である。必ず誰かの語りの声を持つ。そして物語には聞き手がいて、語り手の表現を制約する。個人の特徴を捉えるには、語り行為の声の側面に焦点をあてるのもよい。語る声は語り手に固有の何かを伝えている。声やリズム、言葉の音調的な特徴が目安である。

(2) 変化プロセスの記述

ナラティヴの視点は時間変化の記述に特徴がある (Bruner, 1990/1999)。ナラティヴは出来事につながりを与え、時間の展望をもたらすように構成していくはたらきがある。個人の現実における体験の時間は、直線的ではない。体験を語るときの時間構造は豊かな時間位相を含む。語りとは現在によって過去を語り、過去において現在を見る実践である。変化プロセスの記述は、体験をなぞる複合的な時間に関わるものである。ナラティヴは特定の時間枠組みの中で体験の素材を捉え再現し、体験の世界を一貫して表現する形式である。

リクール (Ricœur, 1984/1988) によると、ナラティヴはすべて時系列的な次元と非時系列的な次元の配合である。時系列的な次元とはナラティヴのエピソードの次元であり、話をいくつもの出来事から構成されたものとする。非時系列的な次元とは、ばらばらな出来事から意味をもった総体を引き出す配置の次元である。この2つの次元の配合が統合形象 (configuration) を成

立させる。出来事の単なる配列がナラティヴを作るのではない。ナラティヴの継起的展開の中で出来事が分節化されてくる。筋／プロットが出来事に適切な記述を与えていくのである。ナラティヴは起こったことの再構成をもたらすと言える。

　出来事のプロット化とは、2つの次元の組み合わせを、語り手と聞き手のあいだで共有し、その繰り返しのなかから統合形象を浮かび上がらせることである。聞こえてくるものは見えるものとは違って、もう一度聞きたいときでも、反復するのは難しい。それを可能にするのは話のプロットである。物語の結びにおいて全体が見渡せる。語りの中で1つの過去の像をかたどり結晶させることが、未来へのメッセージを産み出す。出来事の秩序立て、方向づけは聞き手の問いかけと応答の中で生じてくる。統合形象を支えるものはプロットのはたらきと、聞き手（読者）の積極的構成である。

　時間記述に関わるナラティヴの特徴は実践場面で特に活きる。ホワイトとエプストン（White & Epston, 1990/1992）によるとナラティヴの利点は、個人や家族の経験が時間の流れの中に位置づけられるところにある。いくつかの時間的に異なる経験が結合し、広範な出来事や意図がその中に組み込まれ、意味を持つ。語りという形式を通じて、語り手は自らが体験した出来事に対していったん距離を置くことが可能になる。心理療法では、ナラティヴのこのようなはたらきによって、クライエントの主訴に関わる問題はかえって一時的なものとして捉えることが可能となり、将来への見通しや方向づけを得る。

　特に医療は錯綜した複合状況であり、不確定要素が大きい現場であるにもかかわらず、その場を報告するとなると、継起的直線的な記述に終始することが多かった（Hurwitz, Greenhalgh, & Skultuns, 2004/2009）。日常の病歴聴取では、臨床医は時間的な序列、生物学的時間順序に基づいて整理して記録することが基本である。患者は出来事や体験をはっきりと年代的には説明できないことがしばしばある。ところが症例報告では患者と医者のあいだで語られたことの順序は作り直され、生物学的時間の均一な領域の中での出来事として表現される。ここで体験との乖離が生じる。ナラティヴが必要なのはこのときである。患者自身も自分の病気に関連する出来事の前後関係をもとに、病気の理由づけのストーリーをまとめる。それを自分の病いの物語として扱

うことができる。

(3) ナラティヴは現実を構成する

　現実とは事実の総体以上のものである。人は現実を多重に生きている。個人の生きている現実をどのように捉えうるかが、ナラティヴの視点から課題として浮かび上がる。ナラティヴは特に個人の人生のテーマ性、心的現実へと接近することに有力な視点を提供する。ナラティヴの視点からすると、ニュートラルな現実はない。ナラティヴ・アプローチは、語ることが現実を作るという捉えが基本にある。

　ナラティヴの基本軸となる出来事と出来事をつなぐ筋／プロットは、語り手が意味のあるものを選びつなぐという作業のみで成り立つのではない。個人の生活史を聞いていて、わかっていることのみをつなぐようではその理解は相手の一面を理解したにすぎないだろう。出来事と出来事の順序も体験の語り方で異なってくる。1つの出来事はその後に生じる出来事との関係で新たな性質を加えていく。

　生活の事実としては同一の出来事であっても、その出来事が繰り返し語られることによって、出来事の意味づけや描写の細部が変化する。カウンセリングのある事例エピソードから検討してみよう。

　Bさんは感情がなくなったという訴えで相談に来られた50歳代の女性である。ことのきっかけは、2年前の7月、大学生の次男が親の反対を振り切って下宿をし、家を離れたときからである。息子が自活し出してからすぐに悲嘆にくれ、「泣き暮らした」後、すっかり「感情がなくなってしまった」という。楽しいとかいう感じがないだけでなく怒りやつらいとか淋しいという気持ちもない。プラスの感情もマイナスの感情もまったくなく、空っぽになってしまった。日常の行動も生気に乏しく、身体つきも痩せ衰え、動作も緩慢である。

　その状態は1年9ヵ月後に息子が下宿をひきはらって家に戻ってきたその時点でもまったく変化せず続く。「息子が帰ってきたらもとに戻ると思っていた」らしいが、状態がまったく変わらない。カウンセリングはこの時点から始まった。

　きっかけとなる出来事は非常に鮮明である。Bさんは面接の中で次男が下

宿生活を始めだした引っ越しの場面をときおり想起し、繰り返し語られる。その部分のみを抜き出してみよう（♯は面接の回数；Co はカウンセラーの発言）。

エピソード1（♯5） あの子が下宿した後まったく糸が切れた凧が飛んでいったように帰ってこなかった。その後私ががらっと変わったことは近所の人にも噂が出たくらい。あまりに私が悲しむので息子がピアノのアルバイトをしている会場を探しに主人の車で出かけたことがあったけど、結局見つからなかった。不思議なことなんです。電車に乗っていて息子がこんなところにいるわけもないのに、はっとして「あの子だ」とまちがって、どきっとすることがあるんです。

エピソード2（♯9） 引っ越しの手伝いにワンルームまで行った。荷物を仕分けしているときも悲しい、淋しいという感じではなかった。駅で別れて、その時もそうでもなかった。その晩から涙が出て止まらなかった。なにかほうっておけない子だった。

エピソード3（♯15） 7月にアパートを決めたとき、息子はそれまでにも1人で生活したいとか言っていたけど「あんたにできるわけない」とか言って相手にしてなかった。そのころの日記を読み返していたら、感情がなくなったのは思ったよりもずっと早いことがわかった。8月には息子が旅行するので荷物取りに家に帰ってきた（Co：ずっと帰らなかったのではなかったんですね）。日記には「M（息子の名）が帰るというけどちっともうれしくない」と書いてある。

エピソード4（♯18） （引っ越しの）その日までまったく信じられなかった。すぐ帰ってくると思っていた。引っ越しの手伝いのとき、ほとんど私は何もしなかったんです。友達がいっぱい手伝いにきていたし、自分がいなくてもいいんだと思い、胸がいっぱいになった。1人で先に帰った。家に帰ったとたん悲しみに押しつぶされ布団を引いて寝込んでしまった。その後は洗濯して靴下を洗ったりするとそのたびにあの子のことを思い出し、悲しみに襲われる。（Co：まるでなくなった子どもみたいですね）部屋中いたるところに写真を飾ったりしたんです（苦笑）。

Bさんにとっては息子との別離の出来事が心身の変調のきっかけとなった。

面接過程の中でも繰り返しこのエピソードへと戻る。同じ出来事が繰り返し語られる。4回の異なる面接セッションで、同一の出来事の語りを比べてみると、面接を重ねる中で、その語りの細部が変化していることがわかる。出来事のディテールや新しい事実が語られ、しかも感情の表現が語り口において豊かになっていく。

　Bさんにとって出来事が自身の体験として、過去のものになってはいなかった。生活の事実は語り直されることを通じて、「私の」体験として心におさまっていく。

　語りを通じて出来事と出来事の予期せぬつながりが浮かび上がり、発見に導かれるのが実践的に意味深いところである。言い換えると、出来事の意味はそれだけでは決定できないということである。事実はそれをどのように再現・表象化するかによって、事実は異なった様相を見せる。現実の構成はプロットのはたらきに依拠する。

　ナラティヴと現実との関係について、ナラティヴが語られる2つの現場性が考慮される（小田, 2007）。1つはナラティヴが語られる今、ここという現場の持つ性質であり、もう1つはナラティヴがその対象とする出来事の現場性、すなわちナラティヴの中の現場性である。2つの現場性は重なりあっているが、後者について、過去の出来事ながら、それがありありと今がその場面のごとくに体験させられるということはまれなことではない。聞き手にとっても自分が体験したことではないにもかかわらず、ありありと追体験可能なものとなるのは、ナラティヴの効果である。

　このようなナラティヴの現場性の動的な関係によって、聞き手と共同的に1つの現実が構成される。実践研究者は聞き手として、語り手と「今」を共有する。聞き手として語りに集中すると、そのつどある現実が生まれる。

　ここで注意すべきことだが、聞き手が出来事を既成のプロットの中においてつなげるだけでは、単なるできすぎた話に堕する。何よりもそこで生じたストーリーが、その人のアクチュアルな生の現実に迫っているという迫真性（believability）が重要であり、それは共体験する他者の裏打ちがあってこそ成り立つ。ある出来事が語られるとき、それが事実としてどうだったのかということが問題なのではなく、出来事がどのようにアクチュアルに立ち上がるか、そしてその世界に聴き手がいかにして身を置けるかが聴取の場で重要

である。

　一方で物語は個人の現実を和らいだ現実に変形する。ナラティヴの枠組みは、文化が提供する規範に準拠しながら、例外や逸脱など規範に反する事象を物語的文脈に取り込める（Bruner, 1990/1999）。ナラティヴは規範だけでなく、逸脱（deviation）を許容し、理解可能にする。対人相互行為の中で、規範とその逸脱に対して感受し、受容するナラティヴの特性を活かすことが、カウンセリングなどの対人援助に直接つながる。人と人の葛藤を和らげ、緩衝地帯を作り出す。ブルーナーは「物語はストーリーとしての力を失うことなく、現実的にも想像的にもなりうる」と捉えている。物語は実際のこと（the real）と想像上（the imaginary）の中間領域にある。人類は受け取った現実を「メタ化」"go meta" し続けると、ブルーナーは述べる。

1-3　ナラティヴを基本とする研究の導入

　これまでに述べてきたように、心理学における実践研究の場が医療福祉、特別教育支援や、社会教育、環境教育の場に広がってきた。ナラティヴという発想はその多様性に対応し、実践研究の基本的枠組みのひとつを提供するものである。それをナラティヴ・ベイスト・リサーチ（Narrative Based Research: NBR）と名づけておきたい。

　すでに医療や福祉において、ナラティヴを基盤に置く研究が具体化されてきている。たとえば病いと医療の個人体験談をストックして、公共的に利用可能なものとする試み、健康と病いの個人的体験のデータベース（The Database of Personal Experiences of Health and Illness: DIPEx）は、同じ病いを持つ人たちへの有益な情報となることのみならず、患者の個人体験を医療者の知とつなぎ治療方針を立てることにも有益である。ナラティヴ・アプローチの社会的でわかりやすい応用領域であろう。

　また、障害や病いを抱えつつ生きていく当事者の生きている現実を記述し、他者と共有できる形にする枠組みとしてナラティヴ・アプローチは説得力を持っている。さらに、実践場面での熟練者の勘や文字に残されない職業的な経験知を共有できる形にし、活かすことができる。リサーチにおいて、ナラティヴの視点はどういうはたらきを持つだろうか。以下に整理しておきたい。

(1) メタ視点としてのナラティヴ

　NBR はあくまで、普遍一般の知ではなく、実践の知を探求する。ナラティヴの記述は体験の個別性が伝わるものであり、主体の体験に沿った記述を資料とする。したがって、NBR は当事者の体験を「内側から」描くことが目標となる研究に向いている。NBR は一人ひとりの人間を特徴づけ、一つひとつの存在に意味を与える一回性と唯一性に則って進められるべきものである。

　そういった意味では、臨床や実践で従来から用いられている研究法、たとえば、臨床心理事例研究法との接点がありそうだが、まず前提とすべきことは、リサーチの形態において NBR に何か特徴があるのではないということである。何が NBR であるかは、研究方法の形態の違いによっては特定できない。通常の半構造化面接をとることもあれば、フィールドワーク、エスノグラフィーという形態や行動観察の中でもナラティヴの視点が活きる。NBR に固有の面接法や観察法があるというよりも、人が生み出す現実に対する姿勢を問うメタ的視点としてナラティヴがある。

　研究という営みそれ自体も、実際には表面化しにくいメタナラティヴを抱えている。エビデンスに基づいているとされる医学や心理学においても、特定のメタファーをメタ的に持っている（Hurwitz, Greenhalgh, & Skultuns, 2004/2009）。研究という営みそれ自体も、多様なナラティヴのうちに行われている。研究に対するメタ作業はナラティヴの視点を持つことで可能になる。

(2) 関係性の記述

　NBR で欠かせないのは、実践の場の関係性の記述である。聞き手を含む語り聞く現場の記述が必要である。NBR は関与観察の視点が基本にあり、実践の場で生まれるナラティヴは関与観察者との共同の産物である。NBR の基本的な姿勢として、中立的な研究者はいないと考える。当事者は語ることを通じて変化をこうむる。同時に、研究者もその場から何らかの影響を受けている。

　ブルーナーは「生のストーリー（the story of a life）はある特定の人に向かって語られるとき、深い意味において、語るものと語られるものとの共同の

産物である」と述べる (Bruner, 2002/2007)。協力者のナラティヴがデータなのではなく、協力者と聞き手の相互交流のプロセスそのものがデータなのである。

　ナラティヴ・アプローチでは、協力者、当事者、患者を含め個別の名前が出る。個別の体験の現実に入っていくアプローチである。そこで得られるナラティヴは、人称的現実が積極的に立ち上がってくるデータである。聞き手はそこに立ち会って、現実を構成していく。現実そのものが聞き手との関係性の中で生まれると言ってもよい。当事者の現実に入っていく。当事者主体の意図とか欲望が当然、データの中に含まれていく。そこで聞き取られたナラティヴのデータは関係性を含み込まざるをえない。ナラティヴ・アプローチにおける関係性は必ずしも、信頼関係を前提にするのではない。むしろ力関係をそこに読もうとする。たとえば、司法の場で得られたナラティヴ・データは、強力で固定した関係性の中で生まれたものである。

　この点についてインタビューにおける基本的な視点の動きが、ナラティヴ・アプローチによって浮かび上がる。その場で潜在している力関係を積極的に問いに付す。インタビューにおける関係性について、次節でも詳しく検討することになる。

(3) データとしての語りの特徴

　ナラティヴは「語り方」と「語られること」との相互反映的な関係で構成される (桜井, 2010)。語りの内容だけでなく、語り方も重要な情報である。音声には語られる内容とは区別される意味やはたらきがある。悲惨な体験が必ずしも悲しい表情や口調で語られるわけではない。メッセージの多層性に配慮したい。人は複数の伝達通路を通じて、同時並列的にメッセージを発している。言語の通路と言外の通路で伝えることが矛盾することも多い。そのどちらにもストーリーが含まれている (森岡, 2005)。語り聞かれる声の世界は、文字情報に固定することで失われるもの、平板化するところがある。それをどのように拾い上げていくかの工夫が必要である。

　NBRでは、書かれたことの信頼性について、従来型の研究とは異なった観点が必要である。それを補うのは詳細な現場の記述、ナラティヴの現場性を活かした記述の精度による。ある出来事が、聞き手の側の関心にどのよう

に入ってきたかということも重要な記述になる。聞き手という私の側に生じた語りも書いていく。

(4) 可能性を含む現実

NBRは個人の体験をベースにした記述が基本となるが、個人の体験そのものは言葉による再現の限界を常にこえる（森岡, 2002）。体験をまず区切ることが必要である。自分の体験を語り聞くという行為そのものが体験を区切るということである。区切ることで、出来事が形をとる。ナラティヴは出来事を単位とする。出来事として浮かび上がらせる記述が基本的に必要である。

語る行為は体験の領域を生み、構成する。その領域は事実か虚構かという判断とは別の次元の資料である。当事者の現実に即した捉えを通じて、内的な対人関係を外的な対人関係と同等においてみることが可能となる。語りが生む現実は、生(ナマ)の事実が支配する現実でもなく、主観的な想念でもない。第三の体験領域と言えるものである。この領域は可能性をも含む現実であり、ブルーナーは仮定法的現実（subjunctive reality）と名づける。「選択できたかもしれないが実際には選択されなかった物語の道筋」や「明確に表現される可能性はあったが、実際にはされなかった物語」、「今でも明確に表現される可能性のある潜在的な解釈」が潜在する。物語は確実性よりは可能性と結びついているのである。

特にセラピーの場などで体験されることだが、その場の関係性や個人のライフストーリーという文脈に依存しない物語が、会話の中で生まれる可能性があるということは、忘れてはならない。不確定なもの、多様な解釈に開かれておくことを基本的な姿勢として踏まえておきたい。

1-4 まとめ

ナラティヴ・アプローチは実践即研究である。この視点に立つと実践と研究は分けられない。研究者はその場に積極的に関わり、それをデータの特徴として扱っていく。こういう視点なので、客観性や信頼性についても、従来の心理学の枠組みに入れると判断しがたいものが残る。そこには別の枠組みを導入する必要がある。これについて、次節からの議論を参考にしたい。

ブルーナーがナラティヴの視点を導入することで提示した「もうひとつの心理学」は意味の構成に関わることであった。ストーリーは現実の世界よりさらに現実的に世界を作る。ナラティヴは認識の新たな枠組みを与えてくれる。心理学の基本的な課題として、記憶や情動について異なった記述の仕方が可能である。ナラティヴは体験の記憶と体験そのものを枠づけるはたらきがある。それを通じて、情動の調節に役立つ。これらは実践的に展開できるテーマでもある。

　日常でも半ば自覚されることであるが、体験を事実として述べることと、体験を思い出として語ることには違いがある。そして、ある出来事を思い出し、誰かに語る。そのたびごとに語り手はそれまでとは違った意味を加えていく。過去とは過去を語るわれわれの言語的行為によって繰り返し構成されるものではないか。

　会話場面で相手とのあいだに関係交流があり、その交流を通じて文脈を生む。出来事、過去の体験の意味はこの文脈によって生まれ、構成されるものである。出来事をどのように語るかということが、その人を形づくる。そして出来事をつなぎ、語るという行為によって動き出す主体がある。しかし、体験の語りは定型化、固定化しやすい。時間軸に位置づかない体験や出来事の特異性が語られないままに消えてしまうおそれがある。現在において過去を述べ、それにふさわしい文脈を整えることが欠かせない。

　ナラティヴを聞くという役割はカウンセラーに限らず対人援助の仕事全般に関わるものである。その役割は当事者、生活者によって語られた出来事の大小にかかわらず、その人の主体との関係の中で出来事の意味を確かめていこうとすることである。過去との対話を行きつ戻りつ重ねていく。援助者が捉える出来事の意味、事実の形もまた変化していく。過去は未来との関係において未完である。

【参考書】
　ナラティヴの視点を捉えるうえで、臨床領域がもっとも問題として先鋭化し、明確である。この領域でオリジナルなナラティヴ研究書を3冊挙げたい。

ハーウィッツ, B.・グリーンハル, T.・スカルタンス, V.（編）（2009）.『ナラティブ・ベイスト・メディスンの臨床研究』金剛出版.
　　本書はナラティヴの視点が臨床研究にいかに有益かを説得力をもって伝えている。何よりも医療という現実が多様に広がっていること。ナラティヴという視点がその多様性に対応するものとして、研究としても説得力を持つものであることがわかる。

松澤和正（2010）.『臨床で書く ―― 精神科看護のエスノグラフィー』医学書院.
　　著者の松澤和正氏はさまざまな経歴を経て精神科看護師となった方である。方法への厳しい反省がはじめの章にある。患者たちの言葉、身ぶりの断片を捉え記述する力は見事で、患者と関わる人々の世界が明確に浮かび上がってくる。

ホイト, M./児島達美（監訳）（2006）.『構成主義的心理療法ハンドブック』金剛出版.
　　社会構成主義そしてポストモダンのさまざまな思想と交流しつつ、心理療法の新しい動向が次々と日本に紹介されている。実践の場で「それらの理論をそれ自身がもっている価値に見合うよう再構成する」ことが構成主義の立場である。人間は自らの心理的現実を単に表出するのではなく、それを構成しながら意味を作りだす存在であるという視点は、セラピーに直接リンクする。心理療法のナラティヴアプローチの動向を幅広く知るには、このハンドブックは使える。

2節
インタビューの概念
川島大輔

　本節では、質的研究における主要なアプローチのひとつである、インタビューの概念について、その歴史的背景やインタビューの類型を踏まえつつ、検討する。インタビューが用いられてきた歴史は古いが、近年ではインタビューを単なる情報収集の道具としてではなく、インタビュアーとインタビューイーの相互交渉を通じた達成と見なし、そこで構成される知や、対話を通じた協力者の生活世界に対する理解に目が向けられるようになってきている。しかし実際には、研究者の認識論や学問領域によって、また研究の対象によって、相互交渉や対話を重視する程度が異なっているのも事実である。本節ではこうしたインタビューの多様な位置づけを、その歴史、メタファー、そして類型に着目して、インタビューによる代表的な研究を紹介しつつ提示する。なお紙幅の都合上、本節では調査インタビュー（research interview）を中心に論を進める。

2-1　インタビューの歴史

(1) インタビュー社会

　インタビューあるいは面接は、日常で頻繁に用いられる用語である（たとえば就職面接やマスコミによる政治家へのインタビューなど）。それはインタビューという、いわゆる特定の対象に話を聞き、そこから何かを理解しようとするアプローチが、研究の場に限らず広く現代社会で用いられているからにほかならない。さらに言えば、誰か特定の人に話を聞くという行為が、なにがしかの知識や情報を得るための重要なツールとして、すでに社会全体で共有されているとも言える。われわれは「インタビュー社会（interview society）」(Atkinson & Silverman, 1997; Gubrium & Holstein, 2001) に生きているのである。
　インタビューは社会学、人類学、歴史学、心理学などのさまざまな領域で、他領域との相互影響を受けつつ、それぞれに発展してきた調査方法である。

そのため学問領域固有の、インタビューをめぐる歴史がある（e.g. Fontana & Prokos, 2007; Kvale & Brinkmann, 2008; Platt, 2001; 桜井, 2002; Thompson, 2000/2002）。

(2) インタビューの歴史

　古来より、会話や対話は体系的な知識を得るための古典的な方法のひとつであった。たとえば古代ギリシアの歴史家トゥキュディデスはペロポネソス戦争の従軍者に聞き取りを行い『戦史』を編纂し、ソクラテスはソフィストとの対話を通じて哲学的な知を発展させた。他方でインタビューという用語は、17世紀になってから使用されるようになったという。その後19世紀の中ごろにはジャーナリストによるインタビューが報告されるようになる。しかし特定の対象に話を聞き、その内容を公にするという行為は、当時の人々にとって受け入れ難いものであったため、インタビューは不道徳とみじめな気持ちがつきまとう、かなり危険な仕事と見なされていた（Kvale & Brinkmann, 2008）。

　20世紀初頭には、特に人類学の分野で異文化の少数民族への非構造化インタビューやエスノグラフィーが行われるようになり、素朴な研究方法としてインタビューが用いられるようになる。特にトーマスとズナニエツキ（Thomas & Znaniecki, 1927/1983）による *The Polish Peasant in Europe and America*（邦題『生活史の社会学』）は、インタビューを含めた個人的記録の無批判的な利用が行われていたそれまでの時代とは一線を画すと評価される（Allport, 1942/1970）。また心理学の領域においても、たとえばフロイト（Freud, 1955/2006）による「ねずみ男」のケース記録や、ピアジェ（Piaget, 1926/1955）による子どもへの臨床インタビューが報告されており、これらも質的なインタビューの先駆と見なせるだろう。1930年代ころから、シカゴ大学社会学部を中心とした「シカゴ学派」が、人種、犯罪、精神病理といった社会問題についてのライフヒストリーを集積している（桜井, 2002）。このようにインタビューが社会科学の調査において多用されるようになってきた一方で、この時期のインタビュー研究は方法論的には十分吟味されたものではなかったという（Kvale & Brinkmann, 2008; Platt, 2001）。

　第二次世界大戦後には、標準化された手続き、固定された質問の文言や流

れ、回答の数量化を含んだ、量的な研究法としてのインタビューが社会科学における主流となり、質的な調査インタビューは冷遇されることとなる (Fontana & Prokos, 2007)。また収集される情報への影響を最小化するため、インタビュアーは中立性を保つことが目ざされた (Holstein & Gubrium, 1995/2004; Platt, 2001)。この時代にも、たとえば羅生門的アプローチ[1]を用いて家族内の多様な語りを詳らかに描出した人類学者ルイス (Lewis, 1961/1969) による The children of Sánchez (邦題『サンチェスの子供たち』) などが出版されるものの、依然として社会科学における主流は実証主義であり、また数量的調査と統計的分析法による研究法であった (桜井, 2002)。

1960年代以降になると、質的なインタビューの意義に、再び注目が集まるようになってきた。その背景には、録音機の小型化やコンピュータの技術的な進歩に加えて、物語、言説、会話、そして言語に対する認識論の転回がある (質的研究に関わる認識論の動向については、本書1章を参照されたい)。しかしその初期においては、ある種の計量科学的厳密さというものが、質的インタビューの中にもしみこんでいた。つまり実証主義が採用する素朴な実在論、すなわち研究の対象となるデータがすでにあり、研究者は回答者のことばという手段を用いて、それを引き出すという認識論が強く影響を保持していた。それはたとえば、グラウンデッド・セオリーにおけるデータのコード化における実直なまでの厳密性にも見出すことができる (Fontana & Prokos, 2007)。しかし、実証主義的なインタビュー法が仮定するような、事実や経験の貯蔵庫、もしくは「回答の容器」としてインタビュアーを位置づけるインタビューのあり方、あるいはインタビューを通じて「発見する」ものとしての知という仮定が、痛烈に批判されるようになる (Burman, 1994/2008; Holstein & Gubrium, 1995/2004; Kvale & Brinkmann, 2008)。

こうした議論を経て、今日では、インタビューは知が社会的に構成される場であり、そこでの相互交流において達成されるものに関心が寄せられるようになってきている (Fontana & Prokos, 2007; Gubrium & Holstein, 2001; Kvale & Brinkmann, 2008; 斎藤・山田, 2009)。このことはインタビューという場に参与する研究者自身の行為もまた、研究の対象として省察されることを意味してい

---

[1] 黒澤明による映画『羅生門』(原作は芥川龍之介の小説『藪の中』) に由来し、相異なる複数の視点や声を重ねることで対象に多面的に迫ろうとする手法。

る（Roulston, 2010；やまだ, 2006）。

2-2　インタビューが迫るもの ── インタビューの概念とメタファー

　インタビュー（Interview）とはその名のとおり、「Inter Views」（2人の視点を交差させること）である。ただしこの2者の関係性をどのように位置づけるかによって、インタビューという行為が意味するものは大きく異なる。従来のインタビューではもっぱら、語り手はある特定のテーマに関する知識を有しており、聞き手はなるべく影響を与えないようそれを聴きとることが求められていた。それに対して、近年の質的研究におけるインタビューという概念では、むしろインタビューは対話であり、両者は共にインタビューの場面を構成していると考える。

　この対比は、実在論と社会構成主義の対比とも言えるが、クヴァルとブリンクマン（Kvale & Brinkmann, 2008）は、これを鉱夫（miner）と旅人（traveler）の2つのメタファーで表現している。鉱夫のメタファーは、地下に埋まっている鉱物のような意義のある事柄を掘り起こす人としてインタビュアーを位置づける。このメタファーでは、インタビューは知識収集のプロセスとして概念化される。他方で、旅人のメタファーは、未開の地に分け入り、旅先で出会った人々との会話から新しい知識を得たり、あるいは自己変革を経験する人としてインタビュアーを位置づける。このメタファーでは、インタビューは知識構築のプロセスとして概念化される。

　ただしこの2つのメタファーを、量的インタビューと質的インタビューの単純な二分法として捉えてはならない。実際、鉱夫のメタファーは実証主義や経験主義のデータ収集方法に関わると同時に、ソクラテスによる先在する真実の追求、フッサールによる現象学的本質の探究、そしてフロイトによる無意識に埋没した隠された意味の探索においても認められるものである。また旅人のメタファーも、買い物や経験を求める旅行者と、真実を追い求めて流離う巡礼者とでは、そのありようが大きく異なっているのである（Kvale & Brinkmann, 2008）。

　特に旅人の2つのメタファーは、レヴィナス（Lévinas, 1949/1996）による、遍歴の果てに故郷のイタカ島に戻るオデュッセウスと、故郷を棄て、神が示

す未だ知られざる土地へ旅立つアブラハムの対置を類推させる。つまり巡礼者と旅行者では、そこで出会う「他者」が異なっているのである。旅行者における他者は、研究者の認識の光によって把持され、その全体性に同一化されるものである。他方、巡礼者における他者は、(研究者の認識の)光から逃れるものであり、それに包摂されることを拒む絶対的に他なるものである。これは他者の他者性の問題（森岡, 2009）である。難解なレヴィナスの思想にここで立ち入るつもりはないが、インタビューにおける協力者との関係性に関連づけて考えるならば、前者は研究者の理解によって絡めとられ説明されるものとして、後者は理解から常に逃れるものとして、協力者が位置づけられるだろう。

　質的研究は広い意味で問題への理解や解決を志向しているがゆえに、研究者の理解はやや「オーバーラン」してしまう可能性を孕んでいる（川野, 2010）。しかし他者は私の理解をそのつど超えていく。それゆえ他者の他者性が際立って感受される場合、研究者が応答しようとするのは、語られる意味を自らの理解の枠組みに同化させることの彼方である。またそもそも「語り手は『事実を明確に』語っている」という前提自体がきわめて危ういものでもある（川野, 2008）。なぜなら研究者に対しては決して語られないこと、すなわち秘密を抱えたまま、インタビューは進行するものだからである（荘島, 2011）。むしろ了解を保留すること（大倉, 2011）、「理解と秘密」の関係を協力者との不断の交流の中で問い直し続けていくこと（川野, 2010）こそ、重要である。それは研究者が決して届かない協力者の「秘密」、すなわち研究者と協力者のあいだにおける共約不可能性こそが、新たな物語の展開へといざなうからにほかならない。インタビューとは、理解の困難、あるいは他者の他者性に直面しながら、それでも、いやむしろそうであるからこそ、相手の理解へ強く動機づけられる行為なのである。

2-3　インタビューの類型 ── 構造、形式、人数による区別

　調査インタビューは、その構造、形式、人数といった観点から区別できる（なお本節では触れないが、インタビューの対象（Kvale & Brinkmann, 2008）、インタビューの媒体（Fontana & Prokos, 2007）、インタビュアーの積極性（能智、

2011）という観点からも類型化できる）。

(1) 構造化の程度による区別

一般にインタビュー法は構造化の程度から、大きく構造化インタビューと非構造化インタビューに区分される（両者のあいだに位置する半構造化インタビューについては、「2-4 具体的研究法」において取り上げる）。

構造化インタビューは、あらかじめ設定された仮説に基づいて一連の質問項目が調査票の形で準備されており、それに従ってインタビューが進められる。また実施にかかる時間もあらかじめ決まっており、手続きも明確化されている。このため通常は量的研究の枠組みにおいて実施される。上記の手続きにより、構造化インタビューでは回答への聞き手による影響が少なく、データの客観性が保たれていると見なされるが、既述のとおり、質的研究はこうした仮定、すなわち研究者を中立的な存在と見なすことや、協力者を「回答の容器」と位置づけることへの疑問を呈している。

非構造化インタビューは、オープンエンドでエスノグラフィックなインタビューである（Fontana & Prokos, 2007）。そのためフィールドワークやケース・スタディの初期において参与観察と組み合わされて用いられることが多い（石井, 2007; Merriam, 1998/2004）。構造化インタビューとは異なり、質問内容や順序といった構造がほとんどなく、そのためインタビュアーは話の流れをコントロールすることもない。むしろインタビューにおける、即興的な対話がデータとなる。ただし非構造化インタビューはインタビュイーの主体性や自由度を最大限に尊重する手法であり、何の構造もルールもない場当たり的なものではない（やまだ, 2006）。

(2) 設定による区別

インタビューの設定からは、フォーマル・インタビューとインフォーマル・インタビューに区別される。前者のフォーマル・インタビューでは、質問内容をあらかじめ準備することや、インフォームド・コンセントをとること、また録音の許可を求めたうえでデータを収集するといった手続きがとられる。後者のインフォーマル・インタビューはより日常的な場面において実施され、何気ない日常会話や雑談のようなものまで含まれる。そのため話者

が、それがインタビューとは気づかない場合もある。なお構造化インタビューをフォーマル・インタビューと、非構造化インタビューをインフォーマル・インタビューと同義と見なすことも多い（佐藤, 1992）。

フォーマル・インタビューとインフォーマル・インタビューの双方に長所と短所がある（柴山, 2006）。たとえばフォーマル・インタビューは人々の考えや意味づけにより系統的に迫ることができるが、インタビューが特殊な状況で実施されるため、日常生活の文脈から切り離されたものとなってしまう。他方で、インフォーマル・インタビューは、参与観察などと並行させて、より日常的な文脈で人々の意味づけや解釈を聞き取ることができるが、語りを丁寧かつ詳細に記録するためには一定の熟練が必要となる。また語り手がインタビューとは思わずに発言した事柄をどこまで、またどのように研究の対象としていくのかという倫理的問題に直面する。

(3) 人数による区別

対象者の人数からは、個別インタビューとグループでのインタビューに区別できる。個別インタビューではインタビュアーとインタビュイーが1対1で行う。グループ・インタビューは主としてビジネスやマーケティングの分野で用いられてきた手法であるが、質的なインタビュー法として改めてその有効性が指摘されている（Fontana & Prokos, 2007; Morgan, 2001）。フォーマル、あるいはインフォーマルな状況下で、数人に同時に、体系的に質問を行う方法であり（Fontana & Prokos, 2007）、対象者同士の相互作用から生成的にデータを収集しようとする。参加者の多様な意見を同時に収集できるという利点がある一方で、発言順や発話内容が不明確になったりすることなど得られたデータに不備が生じることもある。ただしタブー視されている話題に関する意見や態度を研究する場合には、グループによるディスカッションの力を利用する方が適切であり、またグループの特性を活かすことでインタビューがより日常生活に近い行為となる（Flick, 1995/2002）。

なおグループ・インタビューでの相互作用と同種の可能性に着目するという点において、配偶者を伴ったインタビュー（Holstein & Gubrium, 1995/2004）や、老年学の分野で研究蓄積のある、グループで行うライフレビューやガイド付き自伝生成法（川島, 2007）も、他者との関わりの中で語りが構成される

様に迫ることができる。

2-4 インタビューの具体的研究法

(1) 半構造化インタビュー

　半構造化インタビューは、特定の話題についての信念をより詳細に把握したり、その話題に関する語りに迫ろうとする際に用いられる (Smith, 1995)。インタビューに先立ち質問項目を盛り込んだガイドが準備される。これは実際のインタビュー場面での聞き漏らしなどを防ぐという意味合い以上に、ガイドを作成するプロセス自体が、研究者の問いや質問内容を精緻化したり、調査計画全体を見直す機会となるためである (Flick, 1995/2002; Smith, 1995; 徳田, 2007)。ただしガイドにはより構造化された質問とゆるやかに構造化された質問が混交している (Merriam, 1998/2004)。また実際のインタビュー場面では、質問の順番や尋ね方を変更したり、インタビュー・ガイドにはない追加の質問や疑問に思ったことをその場で尋ねるなどして、できる限り自由な会話の形式でインタビューを進めていくことが重要である (Smith, 1995)。

　半構造化インタビューは、構造化インタビューと非構造化インタビューのあいだに位置するが、実際にはさまざまなタイプのものがあり (Flick, 1995/2002)、構造化インタビューに近いものもあれば、非構造化インタビューに近いものもあることに留意すべきである (能智, 2011)。また近年では構造化インタビューに対置する、非構造化インタビューと一括りに扱われることも多い (Fontana & Prokos, 2007; やまだ, 2006)。

　半構造化インタビューは英語圏において頻繁に用いられる方法であるが (Flick, 1995/2002)、日本においても主要なインタビュー法のひとつである。ただし半構造化インタビューを用いた研究の多くが、量的研究と同様、研究者の側が用意した枠組みを用いて協力者を説明しようとしているとの批判もなされている (大倉, 2011)。

(2) グループ・インタビュー

　グループ・インタビューにはフォーカスグループやフォーカスグループ・インタビューといった類似した用語があり、また多様な定義がある。ただし、

その中核的な要素は、6人から12人程度のメンバーがある特定の話題について率直な意見を述べあうことで、現実が社会的に構成されるプロセスに迫ることにある（田垣, 2007; Flick, 1995/2002）。他の質的研究法とのもっとも大きな違いは、グループ討議にあると言われる（Vaughn, Schumm & Sinagub, 1996/1999）。ただし司会者や仲介者が明確に構造化された形で質問や相互交流の舵取りを行う場合から、司会者の役割や質問がほとんど構造化されずグループの相互交流に委ねる場合まで、研究の目的に応じて異なる形式をとりえることに留意しなければならない（Fontana & Prokos, 2007; Morgan, 2001）。具体的研究例として、東村（2012）は障がい者の母親が子どもの就労と自立をめぐってどのような世界を生きているのかに迫るため、グループ・インタビューと個別インタビューを併用している。2つのインタビューの利点と欠点を丁寧に省察したうえで組み合わせており、参考になる。

(3) ライフストーリー・インタビュー

ライフストーリー・インタビューは、語り手が人生における経験をどのように意味づけているのかに迫る方法である（Atkinson, 1998; 徳田, 2001; やまだ, 2000）。典型例として挙げられるのが、マクアダムス（McAdams, 1993）によるライフストーリー・インタビューである。そこでは人生を1冊の本と見なす教示がなされ、その後に人生の章立て、鍵となる出来事、重要な人々などの7つの質問がなされる。また社会学におけるライフストーリー研究を牽引するベルトー（Bertaux, 1997/2003）は、パン工場の雇い主や被雇用者などへのライフストーリー・インタビューを通じて、産業社会における構造的社会関係の客観的リアリティに迫ろうとする。これらのアプローチは、意味や物語的真実（Atkinson, 1998; McAdams, 1993）あるいは、社会的構造の特質といったリアリティ（Bertaux, 1997/2003）に迫るための方法としてインタビューが位置づけられており、実在論的な立場に近い。

これに対して、たとえばインタビュアーとインタビュイーとの対話性を強調する立場もある（桜井, 2002; やまだ, 2007）。近年における特徴的な研究実践例として、たとえば原田・能智（2012）は障がい者のきょうだいを持つ2名への複数回にわたるインタビューの中で、協力者の人となりに触れるためにまずライフストーリーを聞いている。そして、そこからさらに、語りが共

同構築されるという視点から、研究者も当事者として語り合うインタビューへと移行している。この手法は対話性を強調したライフストーリー・インタビューの好例と見なせるだろう。

2-5 インタビューの概念再考 —— むすびに代えて

　これまで見てきたように、インタビューとは研究者と協力者の相互交渉による達成であり、そこで社会的に構成される知に迫ることが重視される。そのためインタビュアーたる研究者の働きかけや視点への省察が必要なことは言うまでもなく、インタビューの場面においても積極的に自らの意見や考えを述べることで対等の対話者であろうと努めることとなる。しかしその一方で、インタビューにおける研究者と協力者の対話をどの程度重視するのかによって、インタビューが意味するものは大きく異なる。またインタビューを対等の対話者との共同構築とみなすいくつかの疑義あるいは課題も呈されている。そこで、インタビューの概念に関わって近年指摘されているいくつかの論点を取り上げて、本節を終えたい。

(1) 宛名の問題

　インタビューとは誰と誰の対話であるのか。（インタビューにおいて）発話は単一の宛名にのみ向けられるのではなく、複数の宛名に向けて語られる。つまりインタビュイーが発する声も、目の前の研究者に対してだけでなく、インタビューを通してその語りを聴かせたい誰かにも向けられるのである（宮内, 2009）。またインタビュイーは必ずしも実在の人物に向かって語っているとは限らない。過去、未来に存在する、あるいはいまだかつて現実には一度も存在したことのない人格に向かってさえ、インタビュイーは語っている可能性がある（斎藤・山田, 2009）。さらには私たちの発することばはそもそも、他者のことばに満ちており、そのうちに他者という異質なものを含んでいるのである（バフチン, 1988）。このように考えると、インタビューを研究者と協力者の単なる二者間の行為として位置づけることは困難である。インタビュー（Inter Views）は常に、複数の視点、すなわち複数の主体のあいだ（木村, 1988）において成り立っているのである。

(2) インタビューにおける権力性

　研究者と対象者を相互行為における平等な参加者として捉えることはどこまで可能であるか。調査インタビューは日常会話に基づきつつも、専門的会話であり、研究者と調査者のあいだには明確な権力の非対称がある（Kvale & Brinkmann, 2008）。それゆえ平等な参加者という仮定は、インタビューする側とされる側、社会的地位、年齢、性の違いといった構造的な権力性を隠蔽してしまう危険性を有している（Briggs, 2001; Parker, 1992）。インタビューは目的を伴った会話と表現されるが（Kvale & Brinkmann, 2008; Platt, 2001）、インタビューを用いる研究者は、それは「誰の目的か」ということを、立ち止まって考えるべきであろう。

　また実際のインタビューにおいては、インタビュイーは「質問 - 回答」というインタビュー構造にしたがう受動的な応答者と見なされることに抵抗したり、研究者が求める役割を離脱することもある（Burman, 1994/2008; Fontana & Prokos, 2007）。さらに研究で焦点となっていること以外の事柄や研究過程にも干渉しようとしたり（Bilu, 1996）、研究計画の目的とはまったく異なる、参加者独自の目標を達成しようとすることもある（Bradbury & Sclater, 2000）。インタビューとはいきおい、人と人とのあいだで起こる、その筋書き自体が展開していくものである。しかし同時に、無条件に1回限りのユニークなものであるということでもない、ある種の限定された「即興」演劇なのである（Holstein & Gubrium, 1995/2004）。

(3) インタビューの場における共同構築という想定の可能性と課題

　近年のインタビュー法の特徴として、語られた内容（what）よりも物語る行為、すなわちインタビューの中で意味を構築する方法やプロセス（how）により関心が向けられてきている（Fontana & Prokos, 2007）。しかし方法やプロセスを極端に強調することには異論も投げかけられている（Holstein & Gubrium, 1995/2004; Parker, 1992）。特に遠藤（2006）は、臨床場面におけるインタビューでは、相互の関わりの中で社会的に構成されるという想定が成立することは理解できるとしたうえで、調査インタビューで得た語りのデータから、何らかの個人的な意味の社会的構成を見出したと結論したときの自己

矛盾を追及している。つまり人の認識活動と独立した事実の世界など存在しないという前提をとりながら、その論者が、一方で、調査で得たデータと意味の社会的構成という事実の世界とを独立したものと暗黙裡に見なしているという矛盾である。質的な調査インタビューは相互交渉を通じた達成や社会的構成を重視する傾向にあるが、実際の研究プロセスに沿って、誰が、いつ、どのように達成あるいは社会的構成と見なすのかという問題については、絶えざる省察が必要である。

　加えて、対話性の強調の程度は、研究者が身を置く学問領域の関心とも分かちがたく結びついている。社会構成主義やエスノメソドロジーに近い立場をとるインタビュー研究者は、既述のとおり、インタビューにおける対話とそこでの社会的構成を重視する（Fontana & Prokos, 2007; Gubrium & Holstein, 2001; Holstein & Gubrium, 1995/2004）。他方で、たとえば歴史学におけるオーラル・ヒストリーは、歴史的リアリティにアプローチする手段として語りを位置づける（Thompson, 2000/2002）。ベルトー（Bertaux, 1997/2003）も同様に、歴史学、民族学、社会学などは、個人的な語りを通して社会‐歴史的現象のリアリティに接近しようとする学問領域であると述べている。

　本節では、研究者と協力者による相互交渉を通じた達成としてのインタビューの側面を強調してきた。しかしそこでの語りをどう扱うか、換言すれば文字に起こし、分析あるいは解釈して、発表するという研究行為の中で対話や共同構築をどの程度強調するのかは、研究者の立場やテーマによっても多様であることを、今一度確認しておく必要があるだろう。

　本節で概観してきたインタビューの概念の多様性を認識しつつ、自らの研究に影響する認識論や個人的関心、そして方法への省察を絶えず行うことによってはじめて、インタビューという行為のアクチュアルな意味づけが立ち上がるのではないだろうか。

【参考書】
ホルスタイン, J. A.・グブリアム, J. F./山田富秋・兼子一・倉石一郎・矢原隆行（訳）(2004).『アクティヴ・インタビュー ── 相互行為としての社会調査』せりか書房.

聞き手と語り手という構図を超えて、主体と主体のアクティヴな参与によって構成されるインタビューの実践について、平易に解説した良書。本節でも紹介したように、著者らは社会構成主義の立場をとりつつ、語りの内容と方法の両方に関心を向けているという点も興味深い。

やまだようこ（編）（2007）.『質的心理学の方法 ── 語りをきく』新曜社.
　本邦における質的研究のスタンダードな入門書。特に副題にも見られるように、語りをきく多様な方法についてていねいに解説されている。本節では十分に触れられなかったライフレビューや会話分析などについての基礎的知識が得られるだろう。

3節
インタビューの方法
徳田治子

　調査インタビューとは、一般に、「独自の情報・知識・見解等をもっていると思われる個人を対象に、主に音声を介したやりとりを通じて、それらを取り出し、理解しようとする営み」(能智, 2011) として位置づけられる。質的心理学において、インタビュー法は、人々がある経験や出来事に対して付与する意味づけをそれが語られる個人の全体性や具体的な文脈とのつながりのなかでとらえることのできる方法として主要な位置を占めるようになっている (Flick, 1998/2002; Merriam, 1998/2004)。

　質的研究の興隆とともに、インタビューという方法自体もさまざまな変化を受けながら発展してきている。その変化は、研究者のあり方や専門性に対する考え方、インタビュアーとインタビュイーの関係性へのまなざし、語られたデータの取り扱い方等、多岐にわたる。そのような変化は同時に、自らの経験を他者に語るという行為やその語りを聞き取り、新たな知の生成に結びつけていく行為のもつ難しさや困難さも伝えるようになっている。

　言語を中心とした相互行為によって支えられるインタビュー法を通して、われわれは他者が生きる生活世界や経験の意味づけにいかに接近し、また、それをどのように捉えることができるのだろうか。インタビューを研究者と研究協力者が出会い、関わり、そこから共同で新たな経験理解や知の可能性を目ざす相互作用の場であると捉えた場合、そこに臨む研究者に求められる専門性や実施上の留意点とはどのようなものだろうか。

　本節では、このような問いのもと、質的研究における調査インタビューのデザインや具体的実施方法について、近年の研究成果を交えながら述べていく。

3-1　質的研究におけるインタビュー法の展開

(1) 専門的会話としてのインタビュー

　調査技法としてのインタビューは、日常生活における会話をベースにしな

がらも、目的と専門性を伴った会話として位置づけられる（Kvale, 1996; 鈴木, 2002）。クヴァル（Kvale, 1996）は、専門的会話としてのインタビューの特徴として、① 各々が異なる目的と構造を有している、② システマティックな質問技法を用いる、③ 相互作用のダイナミクスを感知し、それに対する何らかの対処を行う、④ インタビュアーとインタビュイー双方の発言に関して批判的な関心を有することを挙げている。このように、質的研究におけるインタビューは、相互性や共同性といった通常の会話の要素を含みつつ、一方では、聴き手となるインタビュアーが持ち込むリサーチ・クエスチョンを中心に構成される専門的会話としての側面を有している（Holstein & Gubrium, 1995; Kvale, 1996）。"専門的会話"に含まれる要素は多岐にわたり、そこに込める思いや意味合いの強弱は、研究者によって必ずしも一様ではない。しかしながら、それぞれの研究者が自らのインタビュアーとしての専門性とは何かという問題に自覚的になることが、まずもって重要な取り組みとなる。

(2) ナラティヴ・ターンとインタビュー法の展開

質的研究におけるインタビュー法は、1990年代以降から展開するナラティヴ・ターン（物語的転回）および質的研究の興隆とともに大きな変化を遂げてきた（やまだ, 2006）。これらの変化はおおむね以下の3つに整理して捉えることができる（なお、質的調査インタビューを含むインタビュー法の歴史的展開については本章の2節を参照のこと）。

第一の変化としてとりあげられるのは、インタビューにおいて求められる研究者の専門家としての役割やあり方についてである。インタビュアーのあり方やそこで結ばれる関係性を重視する質的調査インタビューでは、インタビュアーは、不可視的で中立的なデータ収集の道具ではなく、研究協力者とともに彼／彼女の声に耳を傾け、そこにことばを与えていくアクティヴな意味生成者のひとりとして位置づけられる（Holstein & Gubrium, 1995）。

第二の変化は、語り手と聞き手の関係性の捉え方である。質的調査におけるインタビューでは、インタビュアー（研究者）は、専門的な知識を有する特権的な立場にはなく、インタビュイー（研究協力者）と共同で新たな知識を生成（探求）しようとする存在として位置づけられる。当該領域に関する知識とそこから生じる自らの問題関心や専門性を携えつつも、インタビュイ

ーを自らの経験の専門家として尊重し、その経験と語りに開かれた態度を保持していくことは、今日、"無知の姿勢"（Anderson, 1997/2001）や"意図的なナイーブさ"（Kvale, 1996）といった用語で概念化され、会話や対話を通して他者を理解しようとする専門家が身につけるべき新たな専門性のひとつとして捉えられるようになっている（徳田, 2007）。

　第三の変化は、インタビューで語られる言語データの所在に対する捉え方である。ナラティヴ・アプローチをはじめとする構成主義的な立場においては、インタビューで語られた内容は、研究者（インタビュアー）と協力者（インタビュイー）の相互作用によって共同で構築されたものとみなされる。インタビュイーによって語られる内容は、いつ、どこで、誰が聞いても同じ答えがそっくりそのまま記憶の貯蔵庫から持ち出されて再現されるようなものではなく、いま、ここで、特定の語り手と聴き手とのあいだで生じ、両者の相互作用の中でさまざまに展開していくものとされる。またこのような観点から語られたデータの分析や解釈を行う際には、語られた内容を整理するだけではなく、その内容がどのような語り口やプロセスのなかで語られているかに注目するとともに、インタビュアーからの問いかけや受けこたえが、インタビュイーの語りに及ぼした影響についても批判的な考察を加えていく（やまだ, 2006）。

(3) 研究実践としてのインタビュー

　質的研究の興隆やナラティヴ・ターンの展開とともに生じたこれらの変化は、インタビュー法を実施する研究者に、語りの生成に参与するインタビュアーの役割に自覚的になり、インタビュー場面での自らの振る舞いや相互作用のあり方を批判的に振り返ることを要求する。このような省察性（リフレキシビティ）は、インタビュー研究をはじめ質的研究に携わる研究者に求められる専門性のひとつとしても位置づけられる。

　インタビュイーの発する語りに注意深く耳を傾けつつ、自らの聴き手としてのあり方や語り手との相互作用のダイナミクスを批判的に捉え、必要に応じて問いの仕方や相互作用のあり方を調整していく態度は、専門的会話としての質的調査インタビューの遂行を特徴づけるものでもある。質的インタビューを実施する際、研究者は、自分が何者としてインタビューという場に立

ち会い、インタビューイーとのどのような関係性の中で新たな知の生成に関わっていくかを常に問いかけていかなければならない。

　この見地に立てば、研究者は、当該領域の知の発展だけでなく、インタビューという研究実践に対する新たな知の産出にも加わることになる。質的研究の今後の発展やインタビュー法自体のさらなる展開という観点からも、インタビュー研究の実践的な知をどのように共有し、質的研究者の養成や訓練につなげていくかが重要な課題となる（やまだ、2006）。

3-2　インタビューのデザイン

(1) 研究デザインと対象の選択

　インタビューの実施計画は、単に質問する項目やその順序を考案するだけにとどまらない。研究プロセス全体を見渡しながら、どのようなインタビューをどのような規模やスケジュールで行っていくのか、収集したデータに関する分析方法についてもある程度見通しを持ちながら研究プロセス全体の中でインタビューを用いた研究の設計（デザイン）をしていく。

　インタビューの実施計画を立てるうえでまず重要なことは、自らが行う研究の目的やリサーチ・クエスチョンと照らし合わせて、インタビュー法がそれらを捉えるうえでもっとも適切な方法であるかを十分に吟味することである。そして、そのような方法論的検討と合わせて、研究協力をお願いする対象者の選定を進め、具体的な質問項目を考案していく。

　一般に、質的研究では、協力者の選定にあたって、目的的サンプリングと言って、研究目的にあった対象の選択を行う（Flick, 1998/2002; Merriam, 1998/2004）。年齢や性別、生活状況などの条件をなるべく揃えて、その中でのバリエーションとして語りの共通性や差異を取り出そうとするのか、あるいは、できるだけ多種多様な協力者を募り、ある問いや現象に関する人々の総体的なものの見方や行動の特徴を明らかにするのか。ある程度の人数を募り、類型化を目ざすのか、それとも、ごく少数の協力者を丹念に追いかけ、事例的な分析をするのか。このような選択を自らのリサーチ・クエスチョンや研究目的、現実的な制約条件に鑑みながら行い、協力者を確定していく。

　質的調査におけるインタビュー法の強みは、具体的な生活文脈の中で、当

事者の声を聞き取り、そこから新たな知の産出を行っていくことにある(Kvale, 1996)。その強みを活かすためにも、インタビューの質問項目やインタビューの場の設定は、研究の目的やリサーチ・クエスチョンとの関連だけでなく、研究に協力してくれる具体的な他者のために"オーダーメイド"で作成されるものでなければならない。

(2) インタビュー・スケジュールの作成

インタビュー・スケジュール（あるいは、インタビュー・ガイド）とは、インタビューを実施するにあたって、研究目的やリサーチ・クエスチョンとの関連で設定される質問の領域や具体的な質問事項、およびそれらの大まかな質問の流れや注意事項をまとめたものを言う。インタビュー・スケジュールをどのくらい綿密なものにするかは、個々の研究者やその研究目的によっても異なるが、インタビュー・スケジュールとは、単に質問項目を並べただけのものではなく、研究目的やリサーチ・クエスチョンとの関連で問いを構造化し、プロセスとしてのインタビューの流れを見極めていくための道具であると認識すべきである。このため、特に初学者のトレーニング段階においては、できるだけ詳細で綿密なインタビュー・スケジュールを作成することを推奨する研究者もいる(Chase, 2003)。

インタビュー・スケジュールの大まかな作成手順の例を表4-2に示した。なお、実際のインタビュー場面では、インタビュー・スケジュールはあくまでも会話の流れの目安として用いる。

会話形式で進められ、インタビュイーの自由な発言を尊重するインタビューにおいては、実際のインタビュー場面でさまざまな判断が求められる。たとえば、ある1つの発話がなされたとして、次に、その発言のどの側面に焦点をあてて質問をするのか。あるいは、ある興味深い語りがなされたが、それが個人的な話題であるとき、その語りに対してどの程度詳しい説明を求めるか。そして、インタビュイーの話が本筋から逸れた場合、それをどの程度許容するのかなどについて即座に判断し、会話を方向づけていかなくてはならない(Flick, 1998/2002)。

その場の流れに応じて臨機応変に対応しつつも、聞き漏らしをせず、リサーチ・クエスチョンに基づいた問いをしていくためには、研究者側に、イン

表4-2 インタビュー・スケジュールの作成手順

① 質問領域および質問項目の設定	インタビューで話し合われる全体的な問題範囲を定め，それらを研究目的およびリサーチ・クエスチョンにもとづいて領域として整理し，領域ごとに質問項目を設定する。
② 質問の順序を決める	一般的な質問から個人の経験や見解に関わる質問へ，事実確認的な問いから個人の経験や感情をとらえる質問へ等，質問の順番を決定する。論理的な順序とともに，経験の意味づけや自己の感覚に関わる深い質問は関係性が安定し，内省が深まる後半にまわす等，語り手の感情や経験の流れに配慮した順番にする。
③ ワーディングを考える	適切な応答を引き出すワーディング（言葉遣い）を工夫する。リサーチ・クエスチョンをそのまま質問項目に落とすのではなく，できるだけ協力者にわかりやすい日常的な表現を用いるようにする。
④ 追加的な質問を設定する	実際の相互作用場面をイメージしながら，こちらの問いに対する協力者の回答をいくつか想定し，それらに応じた追加の質問を考察する。
⑤ 予備的インタビューの実施と修正	一度インタビュー・スケジュールが完成した段階で，ロールプレイ等を通して予備的インタビューを行い，不自然な言い回しやわかりにくい言葉遣いを修正する。また，インタビュー全体の流れを見渡して，質問順序を変える等，修正を加える。

タビューを通して何をどのくらいの範囲や深さまで語ってもらうかについて、各々の研究に応じた判断の基準をもっておく必要がある。自らの研究目的やリサーチ・クエスチョンに照らし合わせながら質問領域や具体的な質問項目を考案し、何をどのような順番と言い回しで尋ねるかをさまざまに検討しながら行われるインタビュー・スケジュールの作成は、そのような問題に対する研究者なりの判断基準を整理する助けとなる（Chase, 2003; Flick, 1998/2002; Kvale, 1996; Smith, 1995）。

(3) インタビューのはじめ方と終わり方

インタビューの計画を練るうえでは、インタビュー全体をプロセスとして捉える視点も重要である。インタビュー・スケジュールには、リサーチ・クエスチョンに基づいた質問内容だけでなく、インタビューの導入部分や終了に関する流れや注意事項を書き込んでおくとよい。

特に、インタビューの導入部分は、その後のインタビューの展開を左右する重要な局面として位置づけられる。一般の人は、必ずしも調査インタビュ

ーという形式に慣れているわけではない (Flick, 1998/2002)。誰しも、自らの経験や出来事への意味づけを他人に話すことにはある種の緊張や戸惑いが伴うものである。スプラドレー (Spradley, 1974) は、インタビューの状況には、①不安、②模索、③協力、④参加の4つの段階があり、インタビュイーは、インタビュアーが信頼に足る人物であるか、何をどこまで話すべきかを見極め、そして、迷いながら、インタビューという共同的行為に参加していくことを指摘している。

インタビュアーは、このようなインタビュイー側の心理を十分理解し、インタビューという相互行為を立ち上げていく必要がある。また、協力者のなかには、調査への協力に応じたものの、自分の話にどんな意味があるのかと戸惑いや不安を覚え、一般的な会話や社会的に望ましいとされる発言に終始してしまう者もいる (Holstein & Gubrium, 1995)。そのような場合には、インタビュアーの関心は、社会通念上の"正しい"見解ではなく、インタビュイー自身の経験やそこに付される意味づけにあり、インタビュイーには、それらについてできるだけ率直に自らの言葉で語ってほしいことを伝える。インタビュイーの戸惑いや不安を共有しながら、それを和らげていくような働きかけも、インタビューのプロセスを支える重要な取り組みである。

(4) "特別な会話"から"日常の会話へ"

インタビューの導入部分と同様に、インタビューをいかに終わらせていくかも重要な局面である。シャーマズ (Charmaz, 2006) は、インタビューとは、「特別な会話場面」であり、「インタビュイーに、日常生活ではめったに起こらない方法で自らの生活や経験を描写し、内省してもらうためのもの」であるとしている。インタビューの最終部分は、質問の取りこぼしなどがないかをチェックする最終確認の手続きとともに、このような"特別な会話場面"から"日常"に戻る移行プロセスを含むものでなければならない。

インタビュアーは、インタビューの終盤に近づいたら、聞き逃した点がないか確認する。このとき、インタビュー・スケジュールの質問項目をチェックリストとして利用してもよい。聞き逃した質問や確認が一通り必要と思われる質問を終えたら、インタビュイーに言い残したことや補足すべき点がないかを確認するとよい。また、それらのやりとりが終わった段階で、インタビ

ュー全体を振り返ってどのようなことを感じているかを語ってもらうなどの質問を通して、インタビューそのものを対象化してもらい、インタビューで語られたことやその過程で経験したさまざまな感情を整理する時間となるように工夫する。

あわせてインタビュアーからは、インタビューに協力してもらった感謝の気持ちを伝えるとともに、協力者とのインタビューを通して、どのようなことが自分の学びになったかを具体的な言葉で伝えるなどする（Atkinson, 1998）。

(5) インタビュアーの専門性

インタビューを計画、立案していく際には、まず、研究目的、リサーチ・クエスチョン、実際のインタビューで行う質問という3つの次元での問いの整合性と連動性を確認しながら、質問項目の構成や内容を検討することが必要となる。その際、特に重要なことは、協力者（インタビュイー）の立場に立って、問いの組み立てや内容、表現・言い回し、答えやすさを考えていくことである（Atkinson, 1998; Wengraf, 2001）。

アトキンソン（1998）は、インタビュイーが、以前とは異なる新しく明確でまとまりのあるやり方や喜びを伴う観点から自己や人生を語る助けとなるような質問や問いの組み立てを「倫理的な問いを踏まえた問い」とし、これを研究者側の倫理的配慮と専門性の問題として位置づけている。シャーマズ（Charmaz, 2006）は、また、インタビューで過去のつらい経験を尋ねるような質問を行う場合、インタビュー全体をポジティヴなレベルで終わらせ、まとまりをつけるように全体の流れをデザインすることを勧めている。このようなインタビューの構成における研究者側の工夫や配慮は、インタビュー全体のプロセスを見渡し、インタビュイーにとっての"自分の経験を他者に語る"という行為の意味を考えることの重要性を示している。

インタビューは、調査協力者の信頼と協力を得て、はじめて成立するアプローチである。質的研究におけるインタビュアーの専門性は、単に調査テーマにふさわしい的確な質問をするということだけにとどまらない点に注意が必要である。

3-3 インタビューの実施

(1) インタビュー場面の設定

質問項目の構成や設定に加え、インタビューをどのような場所や状況のなかで行うかも、そこで得られるデータの質や語りの内容に影響する。場所、時間等は、相手の要望を伺うことを原則とするが、可能な限り、静かで第三者の出入りがないところで実施するとよい。同室にいるもう1人の人物の存在は思った以上に、インタビューそのものを変えてしまう危険性がある。また、第三者の立ち入りによるインタビューの中断は、インタビューの流れやインタビュイーの思考の深まりを妨げるだけでなく、語り手と聞き手の親密な関係の中で積み重ねる共同生成のプロセスの流れを断ち切ってしまうおそれがある。このため、戦略的に第三者を交えたり、インタビューの目的が同室にいる人物と協力者のコミュニケーションにある場合を除いては、第三者が容易に出入りする場所は可能な限り避け、当該の対象となる者だけで行う方がよい（Yow, 2005/2011）。また、グループ・インタビューなどの1対1以外のインタビューを行う際には、メンバーの構成や役割、集団内での力働などについて入念な準備や工夫が必要となる（田垣, 2004）。インタビュー場面の設定は、常に思い通りになるわけではないが、語りの場とそこで生み出される語りの質に注意を払い、インタビューの場を設定していく心構えを持つことが必要である。

(2) 導入場面での留意点

インタビューの開始にあたっては、あらためて研究協力への感謝の気持ちを伝えるとともに、インタビュアーから簡単な自己紹介をし、手続きの説明や協力者のプロフィール等の基本的情報の確認をする。このとき「今日はどれくらい時間がありますか？」と確認し、その後の時間配分に役立てるとよい。なお、事前に許可を得ていたとしても録音の許可はそのつど必ず申し出るようにする。許可されない場合は、インタビュイーの了解を得たうえでメモをとることになるが、その後の分析においては、録音されたインタビュー・データとメモをもとに書き起こされたデータを同等のものとして扱える

かどうかについては慎重な判断を要する。したがって、機器の操作ミスには十分注意するとともに、事前にインタビューを録音する必要性を伝え、了解を得ておくことも重要である。

(3) 時間と回数

インタビューの時間や回数については明確な基準やルールがあるわけではない。1回のインタビュー時間は、一般に1時間から1時間半が目安にされる（中澤, 2000）。筆者の経験では、インタビュー開始から30、40分経ったころから一段深い話が展開することが多く、個人の経験や意味づけを捉えるインタビューを実施する場合は、1時間半程度をひとつの目安にするとよい。また、実際に話をうかがい始めるとついつい相手の話に引き込まれ、予定の時間をオーバーすることがある。その場合は、相手の都合を確認するとともに、長引くようであれば、別の日に再度話を聞かせてもらえるように依頼するなど、協力者の生活状況や体調などを考慮し、負担にならないよう配慮する。また、そのような継続の可能性を事前に伝えておく。

インタビューを何回行うかについては、明確な決まりや基準は存在しない。ある程度の類型化を目ざすのであれば、5名を最低人数とし、10〜12名程度の協力者に数回のインタビューを行うことを妥当とする研究者もいる（Atkinson, 1998）。これについては、研究者自身の研究目的や必要とするデータの深さや広がり、想定する分析方法によってもかわってくるため（能智, 2011）、関連する先行研究を参考にしたり、実際に得たデータを自分なりに吟味し、決定していく。

(4) 事前の面会と事後の振り返り

インタビューの実施については、インタビューに先立った事前の面会やインタビューを実施した後にデータの確認や補足を含めた振り返りの機会を持つことが有効である（Kahn, 2000/2005; Yow, 2005/2011）。ヤウ（Yow, 2005/2011）は、たとえ、短時間であっても事前に会いプロジェクトについて簡単な説明等を行い、インタビューイーに当日の流れや録音のお願いをする機会を持つことを薦めている。ヤウは、また、事前の対面で、語り手とコミュニケーションをとり、インタビュアー自身の人柄や調査に対する思いを伝えることを通

して、インタビュイーにインタビュアーとの時間が自分にとって意味のある経験になるかもしれないという期待を抱かせることの持つ積極的な意義を強調している。

　インタビューを複数回実施し、協力者と会って話をする機会を持つことは、その場では聞き逃したり、語られなかったことを補足してもらうことや、インタビューがきっかけになって思い出したり、新たに考えたことを語ってもらうことにもつながる。すでに実施したインタビューのトランスクリプト（逐語録）を持参したり、インタビューで得られた暫定的な成果やテーマを協力者と振り返る機会を持つことは、インタビュー・データの厚みや解釈の妥当性という観点からも得るものが大きい（Kahn, 2000/2005）。

(5) インタビュー調査における倫理的配慮

　質的な調査インタビューを実施するにあたっては、調査の準備段階から結果の公表までのあらゆるプロセスで、調査協力者の利益、人権、プライバシー、個人情報の保護等に関して倫理的配慮をしなければならない。

　インフォームドコンセントに関しては、主にインタビューの目的と手続き（インタビューの回数、時間、場所）、および結果の公表を含めたデータの扱いを中心に協議する。これらの説明は、通常は研究協力の依頼をする際に行われるが、実際に面会し、インタビューを実施する際にも改めて行う。インフォームドコンセントについては、研究協力を求める最初の段階だけでなく、必要に応じて適宜伝え、理解を得ていくようにする。

　特に、継続的な調査の場合、調査の進行に伴って、当初提示した条件が変わってくることがある。その場合は、そのつど改めて協議し、確認するようにする。また、研究協力者が有する基本的権利として、インタビューや調査の過程で、言いたくないことや秘密にしたいことがあれば、協力者はそれを拒否したり、発言を削除する権利があること、同様に、何らかの事情で、インタビューや調査への協力を途中でやめる権利を有していることも伝える。

　プライバシーの保護については、守秘義務の原則から、調査を通じて知りえた個人情報は口外してはならない。また、研究以外の目的でのデータの使用も禁じられている。データの公表に際しては、協力者が実名の記載を積極的に望み、研究者自身も特別に意義があると考える場合を除いて、個人を特

定する記述を控えたり、必要に応じて改変する等、匿名性への配慮を行う。また、データの公表についても、原稿の段階でフィードバックし、引用箇所等について許可を得る。データの保存方法（保管場所や保存方法、保存期間等）については、研究終了後にインタビュイーに返却することや一定期間の後に破棄すること等を確認する。なお、口頭での説明では、曖昧な部分や聞き漏らしが生じる可能性があるため、これらのことを含めた合意書を双方が交わし、保管しておくことが望ましい。しかしながら、そのような文書の取り交わしによってかえって協力者が緊張することや不安を抱くこともある（能智, 2011）。どのような形式でインフォームドコンセントを行っていくかについては、それぞれの状況に応じた判断が求められる。

なお、このような問題について両者で協議していくことを、形式的な手続きや研究活動を制限するものとしてとらえないようにする態度も大切である。倫理的配慮や問題をめぐる取り組みは、それ自体が研究プロセスの重要な一局面であり、インタビュイーとの関係形成の機会ともなる。協力者からの疑問や質問は、調査を進行するうえでの障害や壁ではなく、積極的な関係構築の機会であるとして捉え、協力者からの問いかけにはできるだけていねいかつ誠実にこたえていく姿勢をもちたい。

3-4　インタビュー場面での問い方と聴き方

(1) 質的調査インタビューにおける質問技法

インタビュアーから発せられる問いのあり方や質問の技法は、インタビュー法の実施において重要な位置を占めている。さまざまな研究者が自らの経験をベースに効果的な技法やそれを用いる際の留意点をまとめている（たとえば、Merriam, 1995/2004; Yow, 2005/2011）。このような質問技法の性質やそれらを使用する際の留意点を理解しておくことは、インタビュー・スケジュールの作成や実際のインタビュー場面で適切な問いを準備するうえで役立つ。なお、ここで述べる質問技法は、1対1のインタビュー状況を想定しているが、グループ・インタビューやワークショップ等で語りを引き出すファシリテータの実践にも役立つものである（質的調査インタビューの質問技法と共同知創出の技法としてのワークショップのつながりについては、6章2節を参照のこ

と)。

(2)「開かれた質問」と「閉ざされた質問」

　質問には、さまざまなバリエーションと分類法が存在する。そのなかでよく用いられるのが、「開かれた質問（open-ended question）」と「閉ざされた質問（closed question）」の区分である。「開かれた質問」とは、「いつ」「どこで」「何が」「どのように」といった疑問詞によって問いかけられる質問を指し、「閉ざされた質問」とは、「はい」「いいえ」で答えられる質問を示す。対象者の関心や経験の意味づけをできるだけ自由に語ってもらおうとする質的なインタビューでは、一般にインタビュアーの価値観を暗黙のうちに伝えたり、回答を限定してしまう可能性が高い「閉ざされた質問」（例：「あなたは、現在の生活に対して不満を感じていますか？」）よりも、より自由な回答を可能にする「開かれた質問」（例：「あなたは、現在の生活についてどのように感じておられますか？」）が好ましいとされる（Kvale, 1996; Smith, 1995）。

　ただし、これらの評価は、あくまで一般的な原則としての評価であり、実際にはこれら2つの質問の性質を吟味したうえで、効果的に組み合わせながら用いていくことが必要である。たとえば、「開かれた質問」は回答の自由度が高い一方で、答える側にとっては回答に際して負担に感じられることがある。これに対して、「閉じられた質問」は、回答の自由度が低いが、答える側にとっては答えやすく、負担が小さい場合がある。インタビュイーが答えづらそうにしている場合やインタビュー開始時の事実確認を行う際には、「閉じられた質問」が有効となる。

　また、「開かれた質問」であっても、なぜ（why）という理由を頻繁に聞くことは、インタビュイーに自らの行為や選択をとがめられているという感じを与えてしまうことがある（能智, 2011）。このような場合には、まずは何が（what）どのように（how）といった具体的な行動や出来事について語ってもらったうえで、そのような行動や出来事に至った経緯や思いをていねいに聴いていく（Kvale, 1996）。なお、どちらの問いのかたちであっても、2つの事柄を同時に尋ねたり、複数の質問を同時に発してしまうこと（「多重質問」）や調査者の抱いているバイアスや仮定を暗黙に伝えてしまう質問（「誘導質問」）はインタビュイーの語りを歪めたり、制限してしまう可能性があるた

め注意が必要である（Merriam, 1998/2004）。

相手の語りを制限したり、誘導してしまうような質問はできるだけ避けることが望ましいが、そのような質問をしてしまった場合にも、これらの質問の性質を理解しておけば、そのことに気づき、対処することができる。重要なことは、インタビュアー側の問い方次第で、協力者からの回答が制限されたり、歪んでしまうこともあれば、より広がりや深まりがもたらされることもあるということを認識しておくことである。

(3) 内省や気づきを促す問い

メリアム（Merriam, 1998/2004）は、インタビュイーの内省や気づきを促すために有効な質問として、表4-3に挙げた4つの質問の形式を挙げている。メリアムはこれらの質問形式のうち、特に、インタビュアーが、インタビュイーによって語られた内容の解釈や自分なりの理解をインタビュイーに伝え、その妥当性を確認する「解釈的質問」がインタビュアーとインタビュイーの協同的な関係の構築を推し進めるうえで積極的な役割を果たすとしている（Holstein & Gubrium, 1995; Kvale, 1996）。

インタビューにおける対話を発展させ、より広がりのある語りを得るためには、語られた内容に対する具体例を尋ねたり、事実確認や補足を求めること（「明確化する」）、理由や原因、意見や気持ちを尋ねること（「深める」）、他

表4-3 内省や気づきを促す問い （Merriam, 2004/1998 を参考に作成）

① **仮説的質問：** 「もし〜だったら」とたずね、ある事態を推測させる	例：「もし別の人生を送ることができるとしたら、どのような人生を望みますか？」
② **故意の反対の立場からの質問：** 「〜と言う人がいますが…」とあえてインタビュイーとは異なった立場の意見を提示し、その反応を捉える。	例：「生きることの意味なんてないとおっしゃる方もいますが、そのような意見についてどう思われますか？」
③ **理想的質問：** 理想的な状況を想像してもらい、語ってもらう	例：「○○さんが理想とする生き方とはどのようなものですか？」
④ **解釈的質問：** インタビュアーの暫定的な解釈を提示し、その妥当性を問う	例：「これまでおっしゃっていただいたことを私なりに理解してまとめると〜ということになるのですが、いかがでしょうか？」

の発言や他者の意見と比べること（「関係づける」）等、インタビュイーが語ったことに対して追加質問を行っていくことも有効である。インタビュー・スケジュールの作成や実際のインタビュー場面では、このような問いかけのバリエーションを意識しながら、より広がりと深まりをもったインタビューを目ざしたい（能智, 2010; やまだ, 2006）。

(4)「語り直し」という応答

　"会話"をやりとりとしたインタビューの原則に従えば、質問とは、一方向的に発せられるものではなく、それに先立つインタビュイーの発言とそれに対するインタビュアーの問題関心をどのように結びつけ、新しい意味や知の生成につなげていくかという応答（問い直し）の問題でもある。

　やまだ（2006）は、質的なインタビューでは、単にインタビュアーやインタビュイーがすでに知っていることや語り慣れたことを再度聞き取って記録することに意味があるのではなく、インタビューという対話の場でどれだけ新しい意味生成が行われるか、つまりインタビュイーにとっても新しい発見のある展開を生み出していけるかが重要であるとの立場から、2つの専門家によるインタビュー事例の分析を試みている。

　やまだは、この分析で、「語り直し」という分析枠組みの有用性を示し、聞き手であるインタビュアーも「語っている」と位置づけることによって、インタビュアーがインタビュイーによって語られたことをさまざまなバリエーションを用いて問い（語り）直しながら、アクティヴに語りの共同生成に関与しているさまを描き出すことに成功している。

　インタビューでの問いを一問一答式の因果的なやりとりではなく、応答や語り直しの循環的なプロセスとして位置づけていくことは、会話や対話を中心に発展してきた質的なインタビューが目ざす相互作用のあり方を理解するうえで特に重要な意味を持っている。このような循環的なプロセスとしての問いかけ（語り直し）という観点は、インタビュイーがインタビュー中に発した独特の言い回しや表現を敏感に察知し、それをインタビューでの会話に盛り込むことや、インタビュアーがインタビューに先立つフィールドでの経験や背景知をベースに問い（語り）を重ねていくといったストラテジー（Smith, 1995）の有効性を理解する上でも役立つ。

(5) 傷つきやトラウマをめぐる語りへのアプローチ

　医療人類学者であり、『傷ついた物語の語り手 ── 身体・病い・倫理』の著者でもあるアーサー・フランクは、病いの経験を語ることとそれを聞き取る者のあり方の重要性を指摘するなかで、「語ることは容易ではない。聴くことも同様である」とし、傷つきや苦悩、葛藤をめぐる語りとその聞き取りの難しさを述べている（Frank, 1995/2002）。

　トラウマや傷つきをめぐる語りや聞き取りには、通常の会話や調査インタビューとは異なった感情の動きや相互作用の難しさがもたらされる。たとえば、宮地（2007）は、トラウマをめぐる語り／聴き取りの難しさをトラウマとなる出来事との物理的・心理的距離によるポジショナリティの問題として描き出すとともに、そこに関わる研究者（聴き手）の傷つきやすさ（vulnerability）を指摘している。また、近年の研究では、被害をめぐる語りは、一人ひとりの人生やその人を取り巻く人間関係のあり方と密接に結びついていると同時に、より大きな社会歴史的な語りの文脈の関係で、沈黙を続けたり、語られ始めたりすることが明らかになっている（松尾, 2010）。

　傷つきやトラウマとなる経験を語ることは、その当事者に痛みや悲しみをもたらしたり、それが語りえないものであるがゆえに当事者を苦しませるものである一方で、それを語り、他者によって聴き取られるという経験によって、自らの経験をとらえ直し、あらたな意味づけへの接近が可能となることもある。トラウマや傷つきを語り、それを聴くという行為は、それを聴きとる研究者にインタビューという行為の意味と相補性、語りをめぐる時間性やポジショナリティの問題等、さまざまな課題を投げかけてくる。治療や訴訟といった当事者側のニーズを中心に展開される聴き取りではなく、研究という文脈において、そのような語りを捉える意味やその際に求められる研究者側の専門性や配慮とはどのようなものだろうか。これらの問題に対して、質的研究におけるインタビュー法のあり方や倫理的問題について考え、さらなるインタビュー法の発展につなげていくことは、今後の重要な取り組みのひとつと言えよう。

3-5 まとめ

インタビューは、2人以上の人間があるテーマについて対話しながら、新たな意味や気づきを生成する可能性に開かれた行為として、日常生活とは異なった経験になりうる（Kvale, 1996）。その反面、自らの経験やその意味づけを語ることは、時に精神的に負担の大きな作業となり、語り手だけでなく、聴き手においても、その日常世界をゆるがす場合がある。

これらの点において質的研究におけるインタビューは、単なる質問を投げかけ、それに対する答えを引き出すだけの手法ではない。多様な語りとそれを聞き取る一人ひとりの研究者のあり方が、ナラティヴを軸とした研究実践として積み重ねられ、発展していくことが必要である。

【参考書】

フランク, A. W.／鈴木智之（訳）(2002).『傷ついた物語の語り手 —— 身体・病い・倫理』ゆみる出版.
　病いの語りとその語り手に関する優れた専門書であるとともに、「傷ついた物語の語り手」の語りに臨む聴き手のあり方について多くの示唆を与えてくれる本である。語りという行為における聴き手のあり方や語り手と聴き手のあいだで結ばれる関係のあり方について考察を深めたい人にとっては必読の一冊である。

ヤウ, V. R.／吉田かよ子（監訳・訳）／平田光司・安倍尚紀・加藤直子（訳）(2011).『オーラルヒストリーの理論と実践 —— 人文・社会科学を学ぶすべての人のために』インターブックス.
　30年以上にわたりアメリカのオーラル・ヒストリーを牽引してきた著者による本書には、著者自身の研究実践によって得られたノウハウ的な知識だけでなく、語りと記憶の問題、インタビュー場面における聴き手と語り手双方への影響の問題など、学問領域を問わず、質的なインタビューを実施する人にとって見逃せない知見がちりばめられている。

4節
ナラティヴ・テクストの分析
能智正博

　本節では、前節までで展開されたナラティヴの概念やインタビューという資料収集法を踏まえ、そこで得られたものをどう扱い、どのように分析していくかを整理する。分析の直接の対象は、研究者にとって動かせない一義性を持つ「データ」というよりも、研究者の側の読みや解釈によって現れる意味を本質とする「テクスト」である。それはさしあたり、「広義の言語（記号）で語られたもの、あるいは書かれたもの」（やまだ, 2007）と定義される。原義である「織物」と同様、テクストはさまざまな意味の糸が絡み合いながら構成され、全体に位置づけられることで部分の図柄のニュアンスが違ってくる。本節では、そのような構築物としてのナラティヴ・テクストを分析する質的研究の代表的なアプローチを紹介したい。最終的にナラティヴの分析法が今後どのように発展するか、その方向性の提示を試みる。

4-1　ナラティヴ・テクストの分析の位置づけ

　分析方法の紹介に入る前に、「ナラティヴ・テクスト」の意味に触れつつ、本節で解説する「ナラティヴ・テクストの分析」の位置づけを明確にしておく。ここでは「ナラティヴ・テクスト」ということばを、「ナラティヴを内包したテクスト」といった意味で用いる。「内包」などといった聞き慣れない言葉を用いるのは、テクストの表層に誰にもはっきりわかる形でナラティヴが現れているとは限らないからである（Gubrium & Holstein, 2009）。逆に言えば、一見ナラティヴ的な内容が含まれていないように見える質的なデータにも、ナラティヴ的な属性を読み取っていくことは不可能ではない。ナラティヴ・テクストは、はじめから実体的に存在するというよりも、ナラティヴを読み取ろうとする研究者の姿勢において現れ、そのように呼ばれるようになるとも言える。

　細かく言えば、ナラティヴ・テクストの分析において分析者が「ナラティ

ヴ」という語にどういう意味を込めているかは、必ずしも一様ではない。本章1節でも示されているように、「ナラティヴ」は独特の広がりや厚みを持つ多面的な概念である（能智, 2007）。「語り」や「物語」という翻訳語を眺めてみるとわかりやすいが、それは語られた内容を意味すると同時に、語るという行為を意味する。語られた内容に限定したとしても、ナラティヴは時間的に割と短い単一の出来事を「はじめ－中間－終わり」といった関係のもとで表現したものとされる場合もあれば、そうした出来事の表現が複数結びつけられた発話の総体を指している場合もある。また、語りを行為として見た場合には、それは特定の聴き手に向けてなされる働きかけであり、新たな意味を生み出す主体の積極的な営みとして特徴づけられる一方、聴き手や状況など多彩な条件のもとで構築される受動的なものと見なされることもある（Wells, 2011）。

　ナラティヴ・テクストの分析において、ナラティヴが分析過程のどこでどのように使われるかという点でも多様性が認められる。ナラティヴが分析において重要な位置にあるとしても、それ自体が分析のターゲットということもあれば、ナラティヴと他の条件との関係が問題とされることも少なくない。前者の場合、ナラティヴはテクストの表層からはわかりにくく、それを同定したり特徴づけたりするためにテクストを整理・解釈する作業がしばしば必要になる。そこでは、一見ナラティヴとは無関係に見える非「物語」的な発話――たとえば、意見や要求――も、深層にあるナラティヴを探る手がかりとして使われるかもしれない（Gregg, 2006）。また後者の場合は、テクストの表層でナラティヴを特徴づけたうえで、その生成に関わる発達的・社会的・状況的条件などを見出すことが分析に求められる。つまりナラティヴは、ときに分析の最終目標であり、ときに分析を進めてゆくための手段でもある。

　このような、ナラティヴ・テクストの分析において扱われるナラティヴ概念の広がりを、特に内容としてのナラティヴを中心に表現したのが図4-1である。大きな矢印は発話のテクストの流れで、基本的にリニアな形をとり、ナラティヴはその流れに含まれる。ナラティヴのまとまりとしては、ある研究者は小さな出来事のエピソード（内部に"narrative"と書かれた小さな丸）を想定するが、それらは発話の流れのなかで一箇所にまとまっている場合だけではない。ナラティヴの要素はいろいろな箇所に散乱していることもある。

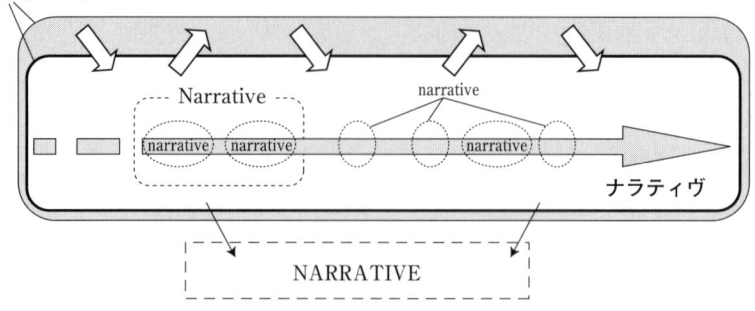

図4-1 ナラティヴ・テクストとナラティヴの概念

その場合、ナラティヴは受け手によってつなげられなければ、ナラティヴとしては認識されないことになる（小さな円が直線でつなげられて"narrative"となっているもの）。また、別の研究者は小さなエピソードが複数結びついたもの（破線の角丸四角で囲まれ"Narrative"と表記された部分）を分析ユニットにした研究をするかもしれない。ナラティヴはさらに、上位のまとまりを仮定して階層的に捉えることもできる。より大きなまとまりを、1回のインタビューで得られた発話全体と同一視する場合、インタビュー・データを漠然と「ナラティヴ」と呼ぶ、一見ぞんざいな用語法とあまり区別がつかなくなる場合も出てくるだろう。

　また、以上述べたようなナラティヴは、その人がもっているアイデンティティや自己像等、インタビューの場における一度限りのものではない、もっと安定した意味の構造の現れとみなされることがある。その構造はしばしば、ナラティヴ・テクストの外部に想定され、ナラティヴ・テクストを手段として導き出される、目標としての"NARRATIVE"である（破線の四角）。

　さらに言えば、ナラティヴは真空のなかで突然生まれるわけではなく、聴き手とのやりとりのなかで生まれるし、聴き手の向こう側には社会的に流通しているさまざまな言説もある。図では、「今・ここ」におけるインタビューイーのナラティヴが外部と相互作用しているという意味で、太い実線で示された狭い意味での「ナラティヴ・テクスト」の上部にいくつかの白い矢印も描き込んでいる。なお、ナラティヴの分析ではこうしたやりとりを分析対象にすることもあるため、広い意味におけるナラティヴ・テクストという枠に

はこれらの矢印も含めてある。

　本節で扱うナラティヴ・テクストの分析は、このようにナラティヴに関する探求のために工夫された複数のアプローチを包括している。自らのアプローチを「ナラティヴ分析」と呼ぶ研究者もいるが（たとえば、Daiute & Lightfoot, 2004）、ナラティヴ・テクストの分析アプローチのすべてがそうした名称で呼ばれているとは限らない。言わば、ナラティヴ分析はナラティヴ・テクストの分析の一部なのである。それぞれのアプローチは、研究者の関心や研究設問に応じて、既存の分析手続きを適宜組み込みながら、独自の展開を見せている。以下で述べるように、比較的一般的なカテゴリー分析の手法を部分的に使用している場合もあるし、会話分析やディスコース分析の考え方が応用される場合もある（Wells, 2011）。そのように多岐にわたるアプローチを大づかみに理解するために、以下ではナラティヴ・テクストの内容的側面、構成的側面、生成的側面の3つに分けて整理することを試みる。

4-2　ナラティヴの内容から意味の構造へ

　ナラティヴ研究においてよく見られるのは、ナラティヴ・テクストの表層に現れてそのときどきで揺れ動く意味内容から出発し、その向こう側にあると仮定される比較的安定した構造を取り出そうとする手続きである。構造にあたるのは、語り手の自己像や世界像、体験内容であったり、語り手と同じカテゴリーに属する人に共通するパターンであったりする。この手続きにおいて「ナラティヴ」という語は、直接の分析対象であるテクストの全体を呼ぶ際にやや漠然と使われたり、分析の結果得られた構造の属性を示す際に言及されたりする。

（1）汎用的な分析法からのアプローチ

　わが国の質的研究では近年、グラウンデッド・セオリーやKJ法など、テクストの内容からボトムアップで意味のまとまり（"カテゴリー"）を発見ないし構築していく、比較的汎用的な手法が分析に使われることが多い。テクストの背後に想定される語り手のナラティヴにアプローチする方法としても、こうした「カテゴリー分析」の手続きがしばしば用いられる。やや乱暴にま

とめてしまうと、その手続きに共通しているのは、テクストを比較的細かく分けたり部分部分に注目したりして共通する概念的なまとまりを探っていくところから出発するという点である。そこだけを取り出すと、ナラティヴの概念に不可欠とも言える関係性や結びがテクストの読みから失われてしまう危険がありそうにも見える。しかし、カテゴリー分析の後半において行われるのは、多くの場合テクストの背後にある関係や過程を再構成することである。これは、表層からは見えにくいナラティヴ的な「はじめ–中間–終わり」の結びつきを見出す作業になっているとも考えられる（Charmaz, 2006/2008）。

　カテゴリー分析の手続きの特徴について、少しだけ触れておこう。初期に行われるのが、データを意味のまとまりに分けて暫定的なコードないしラベル ── その部分の「見出し」と考えるとよい ── を与える作業である。たとえばKJ法は、まずデータを内容的にまとめた上でそれを"1行見出し"などにして書き出すところから始まる（川喜田, 1967）。グラウンデッド・セオリーにおいても類似した手続きが認められ、1行・1文などの比較的小さい単位（切片）を意味のまとまりとして、コード化が進められる（戈木クレイグヒル, 2008）。木下（2007）の修正版グラウンデッド・セオリー・アプローチ（M-GTA）のように細かな切片化を重視しない方法もあるが、テクストの各部分に概念の存在を直観し、部分の比較を通じてより安定したカテゴリーを構築していく点は共通している。

　カテゴリー分析の中盤から後半で行われるのは、抽出された概念のまとまりないしカテゴリーを相互に関係づけていくという作業である。その関係づけにおいてナラティヴ的な意味構造が構築されることがある。たとえば川島（2008）は、KJ法的な手法を用いて、僧侶が語る死の意味づけと教義への言及に関わる内容をインタビューのテクストから取り出し、その内容を個人ごとに時間軸に沿って再配列した。そこで見えてきたのは、僧侶に特徴的な人生のナラティヴであると言える。KJ法はもともと発想法として発展したものであり、必ずしも厳密な理論構築にこだわらない分、ときに矛盾すら内包していることもある複雑な自己ナラティヴに迫る方法として役立てていけるかもしれない。

　グラウンデッド・セオリーでも、ボトムアップで作成されたカテゴリーをプロセス的に関連づけていくという作業が理論構築に不可欠のステップに位

置づけられている (Corbin & Strauss, 2008)。この際、「条件−行為・相互行為と情動−帰結」といった分析のための枠組み（"パラダイム"）がしばしば用いられるが、テクストの性質や研究主題によっては、これを変奏する形で「はじめ−中間−終わり」のナラティヴ的なつながりを構築することも可能であろう。また、カテゴリーを自由につなげて"ストーリーライン"を記述する作業もまた、テクストの背後にあると仮定される固有のナラティヴを理解し、再構成していくための契機となりうる。

(2) 語られた人生の意味を探る

以上のような比較的汎用性の高い分析法の他にも、ナラティヴやストーリーを当初から意識し、特有の道具立てや手続きを分析に組み込む方法も提案されている。代表的なもののひとつは、語り手の経験やアイデンティティの本質をストーリー形式で捉えようとしたマクアダムスやリーブリッチの方法である (Lieblich, Tuval-Mashiach, & Zilber, 1998; McAdams, 1993)。直接の分析対象は、人生全体を対象とする半構造化インタビューにおいて個人が語ったエピソードの内容であり、分析を通じてそのエピソードの背景にある独特のテーマや意味構造が探索されることになる。

分析は、語られたナラティヴ・テクストを何度も通読し、全体的な印象を得るところから始まる。マクアダムスによれば、その印象は語りの内容、形式、語り方などをもとに総合的に判断され、楽観的とか悲観的とかいったテクストの全体的な調子、つまり"ナラティヴ・トーン"の同定に結びつく。このトーンは、対象者が自分の人生について現在どのように感じているかを理解する手がかりになると同時に、テクストの各部分を解釈していく際の参照枠にもなる。次いで、各部分について背後にあるテーマが検討されるのだが、手がかりになるのはその語り手に特徴的な比喩的表現（imagery）である。たとえば、10歳くらいまでの人生を語ったテクストにおいて、「善い家庭」対「悪い外的世界」といったイメージが認められた場合、そこに「安全 vs. 危険」という二分法的テーマが見えてくるという (Crossley, 1999/2009)。こうしたテーマは経験を整序する枠組みであり、表層のナラティヴ・テクストを支える深層の意味構造を浮かび上がらせるのに役立てられることになる。

こうした分析から得られたテーマとしばしばつなげて考察されるのが、個

人の発達的要因である。たとえばリーブリッチらは、精神分析のアドラーの理論をもとに、語りの背後にあるテーマを人生初期の記憶と関係づけようとする（Lieblich, Tuval-Mashiach, & Zilber, 1998）。一例を挙げると、「家や家族に対する執着」というテーマがテクストに反復して現れていた場合、それは初期の記憶の中の不安定感と結びつけられ、その不安定感を補償するために家や家族が理想化されたのではないかという解釈が与えられる。かくして、自分や自分の経験に関するナラティヴ・テクストはその人の人生全体との関連で再記述されることになる。

　個人の人生に関するナラティヴは、個人間の比較を通じて類型化されるかもしれない。たとえばクロスリーは、HIV陽性の診断を受けた患者から得られたナラティヴ・テクストをもとに、「時間感覚」という観点から深層にあるとも言える3つのストーリー類型を抽出している（Crossley, 1999/2009）。「今を生きよう ── 脱成長ストーリー」、「未来を夢見る ── 世間並み志向ストーリー」、「虚ろな今が過ぎていく ── 喪失ストーリー」がそれで、それぞれ患者のもつ時間感覚のタイプを示すものである。

　他にも、特定の集団の人々が語るナラティヴの意味内容を類型化した研究は少なくない。それらはしばしば後続の研究の土台を提供しているが、同時に、こうした類型化が個人のナラティヴをいくつかの箱に分類するだけに終わってしまう危険性にも意識的でなければならない。慢性疾患患者の語りを類型として示した社会学者のフランクも、その類型は個人の語りを「聴くための道具」であり、「語りとともに考える」という目的のために使われるべきものである点を強調している（Frank, 1995/2002）。

（3）経験のかたちの多様性を描き出す

　ナラティヴの意味の単純な類型化を超えて、ナラティヴ・テクストの背後に想定される個々人の人生を、その多様性を損なわないように描き出そうとする試みに、複線径路・等至性モデル（TEM：Trajectory Equifinality Model）がある（サトウ, 2009）。これは文化心理学者のヴァルシナーの理論をもとにわが国で考案された方法である。ナラティヴ研究自体から生まれたものではないものの、個々人の表出した語りをもとに経験のプロセスというナラティヴ的な意味構造を捉えるためにも用いることが可能である。TEMの背景理

論の詳細については紙数の関係で触れることができない。ここでは、その分析に用いられる概念と手続きについてのみ、ごく簡単に紹介する。

　TEM の考え方によれば、経験はそれぞれの人生の中で独特かつ多様なあり方を示すが、それでも多くの人に共通の到達点や通過点があるという。たとえば、妊娠中絶を経験した女性の心理的変化に関心を持つ安田ら（2008）は、3 名の対象者が共通してそこに至ることになる経験、つまり "等至点" として、「中絶手術」という事象を想定した。また、その後の経験の進み行きをたどる際の "必須通過点" として「身体的変化に気づく」、「医師が妊娠を診断する」を抽出した。それら共通の時間的ポイントは、複数の人の行為、気持ち、認識の変化プロセスを比較する際のいわば基点である。そしてその間をつなぐ経験の径路に多様性を見出し、その "複線径路" とそれを規定する背景要因を明らかにしようとする。こうした作業を通して、単純な線型構造だけではカバーできない人生（のナラティヴ）の複雑さを図像的に描き出すことが可能になる。描き出された図を "TEM 図" と呼ぶ。

　ナラティヴ・テクストの具体的な分析手続きは、テクストを読みこんだうえで、グラウンデッド・セオリー的な意味単位の切片化とコード化を行うところから始まる（安田ほか, 2008）。それと並行して、テクストをもとに等至点、必須通過点を設定し、その間における複数の径路を示す情報を拾っていく。たとえば、「身体的変化に気づく」という必須通過点の後には、「パートナーに相談する」という径路がテクストに見出されるかもしれない。しかし同時に、「両親に相談する」「友人、あるいは妹に相談する」という径路も論理的には考えられる。次いで、そうした異なる径路が生じる契機となる条件、すなわち "偶有性" にも目が向けられる。対象者を増やしていけば、径路をいくつかに分類することも可能になるだろう。こうしたモデル化は、ナラティヴ・テクストの背後にある経験を単純な平均像にまとめるのでもなく、また、単なる多様性ないし混沌として投げ出すのでもないという点で、今後のナラティヴ研究の方向性のひとつを示唆するものと言える。

4-3　ナラティヴ・テクストの形式への注目

　以上で述べたナラティヴ・テクストの内容の分析においては、インタビュ

一等を通じて生成された発話の全体から、その背後にあると仮定される安定した意味を抽出していこうとする傾向が強かった。しかし、ナラティヴ・テクストの分析には、そうした意味に直接アプローチするのではなく、ナラティヴの構成や形式から出発して、そこから内容や語り方にまで検討を広げていこうとする立場もある。確かに、形式をはっきりと定義しておくことができれば、テクスト間の比較も容易になりその内容もより細かく考察できるかもしれない（Riessman, 2008）。ただ、一口に「形式」と言ってもどのレベルのナラティヴに注目するかは一様ではなく、注目のしかたによって手続きや知見は異なってくるだろう。ここでは、代表的な分析手続きの例を紹介し、ナラティヴ・テクストの形式に注目した研究の特徴を概説したい。

(1) 出来事としてのナラティヴの構成要素

先にも述べたように、ナラティヴ構成上の基本は、古典的には「はじめ－中間－終わり」という形式であるとされる（Wells, 2011）。しかし実証研究の文脈の下で、"出来事の経験"が語られた場合の形式を検討すると、さらに細かな構成要素が抽出されるかもしれない。たとえばラボフらは、経験された出来事がどのように語られるかを検討して、そこで用いられる次のようなナラティヴの構成要素を抽出した（Labov & Waletsky, 1967）。

① 要約（abstract）：要するにどういう話か。
② 方向づけ（orientation）：どういう場面（場所・時間）でどういう人が登場するか。
③ 複雑化（complication）：出来事がどう展開するか。行為がどう発展するか。
④ 評価（evaluation）：出来事について話し手がどう感じているか。その出来事がどういう点で重要なのか。
⑤ 結果（results）：出来事がどう解決し、どんな結果がもたらされたか。
⑥ 終結（coda）：語りを現在に引き戻す。

これらをすべて含むのが「完全な」ナラティヴだが、中心は ③ であり、③ を含んで他の要素を部分的に伴うナラティヴもあり得る。また、評価が独立しておらず他と結合した形で提示されることもある。

たとえばリースマン（Riessman, 1989）は、離婚経験者の語りと語り方の分析にラボフの枠組みを利用している。次に掲げるのは、38歳の女性から得られたナラティヴ・テクストの一部である。

（泣きながら）そこがつらいところなんです。 （間）そこで夢が消えてしまったんだと思います。	要約
結婚してから8年，いや，10年くらいだったでしょうか，私たちは，その教区に住んでいました。	方向づけ
（間）それでキース（＝牧師をしている夫）はそこの住人と浮気を始めて，	複雑化
〈中略〉	
（間）それで私はもうほとんど気が狂いそうでした。	評価

　こうした構成要素の同定は、はじめはそれほど簡単ではないかもしれない。しかし、こうした作業に慣れてくると、テクストに含まれる出来事のナラティヴのまとまりを浮かび上がらせることができるようになる。そうすることで、個人内や個人間におけるナラティヴ内容の比較も容易になるだろう。実際、リースマンはこの手続きで何人かの個人の語りを分析・比較している。そこで示されたのは、パートナーの浮気から離婚に至る流れは一見類似していたとしても、浮気をどう意味づけるかが事例によってかなり異なっているという点である。それは、「評価」要素の内容的な比較を通じても、また、各構成要素がどのような順序でどのように現れるかという語り形式の比較を通じても明らかであった。

(2) 得られたナラティヴの全体構成

　以上のようなナラティヴの構成要素やそのつながりをもとにした分析は、出来事のまとまりがナラティヴの表層に比較的明瞭に現れているときに有効である。しかし、テクストによってはそうした特徴がなかなか見えにくいこともある。そうした場合の工夫として、ジーは西洋の自由詩の形式を参考にしたテクストの分析手続きを提案している（Gee, 1985）。
　その手続きは、語りの音声をていねいに聴き、イントネーションやピッチ、息継ぎなどのパラ言語的な特徴をもとに、詩の「行 line」にあたる区切りを見つけるところから始まる。次に、話題や場面をもとに、詩の「連 stanza」に

あたるまとまりを作り、その上位に「節 strophe」、「部 part」を作って構造化していく。西洋詩になじみの薄い私たち日本人にとって用語にやや違和感があるかもしれないが、ここで行われているのは、声と内容とを手がかりにしてナラティヴの表層を階層的に再構成する試みにほかならない。この構造化を最初のステップとして、ジーは各部分のつながり —— すなわちプロット —— の特徴を抽出したり、各部分の主語となっているのが誰なのかを検討することで、語り手の立ち位置を分析するなどの作業を進めていく。

　たとえばジーは、精神疾患を持つ女性から得られたナラティヴ・テクスト —— おそらく表層の意味内容には理解しがたいところも多かったのだろう —— を、次のように構造化している (Gee, 1991)。

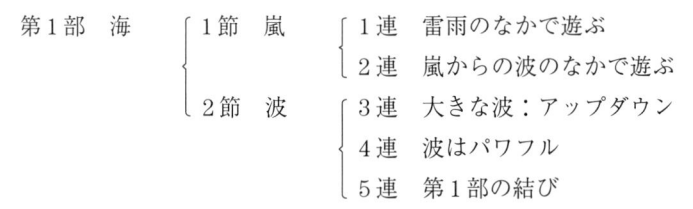

　　第1部　海　┌1節　嵐　┌1連　雷雨のなかで遊ぶ
　　　　　　　│　　　　　└2連　嵐からの波のなかで遊ぶ
　　　　　　　└2節　波　┌3連　大きな波：アップダウン
　　　　　　　　　　　　│4連　波はパワフル
　　　　　　　　　　　　└5連　第1部の結び
　　第2部　馬　（以下略）

　第1部では幼少期の思い出として波の力の記述が続いており、第2部で馬に乗る楽しさの話に変わり、第3部では馬を海やキャンプに連れて行く話になる。一見とりとめもないこの展開の中で、語り手の楽しみの対象として、海、馬、力、集団のメンバーであることが等価であること、また、周りの少女たちにとって、馬、力、語り手自身が恐れの対象として同じ位置にあることが推測される。こうしたナラティヴ構造から筆者は、他者への恐れと孤立への恐れのあいだで萎縮している語り手の姿をあぶり出す。

　ナラティヴ・テクストの流れをこのように階層的に整理することで見えてくるのは、各部分の発話がナラティヴ全体においてどのような意味や役割をもっているか、表面的なつながりを超えたどのような関係性が背後にあるかといった点である (川野, 2004)。その手続きはかなり複雑だが、詩が読者に隠喩的な意味を伝えるように、ジーの分析もテクストに新たな読みをもたらす可能性をもっていると考えられる。

(3) 出来事の結びつきとしてのナラティヴ

ナラティヴは、個々の出来事や経験に関するものばかりではなく、複数の出来事の結びつきとしても捉えられる。たとえばやまだ（2000）は、ナラティヴとほぼ同義に用いられる「ストーリー」という語を定義して、「2つ以上の『出来事』をむすびつけて筋立てる行為」(p.3) としている。その結びつけや筋立てのことをプロットと呼び、プロットによって新たな意味が生成される。実際、同じ要素が使われていてもその結びつき方が変化すれば意味は変化する。たとえば、「大臣が殺され、王は激怒した」と、「王は激怒し、大臣が殺された」という2つのプロットは、単に出来事の時間的な順序だけではなく、出来事間の関係も変えてしまうように思われる —— 後者では、王が大臣を殺したかのような解釈が生じやすい。より大きなナラティヴのつながりが分析される際にも、複数の出来事が結びつくときの形式に着目した上で、その形式がどのような意味をもたらすのかが検討される場合がある。

結びつきの形式の1つとして、ナラティヴ内容の展開に重要な意味をもっているのが、ブルーナー（Bruner, 1986/1998）が提起しやまだ（2000）が実際のテクストとともに議論した「仮定法の語り」である。これは典型的には、「もし……したら、……かもしれない。だったら……」という形で現れる。たとえば、F1ドライバーのセナの死に接して、ファンであった女性は、「自分の人生をもっとしっかり精一杯生きて、そして『死』の資格を貰えたら、きっとセナの元へ行けるような気がするんです。天国でもう一度セナのレースがみられると思うんです」と述べる（やまだ, 2000, p.93）。こうした仮定法は "ここにない世界"（可能世界）を作り出し、自分が直面している現実からいったん目をそらして人を破局から救い出す。同時に、この事例の場合、死者を抽象的に生き返らせて、実際にはその人のいない現実世界で前向きに生きる力を生み出すことになるであろう。

より大きなナラティヴのプロット形式に関しても、実証研究や理論研究の中で、いくつかの大枠が提案されている。たとえばガーゲンは、自己についてのナラティヴに注目し、全体的な流れを前進型（目標に向かって進む）、後退型（目標から遠ざかる）、安定・停滞型（ほとんど変化がない）の3つに分類した（Gergen, 1994/2004）。一般に言う物語のジャンルはこれらの組み合わせと考えられる。たとえば「悲劇」は前進型から後退型への転換、「コメディ」

や「ロマンス」は後退型から前進型への転換として特徴づけられるという。上記のマクアダムスもまた、特に人生の転機の語りによく見られるプロットの形式として、補償（redemption）のストーリー（悪い出来事が最終的によいものに変化する）、および汚濁（contamination）のストーリー（よい出来事が最終的に悪いものに変化する）を抽出している（McAdams & Bowman, 2001）。

　こうしたプロットの類型はやや単純に過ぎると思われるかもしれないが、個人のナラティヴの特徴から出発して、他の個人属性との関連を検討する際に役に立つだろう。たとえばマレーは、乳がんを患った複数の女性からナラティヴ・テクストを得て、上記の類型を利用した分析を行っている（Murray, 2008）。分析ではまず、すべてのテクストから「始まり－中間－終わり」という古典的な構成のナラティヴが同定され、その上で、前進型と後退型の2つのプロットが区別された。プロットの違いは、各個人が生きている文脈——病前の生活史や現在の生活状況など——と結びつけて理解できるものであったという。また、こうしたプロットの類型はより多くの人を対象としたライフストーリー研究にも用いられている。そこではたとえば、先に述べた補償のストーリーが個人の生成継承性（generativity）の高さや精神的健康と相関している等の知見が示されている（McAdams & Bowman, 2001）。

4-4　ナラティヴの生成過程を捉える

　言語学に意味論や統語論のほかに語用論の分野があるように、ナラティヴ・テクストの分析においても、それを内容や構成で見るだけではなく、具体的な場面における語りの使われ方を分析しようとするアプローチがある。ナラティヴの意味は、ナラティヴの表出に先行して明白な形で存在するというよりもむしろ表出を通じて構築されるものであり、表出の仕方もまたそれを知るための重要な情報源となる。このときナラティヴ・テクストの分析が注目するのはナラティヴが生成されるプロセスであり、生成の現実的な条件である。そこで分析の直接の対象になるのは、表層のナラティヴの内容や形式だけではなく、ナラティヴ的な構造をもたない多様な発話特徴にも広がり、ナラティヴの分析は他の質的な分析法——たとえば会話分析やディスコース分析——とかなり重なってくることになる。

(1) 対話の中での生成されるナラティヴ

　ナラティヴの表出が語り手のモノローグではなく、具体的な対話的場面の中で達成されるという点は、ナラティヴ研究者のあいだでは共通了解になりつつある（Gubrium & Holstein, 2009）。第一に、語り手は目の前にいる聴き手が理解できるように、さらには聴き手に一定の印象を与えるように語る。その点でナラティヴは、発話行為論で言う遂行的（performative）な側面を持つ（Austin, 1962/1978）。第二に、表出されたことばの意味は相互作用の中ではじめて確定される。したがって、語りの表出は聴き手の働きかけや反応によって常に微調整され、それによって語りの進行も変わってくる。たとえば、目撃証言や供述場面の語りなどはそのわかりやすい例である（浜田, 2009 など）。そうした場での語りの生成プロセスを解明することは、冤罪などにつながる「不適切な」生成を見分けたり予防したりすることにも貢献できるだろう。

　聴き手や状況に対して生成される行為としてナラティヴを捉えるためには、その内容に注目するだけでは不十分である。たとえば、会話分析を専門とするウーフィットは、幽霊を見るなどの超常体験のナラティヴ・テクストを、聞き手とのやりとりのなかで現れる語り方という観点から分析している（Wooffitt, 1992/1998）。そこで抽出されたのは、たとえば「ちょうどXしていたときに、Y」という語り方のパターンであり、Xにはきわめて日常的な内容が、Yには非日常的で異様な内容が入ることが多いという。それは次のような形で現れる（訳書, p.152）[1]。

```
14   それで
15   (.)
16   私は向こうのほうを見ていました        X
17   すると人影のようなものが              Y
18   (.)
19   ホールを↑通ってやって来たんです (.7)
```

　これは、Xの内容の日常性によって語り手の正常さが強調され、同時に、

---

[1] （　）内の数字は言葉が中断した時間（秒）であり、ピリオドだけの場合はわずかな間を示す。上向きの矢印は音調が上がっていることを意味する。

Yに来る出来事の奇妙さが際立つという仕掛けである。結果的に、ナラティヴの対象である体験が事実として構築されるとともに、ナラティヴを生成する語り手に対して信頼に足る主体としてのポジション（立ち位置）が与えられることになる。

　こうしたポジションは聴き手との相互作用の中で確定されるものであり、それによってナラティヴの内容もまた方向づけられる（Harré & van Langenhove, 1999）。ポジションは「役割」の概念と似ているが、もっと流動的で、状況に埋めこまれているという特徴をもつ。たとえば教師は、教室の中で特定の語り方と内容を使って生徒に話しかける発話行為において、自分に「教師」というポジションを与えようとするだろう。多くの生徒は、それに合わせた応答をすることでそのポジションを認めつつ、同時に自らを「生徒」のポジションに置く。ただ、生徒によってはふざけてため口で返事したり教師をニックネームで呼んだりして、友人的なポジションへと変更を試みるかもしれない。自己や自己の経験に関するナラティヴが語られる場合、その状況で選択される内容や構成は微妙に違ったものとなりうるし、逆にそうした内容や構成がポジショニングに影響することもある。ナラティヴとポジションは相互に参照しあっているとも言える。

　こうした対話の中でのナラティヴの生成を分析する方法に唯一の道筋はない。しかし、語り手・聴き手双方の語り方も含めて細かく書き起こしたナラティヴ・テクストを作成するところは共通している。最初は内容中心の一般的な書き起こしでよいのだが、その過程でナラティヴの生成について気になった箇所、あるいは研究設問に答えられそうな箇所を拾い出し、会話分析で用いられてきた表記法も適宜用いてやりとりの特徴を明示していく（Wooffitt, 2005）。次いで、使われている語彙、語りのスタイル、文法的特徴、メタファー、レトリックなどに注目しながら研究設問に答えるための手がかりを探ってゆく。中心的な問いかけは、「このやりとりでは何がどういうふうに達成され、どういう対象や主体が作り上げているか」などである。「はじめ−中間−終わり」等の構成をもつナラティヴは、その問いに答えるための手がかりとして参照されることもあれば、その問いの答えを条件として生みだされる帰結に位置づけられることもある。

(2) 社会・文化的文脈の中で生成されるナラティヴ

近年では、文学的なテクストにおける意味の決定者は、そのテクストの作者自身ではなく他のさまざまなテクストとその間の関係、つまり"間テクスト性 (intertextuality)"であると考える研究者が少なくないが、個人のナラティヴについても同様のことが言える。本章1節で登場したブルーナーの指摘するように、個人は対話の場の対人的文脈にとどまらず、より広範な社会的・文化的なディスコース(言説)のもとでナラティヴの表出を行っている (Bruner, 2002/2007)。そこに含まれるのは、文化・社会の中に広く滲透した価値を伴う「マスター・ナラティヴ」、特定のコミュニティの中で権威を持ち、その成員の生を方向づける「モデル・ストーリー」などである(桜井, 2005)。前者の例としては、"すべての人は平等な個人である"といった近代社会の理念を、また、後者の例としては、断酒会で断酒の状態を維持する指針として標榜される「12ステップ」を挙げることができる。こうした社会・文化的なディスコースは、個人がナラティヴの意味構造を発展させたり、ナラティヴを表出したりする際の指針になる。

もちろん、個人は単に外部にあるディスコースにコントロールされるだけの存在ではない。それはちょうど、人が社会的な規則に向きあう際、いつもそれに従っているわけではなく、時には意図的に逸脱したり反抗したりするのと同じである。たとえば、所与のディスコースを状況に応じて修正しながらそれを使いこなそうとする場合もあるだろう。これは、M. バフチンのアイデアを援用して"専有 (appropriation)"と呼ばれ、単なるディスコースの吸収や取り入れである"習得 (mastery)"とは区別される (Wertsch, 1998/2002)。また、対抗して新たなナラティヴを構築することもあり、こちらはしばしば"対抗ナラティヴ (counter narrative)"と呼ばれている (Bamberg, 2004)。すなわち、ナラティヴの実践を捉えるためには、研究者は個々のナラティヴ・テクストが生み出された文脈、すなわち「ナラティヴ環境」(Gubrium & Holstein, 2009) を対象化し、その多様な側面に対して個人がどのような姿勢をとっているかを分析していく必要がある。

その分析のやり方としては、ディスコース分析の手続きが一部参考になるかもしれない。ウィリッグはナラティヴの概念にも関連させながら、その手続きを次の4ステップに分けて説明している (Willig, 2008)。

① テクストからナラティヴとそこで扱われているテーマ（たとえば、「自分の病気」）を同定する。
② その特徴を抽出しつつ、関連する外部のナラティヴやディスコース（たとえば、「生物・医学的なディスコース」）を探索する。
③ 外部のナラティヴやディスコースからどのような主体・客体が作られ、個人がそれに対してどういう姿勢をとっているのかを検討する（たとえば、「生物・医学的なディスコースに違和感を示す」）。
④ その姿勢の結果として、個人にどのような実践が開かれ、またどのような心情がもたらされているかを考察する（たとえば、「代替的な対処を試みる」）。

こうした分析の結果として、個人の悩みや直面する問題を外部のディスコースの不適切な取り込みと関係づけることができるかもしれない。その場合、新たなディスコースの発見と書き換えによって問題に対処しようとすることも可能になる。ナラティヴ・セラピーをはじめとする近年発展した心理療法は、こうした方向での介入を重視する傾向がある（McLeod, 1997/2007）。

4-5　ナラティヴ・テクストの分析のこれから

ナラティヴ・テクストの分析についてその諸概念と技法を概説してきたが、ナラティヴに対する質的研究はまだ始まったばかりであり、どれが正しいアプローチというものではない。他の質的研究と同様、ナラティヴ・テクストの分析法も特定の研究目的のもと研究資料との対話の中で個々の研究者が工夫し発展させていくべきものであろう。特に、ナラティヴのどういう面に注目し、それを研究設問のどこに位置づけるのかを明確化することは必須である。近年はその上でさまざまな工夫が積み重ねられつつあるわけだが、ここでは本節のまとめとして、ナラティヴ・テクストの分析がどういう方向に発展しようとしているのか、その可能性を整理しておきたい。

(1) 多声的な理解を促す分析へ

ひとつは、ナラティヴ・テクストを複数の面から捉えて、それを統合していこうとする方向である。たとえば、バンバーグは、対話の場において生み出されるアイデンティティ —— これ自体一種のナラティヴとして捉えることもできるのだが —— を分析する際に、上記の分析アプローチのいくつかを総合して用いている（Bamberg & Georgakopoulou, 2008）。そこで用いられているのは、次の3つのレベルの分析である。

① 語られた出来事ナラティヴに登場する人物がそのストーリーの中でもつポジションの分析
② そのナラティヴが語られる場における語り手・聴き手のやりとりの分析
③ そのナラティヴに影響していると考えられる外部のディスコースとの関係の分析

こうした分析を行うためには、インタビューで得られた音声のトランスクリプトだけを分析対象とするのでは十分でない。インタビューの文脈やそれを取り囲む社会的状況なども含めて資料を収集し、検討を進めていく必要がある。こうした方向の研究は、エスノグラフィー研究と類似した、幅広い目配りが求められる研究実践になるかもしれない（Gubrium & Holstein, 2009）。

ナラティヴ・テクストの分析におけるこの方向の発展は、「統合」と言っても最終的に1つのシンプルな結論に研究者を導くとは限らない。たとえナラティヴの意味構造の理解を目的とするにしても、記述されるのは、むしろ多様な側面から構築されるハイブリッドな全体像であるかもしれない。そこで達成されるのは、「単声的」ではない「多声的」なナラティヴ理解や対象理解である。結果としては、単に複数の声を並列的に投げ出すのではなく、声のあいだの関係を記述していくことも期待されるだろう。近年わが国では、複数の方向に発展してきたナラティヴの分析法を体系化する枠組みも考案されている（やまだ, 2007, 2008）。こうした枠組みはナラティヴ・テクストを理解したり結果を記述したりする際に、今後ますます重要になると考えられる。

(2) 研究者の内省を深める分析へ

もうひとつの方向は、研究者自身や研究実践を対象化して内省を深めるような分析過程を工夫することである。内省的であること、つまりリフレクシヴィティは、近年の質的研究の質を高めるために欠かせない要素とされている（Macbeth, 2001）。解釈学の伝統のもとで述べられてきたように、テクストの解釈は常に解釈者の持っている先行理解に基づき、解釈の結果は直ちに先行理解に組み込まれることで、また新たな理解が生じる（Denzin, 1989）。こうした解釈の循環はナラティヴ・テクストの分析にも当てはまり、この循環を活発化させることはテクスト理解の深まりに欠かせない。そのためのひとつの手段が内省である。そこでは、データ収集時に始まる分析の全過程において、自分のどういう観点がその分析結果をもたらしたのか、別の観点ではどのような分析結果が生じうるのか、といった自己の思考の対象化が必要になる。

しかし、テクストに触発されて自分の中で育っていくアイデアとその背景を内省し、分析に生かしていくことは決して容易ではない作業である。自分の視点によってもたらされたはずのアイデアも、初期には前意識レベルにとどまっていることが多い。これを意識化し論理のレベルにもたらすために、その過程をモデル化して質的研究に応用したのが得丸（2010）である。そこでは、哲学者で心理臨床家の E. ジェンドリンの TAE（辺縁で考える）のアイデアをもとにした、思考の 14 ステップが提案されている。これはナラティヴ・テクストの分析に特化したものではないが、ナラティヴの分析にも十分活用が可能だろう。

(3) 対話を組み込んだ分析へ

ナラティヴ・テクストの分析の質を高めるためには、分析に他者の目を組み込む工夫をさらに進めていく必要がある。現代の哲学・思想において知とは、外部世界や実在への到達ではなく、複数の個人のあいだのコミュニケーションや対話を通じて達成された合意であるという（高田, 2010）。質的研究全般においても、合意は研究結果の妥当性を確定するひとつの重要な基準とされている。分析の中間結果や最終結果を研究対象者や関係者に戻して妥当性を判定してもらう、メンバーチェックの手法もそのひとつである（Flick,

2007）。さらに、1回限りの対話ではなく、持続的な対話を分析過程に組み込んでいく試みもなされている。たとえば、臨床心理学のプロセス研究においては、「合議制質的研究」という名称で、複数の研究者が共同で分析を進めていく方法が提案されている（Hill, Thompson, & Williams, 1997）。ナラティヴ・テクストの分析においても、こうした手法を参考にしながら対話を積極的に分析に組み込むことが可能である。その際には単に対話するだけではなく、対話の質を高めていく努力もまた求められることになる。

　クランディニンとコネリーによれば、ナラティヴの探求とはストーリーを語ることにとどまらずストーリーを生きることでもあるという（Clandinin & Connelly, 2000）。その探求の過程は、研究者の持つストーリーと対象者の持つストーリーとがそれぞれの人生の文脈において出会う体験の場であり、研究者もまた生身の人間として対象者と関わらざるをえない。また、ナラティヴの分析とその発表は、新たなナラティヴの生成という面ももっており、対象者と研究者双方、さらにはそのまわりの人の人生に一石を投じ、その波紋はさらにコミュニティや社会へも広がる可能性を持つ。ナラティヴ・テクストの分析は、現実と切り離された場で行われるのではなく生のただ中における実践である。私たちの生が様々なレベルの対話で構築され変容していくことを考えるなら、ナラティヴの分析を対話のなかで現実に関係づけ、よりよい実践につなげていく努力も求められるだろう。

【参考書】
グレイザー, B. G. & ストラウス, A. L. ／後藤隆・大出春江・水野節夫（訳）(1996).『データ対話型理論の発見 ── 調査からいかに理論をうみだすか』新曜社.
　　ナラティヴ・テクストの分析はある意味で一般的な質的データの分析の発展形とも言えるが、本書は質的データを扱うとはどういうことかを明らかにして、質的研究の広がりに重要な貢献をした基本書である。形式的なカテゴリー分析の手前にある豊かな思考が盛られていて、ナラティヴの分析にも応用できる姿勢を学ぶことができる。
高田明典 (2010).『物語構造分析の理論と技法 ── CM・アニメ・コミック分析を例として』大学教育出版.

ナラティヴ・テクストの分析には多様な前史と拡がりがある。この本は、本節ではほとんど述べられなかった、解釈学、神話学、物語論など幅広い人文科学領域におけるナラティヴへのアプローチを概観し、それを踏まえて筆者独自の分析法を提案したものである。心理学関連分野のナラティヴの分析法を今後発展させるためにも、学ぶところが大きい。

Ⅲ部
社会実践としての質的心理学

5章
実践とともにある アクションリサーチ

1節　アクションリサーチの哲学と方法
2節　コミュニティと産業・組織におけるアクションリサーチ
3節　質的研究者の実践としての倫理
4節　障害や福祉の場におけるアクションリサーチ
5節　保育・教育の場におけるアクションリサーチと実践的知識

　Ⅲ部では、実践の場全体を対象とし、事象が生起する文脈の中に、研究する者もともにあり、そこで生成する問いに立ち会い、よりよく変革することを起点とし、組織や社会、場のあり方を自分たちの力で変えようとする実践研究としてのアクションリサーチを取り上げる。アクションリサーチは、実践の場に関わる力のダイナミズムを変革しようとする意志、また変革の志だけではなく、変革の動きがその場にどのような変化をもたらしうるのか、動きがもたらす両義的な側面からその過程をみつめ、事実をとらえ検証しながら一歩一歩生成検

証の螺旋的歩みを続けようとする人間科学的志向性をもつ研究法である。そこでは、対人関係や集団の変革、組織や地域、社会の変革の営みなど多様な営みが対象となる。そしてそこでは常に変化を起こす者とその変化に巻き込まれる者の関係としての倫理が問われることになる。

　本章では、さまざまな分野を各節の中に織り込みつつ、そこに通底する問いと具体的なアクションリサーチの方法を、分野での展開をふまえ論じていくことを目ざしている。

　1節では、アクションリサーチを唱えたレヴィンの仕事を読み解き、質的研究としての意味と特徴が語られる。レヴィンのメソドロジーとしての思想、研究の哲学、「アクション」の構造、「リサーチ」として従来の研究と実践との関係性との相違、レヴィンの思想や研究は質的研究に何を示唆するのかが論じられる。

　2節では、ベターメントを志向する協同的実践として、レヴィン後の、様々な組織や集合体の中でのアクションリサーチの展開が論じられる。産業組織研究の流れの中での行動科学的アプローチによる組織開発と、会議デザインや合意形成に関わるアプローチ、当事者自身が研究を進める発達的ワークリサーチ、また解放としての民主化を進めるアプローチの展開が示される。

　続く3節では、質的研究者自身が行う実践としての研究における倫理をとりあげる。質的研究が調べる対象とは何かという問い、当事者性に研究者はどのように向き合うのかという問いに対して、筆者の研究者としての経験をもとに実践における倫理のありようが語られる。

　そして4節では、社会福祉分野でのアクションリサーチの特徴として、専門家、研究者ではない当事者参加型のアクションリサーチ、研究者とメンバーの関係性や研究者の役割、筆者自身が行ってきた障害者施策の住民会議の事例からさらなる研究の展望と課題が論じられる。

　最後の5節では、保育・教育分野でのアクションリサーチの特徴として、実践の専門家である教師自身が研究者としてカリキュラムや授業研究を行うアクションリサーチ、そこで生成される実践的知識や行為の中の理論、実践の理論を捉える媒介としてのビジュアルな道具の機能が論じられる。

　これら5つの節を通して、実践の中に身を置き、実践とともに、時には実践を変革しながら研究が行われるアクションリサーチの現在までの到達点と課題群を読み取っていただければと思う。

1節
アクションリサーチの哲学と方法
八ッ塚一郎

　アクションリサーチは、個別の具体的な研究方法ではないし、基礎研究に従属する応用的・周辺的な研究でもない。創始者クルト・レヴィン（K. Lewin: 1890-1947）にとって、アクションリサーチは科学的な心理学と同義だった。実験心理学の草創期に構想されたその哲学と方法論は、むしろ現代の質的心理学に大きな示唆をもたらす。本節では、量的研究という枠組みの中に閉ざされてきたレヴィンの文献を読み直し、現代のアクションリサーチにつながる基本思想と、その方法的な基準を描き出す。

　以下、従来のレヴィン理解を振り返った後（1-1項）、その科学哲学と（1-2項）、アクションリサーチの主要研究を概観し、方法的な基盤を検討する（1-3項）。そのうえで、現代の質的研究に引き継がれたレヴィンの問いとその展開を考察する（1-4項）。

1-1　レヴィン再考

　研究（リサーチ）にとって重要なことは、変化を持ち込みながら対象に関与し続けること（アクション）である。どれほど厳密な実験や計量を行っても、関与と変化というアクションを欠くなら科学的なリサーチではない。そのプロセスを通して人々の認識や行為が変化し、社会や生活を変革するアクションが生じなければ、リサーチを行ったとは言いがたい。

　クルト・レヴィンにとって、リサーチとアクションは密接不可分の関係にあった。レヴィンの著作からは、個別の研究方法とは異なるアクションリサーチの像が浮かび上がる。そこには、研究が科学的であるための前提条件、研究の目的や具体的な方法を設定するための指標が含まれている。

　レヴィンには多様な顔があり、その全体像を簡潔に述べることは難しい（Marrow, 1969/1972）。心理学史の中では、レヴィンはゲシュタルト心理学派の第二世代に位置づけられている。要素主義批判というモチーフを知覚から

行動全般へと拡張し、人間の社会行動や動機づけを全体として捉える「場の理論」を提起したことで広く知られる。その著名な方程式（Lewin, 1935/1957）、

$$B = f(P, E) \quad \text{B: behavior, P: person, E: environment}$$

に象徴されるように、人と環境の関数、人と環境の相互作用の産物として人間行動を記述することが、場の理論の骨子である。そのうえで、位相幾何学（トポロジー）を援用して人間行動の発生機序を数学的に記述しようとした（Lewin, 1936）。レヴィンはこの新しい研究分野をホドロジーと呼び、生涯にわたって没頭している。しかし、その試みは純粋な位相幾何学にあまりにも偏りすぎ、心理学から乖離していると評され、現在ではほとんど省みられていない（Bronfenbrenner, 1979/1996）。

一方レヴィンは、ツァイガルニク効果、要求水準、コンフリクトの分類等、膨大な概念を提起するとともにその実験的研究を指導した。これらの諸概念は、人間行動やその心的特性を、周囲の状況や環境特性との関わりで把握し記述しようとする企図の具体化である。レヴィンはさらに、グループ・ダイナミックス（集団力学）の創設者として、実験による小集団研究を開拓し多くの研究者を育成した。

このように、緻密な実験的研究方法を主導し、現代アメリカ心理学の礎を築いた存在としてレヴィンは位置づけられている。その業績の中では、アクションリサーチは周辺的、応用的な事例研究の雑多な集積に見える。レヴィン自身も、「アクションリサーチと少数者の諸問題」（Lewin, 1948b/1954）の中で、社会問題に対する実験的な研究方法の応用として、アクションリサーチを位置づけている。

レヴィンは同論文で、アクションリサーチには「社会の変化に関する実験室および現場の実験」[1]（Lewin, 1948b/1954）が必要と述べている。そしてそのプロセスを、① 実験などプロジェクトの事前計画、② 当該プロジェクトの実施、③ 新しい事実の発見、④ 事実の評価と計画の見直し、そして ①′ 新たな事前計画……（以下同様）、というサイクルと規定した（Lewin, 1948b/1954）。

この図式が、心理学におけるその後の基本的なアクションリサーチ観を規

---

[1] 本節の引用文はいずれも邦訳を参考に、筆者が訳出した。

定することにもなった。すなわち、アクションリサーチとは、実験室実験に代表される科学的な知見を、個別の社会問題に応用することである。具体的で複雑な社会現象や社会問題を、実験室で科学的に再現し、あるいは現場の中で実験する。そのうえで、研究機関で理論的に考究し整理した知見を現場に適用するのがアクションリサーチである。随時修正を加えながらこのプロセスを続けることがアクションリサーチの方法だ。以上が従来の一般的なアクションリサーチ観である。

　しかし、レヴィン自身の科学観、心理学観に立ち戻ると、異なるアクションリサーチ像が浮かび上がる。科学的であるためには、個別の事例にしっかりと関与し、その全体を理解しなくてはならない。事例の全体を理解するためには、研究者がアクションを起こし、条件を変化させ続けなくてはならない。条件を変化させるためには、プロセスの継続と振り返りが必要不可欠である。つまりレヴィンにとっては、研究すること自体が、本質的にアクションリサーチだった。

　レヴィンは、そのための方法として、当時の最前線の研究法であった実験を採用したにすぎない。また、状況の中で人間を把握するという根本方針にしたがって具体的な事例に次々と取り組んだのであって、ことさらに応用的な研究を試みたわけでもない。実験だけが科学的で基本的な研究法だと考えると、アクションリサーチは応用的で周辺的な研究に見える。しかし、レヴィンは科学的であろうとしただけであり、科学的であることはアクションリサーチを行うことと同義であった。

1-2　「リサーチ」の哲学 ── 科学哲学者としてのレヴィン

　1933年に亡命しアメリカに移住する前、ドイツ時代のレヴィンは科学哲学の分野でも活動し、勃興期の心理学を学問的に基礎づける作業に従事していた。その時期の主要著作に「現代心理学におけるアリストテレス的思考様式とガリレオ的思考様式の葛藤」(Lewin, 1931/1957) がある。

　タイトルだけ見ると、事例を記述するばかりの心理学は古めかしくアリストテレス的で、実験的な方法を用いたガリレオ的科学に移行しなくてはならない、というシンプルな主張のように見える。ちなみに、現代の質的心理学

についても、事例を記述するばかりで科学から退行している、ガリレオより
アリストテレスに近いといったイメージがあるかもしれない。質的研究は量
的研究より科学性で劣るという思い込みには根強いものがある。しかし、レ
ヴィンの議論はいささか異なる。

　アリストテレス的な物理学には、規範的な概念や擬人観的な概念が色濃く
残存している。たとえば、理想的な「最高の」運動は円運動と直線運動で、
これらは「天空の」運動においてのみ生じる。それに対し、「地上」ではそ
れより下位の形式の運動が生じる（Lewin, 1931/1957）。ここでは、概念それ
ぞれが固有の価値をおびている。雑多なはずの自然の運動現象に、天上や現
世、理想状態や不完全なものといった人間的価値観が重ね合わされ、善と悪、
黒と白のような対で把握されている（Marrow, 1969/1972）。

　心理学の主要概念にもこうした傾向は共通するというのがレヴィンの指摘
である。その典型は「正常」と「病的」である。望ましいもの、不完全状態
などといった人間的価値がこれらの概念には重ねられ、かくあるべしといっ
た規範性すらおびている。「正常」と「病的」は、善と悪、黒と白などと同
様、それぞれ違った領域に属するものとして扱われ、別々に論じられること
も多い。両者のあいだには明確な一線が引かれている。

　何らかの正常状態と、それに対する「錯覚」「エラー」「忘却」など、対で
現象を捉える心理学的概念は数多い。レヴィンの議論にしたがうなら、特定
の状態を間違ったもの、よくない状態と見なす価値意識や規範性がここには
入り込んでいる。錯覚やエラーなどは、正常とは別の固有の状態と見なされ、
それ単独で言及されることも多い。

　物理学におけるアリストテレス的思考様式に対し、その規範的性質や擬人
観を脱却したのがガリレオ的思考様式だとレヴィンは述べる。ガリレオは、
物理現象を把握するにあたって、人間的な価値観を払拭し、安直な対概念を
排除した。抽象的な規準を設定し、連続性のもとで現象を位置づける動的な
概念をガリレオは提示した。黒と白の譬えで言えば、両者は同じ連続体の部
分であり、双方を分かつ境界線はなく、常に連続的に推移する。黒や白と呼
ばれているのは連続体の部分にすぎない。

　レヴィンによると、心理学の諸概念がアリストテレス的段階にとどまって
いるように、心理学的な実験もまた、ガリレオ以前のアリストテレス的段階

にとどまっている。アリストテレス的思考のもとでは、研究を進めるには、類似した事例を数多く調べなくてはならない。ある概念が設定され、それについての法則性が樹立されるためには、当該カテゴリーに属するできるだけ多数の事例を調べ、法則性の成り立つことを繰り返し確認しなくてはならない。繰り返され、たくさん観察されるという歴史的な頻度に、概念や法則の確かさは依存する。個別の事例、単一のケースだけでは、それが偶然である可能性を排除できない。それゆえ、個別事例の研究ではなく、多数の事例の平均、全体的な傾向に着目しなくてはならない。

　しかしレヴィンによると、ガリレオは類似した事例を数多く集めることに没頭してはいないし、観察された頻度やその平均で法則性を樹立したわけでもない。ガリレオ的思考では、規範性や擬人観とは無縁の、抽象的な規準のもとで現象を把握しようとする。そこでは、概念や法則の確かさは、歴史的な頻度、事例の数、平均などには依存しない。特定の事例を全体として把握し法則性を見出すことができれば、事例の数はたった1つでも十分に確実な根拠となる。

　別の用語で言い換えるなら、アリストテレス的科学は、複数の事例の見かけ（顕型）の類似性に着目している。しかし、重要なことは、見かけの背後にある本質的な原則（元型）を取り出すことである（Lewin, 1931/1957）。

　レヴィンが念頭に置いているのは、たとえば落体の法則である。アリストテレス的物理学のもとでは、重い物体ほどより早く落下するとされ、それは物体の「自然」なあり方だと見なされてきた。この知見は、数多くの事例を観察することによって法則とされた。

　それに対しガリレオは、質量の大小にかかわりなく、すべての物体は同じ加速度で落下するという新たな法則を提示した。このときガリレオは、さまざまな種類の物体が落下する様子をできるだけたくさん観察して共通性を見出したわけではない。むしろ、自由落下自体は観察が困難なため、事例を限定し実験用の斜面を設定した。そのうえで、球体の重さや傾斜などの条件を変化させながら、事例を全体として把握し法則性を見出した。

　法則を支えるのは、事例の数やその類似性、平均ではない。重要なことは、特定の個別事例について、条件を変化させながら、その全体を把握することである。その前提にあるのは、規範性や人間的価値観を払拭した抽象的で連

続的な概念、この場合は数値で表される質量や距離などの概念であった。

　レヴィンによると、勃興しつつあった実験心理学はアリストテレス的段階にとどまっている。「数字や曲線グラフを多用する現代の心理学とアリストテレス的物理学は見た目には違いがある。しかしそれは、使われている方法の違いであって、実質的な概念の中身はさほど違わない」(Lewin, 1931/1957)。もちろん、統計手法の洗練と精密さの追求は大切である。「しかし、そうした努力の背景に、できるだけたくさん数学を使い、小数点以下まで可能な限り計算することで心理学の科学性を証明したいという野心があることも否定できないだろう」(Lewin, 1931/1957)。

　だがレヴィンは、心理学にアリストテレス的な概念が残存し、心理学実験がアリストテレス的物理学と同じ段階にとどまることを憂慮していた。心理学は、ガリレオ的物理学のような普遍の法則を樹立することはできていないし、実験の方法もガリレオ的物理学には程遠い。それがレヴィンの状況認識だった。

　ガリレオ的な思考法に立つならば次のようになる。「違う場面をできるだけたくさん持ってきて、『すべての状況で』どんなときにも観察される事柄だけが一般的で確実な要因だと考えるのは馬鹿げたことである。その反対に、ある場面の全体を、そのあらゆる特性について、できる限り精密に理解することのほうが重要となる」(Lewin, 1931/1957)。ガリレオ的な力学では、「歴史の中で発生したできるだけたくさんの事例から抽象的に平均を取り出すのではなく、特定の場面の持つ具体性にフルに言及する」(Lewin, 1931/1957)からである。

　レヴィンがガリレオ的思考に言及しているのは、実験的な研究方法を改善し、心理学を科学的なものにするためである。その意味では、質的研究にとってレヴィンの科学哲学は縁遠く見える。

　しかし、科学的であろうとする際のレヴィンの姿勢は、質的研究にも示唆を与える。レヴィンは、数値を扱うから科学的だとか、実験的方法だから科学的だと、無条件に決めつけているわけではない。見かけにとらわれない本質を取り出すこと、よりよい研究方法を求めること、それがレヴィンの一貫した姿勢であった。

　レヴィン自身の理想はあくまで数学であり物理学である。しかし、たとえ

1節　アクションリサーチの哲学と方法

ば生活空間を記述するにあたってはこう述べる。「ある状況をもっとも完全に具体的に記述しているのは、ドストエフスキーのような作家たちだろう」(Lewin, 1936)。また、工場などの大規模組織を研究する場合、最善のインフォーマントを見出すには「心理学者は文化人類学者から多くのものを学ぶことができる」(Lewin, 1951/1979) と述べている。

もっとほかにも可能性があり、よりよい方法があるかもしれない。そのなかで、研究に用いる概念と方法を絶えず刷新し、更新し続けることがレヴィンの姿勢であった。省みられないとはいえ、位相幾何学に没頭しその検討を続けたのも、よりよい数学的記述方法を模索し続けたからと言える。

質的研究はレヴィンから、その姿勢を受け継ぐことができる。人間行動は物体の落下より複雑である。ならばなおのこと、できるだけたくさん事例を集めて平均や類似性を探ることが科学的だと言えるのだろうか。そのとき根底にある概念は、安易な二項対立や、規範性、擬人観をおびていないか。こう問うてみるならば、量的研究は科学的で質的研究は常に科学性で劣るなどと頭から決めつけることはできない。

必要なことは、質的研究としての科学性、その規準を明確にすることである。人間と社会という複雑な現象を研究する場合、単一の事例に関与し続けることのほうが、むしろ科学的なのではないか。むやみに事例を増やしたり、たくさんの事例を平均しようとするのではなく、少ない事例でもその全体を把握し理解することに努めるほうが、科学的に正しい姿勢ではないか。このような問いをレヴィンは投げかける。

同時に、研究することは、ただ受動的に事態を記述するだけではないことをレヴィンは指摘する。実験法の核心としてレヴィンが重視していたのは、特定の事例に対して、条件を変化させながら関与し、その全体像を把握することであった。研究することは、能動的に対象に関与して変化を持ち込む「アクション」でもある。その点で、アクションリサーチは個別の研究方法ではなく、科学的な研究の前提をなしている。

1-3 「アクション」の構造 ── 亡命者と研究のサイクル

第二次世界大戦という出来事と、亡命者としてのレヴィンのあり方が、ア

クションリサーチには色濃く影響している。人や社会に積極的・能動的に関わり、それを変化させることは、レヴィンにとっては、応用や実践というより、むしろ基本であり必然でもあった。そのうえで、多彩なアクションを継続し展開して、さまざまなレベルでサイクルを維持し差異を生み出すことが、レヴィンの研究に共通する方法論である。以下、社会問題に関する代表的な4つの研究事例を概観する。

第一は、レヴィンのアクションリサーチの代表例でもある「食習慣の研究」、集団討議法と講演法の比較研究である。アメリカでも食品統制の行われた第二次大戦下、国立科学研究会議・食習慣委員会の委嘱でこの研究は行われた。それまで食べる習慣のなかった牛の心臓、腎臓などの臓物について、家庭での食用を高めることが研究の目的であった。

十数人ずつの主婦グループを対象とし、あるグループでは講師が臓物の栄養的価値や料理法などを一方的に講演形式で説明した。それに対し別のグループでは、運営側からの説明・介入は最小限にとどめ、臓物への関心や好悪などを主婦同士で自由に討議させた。その後の追跡調査によると、実際に臓物を調理したのは講演群で3％、集団討議群で32％で、主体的に討議に参加することが意識と行動の変化に大きな効果をもたらすことが明らかとなった（Lewin, 1948a）。

ちなみに、上記委員会の事務局長であった人類学者マーガレット・ミードもこのプロジェクトに参加している。何かにつけてすぐに実験の方法を考えようとするレヴィンに対し、ミードは従来の食習慣や価値観などの調査を重視し、2人は絶え間なく数多くの討議を重ねたという（Marrow, 1969/1972）。

第二は「三種の『社会的風土』におけるリーダーの行動と成員の反応」（White & Lippitt, 1960）で、レヴィンの指導と助言のもと多角的な実験が行われた。10歳の少年を5人ずつのグループに分けて野外でのクラブ活動を行う。その際成人のリーダーは、「専制的指導」「民主的指導」「自由放任的指導」という異なるスタイルで各々のグループを指導し、観察者がリーダーと少年の行動、発話を記録した。

「専制的指導」では、活動の方針をすべてリーダーが決定し、個々の手順なども権威主義的に命令される。「民主的指導」では、すべての方針や分担などを少年たちの話し合いで決定し、リーダーはその支援に徹する。「自由

放任的指導」では、すべてが少年任せでリーダーは一切介入しない。「専制的指導」では活動が効率的に行われた一方、メンバー同士の不満や不和が顕在化した。時間がかかったものの、メンバー同士の自発的な協力や助け合いが活発で満足度も高かったのは「民主的指導」であった。

　観察にあたっては、行動をカテゴリー化して整理するだけでなく、活動が失敗するさま、不満を表明する乱暴な振る舞い、相手を尊重する助言や言動など、具体的な行動や発話の詳細も記録されている。民主的な集団運営の輝きと、そこに至るまでの入り組んだ道のりが、質的な記述として報告されていると言ってもよい。

　第三は、亡命者としてのレヴィン自身にも直結する、ユダヤ人問題をはじめとする少数者の問題である。第二次大戦中、レヴィンはユダヤ人への連帯の呼びかけや、ユダヤ人的な養育態度、自己認識などに関する論考を多数発表している（Lewin, 1948b/1954）。

　1945年、レヴィンを中心としてMITにグループ・ダイナミックス研究センター（Research Center for Group Dynamics）が設置された（1948年にミシガン大学に移行）。同年、アメリカ・ユダヤ人委員会の地域社会問題委員会の設立に参画、ユダヤ人への偏見と差別、さらに、少数者に対する差別や暴力と相互理解についての研究を導くようになった。委員会はレヴィンの指導下に4つの計画を立案している（Marrow, 1969/1972）。

① 診断的アクションリサーチ：暴動など現に進行中の問題を診断し対処法を提示する
② 参加的アクションリサーチ：被害を受けている地域住民を問題の解決に参加させる
③ 経験的アクションリサーチ：日々の活動で経験する問題、出来事を記録し集積する
④ 実験的アクションリサーチ：実験的な介入アプローチの効果を相互に比較検討する

　実際には、たびたび発生する事件への緊急の対応に追われることが多く、長期的な研究を行うことは困難だった。しかし委員会のメンバーは、たとえ

ば暴動事件を起こした少年に接触を続けてその背景を理解するなどの活動を行っている。委員会はまた、住宅や交通機関の改善など、当事者を罰するだけではない、住民の不満を解消する政策を提言している（Marrow, 1969/1972）。
　レヴィンはさらに、人種間の対立を緩和するためのワークショップの有効性に着目している。1つの地域から複数の参加者をワークショップに参加させ、参加者同士がチームを形成し、その後も人間関係を維持することで、活動の影響力を高めることが試みられた。ちなみに、こうしたワークショップを研究するには講義やプログラムの内容を記録するだけでは不十分で、発揮されたイニシアチブや下位集団の分化、相互の軋轢といった、コミュニケーションと集団プロセスの全貌を記述する必要があるとレヴィンは述べている。「これらのデータを客観的に記録しようとすると、社会科学者は歴史家とほとんど変わらない課題に直面することになる」（Lewin, 1948b/1954）。
　第四は、産業領域におけるアクションリサーチ、労働生産性や組織開発などに関する研究である。1939年から40年代にわたって、レヴィンはバージニア州に新設されたハーウッド社の工場でアクションリサーチを展開した（Marrow, 1969/1972）。従業員との話し合いや労働現場の観察をもとに、小集団での意思決定の導入や、新規雇用者からの刺激を通した生産性の向上などが試みられている。ちなみに、修理工と女子従業員のトラブルなど、職場での葛藤に研究者が介入し解決を図った事例が、関係者の対話をもとにした戯曲形式で報告されている（Lewin, 1948b/1954）。よりよいリーダーシップについてのトレーニング活動もこの時期から開始されていった。
　1946年には、「感受性訓練」、「Tグループ」、あるいは「ラボラトリー・トレーニング」と呼ばれる、教育訓練のための新しいグループワーク技法を開発している（Marrow, 1969/1972; Bradford, Gibb, & Benne, 1964/1971）。教員や社会事業関係者を集めた研修で、参加者同士が昼間の活動を振り返る場がたまたま生まれたことから、新しいワークショップのかたちが生まれた。参加者たちは、体験を率直に語り合うなかで、同じ出来事についても互いの認識や解釈が大きく異なることを発見した。そのこと自体が参加者同士の関心と意欲を高め、相互理解やコミュニケーションの向上などにつながっていった。
　セッションは、一方的な講義や講演ではなく、参加者同士の学びと気づきの場として運営される。ディスカッションや共同作業などを通して、自分自

身や他の参加者の感情と変化、コミュニケーションや集団の微細な力学について感受性を高めることが主眼である。この取り組みは、エンカウンター・グループや集団心理療法にも影響を与えながら発展していった。

　以上、レヴィンの主なアクションリサーチを概観した。研究とその背景からは、第二次大戦と亡命という出来事が、レヴィンの活動に大きな影響を与えていることが見て取れる。ヨーロッパに残ったレヴィンの母は、レヴィンによる必死の救出活動にもかかわらず収容所へ送られ、そこで亡くなっている。ユダヤ人への偏見や少数者への理解は、研究テーマである以上に、亡命したレヴィン自身にとって、その生存と尊厳につながる問題であった。民主的なリーダーシップの研究、企業組織の改善などの活動は、よりよい社会の像を提示しその改善を進めるというモチーフに貫かれている。基礎と応用を区別することは、レヴィンの研究活動においてはさほど重要な意味を持たない。

　研究の方法についてみると、実験がひとつの軸となっている一方、それだけにおさまらない多様性をいずれの活動も示している。食習慣の改善や3種のリーダーシップ研究は、実験的な状況を現場で設定している点に特徴がある。しかし同時に、詳細な観察が行われ、発話や行動も随時記録されている。少数者問題や産業研究で発展したワークショップ形式も、実践の場面で人工的に実験的な場面を設定する活動である。しかし、当事者と対話すること、仕事や生活の場面を観察し問題点を認識することと密接不可分の関係にある。

　前項で述べたレヴィンの科学哲学に立ち戻るなら、個別の事例に密着し、その全体像を把握することが、ここでも目ざされている。すなわち、対象に関与し、変化を導入することによってその全体に接近することが、いずれのアクションリサーチにも通底している。

　食習慣研究や3種のリーダーシップ研究は、実験群をつくって他と比較する心理学実験のように見える。しかし、レヴィンの科学哲学に即して考えると、比較すること自体ではなく、条件を変化させて対象を理解することのほうに主眼が置かれていたとも言える。主婦グループにしても、少年の野外活動にしても、統制された自然状態というものは想定されていない。講義と集団討議、異なるスタイルのリーダーシップなど、条件を変えたときにどのような変化が生じるか、その違いを見定めることにあくまで主眼が置かれてい

る。

　工場研究、少数者問題、ワークショップや感受性訓練についても構図は同じである。一度きりの調査や、対象の「あるがまま」の把握は、ここでは企図されていない。持続する時間的な幅の中で対象との関係が維持される。そして、研究者からの積極的な関与が行われ、絶えず変化が持ち込まれる。変化を持ち込んだにもかかわらず、対象となった人々の側に変化が生じなかったら、むしろ研究としては失敗と見なされる。感受性訓練における、違いの発見やその振り返りに象徴されるように、レヴィンの研究と実践は常に、反復の中の変化と発見を重要な要素としている。

　アクションリサーチは、われわれが任意に選択する個別の研究方法ではない。場の理論が示すように、われわれはすでに特定の場の中に置かれており、社会に生きることそれ自体がすでにひとつのアクションである。それゆえ、研究活動もまた、原理的には常にアクションリサーチである。「集団に関するこうした研究は、ある程度社会的なアクション（social action）である」（Lewin, 1951/1979）。そして、変化をもたらし変化に気づくという共通するモチーフの中で、その方向と程度が相違するにすぎない。「どのような科学でも、観察がうまくいくための第一の必要条件は、与えられた条件の中でどのような大きさの単位を観察しようとしているかを明確に理解していることである」（Lewin, 1951/1979）。

　すなわち、どのような場で、何を研究しようとしているかを明確にすることが、アクションリサーチの大前提である。そのうえで、企図している変化と、当該の集団の状況に即して、取るべき方法は決定される。

1-4　問いとしてのレヴィン

　レヴィンはあくまで数学と物理学を理想とし、普遍的な法則を模索した。社会構造が複雑化し、科学観もはげしく変貌する現在では、レヴィンの言説はいささか古めかしくも見える。しかし、質的研究が科学の転換と刷新を企図するものであるなら、レヴィンの意志と姿勢は現代にもなお示唆を与えるし、アクションリサーチは最前線の課題であり続ける。以下、レヴィンの問いとその現代的な発展を3点に分けて整理する。

第一に、研究の中核に「変化」を置くことをレヴィンは求める。この思想を現代に吸収し発展させているのは経営学である。たとえばシャインは、レヴィンの思想を「変化の理論」と述べ、次のように要約している。「ひとから成り立つシステムを理解する最良の方法は、それを変えてみることである」(Schein, 1995)。この発想を体現するかのように、企業組織に内在して観察し、組織改善の働きかけを行う研究も多い。

　もちろん、変化を重視する思想それ自体はレヴィンの独創ではない。たとえばブロンフェンブレンナーは、若き日に師のディアボーンから聞いた、「もし君が何かを理解しようとするならそれを変えてみなさい」(Bronfenbrenner, 1979/1996) という発言を引いている。しかしレヴィンは、以下のように、変化というモチーフをさらに徹底する。

　第二に、研究者自身の変化と絶えざる模索を、レヴィンは求める。レヴィンのもっとも有名な台詞に「よき理論ほど実践的なものはない」がある。しかし、この発言には前後がある。「もしも理論家が、インテリ的な嫌悪感や社会問題への恐怖感で応用の問題を見下げなかったら、また、もしも応用心理学者たちが、よき理論ほど実践的なものはないと悟るならば、物理学で完成したような協力関係が心理学でも完成する」(Lewin, 1951/1979)。

　理論に携わる研究者、実践に身を置く研究者、それぞれが考え方を転換し変化することが求められている。異質な相手と対話し、自身の立場や見解を振り返り変化させることが求められていると言ってもよい。

　レヴィンの問いは、さらに研究することの意味へと向けられる。「集団同士の関係を研究する場合、研究の中身と少なくとも同じぐらい重要なのは、社会生活の中の適切な場所にその研究を位置づけることである。いつ、どこで、誰によって、社会の研究は遂行されるべきなのか？」(Lewin, 1948b/1954)。

　その研究は、誰が担うことがもっとも適切なのか。どのように研究が行われることが、その集団にとって望ましいのか。そもそもその研究は本当に必要なのか、研究すること自体が害悪をもたらしているのではないか。それは本当に「よき理論」なのか、当の研究は実際に必要とされているのか、それを不断に問い続けることをレヴィンは求める。

　自身を振り返る反省的・リフレクシヴな視点の必要性は、現代の質的研究にとっても中核的な課題であり続けている。それは単なる心構えやスローガ

ンの問題ではなく、質的な研究を特徴づけ、科学的な研究として発見を導くための前提条件として、多角的に議論されるようになっている（質的心理学フォーラム, 2010; 宮本・渥美・矢守, 2012）。

ここからはさらに、アクションリサーチから現代科学そのものを問い直すという論点も導き出される。複雑化する現代の資本主義社会において、科学はそれ自体で中立的たりえるのか。逆に、実践的、介入的であることが、科学の新たな条件となるのではないか（Parker, 2005/2008; Greenwood & Levin, 2007）。これらも、レヴィンを継承しつつその先を展望する問いであると言ってよい。

第三に、研究の成果、産物について、レヴィンは問いを投げかける。「書物しか生み出さないようでは満足な研究とはいえない」（Lewin, 1948b/1954）。そして、「アクションにつながらない研究はいらないし、研究に基づかないアクションもいらない」（Marrow, 1969/1972）。

論文や書籍など、限られた研究者の目にしか触れない「書物」は、何の変化も起こさず、アクションを一切喚起しない。しかし、何も研究をせず、ただアクションに没頭することもまた、レヴィンの望む道ではなかった。研究者がどのように社会と関わり、研究活動をフィードバックするかは、レヴィンの生涯を貫く問いかけでもある。

現代においてその問いを正面から受け止め、先鋭的に発展させている領域のひとつが、防災と災害復興の研究実践である。たとえば防災や災害教育の分野では、ゲームなどの道具を通して研究者と住民が相互に関わり合い学びあう、新しい実践のスタイルが蓄積され共有されている（矢守・網代・吉川, 2005 など）。また災害復興をめぐる領域では、たとえば研究者自身が被災地の住民となって共に再生への物語を紡ぎ出そうとする、息の長い取り組みも報告されている（宮本・渥美, 2009）。

これらの取り組みは、アクションを突き詰め、アクションに徹することを通してリサーチを遂行しようとする試みでもある。「書物」ならぬ「ことば」、人々に理解と発見をもたらすほど理論的で、なおかつ、書物に閉じることなくアクションの中で連鎖していく新しい言語を生み出せるかどうかが模索されていると言ってもよい（Parker, 2005/2008）。

【参考書】

マロー, A. J.／望月衛・宇津木保（訳）(1972).『クルト・レヴィン ── その生涯と業績』誠信書房.

　レヴィンの伝記的な事績だけでなく、同僚や弟子の証言も多数収録している。アクションリサーチをはじめ、主要な研究と、その理論的な骨格や歴史的な背景事情についても詳細な解説が付されている。

パーカー, I.／八ッ塚一郎（訳）(2008).『ラディカル質的心理学 ── アクションリサーチ入門』ナカニシヤ出版.

　レヴィンの問題意識を継承し、未来構想的な実践の可能性と課題を記した最前線のアクションリサーチ論。エスノグラフィー、インタビュー、言説分析などの具体的な方法についても多くの事例を含む。

2節
コミュニティと産業・組織における アクションリサーチ

永田素彦

　本節では、コミュニティと産業・組織を現場とするアクションリサーチについて、具体的な研究例を挙げながら、代表的な研究アプローチを論じる。まず2-1項では、アクションリサーチの生みの親であるクルト・レヴィン以後の動向を、特に、わが国における組織開発の展開と、ヨーロッパにおける産業民主主義と会議デザインへの動きに注目して、紹介する。続く2-2項では、会議デザインの最近の展開として、ナラティヴの力を活かした合意形成のアプローチを取り上げる。合意形成アプローチは、組織開発にもコミュニティ活性化にも大いに取り入れられている。2-3項では、当事者による理論の活用を介した組織開発のアプローチとして、エンゲストロームの発達的ワークリサーチを紹介する。ここまでのアプローチは広い意味でレヴィンからの系譜に位置づけられるものであるが、2-4項では、アクションリサーチのもう一つの主要な系譜、すなわち、パウロ・フレイレを嚆矢とする参加型アクションリサーチを取り上げ、そのアプローチによるコミュニティ活性化の事例を検討する。以上のアプローチは、当事者と研究者が現状をベターメントするためのディシジョンメーキングをするアプローチである点で共通している。しかし、アクションリサーチにおいては、センスメーキングも重要なアプローチとなる。最後に2-5項では、センスメーキングを軸にしたコミュニティ活性化のアクションリサーチを紹介する。

2-1　アクションリサーチのミニマムな特性

　アクションリサーチとは、ローカルな現場のベターメント（改善、変革）を目ざして、その現場の当事者と研究者とが展開する協同的な社会実践のことである。ここで言う現場には、本節のテーマであるコミュニティや組織のみならず、教育の現場、環境保護の現場、科学技術の現場などなど、きわめ

て多様な人々の集合体や活動が含まれる。

アクションリサーチのミニマムな特性として、矢守（2010）は以下の2点を指摘している。第一は、現場のベターメントを志向した広義の工学的研究であり、必然的に特定の価値を前提にして行われることである。ここでベターメントとは、言うまでもなく、当事者にとってのベターメントを意味する。ただし現場をどのように変えることがベターメントなのか、あらかじめ正解が決まっているとは限らない。ベターメントの内容自体、当事者と研究者の協同的実践を通じて追求されるべきものである（杉万, 2013）。

アクションリサーチがほぼ共通して価値を置いている前提は、民主化の重視である。すなわち、当事者が研究者と協同しながら自ら現場のベターメントを実現していく、その参加のプロセスに価値が置かれ、その実現がさまざまな形で図られている（たとえば、Greenwood & Levin, 2007）。

アクションリサーチのミニマムな特性の第二は、現場のベターメントの実現を目ざして当事者と研究者が協同的実践を展開することである。ただし当事者と研究者の「協同」関係、および、研究者の役割をどう捉えるかについては、さまざまなバリエーションがある。初期のアクションリサーチでは、研究者は、現場の活動に介入する外部の専門家として位置づけられることが多かった。しかし近年では、研究者は、当事者が自ら現場のベターメントを実現できる主体となるのを長期的に支援する、現場内在的な存在と見なされることが多くなっている。また、当事者内での多様性が強調され、研究者と多様な当事者の対等な関係に基づく対話や相互学習が重視されるようになってきている。

アクションリサーチにおける研究者の研究者としての役割は、現場の言説空間を豊かにすることである（杉万, 2013）。言説空間を豊かにすることは、思考やコミュニケーションを豊かにすることにつながる。そのために研究者としての研究者がなしうる貢献は、理論に基づく貢献である。ここで言う理論にはさまざまなものが含まれる。個別の現象や実践についての理論、より一般的・包括的なグランドセオリー、日常言語で表現される理論だけでなく、数式や化学式を用いた理論、など。また、エスノグラフィー、インタビュー、質問紙調査、言説分析、ライフヒストリーなど、データの収集・解析やモデル構成のための方法論も、理論の一種である。研究者と当事者は協同して、

理論の力を活かして、現状を分析し相対化し、視野を広げ、新たな行為のパターンを作り出していく[1]。

なお、アクションリサーチを標榜していない研究アプローチの中にも、当事者と研究者との協同的実践による現場のベターメントを志向する研究アプローチは多数存在する。本節で取り上げるもののほかに、いくつか例を挙げれば、Community Based Participatory Research（Minkler & Wallerstein, 2003）、Participatory Rural Appraisal（Chambers, 1994; 1997/2000）、Human Inquiry（Reason, 1994）などである。これらの多くのアプローチのあいだには、当事者と研究者の協同のあり方や研究者の役割をどう捉えるか、ベターメントの方法や道筋をどう捉えるかなどについて、しばしば相違が見られるし、時には相互の批判もなされている。しかし本節では、上の定義に当てはまる研究アプローチを、広義のアクションリサーチとして捉えている。

2-2 アフター・レヴィン

(1) 行動科学的アプローチによる組織開発

組織開発のアクションリサーチに大きな直接的影響を与えたレヴィンの業績には、リーダーシップの効果性、集団決定法、ラボラトリー・トレーニングがある。ここでは日本における事例、特に三隅らによる実践例を挙げながら、それぞれ説明していく。

① リーダーシップ・スタイルと組織風土の改善

民主型リーダーシップの優位性を示したレヴィンらの研究（Lewin, Lippitt, & White, 1939）以来、リーダーシップは組織開発における中心的なテーマのひとつである。三隅は、リーダーシップのPM理論を提唱し、PM理論に基づくリーダーシップ・トレーニングの手法を開発し、事故防止を目ざすアクションリサーチを展開していった。PM理論では、リーダー行動をP（Performance）行動とM（Maintenance）行動の2次元からなるものと捉え、リーダーをPMタイプ（両行動とも平均以上に発揮している）、Pタイプ（P行動のみ平均以上）、

---

[1] ガーゲン（Gergen, 1999/2004）は、こうした役割を果たすことのできる理論を生成的理論と呼んでいる。

Mタイプ（M行動のみ平均以上）、pmタイプ（両行動とも平均以下）の4タイプに分類する。これら4つのタイプは、集団の生産性や凝集性、フォロワーの士気などと系統的に関連していることが実証されている（三隅, 1978）。

PM理論に基づくリーダーシップ・トレーニングは、リーダーが自分自身のリーダーシップ・タイプを把握し、その問題点を分析し、さらに望ましいリーダーシップを発揮するための努力目標を自己決定する、というプロセスからなる。ここでは三隅らが1970年に長崎造船所船殻工作部組立溶接課3係において実施したリーダーシップ改善のアクションリサーチを例にとろう（三隅・高, 1988）。リーダーシップ・トレーニングでは、各リーダーのリーダーシップ行動をPMリーダーシップ項目を用いて測定する。ここで重要なことは、その測定には、部下評価、すなわちそのリーダーの下で働く直接の部下たちによる評価が用いられることである。この事例では、リーダーに、自己評価と部下評価の差異がフィードバックされた。ほぼ全員に共通する傾向として、ほとんどの項目で部下評価は自己評価よりも低く、その差はM項目について特に大きかった。リーダーたちの驚愕は大きく、リーダーシップの強化をテーマとした合宿研修会が実施され、各自の現場体験に基づく白熱した議論が行われた。その結果はKJ法を用いてとりまとめられ、最後にリーダーは自分のリーダーシップの強化に関する努力目標を自己決定した（後述の集団決定法）。このリーダーシップ・トレーニングによって、リーダーシップ行動が改善され、組織風土の変化がもたらされた。

PM理論に基づくリーダーシップ・トレーニングは、その後、さまざまなコースやプログラムが開発され、さまざまな現場で実践されている。これについては吉田ら（1995）を参照されたい。

② 集団決定法と小集団活動の展開

レヴィンらが開発した集団決定法（Bavelas et al., 1947）は、多くの国でさまざまなテーマについて実施され、その有効性が確認されてきた。組織開発においても、集団決定法を活用した小集団活動が導入されていくようになった（佐々木・永田, 1987）。

三隅らによる西日本鉄道自動車局におけるバスの事故防止に関するアクションリサーチは、集団決定法を産業現場における組織開発に導入した世界で

最初の試みである（三隅・高, 1988）。同社は昭和30年代にバス事故が多発し、その対策に苦慮していた。当時、事故防止対策は、上司から部下への一方的な命令方式が一般的であり、命令違反は厳しく処罰された。しかしこうした対策は、部下の安全に対する意欲の低下を招き、かえって事故率の増加をもたらしていた。

　会社の要請を受け、三隅らは、有責事故を2回以上起こした経験のある運転手45名を対象とした「集団決定法」研修を実施した。研修所に集められた運転手たちの表情は一様に硬く、雰囲気は重苦しいものであったという。短い導入のあと、会社の管理監督者には退席してもらい、参加者は15人ずつの小集団に分かれて、職場の問題を自由に話し合った。続いて各小集団の話し合いの内容が報告され、多くの問題点が指摘されたが、参加者の表情はまだ硬いままであった。次に、第2回目の小集団による解決策の討議が行われ、再び行われた全体集会では、各グループによる報告が行われた。ここでは最初の重苦しい雰囲気が一掃され、参加者は自発的に自分が事故を起こしたときの体験を話し始めた。ここではじめて実験者（研究者）は安全の話を持ち出し、参加者に紙を配り、「明日から自分は安全運転のためにこういうことを注意してみたいということがあったら、この紙に書いてくれませんか」と教示を与えた。参加者は全員何らかの記入をし、研修は終了した。この集団決定法の効果は、有責事故件数の低下という形ではっきりと現れた。研修前の10ヵ月で70件あった事故が、研修後の10ヵ月には14件に減少したのである。

③ ラボラトリー・トレーニングと組織開発

　ラボラトリー・トレーニングは、1946年、ユダヤ人の社会差別撤廃運動のリーダー育成のためのワークショップがきっかけとなって、レヴィンによって開発された。ラボラトリー・トレーニングとは、「特別に設計された人と人とが関わる場において、参加者自身の行動や関係性を素材にしながら、そこでの体験を通して人間関係を学ぶ方法」（中村, 2006）である。その中核的な教育研修法であるTグループ（training group）では、比較的少数のメンバーが、小集団討議を通じて、自他の行動やその影響を具体的に理解し、対人関係への理解を深め、対人スキルの向上を図る。そこではトレーナーの介

入により、自己の感情や意見の率直な表明と、他者による捉えられ方のフィードバックが重視される。

ラボラトリー・トレーニングは、1950年代以降日本にも導入され、特に1970年代には、Tグループや感受性訓練が、対人関係やリーダーシップの改善に有効な技法として、多くの組織開発プログラムに導入された。また、ラボラトリー・トレーニングの名称を冠していなくとも、KJ法を用いて自分たちで問題を把握し解決する、小集団による問題解決活動も盛んに採用された。こうしたラボラトリー・トレーニングの伝統は、小集団討議を活用した組織開発に一定の影響を与えている[2]。

以上、レヴィンの成果を直接的に受け継ぐ産業・組織におけるアクションリサーチを、3つの中心概念に沿ってそれぞれ紹介してきたが、これらは相互に関連していることに留意されたい。たとえば、上述の事例でも、集団決定法における自己決定を導く小集団討議では、ラボラトリー・トレーニングの技法が応用されているし、集団決定法の効果性とリーダーシップや組織風土とのあいだには関連がある。実際、産業・組織におけるアクションリサーチでは、これらを系統的に組み合わせたさまざまなプログラムが開発され実践されている。

ここで紹介してきたアクションリサーチは、行動科学やグループ・ダイナミックスの理論や技術を、現場で活用する、という構図になっている。研究者は、理論や技術に精通している専門家としての役割が大きい。また、ベタメントの内容は、研究者と当事者の両者にとって比較的明確である。

(2) 社会‐技術システム理論から会議デザインへ

レヴィンの尽力もあってロンドンに設立されたタヴィストック人間関係研究所では、ビオンの集団精神分析の理論（Bion, 1961/2003）、レヴィンの場の理論（Lewin, 1951/1956）、ベルタランフィの一般システム理論（Bertalanffy, 1950）の影響のもと、社会技術システム理論が生まれた（Trist & Murray, 1993）。

きっかけは、エリック・トリストらによる炭鉱の調査であった（Trist &

---

[2] アメリカにおいても、1970年代以降、個の変化を促すラボラトリー・トレーニングから、チームレベルや組織レベルに働きかける組織開発への展開があった（中村ほか, 2009）。

Bamforth, 1951)。戦後イギリスの炭鉱では、巨大な機械が導入され作業の効率化が図られたが、多くの炭鉱では生産性が向上せず、作業員のモラールも低下していた。そのような中、生産性もモラールも向上している炭鉱では、作業員たちが自発的に伝統的な（機械が導入される以前の）採鉱の仕方を取り入れていた。すなわち、自律的な小集団で、互いに注意したり励ましあったりしながら、自分たちのタスクに責任を持って協同で取り組むというスタイルである。逆に言えば、大型機械の導入によって、自律的な協同を促進する組織風土が劣化してしまったことが、生産性とモラールが低下した原因であることが明らかになったのである。ここから、技術システムと社会システムの相互関連性を強調する社会技術システム理論[3]が提唱され、半自律的職場集団を重視し、技術と働く人々との関係性に配慮したワークシステムのデザインを扱う研究が進んだ。

　半自律的職場集団を軸に組織の活性化を図るこの動きは、産業民主主義として各国に広まっていく。特にノルウェーでは、ノルウェー産業民主化プロジェクトが展開された（Emery & Thorsrud, 1976）。ただし、産業民主主義の展開に関しては、その過程で、参加が、経営陣にとって都合のよい組織づくりのために労働者を動機づけるための手段と化していってしまい、民主化の理念が後退したとの批判もある（Greenwood & Levin, 2007）。また、エンゲストロームは、社会技術システム理論に基づく半自律的職場集団の実践は、ある程度安定的な環境への適応という課題に関しては成功だったが、環境の変化が著しく、絶えずイノベーションが求められるような状況になってくるにつれて、機能しなくなったと指摘している（Engeström, 2008/2013）[4]。

　他方、社会技術システム理論に基づくワークシステムのデザインに関する研究は、組織の意思決定や戦略立案のための会議のデザインを扱う研究へと展開していった。組織開発の焦点が、会議の設計にあてられるようになったのである。こうした会議手法の先駆けが、やはりタヴィストック人間関係研究所のメリリン・エメリーらが開発したサーチ・カンファレンスである（Emery & Purser, 1996）。次項で述べるように、その後、さまざまな会議手法

---

[3] トリスト（Trist, 1960）によれば、これは、テイラー主義とも人間関係論とも異なる第三のアプローチと位置づけられる。
[4] エンゲストロームの発達的ワークリサーチ（後述）は、この文脈に位置づけられる。

がデザインされ、現在、多くの国々で、コミュニティの活性化や組織開発の手法として活用されている。

2-3 合意形成のアプローチ──ナラティヴの力を活かす

　前項の会議デザインのアプローチの展開として、最近ではハーバーマスの対話の倫理の議論（Habermas, 1984）の影響のもと、当事者と研究者あるいは当事者同士の対話や相互学習を重視した合意形成のアプローチが多数開発され実施されている。そこでは、ナラティヴの持つ現実構成力と多声性がもたらす創発性が発揮されている。

　組織開発や組織改善においては、しばしば現実主義的な問題解決型のアプローチ、すなわち、組織が直面している問題を特定し、それを解消・解決する対策を講じるという対処法が採用されている。しかし、ナラティヴが経験を組織化し現実を作るというナラティヴ論から見ると、「問題」は、当事者たちが現実について対話をし、それを問題として定義する中で存在するようになるのであって、それ自体で問題であるような出来事は存在しない（Gergen, 1999/2004）。こうした観点からすると、「問題のナラティヴ」は、むしろ組織の活力を低下させる効果を持つ（Gergen, 2009）。第一に、ある問題についてのナラティヴは、それと結びついた別の問題のナラティヴを容易に引き出してしまう。第二に、問題のナラティヴは、しばしば互いの欠点を見出し、責任を問うナラティヴと結びつく。そうなると防衛反応が支配的となり、組織には恐怖や不信が蓄積されてしまう。第三に、問題のナラティヴが支配的になると、組織から前向きの感覚が失われてしまう。すなわち、目標やビジョンのナラティヴが片隅に追いやられてしまう。

　クーパライダーらが生み出したアプリシエイティヴ・インクワイアリー（Appreciative Inquiry: AI）[5]は、問題解決型アプローチとは対照的に、「価値を認める」ナラティヴを引き出し、共有し、組織の将来像を協同で描き実現することを目ざす組織開発のアプローチである（Cooperrider, Whitney, &

---

[5] ガーゲン（Gergen, 1999/2004）の翻訳書『あなたへの社会構成主義』では、「価値を認める問い」と訳出されている。しかし最近は日本でもアプリシエイティヴ・インクワイアリーとして紹介され定着しているようである。

Stavros, 2003)。人々は多様なストーリーを持っており、その中には、価値を持つもの、興味を誘うもの、おもしろいものもあるはずだ。そうしたストーリーは、組織に活力を吹き込み、当事者たちが新たな未来を開いていくリソースである。多様な前向きのナラティヴを引き出すことで、新たな未来への展望が生まれるし、そうしたナラティヴを人々が共有することによって、そうした展望が実現可能であるという確信が生まれる。

　AIは、組織目標の策定、職場改善のプラン作り、組織内対立の解消など、さまざまな目的で実施される。ここでは、ガーゲン（Gergen, 1999/2004）が紹介している事例を簡単に取り上げよう。

　ある会社では、男女間の対立が深刻だった。女性は男性によって差別されていると感じ、男性は女性に不当に非難されていると感じていた。社内には不信感がはびこり、訴訟の話さえもちあがった。経営陣は、罰則付きのルールを定めることが必要だと考え、外部専門家としてクーパライダーらに助力を求めた。しかしクーパライダーは、そのような「解決」は「問題」をいっそう動かしがたい現実にしてしまい、不信感が増してしまうと考え、AIを実践することにした。まず、男性と女性が2人ペアになって、これまでに会社で異性と一緒にはたらき、お互いに協力したり、尊重しあったり、相手から助けられたりした経験を共有することが課題として与えられた。従業員たちは熱心に課題に取り組み、その結果、過去のよい経験について多くのストーリーが引き出された。続いて、それらのストーリーが、まずは少人数グループで話し合われた。各グループでは、お互いのストーリーを共有し、比較しあった。グループによるこの話し合いで、変化が生まれ始めた。互いの敵意が緩和され、笑い声があちこちで起こり、男性と女性がお互いをほめるようになったのである。こうして和やかな雰囲気が生まれてくると、クーパライダーは、従業員全体に、会社の未来像を話し合ってもらった。これまでのよい経験を核にして組織を作り上げていくにはどうすればよいだろうか。このような前向きの話し合いの中で、男女の対立という当初の「問題」は自然と解消されたのである。

　このように、AIは、そのプロセス全体が、多くの場合、参加者の熱意や前向きの感覚を引き出す。重要なことは、過去の基盤に立って、現実性のある将来のビジョンを描くために、「価値を認める」ナラティヴを用いること

である。

　現在、AIは多くの組織開発で活用されており、企業組織にとどまらず、学校、教会、NPO、軍隊、コミュニティなどさまざまな集合体にAIを適用することを目ざす、AIサミットなる試みも実施されている（Ludema et al., 2003）。

　ナラティヴの力を活用して組織開発やコミュニティの活性化を促す会議手法には、ほかにもさまざまなものがある。上述のサーチ・カンファレンスの流れをくむフューチャーサーチは、コミュニティの活性化を促す会議手法の代表格のひとつである（Weisbord & Janoff, 2000）。標準的なフューチャーサーチでは、コミュニティの多様な（利害）関係者60～70名程度が一堂に会し、3日間にわたる小集団討議を通じて、理想的な未来のシナリオを作成するとともに、コミュニティの共通の基盤を明確化する。最終的には、すべての参加者が責任を持って取り組む具体的なアクションプランが策定される。

　AIやフューチャーサーチによる組織・コミュニティ開発は、目の前の問題や欠陥を矯正するのではなく、隠された可能性を引き出し活用する点で、ポジティヴ・アプローチとも称される。また、組織やコミュニティには時には相矛盾するような多様なナラティヴが存在することを前提とし、多声性を引き出し、そこから共通のビジョンを引き出していく点も共通している。さらに、これらの会議手法そのものは2～3日程度のミーティングであるが、参加者たちによる継続的な取り組みの可能性を生み出す点も重要である。

　こうした会議手法に対してはいくつか批判も提起されている（cf. Gergen, 2009）。第一に、少数派の声が入る余地が少ない。確かに多様なナラティヴが発掘され、多声性が生まれているかに見える。しかし時間的制約のある中で、「共通のビジョン」は必然的に単純化されてしまう。第二に、特にAIに当てはまるが、前向きなナラティヴが重視される反面、「苦痛の声」を表現する余地が（少）ない。自分たちが虐げられ不公平に扱われたことを正しく理解してもらうことが、自分たちが肯定されたという感覚につながるマイノリティの人々にとっては、AIで価値を認められることは難しい。第三に、これらの会議手法は標準的な手続きが定式化され、マニュアルも整備されている。しかし活動が標準化されルーティン化されると、AIが当初持っていた創造性が損なわれてしまう[6]。

これらのアプローチでは、当事者内の多様性が強調され、合意の内容よりも、それを決める民主的な対話のプロセスを実現することに価値が置かれる。研究者は、特定の理論に精通しているエキスパートというよりも、当事者たちによる会議の自発的進行を促進するプロセス・ファシリテータとしての役割が重視される。

2-4　当事者による理論の活用を促すアプローチ

本項では、当事者が研究者とともに、理論を重要なツールとしてベターメントを実現していくことを目ざすアプローチを取り上げる。その代表例が、エンゲストロームが、自身が提唱する活動理論（Engeström, 1987/1999）に基づいて提唱している「発達的ワークリサーチ」である（Engeström, 2005; Daniels et al., 2010）。活動理論は、徹底した文化歴史的視点に立ち、人間の活動を、主体、対象→結果、道具、ルール、共同体、分業の相互媒介的構造として捉える[7]。そして、活動に存在する矛盾やそこから派生するダブルバインド状況が、新しい活動を生み出す拡張的学習の契機になると考える。発達的ワークリサーチでは、変革活動のプロセスを図5-1のようにモデル化し、当事者が研究者の助けを借りながら、自身の活動システムを分析し、新たな活動を生み出す意思決定をしていくことが目指される（Engeström, 2009）。

発達的ワークリサーチの具体的な手法として、チェンジラボラトリーを紹介しよう（Engeström et al., 1996; Engeström, 2007）。チェンジラボラトリーは、大きな組織の中の相対的に独立した小集団（チーム）を単位として実施される[8]（図5-2）。チェンジラボラトリーの中心的な道具は、そのチームの活動を表す3×3の面（surface）である。水平方向には、抽象度の異なる3種類

---

[6] 定型化されていない会議手法もさまざまなものが開発・実施されている。1989年ロマプリエータ地震後のサンタクルーズ市の「物語復興」は興味深い例である。そこでは、300回を超える市民参加型の会議やワークショップを経て、「市民の茶の間（Civic Living Room）」という復興計画のキーワードが決まり、未来のサンタクルーズ市を生き生きと描く市民のナラティヴを活かしたまちづくり計画が策定された（関西学院大学災害復興制度研究所, 2009）。
[7] 活動の構造は、図5-2左上の三角形に描かれている。活動理論のわかりやすい説明は、杉万（2006）を参照のこと。

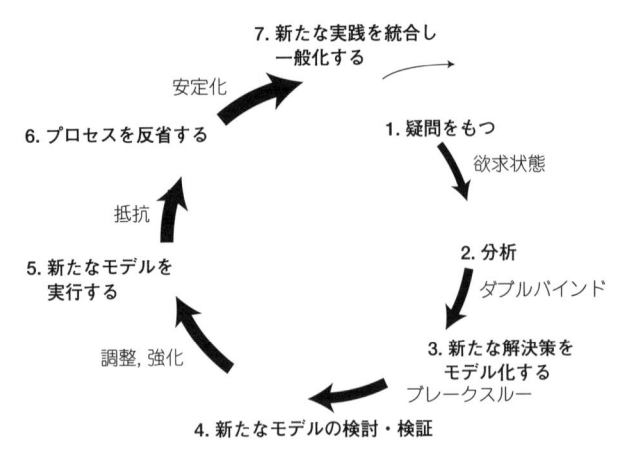

図5-1　拡張的学習のサイクル（Engeström, 2009より転載）

の面が置かれる。右の「ミラー」は、活動の実際の経験、特に、活動の問題点や障害とその解決を表すものであり、活動のビデオ記録、インタビュー記録、顧客からのフィードバック、業務統計資料などが使用される。左の「モデル、ビジョン」には、当事者たちが活動を分析するための理論モデルや概念分析が示される。たとえば、活動理論における活動モデル（それによって、活動の構造や矛盾を分析することができる）や、上述の変革活動のプロセス・モデル（それによって、自分たちの変革活動の展開を描くことができる）などである。「ミラー」と「モデル、ビジョン」の中間には、「アイデア、ツール」があり、問題状況の経験的分析（ミラー）と活動の新たなモデルのデザイン（モデル、ビジョン）を媒介する認知的ツール（Norman, 1993/1996）が示される。具体的には、活動プロセスのスケジュールやフローチャート、組織構造のレイアウト図やダイアグラム、インタビュー応答のカテゴリー、コストの計算式などである。シミュレーションやロールプレイングといったアイデア生成の技法も含まれる。また、チェンジラボラトリーの過程で当事者たちが作り出した媒介ツールも「アイデア、ツール」に示される。他方、時間的変化に沿って、過去、現在、未来の3つの面が置かれる。

---

[8] エンゲストロームは、チェンジラボラトリーを、トレーニング・ラボラトリー（Lewin, 1948/1954）、ラーニング・ラボラトリー（Senge, 1990/1995）から連なる系譜に位置づけている（Engeström et al., 1996）。

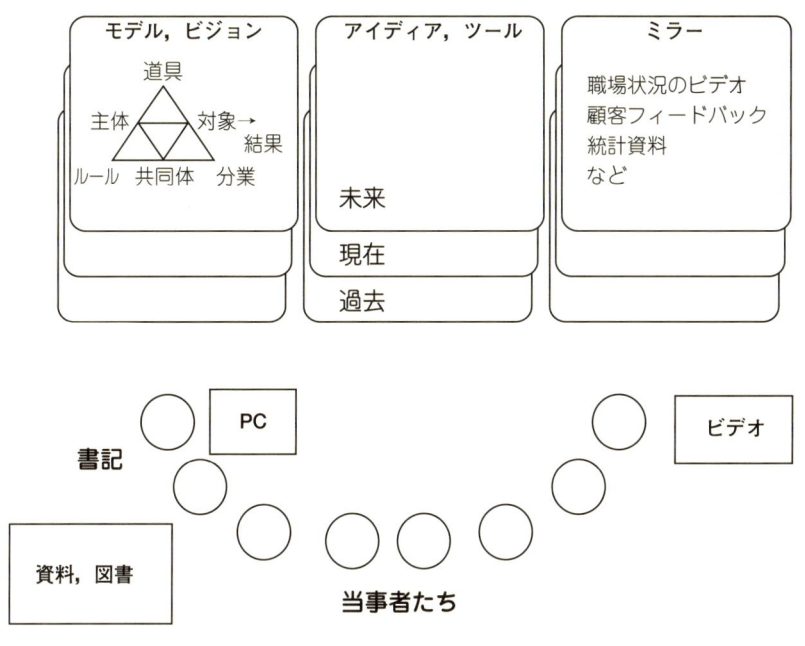

図5-2　チェンジラボラトリーのレイアウト（Engeström et al., 1996より転載）

　チェンジラボラトリーは、5〜10セッション、3〜6ヵ月のワークを1サイクルとし、それを何サイクルかに渡って実施する。典型的には、チェンジラボラトリーの実践は、「現在」の活動の把握（「ミラー」）からスタートする。そして現状の問題点が、過去の経験を分析（ミラー）したり、過去の活動システムをモデル化したりすることによって検討される。続いて、現在の活動とそこに内在する矛盾のモデル化へと進み、議論の焦点は、問題を本質的に生み出している活動システムの変革へとシフトする。「次の一手」やそのためのツールを生成しながら、当事者は、未来の活動のモデルを描いていく。その過程では、各セッションやサイクルの記録も、次のセッションやサイクルに活用されていく。かくして当事者は、研究者の助けを借りつつ、理論に基づいて自らの活動実践を把握し、そこに現れる矛盾やダブルバインドを突破する新たな活動を、またしても理論を利用しながら描いていく。たとえば、フィンランドの郵便局の職場・業務改善を目的としたチェンジラボラトリーでは、従業員たちは研究者の助けを得ながら自らの活動とその矛盾を活動理論に基づいて把握し、新たな組織と業務を創発させていった（Engeström et al.,

1996)。

2-5　ベターメントの主体を作るアプローチ ── 解放としての民主化

　ここまで述べてきたアプローチは、広い意味で、クルト・レヴィンを源流とする系譜に位置づけられるものであるが、アクションリサーチにはもう1つ重要な系譜がある。それは、パウロ・フレイレを嚆矢とする参加型アクションリサーチの系譜である。参加型アクションリサーチは、当事者に力としての知識を身につけさせ、積極的なベターメントの主体にしていく点で、前項のアプローチと共通しているが、抑圧からの解放を旗印に独自の系譜を持っているので、項を改めて紹介することにしたい。

　フレイレは、被抑圧者の解放を実現するために、「意識化」を最重要概念とする実践を展開していった。意識化とは、被抑圧者自身が、調整者（研究者）の助けを借りながら、対話と学習を媒介にして被抑圧状況を対象化し、その状況を自覚的、主体的に変革していく、実践と省察の人間化の過程である（伊藤, 1979）。

　1950年代、フレイレの出身地でもあるブラジル北東部は貧困と飢餓が著しく、非識字者である民衆はその過酷な状況を生き延びるのに精一杯であった。フレイレは、民衆が文字を身につけることこそが、民衆が自ら置かれている現状を省察し変革するための必須の条件と考え、非識字者と教育者（研究者）の対等な関係に基づく対話を媒介した識字教育の方法論を構築した（Freire, 1970/1979）。

　まず、研究者は、民衆との対話と討論を通じて、民衆の生活や労働の現実と密接に結びついていることばを「生成語」として抽出する。それぞれの生成語は、それが指し示す具体的な状況を表す絵や写真の中に配置（コード表示）される。たとえばFAVELA（スラム）という生成語は、民衆が熟知しているスラムを表現した絵や写真の中に、文字として配置される。このコード表示について、研究者から論じるべき課題が提起され、民衆と研究者の対話と討論が展開される。FAVELAの場合、住宅、食糧、衣服、保健、教育などの課題が設定される。対話と討論を通じて、民衆は、生成語が指し示す現実を、批判的に省察するようになっていく。最後の段階では、絵や写真が取り

去られ、生成語だけが取り出されて、分解と再構成が行われる。すなわち、FAVELA は FA-VE-LA と音節ごとに区分されて表示され、さらに FA-FE-FO-FU、VA-VE-VO-VU、LA-LE-LO-LU といった音節群が表示される。民衆は、そこから FA、VE、LA の音節を探し出し、FAVELA という言葉を再構成する。さらに、これらの音節を組み合わせて、既知の言葉を文字化し、短い文章すら作り始める。この方法により、まったく文字を知らなかった民衆が 45 日で文字を獲得するに至ったという。民衆は、文字の獲得を通じて、自らが置かれている現実を省察し、自分の言葉を武器としながら現状を変革していく積極的な主体へと変貌を遂げたのである。

フレイレの実践は、その後、ファルス‐ボルダらを中心に、参加型アクションリサーチとして展開されていった (Fals-Borda & Rahman, 1991)。参加型アクションリサーチでは、貧しい人々や虐げられている集団・階級が知識と力を獲得し、権力に対抗し、主体的かつ協同的に自らの置かれた被抑圧状況を変革していく、解放としての民主化が目ざされる。ここではコロンビアの貧しいアフリカ系コミュニティであるヴィラリカにおける事例を紹介しよう (de Roux, 1991)。

1980 年代の経済危機の時期、ヴィラリカの人々は、電気代が不当に高く請求されていることに気がついた。電力供給公社に訴えるも、「コンピュータが間違えるはずがない」と一蹴され、支払わなければ電気を止めると脅される始末だった。このような状況に対して、女性を中心とする 20 名ほどの有志が、外部の研究者の助力を得ながら、ヴィラリカ・ユーザーズ・コミッティー (VUC) という電気消費者組合を結成した。VUC は、さまざまな会合やイベントを多数開催して住民参加を促し、搾取の実態を示すようなエピソードや請求書などの証拠を収集し、電気問題に関する知識を獲得し普及していった。それだけではなく、自らの運動を、黒人の人権闘争の歴史に位置づけ、その成功と失敗の教訓を踏まえて、電力供給公社と交渉するための緻密な戦略を練り上げた。

VUC の運動は、当初の電気問題を解決に導いただけではなく、草の根民主主義の形成をもたらした。すなわち、VUC 以外にもいくつかの住民組織が自発的に結成され、ネットワーク化がなされ、コミュニティのさまざまな問題に対して人々が主体的に取り組むようになっていった。

参加型アクションリサーチにおいては、しばしば、ベターメントの内容や（抑圧的）現状の分析は、まず外部の研究者によって行われ、それを当事者と共有すること自体が大きな課題となる。アクションリサーチの過程で、研究者が担う役割はきわめて多様である。それは、解放を唱導し、活動計画を立案し、理論や調査方法を当事者に教え、その活動を記録する、などを含む。

2-6 センスメーキングを促すアプローチ

以上述べてきたアプローチは、当事者と研究者が協同的実践を通じて現状の具体的なベターメントを目ざす点で共通している。しかし、組織開発やコミュニティ活性化にとって、このようなディシジョンメーキングを志向するアプローチが重要なことは言うまでもないが、他方では、過去から現在までを十分理解し納得すること、すなわちセンスメーキング（腑に落ちること）も重要である（杉万、2006）。過去から現在に関する「腑に落ち方」は、将来に向かってどう進んでいくかを大いに規定する。これまでの活動のセンスメーキングが十分深いレベルでできれば、明示的なディシジョンメーキングをしなくとも、これからの活動は自ずと変化する。その意味で、一見後ろ向きに見えるセンスメーキングも、アクションリサーチの重要なアプローチとなる。

本項ではその具体例として、杉万による鳥取県智頭町を舞台とした過疎地活性化の事例を取り上げる（杉万、2008）。杉万によって20年以上にわたって展開され現在も継続している智頭町活性化のアクションリサーチ（日本・地域と科学の出会い館、1997; 杉万、2000; Sugiman、2006 など）は、当事者と研究者の濃密な理論的対話や協同的実践を通じて、行政依存・有力者支配から、住民自治システムを実現していった点で、2-3項や2-4項のアプローチに位置づけることもできる。しかしここでは、活性化運動の過程における「混乱」のセンスメーキングを紹介することにしたい。それは平成の大合併をめぐる混乱である。

平成の大合併が進められた時期、智頭町は、鳥取市を中心とする周辺9市町村と合併する（新・鳥取市の一員となる）か、単独路線を貫くかの選択を迫られた。結論としては、単独路線で現在に至るのだが、まずはその「混乱」

の経緯を略述する。もともと智頭町は、鳥取市とではなく、旧八頭郡8町村の合併を考えていたが、2002年11月に頓挫。町長と議会は単独路線を表明、合併派と単独派で町を二分する論争がスタートした。

両陣営とも、チラシの各戸配布や路上演説会を積極的に行った。2004年4月、合併か単独かを問う住民投票が実施され、その結果は、合併52％、単独48％、合併意見が過半数となり、単独路線を主張していた町長は辞任した。この結果を受けて、智頭町は助役が新・鳥取市の合併調印式に出席したが、その合併議案が翌々日の町議会で否決されるという思わぬ事態が起こる（賛成6、反対9）。2004年6月、前町長の辞任に伴う町長選挙と町議会補欠選挙が実施され、合併派が推した候補が町長に当選したが（得票率は、合併派候補51％、単独派候補49％）、町議補選は両派が2議席ずつわけあい、議会は単独派が多数を維持した。7月、町議会に合併議案が提出されたが、またしても否決。結局11月には智頭を除く9市町村による新・鳥取市が発足し、智頭町の単独路線が確定した。

平成の大合併をめぐるこの混乱が何だったのか、当事者も研究者もその意味を明確に語ることができない。そこでこの混乱のセンスメーキングが試みられることになった。具体的には、合併派と単独派の両陣営が各戸配布したすべてのチラシを対象として言説分析が行われた（東村, 2006）。言説分析の結果、あの混乱は、実は合併か単独かの争いではなく、旧来の有力者層とその支配を打破したい人との争いだったのではないかという仮説が浮上した。この仮説は、智頭町活性化運動の2人のリーダーであるM氏、T氏とのインタビューで裏付けられた。当初の町長と議会による単独路線は、多くの住民にとって拒否すべき地域体質のシンボルだったのである。他方、地域体質についてはM氏とT氏の見解が分かれた。M氏は、合併問題でも地域体質は変わらなかったとしたが、T氏は、今まで地域づくりに無関心だった人が声を上げて、有力者層の出身ではない町長が生まれたことは、今までは考えられなかったと強調した。

このセンスメーキングは、東村（2006）への作道（2006）のコメント論文、さらに杉万（2008）のコメントと連なり、センスメーキングのチェインが形成されることで、さらに深められていった。作道（2006）は、チラシ合戦を通じて合併派と単独派が形成され、可視化されていった点、特に、合併派が

旧来の地域体質にノーを突きつけ、従来では考えられなった非有力者の町長を生み出す実体的集団として可視化されたことに注意を促した。杉万（2008）は、そのようにして可視化された集団は、地域の空間的境界や名前を守るというこれまでの美学が通用しない、「智頭の都会人」とでもいうべき人々ではないかという仮説を提起した。そして、智頭町は、有力者依存の規範と、都会的な人々の規範の、2つの規範に包まれており、そのことがM氏とT氏の見解の違いと対応していると述べている。このようなセンスメーキングの深化は、次の一手を考える際の重要な土台となる。

【参考書】
杉万俊夫（2013）.『グループ・ダイナミックス入門 ── 組織と地域を変える実践学』世界思想社.
　　組織や地域のベターメントのために、理論を協同的実践にどのように活かすことができるのかが、興味深い実例を通して示されている。同時に、協同的実践の理論を、社会構成主義の立場から、説得的に提示している。
ガーゲン, K. J./東村知子（訳）（2004）.『あなたへの社会構成主義』ナカニシヤ出版.
　　社会構成主義の第一人者によるわかりやすい入門書。社会構成主義の考え方とそれに連なる様々な哲学者や思想家の理論がコンパクトに紹介されている。また、社会構成主義に基づく実践、特に、言説や理論の力を重視する実践の豊富な具体例が示されている。

3節
質的研究者の実践としての倫理
好井裕明

　本節では、人権等を配慮すべきという通常の調査倫理の意義を確認したうえで、生活史聞き取りやインタビュー調査など多様な問題を生きている人々や彼らが生きている現実の質的研究を目ざす場合、どのような倫理が新たに研究者に要請されるのかを考えたい。それは研究者自身が調査協力者とは異なる場所や立場で生きているもうひとりの生活者であるという端的な事実から由来し、常に質的研究の現場で調査協力者という他者と出会うなかで実感できる「研究する〈わたし〉の倫理」とでも言えるものである。この倫理は「当事者」性という問題と密接に関連しており、研究者は、この倫理と呼応しながら研究の「責任」性を積極的生産的に果たす必要がある。

3-1　研究という実践をめぐる倫理の基本とは

　世の中を調べようとするとき、研究する者が基本的な前提とすべきことがある。それは人々が生きている現実を何らかの形で調べようとすることは、人々の現実に対する介入であり、人々にとって「余計なこと」だというものである。
　この「余計さ」を超える理屈や価値観、大義は当然さまざまに考えられる。たとえば、医学や看護学においては、医療技術の進歩のために、患者（さま）の回復治癒のために、という抗いがたい価値を前面に立てて、よりよき医学、よりよき看護を追求することができるだろう。そのとき、病気を治療したり、看護をより深く進めるのに必要だという理屈のもとで、患者や看護対象となる人のきわめてプライベートな領域にまで踏み込んで詳細に聞き取り、調べあげようとするかもしれない。確かに通常であれば、そこまで踏み込んで話を聞き取ったり、情報を収集することはない。しかしこの病気のより効果的な治療法やより効率的な看護実践を追求することが結果的に、同じ苦しみを味わっている多くの患者にとって有効であるとすれば、患者の私秘的な領域

までも含み込んだ生活世界の精査は、「余計さ」よりも優先されるべきであると考えられるかもしれない。何が優先されるべきかは、議論の余地はあるだろう。しかし、確かなことがある。それはどのような価値が優先されるとしても、調べるという営みが持つ「余計さ」が消え去ることはないという端的な事実なのである。

　では、「余計なこと」だから、研究をやめたほうがいいのだろうか。そうかもしれない。しかし、仮に調べるという営みをやめてしまうと、経験的事象を手がかりとして世の中を考えるという研究実践は成立しなくなるかもしれない。とすれば、やはり「余計なこと」を認識しつつ調べざるを得ないという営みのさまざまな限界を感じ取りながらも、可能性を模索し試行錯誤しつつ前に進んでいくことになる。

　ところで「人々の生きられた現実を調べること＝余計なこと」という認識をさまざまな次元で確認させるための指針が調査倫理だとすれば、研究をめぐりどのような倫理が考えられるのだろうか。

　研究をめぐる倫理を考える場合、まずは、2つの方向性があることに気がつくだろう。ひとつは、心理学にせよ社会学にせよ看護学にせよ、独立した学としてのディシプリンに対して、個別研究がどのような関係にあるのかを常に気を配ろうとする、学問的営為に対する倫理である。たとえば私は日常的な差別や排除現象をエスノメソドロジーの発想で読み解こうとするとき、こうした事象がこれまで社会学の理論や調査でどのように考え扱われてきたのかまた考えられてこなかったのかを常に考え、自らが実践しようとする調査実践が従来の社会学とどのような関連にあるのかを考えてしまう。また、目の前にある差別や排除事象を何とかして解消すべきだという実践的関心を抱きつつも、こうした事象がなぜどのようにして、今の世の中に存在し続け、意味を持ち続けているのかという、差別と社会との関連という、より普遍的で社会学的な発想に魅力を感じ、それにゆるやかに囚われつつ研究を実践していることを感じるのである。

　今ひとつは、調査研究の協力をしてくれる人々そして彼らが生きている現実に対する倫理である。これはまさに通常の「調査倫理」としての内容に当てはまるものである。たとえば、日本社会学会が決めた調査倫理には「社会の信頼を損なわないよう努めなければならない」「研究目的と研究手法の倫

理的妥当性を考慮しなければならない」「調査対象者のプライバシーの保護と人権の尊重に最大限留意しなければならない」「差別的な取り扱いをしてはならない」「ハラスメントにあたる行為をしてはならない」等々のメッセージが並んでいる[1]。これらの指針は、社会学者が調査研究する場合、最低留意し遵守すべき規範であり一般的な社会道徳の内容を確認したものである。

実際は個別の問題や調査に協力してくれる人々の現実と出会うなかで、そのつど「余計なこと」の意味や「余計」であるがゆえに生起するさまざまな異論や抵抗と格闘しつつ、研究者は、調査を進めていくことになる。この"格闘"の中にこそ、世の中を調査するという営みが持つ限界性と可能性をじっくりと反芻できる優れた機会が満ちているのである。

そして、この"格闘"の中で、調べられることに対する人々の異論や抵抗に込められた多様で分厚い"意味"と出会うとき、調査研究する者は、もうひとつの倫理に向き合うことになる。

たとえば"顔が見えない○○市の住民"への質問紙調査であれば、研究者はこの倫理の存在に気がつかないかもしれない。それは、調査協力者を、ある共通した属性を持つ存在、言い方を変えれば、個別に差異を持つ一人ひとりの人間ではなく、あることを調べるうえで、最低必要な共通部分さえ確認できれば、それ以上に対象となる人々に接近する必要もないからである。しかし、そのような市民というカテゴリーで調査協力者をすべて括れる量的な調査ではなく、質的な研究において、ほんの少しでも"具体的な顔"や"人々の情緒や思い""人々の具体的な語り"に調査する過程で出会わざるを得ないとすれば、研究者は必然的に、もうひとつの倫理と向き合わざるを得なくなるのである。

それは「研究する〈わたし〉という人間をめぐる倫理」とでも言えるものである。「いま、ここ」で研究する〈わたし〉は、ある大学の社会学教員であり、同様の関心を持つ研究者と協力し、社会学的な関心からこの調査研究を進めている。たとえば生活史聞き取りの場面で、協力者にそうした自己紹介をし、聞き取りを始めようとする。しかし、聞き取りが進む過程で〈わた

---

[1] 日本社会学会（2006）を読んでほしい。

し〉は、ある関心からのみ、話を聞き取ろう、情報を引き出そうとしているだけではないことが自覚されてくるのである[2]。もしそのような形で研究者としての姿のみを対象者に提示し聞き取りを進められるとすれば、逆にその聞き取りが持つ限界性がそこに現れることになるだろう。つまり、研究する者は、聞き取りの過程で相手と語り合うとき、半ば必然的に〈わたし〉が「研究する存在」という枠からいともたやすくあふれだし、それ以外にさまざまに生きているし生きてきた〈わたし〉が協力者と向き合うことになるのである[3]。

たとえば、目の前で語ってくれている協力者が生きてきた歴史や問題と格闘してきた実践の厚みに比べたら、〈わたし〉がこれまで生きてきた歴史は薄く、まったく異質であるかもしれない。そのようなことを感じ取るとき、〈わたし〉はどのようにして、彼らの語りや語りの背後に広がっているであろう「生きられた歴史」と向き合い、それを感じ取ろうとするのだろうか。「研究する〈わたし〉という人間」は、どのようにすればいいのだろうか。もちろん、こうすべきだという唯一無二の答えなどない。そうではなく、調査実践の中で、具体的な人々の語りや現実と出会い、この問いを考え続けながら、調査をより"生き生きと"進めていけるのかどうか考え、その営みを調査実践にどのように組み込んでいけるのかを考え続けることこそが、重要なのかもしれない[4]。

以下、この倫理を中心に思い描きながら、語っていくことにしたい。

---

[2] 生活史聞き取りなど、ライフストーリー・インタビューをめぐる調査実践についての詳細な解読については、桜井・小林（2005）や桜井（2002）を読んでほしい。また桜井厚（2012）も必読だろう。

[3] 質的調査における調査する〈わたし〉というテーマについては、好井（2004）を参照してほしい。

[4] たとえば、フィールドの中で研究する〈わたし〉がいかに苛立ち、葛藤し、格闘していたのか。現代人類学の創始者であるB. マリノフスキーは日記の形で、それを書き残している。B. マリノフスキー（Malinowski, 1967/1987）は、質的研究における〈わたし〉の変動がよくわかり、質的心理学研究者にもぜひ読んでほしい。

3-2 質的研究が調べる対象とは

(1) 主観的な意味の世界への感受性

　質的研究が調べる対象とは何だろうか。あたりまえのような問いであるが、それはとても重要であり、基本的な問いでもある。調べる対象、それは人間であり、人間が多様な状況、多様な問題が息づいている現在で展開しつつある"生きられた現実"なのである。そして質的研究が解読したいと考えるより具体的な対象は、人間が他者（他在）と共存する中で、常に生成したり、あるいは強制されつつ生きている"意味"なのである。つまり、質的研究が対象とするのは、常に何らかの形で"意味"を生きざるを得ない存在としての人間であるという端的な事実を、まずは確認しておきたい。

　ある質問紙調査が持つ粗雑さから少し考えてみよう。それはある大学院での非常勤集中演習のときのことだ。大学院生のひとりが、調査設計から関与することなく、すでに収集された量的データを分析することの困難さを報告していた。質問紙調査の仮説や質問項目の検討、さらには質問文のワーディングなど、どのようにデータを得るのかをはじめから関わっていれば、そもそも、その調査で何を調べるうえでどのような形でデータを収集したいのかも自分なりに了解できているはずで、その分析はよりやりやすいものになるだろう。そうではない場合、さまざまな分析上の困難は確かに起こるだろう。しかし、私が驚いていたのは、まったく別のことだったのである。

　調査目的のひとつは、都市型マンションに居住する単身高齢者の現実把握であった。彼らがいかに「孤独」なのか。それを量的なデータから測定しようとしていたのだ。その作業自体は別に驚くことではない。そうではなく、何をもって「孤独」と考えるか、その際に用いられている指標の粗雑さ、素朴さに驚いていたのである。たとえば「あなたが住んでいるマンションでこの1ヵ月で会話をした人は何人いましたか」、「日常的におつきあいしている人はいますか」、「それは何人ですか」、「普段からあいさつを交わす人は何人くらいいますか」。こうした質問項目で「孤独」度を測ろうとしていたのである。

　確かに日常的な会話などを普段していない人は、その意味で他者とのつな

がりはないことになり、話す人がいないという意味で「孤独」であると言えるかもしれない。逆に言えば、普段から多くの人と会話をしている人は多くのつながりがあるので、「孤独」ではないと言えるかもしれない。しかし、日常的なあいさつという営みの頻度だけで、「孤独」度は測れるものだろうか。院生の報告に対して、私はこうコメントしていたのだ。

「たとえばある人は日常的に多くの人とあいさつを交わしており、その意味で他者との関わりの頻度は高いと言えるかもしれない。ただ、その人に個別の事情や生きてきた歴史があり親や子どもなど身内からは何の連絡もないし、身内との日常的なやりとりはまったくないとすれば、どうだろうか。そしてもし、その人が身内の人とのつながりがないことに寂しく感じているとすればどうだろうか。この調査ではその人は『孤独』ではないとして測定されてしまうよね。でもその人は『孤独』ではないと言えるだろうか。いや、その人自身が、自分は『孤独』ではないと感じているだろうか」と。

自分は孤独だと感じること。それはまさに当事者の主観的な意味の世界でのことである。確かに他者との付き合いの頻度や種類という量的な尺度で、「孤独」度はある程度わかるかもしれないし、その営み自体をまったく否定することはできない。そうではなく、たとえば「孤独であること」「孤独だと感じること」について調べるとして、その質的な部分、あるいはきわめて個人的で主観的な意味の部分に調査企画者はもっと微細でていねいな想像力をはたらかせ、質問紙調査の項目やワーディングなどを、まずは考えるべきではないだろうかということなのである。人々の意識や営みの質的な部分への、より慎重な感度やそれと向き合う微妙でていねいなセンスがあまりにも欠落していたことへ、私は驚いていたのである。

ところで、身内との連絡がまったくないし、寂しいし孤独だということを聞き取りなどで調べようとするとき、どうしても調査協力者のプライバシーや本人ができれば隠しておきたいと思うような心の底にある思いや情緒の微細な、あやうい部分に触れざるをえないだろう。一方で研究者に、そうした部分へ何とか入り込めないだろうかという思いがあり、協力者とのより深いやりとりを試みようとすることもまた事実なのである。こうした試みは、まさに「余計なこと」なのである。

(2) プライバシーに積極的に向き合おうとすること

　質的研究で大切なことは、こうした「余計なこと」性を、調査方法やデータ処理などの手続きで消去したり、希薄化するのではなく、それとどのように向き合うことができるのかを、まさに調査する過程で試行錯誤せざるを得ないということであり、それと向き合うことを通して調べるという営みがより豊かな可能性をおびたものになるということである。

　多様な現実がそこで展開している社会問題を調べようとするとき、「研究する〈わたし〉」が調査協力者や彼らが生きている現実とどのように向き合うのか、問題に関連する知や情緒がどのような形で調査協力者のなかで生きているのかなどの問いは、調査するうえで回避できない重要なものとなる。

　たとえば、差別問題研究を例にして考えてみよう。そこでは、差別を受けてきた当事者に生活史を聞き取る場合があるし、当該の差別事象をめぐり多様な人にこれまでの経験や得てきた知識のありようを聞き取る場合がある。

　差別的な知識を持ってしまっている人がいる場合、それをどのような経緯や体験から得て、今その人の暮らしにとって"意味あるもの"として生きているのか。こうした問いは、たとえば聞き取りをするとき、どうしても聞き込んでみたい項目となる。誰か親しい人から聞いたのか。それとも日常的に親や親せきなどのやりとりの中で聞いてきたのか。より具体的にどのような機会、どのような場で、誰とのどのような語りの中で、そうした知識と出会ったのか。さらに、ただ聞いただけではなく、その知識が暮らしていくうえで不必要なものとして受け流されるのではなく、重要なものとして、なぜ知識の在庫にしまわれていたのか。それが、なぜ「いま、ここ」で自らの行為を左右する力を持ったものとして生きているのだろうか、等々。たとえば私が聞き取りをするとしても、聞き取りの文脈の中で可能である限り、調査協力者に対して多様に問いかけていくだろう。

　しかし、こうした問いかけは、まさに協力者が生きてきた歴史の詳細や私秘的な出来事の奥深いところに触れる可能性に満ちたものであり、個人的な体験、思いなどをできるだけ参照しながら、個人そして個人の暮らしという次元において、差別的なるものがいかに生きているのかを読み解こうとするものである。そしてそれはまた、相手の私秘的な世界に入り込み、本人が気づきもしなかった世界の問題性をあばき出し、それを本人に提示する可能性

を持つものである。聞き取りは、常にプライバシーと言われる領域に深く入り込んでいく可能性がある営みなのである。

　この営みを単にプライバシーの侵害として批判するのか。個人的な体験や生に入り込んでいるが、そこから得たものは、個人の生活世界を超えて、差別を考えるうえで、意義あるものである、という観点から、侵害ではなく、調査の営みとして解釈できるか。それは実際に聞き取りする調査者自身がいかなる立場で協力者と向き合っているのか、その立場を相手にどのように伝え、相手に了解してもらえているのかに大きく左右されるだろう。いずれにしても、調べたいと考えるテーマや対象により、プライバシーさらに言えば、調査協力者の人権が侵害されてしまうという状態ぎりぎりにまで、調べる営みがせめぎ合う可能性があるのである。

　このとき「余計なこと」性は、調べるという営みの中で何を調べるのかという次元での重要な項目となるとともに、どのように調べるのかという次元でも何らかの形で解決すべき課題となる。言い換えれば、プライバシーであると常識的に考える領域に深く踏み込んでしまうのではないだろうかと調査者自身が感じるような調査場面はいくらでも起こりうるし、それをあらかじめ回避するような調査プランを立てるとして、それは、結局のところ、調べたいと考えていることをそのとおり調べることにはならないのである。

　ある体験がプライバシーに属するのか、そうではないのか。こういった問いの立て方は一般的には成立するかもしれない。しかし、差別問題やさまざまな排除などを含み込んでいる社会問題を問題に関与し生きている人々の生活次元から調べようとするとき、単純な二分法的な問いかけはほとんど意味を持たないのである。

3-3　当事者性という問題へ

　質的研究が"意味"を生きる人間の具体的な現実を調べるときに、必ず向き合わざるを得ない問題として、当事者性というものがある。固有の問題や経験を生きてきた人々にこれまで生きてきた歴史をうかがったり、問題経験がどのように自らの人生や人間としての姿に影響を与えてきたのかをうかがう。いわばその人にしかわからない、あるいはその人ですら気づいていない

ような人生や日常のより微細で深いところにある"意味"にたどり着こうとすることは、質的研究にとって、重要であり、研究する者にとって刺激的で魅力的な調べるという営みなのである。

　ただ、そうした場合、研究する存在としての〈わたし〉はいったい何者で、相手に対してどのような場所や位置にあるのか、あるいはあるべきなのかが常に問われてくるのである。

(1) 交流会の夜の出来事から

　私がかつて体験した出来事から例証してみよう。私はこれまで他の多くの先生とともに、被差別部落を訪れ、地元で暮らし、運動する人々から被差別の生活文化をめぐる歴史の聞き取りをしてきた。そして、具体的な状況は異なるが、常に相手から、先に挙げたような問いが向けられてきたと思っている。もう詳細は記憶の彼方にあるのだが、若いころの印象的で象徴的な場面を思い出す。

　ある被差別の地区での調査交流会の夜のことだ。私以外に多くの先生もいた。交流後、みなで楽しく酒を飲み、すでに寝てしまっている人も多かったと思う。私はまだ眠れずにいたのだが、眠っていた地区の年配の男性がむくっと起き上がり、私に突然問いかけてきたのだ。おそらくはまだかなりお酒が入っていたと思う。私も少し酔っていただろう。

　「あんたは、部落のもんでもないのに、なぜこの問題に関わろうとするのか。調べるだけ調べたら、あんたの研究は終わるし、これまで多くの研究者がそうであったように、めんどくさくなれば、いつでもこの問題から逃げだせるだろう。しかし、わしらは被差別部落出身であり、部落であることをおりられないのだ。あんたは、何のためにわしらに関わり、部落差別の問題を調べようとするのか。」詳細は再現できないが、このような中身のことをかなりしつこく、しかしかなり真剣に問いかけられたのだ。

　軽い酔いもあったが、私は、大阪で生まれ育ったところにすでに部落差別が生きていたし、学校でも当時積極的に推進されていた解放教育を受けてきて、自分の暮らしの中にこの問題が息づいていたことや人はどのようにして差別するのかなどを社会学的にきちんと調べたいという思い、そして、確かに自分は被差別部落出身ではないが、決してこの調査を終えたからと言って、

この問題から離れることはないし、関連する他の差別事象も含めて、ずっと差別について研究していきたいと思っているということを、おそらくはしどろもどろになりながら、何とか相手に伝えたいと語っていたはずだ。

相手は、私が話していることに納得したように見えたかと思うと、しばらくして、また同じような問いかけを繰り返してくる。私も同じような答えを相手に伝えようとする。どれだけ時間がたったかは覚えていない。ある意味で堂々巡りのやりとりを何度か繰り返していたときに、その人の横で寝ていたもうひとりの年配男性が目を覚まし、私に問いかけていたその男性へ、「うるさい、早よ寝ろ」と一言。男性はその一言で、さっさと寝てしまったのである。私は、軽い疲労感を覚えながら、しばらくは寝つくことはできなかったのである。

翌朝、その男性は、何もなかったかのように、けろっとして私に語りかけてくれたのである。いったい私が体験したこのやりとりは何だったのだろうか。表面的に見れば、酔っ払いの絡みかもしれない。そして問いかけに対する満足な答えはどこにもないかもしれない。つまり、私はその男性と同じ場所に立つことはできないし、同じ経験や歴史を生きてきたこともない。部落差別の熾烈さやしつこさ、その歴史的な変遷の中で、いま、ここで彼らが差別に対してどのように向き合い、考えているのかなどを、聞き取りを通して、明らかにすることができるとしても、私が、差別を受けることの意味を十分に理解できているのかと言えば、そのとおりだと断言などできないだろう。しかし、一方で男性は、こうしたことを調査研究することの意義は認めてくれているだろう。とすると、もっと他の生き方を選べば、部落差別問題にいっさい関わることも関心もなく暮らせたはずの私が、なぜわざわざ、この場所に来て、自分と向き合って、自らが差別を受けてきた生活史に関心を持つのだろうか。一般的な社会問題や社会運動への関心などではない、私という人間がこれまで生きてきた歴史や経験からのみ由来する部落差別問題を調べたいという思いや姿勢を、やはりその男性はどこかで確かめたかったのではないだろうか。ただ、こうした思いや姿勢は、明快に言葉で、また饒舌に語り尽くせるものではない。不器用に語るか、それ以上に、言葉では語り尽くせない何かを相手に伝えるほかはないものだろう。

確かに、被差別の立場にある当事者と同じ場所に私は立ち切ることはでき

ない。だが研究する〈わたし〉にとってのこの問題をめぐる当事者性とはどのようなことを言うのか。私は、ことあるごとに、この問いを相手から突きつけられ、試されていたのだと思う。最近、差別問題研究をめぐる当事者性について、書いたことがある。そこで言いたかったこと。それは差別問題の研究者は簡単には被差別の立場にある人々、差別を受けて生きているという意味で当事者の立場には立てないし、安易な共感もできないし、しないほうがいいということ。そして、差別問題を、差別する可能性という見方から考えるとき、研究する〈わたし〉も当然のごとくに、差別問題のもうひとりの当事者となり、その見方から、調査研究する実践という限られた世界だけでなく、ひとりの人間として、普段どのように生き、どのように暮らしているのかということもすべて、差別問題研究の対象となるということ、である（好井, 2010, pp.163-181）。

(2)「被害者」を相対化する当事者たち

環境や医療などの社会問題の質的研究を遂行しようとする場合、研究者は具体的な被害を受けた当事者を「被害者」としての意味を確定し、そのうえで被害－加害、受益－受苦の図式から問題の全体構造や問題構築のありようを研究することになる。たとえば、優れたモノグラフとしては、新幹線公害を対象としたものがあり、必読だろう（舩橋ほか, 1985）。

ただ最近研究者が当事者と連携し協力して社会問題を解明していこうとする動きが加速しており、そうした場合、研究する〈わたし〉が彼らをどのように捉え向き合うのかが、さらに意味を増してくるのである。

薬害という問題でそのことを例証しておこう。2002年から8年ほどかけて、薬害HIV感染被害問題調査が行われた。私も調査メンバーのひとりだった。それは感染被害者の血友病治療に携わっていた医師と患者自身、家族や遺族の聞き取りが中心であったが、結果的に膨大な聞き取り資料とともに最終報告書ができている[5]。

この調査ははじめ、感染被害を受けた当事者から依頼を受けたものだった。

---

[5] 輸入血液製剤によるHIV感染被害問題調査研究委員会編（2009）を読んでほしい。この膨大な報告書には医師や患者、家族の問題経験をめぐる語りが膨大に集められており、薬害HIV感染被害問題をめぐる証言集としても意義がある。

当時、いわゆる薬害HIV問題の裁判では、医師や厚生省、製薬会社の責任が追及され明らかになっていたし、メディアでは国家－医師－製薬会社の三者関係の癒着を前提としたような批判的言説が評論家を中心として盛んに流布されていた。しかし被害当事者たちが私たちに聞き取り調査を依頼し知りたかったものは、医師の経験であり、思いであり、当時の考えだった。1980年代初期、非加熱血液製剤という血友病治療にとっていわば夢のような薬が登場していた、まさにその頃にHIVという新たな病気が世の中に登場し始めたのである。まだウィルスの存在すら確認されていないころ、海外からの情報では確かに非加熱製剤を使用することでHIVに感染するリスクは一部知らされていた。しかし、当時、彼らの主治医たちは、こうした情報をどのように知っていたのか、また知っていたとして、リスクの大きさや意味は、当時の血友病治療を行ううえでどれほどのものであったのか。自らが処方した非加熱製剤で患者がHIVに感染していることがわかったとき、医師は患者にどのようにして、その事実を知らせたのか、また知らせなかったのか。感染した患者との、その後の治療を含む人間関係などはどのようなものであったのか、等々。この問題が大きな意味を持つ医学上の問題であり社会問題であることがまだはっきりと意識されていないころから大きく問題化されていく時期にかけて、医師はどのように考え、治療し、患者や家族とどのような関係をつくっていたのかを被害当事者たちは、知りたいと考えていたのである。

　彼らは、医師聞き取りという私たちへの調査依頼と並行して、もうひとつの重要な調査も進めていた。それは薬害HIV感染被害を受けた者の被害の意識や実態を調べ、いかに薬害HIVという問題が、当事者に大きな痛みやダメージを与えたのかなどを確認し「被害」を明らかにするものであった。この調査から明らかになる事実は、彼らへの具体的な救済策の策定や、さらに今後二度と薬害が起こらないようにいかに体制を構築していくのかという重要な作業にとって、厚生省に示すべき必須の資料であったと言える。

　ただ、この「被害」実態調査には、決して揺らぐことのない前提があった。それは彼らが「被害者」だということであり、質問紙調査であれ、インタビュー調査で彼らの経験を個別に聞き取るとしても、常に彼らを「被害者」としてのみ考え、その側面からのみ、彼らから得る語りや情報を解釈するとい

うことである。何をあたりまえなことを言うのか、彼らは薬害で被害を受けた人々であり、被害者であることは自明ではないか、そのことをことさら確認する意味は何であるのか、という声が聞こえてきそうである。

　もちろん、被害を受けたという端的な事実を歪めようという気は、依頼を受けた私たちにはなかった。しかし、医師の経験や思い、考えを聞き取ろうとするとき、私たちがその時点で想像できたことは、加害者としての経験や思い、加害をしてしまったことへの反省など、いわば「被害」の実態に即応するような内容だけが聞き取れることなどないだろうということだった。だからこそ、この調査を私たちが引き受けるとき、被害当事者と確認したいことがあった。「たとえば裁判を進めていくうえで必要であった医師への認識や、被害を受けたあなたたちにとって、必ずしもプラスで有効な内容ばかり明らかになるとは思えないが、それでもいいですね」と。彼らは、当然のように私たちの想定を承認し、医師聞き取り調査を積極的に進めてほしいと語ったのである。

　彼らは、どちらの調査へも調査する主体として積極的に関与をしていった。私たちにとって、医師を聞き取るという営みは初めての経験であった。当然のことながら、医師たちは過去の出来事について今語ることへの"抵抗"を示したし、それは私たちが自明としてしまっていた医師イメージや薬害HIVという問題をめぐる世間的"評論家的"常識的理解への異議申し立てでもあった。そのつど、私たちは被害当事者たちと議論し"抵抗"を理解したうえで、どのようにさらに聞き取り調査を進めるかを軌道修正していったのである。私個人としては、最初から治療行為など医師としての専門的作業について聞き取りはできると考えていた。ただそれだけでなく、彼らの依頼をより深く考えるためには、患者や医療に関連するスタッフとの日常的な関係など"普段から彼らがどのように医師として語り、ふるまっているのか"についても聞きとる必要があると考えていた。しかし、まさに医療の日常世界や血友病という慢性疾患をめぐる医師や患者、母親など家族が織りなす微妙で濃密な関係性をある程度想像できない限り、医師と患者の日常的関わりの聞き取りがいかに難しいのかということを痛感できたのである。

　いずれにせよ、私たちが、この調査を進めているときに常に頭にあったのは、彼らは、単なる「被害者」だけで捉えることなどできないというものだ。

確かにHIV感染に由来する甚大な被害はある。しかし、彼らは被害者であるとともに、血友病という慢性疾患の患者であり、たとえばそのために幼いころから医師と濃密な関係を持ちながら生きてきたというまさにそれぞれが固有の生活史を生き、経験を持つひとりの人間なのである。私たちへ依頼された調査内容は、薬害HIVという問題が日本で見出されようとしているとき、血液製剤を使用して彼らを治療していた医師たちは、どのような経験をし、当時、どのように考え感じていたのかを明らかにしてほしいというものだ。とすれば、当然、当時の経験だけでなく、血友病治療をめぐる彼らとの歴史をめぐるより深い聞き取りが必要となるし、当事者との医師との日常的な関係や、当時の治療行為への信頼といったものも、すべて明らかにすべき項目となっていくことが想起されたのである。そうした聞き取りを進めようとするとき、硬直した「被害者」カテゴリーを彼らに当てはめるだけでは、とうてい調査は進められないのである。そして、彼らもまた、私たちとともに調査を進める過程で、「被害者」カテゴリー化を適宜、相対化しつつ、血友病という病いとつきあいながら、その結果薬害という問題を生きざるを得なくなったひとりの人間として、私たちに立ち現れたのである。

(3)「遭うたもんにしかわからない」にどう向き合うのか

今ひとつの例証をしておこう。被爆者への聞き取りが象徴する被爆問題をめぐる調査である。今、戦争をめぐる社会学研究が若い人々を中心に盛んに行われつつある[6]。私自身父親から太平洋戦争体験を直接聞けた世代だが、戦争体験世代が毎年鬼籍に入り、より若い世代が確実に増えている現在、戦争をめぐる質的研究は、いかにしてなされていくのだろうか。広島、長崎の被爆問題も同様であろう。記憶の風化をとどめ、被爆体験を継承し、広島、長崎の悲惨を二度と繰り返さないように、人々の日常にしっかりと楔を打ち込んでいく。そのためにこれまで、被爆した当事者が語り、手記を残し、メディアや報道は被爆者の現実や思い、運動を伝え、被爆者をめぐる数多くの映像記録、被爆の悲惨を描き出そうとするフィクションとしての映画やアニメーションを製作してきたのである。しかし、こうした無数の営みの反復が

---

[6] 最近になり、ブックガイドも刊行されている。野上元・福間良明編(2012)を参照のこと。

常に向き合わざるをえないひとつの言葉がある。

「遭うたもんにしかわからない」という被爆者が語る言葉だ。8月6日、8月9日の被爆、その直後の体験の悲惨さと不条理さ、被爆後現在に至るまでさまざまに経験された悲惨など、まさに体験した者でないとわからないし、いくら語っても語り尽くせない重さを象徴する言葉だ。被爆問題の研究者である直野章子は、この言葉が持つ象徴的な意味を「いかなる手段に訴えたとしても、あのときの体験を表現することなどできない、たとえ表現してみたところで伝わらない……。そのもどかしさや絶望感」から出たものであり「被爆者と私たちとのあいだに埋めようのない溝が横たわっている」と述べる。しかし直野が言うように、それは拒絶の言葉ではない。被爆の痛みから語り出される言葉は「翻訳不可能」であるものの、常にその痛みや言葉には「共振」できる可能性が込められているのである（直野, 2008）。

自分の孫のような世代の研究者に、自らの被爆体験をていねいに語り、その後の人生や被爆者運動の意味を語り、核兵器廃絶や平和への思いを語っていく。でもその直後に「私の経験はあなたにはわからないだろうけどね」と被爆者はかみしめるように語る。聞き取りをしていた人は、この言葉が投げかけられた瞬間、いったい私は何を聞いていたのだろうか、聞き取りから何を引き出し、どのように相手と向き合えばいいのだろうかと煩悶するだろう。この煩悶の中にこそ「共振」できる可能性を見出す何かが生まれるきっかけがあるのだろう。

被爆体験を語り伝えようとする人の思い。それは、あの日、あのとき、いったい何が起こったのか、を伝えたいというものだ。たとえば、私の知り合いは、大学を定年でやめるまで、自らの被爆体験を語ることはなかった。しかし辞めた今、語り部として積極的に語り伝えようとしている。そしてその人の思いが先に挙げたものだ。しかし、その人の思いや体験が、そのまま、いわば思い通りに語りを聞く側に伝わることはないだろう。こうしたズレやギャップを被爆問題でどのように考えて調査研究していけばいいのだろうか。これはとても重要な問題なのである。しかし、被爆という体験を持つという意味での「当事者」性を、私たちは完全に理解し、そこに立つことなどできない。では被爆体験がない私たちは、どのようにして彼らの経験へ近づき「共振」していけばいいのだろうか。「遭うたもんにしかわからない」被爆体

験は、そのとおりだと認識しながらも、それについて研究する〈わたし〉が、私にとってどのような「当事者」性を考え、それに寄り添いながら、研究と営みを進め、その結果を語り出すことができるのだろうか。

　人種、民族、あるいは身体的特性などをもとにして差別や排除と向き合う事になる人々がいる。彼らが持つ当事者性。それを研究する〈わたし〉は、彼らと同じような生活世界に立てるのだろうか。おそらく否であろう。

　そのとき、研究する〈わたし〉は、彼らが持つ「当事者」性を感じ取ることは難しいし共有できないとして「不連続なもの」として考えるのか。それとも共有は難しいが、彼らの当事者性を何らかのかたちで想像できるし、その一端やある部分を感じ取ることができるとして「連続的なもの」として考えるのか。後者の場合、彼らの当事者性は、彼ら固有のものではなく、いわば私たちと彼らとの日常的な関係性が生成されていく中で、達成されていく現象として考えることができる。そのとき、研究する〈わたし〉は、達成されていく現象をめぐり、何を語り出すかを当事者に「応答（response）」するもうひとりの責任ある人間となるはずだ。

　この「応答する責任（responsibility）」を了解し、承認したうえで、いかに研究する〈わたし〉が「当事者」性達成に内在する多様な問題をもうひとりの当事者として、読み解き、問題解決に向けての実践的な知を創造できるかということこそ、いわば〈わたし〉が「責任」を果たすということにもつながっていくのである。このことは、単に質的研究の次元でよく主張される「誰のための研究であるべきか」という通俗的な問いかけへの答えにもつながっていくはずである。

3-4　否定形の倫理から肯定形の倫理へ

　さて、まとめに入ろう。「調べること＝余計なこと」という認識を研究者に確認させる指針が「調査倫理」だとすれば、そこには「〜すべきでない」「〜はしないように注意する」など、否定形の倫理メッセージが並ぶのみではないだろうか。先に挙げたように日本社会学会の調査倫理にしても、「〜してはならない」など否定形のメッセージが並んでいる。否定形メッセージは、そこに盛られている内容について認識できていない研究者が存在する限

り、そうしたメッセージを形にしておくことは意義がある。実際に「倫理的妥当性」が欠落した調査目的や調査手法があってはならないし、差別的な行為、ハラスメントが平然と行われるような調査はしてはいけないことは確かである。

　ただ、今回考えてきたのは、否定形ではないメッセージ、「〜すべきである」「〜するように考えることが好ましい」など、肯定形のメッセージで語ることができる調査倫理なのである。たとえば研究者は、調査をする中で、研究対象となる現実や問題をめぐる"常識的な"理解やイメージを相対化できるような工夫をすべきである。さらに言えば、単に調査者自身が囚われているさまざまな"常識的な"前提を調査する過程で見直す営みは、自己反省的な次元にはとどまらないのである。

　人々の生活を圧倒的かつ執拗に脅かす社会問題をその問題に関連する人々への聞き取りなどを通して調べようとするとき、調べる営みは、半ば必然的に問題を生きる人々の"生"と向き合うことになる。つまり、問題を調べるのではなく、"問題を生きること"を調べるのである。そして、"生きること"を調べることは、単に調べる対象の個人的で私秘的な領域にまで、一定の信頼関係をつくりながら踏み込んでいく営みにとどまらないのである。調査協力者を「被害者」「被差別当事者」とだけしか見ないで、そうした硬直したカテゴリーからのみ、相手の語りに向き合っているとすれば、それは"生きること"を調べているのではないだろう。私たちは聞き取りの過程を通して、自らが囚われているさまざまな"常識的な"前提に気づき、相手に当てはめようとする理解や言葉、情緒が揺らいでいくのである。そして、この"揺らぎ"の中ではじめて、協力者の個人的で私秘的な領域にある、多様なそして多元的な"公共的なるもの"への嗅覚とでも言えるものが、研究する〈わたし〉の中で、ゆっくりと沸き起こってくるのだろう。

　こうした"揺らぎ"への覚醒は、私たちが"生きること"を調べようと努力し、何らかの石に躓いたとき、そして私たちが"調べること"を生きようと努力し、薄ぼんやりとした、かすかな光が相手の"生"から差し込んでいることを感受した瞬間、起こってくるのかもしれない。それは、相手が、固有の問題を目の前にして生きている中で、どこまでが"私秘的"で「語る必要もないし隠しておくべき」ことなのか、プライバシーという言葉に隠れて、

語るべきでありながら、語らずにすまされている"公共的な意味を持つ経験"であるのかを、固有の問題ごとにより詳細に峻別し調べていく意義を直感できる瞬間と言えるのかもしれない。

　質的研究においては、何らかのかたちで常識的な次元にある知識やカテゴリーを採用することになる。その結果、どこかで確実に、研究する営み自体、その"常識"性に囚われているのである。だからこそ、"常識"性を調査する過程で反省的に考察することを通してはじめて、たとえば相手の語りに埋め込まれた"歪み"も感受する可能性が開けてくるだろうし、生きることの中にある"公共的なるもの"をいかに取り出せるのかという問題に調査する者は、向き合うことができるのである。

　質的研究は"常識的な"前提を相対化する営みを含み込むものであり、調査者は緻密かつ徹底した相対化の営みを自覚的に行い、さまざまな問題や現実を生きる人々の"生"に埋め込まれた"公共的なるもの""普遍的なるもの"を常に明らかにしようとする志向を持つべきなのである。

【参考書】

宮内洋・好井裕明（編著）（2010）.『〈当事者〉をめぐる社会学 ── 調査での出会いを通して』北大路書房.
　　本書は、環境問題、風俗文化、農村地域社会、福祉、医療、差別問題など多様な問題領域における質的調査場面で調査協力者との出会いを通して、当事者性をどのように考えられるのかを中堅、若手研究者が試行錯誤しつつ考察した意欲的な論集である。「研究する〈わたし〉の倫理」を考えるうえで、必読であろう。それぞれの個別問題や状況での考察を理解したうえで、読者自身のそれと重ね合わせ、自分の問題や状況の場合であれば、というふうに反省的な考察ができる。

菅原和孝（編）（2006）.『フィールドワークへの挑戦 ──〈実践〉人類学入門』世界思想社.
　　本書は、京都大学での学部人類学演習で著者が指導してきたフィールドワークの実際をテーマ別にまとめて、成功例、失敗例を共に論じているものである。人類学入門と副題にあるが、各フィールドワーク研究事例で論じられている内容や主張は人類学に限定されることなく、質的研究を実践していくうえでの、重要な知見がちりばめられており、質的研究をする〈わたし〉の立ち位置など

を考えていくうえで必読である。

好井裕明（2006）.『「あたりまえ」を疑う社会学 ―― 質的調査のセンス』光文社.
　本書は、質的研究のスタイルを「はいりこむ」「あるものになる」「ききとる」「かたりだす」の4つに分け、それぞれ興味深い事例研究をさらに読み解くことで、質的研究をする〈わたし〉のありようを論じており、その後、質的研究を実践するうえでの重要な視座としてエスノメソドロジーの考え方を「あたりまえ」を疑うという営みに即して、明快に解説している。質的研究する〈わたし〉の倫理の核心にある「あたりまえ」を疑うという営みとは何かを確認するうえで、まず読まれるべき基本文献である。

4節
障害や福祉の場におけるアクションリサーチ
田垣正晋

　社会福祉においては、心理学や社会学などの隣接分野以上に、研究と実践が両輪になることが求められており、実践に関与しない研究はありえないとも言える。このため、フィールドのベターメントを意図するアクションリサーチは、社会福祉に親和的な研究手法であり、多くの研究者が関心を寄せている。筆者の周りの大学院生からも、関与する福祉現場の問題を改善するために、アクションリサーチをしたいという相談を受けることがある。しかしながら、社会福祉関係の学会誌において、タイトルにアクションリサーチという言葉が冠せられている論文は、筆者の知る限りにおいては、それほど多くないようである。それは、アクションリサーチの意味するところが多様であったり、関連する理論あるいは概念が非常に多かったりするためかもしれない。本節では、筆者がフィールドにしてきた障害者分野に言及しつつ、社会福祉領域とグループダイナミックスや心理学における、アクションリサーチの主要な論点を整理してみる。

4-1　社会福祉分野と実践現場との関係

　社会福祉、看護を含む保健医療は、実践現場を基盤に持つ学問分野である。筆者が属する社会福祉の研究者は、都道府県や市町村の審議会の委員、社会福祉法人やNPOの役員をつとめている。このような仕事は、論文執筆や学生教育と同等に扱われ、研究者や研究機関の「社会貢献」の指標になることがある。研究者が施策に関与する背景には、研究者および大学と、実践現場の利害が一致しているということがある。大学側の利益は、学生の実習先の確保、研究資金の獲得、行政機関や社会福祉組織のそれは、内容と名実双方の「専門家」による裏付けである。たとえば、行政機関は、コンサルティング会社に調査研究を委託すると、「コンサルティング任せ」という批判を受けるが、大学に依頼した場合には官学連携の好事例として肯定的に捉えられ

る。市町村の業務の種類も量も増える中で、行政職員だけでは業務を遂行することができず、外部の専門家の力を借りざるをえないのである。行政機関においては、3～5年程度ごとに人事異動があるため、行政職員が知見を積み重ねるやいなや、別の部署に異動してしまうのである。

本論に入る前に、本節における社会福祉と実践の意味するところを整理しておきたい。ここで言う社会福祉とは、むろん、障害者、高齢者、子ども、経済的困難を持つ人々（例、生活保護の受給者）に対する制度化された援助を意味する。加えて、軽度障害者、セクシャルマイノリティのように、制度化された援助の周縁に置かれている人々に対する支援も含むこととする。実践は、制度化された援助に限らず、セルフヘルプグループのような制度化されていないものも含むことにする。制度化された援助とは、法律などの公的な規則と、比較的安定した財政基盤に基づいて実施され、援助従事者は有給で業務に従事する、というものである。社会福祉関連の法律に規定されたさまざまなサービス、学校教育、看護師、理学療法士、作業療法士等の医療職によってなされる援助、行政がする障害者施策や人権施策などである。

アクションリサーチは、実践を重視する社会福祉に非常に親和的であることは想像に難くない。ところが、筆者の個人的感覚としては、アクションリサーチはそれほど活発ではないようである。その一因は、研究者、研究と実践現場のありさまに関する理論的な整理が十分になされていないことと思われる。武田（2011）が指摘するように、実践現場に直接貢献する手法として、調査研究が語られることはなかった。本節においては、筆者による障害者施策に関するアクションリサーチを事例にしつつ、社会福祉分野におけるアクションリサーチの展開とその方向性について議論する。

4-2　社会福祉におけるアクションリサーチ

(1) 実践と研究

はじめに、研究と実践の関係を整理しておく。下山（2003）は、実践研究を、「実践を通しての研究」と、「実践に関する研究」に大別している。前者は、研究者は問題の把握と同時に、問題の解決のための介入を目的にしており、アクションリサーチがここに含まれる。研究者は、フィールドにおいて、

観察者に徹するのではなく、問題の解決者にもなろうとする。研究においてえられた知見は非常に具体的であるため、実践の改善に直接寄与しやすい。たとえば、地域における子どもの見守り活動に関するアクションリサーチをする場合、研究目的は、子どもやその保護者の登下校時の安全上の不安を軽減することになるだろう。研究者は、行政職員、地域住民、学校関係者、そして子どもや親とともに研究を進めることになる。研究者が研究と実践という二重の役割を果たさねばならないため、両方の役割が中途半端になるおそれがある。

　実践に関する研究は、研究者が実践現場から離れて存在し、実践活動を研究対象と見なすあり方である。実践に関する研究では、実践を通しての研究と異なり、研究者が実践に対して積極的に関与することはない。研究者は研究に専念し、問題解決につながる介入をしないので、研究の遂行自体は、実践を通しての研究よりも容易である。研究と実践の双方が中途半端になることはあまりない。得られた知見は、実践を通しての研究と比べれば、実践に寄与しにくくなる。

(2) アクションリサーチの定義

　社会福祉分野においても、アクションリサーチに関する統一された定義はなされていないものの、心理学分野と同様に、いくつかの立場に共通する点は、研究者がフィールドおよびそのメンバーとの協働を通して、フィールドのベターメントを目的にしている、ということである。たとえば、藤井(2006) は、アクションリサーチを「研究者が課題や問題を持つ人々とともに協働し、課題や問題を改革していこうとする実践であり、知識創造にも貢献する研究形態」と暫定的に定義している。

　心理学においても参加型アクションリサーチが重視される（鹿毛, 2003）のと同様に、社会福祉においては、フレイレのブラジルにおける識字教育に源流を持つ参加型アクションリサーチが重視されている。ここで言う参加とは、フィールドのメンバーが研究過程に関与することである。武田 (2011) は、社会福祉におけるエンパワメント型のアクションリサーチを「課題や問題を抱える組織あるいはコミュニティの当事者が研究者と協働して、探求、実践、そしてその評価を継続的に螺旋のように繰り返して問題解決や社会変革、さ

らには当事者のエンパワメントを目ざす」ものとしている。このように、ここで言うアクションリサーチに参加するメンバーとは、フィールドにおける医療福祉の実践者ないし専門家のみならず、患者や利用者といった「普通の人々」を意味する。また、参加型アクションリサーチの目的には、「普通の人々」のエンパワメントのみならず、フィールドを取り巻く、より大きなコミュニティや社会制度の変革も含まれやすい。それゆえ、フィールドのメンバーは、既存のシステムに対する問題に気づき、批判的意識を持てるようにすることが求められる。このような目的を達成するために、参加型アクションリサーチを通して、メンバーが何を学べたかが明確になることが望ましいとされる（武田，2011）。

　社会福祉におけるアクションリサーチのこのような特徴の背景には、社会福祉研究の範囲が、社会的「弱者」とされている人々に対する個別援助（ケースワーク）のみならず、その背景にある制度政策の改善（ソーシャルアクション）に及んでいることがある。このような学問的特徴を持つ社会福祉においては、アクションリサーチは、当事者参加による社会開発型のアクションリサーチ（箕浦，2009）からの影響を受けており（藤井，2006）、研究者がフィールドを離れるやいなや、問題状況が再燃することのないよう、当事者が持続的に問題を解決していくことができることを重視している。

　社会福祉の隣接領域である地域リハビリテーションでは、発展途上国や、先進国の少数民族に属する障害者の保健福祉の向上のために、参加型アクションリサーチが用いられることがある。たとえば、ゴールドら（Gauld, Smith, & Kendall, 2011）は、オーストラリアにおいて、脳損傷を受けたアボリジニーの人々を、リハビリテーションシステムにつないでいく研究をしている。

　社会学やカルチュラルスタディーズの系譜にある障害学においても、参加型アクションリサーチは重視されている。障害学の特徴は、障害者に関する問題を、医療、教育、社会福祉などの援助という文脈から切り離すこと、援助職と距離を持つこと、自ら障害を持つ研究者自身による研究活動をすることである。参加型アクションリサーチは、障害学の学問的スタイルに合致し、障害学における主要ジャーナルである「障害と社会」には、参加型アクションリサーチがいくつか掲載されている。たとえば、アイルランド（Mcdaid, 2009）、あるいは、アメリカ（Mirza et al., 2008）それぞれにおける精神障害者

が、自治体レベルの保健福祉サービスの整備に関与する研究がなされている。これらの研究では、障害者自身が、研究目的の設定、研究者による分析、成果に基づくプログラム立案に対してコメントをするのみならず、研究者と共同で、学会報告や、政策立案者に対する報告会に関与することもある。一連の過程は、論文中に図示され、参加内容が読者に伝わるようにされている。このような研究では、障害者が研究へ参加する過程において、自分たちの社会的位置づけ、ストレングス（強み）に気づくことが重視されやすい。

最近では、国連によって 2006 年に採択された障害者権利条約の趣旨から、参加型アクションリサーチへの障害者の参加の重要性が論じられている。同条約は、障害者が、医療、教育、雇用、余暇、政治的及び公的活動へ積極的に参加することを求めている。本節と関連するのは、障害者が障害者施策等、障害者に関する問題の意思決定過程に関与すること、および、高等教育へアクセスする点である。オラトンとホースフォール（Ollerton & Horsfall, 2012）およびゲークとクバンスキ（Goeke & Kubanski, 2012）は、障害者に関する参加型アクションリサーチの目的が、障害者の生活環境の改善であることをかんがみて、研究自体を、同条約が言及する意思決定過程に該当するとみなしている。ゲークとクバンスキ（2012）は、参加型アクションリサーチが高等教育機関に属する研究者によって遂行されながらも、障害者が高等教育の場面にあまりいないことに留意して、障害者が研究へ関与することが重要であることを指摘している。

参加型アクションリサーチに対してもいくつかの批判がなされている（Kemmis & McTaggart, 2000）。すなわち、方法論的厳密さを犠牲にしていること、「参加型」と言いながらも、最終的には研究者が主導しており、障害者のメンバーの参加は部分的なものにすぎない、といったものである。なお、精神障害者の施設「べてるの家」における実践（浦河べてるの家, 2005）のように、研究者が関与せず、フィールドのメンバーだけで研究を進めることもある。この実践は、研究という営みは、研究者だけのものではない、ということを示唆している。

4-3 アクションリサーチの過程における研究者とメンバーの関係性

(1) 関係性の変容

　アクションリサーチでは、研究者とフィールドとの関係をなくすことは不可能であり、双方のあいだには何らかの関係性が生じる。この関係性には、参与観察における観察者の位置取り（Spradley, 1980）のように、いくつかのバリエーションを想定できる。すなわち、観察に徹して、その場の活動に参加しない「完全な観察者」、活動をしつつも、観察に重きを置く「参加者としての観察者」、観察しつつも、参加に重きを置いた「観察者としての参加者」、そして「完全な参加者」がある。ここで言う「観察」を研究に、活動を、フィールドにおける問題解決のための活動とそれぞれ置き換えれば、アクションリサーチにおける研究者のフィールドに対する関与の仕方を考えることができるだろう。

　箕浦（2009）は、参加型アクションリサーチにおいて、研究者と当事者のどちら（あるいは双方）がイニシアチブをとるかは、研究のデザイン設計、データ収集と分析、論文作成、アクションそれぞれの段階において検討がされることを、指摘している。先述の、障害学における参加型アクションリサーチでは、研究者が、専門職主義的立場から、障害者を「利用」してきたことに対する反省、および、障害学のルーツが障害者運動にあるという事情から、フィールドへの障害者の参加が重視されているようである。箕浦の指摘を踏まえれば、アクションリサーチの過程における、研究者とフィールドの障害者におけるイニシアチブの取り合いといった相互関係も、重要な分析対象と言えるだろう。

　アクションリサーチあるいは参加型アクションリサーチにおいて、研究者やメンバーの関与のあり方は、研究の過程で変化することがある。たとえば、大学に属する研究者が、療育センターのスーパーヴァイズをしていた過程で、その実践から、研究上の意義を見出し、フィールド記録を取り、その様子を学会にて報告することもあるだろう。逆に、当初は、博士論文の作成のために研究者として関与していたものの、実践の興味深さに惹かれ、研究論文としてまとめることを断念することもあるかもしれない。さらに、完全な研究

者として関与していたところ、実践と次第に協働していくというケースもあるだろう。

(2) 指向する価値の自覚

アクションリサーチは、言うまでもなく、価値指向的であり、研究者は価値中立的な立場にいることはできない。社会福祉研究自体が、障害者、高齢者など福祉的ニーズを持つ人々の利益を実現するための学問であるがゆえに、アクションリサーチの価値指向性に対しては、異論はないだろう。とはいうものの、フィールドの価値自体が、ある集合や共同体におけるイデオロギー、活動方針が反映されたもの（杉万, 2006）である以上、研究者が指向する価値も、決して普遍的なものではなく、ローカルなものであることは留意されねばならない。研究者は、アクションリサーチを始める際には、自らが依拠する価値観を具体化しておいたほうがよいだろう。

たとえば、後述する、障害者施策の住民会議に関するアクションリサーチにおいて、筆者は、ある自治体の障害者施策に対して、障害を持つ住民のニーズを反映させることを重視していた。だが、アクションリサーチの過程において、行政、住民それぞれは一枚岩ではなく、行政内、住民内における意見の調整が重要であることを認識した。

4-4 研究者による介入としてのセンスメーキング

社会福祉分野におけるアクションリサーチの研究者の介入にはどのようなものがあるのだろうか。それは、研究者が超越的な立場から普遍的な真理を提供する、といったスタイルではない。環境や防災研究、医療といった科学技術においては、専門家の優位性に対する疑問や、非専門家の素人知への注目が生じている。グループ・ダイナミックス研究においてしばしば取り上げられる、「コンセンサス会議」（小林, 2004）は、このことが顕在化する場である。小林は、環境、医療といった問題に関する住民会議においては、従来の「科学的真理」を前提とした専門家 - 非専門家という二分法がなじまないことを指摘している。当該問題に関する専門家である科学者や行政職員等は、その問題解決の手法や知見を、「素人」である住民よりもよく理解している

ため、住民がその知見を学ぶことが問題解決のために必要とされてきた。だが、小林によれば、環境や医療に関する最近の問題には、専門家のあいだで意見が分かれるものが多いため、会議の結論は「科学的真理」に基づくものというよりも、利害関係者の受容可能な合意という意味合いが強いとのことである。

　小林が指摘する、専門家 - 非専門家という二分法に対する再検討の必要性は、障害者施策のような社会福祉分野においても求められている。医療や福祉の「専門家」が、その「専門性」に依拠して、障害者が抱える問題に関する解決策を提示できるという考え方は、障害者運動において徹底的に批判されてきた。その過程で、障害者個々の経験を研究する場合、生物・医学的な立場から見た説明モデルである疾患としてではなく、障害者自らが語る、独自の説明モデル、すなわち「病い」（Kleinman, 1988）が注目されてきた。ここで言う病いは、慢性病や障害を含んだ広い意味を持ち、障害者心理学、障害者福祉においても重視されている。

　このような状況において、研究者ができることは、実践者によるセンスメーキング（Weick, 1995/2001）を促すことである。センスメーキングという概念は、グループ・ダイナミックスのアクションリサーチにおいては、研究者やフィールドのメンバーの発言、意志決定や行為の分析に使われている（東村, 2007）。ワイク（Weick, 1995/2001）によれば、センスメーキングとは、集団や組織に属する人々が、語りを通じて、経験している事象に対して回顧的に意味を付与するプロセスのことである。センスメーキングは、過去の出来事に関する解釈にとどまらず、能動的に意味を作り出し、回顧する時点より未来の方針をも作り出すという意味も持っている。センスメーキングは、実践者が過去にえた情報、知識、主義、価値観に基づいて、実践者が自らの行為を意味づけていくことである。これによって、フィールドで自明視されている価値観、すなわち「気づかざる前提」（杉万, 2006）や、人々がうまくことばにできなかったりするような現象が言語化されるのである。研究者によるセンスメーキングの促しは、フィールドの人々が「自分たちが考えたりやろうとしたりしていることはこういうことだった」と行為を納得することを助けるのである。小林ら（2010）は、自分たちが研究活動をしている大学構内をフィールドにして、大学生が、普段慣れ親しんでいる大学キャンパスに

おける未知なるものから、新たな既知なるものに気づいていくことを、明らかにしている。この過程は、フィールドのメンバーは、知らなかったことを、既存の知識に再定位して、新しい知見をもつに至ったという意味において、センスメーキングと同義的である。アクションリサーチにおけるメンバーの変容過程の一典型例である。

4-5　障害者施策の住民会議に関するアクションリサーチ

(1) 事例の概要

　ここからは筆者が行ってきた障害者施策の住民会議に関するアクションリサーチを2つ紹介する。事例となる住民会議は、共に地方自治体における障害者施策に、医療福祉の専門家のみならず、障害者、その家族、ボランティアの意見を採り入れることを目的にしている。このアクションリサーチでは、住民会議のプロセスと、住民会議が目的にした課題の達成度合いを分析するとともに、このようなアクションリサーチの方法論および、研究者の役割を検討した。田垣（2007, 2012）には、2つのアクションリサーチの全体像が掲載されている[1]。

　事例の説明に入る前に、これらの研究を、ここまで述べてきた概念と関連づけておく。2つの研究は、4-2項において述べた参加型アクションリサーチとは言えない。2つの自治体において、筆者自身がフィールドの事業に深く関与しているものの、フィールドのメンバーは、障害者やボランティアといった住民のみならず、行政職員や医療福祉の専門職も含めて、筆者の研究に対してほとんど関わっていないのである。この理由のひとつは、筆者は、これらの会議を、途中から、アクションリサーチの対象にしたからである。いわば、「完全な参加者」から、次第に「観察者としての参加者」になったのである。

　2つの住民会議の特徴を表5-1にまとめた。市町村障害者施策に関する住民会議は、全国的に見てもほとんどない。2つの事例は、法制度に基づいた

---

[1] 自治体名を出しているが、両住民会議に関する評価的な記述は、各自治体の見解ではなく、筆者の研究者としての考えに基づいている。

表5-1 住民会議の特徴

	豊岡市	八尾市
人口	2005年3月末で約4.5万人である。同年4月1日から周辺の複数の町と新設合併。	2012年4月時点で、約27万人。
社会経済的特徴	県庁所在地から離れているものの、官公庁の出先機関や教育機関、空港や鉄道が集積しており、周辺市町村の政治経済の中心地。	大阪市に隣接。人権活動が歴史的に活発。
住民会議の位置づけ	障害者計画の進行管理を担当する審議会の下部組織。	
住民会議の設置の経緯	障害の種別や程度にとらわれず、障害者本人、家族、支援者が、障害者問題について議論をして、その結果を施策に反映させる。	
経過	障害者基本計画の実施年度から2年間。	障害者基本計画の策定年度から10年間。
構成メンバー	研究者(筆者)、医師、社会福祉士、行政職員、福祉施設職員、身体障害者本人、知的障害者や精神障害者の家族。	研究者(筆者)、行政職員、福祉施設職員、身体障害者、知的障害者や精神障害者の本人および家族。
運営	研究者、医療福祉の非行政職の専門職。	八尾市職員や研究者である筆者の関与が強いものの、住民も参加。
会議の目的とその達成	コミュニティFMによる情報発信以外の、ニューズレター発行、ホームページ開設、イベント、起業支援などはできなかった。	放置自転車の軽減策、障害者向け防災マニュアルや障害者に対する理解促進の冊子の作成のように、具体的な活動を実施。
筆者の関与	研究者として関与。	研究者として関与。

施策というよりも、2つの自治体の独自事業と言える。共通点は、双方が、障害者基本計画を進行管理する審議会の下部組織になっていることである。相違点は、住民会議の発足が、豊岡市においては障害者基本計画策定後からであるのに対して、八尾市では、策定時であることである。豊岡市は、周辺の自治体と合併し、住民会議を規定した障害者基本計画が終了したために、住民会議も2003年度から2004年度までの約2年間で終わった[2]。八尾市の住民会議は、2002年度から、本稿執筆時点の2012年度まで、約11年間

---

[2] 市町村障害者基本計画は、障害者基本法に基づき、策定される。その市町村が合併した場合には、新しく策定されることがある。

継続している。田垣 (2012) は、障害者施策の区切りの見地から、2002年度から2007年度までを研究対象にした。会議の運営については、豊岡市では、研究者や医療福祉の専門家で、行政に属さない者が中心になっている。八尾市では、八尾市職員や専門家のみならず、住民自身が、途中から強く関与している。豊岡市では、具体的な事業はほとんどできなかったのに対して、八尾市ではそれが可能になっている。

(2) 筆者とフィールドとの関係性と調査方法

筆者は、2002年度の審議会に学識経験者委員として参加して以来、委員会や住民会議においてきわめて積極的な提言を行った。審議会および住民会議はしばしば筆者のスケジュールに合わせて開催されることがあった。このため、筆者は審議会および住民会議双方の中心的なメンバーと見なされていたと考えられる。筆者は、豊岡市とは別の市に住んでいたが、豊岡市の出身だった。筆者が身体障害者でもあることを住民会議において明言していた。八尾市においては、筆者は、2002年度の住民会議のアドバイザーに就任することを要請された。八尾市職員が、当時27歳の筆者が大学教員としては若く、身体障害を持っているために、メンバーに受け入れられやすいと判断したためかもしれない。筆者は、八尾市には住んでいなかったので、メンバーには八尾市の地域事情に疎いと思われていたかもしれない。

(3) 豊岡市

住民会議のプロセスを、住民会議の議題をもとにして次のように区分した。すなわち、会議設置の構想期、活動内容の確認期、台風による激甚災害を受けたため、障害者の防災対応に関する議論をした期間を水害対応期、会議の報告を議論した時期を総括期と4つに区分した。活動内容の確認期においては、コミュニティFMによる、障害者問題の情報発信に取り組み始めながら、これ以外の活動について議論した。

筆者の発言は、会議の逐語記録をもとに整理してみると、障害者施策の説明や、住民会議の先行する事例の説明といった伝達的発言と、メンバーに発言を促すことのように、メンバーの判断や意志決定に開かれている提案的発言に大きく区分できる。提案的発言としては、会議の運営方法、住民会議運

営の肯定的側面と課題の指摘、障害者問題へのアプローチの仕方、優先順位の提示、対話の促し、住民の姿勢の方向づけがあった。

　豊岡市の会議では、表5-1のように、コミュニティFM以外の目標を達成することは、できなかった。議論の内容は、会議の方針が中心だった。専門家、住民、自治体との協働には課題が残された。これらの原因としては、会議の目標、議題設定や会議録作成の必要性が共有されなかったこと、中心メンバーの打ち合わせが不十分だったことなどがあるだろう。むろん、市職員、委員をつとめた福祉関係者は、上述の激甚災害への対応に忙殺されざるを得なかったという事情がある。また、豊岡市は、2005年度からは、新しい自治体としての豊岡市になったことに伴い[3]、障害者基本計画そのものが終了したので、住民会議も終わらざるを得なかった。

(4) 八尾市

　住民会議のプロセスを、住民会議の進行の担い手と議題をもとにして、八尾市主導期（2002～2003年度）、八尾市と住民による協働運営期（2004～2006年度）、総括期（2007年度）と3つに区分してまとめた。住民会議に関する報告として、メンバーによるシンポジウムを毎年行った。

　八尾市主導期の2002年度と2003年度の議題は、それぞれ、障害者基本計画に掲載する事業、障害者総合福祉センターの事業内容のまとめだった。筆者と八尾市職員は、会議の議題や進行の役割分担を事前に共有していた。同職員は、会議録を毎回作成した。筆者は、会議において、相異なる種類の障害を持つ者同士の尊重、障害者団体の利害にとらわれないこと、実現可能な提言をすること、提言の具体化を、メンバーに求めた。メンバーは、このような要請をおおむね支持したが、会議が進行するにつれて、施策化が不可能な課題が、メンバーに事前に伝えられるべきということが明らかになってきた。

　八尾市と住民による協働運営期の議題は、放置自転車の軽減と障害者向け防災マニュアル、障害者の就労促進、授産施設や作業所の活動の改善、障害

---

[3] 2005年4月から発足した豊岡市は、同年3月まで存在した豊岡市および周辺の5つの町が新設合併したことによって発足した。

者の生涯学習と障害者に対する理解促進だった。2005年度には、メンバーの一部が、放置自転車の軽減、障害者向け防災マニュアル作成を、八尾市の補助金を取得して、事業化した。2006年度には、同様に、メンバーの有志が、障害者に対する理解促進の冊子を作成した。メンバーの多くが就労経験を持っていなかったために、就労促進に関する具体的な結論は出されなかった。協働運営期においては、メンバーの中から募集された運営委員が、議題や議事進行を、八尾市職員や筆者と決めるようになった。

　総括期（2007年度）においては、住民会議の成果として、障害者の意見交換、障害者自身が活動を始められたこと、障害者が行政の事情を理解できるようになったことが挙げられ、会議は2008年以降も継続されるべきとなった。だが、運営委員の負担が大きくなっており、これをどう軽減するかが今後の課題とされた。

　八尾市の会議においては、放置自転車の軽減策、障害者向け防災マニュアルや障害者に対する理解促進の冊子の作成のように、具体的な活動を実施できた。また、八尾市職員や研究者である筆者の関与が強いものの、メンバーによる会議の運営が可能になった。八尾市の住民会議は、豊岡市よりも長く続いている点からすれば、単純な比較をすることはできないものの、豊岡市よりも、目標を達成していると判断できる。

4-6　アクションリサーチの成果をどう検討するか

(1) ローカリティへの貢献

　本稿のまとめとして、研究者およびアクションリサーチの成果に関して、ローカリティとインターローカリティ（杉万, 2006; 矢守, 2006）という2つから検討する。

　前者は、アクションリサーチの主たる目的である、フィールド内の問題の軽減ないし解決をどのように評価するか、ということである。一般的な、介入研究においては、評価する対象と指標が操作的に定義された後、介入前後における指標の変化が検討される。だが、介入研究においても難題となるように、アクションリサーチにおいては、フィールドへの影響要因を統制することはほぼ不可能である。

仮に要因を統制して、量的な評価結果を得られたとしても、その結果は、暫定的なものであって、別の角度からの評価を要する。たとえば、豊岡市の住民会議は、目標を達成できなかったものの、合併後の豊岡市においては、2006年度と2011年度において、住民会議の反省から、事務的な運営体制を固めたり、会議の目標を明確にしたりして、新しい住民会議を開催している。筆者は、2006年と2011年の審議会において、2003年から2005年までの住民会議の未達事項とその要因を検討することを、合併後の豊岡市に要請した。豊岡市は、地方に位置するため、大都市圏にある八尾市と比べれば、住民会議に必要な社会資源や人材に制約が生じやすい。それにもかかわらず、豊岡市において、住民会議が設置されたことは先駆的で、合併後の住民会議への教訓になったと解釈することもできる。

八尾市の住民会議から派生した、放置自転車軽減の事業の効果を仮に検討してみる。八尾市のある地域の放置自転車が1日あたり300台だったと仮定する。そこで、障害者自らが、放置自転車が障害者の通行の障害になることをアピールしたところ、事業開始から半年後には、100台に減少したとする。これをもって、放置自転車という問題が解決したという結論にはいたらないだろう。むしろ、「未だ100台も放置されている」あるいは「放置自転車はある地域においては減ったが、市内の別の地域で増えた」などというように、新たな問題の発見、あるいは再定義がなされることが予想される。

指標に基づく評価をするには、アクションリサーチがカバーする問題の時間的、空間的な範囲を同定すること、評価結果は空間的、時間的文脈に依存したものであることを踏まえること、そして、指標の変化に関する語りが、新たな問題設定や解釈を生み出していくことにも意義があること、以上の3点が重要だろう。

(2) インターローカリティへの貢献

アクションリサーチの主たる目的は、フィールド内の問題の解決であった。だが、アクションリサーチがこれだけを目的とするのならば、研究者は不要かもしれない。社会福祉分野における問題の解決には、法制度や財政措置がきわめて重要でありながら、研究者はこれらに関する権限をほとんど持っていない。ただし、「現場に真実がある」という現場主義だけならば、それは、

研究者の役割の放棄とも言える。

　研究者の重要な役割は、フィールド間の橋渡し、すなわち、理論化によるコーディネートなのではないだろうか。本節の2つの自治体では、先進事例と、フィールドが目ざした課題を達成できなかった事例を筆者がコーディネートした。

　ここで言う理論とは、自然科学で言うような因果律ではなく、フィールドの現象を少し抽象的に言い直したものである。この抽象化は、当該フィールドとは別の、「思わぬ分野、地域、時代に、活動や考察の手がかりがあること」(渥美, 2005) をフィールドの人々に知らしめる。フィールドでは、抽象化は、生の現象を無味乾燥な言葉に回収してしまう行為に見えるかもしれないが、結果的には、新しい説明図式をえることで、現象をより具体的に、ていねいに見ることに寄与すると言える。複数のフィールドに関与していれば、フィールドごとに理論を生み出すことができる。したがって、理論は普遍の法則ではなく、局所的なものである。

　研究者自身が、論文や学会発表を通してセンスメーキングをすることが重要である。論文執筆や学会発表は、研究者が特権的な立場から、現象について非人称的に述べるものではなく、研究者自身による意味づけなのである。研究者のセンスメーキングは、杉万 (2006) や矢守 (2007) が指摘する「インターローカリティ」に寄与すると考えられる。インターローカリティへの寄与とは、研究者が、実践経験におけるローカリティを維持したまま、論文執筆や学会発表を進めていき、その論文や発表を他の同様の実践への転用につなげることである。決して、特定のローカリティ (豊岡市や八尾市の住民会議) における実践から、あらゆる住民会議に普遍的に通用する方針を見出すことではない。研究者の役割は、インターローカリティを促進する、フィールド間の仲介役と言えるだろう。研究者は、理論と理論を通して、フィールドとフィールドとをコーディネートするのである。フィールド内でのセンスメーキングは、研究者の介入として重要ではあるが、これだけならば、インターローカリティに貢献しない。仲介役は、研究者以外の人にも可能ではあるが、研究者は、論文執筆や学会発表という言説生産のトレーニングを受け、これを職業上の役割としており (田垣, 2007)、大学等の所属先の意向から独立して、執筆や発表内容を基本的には自由に決められるという利点を持って

いる。

(3) 研究範囲と研究期間の明確化

インターローカリティへの寄与、あるいは、フィールド間の仲介をするためには、本項（1）の最後に述べたように、アクションリサーチがカバーする時間的、空間的な範囲を確定することが求められる。アクションリサーチの特徴は、フィールドにおけるローカリティが持つ特殊具体性を明らかにして、それを別のローカリティに転用することにある（矢守、2006）。アクションリサーチにおいて研究範囲と研究期間が曖昧な場合、ローカリティを特定することができなくなり、研究過程で得られた知見の文脈が曖昧になる。その結果、知見を他のローカリティへ転用しにくくなり、結果的に研究者はその役割を果たせなくなってしまう。豊岡市の住民会議の場合、時間的範囲は、住民会議開始から終結まで、空間的範囲は、住民会議本体、会議を設置することを決めた審議会、中心メンバーである。八尾市の研究では、時間的範囲は、10年間継続している住民会議の前半の5年、空間的範囲は、住民会議本体、会議の運営における八尾市職員と筆者の関係性を対象にしていた。このように研究範囲と研究期間を明確にすることによって、各々のフィールドの具体的特徴を同定でき、他のフィールドへ転用可能な知見を得られる。

4-7 まとめ

本節では、自治体レベルの障害者施策に焦点をあて、そのラディカルな改革よりも、それを所与のものとしたうえでの、実践の改善を念頭においてきた。社会福祉は、障害者や高齢者等の個人レベルの生活の向上から、社会福祉法人やNPOといった組織の改善、制度政策の変革というように、多様なレベルのテーマを扱うゆえ、社会福祉分野におけるアクションリサーチも、そのレベルに応じて多様なあり方を想定できる。研究者の価値、高齢者、子どもというように、対象の性質次第では、異なる立場もあるだろう。機会があれば、あらためて、多様なあり方を整理してみたい。

【参考書】

北川清一・佐藤豊道（編）(2010).『ソーシャルワークの研究方法 ―― 実践の科学化と理論化を目指して』相川書房.

 本書は、社会福祉研究における、理論の意味するところ、量的研究、質的研究、ミックス法、介入研究、理論と実践のつなぎ方を包括的に論じたものである。社会福祉の研究は、ミクロ、メゾ、マクロといったさまざまなレベルのテーマを扱う。心理学分野の著書と読み比べるとおもしろいだろう。

小林傳司（2004).『誰が科学技術について考えるのか ―― コンセンサス会議という実験』名古屋大学出版会.

 著者は、最近の科学技術の問題については、専門家間で見解の相違が多く、このような問題を扱う住民会議の結論は「科学的真理」よりも、利害関係者の受容可能な合意という意味合いが強いことを指摘する。アクションリサーチにおいて問われる、専門家 - 非専門家という二分法を、あらためて再考させてくれる良書である。

5節
保育・教育の場におけるアクションリサーチと実践的知識
秋田喜代美

　本節では、保育・教育の場をとりあげ、アクションリサーチの展開を考えていく。保育や教育の場でのアクションリサーチの特徴は、専門家としての保育者や教師の成長や学習、保育・教育実践の質や学校組織の改善、それらによって子どものよりよい学習や発達を志向する実践研究であるということである。前節の社会福祉分野同様、法的な制約がある制度的な場である。アクションリサーチでは、どのような理論のもとで、いかなるアクションを誰が起こすのか、そのアクションにもとづく変化を誰がどのように記述や分析をし、新たな知がいかに表現され共有されるのかにより、研究の特徴が現れる。これらに目を向け考えていこう。なお、本節は保育・教育の場と題してはいるが、国際的に見ると教育のアクションリサーチは、主に学校の場で取り組まれてきた歴史がある。そのため、学校での実践を主にとりあげつつ、保育・教育に通底する研究法の論点に焦点をあてて考えていく。

　まず、レヴィン以後、教育分野においてアクションリサーチはどのように展開してきたのかの流れをみていく（5-1項）。「研究者としての教師」という概念はその鍵になる。実践者自らが外部からの研究者との協働を通して教育カリキュラムの開発や自身の力量形成、学校組織を探求し変革することが研究で重視されてきた。実践の省察過程が実践者の知識や理論を生む営みにもつながる。そこでのアクションリサーチにおける知と理論について考えよう（5-2項）。実践の文脈や場の中で相互作用を表象し記録する際には言語記録だけではなく、写真やビデオなどビジュアルな方法が使われることが多いため、その特徴に焦点をあてる（5-3項）。そして最後に近年の動向として、専門家共同体の刷新変革を目指す動きを紹介し、今後の課題を考えていく（5-4項）。

5-1 教室におけるアクションリサーチの展開

(1) カリキュラム開発プロジェクトとしてのアクションリサーチ

　1930年代、40年代に米国で発展したクルト・レヴィンの思想は、教育の分野の中にどのように受けいれられ、取り組まれていったのだろうか。
　第二次世界大戦後の1960年代、英国や米国では、貧困層、恵まれない子どもたちへの教育、健康、住居等のための介入プログラムに多額の予算が投じられた。英国の研究者や行政官、政治家等は訪米し、システマティックな社会変革やそのための公的な政策投資を評価する新たな研究方法として、アクションリサーチを学んだ。そして、経済的に恵まれない「教育優先地域 (Educational Priority Area)」での地域社会変革や「地域開発プロジェクト (Community Development Project)」と、そのための政策形成、社会発展の手段として、社会科学の研究者と政策立案の行政官との共同研究の中で、アクションリサーチは教育分野にも具体的に導入されていった。
　その中で1970年代に、人文科学カリキュラムプロジェクト (Humanistic Curriculum Project: 1968-1972) のディレクターとして関与したローレンス・ステンハウスと、当時その中等学校の教師であったジョン・エリオットらが参加して行ったアクションリサーチの成功、またそのプロジェクトに続いて行われた FORD Teaching Project という40名の教師が取り組んだアクションリサーチ研究プロジェクトの成果報告が、教育分野におけるアクションリサーチのその後の流れを作り出す里程標となった。
　人文科学カリキュラムプロジェクトのアクションリサーチは、行動主義心理学のモデルに疑問を呈して行われた研究であり、質的な事例研究として行われた。行動主義心理学モデルによるカリキュラム開発では、達成すべき目的や目標が先にあり、それを行動目標として具体的に下位分析して分類し、教育内容を詳細に決め、その目標分類にもとづく学習評価がなされる。教育の最終目標、目的を明確にすれば教育実践の質は高められるという前提に対して、ステンハウスは疑問を呈し、プロジェクトに取り組んだ（勝野, 2000）。これは、カリキュラムの実施を政府が中央集権的に行えば効果的、効率的で

あり、教師は決められたカリキュラムの教授伝達者であるという教師の位置づけに疑問を投じるものでもあり、当時の中等教育の教育内容が、生徒にとって彼らの生活とは関連性のない内容を教授伝達され、その教授された情報を習熟することを学習と見なす学習観に対して、生徒自らが討論を通して深く思考し探求することこそが学習であるととらえ、その学習のためのカリキュラム内容の開発を目指すものでもあった。

　ステンハウス（Stenhouse, 1975, 1980）の取り組みの特徴は5点に整理できる。第1に「学校をよく理解して、結局、学校の世界を変えることができるのは教師たちである」「教師の成長のないカリキュラム開発はありえない」とし、カリキュラム開発の探求の主体、アクションリサーチ研究の主体者に教師がなること、第2に研究は外部から指摘されてもたらされるのではなく、教師自らが自分の教室の中で直面する問題や困難を、探求の課題（issue）として質的な方法で事例研究を行うこと、第3に教師個人ではなく、学校の中で教師たちが集団で協働し研究を行うことをもとめたことである。そして第4に教育実践の質を高めるには、教育や研究の目標だけではなく、教師が取り組む研究のプロセス（過程）での基準（criteria）が大事であり、教育研究の結果だけではなく、教育実践を批判的に省察し検討する研究過程の重要性を指摘したことである。また第5に、カリキュラムとしての教育内容として、具体的には「戦争と社会」や「貧困」、「人種」「教育」「両性間の関係」「仕事」など論争的な価値を含む問題を取りあげ、生徒が証拠を吟味し討論、探求する学習法でカリキュラムを組織実施するという、教育内容と教育方法の必然的な関連性をもとめたことであった。

　クルト・レヴィンは、アクションリサーチにおいて、集団での関与や参加、変革を強調した。この影響を受けた人文科学カリキュラム開発プロジェクトでも、教員集団の参画による、教育カリキュラムと教育方法をめぐる学校組織の変革が重視された。望ましいと願うカリキュラムと、教室の中で行われる実際の授業の間にはギャップがある。そのギャップを教師同士が協働的なアクションリサーチを行うことで埋めることが実現可能となった。しかし実際にこの場に参加した教師たちの回顧的な語りによれば、アクションリサーチで最も難しかったのは、研究を始める前の予備段階において、自分たちの「問題（トラブル）」や不安を「課題（issue）」として自分たちで言語化し表現

することであり、その段階で教師たちは初めて自分自身の実践を一貫して振り返ることに取り組むことになったという。また直面する問題が一度改善されると、それ以上にはそこからさらなる課題をみつけて取り組むことは難しいと感じて研究から撤退する教師たちもいたという。また、研究をしたことのない多くの教師にとっては、授業で適切に指導できることと、その実践を記述することのギャップが研究に取り組む難しさとなったという。また参加教師たちは、管理職を始め自分より社会的に高い地位の同僚からの言葉に対しては脆弱であった（Adelman, 1993）。しかし一人では困難でも、小グループを形成して協働して研究に取り組むこと、教師たちのその自律的な参加での記録が公表されることによって、実践者である教師自身がアクションリサーチし自らの理論を作ることが可能であることが示されていった。

　この成功に学び、英国や米国では教育のアクションリサーチが広がり、教室のアクションリサーチに関わるネットワークが形成されていった。そして当初のこのプロジェクトの中心にいた教師たちは、大学の教育応用研究センターで研究者となり、現職教員研修や共同研究に取り組むようになっていった。しかしそのことは、教育のアクションリサーチの拠点が学校から大学へと移り、現職教員がキャリアアップや学位取得のために論文を作成し、個人の実践の省察のための研究法へと向かう志向性を強めることになった。つまり、その動きは、レヴィンの思想をうけつぎ民主主義を促し、異質なさまざまな人間を集団内に包摂する学校の中で、学校教員の専門家としての解放や組織変革のための教育のアクションリサーチという性格を、個人化する方向に次第に変質することになっていったのである。

　その後、教育のアクションリサーチは、5つの流れ、① レヴィンから直接影響をうけた米国の学校での研究の流れ、② 1970年代のステンハウスらの英国の伝統、③ 1980年代のオーストラリアでの参加型アクションリサーチの流れ、④ 1980年代から現在までの米国での大学と教科教育の連携の中での流れ、⑤ 1990年代からの高等教育での大学の研究者自身の自分の実践を研究する流れとして、展開してきた（Zeichener, 2001）。これら5つの中でも特徴がある、参加型アクションリサーチを次に紹介しよう。

(2) 参加型アクションリサーチ

　アクションリサーチが個人の実践の省察の認知過程に重きをおく研究法となっていくことに警鐘をならし、ユルゲン・ハーバーマスの批判理論を用いて参加型（participatory）アクションリサーチを唱えたのが、オーストラリアのケミスとマクタガート（Kemmis & McTaggart, 1998）である。実践者の生活の声を内側からとりあげ、日々の行動から研究を行うのが教育のアクションリサーチである。「実践の生態学（ecology of practice）」として行為を語り、実践し、関連づけることが基本になる。しかし、教師個人にとっての教育（授業）改善が、そのクラスの生徒や教室の外部者から見ると、改善ではなく新たな問題になることもありえる。教育という価値的な行為においては、教師個人がどのような信念や価値を持っているかにより、何が改善と捉えられるかも異なる。したがって、アクションリサーチは、自分自身の実践を知り、どのようにすれば実践がよくなるかを明らかにするだけではなく、自分自身の実践が外部の変化とどのように関連し適応しているのか、実践を変化させるアクションがどのようにその実践が起きる状況や外部を変化させているのかも含めて、記述研究することが重要であると論じた。

　そのために、実践者個人がどのように自分の知識やアイデンティティが変化したのかという個人の社会化過程、その状況に一緒に参加した人々の間の社会的関係がどのように変化し適切に秩序づけられたのかという社会統合の過程、文化や語りがその変化の中でどのように共有されたのかという文化的再生産と変容の過程を、生活世界全体の変化として捉えることの必要性を指摘している（Kemmis, 2001）。「計画－行動－観察－省察－批判的議論」の螺旋サイクルでのコミュニケーション行為としてアクションリサーチを捉え、協働する対話により解放と変革を求める方法として位置づけている。

　以上のように、教育のアクションリサーチは研究を行う者が何を目標とするかにより、そのあり方は異なっている。教師個人の授業の技術的な改善を目指すアクションリサーチ、教室や学校の営み改善への実践的なアクションリサーチ、さらに社会や教育の制度そのものや参加者がとらわれている制度的状況や価値を自覚しそこからの自由を図る解放的アクションリサーチ等がある（Leitch & Day, 2006）。アクションリサーチといっても研究の長さやサイクルも、誰が参加し研究するのか、アクションによる変化過程で何をどのよ

うに記述分析するかの射程も異なることになる。わが国でも、教科教育の中で個々の教師が特定の単元や活動に関しての授業改善を目指して行うアクションリサーチ（たとえば、英語科に関する研究として、佐野, 2005; 三上, 2010）、教師が学習し認識枠組みを変容させていくことを目指して、教師と教育実習生による協同学習を行った国語科でのアクションリサーチ（細川, 2013）、困難な高校を対象として研究者と院生が生徒の進路指導にボランティアとして関わることで、学校文化が変わるとともにボランティアや教師の認識も変わっていった姿を描いたアクションリサーチ（酒井, 2007）など、さまざまな次元での研究が現在報告されてきている。

5-2　専門家としての実践者の知と理論

　教育のアクションリサーチが、教育の場を研究対象とするという、研究のための研究ではなく、教育の場に関わる参加者の成長や学習につながるという意味で「教育的」であるには、研究が生む知見や理論が、実践者の知や理論の生成につながることが求められる。この参加者のエンパワメントが他領域以上に教育領域では大事にされてきた。

(1)「教育研究」と「教育についての研究」が目ざす理論の相違

　エリオット（Elliott, 2007）は、教育研究が「教育的」であるためには、教育研究（educational research）と教育についての研究（research on education）を区別することを求めている（表5-2）。

　エリオットが特に指摘しているのは、理論の認識の違いである。教育についての研究から導出される科学的な理論は、教育の技術的（technical）な手段に広く適用できる。それは科学的な厳密性を重視し、データ収集と分析により「原因」を突き止め、因果関係を説明しようとする（because-of motive）。つまり、科学の理論は、行為主体の教師の実践的な意図とは分離した研究を通して生成され、実践の一般化可能な表象から構成されるという前提に立っている。そのために、理論か実践かという二項図式を超えるのには失敗していると言う。

　これに対して、教育実践の理論は、法則（law）のように一般化可能なも

表5-2 「教育研究」と「教育についての研究」の違い (Elliott, 2007)

	教育研究	教育についての研究
視点	日常の自然場面　目的的	科学的厳密性の重視
概念	感受概念　事後的	規定概念　アプリオリ
データ	質	量
理論	実体的	形式的
方法	事例研究	実験研究
一般化	自然	形式的
データ分析への参加	教師や生徒の参加	教師や生徒は参加しない
技法	参与観察とインタビュー	あらかじめ決められたカテゴリーによる非参与型観察

のではない。実践者自身が、実践変革の主体として向き合った行為の意図やその状況についての理解の「理由」を説明しようとする（in-order-to motive）ための表象として機能する「状況の理論」である。つまり、教育実践の合理的決定要因となる「実践の原理（principles）」を正当化して外から説明できるだけではなく、実践者自身にとって次の行為の合理的判断の説明根拠ともなる研究知見が必要である。実際には、原理や理論があって行為がその適用として行われるのではなく、合理的な行為は合理的な原理より先だって行われている。そのため、理論と実践という二分法ではなく、実践の行為の中に埋め込まれ統合された理論が問われるべきであり、行為の理論は実践者が生きてきた生活世界やライフヒストリーとつながったものになると考えられている。アクション方略（action strategies）としての実践の原理を導き、その原理の理由を説明できる言説が理論と考えられるのである。

　そのためには、実践の事例研究を中心にすえ、協働的にその事例集積を行い事例間の相違を識別し共通性を見出す過程において理論化は可能となる。その理論化を続けることが、教育研究としてのアクションリサーチのサイクルになる。つまり、教育研究としてのアクションリサーチでは、マニュアルのように手順をふみアクションとして行った実践が及ぼした効果を評価すればよいだけではなく、その過程において実践者が暗黙に持っていた行為の理論を研究の過程として実践者自身が同僚や共同研究者とともに批判的に省察し継続して吟味し続けるサイクルが重要になり、そこに実践の理論は発展す

ると考えられるのである。

(2) 2種類の省察

この意味でアクションリサーチにおいては、実践を振り返る省察と研究の関係、つまり研究過程における省察のあり方が議論されてきた（Leitch & Day, 2000）。1930年代に、省察を、実践を発展させる中核の過程や活動であると論じたのは、米国の進歩主義教育を唱えたジョン・デューイ（Dewey, 1933）である。そして、このデューイの省察概念を明確に定義づけ専門家像として描いたのが、ドナルド・ショーンである。ショーン（Schön, 1983/2001）は、「技術的熟達者」と「反省的実践家（reflective practitioner）」という2つの専門家像を提起した。「技術的熟達者」は現実の問題に対処するために専門的知識や科学技術を合理的に適用する者として専門家を見る見方であるのに対し、「反省的実践家」は、専門家の専門性を活動過程における知と省察それ自体にあるとする見方である。専門家は行為の中で暗黙に働く暗黙知（knowledge in action）をもち、状況と対話し行為しながら振り返る（reflection in action）とともに、行為後に振り返る（reflection on (after) action）。そこで自分のもつ理論的枠組みを発見したり、さらにそれを組みかえる再枠組み化（リフレーミング）が生じる。その再枠組み化では、活動内容の枠組みの振り返りとともに、それをどのように語るかという談話の修辞様式についても振り返りが行われる。アージリスとショーン（Argyris & Schön, 1996）は予定通りの結果がでたかどうかだけをとらえる一重の環での省察だけではなく、そこで生じた諸側面の葛藤を捉え、既存の枠組みや行為の理論を見直し定式化する二重の環の省察過程を「アクションサイエンス」と呼んだ。教育のアクションリサーチは、教師や保育者を反省的実践家として教育のアクションをおこす実践者であり、また協働で反省する省察の中に「行為の理論」への理論化過程が生まれると捉えるものと言えるだろう。

その際、エリオット（Elliott, 2007）は、省察を認知過程として心理学研究者が議論することに対して疑問を呈している。教育という価値的行為では、感情が重要な役割を果たし、良さや楽しさという価値に関わる省察が重要になる。2つの省察のモード、知的モードの省察（intellectual reflection）と情動的モードの省察（emotional reflection）があることを指摘している。知的モー

ドの省察では感情を抑え、実践を科学的客観的に観察し一般化可能な出来事の特徴を抽出し抽象化して論じることになる。しかし、現場の実践者の行為は、状況への不満に始まりそれを解消しようと行為を行い、満足で終わるように動機づけられている。特定の実現したい出来事や状況のイメージ、行為の可能性を実践者は心に表象して行動するのであり、一般化し命題で表現することへと向かうのではない。個別化した状況やその可能なイメージを生み出すことへと向かう具体的な省察なのである。ただし、その省察はさまざまな事例を通して相違と類似性を識別することを排除するのではない。情動的モードでの省察における識別こそが、より普遍的な洞察を実践者にも共同研究者にももたらし、次のよりよい行為を生み出す探求につながると考えられるのである。

　教育や保育の場での研究においては、情動が省察や探求に及ぼす影響は大きいが、その過程を研究した質的研究は必ずしも多くはない。近年、木村(2010)は中等教育の教師が類似場面で生起する情動や教育の方略が教育観により異なることなど、教師の専門性を情動的な専門性として捉え、語りと観察に基づく分析から記述検討をしている。また、保育領域では、中坪ら(2011, 2012)がビデオ視聴後の語りにおける談話での感情開示には園間の談話様式に相違があることを示している。実践の場とともにある研究であるからこそ、その場で生じる情動の役割に研究において目を向けることができるということができるだろう。

5-3　実践の場と知を支える道具としてのビデオ

(1) エビデンスを捉える方法や技術

　これまでは、質的な研究法をとる教育研究としてのアクションリサーチの理論や探求の課題と関与、省察について論じてきた。研究の実際の過程では、どのようにデータを収集するのかが、どのような省察や研究の知を生み出すのかを規定する。そのため、アクションの一連の過程がどれぐらい実行されたかのエビデンスを提供できる方法を用いること、しかも意図された効果だけではなく、無意図的にもたらされた影響のエビデンスも捉えられる方法を用いること、多様な観点から何が起きているかを誰が見てもわかるような一

連の技法を用いることが求められる。たとえば教室でのデータでは、教師側のデータ、生徒側のデータ、外部観察者によるデータという多角的視点からデータを収集するトライアンギュレーションが客観性を保証するために使用されることが多い。

　その具体的な手段としては、① 状況の事実だけではなくその時の実践者の感情や主観的体験を捉えることができる教師による日誌、② 検討したい課題に関連して教室で教師が配布したさまざまな教材や資料、③ 生徒側がそこに表現し記録したワークシートやノート・作品、④ 共同研究者やそれ以外の人も、時間系列に沿って共有が可能となる活動場面の写真やビデオというビジュアルデータ、⑤ そのビデオからの相互作用の文字記録としてのトランスクリプトや動線を記したグラフ、⑥ 教師自身が授業中に各生徒等に関して行った走り書きのメモやコメント、⑦ 事後に共同研究者により実施されるインタビュー、⑧ 課題に焦点をあてて共同研究者が作成したチェックリストや質問紙、⑧ さらにそれらのエビデンスを実践者自身がみた分析時のメモ（どのように状況を概念化しているのか、どんな仮説が行為の中で生まれてきているのか、今後焦点をあてたいエビデンス、新たに浮かんできた問題や課題についての言説）などがある。そして、さまざまな方法でのデータ収集が目的に応じて組み合わされ使われることになる（Elliott, 1991）。

　その中で、データに基づくエビデンスが外部の共同研究者にとって有用であるだけではなく、アクションを行う実践の主体となる教師の次の行為にとっても意味ある省察をもたらすものであるようなデータの表現形式が求められる。図5-3のように、教師の実践的知識は、個人の経験をもとに多層的複合的に形成されている。文字テキストデータの使用は、教師が持つ言語化された知識である原則や原理を省察するのには有効である。だが一方、身体化された知としての行為や技法、教師が抱くイメージや価値を振り返り、他者と実践の共有を可能にするデータとしては、写真やビデオなど文脈情報が捨象されず記録されたままのビジュアルなデータが有効に機能しうる。教室におけるアクションの効果とともに、その知見がアクションを起こす教師の実践的知識のどの層に作用しどのような省察をもたらすデータ収集になるかを、データの表現モードとの関連で意識することが、教育研究としての教育のアクションリサーチをより教育的なものとすることにつながるだろう。

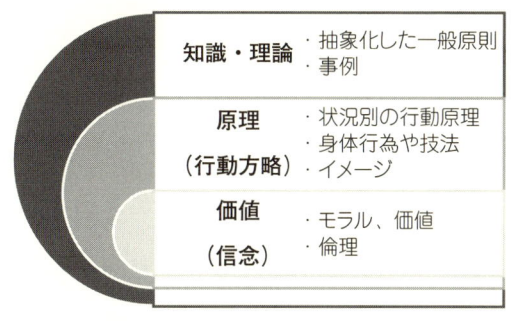

知識・理論	・抽象化した一般原則 ・事例
原理 (行動方略)	・状況別の行動原理 ・身体行為や技法 ・イメージ
価値 (信念)	・モラル、価値 ・倫理

図5-3　教師の実践的知識の構造

(2) ビジュアルな研究方法としてのビデオや写真

　ビジュアルなデータは、その場にどのように人々が参加しその世界を経験していたのかを、生きられた世界の文脈により近い形で記録することができる。したがって、参加者がどのようにその場を意味づけたかという経験を物語り、また他者とともに共有して語り合うことを容易にする。ビジュアルイメージを研究法として用いることは、① その場で生起した情動に焦点をあてる記録ができ、またそのビジュアルデータが視聴時に情動を刺激することができること、② その出来事が起きた場 (setting) の空間や事物の関係が記録できることによって、何を経験したかだけではなく、どこでそれが経験されたのかを可視化することができること、③ ② と関連して、どのように行為として外的にみえたのかということとどのようにそこでは感じられ身体経験としてなされたのかという、心理的側面と行動的側面の間にある人間の身体の有り様や身体知の問題を可視化できること、④ コミュニケーションにおいて発言内容だけではなく、そこでみられる現象 (まなざしや表現、視線の動き、姿勢) が特定の社会的行為や心理にどのように関与するかを検討できること、そして、⑤ ビジュアルイメージが記憶の想起として過去を現在と関連付けて物語ることを可能にし、現在と未来を作り出す二重の時間性 (narrative diachronicity: Bruner, 1991) を生きることを研究参加者に可能にすることなどの特徴を持っている (Goldman et al., 2006; Reavey, 2011; Reavey & Prosser, 2012)。何が状況において創発したか (situated emergency: Tochon, 2007) の瞬間を的確に捉えられるからこそ、場とともにあるアクションリサ

ーチにおいて、ビジュアルデータを有効に使用することが研究の質をあげることにもつながるのである。

しかしそこには生の文脈に近いからこそ、撮る者―撮られる者の関係において力の不均衡が生じ、撮られる者は脆い関係に置かれやすく、倫理的な配慮が他のデータ以上に強く求められる。トービンとダヴィッドソン（Tobin & Davidson, 1990）は、この点を乗り越える一手法としてビデオ記録をデータとして使うのではなく、対話の道具として意味づけ使うことを「多声的ビジュアルエスノグラフィー」として提案している。ビデオ撮影記録者が第一の声であり、そのビデオを撮られた者としての教師や子どもの内なる説明の声が第二の声、そしてそのビデオを共有し見た他の人の声を第三の声と位置づける。第三の声において多様な文化からの声を取り込むことで、省察の再帰性を高めることが、研究者が置かれている研究文化のヘゲモニー（支配的権力関係）を弱め、参加者の声を引き出すことにつながると考えている。それでも最終的には、論文化する語りの著者の声が力を持ち、論文に対し記録を撮られた者との間には、その場の状況で感じた実感との相違から抵抗感が生じることもある。そこで論文化後も開かれた対話を続けて行うことが、参加者のエンパワーメントにつながると考えられるのである。この意味でアクションリサーチの始まりと終結はいつどこにあるのかが、その研究を誰の研究とするのかと深く関係していると言えるだろう。

5-4　専門家の成長と共同的探求としての実践研究

では、教育研究としてのアクションリサーチはどのように近年展開してきているのだろうか。最後に特徴的な研究を各々紹介し、今後の実践研究の課題を考えてみたい。

(1) 保育環境へのアクションリサーチ

保育では、教室研究と異なる特徴として、物理的空間として教育の意図を埋め込んだ保育環境が、遊びを中心とした活動において非常に重要な働きをしている。そこでその環境を変化させるアクションを起こすことで、子どもたちの動きや遊びがどのように変化するのかが保育者と研究者の共同のアク

ションリサーチとして問われてきている。秋田ら（1995）や福田ら（2000）では、園庭あるいは園舎空間を変化させることで、子どもの行動がどのように変化するのかという変化状況をエピソードとして描写し分析検討を行ってきた。それに対して子どもの行動変化だけではなく、そこにおける保育者の意識の変容を検討したアクションリサーチが、村上（2009）や汐見ら（2012）の一連の研究である。0歳児の保育室空間をコーナーに仕切り変化させていくことによる乳児の5ヶ月間での行動変化を、数名の子どもを対象児としてビデオで捉え動線の分析を行うとともに、乳児のおちつきや集中がどのように変化したのかをとらえている。またそれと同時に、そこに参加した保育者自らがどのように意識を変容させていったかを描いている。そこでは、保育者同士が問題を共有するために模索していく段階、保育者自身が能動的に関与できる段階、さらに取り組みが一時的に止まった段階で外部研究者が仕切りパーツという新たなものを保育室に持ち込むことで変化が起こり、研究者と保育者のパートナーシップも深まっていった段階があったことを示している。ビデオの細かな視聴、それを通しての子どもの変化の発見、議論の展開、ビデオでアクションの成果を確認するという過程が保育者の振り返りと研究への参加意識を変えていったとしている。保育空間が変わるだけではなく、保育者自身が実践のありのままを直視すること自体に抵抗を感じていた時期から、前向きに保育を捉えるようになる時期への変化、その変化途上における管理職の位置取りや研究姿勢の重要性が示されている。

　本研究では、外部研究者が研究においてデータを撮り記録を分析するだけではなく、アクションリサーチのために、保育環境の仕切りパーツやビデオを用いたカンファレンスという、園の外部の物や道具とそれに関連する文化を園の中に研究とともに持ち込んでいる。研究者は仮説を立てデータをとり論文をまとめるという役割だけではない。その場にはないが、その場に有効であると思われる新たな知や道具をフィールドに紹介し、それを保育者側が時間をかけて自分たちのあり方にあわせて取り込むことによって、新たな共同研究の形態を作り出してきている。アクションリサーチはリサーチに参加する組織集団と新たな文化的活動や事象、道具の出会いを生むことにもなるのである。研究者は、特定のクラス、園や学校との関係において研究をするだけではなく、その組織が埋め込まれているより広い文脈の中で当該集団が

現在置かれている状況や特徴を捉え、新たな知や道具との出会いを媒介する。その媒介によって研究に参加する実践者を新たな世界へ開き、エンパワーメントする役割も果たしてきている。知識基盤社会においては、この役割は、実践の場とともにある研究者にもとめられる大事な役割になってきていると言えるだろう。

(2) レッスンスタディとしての授業研究の展開

　教育のアクションリサーチは、アングロサクソン圏から展開した。これに対し、日本では教師による研究や教師との共同研究は、授業研究として明治以来進められてきた。校内で同僚とともに授業を参観し検討する機会を年間を通して持ち、年度末には教師たちはその実践を元に実践記録を紀要としてまとめている。これは、いわゆる短期間の介入実験による行動科学の手法による心理学研究としての研究ではなく、教師たちの手による研究である。重松鷹康や稲垣忠彦らをはじめ、大学の研究者との協働の中で日本では事例研究として実施されてきた歴史がある。この授業研究の方法が1990年代後半にレッスンスタディの名称で米国に紹介されたことで、2000年以後の10年間に香港やシンガポール、中国、韓国、台湾を始め、現在ではヨーロッパを含め40カ国以上の国に急速に発展普及してきている（詳しくは秋田・ルイス, 2008）。日本発の教師によるこの教育研究方法は世界的に受け入れられ、世界授業研究学会（World Association of Lesson Studies）を形成し、学会誌も作られている。その初代会長は、教育のアクションリサーチを英国で自ら行い、その研究を率いてきたジョン・エリオットである。彼はレッスンスタディをアクションリサーチの一種として位置づけている。

　アクションリサーチとレッスンスタディ研究の大きな違いは、アクションリサーチは課題の解決を図ることが当初から目的となり研究が進められるのに対し、レッスンスタディは年間の学校サイクルの中で、当初に具体的な課題意識の有無にかかわらず組織成員の参加がもとめられることである。レッスンスタディでは学校の年度が単位になり、特定課題の探求のみにはならないことが多い。

　レッスンスタディなど教育の場の研究が進むことで次のようなこれからへの課題が生まれている（Lewis et al., 2006; Lewis et al., 2010; Penuwel et al., 2011）。第

一には、特定の文脈で得られた局所的な知見であるローカルセオリーは、状況横断的な理論をいかに形成できるのかという、インターローカリティにおける規模拡張（scale-up）と理論の問題である。保育・教育実践で得られた知を、従来の科学的理論や量的な研究方法とは異なるどのようなルートで共有拡張できるのか、またそれは批判的に反証可能なのか。また第二には、アクション行為を組織として行うときにその集団の刷新変化のダイナミズムとメカニズムをいかに解明し記述することができるのかという方法論の課題である。医学領域から教師教育領域に事例研究を導入したシュールマン（Schulman, 2004）は「哲学は疑問から始まるとすれば、教育学は挫折から始まる」と述べている。質的な方法による教育のアクションリサーチは、ローカルな事例の成功と新たな研究課題への挫折から始まり、また次の一歩へと歩を進めている。

【参考書】

恒吉僚子・秋田喜代美・佐藤学（編）（2005）.『教育研究のメソドロジー ―― 学校参加型マインドへの誘い』東京大学出版会.
　日本で学校現場でのフィールド研究を推進してきた研究者が自分の研究も紹介しながら研究法をその思想や認識も含め解説をした本。アクションリサーチの章も含んでいる。

酒井　朗（編）（2007）.『進学支援の教育臨床社会学 ―― 商業高校におけるアクションリサーチ』勁草書房.
　本書は教育臨床社会学の立場に立ってかかれたものであるが、学校に関与しての生徒指導に関するアクションリサーチの具体的事例記述とその解釈、理論化の過程を知るのにはどの分野の研究者にも参考になるだろう。

中坪史典（編）（2012）.『子ども理解のメソドロジー ―― 実践者のための「質的実践研究」アイディアブック』ナカニシヤ出版.
　保育の領域におけるさまざまな実践的研究方法について具体的に研究に取り組めるように解説を行っているので、保育学領域の質的研究を初めて行う人に薦めたい。

6章
変革とともにある質的心理学

1節　生活と暮らしの変革
2節　共同知を創出するものづくりワークショップ
3節　質的アプローチの教育と学習
4節　社会実践のパラダイム

　本章は、Ⅲ部（社会実践としての質的心理学）を構成する章である。そのため、本章では、主として、質的心理学の理論と方法に焦点をあてたⅠ部、Ⅱ部の各章（1〜4章）とは異なり、5章とともに、質的心理学という研究領域それ自体が一つの社会実践であるとの立場から、質的心理学と現実の社会との関係性、および、質的心理学が社会で果たすべき役割について論じる。質的心理学は、この社会の中のさまざまな現場(フィールド)に寄り添いながら、つまり、現場との対

話を重ねながら、そこにあるさまざまな問題について考察し、同時に、程度の差こそあれ当該の問題を解決することを目指してきた。言いかえれば、質的心理学は、現場の人びととともに当事者として、現場を「変革」する社会実践の一翼たろうとしてきた。

　本章では、こうした社会実践に関与する質的心理学に焦点をあて、そこにはどのような魅力や課題があるのか、また、先行する各章で論じられた理論や方法は、現実社会との関わりの中でどのように威力を発揮するのか、これらの点について、「変革」をキーワードに、次の4つの観点からアプローチする。

　1節「生活と暮らしの変革」では、身近な生活世界に潜むさまざまな問題の理解とその解決（「変革」）に向けて、質的な研究アプローチがどのように貢献しうるかについて、いくつかの具体的な社会問題をとりあげながら論じる。具体的には、長期にわたる海外でのフィールドワークの実践や映画作品を通じた異文化理解の試みなど、文化摩擦と国際理解の問題、さらに、地域社会、学校現場に関する諸問題もとりあげる。

　2節「共同知を創出するものづくりワークショップ」では、現場の実践を変革するための知を生み出す場としてのものづくりワークショップに焦点が当てられる。「変革」に果たす「もの」（物理的対象物）やそれをめぐる共同作業（デザインワークショップ）の重要性が、まさに「手にとるように」理解できる。ものとの関わりの中で構想される心理学の魅力についても伝えている。

　3節「質的アプローチの教育と学習」では、質的な研究アプローチが、量的アプローチ中心のこれまでの研究スタイルをどのように「変革」しようとしているのか、および、そうしたアプローチは、どのような方法で教育・学習しうるのかについて述べる。具体的には、質的な研究アプローチの教育法（教育カリキュラム・方法・教材など）について、対話の重要性を強調しながら論じている。

　4節「社会実践のパラダイム」では、社会の「変革」とともにある質的研究について総合的かつ理論的に論じる。人間科学においては、研究活動という実践が社会実践と出会うことにより、もともとの社会実践の当事者に研究者も加わった新たな当事者たち（協同当事者）による新たな社会実践（協同実践）が否応なく開始される。研究者は、協同実践の成果や課題に対する分析と反省を基盤とした社会実践のベターメントのプロセスを、協同当事者の一人として生きていくことになる。

1節
生活と暮らしの変革
伊藤哲司

　本節では、生活と暮らしの何らかの変革を志向する質的研究について、「日常の生活世界に寄り添う」「地域コミュニティに働きかける」「対話による異文化への気づきを促す」「現実を語りなおす」という4つの観点から、その実践例を紹介する。そしてこれらに関わる研究者が「客観的」な目を持った観察者であるという前提には立たないものであることを示す。さらにはこのような研究の志向性が、人々が生きている現場、すなわち浜田の言う「渦中」に寄り添うことを基本とする質的研究に真摯に取り組むことを意味することを明らかにする。

1-1　日常の生活世界に寄り添う

　次の文章は、ある日本の高校の授業の様子について書かれたものである。

　　これからはじまるのは社会の授業である。こののち50分ものあいだ、教師は説教師よろしく、日本史における地理と経済発展の関係について、ものうげに説きつづけるのだ。
　　教科書を開けて見ている者にはすぐにわかることだが、教師は、その日読了すると決めた割当て部分から脱線することはめったにない。下調べは万全であり、授業はあくまで真剣である。彼はプロであってエンターテイナーではないのだ。視覚に訴える補助教材を用いることもないし、地図さえ使わない。授業はどんどん進んでいく。用語についての質問が二つ、三つ出て、授業が中断されることもあるが、彼は、顔もあげずにそれに答える。
　　合間に、歴史上の逸話を語る資料にそれとなく手短に触れることもあるが、たえず気を配って、話がわき道にそれないように気をつける。授業中に教師は、その日の教材を読みつづけながら、「重要ポイント」と「記憶

事項」を整然と指摘する。テストの日が近いことが数回述べられる。
　生徒たちは身を入れて聞こうと努力しているのだが、17歳の若者が、こんな授業を一日中座って受けつづけるのは容易なことではない。大半は男子だが、真剣にノートをとっている者もいる。きちんと折りたたんだ伝言をそっと交わす者もいる。教師の目につかないように、雑誌を教科書の内側にはさみ込んで隠し読みしている生徒もいる。幸運にも窓側の座席にありついた生徒は、あたたかい秋の日ざしをいっぱいに浴び、外は何事かあらんとばかりに、ときどき首を伸ばして眺めている。
　（Thomas Rohlen, 1983/1988『日本の高校──成功と代償』訳書 pp.17-18.）

　この記述を読むと、自分自身の高校時代のときの教室での授業風景が、どこかダブって見えてくるのではなかろうか。もちろん、日本の高校ならどこでも同じというわけではない。同じ高校でも、教師によって授業はずいぶん異なっているはずである。それでも、この記述に共感するものがあるとすれば、これがある高校のある特定の教室の描写であることを越えて、そこには何らかの「日本の高校」に共通するものを描き出しているからだと考えられる。
　筆者のトーマス・ローレンは、アメリカの文化人類学者であり、日本の高校で教育を受けた人ではない。しかし、筆者が外部者であり非当事者であるがゆえに、逆に描写の可能性がひらけてくるということがある。内部者であり当事者であれば、そのフィールドにおける日常のことをよく「知って」はいても「説明できる」とは限らないからである。内部者・当事者にとっては当たり前であることを、外部者・非当事者は必ずしも「当たり前」とは思わない。
　次のハノイの路地についての記述もまた、筆者が外部者・非当事者であるがゆえに可能になったものと捉えられる（図6-1）。

　フランス植民地時代の19世紀に建てられたハノイ大教会、その前の広場脇にあるカフェに、夜な夜な若者たちが集まってくる。かれらは、今大人気のアイスレモン茶とひまわりの種を注文し、背の低いプラスチック製の椅子に密集して座り込む。薄暗がりのなかで、大学生や高校生と思われ

図6-1　ハノイ大教会前でアイスレモン茶を飲みながら群れている若者たち（伊藤, 2011）

るグループが楽しげな歓声を上げていると思いきや、若いカップルが仲むつまじく肩を寄せあっている姿もある。娯楽施設がなお多いとは言えないハノイで、1杯6000〜8000ドン（約30円）という手頃な値段で楽しめるこの場所には、かなり遠方からも若者たちがバイクでやってくる。

　ハノイにも、エアコンがきいた小ぎれいなカフェやレストランが、かつてに比べればずいぶん増えた。そしてそういうところでは、外国人ばかりでなくベトナム人の姿もよく見かけるようになった。近年の世界的な不況にもかかわらず続いているベトナム経済の好調ぶりが、こんなところからもうかがえる。しかしハノイの路地は、すでに携帯電話を持つのが普通になり、ファッションにも関心高く、バイクを乗り回すベトナムの若者たちにとっても格別の場所のようだ。背の低いプラスチック製の椅子に座り込み、密集の中に埋もれるように我が身も沈めてみると、そこに思いのほか心地よい時空間が拡がっていることに気づく。このようなところで気のおけない友人や恋人と一緒なら、何も言うことなしだろう。

　（中略）

　ハノイの路地では、人と人との距離が近い。細い路地でなおよく見かける屋台では、人々が肩を寄せるようにして朝食のフォー（ベトナムうどん）やソイ（餅米のおこわ）を食べている。熱い緑茶や水タバコを楽しむため小さな屋台は、今でも人々が一息つく場だ。路地に人々が密集している風景は、人間もまた群れる動物であることを想起させる。そして、自分たちの安全と安心感は、そんな方法でも作ることができるのだということに思

いが至る。どれほど近代化が進み高層ビルができても、またどんなに小ぎれいなカフェやレストランができても、ハノイの路地とその密集は、それへの人々の愛着が失われない限り健在だろう。

(伊藤哲司, 2011「路地の密集——ハノイの路地のエスノグラフィー」pp.4-7)

　日常の生活世界には、その渦中にいる人にとっては当たり前すぎて見逃しがちである多くの、必ずしも明示的ではないルールが存在している。そして、それを解き明かしていくことは、私たちの日常生活の成り立ちを解明することでもある。そのようなルールは、エスノメソッドと呼ばれる。エスノメソッドとは、「社会成員にとって自明な現実を編み出す暗黙の手続きであり、生の自然を人間生活の対象物へと変換する文化の構成原理」(南, 1993) である。そして、それを解き明かしていくことは、日常の生活世界にただ浸っているだけでは可能にならない。そこにはガーフィンケルの言う「異化」、すなわち通常とは違う何かをズラした見方が必要であり、それを意識的に行うのがエスノメソドロジーというアプローチである。

　個別具体的な生活世界とそこにいる人々にとことん寄り添っていくことは、研究者がいわゆる一線を画したところから眺める「客観的」な観察者のままでいることを許さない。むしろその生活世界の中に入り込み人々に関わっていくことが求められていく。そしてその結果見えてくることは、単にその場の詳細な記述 (ローカルな見方) にとどまらず、その要因の絡み合いの中に、そことは別の個別具体的な生活世界に通じるもの、すなわちインターローカルな見方が立ち上がってくる。その記述を読む人は、内部者・当事者であればなおさらのこと、生活世界の中に何かを「発見」し、その良いところも悪いところも再認識させるものとなるだろう。日常の生活世界のそのような研究が、何らかのアクションを引き起こし、ひいては変革を導いていく可能性がある。

1-2　地域コミュニティに働きかける

　2011年3月11日に発生した東日本大震災をきっかけに、地域社会における防災・減災に、あらためて目が向けられることになった。それ以前から矢

守（2009a）は、生活防災の実践共同体づくりを提起している。矢守によれば「生活防災」とは、生活総体（まるごとの生活）に根ざした防災実践であり、防災を他から独立した活動とは捉えず、日常生活を構成する諸活動とともに生活全体の中に混じりあっているものである。「防災とは言わない防災」という矢守の言い方が、その特徴を端的に表している。

　その具体的な例が、多くの地域で見られる。矢守が挙げている例のひとつとして、兵庫県加古川市の「加古川グリーンシティ防災会」がある。「加古川グリーンシティ」は、約580世帯、およそ2000人が暮らす1986年に完成したマンションである。1995年の阪神・淡路大震災では大きな被害はなかったものの、それをひとつの契機として、「加古川グリーンシティ防災会」が設立された。「防災を日常生活の延長線上に位置づける」（同会ホームページより）という共通理解のもとで行われた数々のユニークな取り組みが評価され、平成18年度防災功労者内閣総理大臣表彰をはじめ、いくつもの表彰を受けている。

　同会では、一見防災とは関係が薄いとも見られる取り組みを含め、防災という観点から大規模マンションという地域コミュニティ全体を大きく変容させてきたということが注目される。その中のひとつに、「町内チャンピオンマップ」という取り組みがある。これは、住民が災害時に自分が提供可能な能力・サービスを事前に登録しておくというものである。医療や看護の技術、大型車両の運転といった防災に直結することなどが推奨されるものの、プロのドライバーならば運転、幼い子どもを持つ保護者ならば子どもの世話、パソコンが趣味の人ならばインターネット操作というような、「普段の得意技を活かすだけのこと」も含められる。

　日頃のあいさつ運動なども楽しみながら行うことが防災に資するというスタンスは、生活防災の実践のよき例である。このような実践がかたちをなしていくためには、意識の高い住民がいて声を上げることに加え、専門知識をもたらしてくれる外部のよきアドバイザー（ここでは矢守氏自身）の存在が有益である。そしてこの実践が動き出し、外部からも注目されるようになれば、住民たちの動機づけもさらに高まり、さらに充実した実践へと結びついていくのだろう。

　地域コミュニティを変革していく働きかけが「デザイン」という観点から

行われている実践もある。現代社会における地域コミュニティが抱え込んだ過疎化や少子高齢化といった諸問題を背景に、地域づくり、まちづくりといった諸活動を「デザイン」をもって取り組んでいこうというわけである。筧(2011)は、デザインという行為を、「問題の本質を一挙に捉え、そこに調和と秩序をもたらす行為」であり、「美と共感で多くの人の心に訴え、行為を喚起し、社会に幸せなムーブメントを起こす行為」と定義している。

そして筧は、いくつものユニークな実践を紹介している。そのひとつが「八戸のうわさ」プロジェクトである。青森県八戸市でまちの空洞化が進んでしまった状況の中で、2011年にまちの活性化を目的とした「八戸ポータルミュージーアム はっち」がオープンした。同施設のディレクターが、商店街などの人々の互いの接点をつくりコミュニケーションができる仕掛けをつくろうと考え、同プロジェクトが始まった。

まちづくりの観点で数々のアートプロジェクトに携わってきた山本耕一郎氏が中心となり、まちの人たちからの聞き取りをもとに、その内容を簡潔に吹き出し型の黄色のシールに印刷。それらを店舗や事務所に張り出した。そこに書かれることは多彩で、たとえば「弁当男子がいるらしいよ」「エアロビにはまっているおじさんがいるらしいよ」といった個人的なものから、「ご当地グルメせんべい汁の人気が最近はんぱじゃないらしいよ」といったお店の宣伝につながるもの、「八戸は美人が多いみたいだよ」といった地域の特徴を捉えたものまである。そして多くの人がこれらのうわさの吹き出しに足をとめ、新たな発見をし、これまで話をしたことがない人たち同士のコミュニケーションを促していったという。

筧は、現在を「地域にデザインが求められる時代」だと捉えている。そしてデザイン思考を、一般的な思考（行政的思考）と対比させ、「直感的・身体的」「個性現場重視」「ネットワーク型組織」「バックキャスティング」「ソフト（コト）」（図6-2）であるとしている。若干補足をすれば、バックキャスティングとは、現在の延長線上の未来を認識したうえで、それとは異なる持続可能な目標となる未来の姿を想定し、その姿から現在を振り返って今なすべきことを考えるやり方である。そして、そのようなデザイン思考で地域コミュニティを変えていく主役は専門家ではない。「市民デザイナーが地域を変える」と筧は主張している。

デザイン思考 ←→ 行政的思考
直感的・身体的　スタイル　論理的・分析的
個別現場重視　原則　一般原則重視
ネットワーク型組織　組織　ピラミッド型組織
バックキャスティング　時間軸　フォアキャスティング
ソフト（コト）　アウトプット　ハード（モノ）

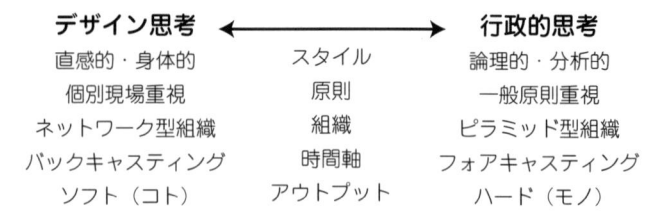

図6-2　デザイン思考の特徴（筧, 2011）

　地域コミュニティへの働きかけは、防災に強いまちづくりや商店街の活性化といった多様な目的から、さまざまな取り組みがなされるようになった。それらは、日常生活をあらためて見つめ直し、そこに見出される問題を意識化し共有化していくことから生まれるアクションである。そこに研究者が専門的な知識をもたらすアドバイザーや、あるいは共同実践者などの立場で関わっていくことによって研究の一環として展開させていく余地は、これからますます増えていくだろう。

1-3　対話による異文化への気づきを促す

　「同じ人間なのだから」という言い方には、たとえば性別が違っていても、お互い異なる社会的背景を持っていても、異なる文化に育ったとしても、また違う時代に生まれたとしても、腹を割って話し合えば通じあえるはずという期待が込められているのであろう。
　しかし現実はどうかと言えば、その期待はしばしば容易に破られてしまう。いくら「同じ人間」であったとしても、どうやっても馬が合わない人もいるし、仲良くなれない人もいる。深い愛情を持って結婚したパートナー同士でさえ、月日がたつことによってその関係が変わり、どうやっても夫婦としてやっていけない日がきてしまうこともある。
　それが個人同士の関係の問題として立ち上がってくるばかりでなく、集団間の問題になることもある。たとえば「日本人」と「〇〇人」との関係の中で、「私たち日本人は……」「あなたたち〇〇人は……」といった言い方が生み出されてくることはあるし、その「私たち」と「あなたたち」のあいだに、そうそう簡単には埋められない溝ができてしまうこともある。

ウダバラチチゴ（2012）は、「同居している友達が、あなたのコーヒーを無断で飲んだ場合、あなたはどうしますか？」といった仮想場面を内モンゴル出身の留学生と日本人学生に示し、大倉（2011）が提案した語り合い法（構造化を極力しないで時間をかけてことばを交わしあう方法）にならい、それぞれのグループの中で語り合いをさせ、さらに両者が対面する場面でさらに語り合いをさせている。もちろん語り合いは、一種の対話であり、そこから広義の「異文化理解」を促そうという試みである。たとえば、自らも内モンゴル人である「筆者」も含めて、こんな語り合いがなされたという（Mは内モンゴル留学生、Jは日本人学生。数字は参加者の通し番号）。

筆者　：なぜ内モンゴルでは、同居している友達の物を、自分の物のように使うのですか？
M1　：仲が良いから同居しているし、またお互いを信頼しているから、お互いの物は自分の物という感じですね。
M2　：そうですね。お互いのことを信頼して同居しているからね。
J1　：内モンゴルでは「仲が良い友達」とは、どんな友達ですか？
M1　：何でも遠慮なく、相談できる友達は仲の良い友達ですね。家族の一員のように思う友達ですね。
J2　：なるほどね。日本では、内モンゴルのような友達関係をつくるのは、なかなか難しいかなぁと思うよ。「親しき仲にも礼儀あり」という言葉があるからね。
筆者　：そうですね。内モンゴルでは、仲の良い友達ならば、一言いわなくて飲んでも問題はないですね。私、ちょっと感じたのは……、日本人学生は、お互いのあいだの距離が遠いように感じましたね。
M2　：そうそう。私も、日本人学生は、友達どうしでも、どこかで距離が遠いように感じたね。
J2　：そうですか。やっぱり内モンゴル人留学生たちも、日本人学生は距離が遠いと感じるのですね。確かに日本人は友達同士でも距離が遠いかもね。
J1　：内モンゴル人留学生と比較すると、確かに、日本人学生は友達同士の距離が遠いかもね。
J2　：まぁね。日本では「親しき仲にも礼儀あり」という言葉があるから。

J1	：日本人は、一言いって、相手から許可を得てから使うからね。
筆者	：へえ、内モンゴルでは、仲の良い友達の場合は一言も言わないで、友達の物を使うことが普通ですね。
J2	：そうね。日本では、どんな仲の良い友達でも、相手の物を勝手にしないように、一言いって使うことが当たり前ですね。
J1	：そうですね。内モンゴルのような友人関係は、日本ではあり得ないかもしれないね。

（ウダバラチチゴ（2012）から、誤植等を修正して引用）

　この語り合いの例では、同居している友達のコーヒーを断りなく飲むかどうかを例に、友達関係のあり方にまで話が及んでいる。日本人学生は、内モンゴル人留学生たちが語るようにコーヒーを勝手に飲むことはできない理由として「親しき仲にも礼儀あり」という言い方を持ち出し、しかし最後のJ1の発言にあるように、「内モンゴルのような友人関係は、日本ではあり得ないかもしれない」と考えるに至っている。そこには単純に「異文化」がよくわかるということではなく、むしろ「私たち」と「あなたたち」のあいだのどうにも埋めがたいズレを見出すに至っていることがうかがわれる。

　山本・伊藤（2005）および伊藤・山本（2011）は、社会文化的背景が異なる人同士が同じ映画を一緒に見て語り合う「円卓シネマ」と呼ばれる方法を提起している。たとえば「日本人」と「韓国人」のように、近年の歴史認識についての見解が大きく異なりうる人たち同士が、いきなりそれについて直接的に議論をするのではなく、エンターテイメントとしても楽しめる映画を媒介とすることによって、対話が成立しやすくなるという構造を生み出すことができるのである。

　韓国映画『友へ　チング』（クァク・キョンテク監督, 2001年）は、4人の幼なじみの男の子たちがやがて成長し大人になっていくなかで、それぞれ別々の道を歩み、そのうちの2人は対立しあうヤクザの組に入り、最後は一方が一方を殺すというところまで行ってしまうさまが描かれている。しかしそれでも彼らはチング（親友）であるという描かれ方に、多くの日本人が違和感を覚えやすい映画である。この映画をめぐって、韓国人の呉宣児、朝鮮族中国人の姜英敏、中国社会に詳しい日本人の山本登志哉、ベトナム社会に詳しい日本人の伊藤哲司が、韓国人がよく用いる「恨（ハン）」という概念をめ

ぐって、次のような対話を交わした。

 姜 ：私はこの映画のベースとして、背景として恨があるのだと理解しました。
 呉 ：恨は時代背景として位置づける方が、むしろ自然な気がする。映画のストーリーそのものに恨を結びつけようとすると、やや無理やりという感じになるんですよね。
 山本：うーん、むつかしい。よくわかんないんだけど、じゃあたとえば『冬のソナタ』なんかにも背景に恨が流れているんですか？
 姜 ：それは違うと思う。（中略）冬ソナは個人的な話ですね。本当に時代背景があまり出てこないドラマは韓国では珍しいほうですね。
 （中略）
 山本：そうすると、ハンが底流にある『チング』は日本人にはピンとこなくて、それが出てこない『冬ソナ』には感動できる、っていうわけなのかなあ。
 伊藤：『冬ソナ』は当地韓国では、そんなに大ヒットしたというわけではないようですね。何だか皮肉な話だなぁ。

（山本・伊藤, 2005）

　円卓シネマにおいても、単純にこれを行うことによって相手のことが「わかる」ということにはならず、むしろ何がお互いわかりあえていないのかということが「わかる」ということが少なくない。それは、単に表面的にわかったような気になっているとか、お互い何がわかりあえていないのかさえわかっていないとかといった地平を越えて、「自分たち」とは異なる「あなたたち」への一定の理解を促すと同時に、「あなたたち」を鏡として「自分たち」への理解を深めることにつながっていくことができるのである。
　ただしその「鏡」は、自分の姿がクリアーに見える磨かれた平らな「鏡」とは限らない。相手からすれば自分もまたそのような歪んだ「鏡」になっている可能性もある。そのような「歪んだ合わせ鏡」の構造があることが、円卓シネマなどを用いた集団間異文化理解の共同研究の中で明らかにされている。そしてそれを、むしろ積極的に教育の場面で活用していこうというアプローチが、呉宣児を中心とした研究グループによってなされている。今後も

このような円卓シネマなど対話をベースとした「異文化」への気づきを促す実践とその理論の展開が期待される。

1-4 現実を語りなおす

映画『ワンダフルライフ』（是枝裕和監督, 1999 年）に登場するのは、すべて死者である。ある施設に集められた死者たちは、「一番大切な思い出」を選ぶことを求められる。そしてその「一番大切な思い出」を映像で再現し、それを見てそのときの記憶が鮮明に蘇った瞬間に、その思いだけを抱いて天国へ旅立っていけるという。しかし、自分の人生を振り返り、その中で「一番大切な思い出」を選ぶという作業は難航する。それぞれ思い悩み、あれこれ饒舌に語りながらも決められない人、黙して何も語れなくなってしまう人、それを選ぶこと自体に抵抗を示す人……。自分の人生があまりに「そこそこ」で何も選べない人は、自分の人生が記録されたビデオを用意してもらって、それを見直していくという作業に取りかかる。死者たちの面接を担当する施設の職員たちもまた、実は死者であり、「一番大切な思い出」を選べなくてそこに留まっている人たちであることが、映画の後半で明かされる。

死者たちはそこにいるあいだ歳をとることがない。さんざん思い悩んだ年輩の死者が、面接担当の若者が実は自分と同世代であること、そして彼の許嫁が、実は後の自分の妻となった人であることを知る。そして妻とのささやかなやりとりを「一番大切な思い出」に選ぶ。さらに面接担当の彼自身も、自分の「一番大切な思い出」を選ぶことを決断する。自分に思いを寄せる別の面接担当の若い女性職員など、この職場の人たちにも気持ちを寄せながら、自分自身もある人の「幸せ」に参加していることを悟るのである。

この映画の設定は、もちろん非現実的であるが、人生を語りなおすひとつのかたちが興味深く描かれており、対話を通して自分自身の物語を肯定的・建設的なものへと変換していくことを志向するナラティヴ・セラピーに通じるものがある。このような現実の「語りなおし」は、テーマが重大であればあるほど一筋縄ではいかないだろうし、ましてや現実に自分の人生の「一番大切な思い出」を選べと言われたら、そうそう簡単にはいかないことにすぐに気づく。しかしそれを、誰かを相手に語りなおしていくことは、多面的に

ものごとを見る視点を獲得し、新たな意味をそこに付与していくことにもなる。そしてそれは、現実の捉え方自体が変わるというより、現実そのものが変わると言っても差し支えないものとなりうる。

　何らかのテーマをめぐって交わされる往復書簡というのも、一種の「語りなおし」である。伊藤・山崎（2009）は、それぞれ 15 通ずつの書簡を交わしあいつつ「学校」について縦横に語り合った。そこでは既存の学校のあり方を根底からひっくり返してしまおうということではなく、既存の学校のよくできたところは尊重しつつ、そのうえで、生徒たち自身が、あるいは先生たちが、その他学校に関わるすべての人たちが、どう「学び、遊び、逸れていく」かについてアイデアを交わしあった。これは既存の学校観からの脱却を促し、学校がもたらしている閉塞感を打破し、ささやかながらもしっかりとした変革をもたらしうるものとして注目される。多くの人が、当たり前のものとして受け入れていた学校の何がおかしいのかを明らかにしていく方法として、このような「語りなおし」が有効であることが示されている。もちろん現実の学校を変えていくには、なかなかハードルが高いということはあろう。しかし、既存のどのような概念に私たちが縛られているのかに気づくだけでも、何らかの変革の第一歩となりうる。

　近年は特に「往復書簡」と名のついた書籍や論文が数多く出されるようになった。また、質的心理学の分野の研究者同士が往復書簡を交わした論文としては、伊藤・矢守（2009）がある。そこでは、国内外の異なる文化的背景のフィールドに滞在し人々の語りに耳を傾けてきた伊藤と、内外の被災地でアクションリサーチを展開してきた矢守が、それぞれ別の現場（ローカリティ）にこだわりつつも、その観点を相互に交わしあうこと、すなわち、複数の現場をインターローカルに架橋するために書簡を交わしあうことを通して、インターローカリティの概念について検討が加えられている。その結果、特定の個別具体的な事例を扱い「一般性」に乏しいとされてしまいがちな質的心理学研究への批判に対して、ローカリティとローカリティをつないでいく発想の重要性と有効性が示されている。

　もっとも、質的研究に関わる研究者同士の往復書簡というスタイルは、伊藤・矢守のオリジナルではない。たとえば、やまだ・南が長年にわたって交わし続けた往復書簡（1993-2002）の例がある。矢守（2009b）は、そのよう

な往復書簡などを踏まえて、書簡の形式をとる論文（書簡体論文）の意義と可能性について、理論的な検討を加えている。そして、モノローグではなくダイアローグ（さらにはマルチローグ）が具現化される書簡体論文を、インターローカルな記述形式として位置づけることができるとしている。それは、対話をも重視する質的研究の表現としては、時にきわめてふさわしいものとなりうる。そのようなダイアローグやマルチローグの形式で書かれた質的研究の論文が、今後いくつも生まれてくる可能性がある。

1-5　まとめ ── 「渦中」の質的心理学へ

　本書ではここまで、「日常の生活世界に寄り添う」「地域コミュニティに働きかける」「対話による異文化への気づきを促す」「現実を語りなおす」という4つの観点から、現実の何らかの側面を変革していく可能性を秘めた質的研究の実践について紹介してきた。もちろんこれら以外にも、貧困、自殺、宗教、消費者問題、廃棄物やエネルギーなどの生活環境問題などさまざまな社会の中の問題をめぐって、質的心理学のテーマになりうる多くの実践が展開されつつある。これらは、「自明な現実」を解き明かしていくエスノメソドロジーを、自覚的かどうかは別として実質的に内包し、さらにはそこにとどまらず、その「自明な現実」を変えていこうという志向性を有している。

　またこれらはいずれも、それに関わる研究者が「客観的」な目を持った観察者であるという前提には立たない。研究者に限らず私たちは、すべてを見渡せる「神様」の立場になることはできず、身体をもってこの世界に参画しているひとりの人間である。生活と暮らしの変革を求める質的研究を追究する際には、そのことにも自覚的である必要がある。研究者は、従来の自然科学的な方法を範とする心理学研究では捉えきれない、人々が生きているまさにその「渦中」（浜田・伊藤, 2010）に寄り添い、関わり対話をしていくなかで、そこで問題とされていることに出くわしたならば、その解決にもむしろ積極的に取り組むことが求められるのではないだろうか。研究者はジャーナリストなどとは異なり、社会の中の諸問題には中立的であるべきだという意見もある。従来は、むしろそのようなスタンスをとることで、社会の中の諸問題に直接対峙することを避ける研究者が多かったが、そのこと自体再考さ

れるべきである。

　たとえば浜田は、いわゆる冤罪と見なされる事案に巻き込まれた被疑者や被告人の「渦中」に直面し、従来の心理学研究では捉えきれない現状があることを悟り、「もうひとつの心理学」が必要であると主張している。そこには、現実の社会の問題に必ずしも向きあってこなかったこれまでの心理学へのいらだちが内包されている。浜田の主張に倣うならば、研究者は、特権的な位置を占めて「価値中立」の「傍観者」になってしまうことをあえて避け、むしろ「現実に立ち向かう心理学」（山本・伊藤, 2004）の取り組みをしてみることが必要だろう。

　2011年に発生した東日本大震災は、この社会がもともと抱えていた諸問題を、結果的に露わにしたという側面がある。そのことをひとつの契機にすれば、質的研究に携わる研究者は、これらの社会の中の諸問題に対峙し、その中で生きている人々の「渦中」に寄り添うことで、生活と暮らしの変革を求める実践的な研究を展開することがよりクローズアップされるのではないだろうか。それは、あらためて人々が生きている現場、すなわち浜田の言う「渦中」に寄り添うことを基本とする質的研究に、変革を意識しつつ真摯に取り組むことを意味している。

【参考書】
佐藤郁哉（1984）.『暴走族のエスノグラフィー —— モードの叛乱と文化の呪縛』新曜社.
　　暴走族にとっての「日常生活」へ参入した筆者が描き出しえたものについて概括し、この手の研究の困難さとおもしろさを明らかにする。
浜田寿美男・伊藤哲司（2010）.『「渦中」の心理学へ —— 往復書簡・心理学を語りなおす』新曜社.
　　往復書簡という語りなおしの方法のおもしろさに加え、人々の「渦中」に寄り添う心理学がいかに可能かについて考える。
好井裕明（2006）.『「あたりまえ」を疑う社会学 —— 質的調査のセンス』光文社.
　　「はいりこむ」「あるものになる」「聞き取る」「語りだす」などをキーワードに、通り一遍ではない質的調査のあり方について考える。

2節
共同知を創出するものづくりワークショップ
塩瀬隆之

　本節では、ものづくりワークショップを通じて、デザイナーやリサーチャら専門家が、現場にいる当事者とともにどのように共同知を創出していくのかを整理する。これまで専門家は、とかく知識や事前の情報に頼りがちであったが、高齢者や障害のある人など多様な現場の当事者を巻き込むものづくりワークショップでは、小さな気づきを一つひとつていねいにことばにしていくことで、専門家にも当事者にもあらかじめ知りえない新たな見地へと導かれることが期待される。本節ではものづくりという物理世界での制約条件を質的研究に持ち込むひとつの方法論を紹介することで、専門家の価値観を揺さぶるほどの大きな知の変革につながる可能性を示したい。

2-1　社会と生活で求められる変革

　大学や研究所における基礎研究と企業における応用研究、技術開発との関係は、新たな科学技術の発見から開発、設計、製造、販売という直線的に市場に展開されるリニアモデルと呼ばれた。しかし市場の成熟に伴ってニーズが多様化してくると、市場発見こそがビジネスの起点とする考え方のクラインモデルが注目を集める（Kline, 1985）。米国の産業界はすでに1980年代からこのクラインモデルへとシフトし始めたと言われるが、わが国ではリニアモデル神話に固執し、その転換に出遅れたと指摘されている。さらにバブル経済が崩壊した1990年代前半から、人口減少や景気後退に伴って市場が縮小したり、技術が汎用化、均質化して新興国との低価格競争に巻き込まれたりしてきている。そのような市場経済が混迷した中で注目を集めているのが社会そのものの変革、「イノベーション」である。

　イノベーションの訳語としては「技術革新」という言葉があてられる。しかし、技術開発の延長線上の成果として何か圧倒的に新奇な技術が生まれることを指すとの理解は誤りである。シュムペーター（Schumpeter, 1943/1995）

によれば、イノベーションとは技術革新だけを指すのではなく、それを実現する生産方式の革新、新市場や新資源の開拓、経営組織の変革を伴ったものでなければならないとしている。まさに社会の変革そのものを意味している。新しいアイデアや方式の導入と開拓、既存要素の新たな組み合わせから、社会的に意義のある新しい価値や変革をもたらし、社会的な変化を実現することである。

　革新的なシーズと潜在的なニーズを結びつけ、新たな事業展開へとつなげる市場共創型のイノベーションに、質的調査の研究手法が大きな注目を集めている（Schwartzman, 1992; Hume et al., 2004; Handwerker, 2002）。潜在的なニーズ調査のために、大手ITメーカーやソリューションベンダーが文化人類学の博士号を持った研究者を雇用し、新興国をはじめとする現場の質的調査に大きな期待を寄せている。ラピッドエスノグラフィーやビジネスエスノグラフィーと呼ばれるデザインリサーチに関心を示す業界が年々増えてきており、家電から自動車産業まで多種多様な業界で実施され始めている。新興国におけるコンピュータや家電の利用場面、先進国においてもSNS（ソーシャルネットワークサービス）やタブレットのようなユーザーにとって利用経験の少ない新技術の使用場面など、機器の使用がそれまでの社会生活にどのような変革をもたらすのか、その潜在的な課題発見を期待されている。ターミナル駅や公営の動物園など公共施設においてスマートフォンを通じた情報サービスを提供する場合にも、デザインリサーチと呼ばれる手法で質的調査を行うことがシステム開発の成功を左右する（図6-3）。

　このような市場共創のきっかけは、技術について深く知っているはずのエンジニアからも、日常生活を過ごす当事者自身からも、いずれか一方からでは起こらないと言われている。動物園での情報サービスを開発するといっても、コンピュータの前でシステム開発するエンジニアには動物舎の前で交わされる親子の会話や子どもの集中力がどれほどのものか見当もつかない。当の来園者は、情報サービスと言われても何が得られるのかまったく想像がつかないうえに、提供された多くの情報をもてあまし、かえって目の前の動物を見る時間を減らしてしまうという本末転倒な状況になりかねない。動物園において求められる情報サービスとは、どこにも存在しなかった課題抽出を行うという意味において、デザイナーやリサーチャがフィールドに入って、

図6-3 動物園利用のデザインリサーチ

その当事者と共同的に向き合ってはじめて、そこに創出されるものと考えられる。

2-2 共同知創出の技法としてのデザインワークショップ

　デザイナーやリサーチャが、自らの専門性を前面に出すのではなく、現場にいる当事者とともに共同知を創出する方法として、ワークショップへの注目が集まっている。ワークショップとは、主催者から一方通行的な情報を伝達する場ではなく、参加者が主体となって積極的に参加し、アタマや言葉だけの理解ではない、体験に根ざした学びの場である（中野, 2001; 堀・加藤, 2008; 茂木ほか, 2010）。このワークショップはさまざまな場面で利用され、近年は学校教育やビジネスミーティング、住民参加型まちづくりなど、その利用目的も多岐にわたる。特に重要なことは、当事者の言葉よりも専門家の言葉を過度に重んじる知識至上主義的な傾向を払拭し、当事者が「何を感じ」「何を求めているのか」を同じ場を共有しながら共に言葉にかえていく作業の必要性を参加者全員が自覚することである。しかし技法なきワークショップは、ただの集会以上の効果をもたらさず、知は創造されない。専門家が知識をひけらかし、参加するユーザーや市民を説得し始めた時点で、集まった成員の個人の技量を越える知に到達することはないためである。

このワークショップの進行をリードし、参加者を核心に迫る議論へと導く役割を担うのがファシリテータである。ファシリテータは、参加者の緊張をほぐし、うちとけた雰囲気をつくることに献身しつつも、時間の流れに注意を配りながら、予定されたスケジュールで確実に進行することが求められる（堀・加藤, 2008）。このファシリテータ役をデザイナーやリサーチャが務めることもあれば、デザイナーやリサーチャは現場の当事者とともに一成員として参加し、専門のファシリテータに進行を任せる方法もある。

　ファシリテータの手腕は、そのまま参加者の学びの深さに直結する。初めて互いに顔を合わせた参加者同士の緊張をほぐし、リラックスの中にもお互いがうちとけあって連携を強められるような進行が期待される（Chambers, 2002/2004）。ここで期待されるよいファシリテーションとは、きわめて質的研究の手法と通底するところが大きい。たとえば、「この場面で印象に残ったことはありますか？」といった非構造化された質問から、より具体的な半構造化質問へ、そしてさらに「この情報提示で明解に次の場面を連想できましたか？」といった、より構造化された質問へと順次、回答の幅を制約していく焦点インタビューなどは、優れたファシリテータには必須のテクニックとも言える。また、インフォーマント（情報提供者）が世界の何を見て、何を喜び、どのような行動をとるのか、その背後にあるその人の文化と生活世界をグループの中で「うちとけた会話」から導くフォーカスグループインタビューのはたらきも、ファシリテーションがうまくいっているワークショップの進行そのものである（塩瀬, 2007; Spradley, 1980; Merton, 1987）。既存の枠組みに当てはまるユーザー行動のパターン分類が目的であるならば、定量化と統計処理が常套手段であるが、ここで求められているのは、むしろ仮説生成的な定性調査の体系的な研究手法である。

　しかし、それでも参加者が自由に個人の意見を述べあうだけでは、自らの行動や経験を言語化するときの適切な制約条件としては十分ではない。そこで注目を集めるのが、参加型ものづくりワークショップである（森・喜多, 2012）。これは参加者同士が問題発見してアイデアを述べるにとどまらず、具体的に提案内容をプロダクトやサービスの試作品としてその場で作り上げるデザインワークショップのひとつである。

　ワークショップと言ってもほとんどの場合は、模造紙にアイデア提案を記

図6-4 その日に初めて出会った参加者同士でアイデアを出し合う

して発表するものが大半で、ものづくりワークショップのように具体的に成果物を試作するところまで時間内のスケジュールに取り入れるものは決して多くはない。しかし、ワークショップの最終成果物を単にアイデアの列挙に留める場合とは異なり、具体的な試作品やサービスモデルにすることで新たな制約条件が思考過程に加わる。たとえば植物の種子の飛散方法を小学生と学ぶタネデザインワークショップにおいて、はじけ飛ぶ胞子の形状を具体的に工作してみると、バネにせよ振り子にせよエネルギーを蓄える機構よりも「誰がいつスイッチを押すのか？」という具体的な疑問が小学生の頭に浮かぶようになる。折りたたみ松葉杖を自転車に装着するようなアイデアを具体的に試作してみると、「組み立てなおした松葉杖の強度を何で担保するのか？」という次の課題が明確化する。このような物理世界における制約条件は、ワークショップに参加した専門家同士で交わされる言葉の表現に潜む誤解や先入観を浮き彫りにするはたらきを示す。

たとえば医療リハビリ現場の看護師や作業療法士らと質的研究者らが実施した院内シューズのデザインワークショップを例に挙げる（西山ほか, 2010）。テーマは、病院内で「こけにくい院内シューズをデザインする」というものである。「この患者さん、よくころんでしまうので気をつけてあげてね」という何気ない看護師の一言に対して、「はい」という元気な一言で引き継ぎがなされる病院内のありふれた風景を思い浮かべる。デザインワークショッ

プは、この何気ない申し送りの会話が、実はいかに曖昧なものであったかに気づく好機となる。

　デザインワークショップでは、普段感じている課題を言葉にするだけではなく、グループに分かれて実際にいくつかのスリッパを改良するなどして新たなスリッパの試作品をつくることを志向する。個々のグループには、看護師や作業療法士、看護用品のエンジニアなど多様な専門家だけでなく、患者自身が参加することもある。複数のグループに分かれた看護師らが「こけにくい」という言葉から連想されるスリッパを実際にデザインしてみると、あるグループではスリッパの裏に滑り止めを貼付したのに対し、別のグループでは逆に家具を滑りやすくするテープをスリッパの裏に貼付した。この２グループがイメージした患者の転倒シーンは、片や滑って転倒する場面で、他方は蹴躓いて転倒するという180度異なった場面であった。また別のグループは、スリッパに蓄光テープを貼付していた。それは、「患者さんが夜中にトイレにいこうとして、暗がりでベッドから起き上がってベッド下にあるはずのスリッパを探しているうちによく転倒してしまうから」という看護師の経験からくるアイデアであった。そこで蓄光テープでスリッパまわりが明るければ、すぐに見つかるであろうという仮説に基づいた試作品であった。

　いずれの看護場面においても、「こけない」というテーマをスリッパのデザインという物理世界に還元したとき、まったく異なる物理事象が曖昧な言葉の中に入り混じっていたことが明らかとなる。スリッパの底面で摩擦がゼロになれば患者は滑って転倒するし、スリッパの底面で摩擦が最大化すればひっかかるように蹴躓いて転倒してしまう。物理原則に置き換えることで、摩擦の視点で180度異なる別事象を同じ表現で曖昧に捉えてしまっていたことが浮き彫りになる。さらに突き詰めると、片麻痺の患者の場合には麻痺のある体の側面かどうかによって転倒理由も両方あるということがわかり、左右それぞれに別の工夫を凝らしたスリッパのアイデアも生まれた。それは、いくらインタビューで潜在的なニーズを抽出したと思い込んでいても、実はわたしたちの曖昧な表現の中に異なる視点が入り混じっていて、そのままでは誤解が隠されてしまうことを指摘する。具体的なニーズの把握には精緻な言葉のすり合わせが要求されるが、ものづくりを取り入れたデザインワークショップにおいては、物理原則をはじめとした制約条件が表現の曖昧さを解

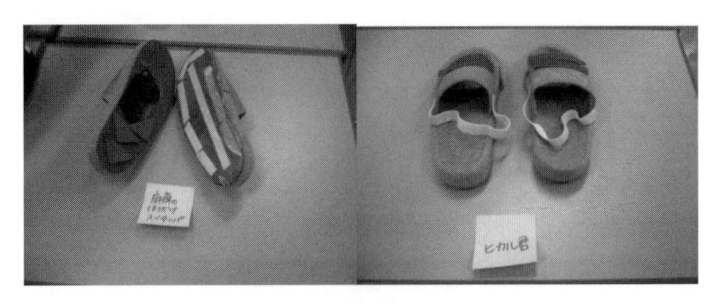

図6-5 「こけない」ための工夫を取り入れたスリッパのデザイン

消し、あらかじめ参加者のいずれの頭の中にもなかった潜在する課題とニーズを浮き彫りにする可能性を秘めている。

2-3 個人の生活への注目から始まるイノベーション

製品やサービスの開発に生活の当事者であるユーザーの声を反映させるユーザー参加型デザインが注目されている。しかし、その多くが、デザインプロセスより以前にそのニーズはユーザー自身が持っているとの仮説に基づいており、「何か困っていますか？」という質問に対して、明確で簡潔、また論理的で技術に肯定的な回答が速やかに得られることを期待している。その問いに明解な回答が得られない場合には、「ユーザーは明確なニーズを持っていなかった」と安易に結論づけ、ニーズよりもシーズ優先のデザインに回帰してしまう。

ものづくりに携わってきたデザイナーやリサーチャら専門家の先入観を払拭し、ユーザーの生活に立脚したデザインプロセスを実現する手法のひとつとして、インクルーシブデザイン（Inclusive Design）がある。インクルーシブデザインとは、特定のユーザーをリードユーザーとして製品開発プロセスの全体に巻き込むことで、まずは個別のニーズへの徹底した注目から、他の多くのユーザーを巻き込めるようなマルチプルシナリオへと展開する手順で普遍的な価値を製品やシステムに与えるデザイン手法である（Clarkson et al., 2003; Coleman et al., 2003; Shiose et al., 2007）。ニーズはあらかじめユーザーが明確に持っていると考えるよりはむしろ、デザインプロセスにおいて言語化、描画、試作と段階を経ながら具体化されると考える。特定のユーザーとして

は、高齢者や視覚に障害のある人、妊婦など、これまでおよそデザインのメインターゲットとはならなかった多様なユーザーを積極的に迎えることがひとつの特徴である。片麻痺やリウマチに悩む人の使用場面の観察から新しいパッケージのミルクをデザインしたり、誰もが使いやすい日曜大工の釘打ち機などが開発されたりしているが、いずれもユーザーがあらかじめ持っていた明確なニーズを起点とするというよりは、デザインプロセスの中から立ち現れてきたものである。

　従来のユーザー参加型デザインでは、ユーザーに加工協力やユーザービリティグループとして参加機会が提供されるに留まってきた。市民参加型会議という言葉もあるが、多くの場合は議題や議事進行は予定調和的で、会議の最後に「何かご意見はございますか」「今後の参考とさせていただきたいと思います」というていねいな言葉でいつ実施されるかもわからない次回への申し送り事項とされてしまう。そのような場合は、ユーザーや市民の参加に対して、専門家に比して知識や経験の少ない素人であるという先入観を払拭できていないことになる。

　インクルーシブデザインでは、さらにフィールド調査やフォーカスグループといったデザインプロセスの前段階から参加機会を増やすことで、デザインプロセスの最初から最後まで一貫してプロセスに参画し続ける機会を提供したことが、新たに注目を集める所以である。デザインチームは、6〜8人で1グループを構成する。ワークショップ全体は、4〜5グループ、合計で30〜40人が会場に同席する。各グループには、視覚障害や聴覚障害、片麻痺などさまざまな障害のある人や車イスユーザー、高齢者をリードユーザーとして迎え、それ以外にデザイナーやエンジニア、研究者、学生ら多様な分野の参加者でチームを構成する。デザイナーはプロダクトデザインやテキスタイルデザインなど幅広い分野で活躍し、エンジニアは自動車や家電など基幹産業のメーカーから情報技術メーカーなど多様な分野から参加している。できるだけ多様な専門性を備えた参加者を集めることがワークショップ全体の創造性に直結する。多様な専門性の前には、相互に立場が専門家と素人のあいだを行き来し、特定の専門性が圧倒的に支配できない状況がすべての参加者に発言と提案の機会を提供する。

　リードユーザーとして高齢者や障害のある人などを積極的に巻き込んでい

くことがインクルーシブデザインの特徴ではあるが、決してマイノリティユーザーのためだけのデザインにはとどまらない。企業としては、できるだけ広く多様なユーザーに共通して使いやすい製品やサービスをデザインしたいと考えるが、すべてのユーザーというものを拙速に求めてしまうと誰に向かっているのかがぼやけてしまい、かえってどのユーザーにも使いにくい製品やサービスへと結実してしまう矛盾を抱えてしまう。

　ここで年齢差や体格差、身体障害の有無に左右されず、誰もが利用できる製品づくりを目ざしたユニバーサルデザインという設計規範が思い起こされる（古瀬, 1998; 中川, 2002）。体格差によらず購入しやすい高さに料金投入口のある自動販売機、視覚障害ユーザーの音声読み上げソフトの利用も想定したシンプルなレイアウトのWebサイトなど、すでにたくさん登場し始めている。しかし、どんな人にとってもやさしく、使いやすい製品が存在するに越したことはないが、「どんな人にとっても」という謳い文句が製品開発の対象者を曖昧にしてしまい、かえってデザインそのものが進まないことがあると疑問視されていた。

　エンジニアリングの世界では、人にやさしい製品づくりと言っても、具体的にものづくりをする場面では「使いやすさ」という感覚的な表現ばかりを頼りにはしていられない。ユニバーサルデザインという概念には共感しつつも、具体的な設計手順にまで演繹できなければ、それは絵に描いた餅にほかならない。1980年代には、人間の身体的、あるいは生理的な構造を重視した人間工学を中心に、疲れにくいキーボードや腰を痛めない椅子などが開発された。1990年代に入ると、コンピュータを内蔵した製品のわかりやすさなど、認知工学を中心とした人間の知覚や行為にまで踏み込んだ開発が中心となった。そして最近では、専門家やユーザーによる評価方法を体系化したユーザービリティ評価と呼ばれる手法が積極的に導入されるようになり、使いやすさや満足といったより感覚的な評価へ踏み込む時代となっている。たとえばペルソナ法のように仮想ユーザーの生活形態を物語調に自作したうえで製品使用場面の具体的記述を求めるような製品開発手法が研究されている。

　しかし、統計上のデータから平均化された仮想ユーザーは、製品もマニュアル通りの手順で操作できるなど多くの場合に優等生的で、デザイナーの想像の域を出るような新奇な回答はとても期待できない。ここでエンジニアリ

ングの世界での文法である効率化を急ぎすぎれば、それは専門家による仮想ユーザーの想定にとどまり、また実態としてのユーザー像からかけ離れてしまう。より大局的に使いやすさや、モノがユーザーの生活にもたらす「意味」までを視野に入れるためには、「何が生活者に求められているか」といった概念を決定する基本デザインよりも以前に立ち返り、有効で、効率的で、満足できるモノを見抜かなければならない。ここでは当事者の「生活」という言葉の中に、単に機能や構造といった表現だけでは置換できない価値を見出し、それを表すことのできる言語表現を探し当てることが価値そのものの創出と言える。

　ただ1人の個人、「○○さんの生活」に向き合うところからデザインが始まるインクルーシブデザインが注目される理由はここにある。1991年にヨーロッパで発足した高齢化する人々へのデザイン効果を調査するデザインエイジネットワークが母体となり、1999年にはイギリスの英国王立芸術学院にこのインクルーシブデザインの世界的研究センターが設立された（Clarkson, 2003）。徹底した個人への回帰からアイデアを練り上げ、その中に複数の異なるユーザーを想定したマルチプルシナリオを描いていく。当該研究分野で古くから知られている仮説を持って相手を見るのではなく、仮説はワークショップの過程を経て事後に創出されるものと考え改めるべきである。そのためにはまず先入観としての仮説を払拭し、リードユーザーとして参加したユーザー個人との徹底した対話が重要である。われわれがとかく知識や事前の情報にたよりがちで、ユーザーの生の声に耳を傾けることを怠ってきた事実を、インクルーシブデザインの場はきわめてシンプルに自覚させてくれる。

2-4　小さな声を拾うための精緻な不完全さ

　フィールドワークでは、単に対面でのインタビューにとどまらず、実際に視覚に障害のある人と駅構内で切符購入をしてみたり、車イスユーザーとともにスーパーでの生活雑貨の買い物に同行してみたりするなど、日常生活の場面を具体的にチームで共有する。グループに参加しているメンバーは、行動観察の中で気づいたことを徹底して付箋に書き出すことを要請される。この時点では気づきの取捨選択はせずに、とにかく小さな気づきの一つひとつ

を言葉にする。リードユーザー本人の語りも貴重で、本人あるいはまわりにいるメンバーが付箋に書き出すように努める。

次にフィールドワークで得た気づきを集めて模造紙やホワイトボード上で整理をする。すぐにスケッチとして描き起こしながら、そのリードユーザーだけではなく、多様なユーザーを巻き込めるマルチプルシナリオに配慮したアイデアを具体的なスケッチに落とし込む。これはニーズの共通性を先に浮き彫りにしたうえで、ユーザー像を徐々に一般化していくことが特徴である。たとえば車イスユーザーが出かけ先で急に雨が降ってきた場合に、どのように傘を差すか、雨合羽を着用するかに関わる潜在的なニーズや改善のアイデアは、ベビーカーを押している幼子のお母さんにも同じように展開可能なアイデアである場合が多い。

さらにプロトタイプ製作では、アイデアスケッチを可能な限り等身大で製作をする。大事なことは、試作品の仔細な正確性を追求するよりも、その機能と構造についてメンバー同士で議論するに足る精度を求めることである。それは過度に高品質である必要がないことから、あえてクイックアンドダーティーという言葉で表現される（Clarkson, 2003）。その試作品は粗くてもよいので、素早くカタチにされることの重要性を説く。先進的なメディア技術で世界を席巻する米国マサチューセッツ工科大学のメディアラボには、「デモ、さもなければ死（Demo or Die）」という標語があるほど、デモンストレーションを重視しており、目の前にいる相手にインパクトを持ってプレゼンテーションできないようなアイデアはそもそもアイデアですらない、との固い決意に依拠している。

ワークショップの最後の場面では、グループごとに自らのアイデアや試作品についてのプレゼンテーションが要請される。各グループには、ワークショップの過程で得た気づきのすべてと具体的な試作品とのつながりについて論理的、説得的にアピールするプレゼンテーションが要請される。プレゼンテーションの言葉として、自らのアイデアを再整理すること自体が、その場に参加しているメンバー全員、ひいてはユーザーニーズの理解を深めることにつながる。個人としてのユーザーとの対話から具体的なニーズを得て、そのニーズの共通性から一般化したユーザー像、そして物理的・構造的な制約条件から具象化したアイデア、という一連の流れを論理的に言葉に結びつけ

る段階だと言ってよい。

　ここで得られる知見は、ワークショップ以前には誰の頭の中にも具体的には存在しておらず、ワークショップの過程を通じて共同的に創出されたものと考えられる。しかし、デザイナーやリサーチャの意気込みとは裏腹に、フィールドの中にいる当事者の声は専門家とは違って決して大きな声ではない。当事者自身の遠慮もあれば、専門家の経験に裏打ちされた専門用語に修飾された発言の数々に圧倒されている場合もある。

　ここでクイックアンドダーティーを取り入れたデザインワークショップが果たす役割とは、これまでそういった専門家の大きな声にかき消されがちであった「小さな声」をうまく拾う機能である。たとえば、医療福祉の分野においては「努力」や「我慢」という表現が先行してしまい、介護や看護に従事するスタッフの生の声を上げることは自粛してしまいがちである。いくつかの機会を得て、患者や看護者、被介助者や介助者に、「普段どのようなことに困っていますか？」と直接に尋ねたとしても、明確にその内容がすぐにものづくりにつながるような言葉としては列挙されるはずもない。なぜなら自らの声がどのようにカタチに変わりえるのかという実感も無ければ、自信も無いためである。介護スタッフが休憩所を迂回して人目につかない建物の影で休息をとることは、本人にはあえて言葉にするまでもないあまりに自然な行動であった。

　あえてこれまで言葉にされてこなかったこのような「小さな声」に耳を傾けることが、重要な役割である。ユーザー参加型デザインや市民参加型デザインが注目を集めても、「何か困っていることはありますか？」というぶっきらぼうな質問1つでは、明解な回答を用意できるユーザーや市民は必ずしも数多くはない。不慣れなデザイナーが意識する以上に「小さな声」をつかむことは難しく、コミュニケーションのあり方そのものを再考しなければかなわない。一方で、デザインリサーチの活動に主体的に参加することは、ユーザーや市民にとってもこれまで言葉にできなかった自らの「小さな声」に自分自身が気づく契機ともなりうる。自分自身で自らの作業環境を見直し、日常の業務そのものの負担を軽減するなどの改善の鍵を握っているという事実を自覚する必要がある。

　この「小さな声」を拾う好例として、尊厳のためのデザインプロジェクト

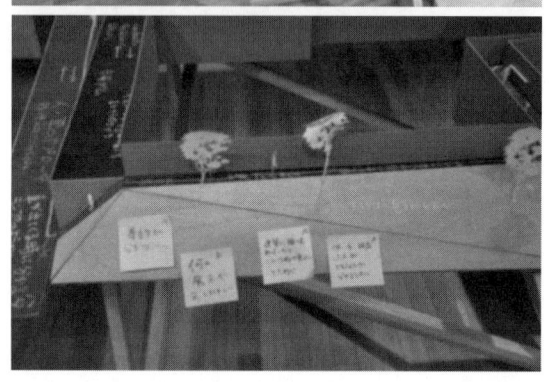

図6-6 当事者との対話からうまく声をひろえる建築模型

を挙げる。ここでは患者や被介護者に限らず、ケアに携わるスタッフ一般の尊厳をも守った職場環境のデザインとはどのようなものかを検討する集まりであった。

　プロジェクトのひとつに、図6-6に示すラフな建築模型がある。建築家が一般にプレゼンテーションに使うようなホワイトモデルとは異なり、ベニヤ板などを貼り合わせたラフな模型に黒板塗料を塗布したものである。この黒板塗料の塗布がすぐれもので、「特に何の問題も感じていない」と返答していたケアスタッフらも、実際にチョークで模型の中に文字を書き入れているうちに、フツフツと具体的な課題が頭に浮かんでいくのである。「わざわざ遠回りをして休憩する」という何気ないチョークによる書き込みには、「裏の建物から迂回していくのは遠回りであるが、正面を通って勤務中の同僚に休憩に行く姿を見られる何か後ろめたさのようなものよりはマシである。」

という言葉を引き出すことができる。この一見するとラフに見える、しかし精緻に作りこまれたこの施設模型には「小さな声」を可視化する強力なツールのひとつとしてのはたらきがある。黒板にチョークで書き込むという小学校時代を懐古するようなシンプルな行為設計により、多くのケアスタッフが日常の何気ない休憩行動を可視化することができる。一般的に建築家、インテリアデザイナーが用意するホワイトモデルと呼ばれるプロトタイプでは、建築の素人が何かコメントするという視点から見れば、完成度が高すぎる。チョークで直接にラフな建築模型に書き込めるという仕掛けは、ともすれば受け身になりがちなケアスタッフが声を出せる希少な機会をもたらした。

　専門家でない人がこのワークショップの場において発言できるか否かはグループの雰囲気づくりそのものに起因するが、ファシリテータの手腕によっても、またその手腕からも依存しないひとつの可能性が、この試作品の完成度をどの程度におさえるかである。ここで述べる完成度の質とは、高品質化を狙うような軸とは意味が異なり、参加者の心理的な敷居を下げ、理解を助けるように足る程度の質である。完成度が高く、美しいプロトタイプを前に「気軽に自由な意見を述べてください」と大手を広げられても、うかつに飛び込める参加者はほとんどいない。触ると壊れそうなほど繊細な建築模型を前に称賛の声をあげるほか、述べるチャンスが得られない状況である。一方で、あえてラフな試作品をつくるのはここに理由がある。未完で、余地を残すこと、それが相互作用を新たな視点で促すのである。

　デザイナーとリサーチャが当事者の声を聞く方法としても、小さな声を絶え間なく受け取るというのはきわめて重要なパラダイムシフトである。なぜなら公共事業の縮小や経済の後退という状況下では、大規模な医療福祉法人施設が一から建設されるのを待つわけにはいかないためである。何か一つの絶対的な回答としての大規模建築というよりもむしろ、一つひとつの小さな工夫がそこかしこに埋め込まれているような状況、そこに身を置くことが、常に意識を高く保つうえで重要となる。ケアスタッフの健全な看護や介護を取り戻すこと、それが結果として施設利用者の尊厳にもつながることが期待される。個の尊厳のみを取り出してただそれだけを守るということは難しく、個を取り巻くすべての人の尊厳がそれぞれ守られていてこそ、はじめて健全な看護や介護の環境が成立しうると考えられる。

2-5　共同知創出の場が欠かせない企業内教育

　市場経済が混迷する中で、デザインを基調とした革新を目ざすデザインインスパイアード・イノベーションが注目を集めている（Utterback et al., 2006）。企業においてもデザインリサーチャを新規雇用するか、デザインマインドが備わるような企業内の人材育成カリキュラムを整備する動きも出てきている。しかし企業内教育においては、新規なカリキュラム整備以上に次世代への知識や技能の継承という喫緊の課題を抱えている。それはまだ記憶に新しい団塊世代の定年退職者数がピークを迎えた2007年問題に遡（さかのぼ）る。企業にとって成長期を支えたものづくり技術の知識や経験を抱えたベテラン技術者の大量退職が一度に起こりうるという課題であった。結果として、2007年には退職年齢に達した熟練技術者を嘱託職員として再雇用するなど問題を先送りしてやり過ごしたが、5年を経れば熟練技術者が5歳加齢することは自明の理であり、技術喪失の根源的な危機は回避されていない。図6-7左に示すのは、2010年における大手ハードウェアメーカーに共通する組織内人口構成の例である。

　50歳以上の構成員が組織内の50％を占め、バブル崩壊後の就職氷河期に入社した30歳代後半の構成員が人数の底と言われている。景気回復で採用数が増した30歳代前半から人数は増え始め、2008年リーマンショックによって再び減少している。このような人口ピラミッドの形はワイングラス様のカーブを描いていると言われ、規模の大小はあれ、多くの業種業界において

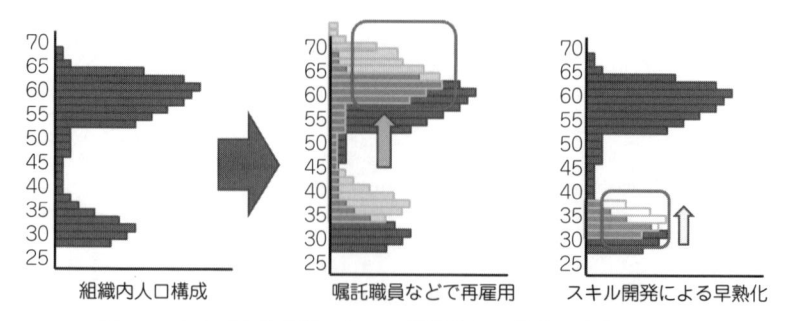

図6-7　ものづくり産業における組織内人口構成と代表的な対策

同様の形状をした組織内人口構成に頭を悩ませる企業は少なくない。単純に10年後の姿を推定するならば、組織成員の半数が退職することになり、組織が長年かけて蓄積した経験知のほとんどが失われるリスクを背負うことになる。組織の技術力を維持するには、この積分値をいかに一定以上に保つかが問われる。過去には、嘱託職員としての再雇用という対策がとられてきたが、2007年問題の先送りは二度三度と繰り返せるものではない。他方、若手職員のスキル開発によって即戦力に育てるという案も限界がある（図6-7右）。

そこでこのワイングラスのくぼみを組織外に求めるため、海外の労働力や異業種との連携協力、一時的な共同などのオープンコラボレーションの機能が注目を集めている。しかし、熟練技能継承を困難にする原因のひとつが日常的なあうんのコミュニケーションと言われており、同じ釜の飯を食ってきた仲間との協業においてしか成立しえなかった日本特有のコミュニケーションが足かせとなってしまう可能性がある。

組織として多様なパートナーと短期に成果をあげるようなコミュニケーション能力をいかに備えるかが課題であり、そのカリキュラムの候補としてデザインワークショップが期待されている。異なる専門性を備えたデザイナーやリサーチャらが一堂に会し、さらに当事者としてのユーザーをも巻き込んだ市場共創型のイノベーションの場である。ここでは、デザインワークショップを通じて個々の参加者が言葉に込めた背景や、そもそもの価値観が異なるパートナーときわめて短い期間のうちに共同の知を創出するような技法を身につけておくことが求められる。これは欧米の大学において注目を集めたデザインスクールがわが国においても教育プログラムとして推進されていることからもうかがえる。組織をまたがって多様な専門家と協業するためのスキル開発という観点から、高等教育機関と産業界のみならず、NPOや市民団体などミッションオリエンテッドな組織との連携協力も期待される。

2-6 「ために」から「ともに」へ

共同の知を創出すると言っても、いずれか一方の頭の中にあるアイデアが両者で共有されることを意味するのではない。まして両者に専門性や立場に不均衡がある場合には、いずれか特定の知が半ば強制的に共有されるにとど

まることが少なくない。旧来の上意下達としての知の伝達モデルを破棄し、対等な関係において共同で知を創出すればこそ、専門性は真の意味で社会に変革をもたらすことが期待される。ユーザー参加型デザインにおいても、デザインパートナーに迎えたユーザーがいきなりデザイナーの代わりを務めようというわけではない。しかし、デザインプロセスに招き入れたリードユーザーとの関係を、〈助ける人―助けられる人〉という一方的な支援関係のまま変えることができないようでは、デザイナーの先入観を越えるようなデザインの革新はとても期待できない。ここで木村（2006）の平等性と対等性をめぐる論考が参考となる。木村によれば，

【平等性】かたより差別がなく、すべてのものが一様で等しいこと
【対等性】双方のあいだに優劣・高下のないこと

という定義を論考の出発点としている。これに準拠すれば、ユーザー参加型デザインの中でこれまで議論されてきた「平等性」という概念はそれ自身重要ではあるものの、その使い方に慎重をきすべきことがわかる。平等という表現は「法の下に平等」や「神の下に平等」など、個々個別の平等性の議論の背景に俯瞰(ふかん)的な絶対的な立場にいる何かが想定されてしまう。特に平等性を誤って受け止め、デザイナーやリサーチャが俯瞰的な立場で参加してしまうと本末転倒である。

　一方で、「対等性」という概念はきわめてローカルな、デザイナーやリサーチャが当事者としてその場に臨席し、ユーザーと面と向き合うことが期待される。このユーザーとの相対的な位置づけが変わるような対等性の場に身を置かなければ、ユーザーから導かれる言葉もまたデザイナーの価値観を揺さぶるほどの力を持つことはない。リードユーザーと言っても、決してデザインの専門家である必要はなく、ユーザーの生活実態や行動過程を率直に提示することで、デザイナーやエンジニアの気づきをリードしていくことが期待される。

【参考書】

茂木一司・上田信行・苅宿俊文・佐藤優香・宮田義郎（2010）.『協同と表現のワークショップ』東信堂.

　異なる専門性を備えた人と市民とが協同して新たな知を生み出すワークショップについての、多様な事例が紹介されている。特に、ワークショップへの参加そのものを個人の表現の場とする独自の捉え方は示唆に富む。

アッターバック, J. M.・ベダン, B-A.・アルバレス, E.・エックマン, S.・サンダーソン, S. W.・テッサー, B.・ヴェルガンティ, R.／サイコム・インターナショナル（訳）（2008）.『デザイン・インスパイアード・イノベーション ── 顧客に喜びを与え、簡素と品位を強調し、意味を創造する』ファーストプレス.

　製品やサービスの競争力を左右するものは、品質でもコストでもなく、デザインの時代に入った。装飾や形式としてのデザインではなく、ユーザーとメーカーをつなぐ言語としてのデザインについて概観できる入門書。

3節
質的アプローチの教育と学習
安田裕子

　本節では、新たな世界観を拓く質的なアプローチの学びと教えのあいだを行き来しながら、人の豊かな生や多様な現象を捉えるための具体的な工夫や枠組みを示しつつ、質的アプローチの教育の要点と向かう方向性を構想する。
　まず、質的研究の動向を捉え、背後にある理論を学ぶことの大切さを確認し、大学のカリキュラムや授業実践の現状と課題を述べる。そして、学びの指針となる学習材や大学を越えた協働的な教育の場の意義を明示する。さらに、複眼的な思考を身につけ質的研究を行う身体をつくるうえで、多様な見方の可能性を意識化できるような、複数の視点を取り入れる仕組みとしての対話が鍵となること、方法論を単に技法として手続き的になぞるのではなく、深く認識論を理解し、繰り返し思考を言語化することの重要性を論じる。

3-1　質的アプローチの学びによる世界観の変革

　「現実」は視点によって多くの見えの可能性をもつ。質的研究では、言語を中心としたデータを収集していくが、本質的なのは、言語という世界を捉える概念的な道具を使って新たな視点の探索とものごとの見えの更新を試み、見落とされていた現実を描くものの見方を仮説的に作り上げていくことである（能智, 2011）。現実の人の多様な生を捉えるにあたり、質的アプローチの研究スタイルは、有用な視点を与えてくれる。
　質的研究は、その歴史的展開の中で、心理学、教育学、医学、看護学、社会福祉学など実践志向の強いヒューマンサービスを対象とする分野で注目され、関わりを深め、その研究スタイルを変化させてきた。
　質的研究の源流とされる学問分野のひとつに、20世紀前半に活躍したマリノフスキー以降の文化人類学がある。所属する文化や社会によって世界の見え方が異なることへの気づきが生まれ、実践を研究する土台が形成された。19世紀末から20世紀前半にかけて行われたフロイトの症例研究もまた、実

践を媒介にした質的研究の萌芽といえる。そして、日常に焦点をあてて働きかけ、より望ましい方向に変えていこうとする広い意味での実践を、研究活動と結びつけたレヴィンのアクションリサーチも、実践を志向する研究の歴史的土台のひとつとなった（矢守, 2010）。

　第二次世界大戦以後、他者の存在に留意し、他者の視点から見た現実を明らかにしようとする志向は、1960年代に、現場のデータからボトムアップに理論をたたきあげる質的研究法グラウンデッド・セオリーによって、医療現場の人々の相互作用を明らかにするかたちで結実した。1980年代を通して質的研究は、看護学や教育学などより実践的な学問領域に広がった。臨床心理学でも実践を問い直す研究への志向が強くなり、1990年代以降、臨床心理学の教科書の中で研究法についての章が組み込まれるようにもなった。質的研究と臨床心理の実践には共通した部分が多くあり、質的研究法を学ぶことは、心理職の技能を高めるうえで好影響を与えるという認識がなされつつある（能智, 2011）。

　Project-Based Learning と Program-Based Learning を包括する PBL もまた、組織において問題解決アプローチを用いることを特徴のひとつとする、実践的なアクションリサーチに通じる教育法である。プロジェクトを伴った教育手法は、1918年にアメリカの新教育の提唱者キルパトリックが「プロジェクト・メソッド」を生み出したことに始まる。この理念や実践は、1960年代後半にカナダのマックマスター大学の医学部で問題解決型 PBL（Program-Based Learning）として生まれた（Schwartz, Mennin, & Webb, 2001/2007）。1970年代にはオーストラリアやオランダやメキシコの大学医学部が追随し、医学教育に限らず、専門職系の学校のカリキュラムとして定着した。やがて、工学・技術教育や社会科学、ビジネススクールの分野で、プロジェクトを基盤とした教育プログラムが開発された。日本では、PBL は 10 年ほど前から医学系や理工系の教育で部分的に導入されている。高度な問題解決能力の習得やキャリア教育としての期待の高まりから、産学連携や地域連携のプロジェクト型 PBL の実践も増えつつあり、メインカリキュラムとして取り組む大学も見られる（陳・安藤・村尾・大坪・網代, 2009; 松繁, 2010）。

　このように現在では、社会学、心理学、文化人類学、民俗学、歴史学、言語学、教育学、経営学、工学、医学、看護学、社会福祉学などに広がる学問

分野、医療などの臨床・実践分野、さらには、マーケティング、ビジネス、行政、市民社会の領域でも注目され、質的研究の活用の幅が広がり（Flick, 2007/2011）、質的アプローチの学びの必要性とともに、その教育の重要性が高まっている。

3-2 質的研究の教育カリキュラム・教育実践の方法

(1) 質的研究の現代的動向

　質的アプローチの教育について検討するうえで、どのような現象の把握や理解に質的研究が必要とされているか、すなわち、実際の質的研究がどのようになされているかを確認しておくことは重要である。能智（2011）は、現代の質的研究を、多様性と特徴の観点から4つの類型にまとめている。

　1つ目は、個人のもつ独自の意味の体系を探求・表現する類型である。インタビューなどを通じて個人のライフストーリーを理解することから始まり、同じカテゴリーに属する人々の体験をモデル化することがめざされる。先入観や客観性を排し、個人の主観的な意味の世界を検討・記述する方向性をもつ。フッサールに端を発する現象学やハイデガーの実存論の系譜など哲学的文脈のアイデアを基礎に、他者からデータを収集して研究を行う現象学的心理学、個人のもつ意味の体系が生きる世界や体験を形づくるという考え方をする構築主義、ある文化に生きる人の独自の意味の世界を捉えるエスノグラフィーなどがある。

　2つ目は、個人の主観的な世界を支える構造的な条件を対象とする類型である。主観的な体験や行為の背景として、社会・文化的な特性や規範を明らかにする方向性であり、社会学者のガーフィンケルに始まるエスノメソドロジーがあてはまる。社会の成員が暗黙のうちに共有し、それによって社会の秩序が可能になっている認知および意味づけの方法（エスノメソッド）の探求を目的とする。

　3つ目は、個人が体験する意味の世界の生成・変容過程を対象とする類型である。意味の生成に重要な役割を担う他者との相互作用は社会・文化・歴史的な文脈のなかで生じており、その関わりを研究対象に据えているのが、社会文化的アプローチ、状況論、文化心理学である。個人内の過程とされる

思考や記憶や学習などの認知活動も集合的なものとして捉え直され、また、個人の意味の構築の背景に社会との関わりを強調する考え方は、社会構成主義として広まっている。

4つ目は、研究者と対象者が相互作用をしながら一定の認識を作り上げる研究活動の過程を描き出す類型である。研究者の視点の変化や研究者と研究対象者の関わりが詳細に記述されるタイプのエスノグラフィーがあてはまる。また、研究者の視点や研究目的を固定してしまうのではなく、対象者との相互作用のなかで作り上げる過程も重視し、社会の変化や改善を目ざして社会状況に働きかけながら行われるアクションリサーチも、発展しつつある分野である。現代では、改善の方向を簡単に決められるほど問題を単純化することはできず、関係者の価値の錯綜(さくそう)の中で、アクションの方向を探っていく流れにある（矢守, 2010）。

現象を捉える立ち位置や観点を基準にしたこうした類型化は、質的研究を行ううえでの理論の重要性を明らかにする。質的研究の歴史とも相(あい)関連する認識論や方法論に関する学びは、質的研究の教育における重要な柱のひとつになっている。

(2) カリキュラム

それでは次に、日本における、質的研究の教育カリキュラムについて話を進めてみよう。

社会学教育委員会（2006）は、質的方法の授業が未だ手探りの段階にあるわが国の社会調査教育の現状に鑑み、社会調査士資格認定機構の7科目で構成される「社会調査士資格取得のための標準カリキュラム」のうちのひとつの科目である「質的な分析の方法に関する科目」（いわゆるF科目）の授業内容について、次のような調査を行っている。

F科目は社会調査士資格認定機構によって、「さまざまな質的データの収集法や分析方法について解説する科目。聞き取り調査、参与観察、ドキュメント分析、フィールドワーク、インタビュー、ライフストーリー分析、会話分析の他、新聞記事などのテクスト分析に関する質的データの分析法（内容分析等）など」と説明がなされている。よって、社会調査士資格認定制度を導入し、かつF科目を申請している大学では、この説明をもとに授業内容を

組み立てることになる。そこで、社会学教育委員会は、それらを整序する基本的視点を見出すことを目的に、社会調査士資格認定機構に「『質的な分析の方法に関する科目』の授業科目説明書」の閲覧を 2004 年 3 月 1 日付で申し入れ、同年 6 月 10 日付で閲覧の許可を受けた 25 大学（その時点で社会調査士資格認定制度を導入し、かつ F 科目を申請している全大学の、約 70 ％にあたる）のべ 56 科目の「F 科目説明書」をもとに、F 科目の授業内容における必要十分な項目とそれらを整序する基本的視点を見出すことを目的にした分析を行っている。すなわち、「授業内容の詳細」欄に記載されている 15 回分の授業内容を 1 コマずつ切り離し、のべ 840 コマについて、KJ 法に準拠し、F 科目の基本的な視点と項目に関するタイプのまとめを試みている。

　その結果、F 科目として組み立てられている授業内容には、「調査技法と分析技法中心」と「調査の進行プロセス中心」という 2 つの基本的視点があること、また、そのどちらに力点を置くにせよ、総論、調査／分析技法、調査プロセス、調査倫理といった基本項目が必要であることが、明らかにされている。今後の課題としては、個々の教員の教育現場に即した問題意識に応じて、基本的視点と基本的項目のさらなる検討、基本的項目のどこを重視して授業を組み立てるかという授業内容の取捨選択と重みづけの工夫、さらには、応用編として特定の社会学分野に特化した質的方法の授業についての検討などが挙げられている。この調査で明らかにされているのは、現状を踏まえたうえでのより理想的な授業内容である。なお F 科目は「質的な分析の方法に関する科目」というように、そもそも分析に焦点をあてたものであるが、理論面の学びをどこかで補う必要があるだろう。もっとも、この調査は、社会学系の大学では少なくとも質的分析に関する授業が比較的カリキュラム化されている現状を物語っている。

　看護学系の大学院も、質的研究の授業がカリキュラムに組み込まれているところが比較的多い。たとえば、愛知医科大学大学院看護学研究科では、基礎看護学分野・実践看護学分野の専門的看護の学習をする前の共通科目に、看護研究方法論という位置づけで「研究の総論」「質的研究」「量的研究」の 3 科目が組み込まれている。ただし、「研究の総論」のみ必須科目で、「質的研究」「量的研究」は選択科目である。また、獨協医科大学大学院看護学研究科では、必修科目として、「看護研究Ⅰ（概論）」と「看護研究Ⅱ（量的・

質的研究)」が設置されている。前者では、看護研究における研究の動向、研究の種類、研究デザイン、研究プロセス、研究課題の明確化、文献検討、データ収集、データ分析、研究計画書の作成方法、研究倫理と倫理審査申請書の作成方法、研究発表と討論、研究成果の活用などが教授される。後者では、看護領域でよく用いられている研究方法として、量的研究では疫学的調査法、質的研究では内容分析、グラウンデッド・セオリー、解釈学的アプローチについて学び、質的・量的両方法論の特徴と限界について理解することが目標とされている。

　Project-Based Learning をカリキュラム化している大学も散見される。たとえば同志社大学では、2006年度より、従来の教室での座学中心の授業形態とは異なった実践型・参加型の学習機会を重視したプロジェクト科目を、授業科目として設置している。大学の学部生を対象とした、プロジェクトをベースに学習を進めていく正課科目であり、学生が主体的・自律的に学んでいくかたちで授業が展開される。地域社会と企業がもつ「教育力」を大学の正規の教育課程の中に導入することによって、学生に生きた智恵や技術を学ばせるとともに、「現場に学ぶ」視点を育み、実践的な問題発見・解決能力など、いわば学生の総合的人間力を養成することを目的とする（同志社大学,2009）。九州工業大学では、「PBL を基軸とするカリキュラムの開発・整備、各 PBL 科目の内容の整備、ならびに他の講義・実験・演習科目との連携」「教育環境・学習環境のトータルデザイン」「PBL 教育の運営・管理体制の整備」の3つの内容が PBL 教育の取り組みとして実施されている（九州工業大学,2010）。

　プロジェクト型の教育は、実践性に重きが置かれている点で、質的教育の研究と一致するものではないだろう。しかし、現場に出向き現象に触れる営みを授業として体系立てるという教育的構想・展望は、質的教育のカリキュラム化を検討するうえで重要な観点を提供するものと思われる。

　カリキュラム化されている質的研究の授業に関し、現状の日本の大学教育では量的研究と同一の授業内で組み立てられていたり、あるいは、選択科目や特設科目として設置されている場合が多いのかもしれない。現実を捉える視点を増やしたり、人の生きるありさまを捉える眼を豊かにすることに役立つ質的アプローチを、大学教育でより多くの人が学ぶことができることが望

まれる。もちろん、たとえ必修の科目でなくても、質的研究を学びたいと思う人が学べる体制が構築されつつあることは評価できるだろう。

　能智（2007）は、公開されている質的研究の授業のシラバスや授業の様子が詳しく紹介されている書籍を参考に、授業に含めるべき内容を、① 適切な手法の選択、② データ収集のスキル、③ データ分析のスキル、④ 知見を先行の知に位置づけること、にまとめている。① については、異なる認識論的背景をもつ多様な方法論を理解し、自分の理論的関心や研究設問を明らかにする必要がある。② では、対象を幅広く観察したり柔軟な質問をしつつ、収集される膨大なデータに積極的に問いを投げかけ「データと対話」し、研究目的に照らして収集すべき重要なデータの焦点を少しずつ絞っていくことが求められる。③ に関しては、コード化を中心にした方法と文脈を重視した分析があり、少なくともひとつの分析法の手続きを体験・習得しておくことがめざされる。④ では、個々の事例をていねいに検討しつつ、自身の研究を先行研究や理論と関連づけていくことが目標とされる。そして、これら4つのスキルに関わる2つの土台として、「データを読む技能と実践」と「質的研究者としての身体をつくること」が挙げられている。実際には ①〜④ の習得を通じて「データを読む技能と実践」力がつき、「質的研究者としての身体」がつくられていくというように、循環的に磨かれ高められていく。データを収集し、さまざまな読みを試みながら、より適切な意味や発見的な意味を探っていく練習や、方法論や理論や質的研究に関わる古典の輪読などを組み込み、授業を構成することが望まれる。

　より俯瞰的にカリキュラムを構想すれば、まず、「概論」で質的研究の全体像を理解する。その後いくつかの「実習やゼミ」で、質的研究の全体を構成する細かい項目ごとに研究の技能を高めたり理解を深め、可能であれば、特定のトピックに関する「特殊講義」を加える。そのうえで、「卒業論文や修士論文のための研究プロジェクト」に取りかかるのが理想的である（能智, 2007）。こうした一連の授業が必修科目として提供されるカリキュラム構成になっていればよいが、いずれかが選択科目である場合は、学生が授業スケジュールを組み立てる時点で履修ガイダンスを効果的に実施する必要もあるだろう。

(3) 授業実践

現状では、「質的研究」という名称でカリキュラム化されているかどうかにかかわらず、実習やゼミの枠組みの中で、質的研究について教えるべき要素を組み込み授業を構成する工夫がなされている。たとえば能智は、ある大学の心理学科で、3年生の選択必修である「特殊実験演習」でフィールドワークの課題を掲げ、認識論的背景の部分は多少手薄になったものの、フィールド活動のトレーニングとデータ分析の要素を盛り込んで通年の授業を組み立てている（伊藤・能智・田中, 2005）。また、別の大学では、半期の調査実習において、ライフストーリーインタビューの課題を行い、フィールド活動のトレーニングとデータ分析の要素を加えた授業を実施している（能智, 2007）。

質的研究の基礎的な実習は、エッセンスとして教えるべき内容という観点から、①フィールド体験型、②多技法要点型、③特定技法取得型、④研究プロセス型、の4つの型に分けられる（やまだ・家島・塚本, 2007）。①はフィールドに出かけてそこで何が起こっているかを見つける「問題発見プロセス」を重視する方法、②はいくつか代表的な質的研究法の技法をセットにしてモデル課題を実習する方法、③はグラウンデッド・セオリー、ライフストーリー法など「特定の領域に合う技法」に絞ってその理論と技法を身につける方法、④は学生が関心をもつ具体的な研究テーマに即して、「研究プロセス」を実際に体験させながら研究手続きを教える方法である。実際には、これらの型をいくつか組み合わせるかたちで授業が展開されている場合が多い。

箕浦（1999）は、マイクロな次元で展開する人間の諸活動における微視的な行動や相互作用プロセスを観察ユニットとし、一定の社会構造の中で展開される人間行動に着目してデータをとるフィールドワークと、それに基づく報告を行うマイクロ・エスノグラフィーの授業実践を行った。この授業では、単に技法のみを伝えるのではなく、データ収集と分析が同時進行し、螺旋状に位相をずらし密度を高め絞り込みながら積層的に上に昇っていくという、仮説生成法の研究スタイルを基盤としている。

やまだら（2007）は、インタビューによってフィールドで語りを聴くという、15年以上にわたる基礎実習についてまとめている。そこでは、研究プ

ロセスを体験しつつ方法論と技法を実践的に学ぶこと、現場の人々から「生きたことば」で学ぶ対話的研究を行うこと、問題の立て方、インタビューの仕方、分析方法、データのまとめ方など、特にナラティヴデータの分析に力を入れて、質的研究の基礎技法を手順に従って具体的に教えること、KJ法の実習を組み込んでいること、協働的学びの場を構成していること、大学院生が協働参画し、学びながら「教え方」をトレーニングする多重実習の場であることなどが特色とされている。

また、安田・サトウ (2007) は、フィールドワークを中心としたゼミの参与観察から、教育実践の具体的内容と教員の役割とコメント内容をまとめている。教員のコメントは、「フィールド・研究対象との関わり方」をはじめ、「口頭発表の効果的な提示」に至るまで多岐にわたり、ゼミメンバーがつながりながら主体的な協働の学びを推し進めることができるよう機能していた。なお、指導教員のサトウは、上述の箕浦の実施したフィールドワークの授業に、授業スタイルが安定した5年目に参加している。そして、実習などを行いつつ参与観察と面接によって教育方法に関するデータ収集を行い、そこで得た知見をもとに当ゼミの内容を組み立てている。そして安田は、サトウが指導するゼミを参与観察して授業実践に関するデータ収集を行い、質的教育のひとつのあり方についてまとめたわけである。やまだが行った基礎実習において、大学院生がティーチングアシスタントとして参画し、学びながら教え方を習得したことも同型だが、こうした授業スタイルは、質的研究の教育における実践知の継承という点で重要な意味をもっている。

またサトウと筆者は、対人援助を学ぶ社会人が多く在籍する大学院において、レジュメの作り方や発表の仕方、資料やデータの検索やプレゼンテーションの方法、ポスターの作り方など基本的かつ必須の技能の習得、質的研究法TEM（複線径路・等至性モデル）の分析実習と発表という構成による、研究法に関する2ヵ月集中の授業を行っている。そこでは、単なるスキルの獲得のみならず、社会人院生とその他の院生が、立場の異なりを活かし助け合いながら学問を習得する身体をつくることがめざされている。実践と研究を結びその知見を社会に還元していこうという熱い志向性をもちながらも、大学や学術の文化に慣れていない社会人院生にとってはもとより、学部での学びを土台に新たに研究活動を構成しようと意気込む大学院生にとっても、実

りある授業となっているようである。

　このように、質的研究の教育は、人数や時間、全体カリキュラムの構成、教員や学生の専門性など現実的な制約が大きいなかで、教育目的を焦点化し趣向を凝らして授業実践がなされている。各教員が試みている実習方法・内容を「事例」にしながら、一般化、公共化、相互対話ができるモデルを提供し、それらをもとに教員同士が対話し、省察を重ねていく必要がある（やまだほか, 2007）。そうしたプロセスのなかで、目的に沿ったより効果的な授業実践へと更新され、将来の質的研究の実践者のみならず教育者が育ち、さらには、新しい質的研究法が編み出されることもある。

　大谷（2008）は、自身が指導する大学院の質的研究のゼミ教育を行うなかで、その必要性から、比較的小さな規模の質的データの分析を、短い指導を受けて自立して始められるようになる有効な手法を模索・検討した。そして、大学院ゼミでその指導を試み、受講者に実際に分析をさせ一定の有効性を検証しながら、いくつかのワークショップでも紹介し、初学者が比較的容易に着手しうる質的データ分析のための手法 SCAT（Steps for Coding and Theorization）を開発した。

　この分析手法は、観察記録や面接記録などの言語データをセグメント化し、それぞれに、① データの中の着目すべき語句、② それを言い換えるためのデータ外の語句、③ それを説明するための語句、④ そこから浮き上がるテーマ・構成概念、の順にコードを考案して付していく4ステップのコーディングと、そのテーマや構成概念を紡いでストーリー・ラインと理論を記述する手続きからなる。ひとつだけのケースのデータやアンケートの自由記述欄などの比較的小さな質的データの分析にも有効である。特定の学派の手法に基づくものではないが、その背景には、グレイザーとストラウスのグラウンデッド・セオリー、トロント大学のラグスデール（R. G. Ragsdale）のコンピュータの教育利用に関する質的研究グループの方法、木下康仁の M-GTA がある。技法は、その習得にのみ目標を定めれば大事なことが見えなくなるが、むしろ、技法の習得を介して学ぶべきことがある。このことは3-4項で述べる。

　研究者によるカリキュラム開発が最初にあって、それが上から示され普及されるというやり方である「研究・開発・普及モデル」に比して、現在では、

さまざまな教育実践を相互に批評しカリキュラムをつくっていく「実践・批判・開発モデル」が重視されるようになってきている（佐藤, 1997）。授業を含めたさまざまな教育的な実践を積み重ね、その有用性を検討しながら、並行して、質的研究のカリキュラムを精緻化させていく方向性が望まれる。

3-3 学びの環境づくり

(1) 学習材・教材

質的研究関連の和書は、1990年代の後半から少しずつ、2005年を過ぎたあたりから急激に増えている。これらはいずれも質的研究を学ぶための書籍であり（伊藤, 2006）、質的研究の教育を実地で受けることができない学び手にとって、さまざまな次元で質的研究を学ぶうえでの手近な指南書となっている。なかには、数年・数回にわたる授業実践を一冊の書にまとめているものもあり（箕浦, 1999; 木下, 2007; 戈木クレイグヒル, 2008; 麻生, 2009 他）、具体性・実践性の高い効果的な学習材になっている。

木下（2007）は、グレイザーとストラウスによって1960年代に考案されたグラウンデッド・セオリーを検討し、修正版グラウンデッド・セオリー・アプローチ（M-GTA）を開発した。そこでは、その革新的可能性を実践しやすいように、「コーディング方法の明確化」という分析技法面での改良と、「意味の深い解釈」を試みるための「インターラクティヴ性」という独自の認識論が獲得されている。大学院での実際の集中講義の記録をベースに他の講義記録から追加記述を加え、分析の手順と技法、考え方について、分析例を交えたかたちで説明がなされている。話の流れに応じて重要な点や関連する点を意図的に繰り返して説明する、柔軟な講義調のスタイルが取り入れられている。重複が気になるようであればその説明が理解できているかどうかを確認し、十分理解できていれば、学習者から説明者に切り替え人にどう説明できるかを考えてみるとよい、というような、学習者と教育者の視点を往還・転換させる提案もなされている。

戈木クレイグヒル（2008）は、10年以上大学のゼミ教育において、データ収集には参与観察を、データ分析にはグラウンデッド・セオリーを用いて行う質的研究の技法を習得するトレーニング実践を続け、そのバーチャル体験

ができるようにと意図し、著書にまとめている。なお、戈木クレイグヒルが用いるグラウンデッド・セオリー・アプローチは、ストラウス・コービン版に基づくものである。

　また麻生（2009）は、大学で5年間にわたり学問の基礎を深く考える演習として、知の根幹に位置する「見る」ことと学の根幹にある「表現する」ことをつないだ「観察」をテーマに取り上げ、「見ること、見たものを記述すること」の意味をフィールドにおける観察体験を交えつつ深く議論する授業を実施した。その経験から、授業課題のレポートを素材にしつつ「観察とは何か」を考える著書を編んでいる。

　これらは、質的研究の教育実践のありさまをそのプロセスや成果物（レポートや論文）とあわせて体系立ててまとめられたものである。授業実践のプロセスが細やかに可視化されており、戈木クレイグヒル（2008）が述べるように、質的研究の教育を実践する教員にとって、教育法を検討する有用な実践書や教材そのものとして役立つものとなっている。

　具体的な技法に焦点をあてて、参照性の高さによる学びの効果を意図し、その分析プロセスを細やかにたどるようにして論文化されたものもある。たとえば、大谷（2011）は、SCATによる分析を行う場合に参考となるチュートリアル論文をまとめており、また、荒川・安田・サトウ（2012）は、TEMを用いた分析の手続きを具体例をあげて詳述している。

　教育実践そのものをうつし取らずとも、質的研究の教育に使うことのできる教科書的なものを意図して編まれた書も刊行されている（伊藤・能智・田中, 2005 他）。たとえば伊藤（2009）は、「みる」「きく」「しらべる」「かく」「かんがえる」といった質的研究の実践を、理論と両輪にして一通り体験でき、さらにその先を学ぶ手がかりや文献紹介を含んだ入門書をまとめている。そこでは、初学者が気楽に独学でも何とか質的研究の方法を学び、何かを始められるようになることがめざされている。また、さまざまなレベルでの対話が折り重なるように存在し、誰がやっても同じものになるわけではない質的研究の対話としての側面が強調され、それぞれの方法論に則りながらも創意工夫を凝らすことに質的研究のおもしろさや醍醐味があることが謳（うた）われている。

　中坪（2012）は、保育や教育現場における実践者や将来実践を志す学生を

対象に、エピソード記述、KJ法、エスノグラフィー、TAE（Thinking At the Edge）などの各方法論について、定義、利点、手順、有用性を詳しく解説する実用的なワークブックを作成している。そこには、質的実践研究を行うための具体的なポイントとアイデアが盛り込まれている。

　学位論文の執筆などを想定し、より体系的に編まれたものもある。メリアム（Merriam, 1998/2004）は、10年に及ぶ自身の調査研究や、質的調査法を用いた数十の学位論文の指導の経験を活かして実用的側面に焦点をあて、質的研究をケース・スタディへの適用に結びつけた入門書をまとめている。ここでいう質的なケース・スタディとは、ある単一体、現象、社会的単位の集約的で全体論的な記述と分析である。そしてメリアムとシンプソン（Merriam & Simpson, 2000/2010）は、博士号の学位論文までを射程に入れ、研究テーマの選択から始まり、研究計画の作成、結果と考察のまとめ、調査に対する口頭試問という一連の研究プロセスに沿って章立てを行い、それらに対応させるかたちで、調査を行う意義や調査を実施する準備、文献レビュー、具体的な方法論、執筆、調査に伴う倫理的問題を順に網羅的にまとめた著書を編んでいる。成人教育の場という具体的な実践フィールドを想定して調査の根源的な問題が視野に入れられ、他の応用領域にも適用できる書となっている。質的調査法のみならず量的調査法も含めて網羅的に組み込まれ、第一著者のメリアムが2009年6月まで属したジョージア大学で、量的調査法やフェミニスト・リサーチなど多彩な調査法による研究と教育が行われていたことが反映されてもいる。能智（2007）が述べるように、大学の高等教育で質的研究と量的研究を並行して学ぶ機会が与えられ、そのうえで適切な方法論を選択できるようなカリキュラムが期待されるところである。

　なお、1990年代以降にはすでに欧米で、質的方法と量的方法を結合する方法論である混合研究法（mixed methods research）（Creswell & Plano Clark, 2007/2010）が大いに注目されていたことに触れておきたい。認識論的前提の異なる方法を一緒に用いることへの危惧、安易な折衷主義への懸念など、混合研究法を実践するうえでの検討すべき点はある。ただし、ひとつの現象を多角的な視点から立体的に理解するための「トライアンギュレーションの論理」を、質的研究と量的研究の関係に拡張させ、看護学や健康科学、教育学などの具体的・実践的な課題の解明をめざす領域で、混合研究法に関する議

論がなされてきてもいる（小泉・志水, 2007）。

(2) 所属を越えた教えと学びの実践

　大学や大学院において必ずしも質的研究を体系的に学ぶ場が設定されているとはいえないなかで、所属を越えた取り組みもまた重要である。それは、集中講義を含む出張講義や、セミナーもしくはワークショップのかたちで実現されている。

　たとえば松嶋ら（2007）は、「ナラティヴ分析合宿」と称したクローズドなグループによる、ナラティヴ分析過程を検討する企画を実践している。発表者と他の参加者の双方が現象に対する多様な解釈を理解し、自分の解釈の背景や立ち位置を識ることが、目的とされている。スーパーヴァイザーとしての熟練教員、ファシリテータを含む若手教員、ナラティヴ研究の経験をもつ博士課程院生、修士課程院生という立場や経験の異なる成員構成であったことが、多様な発想や視点を相互かつ自由に交換・共有できる教えと学びの場として機能する鍵のひとつとなっている。

　オープンな各種研究会もさまざまに開催されている。サトウと筆者は、ここ数年間、質的研究法 TEM によるデータ分析やまとめ方に関する協働的な研究会を年に数回開催しているが、こうしたなかで TEM を用いた研究論文や著書が国内外で複数産出されてきた。このことは、授業や大学を越えて、関心を共有する人々がオープンに継続的に議論し合える教育的な場が、メーリングリストも含めて、質的研究を進めるうえで貴重な機能を果たしていることを示唆していよう。クローズドかオープンかはその実践目的や枠組みによるが、いずれにしても、場の設定のみならず、協働の学びを推し進めるための工夫が必要であるだろう。

　さて、2004 年創設の日本質的心理学会の全国大会で企画されている講習会もまた、質的研究の学びの場として重要な役割を担っている。この取り組みは、2006 年開催の第 3 回大会（九州大学）で初めて実施された。方法論や認識論に軸足を置いたもの、特定のフィールドや現象に焦点をあてたものなど、多様な講習内容が組まれている。また、全国大会以外の機会としても、当学会の研究交流委員会によって、2011 年度から、質的心理学研究法セミナーが新規の連続企画として設定・開催されている。その特徴は、① 比較

表 6-1　日本質的心理学会全国大会での講習会企画

大会	講習会
2006 年 第 3 回大会 （九州大学）	「インタビューと語りの分析」 「グラウンデッド・セオリー・アプローチを学ぶ」 「ビジュアル・エスノグラフィー 　　── 写真の撮り方の基礎から『表現の冒険』へ」
2007 年 第 4 回大会 （奈良女子大学）	「『供述分析』の手法」 「会話分析からライフストーリー研究へ」 「子どもの観察と日誌的観察」 「奈良でナラティヴ・プラクティス」
2008 年 第 5 回大会 （筑波大学）	「質的研究の"質"を問い直す」 「分析からデザインへ ── 学習科学に質的研究をどう生かすか」
2010 年 第 7 回大会 （茨城大学）	「今一度『あたりまえ』を疑うことの意味を問い直す 　　── エスノメソドロジー入門」 「質的データ分析の展開 ── SCAT 入門」 「ナラティヴ分析の展開 ── TEM 入門」 「質的分析ソフトの活用法 ── N・Vivo 入門」
2011 年 第 8 回大会 （安田女子大学）	「ステップ式質的研究法 TAE 入門」 「TEM 入門（2）── 質的研究をする姿勢を作ろう」 「カテゴリー化を読み解く試みから ── エスノメソドロジー入門 2」
2012 年 第 9 回大会 （東京都市大学）	「企業におけるエスノグラフィー」 「Web とサブカルチャーのエスノグラフィー」 「現代的なつながりを捉える ── オタク・カルチャーのケース・スタディ」
2013 年 第 10 回大会 （立命館大学）	「ポスター発表のデザインと技法」 「供述分析 ── 体験の語りのなかにひそむウソを見抜く」 「質的研究者のためのミックス法ワークショップ」 「TEM（複線径路・等至性モデル）」 「グラウンデッド・セオリー・アプローチ」 「フィールドワーク」 「現代的なつながりを捉える ── 劇場型学習環境をベースにしたワークショップ・デザイン」 「質的研究テクニカル・フロンティア ──『質的心理学フォーラム』（第 4 号）特集連動企画」

的長時間（4 時間以上）の講習とすること、② 事前登録制の少人数企画とすること、③ 事前課題付きの登録者参加型セミナーとすること、の 3 点である。各講習会の具体的なタイトルについては、表 6-1、6-2 を参照されたい。

表6-2 日本質的心理学会研究交流委員会による質的心理学研究法セミナー

開催日	セミナー
第1回（2011年9月23日）	「インタビューの仕方・まとめ方の初歩講習会」
第2回（2011年10月22日）	「トランスクリプトづくりの実際と会話分析の初歩（初級者向け）」
第3回（2013年3月9日）	「看護実践のエスノグラフィー入門——現場での問いの発見」

　こうした試みにおいては、受講者の人数、背景知識、その場での発言など、さまざまな条件を考慮して進めていく必要がある（能智, 2011）。それぞれが異なる立場から多様な意見を自由に出し合えるという場の設定によって、生産的な議論が生み出される場合も多い（松嶋ほか, 2007）。そして、こうした多様な場で習得した質的研究を進めるための技法や工夫を、大学における質的研究の教育に活かしていくこともできるのである。

3-4　質的研究を進めるための知恵・ヒント——複線・複眼的思考の習得

(1) 対話、協働的作業

　質的研究においては「必ずこれを守らなければならない」という厳格なルールがあるわけではないが、明らかに有効であると思われるコツやヒントは存在する。テシュ（Tesch, 1990）は、さまざまな理論的立場や方法論的アプローチを、具体的な分析手順やその根底にある発想を中心に詳しく検討し、共通点を捉え、10の要点をまとめている。それは、① データの収集と分析の同時進行、② 分析作業の体系性と柔軟性、③ 分析メモの重要性、④ 文脈性を前提にしたデータのセグメント化、⑤ コーディングにおける帰納的な性格、⑥ 根本的方針としての比較、⑦ カテゴリー設定の柔軟性、⑧ 分析プロセスの折衷性、⑨「アート」としての性格、⑩ 最終的な目標としての高次の統合、である（佐藤, 2008）。これらは質的研究の教育に組み込むべき要点でもあり、教える側も学ぶ側も質的研究を進めるうえでのひとつの指標となる。

ただし、たとえこれらの要点に省察的(リフレクシィヴ)になって研究を進めようとも、実際には研究プロセスにおいて、ひとりではしばしば困難を伴うのが通常である。たとえば、収集した多義的な質的データの分析では、どの単位で切り出せばよいのか、どういう観点や抽象度で見出しをつければいいのか、などというようにさまざまに迷いが生じるだろう。そもそも、立ち位置やものの見方によって同時に異なる複数の意味を有する現実に対して、研究者は常に局所的な視点しかもちえず（松嶋、2004）、何が見えていないかにさえ気づかないことがある。よって、研究者が自らの視野の限定性に気づき、幅広い解釈における自らの位置を自覚し、潜在する多様な見方の可能性を意識化できるような複数の視点を取り入れる仕組み、すなわち「対話」が鍵となる。

　質的研究の教育においては、授業内外での教員との対話はもとより、ゼミの同輩や先輩や後輩、研究対象やテーマを同一とする人々、理論的基盤や方法論を同じくする人々などとの多様な対話が重要である。能智（2011）は、質的データの分析を教える授業に、見出しについて他の受講生と話し合うことを通じて、その適切さを評価する感受性を高めつつ自分で適切な見出しづけができるようになることを目的とした、「見出し評価ゲーム」という実習を組み込んでいる。ゲームの枠組みを活かし、ルールを工夫することで、受講者同士の対話の活性化やアイデアの生成を促進することが意図されている。他者の視点から自分の分析過程を絶えず見直していく作業を具体的に体験することそのものが、他者の視点を取り入れてものの見方を多様にしながら、分析する過程そのものを内面化していくという、重要な学びのプロセスとなっている。

　大谷（2008）は、SCATで分析を行ううえでの注意点のひとつに、「はじめは協働で作業すること」を挙げている。それは、解釈の同一性や一致率を求めるためでは決してなく、あくまで作業を協働で行うことで多様な観点を共有することが意図されている。方法論への関心を媒介に協働的な場を成立させることは、質的研究の教育を推し進める有用な仕掛けになるだろう。

(2) 方法論の深い理解

　ただし上述の大谷（2008）は、最終的にはひとりで分析できるようになることをめざすべきであるとする。そもそも、データがまったく同じでも、分

析の観点、用いる概念的枠組み、分析者の研究上のバックグラウンド、分析の目的などによって、コードは異なり、その結果、ストーリー・ラインは分析者の数だけつくられるのだという。それをどこまで自覚的に認識して行えるようになるかが、質的研究の教育の目標であり、成果でもあるのだろう。大切なのは、誰も知らない問いをめぐって思考し、その重要な問いの下に繰り返しアンダーラインを引くことなのだと内田（2002）は述べる。

　木下（2007）は、M-GTAに「研究する人間」という視点を導入し、誰が、何のために、なぜ、その研究をするのかという問いを曖昧にせず、社会的・現実的背景も含めて明確化することを要請する。そして、理論生成を行い、その検証を実践への応用において行うことで、研究と現実世界との緊張関係を確保していく。そこに通底する認識論に、「インターラクティヴ性」がある。「インターラクティヴ性」は、データの収集から、データの解釈、分析結果の評価、分析結果を現実場面へ応用し実践に活かすといった各レベルにおいて、確保されている。このことは、深い解釈のためであるのはもとより、データを用いた研究活動に内在する権力的関係の自覚化、調査者の影響力、被調査者の位置づけや配慮などへの対応にもなるのだという。M-GTAでは分析ワークシートと呼ぶフォーマットを使って基礎的な分析を行うが、手続きを形式的になぞるだけでなく、認識論を理解することを通じて、研究者の身体がかたちづくられてもいく。

　もうひとつ、視点を多様化・複線化する方法論的枠組みとして、TEA（Trajectory Equifinality Approach; 複線径路・等至性アプローチ）（サトウ、2012）について簡単に紹介したい。TEAは、「複線径路・等至性モデル（TEM）」、「歴史的構造化サンプリング（HSS）」「発生の三層モデル（TLMG）」を統合・統括する考え方である。TEMは、人間のライフを、時間軸上の変容・安定に着目して捉え描く方法論である。人間の文化化の過程を記述する技法であり、対象抽出の理論としてのHSSというサンプリング方法論、文化的記号を取り入れて変容していくシステムとしての人間のメカニズムを理解・記述するためのTLMGという理論とともに、文化心理学の新しい方法論を体系的に構成している。つまり、サンプリング理論としてのHSSによって対象者の経験を抽出し、歴史的・文化的・社会的諸力のなかで生じる人の内的変容過程をTLMGで捉えつつ、非可逆的時間とともに生きる人間の発達や人生径

路の複線性と多様性を TEM で描くのである。このように歴史的・文化的・社会的に埋め込まれている人間の経験を多面的に捉えながら、見えにくくなっている径路を含めて人の生を描くという思考の仕方が、決して単一ではない現実の見えを豊かにすることに役立つものとなる。また、現象を捉えるための概念が必要に迫られ複数生成されており、こうした方法論的枠組みが総体として、データ収集の際にも有用な視点を提供するものとなっている。単に手続き的にデータをあてはめ分析するのではなく、何が起こっているかをていねいに捉えたり、新たな見えに気がついたりするようなフレームが、TEA には盛り込まれている。

ここでは TEA を引いたが、KJ 法が発想法としても有用であるように、また、フィールドノーツが複眼的視点としての性格をもつように（佐藤, 2002）、それぞれの研究手法に特徴的な工夫やヒントが埋め込まれているかもしれない。そうした知見もまた対話を通じて共有し、質的研究を進めていくための知恵として蓄積していくことが望まれる。

(3) 思考の言語化の反復

最後に、研究成果を他者に伝えるための論文化のプロセスについて述べておきたい。佐藤（2008）は、過去 10 数年来の質的研究のブームが、個人や社会や文化といった対象理解の幅を大きく広げてきた一方で、その過程で生み出されてきた研究のなかには、ギアツのいう「分厚い記述」に照らしてどう見ても「薄い記述」としか思えない研究が少なくないと指摘する。そして、分厚い記述をするうえでの要点のひとつに、比較的早い時期に手持ちのデータで全体の筋立てに沿って下書きを書き上げ、問題点を浮き彫りにしながら、不足気味のデータを収集しつつ、徐々に記述を重ねていくことを挙げている。こうした作業はとりもなおさず、研究対象とする人々の個別具体的な意味の世界と、学問の世界を形成する研究者コミュニティのメンバーに共有されているより一般的で抽象的な意味世界とのあいだで、何度も往復運動を繰り返すことであり、「現場のことば」を「理論のことば／学問のことば」へと移し替えていくことなのだという。そして、この営みを通じて、研究者自身の体験と意味の世界それ自体が大きな変容を遂げていくことにもなる。

木下（2007）は、M-GTA によるデータ分析の特徴のひとつに、「思考の言

語化の徹底」を挙げる。それは、研究計画の段階からデータの解釈、結果の公表、その後に至るまで、自分が選択的に判断している意味の解釈のプロセス全体を自分自身に対して言語化し、自明な部分を自分の中でできるだけ意識化することであるという。なお、思考の言語化を効果的に行う方法として、その研究に関心をもつもうひとりの人間を分析者に対する問いかけ役とし、「なぜそうなるか？」を継続して問いかけてもらう、ということを提案している。この局面では、再び「対話」が活かされることになる。さらには、こうした思考の言語化は自然に習慣化していき、徐々に自分の日常の思考を綿密にするとともに、研究対象とする現象への感度を高め理解を深め、問題の背景を見通し把握する力になる。「研究対象についての学問的理解の必要と分析者の言語的能力の重要性」は、すべての質的研究に共通する、分析者が備えておくべき能力（大谷，2008）なのであり、十分な文献の研究と引用、関連文献の熟読、多様な概念を獲得することへの絶えざる努力、新たな概念を自由に構成できるような言語能力を養う必要性へとつながっていく。

　佐藤（2008）による、記述の「薄さ」に関する指摘は、こうした学びができていないからであるだろう。研究する個々人が今一度、形式的な手順主義に陥っていないかを再考すべきである。また、方法論を提供する側は方法論が単なる技法として消費される可能性について無関心であってはならない。すでに述べたように、研究会などでお互いに教え学ぶ機会を多様につくっていく必要があるゆえんである。

　質的研究を教え学ぶことは、現実の見えを豊かにし、人のライフを保障する重要な契機を与えてくれる。その教育は、実践を積み重ね対話的に共有しながら、発展的に継承しうるものであるだろう。

【参考書】
佐藤郁哉（2002）.『フィールドワークの技法 ── 問いを育てる、仮説をきたえる』新曜社.
　　フィールドワークをいかに行うか？という How の疑問への一連の答えとして、著者の体験がストーリー性をもたせてまとめられている。「お作法」ではなく、フィールドワーク実践の手がかりやヒントの習得が目ざされている。

安田裕子・サトウタツヤ（編著）(2012).『TEM でわかる人生の径路 —— 質的研究の新展開』誠信書房.

　　TEM（複線径路・等至性モデル）に関する 2 冊目の書籍。TEM 入門編、実践編、拡張編、理論編で構成される。実践編では、分析・論文化の過程が描かれ、全体として、ていねいに向き合う思考枠組みとしての利点が述べられている。

4節
社会実践のパラダイム
矢守克也

　人間科学においては、研究活動という実践が社会実践と出会うことにより、もともとの社会実践の当事者に研究者も加わった新たな当事者たち（協同当事者）による新たな社会実践（協同実践）が否応なく開始される。よって、協同実践にあたる研究者には、研究活動という実践がその内部に入り込んでいる社会実践を、それでもなお、研究活動によって得られる質的または量的なデータを通して見る。この独特の構造を十分自覚した上で協同実践を「見る」ことが求められる。

　その上で、研究者は、協同実践の成果や課題に対するていねいな分析と反省を基盤とした社会実践のベターメント（変革）のプロセスを、協同当事者の一人として生きていく。このとき、研究者には、Think practically, act theoretically（実践的に思考し理論的に行動すること）が要請される。

4-1　社会実践、そして研究という社会実践

　社会実践とは、簡単に言えば、人々が共にコトをなすということである。私たちが暮らすこの社会では、ビジネスの現場、町づくりの現場、教育の現場、福祉の現場、司法の現場、防災の現場など、いろいろな現場で、日々、多くのコトが多様な人々によって共になされている。むろん、主に研究者によってなされる研究活動もそれ自体、共になされるコトのひとつ、つまり、社会実践のひとつである。

　さまざまな実践の現場に研究者（研究という名の社会実践）が関わることになるきっかけには、いくつかのパターンがある。偶然の出会いもある。コトがうまく運ばないため現場の変革に向けて、現場の当事者から研究者に関与の依頼がなされる場合もある。望ましいことではないが、現場の当事者があずかり知らぬ研究者の勝手な都合や希望から関与が始まる場合もある（もちろん、その場合でも、結果オーライになるケースも存在する）。実際には、これ

らを含めいくつかのきっかけが複合している場合も多いだろう。

　ここで、単純だが見過ごされがちな、次の事実を銘記しておく必要がある。それは、現場ですでに進行中の実践に、研究活動という別の実践が持ち込まれる必然性は、さしあたってまったくない、という事実である。仮に当該の実践が何か不都合を抱えているとしても、当事者たちが自らの知恵とわざを通じて問題を解決するケースが、実際には多いだろう。研究者以外の人々、たとえば、自治体関係者やボランティアが手助けのために実践に介入することもあろう。さらに、仮に目下の課題が重大な場合、たとえば、ジャーナリズム（マスメディア）がそれを取り上げたり、問題解決が司法の手に委ねられたり、研究以外の実践と結びつく場合も多いに違いない（なお、上例はそれぞれ、ボランティアの研究、ジャーナリズムの研究などとは異なる点に注意）。

　本節の記述がまさにそうであるが、研究者が「社会実践」と大上段に構えるとき、それに対する意図的かつ積極的な関わり（介入）が自明の前提になっていることが多い。しかし、実際には、常にそうした関わりが期待されているわけではない。よって、当該の社会実践の側から見たとき、そこに研究という名の実践が介入してくるという事態は例外的なケース（本書5章3節の好井の言葉を借りれば、「余計なこと」）であるとの冷静な認識が、まずは研究者の側に求められる。

　このことの意味を直感するために、研究者が、たとえば、自分のプライベートな生活や研究活動に、他の研究者の研究実践が関与（介入）してくるケースを想定してみるとよいかもしれない。おそらく、筆者を含め多くの研究者には、そのような体験はほとんどないのではないか。しかも、そのような事態に対しては、むしろ強い違和感を持つのではないか。そうした強い違和感をもたらすような実践（つまり、研究という実践）を通して、自分たち研究者は他の社会実践に関わろうとしているという理解が、まずはスタートラインとして据えられるべきであろう。

　したがって、どのような研究方法が適切か、質的なデータあるいは量的なデータのどちらが有効か、などといった事柄について検討する前に、まず、研究者が研究実践を通してある社会実践に関与するという、この例外的なことが、当該の社会実践のベターメント（変革）にとって ── 本項の最後に述べるように、研究実践にとってのベターメントも重要であるが、さしあたっ

ては二の次である —— プラスなのかどうかについて、研究者は常に慎重に考察する必要がある。むろん、プラスかマイナスか ——「余計なこと」であるのか否か —— が天下り的に決定されているわけではない。そのこと自体を、研究者と当事者との協同実践（4-5項参照）を通して問い続け、折に触れて自省し続けるほかない。

「実践の現場では、アクションリサーチならぬ、リサーチ・イン・アクションである」と説いた杉万（2007）の印象的な言葉を借りれば、上記は次のように言い換えることができる。研究という実践を別の社会実践に持ち込む場合には、そのリサーチ・イン・アクションが、リサーチが介入する前の元の社会実践や、ボランティア・イン・アクションやジャーナリズム・イン・アクションといった、他の「××・イン・アクション」よりも望ましい変革をもたらすかについて、研究者（および現場の当事者）は十分に精査すべきである。そして、Noと判断されれば、その社会実践に対する研究を通した関与（研究者としての関与）は、当然、停止されるべきである。

本項の最後に、以上に関連して、グリーンウッドとレヴィン（Greenwood & Levin, 2000/2006）の「アクションリサーチによる大学と社会の関係の再構築」と題された論考に注目しておきたい。これは、大学や学界における研究活動（特に社会科学の研究活動）という社会実践のベターメント（変革）を目ざした研究者の介入（アクションリサーチ）を素材にして、アクションリサーチ（本書5章の各節を参照）について論じるというユニークで優れた論考である。そこでは、学界の社会からの隔絶、ピアレビュー制度の弊害、論理実証主義と量的なデータの偏重 —— これらが相互に影響を与えあいながら、現在の社会科学の低迷と停滞を生んでいることが厳しく批判されている。言葉を換えれば、社会実践に対する研究の関わりを考えるとき、研究者は、上述のように、当該の社会実践（そのベターメント）について目を配るだけでなく、逆に、自らが従事している研究（社会科学）という社会実践そのものについて問い直す作業に直面することになるという重要な事実が、この論考ではっきりと明示されている。

4-2　社会実践を「見る」こと

前項で述べたモニタリング作業を経て、ともかくも、ある社会実践に対して研究という実践が関与する状態が実現しているとしよう。その場合、研究実践にとって、まずは、その社会実践をよく「見る」こと、つまり、社会実践に関する現状把握がもっとも重要な事項となる。この点については、研究としての関与も、行政としての関与、ボランティアとしての関与など他の場合と同じで、何ら変わらない。

他方で、社会実践をよく「見る」ために、研究者が独自の手法・道具を磨いてきたことも、また事実である。伝統的には、研究者はそれらの手法・道具を駆使して、現場の当事者が（まだ）見ていないことを、第三者として見ることによって現場の変革に貢献することを目ざしてきたと言ってよい。たとえば、現場にすでに流通している言語情報を独自に解析すること（言説分析）、質問紙調査など研究者が意図的に設定した媒体を通して当事者から得たデータを解析すること、あるいは、そうしたデータを基に現場の未来の状況をシミュレーションすることなど、さまざまな手法・道具を通じて研究者は現場を見ようとする。さらに、研究者は、見るための最大かつ最強の武器でもあり、かつ時に大きな障害にもなりうる「理論」という道具も持っている。

ただし、第三者として見るという表現、言い換えれば、当事者（現場の人々）の見えと第三者（研究者）の見えとを対比させることについては、ていねいな考察が必要とされる。たとえば、第三者（研究者）は、常に、当事者よりも多く、また正しく社会実践を見ているのだろうか。むしろ逆に、社会実践の内部にいる当事者こそが、それをより正しく見ているとの考えも十分説得的ではないか。ここで言う「正しく」とは、誰にとって、また何に照らしてなのか。あるいは、そもそも、研究者が常に第三者で、現場の人々が常に当事者なのか。さらに、当事者／第三者（当事者の見え／第三者の見え）という対照は、あまりに単純ではないか。

研究実践の最初の第一歩とも言うべき「見る」ことにおいて、すでに、これらの非常に重要な課題が生じてしまうのは、社会実践を取り扱う研究にお

いては、研究者が社会実践について見るための研究実践と、もともとの社会実践とを完全に分離できないという制約、言い換えれば、前者が後者に与える影響を完全には消去できないという制約があるからである（矢守, 2010）。杉万（2013）は、この制約のもとで展開される科学を「人間科学」と呼び（この制約は、同時に、独自の魅力と強みをももたらすが）、研究対象（実践の当事者）と研究者を一線で画し、一線の向こう側に据えた研究対象のあるがままの姿を、一線のこちら側から「見る」という研究スタンスをとる「自然科学」と対照させている。

「見る」ことに関して、「人間科学」を規定するこの重要な制約から派生する問題群については、4-4項以降で詳細に論じることにする。次項（4-3項）では、まず、研究者が当該の社会実践を、第三者として見ることができる場合、言い換えれば、「自然科学」に準じるスタンスで見ることができるという条件・範囲に限定して、その範囲内で留意すべき点について見ていこう。実際、社会実践を「見る」場合でも、近似的には、この条件が満たされている場合もあるし、むしろそう考えて研究すべき局面も存在するからである。

4-3　質的なデータと量的なデータ

研究の対象となる社会実践を見ようとするとき、大別して、質的なデータを通してそれを見る場合と、量的なデータを通してそれを見る場合とがあり得る。もちろん、実際には両者の中間的なケースが多いが、この両者は、多くの場合、かなり異なった見えを研究者に提供する。このため、これら2つのタイプのデータの関係性をどのように考えるかは、「混合研究法」（たとえば、Creswell & Plano Clark, 2007/2011）、「（データ）トライアンギュレーション」（たとえば、Denzin, 1989）といったコンセプトのもとで質的なアプローチにとっても重要な論点のひとつとなってきた。

ここでは、現時点でも非常に有益な視点を提供している見田（1979a）の古典的な考察に依拠して、この点について整理しておこう。両者が抱える長所・短所 ── 見田（1979a, p.139）によれば、「たしかだが、おもしろくない」量的なデータ、「おもしろいが、たしかさがない」質的なデータ ── について、それぞれの短所を埋め合わせる方向で何らかの妥協的な形態を見出すこ

とは、問題の根本的な解決にはならない。妥協的な形態とは、たとえば、対象が持つ少数の側面だけしか把握できないという量的データの短所を、多変量のデータ収集と解析によってカバーするとか、逆に、データの評価や解釈が恣意的との批判を受けることが多い質的なデータについて、たとえば複数の評価者の解釈を相互比較して、平均的なものを採用することでカバーするとかいった形態である。しかし、こうした妥協戦術は、多くの場合、中途半端なものに終わる。

　むしろ、重要なことは、「『質的な』データはまさに『質的な』データとしての、『量的な』データはまさに『量的な』データとしての、それぞれに固有の持ち味ないし利点を最大限に活かせるような仕方の結合」（見田, 1979a, p.144）である。むろん、ここで直ちに問われるべきは、質的、量的それぞれのデータの、何が固有の持ち味ないし利点なのかである。見田（1979b）、および、その議論を引き継いだ大澤（2008）が、この問いに対してきわめて明快な回答を準備している。

　『まなざしの地獄』（見田, 1979b）は、連続殺人事件の死刑囚N・Nの生涯を、その背景となる高度経済成長期の日本社会の構造変動とともに描いた著作である。そこには、N・Nの悲惨な家庭環境を含む生い立ちから、田舎を嫌悪し脱出してきた「金の卵」としてのN・Nが東京（都市）で味わった挫折と絶望、そして、1968年から翌年にかけて、連続殺人に走り獄中の人となるまでの経緯が、同人を取り扱った記録文書やN・Nが獄中で書いた文章などを駆使して、「質的」に分厚く描かれている。注目すべきは、それと同時に、N・Nと同時期に東京に流入してきた青少年を対象にした質問紙調査の結果など、一見とりたてて注目すべき点もなさそうな「量的な」データが、同書にいくつか登場することである。この中のひとつに、「東京で就職して不満足な点」について尋ねた質問項目がある。この項目に対して、もっとも回答率の高かった選択肢は「落ちつける室（へや）がない」というもので、自由時間が少ない、仕事や職場への不満や、友人関係への不満など、いかにも上位にランクされそうな項目をおさえてトップとなっていた。

　この一見遠く離れているかに見える2つのデータ——「質的な」データと「量的な」データ——が、同書では、「まなざしの地獄」というコンセプトで見事に結びつき、見田自身が唱える「固有の持ち味ないし利点を最大限に活

かせるような仕方の結合」を見せる。「まなざしの地獄」とは、「ひとりの人間の総体を規定し、予料するまなざし」である。具体的には、N・Nを、田舎者を示す言葉のアクセント、からかいの対象となった顔の傷といった具象的な表象や、学歴や出生地といった抽象的な表象で代表させ、都市の資本のための安価な労働力の供給元たる田舎からやってきたN・Nという〈関係〉でもってN・Nをまなざす視線である。これは、もちろん、N・Nを絶望の淵へ追いやり、犯罪へと駆り立てていったまなざしでもある。

　ここで、見田（1979b）は、「このような社会構造の実存的な意味を、N・Nはその平均値においてではなく、ひとつの極限値において代表し体現している」（p.9）と指摘する。ここで、平均値として現れている現象と位置づけられているものこそ、「落ちつける室がない」を選択した数多くの東京流入者たちである。つまり、東京（都市）において執拗にN・Nを捉えた「〈関係〉からの自由への憧憬」（同, p.25）が、言い換えれば、自らを突き刺す社会のまなざしからの遮蔽物を切望するN・Nの焼けるような思いが、数十倍に希釈された平均的な表れとして、多くの「金の卵」たちが求めた「落ちつける室」（あのまなざしから逃れることのできる空間）が位置づけられているのである。

　要するに、研究対象が、研究者が見ようとしている現象全体をどのような意味で代表しているのか —— 代表性 —— という観点に立って、社会実践を「見る」ときの方向性を大きく２つに分けて考えることができるのだ。「平均化」と「極限化」である。「平均化」とは、広義の平均値が全体を代表していると考えることである。「平均化」は、上例がそうであったように量的なデータと親和性が強く、対象（たとえば、「金の卵」たち）の数量的な属性を捉えるには好適である。他方、「極限化」とは、個別の対象に「萌芽的に見られる動的な傾向性のベクトルの収斂（しゅうれん）する先」（大澤, 2008, p.104）を捉えようとすることである。すなわち、「平均値に近い事例においては、曖昧なままに潜在化したり、中途半端な現れ方をしたり、相殺しあったりしている諸要因がより鮮明な形で顕在化している」（見田, 1979a, p.160）事例を取り上げることで現象全体を代表させるのである。「極限化」においては、N・Nの分析がそうであったように、通常、質的な分析がより威力を発揮することは言うまでもない。

実際、多くの臨床系の人間科学は多かれ少なかれ、「極限化」を念頭に個別のケースにあたることで、それぞれが究明対象としている全体（たとえば、家族一般、人間一般）にアプローチする側面を持っている。また、大澤（2009）は、「新新宗教」の極限的なケースとしてオウム真理教という個別事例を取り上げることの妥当性について論じている。さらに、筆者も、2011年の東日本大震災後に注目を集めた「津波てんでんこ」という極限的な行動原理を表現した言い伝えを取り上げ、そこにおいて先鋭的に表出した構造が、避難行動に関するいくつかの大規模調査の結果（量的データ）や、心理学実験から得られた量的なデータに「平均化」した形で現れていることを指摘している（矢守、2012; Yamori, in press）。

4-4　「見る」ことを見ること

　4-2項で述べたように、研究者が社会実践を「見る」とき、研究実践と当該の社会実践とを完全に分離することは、究極的には不可能である。このことは、経済学者の景気予測の事例など、いわゆる「予言の自己成就（あるいは、自己破綻）」と称される現象においてもっとも先鋭的な形で現れる。しかし、このことは、原理的には、社会現象を「見る」営み、つまり、「人間科学」の営みのすべてに、多かれ少なかれつきまとう宿命だと認識する必要がある（矢守、2009a, 2010）。

　言い換えれば、「人間科学」の研究者は、研究活動という実践がすでにその内部に入り込んでいる社会実践を、研究という実践を通して自分たちは見ているという構造──「渦中」にいるという構造（浜田・伊藤、2010）──を、よく見なければならない。「自然科学」（論理実証主義）との親和性が強い量的なデータを中核とする研究アプローチと比べて、質的なアプローチは、本来、「人間科学」に要請される、こうしたリフレクティヴ（再帰的、自省的）な営みにこそ強みを発揮してきたし、また今後も発揮すべきである。実際、この分野を先駆的に主導してきたハレ（Harré, 1979）、ラディカル質的心理学を標榜するパーカー（Parker, 2004/2008）や、それを踏まえて、アクションリサーチと質的心理学の先鋭化について論じた杉万（2007, 2013）など、研究蓄積も豊富である。

しかし他方で、反省材料もある。「見る」ことに関する基本的な構えは、「自然科学」の流儀をそのまま無反省に踏襲したうえで、利用するデータの種類を量的なものから質的なものに置き換えただけで質的研究の看板を掲げている研究事例も少なくない。特に、質的なアプローチのマニュアル化という現象には、── その必要性を全面否定するものではないが ── 注意も必要である。なぜなら、そこには、質的なアプローチが、「自然科学」に依拠した従来型心理学の正統（オルソドキシー）に対する批判精神を喪失し、それ自体が新たな正統たらんとする危険な兆候が孕まれているからである（Greenwood & Levin, 2000/2006; 矢守, 2009b）。質的な研究にとっては、それ自体を再帰的に見つめる批判的視線こそが生命線だと考えておかねばならない。

では、研究活動という実践がすでにその内部に入り込んでいる社会実践を、それでもなお、研究実践を通して見ている。その構造をよく見る。これはどのような営みを言うのだろうか。いくつかの事例を通して、詳しく見ていこう。

室崎（2007）は、1995年の阪神・淡路大震災で亡くなった方々の遺族を対象にしたインタビュー調査についてレポートしている。このインタビュー調査に賭けた研究者の思いやその背景について、レポート内で詳しく記述している点が重要である。往々にして、この種の記述は、研究本体とは無関係なもの（場合によっては、むしろ研究の客観性を脅かすもの）とされ、レポートから省かれることが多い。しかし、実際には、この記述こそが、当時被災地で展開されていたさまざまな社会実践（たとえば、遺族を支援する実践、被災地の現状を将来の防災活動に活かすための実践など）の中に占める本インタビューの位置を、この研究者が意識的に見極めようとしていたことの大変よい証左になっている。ちなみに室崎氏は建築学者であり、阪神・淡路大震災当時、神戸大学に勤務していた。インタビュー調査は室崎氏自身および研究室の学生が中心となって実施された。

たとえば、本レポートには、以下のような記述がある。「一人ひとりの個人の記録を大切にして欲しい」、「研究・分析を目的とはせず、あくまでも後世の人々のために記録を着実に残す」、「将来建築家となって家を建てる学生は、自分たちの作る建物がなぜ壊れ、なぜ人を殺すことになったのかという原因を知らなければならない」、「聞き語り調査が、遺族の持つ心の葛藤を整

理する一助となる」、「聞き語り調査会と遺族が遠慮なく語り合うことで、遺族が犠牲者の死をある程度納得するプロセスが形成される場合もある。」

室崎（2007）は、以上のような背景から実施したインタビュー調査から引き出された知見と、他の研究実践から得られた知見の食い違いに注目することによって、以下の重要な事実に気づく。阪神・淡路大震災では、犠牲者のほとんどが倒壊した建物による圧死（即死）であったとされている。たとえば、神戸新聞社（1996）によると、兵庫県監察医室では、阪神・淡路大震災の際に神戸市内で2416体の検案を行い、その報告書には、震災当日午前6時までに91.9％の人々が亡くなったと記されている。また、内閣府（2006）も、「震災による死亡者の9割以上は死亡推定時刻が当日6時までとなっており、ほとんどが即死状態だったとされている」と明記しており、これらが通説となっている。さらに、この通説をもとに、たとえば、住宅の耐震化を中核とする防災対策が進められるなど、新たな社会実践がその後展開されていった。

しかし、これとは異なり、本調査は、地震発生後から1時間、2時間は生きていたという記録の方がはるかに多いことを見出した。確かに、室崎氏自身が周到に注記しているように、遺族が思わず涙ぐんだり、聞き手の学生が遺族の強い感情表出に立ち往生したりといった試行錯誤や葛藤に彩られながら実施されたていねいなインタビュー作業だからこそ、こうしたデータには、「生きていたはずだ」という遺族の思いが反映されていることも多いだろう。もっとも、同じようなケースで、遺族が、「苦しまずに亡くなったはず」と、上記とは反対の方向で考える傾向を持っていることも事実である（矢守, 2010）。

この場合、双方の傾向性はおそらく相殺しあうであろう。しかし、ここで主張したいことは、相殺されるからよいとか相殺されないからまずい、といったことではない。こうした傾向性を無視したり、データ取得の方法に伴うバイアス（誤差）として処理したりするのではなく、研究が社会実践の中に置かれた脈絡の違いから、死亡時刻をめぐる2つの矛盾する事実 —— 通説通りほぼ即死なのか、1、2時間程度存命していた可能性が高いのか —— が生じている可能性があることに、むしろ、考察の焦点を差し向けることが重要である。

実際、室崎（2007）は、この矛盾について、次のように分析、考察を進める。通説の根拠となっているのは、上述の県の監察医が作成したデータである。こちらは、犠牲者の死亡時刻がすべて5時46分となっており、その死亡原因はすべて家屋の倒壊となっている。それに対して、監察を行った町医者が作成したデータでは死亡時間にかなりのばらつきが見られる。室崎（2007）は、専門の監察医は、医学的な死因の分析に関してはより精緻であるが、次々と運び込まれる犠牲者を前にして死亡時刻の特定の手間を省き、それを一律に5時46分とした形跡があるとして疑問を呈している。それに対して、町医者は、病院に駆け込んできた人々の話を非常に丹念に聞いて記録を作成しており、死亡時刻の推定や死亡した場所・原因の詳細についてはより確実な情報を提供している可能性が高いと考察している。

　こうした町医者たちと遺族らとの実践と、不慣れながら真摯なインタビュー調査を実施した学生たちと遺族らとの実践との類似性を認め、同時に、それらと専門の監察医の実践との違いを適切に「見る」ことによって、この研究は、通説を形づくった研究結果を批判的に検証することに成功している。室崎氏の次の言葉は、4-3項で述べた質的・量的データの関係性とも関連して、示唆に富む。「このように、個別のヒアリングに特徴づけられる聞き語り調査は、統計では見えてこない、個別のケースが持つ意味を明らかにする」（室崎, 2007, p.22）。

　さらに、類例をいくつか簡単に紹介しておこう。浦河べてるの家（2005）が精力的に推進してきた「当事者研究」は、精神病の患者を苦しめる症状について、医師（研究者）ではなく患者自身が、まさに研究という実践を通して「見る」という逆転の発想に基づく実践である。この極端なまでの逆転が試みられ、かつ大きな成果を上げた基盤には、精神病の治療や研究という実践こそが、逆説的にも、治療の対象となる症状を生成・維持してきたのではないかとの反省がある。そのように「見える」対象を作り上げてきたのは、そのように「見る」実践の方だったとの反省である（ナラティヴ・セラピーにおけるリフレクティング・チームも同様の発想に依拠している（Andersen, 1991/2001; 野口, 2002））。

　たとえば、べてるの家の医師は、「一般的な精神科の患者さんと比べて、ここの患者さんには饒舌な方が多いですね」と問われて、次のように答えて

いる。「病院という場が、そういう（無口な；引用者注）患者さんをつくってきたのだと思います」（川村, 2005, p.256）。たとえば、患者が、幻聴が強いと訴えれば、医師は、通例、より多くの薬を処方し、患者は薬が効いてぐったりしてしまう。それを知っているから患者はものを言わなくなる、というのである。そこから、「『無口な精神病患者』というのは、そういう環境に適応しただけなんですよ」との洞察が導かれる（川村, 2005, p.257）。

矢守（2009）は、東日本大震災における津波避難をめぐって、マスメディア等で盛んに紹介された「正常化の偏見」（「正常性バイアス」）と呼ばれる現象について分析している。危機の可能性を伝える情報を割り引いて考える心理的傾向性について、従来、多くの研究は、そうした傾向性がそれ自体として — 研究に先立って、研究とは独立に — 存在していることを自明の前提としてきた。そのうえで、事後的な質問紙調査によってその存在を実証するデータを収集したり、「行政は正常化の偏見を見越した災害情報を発信すべし」といったメッセージを社会に発信したりしてきた。

これに対して、矢守（2009）は、このような心理的傾向性は、あくまでも、質問紙調査の実施とその結果の社会へのフィードバックというやりとりの産物、つまり、研究活動そのものも関与した社会実践の産物と見なすべきだと指摘している。すなわち、「心理学化する社会」（たとえば、斎藤, 2009）において、「心理学的に取り扱ってもらえることを期待している」(Parker, 2004/2008, p.10) 人々に対して、「あなたは正常化の偏見に陥っているのですよ」と、心理的傾向性でもって説明してみせる研究者たちの方が、こうした傾向性を実体化させ、それを再生産するループの一角を担ってしまっているのだ。

以上の知見はいずれも、社会実践に介入する研究実践それ自体に対する再帰的な質的な分析、すなわち、パーカー（Parker, 2004/2008）がラディカルな質的分析と呼ぶものによって見出されたものである。ただし、再帰的な分析はあくまで、社会実践に対する研究実践の介入に対する批判的反省である。批判的反省の後には、それを踏まえた新たな実践が求められる。たとえば、室崎氏の研究では、その後、インタビュー調査の結果を遺族に調査ファイルとしてフィードバックしたり、遺族の了解のもとで開示して人々の参照に供したりしている。また、「べてるの家」の洞察は、「当事者研究」というまさに新しい実践を花開かせた。最後の災害情報の事例についても、その後、災

害の専門家や防災行政職員だけでなく、一般の人々やマスメディアなど多様な関係者が共同で災害情報を作り共有すること（「ジョイン＆シェア」）を基軸とした新しい試みを通して、上述のループの外側に出てしまおうとする実践が後続している（矢守，2011a; 近藤ほか，2012）。

4-5 協同当事者として「見る」こと

　4-4項での議論は、言葉を換えれば、研究という実践が社会実践に介入することによって、もともとの当事者に研究者も加わった新たな当事者たち（もともとの当事者と区別するために、以降、「協同当事者」と呼ぶ）による、新たな社会実践（もともとの社会実践や研究実践と区別するために、以降、「協同実践」と呼ぶ）が開始されているということである。よって、これまで検討してきた「見る」ことに関する課題は、協同実践を協同当事者としてどう「見る」のかという形式に形を変えたと整理することができる。

　なお、ここで言う「協同実践」は、杉万（2013）の表記にならったものであるが、同じことを類似の用語で呼んでいるケースもある。たとえば、リーゾンとブラッドベリー（Reason & Bradbury, 2001）は「協同的探求」（co-operative inquiry）、グリーンウッドとレヴィン（Greenwood & Levin, 2000/2006）は「共同生成的探究」（cogenerative inquiry）、グリーンウッドとレヴィン（2007）は「共同生成的アクションリサーチ」（cogenerative action research model）、竹内ら（Takeuchi et al., 2012）は、「コミュニカティヴサーベイ」（communicative survey）、渥美（2011a）は「協働的実践」、塩瀬（本書6章2節）は「共同知創出」と表記している。

　協同実践が開始された以上、もはや、「第三者／当事者」の枠組みの内部で、「第三者にしかわからない（見えない）ことがある」、逆に、「当事者にしかわからない（見えない）ことがある」といった単純な理解で済ますわけにはいかない。しかも、ここでも、質的なデータ／量的なデータの関係性（4-3項）と同様、両者の中途半端な折衷は非生産的である。むしろ、協同当事者たちが、当事者性と第三者性の両極を大きく振れ動きながら縦横無尽に横断する運動が重要になる。言い換えれば、協同実践に徹底的に内在しようとする運動と、それとは対照的に、徹底的に外在しようとする運動に、すべて

の協同当事者（もともとの当事者ともともとの研究者を含む）が従事するというのが、理想的な状態であろう。協同実践が開始されるまでの経緯から考えて、特に、もともとの当事者は、意識して、第三者的（外在的、研究者的）に振る舞うことが必要だろう。逆に、もともとの研究者は、自覚的に、当事者的（内在的、対象者的）なポジションをとることが要請されるだろう。

　ここでも、いくつか手本となる事例を紹介しておこう。第一に、先に紹介した「当事者研究」は、ここでも重要である。前項では、研究者としての患者という側面を強調したが、「当事者研究」は、それと同様に、対象者（患者）としての研究者および支援者という側面も重視している。たとえば、先に引用した医師は、患者の期待（「私の症状を、先生、あなたが何とかしてください」）に過剰に応えてしまう医師（自分）について、「患者さんを助けると言いながら、じつは医者が患者さんに『見捨てられたくない』と依存している状態なんです」（川村，2005, p.261）と診断している。そのほか、同書では、患者の家族（通常、最大の支援者と位置づけられている）こそが、患者の症状を悪化させている場合が多いことも指摘されている。

　第二に、宮本・渥美・矢守の研究（2012）にも注目しておきたい。同論文では、協同実践に協同当事者として関わる研究者がとるべき独特の視点を「巫女の視点」として概念化している。それによれば、私たちの体験はすべて、程度の差こそあれ、「言語の水準」と「身体の水準」による複層的な構成をとっている。そして、協同当事者としての私たちに対しては、「言語の水準」では顕在化せず「身体の水準」にとどまる体験——「彼らはそれを知らない、しかしそれをしている」（マルクス）——が存在する。「巫女の視点」とは、この複層的な構成を「見る」視点であり、協同実践における研究者には、自分を含む協同当事者が「身体の水準」ですでにしていることを「言語の水準」へと引き上げてそれを見ることを通して、協同実践のベターメント（変革）を図ることが期待される。

　重要な点は、この主張が、同論文の第一著者が10年近くにわたってある被災地で継続している協同実践を通してなされていることである。限界集落と形容される中山間地の被災集落の災害後の営みに深く内在し、「身体の水準」を共有することを通してこそ、言い換えれば、同じことを知らない（見えない）状態にまで協同当事者として同一化する地点にまで遡行するからこ

そ、「巫女の視点」は立ち上がってくることを、本論文は指摘している。つまり、「巫女の視点」は、素朴な意味での第三者の視点ではない。

ただし、それでも、協同実践における体験のすべてを「言語の水準」へと引き上げることは原理的にできない。可能なのは、「言語の水準」と「身体の水準」を往還しながら、そのつど「巫女の視点」を立ち上げて協同実践を新たに「見る」こと、別様に「見る」こと —— この運動を続けることだけである。

4-6　永続するプロセスとしての協同実践

これまでの議論から明らかなように、社会実践に研究者が関与しそれが協同当事者による協同実践へと発展する場合、それは単発の出来事ではあり得ない。そうではなく、多くの場合、協同実践は、相当の年月をかけた一連のプロセス —— バニスターら（Banister et al., 1994/2008）の用語では「アクションリサーチのスパイラル」 —— となる。よって、このとき留意すべきことは、協同実践にあたっては、それが質問紙調査であれ、理論的な考察であれ、それ単独の効果というよりも、当該の協同実践が次にどのような協同実践を誘発しうるのか、そのポテンシャルの大小を重視することであろう。

注目すべき協同実践の多くは、このような永続するプロセスをなしている。4-4項で例示した3つの事例がそのような側面を持っていることについてはすでに言及した。それらは、研究の介入に対する批判的反省に引き続いて、それぞれ新たな協同実践を展開していた。他にも、類例はある。たとえば、杉万（2006）は、鳥取県智頭町の集落活性化運動に20年近くにわたって関与してきたプロセスについて記述している。それは、関係者を対象としたインタビュー調査、長年にわたる参与観察に基づくエスノグラフィーの作成、閉鎖的な過疎集落と外部者との接触の効果に関する理論的考察、市町村合併に関して住民が配布したビラの言説分析（東村, 2006）など数多くのリサーチがそれぞれ、次なる協同実践を生み出しながら前進する長期的なプロセスである。

渥美（2001, 2011b）の一連の協同実践のきっかけは、阪神・淡路大震災である。当時被災地に住み、同時に被災地の大学に勤務していた同氏は、被災

者を支援する団体を立ち上げる。同団体の救援活動の先頭に当事者として立ちながら、同氏は、ボランティア活動に関するインタビュー調査、それらをベースとしたエスノグラフィーの作成などを継続してきた。その成果が、次なる協同実践へと発展していく。すなわち、阪神・淡路大震災に引き続いて起こったいくつもの自然災害（たとえば、新潟県中越地震、東日本大震災など）における支援活動にあたる中で、同氏は、体制化するボランティア活動に対する警告、新しいタイプの災害救援活動の提唱と実践 ── それらは、「ただ傍にいること」、「被災地のリレー」といった印象的な用語で表現されている（矢守ほか, 2011）── を、現在も継続中である。

　最後に筆者自身の取り組みについて紹介していこう。2004 年、阪神・淡路大震災から 10 年を迎えようとする時期、筆者は、同大震災に神戸市職員として向き合った 100 名を超える人々を対象としたインタビュー調査を実施していた。このとき、インタビュイー（インタビュー対象者）のひとりが、インタビューの目的やその記録の取り扱いについて若干の疑問を呈して、インタビューの開始がわずかだが遅れるという出来事があった（詳しくは、矢守, 2011b を参照）。今から思えば、この出来事は、防災・復興行政という社会実践に対するインタビュー調査という研究実践の介入の意義（4-1 項）に関する本質的な問いかけであった。よって、当時の筆者はこれをもっと真摯に捉えるべきであった。しかし、実際には、インタビューの録音や記録の公表方針に関する手続き的な問題として処理しようとした。

　その後、このインタビューを含む一連の聞き取り記録は、筆者らが開発した防災ゲーム「クロスロード」（矢守・吉川・網代, 2005）のメインコンテンツとなった。「クロスロード」は、2005 年の公表以来、数万部が国内外で頒布され、阪神・淡路大震災の経験を踏まえて将来の災害に備えようとする人々や地域で役立てられてきた。神戸市職員の多くは、かねてから地元の復興行政を進めながら、他方で「神戸の知恵や経験を日本に世界に」と訴えてきた。だから、筆者としては、「クロスロード」の制作とその後の活用に対するアクションでもって、ようやく、インタビュイー（特に、上の疑問を提示された方）との協同実践の端緒につくことができたような思いがした。「インタビューされた人もインタビューから何かを得たいと思っている」（Parker, 2004/2008, p.75-76）、「研究者の決めた最初の『目的』におさまらない

何かを共同研究者たちでつくり出すこと」(同書, p.82) が重要だからである。今から振り返れば、協同実践の長いプロセスの中に、インタビューの実施、その結果のインタビュイーへの報告、そして、「クロスロード」の制作や次なる実践が一連のものとして存在していることが重要だったのだ。

この一連のプロセスには、さらに続きがある。数年前、上記のインタビュー調査を担当してくれた神戸市職員や当時のインタビュイー数人が、「神戸クロスロード研究会」を結成した。同研究会は、「クロスロード」を活用して神戸市職員対象の研修会を実施したり、市民の地域防災事業向けに「クロスロード」をさらに改良したりしている。また、そうした活動を通じて知り合った仲間が「クロスロード友の会」（筆者もメンバーのひとり）を結成、各地域の防災教育に共同であたったり、東日本大震災など被災地での支援活動に従事したりしている。さらに、これらの成果の一部は、メンバー（当初のインタヴュイーの一人）と筆者との共著の学術論文としても刊行されている（吉本・矢守, 2011）。

要するに、インタビューの実施当時、筆者にとって研究対象でしかなかった方々が、いまや、当の研究から生まれた成果物（「クロスロード」）を有力な媒体として、協同実践の協同当事者（共にコトをなす当事者）にまで変化してきたのだ。もちろん、それとまったく並行して、筆者自身も、神戸市職員の社会実践に対する単なる外在者（第三者）から、協同実践の協同当事者へと変化してきた。

最後に、このように永続するプロセスとしての協同実践 ── 社会実践に対する研究実践の介入とその成果や課題に対する再帰的反省を通じた昇華プロセスの連続体 ── を研究者が生きていくうえで重要となると考えているフレーズを引いて、本節を閉じることにしよう。

Think practically, act theoretically. ── 実践的に思考し、理論的に行動せよ。

【参考書】
矢守克也 (2010).『アクションリサーチ ── 実践する人間科学』新曜社.
　防災や災害からの復興の現場をメインフィールドに、研究と社会実践との関わ

りについて具体的な事例を通して論じている。ナラティヴ分析、ゲーミング、エスノグラフィーなど、アクションリサーチを支える方法・手法についても詳しい。

見田宗介（2012）.『宮沢賢治 ── 存在の祭りの中へ』（定本 見田宗介著作集 第9巻）岩波書店.

 多くの名著がそうであるように、さまざまな読み方ができる書物である。「世界」の内と外、および、〈世界〉の内と外。この2軸から成る図式をもとに賢治の作品群を読み解いていく見田の手腕に導かれながら、どのような意味で自分（研究者）が世界（社会）に存在しうるのかについて問い直すことができる。

文　献

1章　質的心理学とは何か

1節　質的心理学の核心

バフチン, M. M.（1988）. テキストの問題. バフチン, M. M., ことば・対話・テキスト（pp.191-239）.（新谷敬三郎・伊東一郎・佐々木寛, 訳）. 東京：新時代社.

Blumer, H.（1969）. *Symbolic interactionism.* New Jersey: Prentice-Hall.（ブルーマー, H.（1991）. シンボリック相互作用論 ── パースペクティブと方法（後藤将之, 訳）. 東京：勁草書房.）

Bruner, J. S.（1986）. *Actual minds, possible worlds.* Cambridge, MA: Harvard University Press.（ブルーナー, J. S.（1998）. 可能世界の心理（田中一彦, 訳）. 東京：みすず書房.）

Bruner, J. S.（1990）. *Acts of meaning.* Cambridge, MA: Harvard University Press.（ブルーナー, J. S.（1999）. 意味の復権 ── フォークサイコロジーに向けて（岡本夏木・仲渡一美・吉村啓子, 訳）. 東京：ミネルヴァ書房.）

Denzin, N.（2004）. Symbolic interactionism. In U. Flick（Ed.）. *A companion to qualitative research*（pp.81-87）. London: Sage.

Denzin, N., & Lincoln, Y.（Eds.）.（2000）. *Handbook of qualitative psychology*（2nd ed.）. London: Sage.（デンジン, N. K.・リンカン, Y. S.（2006）. 質的研究ハンドブック1巻-3巻（平山満義, 監訳）. 京都：北大路書房.）

Derrida, J.（1967）. *L'ecriture et la difference.* Paris: Editions du Seuil.（デリダ, J.（1983）. エクリチュールと差異　上下（若桑毅・野村英夫, ほか訳）. 東京：法政大学出版局.）

Derrida, J.（1972）. *Position.* Paris: Les Editions de Mint.（デリダ, J.（2000）. ポジシオン　新装版（高橋充昭, 訳）. 東京：青土社.）

Derrida, J.（1987）. *Feu le cendre.* Paris: Editions des femmes.（デリダ, J.（2003）. 火ここになき灰（梅木達郎, 訳）. 京都：松籟社.）

Flick, U.（2007）. *Qualitative Sozialforschung: Eine Einfuhrung.* Hamburg: Rowohlt Taschenbuch Verlag.（フリック, U.（2011）. 新版　質的研究入門 ──〈人間の科学〉のための方法論（小田博志・山本則子・春日常・宮地尚子, 訳）. 東京：春秋社.）

Geertz, C.（1983）. *Local knowledges.* London: Fontana Press.（ギアーツ, C.（1999）. ローカル・ノレッジ（梶原景昭・小泉潤三・山下晋司・山下淑美, 訳）. 東京：岩波書店.）

Gergen, K.（1999）. *An invitation to social construction.* London: Sage.（ガーゲン, K.（2004）. あなたへの社会構成主義（東村知子, 訳）. 京都：ナカニシヤ出版.）

Glaser, G. B., & Strauss, A. L.（1967）. *The discovery of grounded theory: Strategies for qualitative research.* Chicago: Aldine Publishing Company.（グレイザー, G. B.・ストラウス, A. L.（1996）. データ対話型理論の発見 ── 調査からいかに理論をうみだすか（後藤隆・大出春江・水野節夫, 訳）. 東京：新曜社.）

McAdams, D. P., Josselson, R., & Lieblich, A.(Eds.).(2001). *Turns in the road: Narrative studies of lives in transition.* Washington DC: American Psychological Association.

McNamee, S., & Gergen, K. J.(Eds.).(1992). *Therapy and social construction.* London: Sage.(マクナミー, S.・ガーゲン, K. J.(1997). ナラティヴ・セラピー —— 社会的構築主義の実践(野口祐二・野村直樹, 訳). 東京:金剛出版.)

Ricœeur, P.(1971). Événement et sens dans le discours. In *Paul Ricoeur ou la liberte selon l'esperance,* Paris: a c. di M. Philibert, Seghers.(リクール, P.(1985). 記述における出来事と意味. 解釈の革新, 白水社所収(pp.46-63).)

Toulmin, S.(1990). *Cosmopolis: The hidden agenda of modernity.* New York: Free Press.(トゥールミン, S.(2001). 近代とは何か —— その隠されたアジェンダ(藤村龍雄・新井浩子, 訳). 東京:法政大学出版局.)

Whitehead, A. N.(1925). *Science and modern world.* Lowell Lectures.(ホワイトヘッド, A. N.(1981). 科学と近代世界(上田泰治・村上至孝, 訳). 京都:松籟社.)

Wittgenstein, L.(1953). *Philosophical investigations.* Oxford: Brackwell.(ウィトゲンシュタイン, L.(1976). ウィトゲンシュタイン全集 8 哲学探究(藤本隆, 訳). 東京:大修館書店.)

やまだようこ.(1986). モデル構成をめざす現場心理学の方法論. 愛知淑徳短期大学研究紀要, *25*, 31-51.(やまだようこ(編).(1997). 現場心理学の発想(pp.161-186). 東京:新曜社. に所収)

やまだようこ(編).(2000). 人生を物語る —— 生成のライフストーリー. 京都:ミネルヴァ書房.

やまだようこ.(2006). 質的心理学とナラティヴ研究の基礎概念 —— ナラティヴ・ターンと物語的自己. 心理学評論, *49*, 436-463.

やまだようこ(編).(2007). 質的心理学の方法 —— 語りをきく. 東京:新曜社.

やまだようこ.(2008). 多声テクスト間の生成的対話とネットワークモデル ——「対話的モデル生成法」の理論的基礎. 質的心理学研究, *7*, 21-42.

2節 質的心理学の歴史

Allport, G. W.(1942). *The use of personal documents in psychological science.* New York: Social science research council.(オールポート, G. W.(1970). 心理科学における個人的記録の利用法(大場安則, 訳). 東京:培風館.)

麻生武.(1992). 身ぶりからことばへ —— 赤ちゃんにみる私たちの起源. 東京:新曜社.

麻生武.(2002). あとがき —— 心の解放記念日. 質的心理学研究, *1*, 165-166.

Austin, J. L.(1962). *How to do things with words.* Cambridge, MA: Harvard University Press.(オースティン, J. L.(1978). 言語と行為(坂本百大, 訳). 東京:大修館書店.)

バフチン, M. M.(1988). ことば対話テキスト(新谷敬三郎・伊東一郎・佐々木寛, 訳). 東京:新時代社.

バフチン, M. M.(1995). ドストエフスキーの詩学(望月哲男・鈴木淳一, 訳). 東京:筑摩書房.

バルト, R.（1979）.物語の構造分析（花輪光, 訳）.東京：みすず書房.

Blumer, H.（1969）. *Symbolic interactionism.* New Jersey: Prentice-Hall.（ブルーマー, H.（1991）.シンボリック相互作用論 ── パースペクティブと方法（後藤将之, 訳）.東京：勁草書房.）

Boundon, R., Cherkaoui, M., & Demeulenaere, P.（Eds.）.（2003）. *The European tradition in qualitative research.* vol. Ⅰ. Ⅱ. Ⅲ. Ⅳ. London: Sage.

Bruner, J.（1983）. *In search of mind: Essays in autobiography.* New York: HarperCollins.（ブルーナー, J.（1993）.心を探して ── ブルーナー自伝（田中一彦, 訳）.東京：みすず書房.）

Bruner, J. S.（1986）. *Actual minds, possible worlds.* Cambridge, MA: Harvard University Press.（ブルーナー, J. S.（1998）.可能世界の心理（田中一彦, 訳）.東京：みすず書房.）

Bruner, J. S.（1990）. *Acts of meaning.* Cambridge, MA: Harvard University Press.（ブルーナー, J. S.（1999）.意味の復権 ── フォークサイコロジーに向けて（岡本夏木・仲渡一美・吉村啓子, 訳）.東京：ミネルヴァ書房.）

Cooper, H.（Ed.）.（2012）. *APA handbook of research methods in psychology.* Volume 1, 2, 3. Washington, DC. American Psychological Association.

Danto, A. C.（1965）. *Analytical philosophy of history.* Cambridge: Cambridge University Press.（ダント, A. C.（1989）.物語としての歴史 ── 歴史の分析哲学（河本英夫, 訳）.東京：国文社.）

Denzin, N.（2004）. Symbolic interactionism. In U. Flick（Ed.）. *A companion to qualitative research*（pp.81-87）. London: Sage.

Denzin, N., & Lincoln, Y.（Eds.）.（2000）. *Handbook of qualitative psychology*（2nd.ed.）. London: Sage.（デンジン, N. K.・リンカン, Y. S.（2006）.質的研究ハンドブック1巻-3巻（平山満義, 監訳）.京都：北大路書房.）

Derrida, J.（1967a）. *L'ecriture et la difference.* Paris: Editions du Seuil.（デリダ, J.（1983）.エクリチュールと差異 上下（若桑毅・野村英夫, ほか訳）.東京：法政大学出版局.）

Derrida, J.（1967b）. *La voix et le phenomene.* Paris: Presses Universitaires de France.（デリダ, J.（2005）.声と現象（林好雄, 訳）.東京：筑摩書房.）

Derrida, J.（1996）. *Le monolinguisme de l'autre: ou la prothese d'origine.* Paris: Galilee.（デリダ, J.（2001）.たった一つの、私のものではない言葉 ── 他者の単一言語使用（守中高明, 訳）.東京：岩波書店.）

Erikson, E. H.（1950）. *Childhood and society.* New York: W. W. Norton & Company.（エリクソン, E. H.（1977-1980）.幼児期と社会Ⅰ, Ⅱ（仁科弥生, 訳）.東京：みすず書房.）

Erikson, E. H.（1968）. *Identity: Youth and crisis.* New York: W. W. Norton & Company.（エリクソン, E. H.（1973）.アイデンティティ ── 青年と危機（岩瀬庸理, 訳）.東京：金沢文庫.）

Freud, S.（1926/1959）. *Address to the Society of B'nai B'rith.* Standard Edition 20:273, London: Hogarth Press.

フロイト, S.（1968）. フロイト著作集2 夢判断（高橋義孝, 訳）. 京都：人文書院.

Gergen, K.（1994）. *Toward transformation in social knowledge*. 2nd ed. London: Sage.（ガーゲン, K.（1998）. もう一つの社会心理学 —— 社会行動学の転換に向けて（杉万俊夫・矢守克也・渥美公秀, 訳）. 京都：ナカニシヤ出版.）

Gergen, K.（1999）. *An invitation to social construction*. London: Sage.（ガーゲン, K.（2004）. あなたへの社会構成主義（東村知子, 訳）. 京都：ナカニシヤ出版.）

Glaser, G. B., & Strauss, A. L.（1965）. *Awareness of dying*. New York: Aldine Publishing.（グレイザー, G. B.・ストラウス, A. L.（1988）. 死のアウェアネス理論と看護 —— 死の認識と終末期ケア（木下康仁, 訳）. 東京：医学書院.）

Glaser, G. B., & Strauss, A. L.（1967）. *The discovery of grounded theory: Strategies for qualitative research*. Chicago: Aldine Publishing Company.（グレイザー, G. B.・ストラウス, A. L.（1996）. データ対話型理論の発見 —— 調査からいかに理論をうみだすか（後藤隆・大出春江・水野節夫, 訳）. 東京：新曜社.）

Heider, F.（1958）. *The psychology of interpersonal relations*. New York: Wiley.（ハイダー, F.（1978）. 対人関係の心理学（大橋正夫, 訳）. 東京：誠信書房.）

Hepburn, A., & Potter, J.（2004）. Discourse analytic practice. In Seale, C., Gobo, G., Gubrium, J. F., & Silverman, D.（Eds.）. *Qualitative research practice*（pp.180-196）. London: Sage.

James, W.（1902）. *On the varieties of religious experience*. New York: Longmans.（ジェイムズ, W.（1962）. ウィリアム・ジェイムズ著作集3,4 宗教的経験の諸相（桝田啓三郎, 訳）. 東京：日本教文社.）

James, H.（Ed.）.（1920）. *The letters of William James*. Vol.1. Boston: The Atlantic Monthly Press, p.199.

川喜田二郎.（1967）. 発想法. 東京：中央公論社.

Köhler, W.（1927）. *Intelligenzprüfungen an Menschenaffen*. Berlin: Springer.（ケーラー, W.（1967）. 類人猿の知恵試験（宮孝一, 訳）. 東京：岩波書店.）

Kuhn, T.（1962）. *The structure of scientific revolutions*. Chicago: The University of Chicago Press.（クーン, T.（1971）. 科学革命の構造（中山茂, 訳）. 東京：みすず書房.）

Lévi-Strauss, C.（1962）. *La pensée sauvage*. Paris: Librairie Plon.（レヴィ＝ストロース, C.（1976）. 野生の思考（大橋保夫, 訳）. 東京：みすず書房.）

Lewin, K.（1936）. *Principles of topological psychology*. New York: McGraw-Hill.

南博文.（2002）. 開かれた論争の場へ. 質的心理学研究, *1*, 166-167.

無藤隆・やまだようこ・麻生武・南博文・サトウタツヤ（編）.（2002）. 質的心理学研究, *1*. 東京：新曜社

無藤隆・やまだようこ・麻生武・南博文・サトウタツヤ（編）.（2004）. ワードマップ 質的心理学 —— 創造的に活用するコツ. 東京：新曜社.

無藤隆・麻生武・やまだようこ・サトウタツヤ・南博文（2012）. 質的心理学は何をめざすか. やまだようこ. 世代をむすぶ —— 生成と継承（pp.103-144）. 東京：新曜社.

大橋英寿・やまだようこ.（2005）. 質的心理学の来し方と行方. 質的心理学研究, *4*, 6-15.

Piaget, J.（1936）. *La naissance de l'intelligence chez l'enfant*. Paris: Delachaux & Niestle.

（ピアジェ, J.（1978）. 知能の誕生（谷村覚・浜田寿美男, 訳）. 京都：ミネルヴァ書房.）

Plummer, K.（1995）. *Telling sexual stories*. New York: Routlrdge.（プラマー, K.（1998）. セクシュアル・ストーリーの時代（桜井厚・好井裕明・小林多寿子, 訳）. 東京：新曜社.）

Potter, J.（2003）. Discourse analysis and discursive psychology. In P. M. Camic, J. E. Rhodes, & L. Yardley（Eds.）, *Qualitative research in psychology*（pp.73-94）. Washington DC: American Psychological Association.）

プロップ, V.（1969）. 昔話の形態学（北岡誠司・福田美智代, 訳）. 東京：水声社.

Queneau, R.（1981）. *Exercises in style*. New York: New Direction.

Ricœur, P.（1985）. *Temps et récit. III*. Paris: Éditions du Seuil.（リクール, P.（1990）. 時間と物語Ⅲ（久米博, 訳）. 東京：新曜社.）

サトウタツヤ・高砂美樹.（2003）流れを読む心理学史. 東京：有斐閣.

サトウタツヤ.（2001）. あとがき. やまだようこ・サトウタツヤ・南博文（編）, カタログ現場（フィールド）心理学 ── 表現の冒険（pp.188-194）. 東京：金子書房

Saussure, F.（1922）. *Cours de linguistique générale*. 2nd ed. Paris: Payot.（ソシュール, F.（1972）. 一般言語学講義（小林英夫, 訳）. 東京：岩波書店.）

Seale, C., Gobo, G., Gubrium, J. F., & Silverman, D.（2004）. *Qualitative research practice*. London: Sage.

Searle, J. R.（1969）. *Speech acts*. Cambridge: Cambridge University Press.

田中共子（編）.（2010）. 参考資料 ── 質的研究テキスト一覧. 質的心理学研究, *9*, 195-201.

Thompson, P.（1978）. *The voices of the past: Oral history*. Oxford: Oxford University Press.（トンプソン, P.（2002）. 記憶から歴史へ ── オーラル・ヒストリーの世界（酒井順子, 訳）. 東京：青木書店.）

Vygotsky, L.（1934）.（ヴィゴツキー, L.（1962）. 思考と言語 上下（柴田義松, 訳）. 東京：明治図書.）

Willig, C.（Ed.）.（1999）. *Applied discourse analysis: Social and psychological interventions*. Buckingham: Open University Press.

Wundt, W.（1900-1920）. *Volkerpsychologie*（民族心理学）全10巻.

山田洋子.（1975）. ある6か月児の操作的探索における新奇刺激の効果. 教育心理学研究, *23*, 37-41.

山田洋子.（1982）. 0〜2歳における要求 ── 拒否と自己の発達. 教育心理学研究, *30*, 38-48.

やまだようこ.（1986）. モデル構成をめざす心理学の方法論. 愛知淑徳短期大学研究紀要, *25*, 31-51.（やまだようこ（編）.（1997）. 現場（フィールド）心理学の発想（pp.151-186）. 東京：新曜社. に所収）

やまだようこ.（1987）. ことばの前のことば ── ことばが生まれるすじみち. 東京：新曜社.

やまだようこ（編）.（1997）. 現場（フィールド）心理学の発想. 東京：新曜社.

やまだようこ.（2002）. 心理学における質的データからのモデル構成プロセス. 質的心理学研究, *1*, 107-128.

やまだようこ.（2006）. 質的心理学とナラティヴ研究の基礎概念 ── ナラティヴ・ターンと物語的自己. 心理学評論, *49*, 436-463.

やまだようこ（編）．（2007a）．質的心理学の方法 —— 語りをきく．東京：新曜社．

やまだようこ．（2007b）．対話的モデル構成 —— ナラティヴ研究における多重の現場、テクスト、対話的省察性．質的心理学研究, 6, 174-194.

やまだようこ．（2008）．多声テクスト間の生成的対話とネットワークモデル ——「対話的モデル生成法」の理論的基礎．質的心理学研究, 7, 21-42.

やまだようこ（編）．（2010）．この世とあの世のイメージ —— 描画のフォーク心理学．東京：新曜社．

やまだようこ・サトウタツヤ・南博文（編）．（2001）．カタログ心理学 —— 表現の冒険．東京：金子書房．

やまだようこ・サトウタツヤ・麻生武・秦野悦子・綿巻徹・岡本依子・柴山真琴．（2007）．日本の質的心理学の歴史をつくる —— 日誌研究会と質的研究の方法論．日本発達心理学会第18回大会自主シンポジウム（立命館大学ヒューマンリサーチサービス10巻　サトウタツヤ（編）．心理学の歴史に学ぶ．に収録）．

やまだようこ・無藤隆・麻生武・南博文・サトウタツヤ．（2012）．発達心理学と質的心理学のクロスロード．日本発達心理学会第23会大会学会連合シンポジウム．

3節　質的研究の認識論

American Psychiatric Association. (2000). *Quick reference to the diagnostic criteria from DSM-IV-TR*. Washington D.C: American Psychiatric Association.（米国精神医学会．（2002）．DSM-IV-TR —— 精神疾患の分類と診断の手引（高橋三郎・大野裕・染矢俊幸, 訳）．東京：医学書院．）

Barthes, R. (1961). *Introduction à l'analyse structurale des récits*. Paris: Édition de Seuil.（バルト, R.（1979）．物語の構造分析（花輪光, 訳）．東京：みすず書房．）

Blumer, H. (1969). *Symbolic interactionism*. New Jersey: Prentice-Hall.（ブルーマー, H.（1991）．シンボリック相互作用論 —— パースペクティブと方法（後藤将之, 訳）．東京：勁草書房．）

Gergen, K., & Davis, K. E. (Eds.). *The social construction of the person*. NY: Springer-Verlag.

Harré, R. (1985). The language game of self-ascription. In K. Gergen, & K. E. Davis (Eds.). *The social construction of the person* (pp.259-263). NY: Springer-Verlag.

伊勢田哲治．（2003）．疑似科学と科学の哲学．名古屋：名古屋大学出版会．

石川幹人・渡辺恒夫（編）．（2004）．マインドサイエンスの思想．東京：新曜社．

Kuhn, T. S. (1962). *The Structure of scientific revolutions*. Chicago: University of Chicago Press.（クーン, T. S.（1971）．科学革命の構造（中山茂, 訳）．東京：みすず書房．）

丸山高司．（1985）．人間科学の方法論争．東京：勁草書房．

Merleau-Ponty, M. (1945). *Phénoménologie de la perception*. Paris: Éditions Gallimard.（メルロ＝ポンティ．（1982）．知覚の現象学（中島盛夫, 訳）．東京：法政大学出版局．）

Popper, K. R. (1972). *Conjecture and refutations*. 4th ed. London: Routledge.（ポパー, K. R.（1980）．推測と反駁（藤本隆志, ほか訳）．東京：法政大学出版局．）

Ricœur, P. (1985). *Temps et récit. III*. Paris: Éditions du Seuil. (リクール, P. (1990). 時間と物語Ⅲ (久米博, 訳). 東京：新曜社.)

Schultz, D. P., & Schultz, S. E. (1992). *A History of modern psychology* (5th ed.). NY: Harcourt Brace Jovanovich.

Stevens, S. S. (1939). The operational definition of psychological concepts. *Psychological Review, 42*, 517-527.

Taylor, C. (1979). Interpretation and the science of man. In P. Rabinow, & W. M. Sullivan (Eds.). *Interpretive social science: A second look* (pp.34-81). Berkeley: University of California Press.

Valsiner, J. (2005). Transformations and flexible forms: Where qualitative psychology begins. 質的心理学研究, 4, 39-57.

渡辺恒夫. (2013). フッサール心理学宣言 ―― 他者の自明性がひび割れる時代に. 東京：講談社.

Wittgenstein, L. (1953). *Philosophical investigations*. Oxford: Brackwell. (ウィトゲンシュタイン, L. (1976). ウィトゲンシュタイン全集8 哲学探究 (藤本隆, 訳). 東京：大修館書店.)

4節　質的研究の倫理

会田薫子. (2007). インフォーマントとの関係作りと倫理的配慮. 高橋都・会田薫子 (編), はじめての質的研究法 ―― 医療・看護編 (pp.17-39). 東京：東京図書.

American Psychological Association. (1992). Ethical principles of psychologists and code of conduct. *American Psychologist, 47*, 1597-1611. (アメリカ心理学会. (1996). サイコロジストのための倫理綱領および行動規範 (冨田正利・深澤道子, 訳). 東京：日本心理学会.)

American Psychological Association. (2010). Ethical principles of psychologists and code of conduct including 2010 amendments. http://www.apa.org/ethics/code/index.aspx (情報取得 2013/3/1)

Amdur, R. J. & Bankert, E. A. (2011). *Institutional review board member handbook* (3rd ed.). Sudbury, MA: Jones & Bartlett.

安藤寿康・安藤典明 (編). (2005). 事例に学ぶ心理学者のための研究倫理. 京都：ナカニシヤ出版.

Billing, J. (2003). *Mand i market*. Denmark: Tiderne Skifter. (ビリング, J. (2004). 児童性愛者 ―― ペドファイル (中田和子, 訳). 大阪：解放出版社.)

Brinkmann, S., & Kvale, S. (2008). Ethics in qualitative psychological research. In C. Willig & W. Stainton-Rogers (Eds.). *The Sage handbook of qualitative research in psychology* (pp.263-279). Los Angeles, CA: Sage.

Bogdan, R., & Biklen, S. K. (2006). *Qualitative research for education: An introduction to theories and methods* (3rd ed.). Boston, MA: Allyn & Bacon.

Bronfenbrenner, U. (1979). *The ecology of human development*. Cambridge, MA: Harvard

University Press.（ブロンフェンブレンナー, U.（1996）. 人間発達の生態学 —— 発達心理学への挑戦（磯貝芳郎・福富護, 訳）. 東京：川島書店.）

Clandinin, D. J., & Connelly, F. M.（2000）. *Narrative inquiry: Experience and story in qualitative research*. San Francisco, CA: Jossey-Bass.

Duckett, P.（2011）. Future directions for qualitative research. In P. Banister et al., *Qualitative methods in psychology: A research guide*（2nd ed.）（pp.165-178）. Maidenhead, UK: Open University Press.

Flick, U.（2007）. *Managing quality in qualitative research*. Los Angeles, CA: Sage.

Fontana, A., & Prokos, A. H.（2007）. *The interview: From formal to postmodern*. Walnut Creek, CA: Left Coast Press.

文野洋.（2001）. フィールド研究の倫理. 尾見康博・伊藤哲司（編著）, 心理学におけるフィールド研究の現場（pp.201-216）. 京都：北大路書房.

Hammersley, M., & Traianou, A.（2012）. *Ethics in qualitative research: Controversies and contexts*. Los Angeles, CA: Sage.

日高友郎・水月昭道・サトウタツヤ.（2012）. 神経難病患者の生を支えるライフ・エスノグラフィ. 質的心理学研究, *11*, 81-95.

東村知子.（2012）. 母親が語る障害のある人々の就労と自立. 質的心理学研究, *11*, 134-155.

星野一正.（1997）. インフォームド・コンセント —— 日本に馴染む六つの提言. 東京：丸善.

金沢吉展.（2006）. 臨床心理学の倫理をまなぶ. 東京：東京大学出版会.

川野健治.（2005）. 面接調査などにおける倫理問題の不確定について. 安藤寿康・安藤典明（編）, 事例に学ぶ心理学者のための研究倫理（pp.136-137）. 京都：ナカニシヤ出版.

北村篤司・能智正博.（印刷中）. 子どもの「非行」と向き合う親たちの語りの拡がり —— セルフヘルプ・グループにおけるオルタナティヴ・ストーリーの生成. 質的心理学研究, *13*.

小浜逸郎.（2002）. 人はなぜ働かなくてはならないのか —— 新しい生の哲学のために. 東京：洋泉社.

黒沢香・青柳肇.（2005）. 研究者倫理とは何か. 安藤寿康・安藤典明（編）, 事例に学ぶ心理学者のための研究倫理（pp.1-21）. 京都：ナカニシヤ出版.

Kvale, S., & Brinkmann, S.（2006）. *Inter views: Learning the craft of qualitative research interviewing*（2nd ed.）. Thousand Oaks, CA: Sage.

Lincoln, Y. S.（2012）. Institutional review boards and methodological conservatism: The challenge to and from phenomenological paradigm. In N. K. Denzin, & Y. S. Lincoln（Eds.）. *The Sage handbook of qualitative research*（3rd ed.）（pp.165-181）. Thousand Oaks, CA: Sage.

松尾純子.（2010）. 体験を語り始める. 質的心理学研究, *9*, 6-24.

Mishler, E. G.（1986）. *Research interviewing: Context and narrative*. Cambridge, MA: Harvard University Press.

宮坂道夫.（2011）. 医療倫理学の方法 —— 原則・手順・ナラティヴ（第2版）. 東京：医学書院.

村本由紀子.（1996）. 集団と集合状態の曖昧な境界 —— 早朝の公園で見出される多様なアイ

デンティティ. 社会心理学研究, *12*, 113-124.

中野卓（編著）. （1980）. 口述の生活史 ── 或る女の愛と呪いの日本近代. 東京：お茶の水書房.

The National Commission for the Protection of Human Subjects of Biomedical and Behavioral Research. （1979）. *The Belmont Report*. （津谷喜一郎・光石忠敬・栗原千絵子, 訳）. http://homepage3.nifty.com/cont/28-3/p559-68.html （情報取得 2013/3/1）

日本発達心理学会（監修）. （2000）. 心理学・倫理ガイドブック ── リサーチと臨床. 東京：有斐閣.

日本心理学会倫理委員会（編）. （2009）. 社団法人日本心理学会 倫理規程. 東京：日本心理学会.

能智正博. （2003）. 「適応的」とされる失語症者の構築する失語の意味. 質的心理学研究, *2*, 89-107.

能智正博. （2006）. ある失語症者における"場の意味"の変遷. 質的心理学研究, *5*, 48-69.

能智正博. （2011）. 質的研究法. 東京：東京大学出版会.

能智正博. （2013）. 臨床心理学における質的研究のあり方とその可能性. 臨床心理学, *13*, 352-355.

大倉得史. （2002）. ある対照的な2人の青年の独特なありようについて. 質的心理学研究, *1*, 88-106.

Panel on Research Ethics. （2010）. *Ethical conduct for research involving humans 2*. http://www.ethics.gc.ca/eng/index/ （情報取得 2013/3/1）

Parker, I. （2005）. *Qualitative psychology: Introducing radical research*. Maidenhead, Berkshire: Open University Press. （パーカー, I. （2008）. ラディカル質的心理学 ── アクションリサーチ入門（八ッ塚一郎, 訳）. 京都：ナカニシヤ出版.）

Reavey, P. & Prosser, J. （2012）. Visual research in psychology. In H. Cooper（Ed.）. *APA handbook of research methods in psychology. Vol.2* （pp.185-207）. Washington DC: American Psychological Association.

Rubin, H. J., & Rubin, I. S. （2005）. *Qualitative interviewing: The art of hearing data* （2nd ed.）. Thousand Oaks, CA: Sage.

桜井厚. （2005）. ライフストーリー・インタビューをはじめる. 桜井厚・小林多寿子（編）. ライフストーリー・インタビュー ── 質的研究入門. 東京：せりか書房.

笹栗俊之. （2012）. 倫理原則と指針. 笹葉俊之・武藤香織（編）, シリーズ生命倫理学 医学研究（pp.24-51）. 東京：丸善.

佐々木保行・秋田喜代美. （2007）. 保育学研究と倫理の問題. 保育学研究, *45*, 70-78.

佐藤郁哉. （2002）. フィールドワークの技法 ── 問いを育てる、仮説をきたえる. 東京：新曜社.

白川静. （2012）. 常用字解. 東京：平凡社.

Schön, D. （1983）. *The reflective practitioner*. NY: Basic Books. （ショーン, D. （2001）. 専門家の知恵 ── 反省的実践家は行為しながら考える（佐藤学・秋田喜代美, 訳）. 東京：ゆみる出版.）

菅野幸恵.（2007）. 固定化された関係を越えて. 宮内洋・今尾真弓（編著），あなたは当事者ではない——〈当事者〉をめぐる質的心理学研究（pp.18-27）. 京都：北大路書房.

世界医師会.（2008）. ヘルシンキ宣言（日本医師会，訳）. http://www.med.or.jp/wma/helsinki08_j.html（情報取得 2013/3/1）

高橋亜希子.（2013）. 総合学習における課題設定過程. 質的心理学研究, 12, 138-155.

Taylor, S. J.（1991）. Leaving the field: Research, relationship, and responsibilities. In W. B. Shaffir & R. A. Stebbins（Eds.）. *Experiencing fieldwork: An inside view of qualitative research*（pp.238-247）. Newbury Park, CA: Sage.

2章　質的心理学の理論

1節　心理と行動に関わる理論

Berger, P. & Luckmann, T.（1966）. *The social construction of reality: A treatise in the sociology of knowledge*. Garden City, NY: Anchor Books.（バーガー，P.・ルックマン，T.（2003）. 現実の社会的構成——知識社会学論考（山口節郎，訳）. 東京：新曜社.）

Bruner, Jerome S.（1986）. *Actual minds, possible worlds*. Cambridge, MA: Harvard University Press.（ブルーナー，J. S.（1998）. 可能世界の心理（田中一彦，訳）. 東京：みすず書房.）

Engeström, Y.（1987）. *Learning by expanding: An activity-theoretical approach to developmental research*. Helsinki: Orienta-Knosultit.（エンゲストローム，Y.（1999）. 拡張による学習——活動理論からのアプローチ（山住勝広，ほか訳）. 東京：新曜社.）

Gergen, K. J.（1985）. The social constructionist movement in modern psychology. *American Psychologist, 40*（3）, 266-275.

Gergen, K. J.（1984）. *Realities and relationships: Soundings in social construction*. Cambridge, MA: Harvard University Press.（ガーゲン，K. J.（2004）. 社会構成主義の理論と実践——関係性が現実をつくる（永田素彦・深尾誠，訳）. 京都：ナカニシヤ出版.）

Gergen, K.（1999）. *An invitation to social construction*. London: Sage.（ガーゲン，K.（2004）. あなたへの社会構成主義（東村知子，訳）. 京都：ナカニシヤ出版.）

Hermans, H. J. M. & Kempen, H. J. G.（1993）. *The dialogical self: Meaning as movement*. San Diego: Academic Press.（ハーマンス，H. J. M.・ケンペン，H. J. G.（2006）. 対話的自己——デカルト／ジェームズ／ミードを超えて（溝上慎一・水間玲子・森岡正芳，訳）. 東京：新曜社.）

茂呂雄二.（2012）. 活動. 茂呂雄二・青山征彦・伊藤崇・有元典文・香川秀太・岡部大介（編），ワードマップ　状況と活動の心理学——コンセプト・方法・実践（pp.4-10）. 東京：新曜社.

中村和夫.（2013）. ヴィゴツキー理論の神髄.日本心理学会文化心理学研究会　2013年3月29日　発表資料.

Potter, J., & Wetherell, M.（1987）. *Discourse and social psychology: Beyond attitude and behavior*. London: Sage Publications.

サトウタツヤ．(2011)．心理学と社会の未来．サトウタツヤ・渡邊芳之（編），心理学・入門 ―― 心理学はこんなに面白い（pp.220-232）．東京：有斐閣．

サトウタツヤ．(2012)．複線径路等至性モデル．茂呂雄二・青山征彦・伊藤崇・有元典文・香川秀太・岡部大介（編），ワードマップ　状況と活動の心理学 ―― コンセプト・方法・実践（pp.228-234）．東京：新曜社．

Valsiner, J. (2007). *Culture in minds and societies: Foundations of cultural psychology*. Sage Publications India Pvt.（ヴァルシナー, Y.（2012）．新しい文化心理学の構築 ――〈心と社会〉の中の文化（サトウタツヤ，監訳）．東京：新曜社．）

Valsiner, J., & Sato, T. (2006). Historically Structured Sampling (HSS): How can psychology's methodology become tuned in to the reality of the historical nature of cultural psychology? In J. Straub, D. Weidemann, C. Kölbl & B. Zielke (Eds.), *Pursuit of meaning* (pp.215-251). Bielefeld: transcript. http://dl.dropbox.com/u/21182085/valsiner2006.pdf

安田裕子・サトウタツヤ（編）．(2012)．TEMでわかる人生の径路 ―― 質的研究の新展開（p.250）．東京：誠信書房．

2節　現象学的な理論とその展開

Benner, P. (2001). *From novice to expert: Excellence and power in clinical nursing practice, Commemorative edition*. Upper Saddle River, N.J.: Prentice-Hall.（ベナー, P.（2005）．ベナー看護論 ―― 初心者から達人へ（井部俊子，監訳）．新訳版，東京：医学書院．）

Benner, P. & Wrubel, J. (1989). *The primacy of caring: Stress and coping in health and illness*. Calif: Addison-Wesley.（ベナー, P.・ルーベル, J.（1999）．ベナー／ルーベル　現象学的人間論と看護（難波卓志，訳）．東京：医学書院．）

Denzin, N. K. & Lincoln, Y. S. (Eds.). (2000). *Handbook of qualitative research* (2nd ed.). London: Sage.（デンジン, N. K.・リンカン, Y. S.（2006）．質的研究ハンドブック1巻-3巻（平山満義，監訳）．京都：北大路書房．）

Descartes, R. (1637). *Discourse de la méthode*（デカルト, R.（1997）．方法序説（谷川多佳子，訳）．東京：岩波書店．）

Heidegger, M. (1927). *Sein und Zeit*. Halle a.d.S.: M. Niemeyer.（ハイデガー, M.（2003）．ハイデガー　存在と時間Ⅰ（原佑・渡邊二郎，訳）．東京：中央公論新社．）

広瀬寛子．(1992a)．看護面接の機能に関する研究 ―― 透析患者との面接過程の現象学的分析（その1）．看護研究, 25(4), 367-384.

広瀬寛子．(1992b)．看護面接の機能に関する研究 ―― 透析患者との面接過程の現象学的分析（その2）．看護研究, 25(6), 541-566.

浜渦辰二．(2012)．フッサール, E.（2012）．間主観性の現象学 ―― その方法．(浜渦辰二・山口一郎，監訳)．東京：筑摩書房．の解説．

Husserl, E. (1913). *Ideen zu einer reinen Phänomenologie und phänomenologischen Philosophie*. Halle a.d. S.: Niemeyer.（フッサール, E.（1979）．イデーンⅠ-Ⅰ（渡辺二郎，訳）．東京：みすず書房．）

Husserl, E.（1936）.*Die Krisis der europaischen Wissenschaften und die transzendentale Phanomenologie: Eine Einleitung in die phanomenologische Philosophie.* Beograd: Sonderabdruck aus "Philosophia".（フッサール，E.（1995）.ヨーロッパ諸学の危機と超越論的現象学（細谷恒夫・木田元，訳）.東京：中央公論新社.）

Husserl, E.（1973）.*Zur Phanomenologie der Intersubjektivitat: Texte aus dem Nachlass.* Den Haag: M. Nijhoff.（フッサール，E.（2012）.間主観性の現象学 ── その方法（浜渦辰二・山口一郎，監訳）.東京：筑摩書房.）

細谷恒夫（責任編集）.（1980）.ブレンターノ フッサール（世界の名著 62）.東京：中央公論社.

門脇俊介.（2008）.『存在と時間』の哲学Ⅰ.東京：産業図書.

木田元.（1970）.現象学.東京：岩波書店.

木田元.（1991）.現代の哲学.東京：講談社.

Merleau-Ponty, M.（1945）.*Phénoménologie de la perception.* Paris: Gallimard.（メルロ＝ポンティ，M.（1967）.知覚の現象学 1（竹内芳郎・小木貞孝，訳）.東京：みすず書房.）

西村ユミ.（2001）.語りかける身体 ── 看護ケアの現象学.東京：ゆみる出版.

Parse, R. R.（1998）.*The human becoming school of thought: A perspective for nurses and other health professionals.* Thousand Oaks CA: Sage.（パースィ，R. R.（2004）.パースィ 看護理論 ── 人間生成の現象学的探求（高橋照子，監訳）.東京：医学書院.）

Paterson, J. G. & Zderad, L. T.（1976）.*Humanistic nursing.* New Jersey: John Wiley & Sons.（ペイターソン，J. G.・スデラード，L. T.（1983）.ヒューマニスティックナーシング（長谷川浩・川野雅資，訳）.東京：医学書院.）

Thomas, S. P. & Pollio, H. R.（2002）.*Listening to patients: A phenomenological approach to nursing research and practice.* New York: Springer.（トーマス，S. P.・ポリオ，H. R.（2006）.患者の声を聞く ── 現象学的アプローチによる看護の研究と実践（川原由佳里，監修）.東京：エルゼビア・ジャパン.）

Tomey, A. M. & Alligood, M. R.（2002）.*Nursing theorists and their work*（5th ed.）. St Louis: Mosby.（トメイ，A. M.・アリグッド，M. R.（2004）.看護理論家とその業績（第3版）（都留伸子，監訳）.東京：医学書院.）

Toombs, S. K.（1992）.*The meaning of illness: A phenomenological account of the different perspectives of physician and patient.* Boston: Kluwer Academic Publishers.（トゥームズ，S. K.（2001）.病いの意味 ── 看護と患者理解のための現象学（永見勇，訳）.東京：日本看護協会出版会.）

鷲田清一.（1997）.メルロ＝ポンティ ── 可逆性.東京：講談社.

渡邊二郎.（2003）.ハイデガーの生涯と『存在と時間』の思想.ハイデガー，M.存在と時間Ⅰ（原佑・渡邊二郎，訳）.東京：中央公論新社.解説（pp.1-37）.

3節　言語とテクストをめぐる理論

バフチン，M.（1995）.ドストエフスキーの詩学（望月哲男・鈴木淳一，訳）.ちくま学芸文庫，東京：筑摩書房.（Бахтин, M., M.（1963）.原文ロシア語）

Bruner, J. S. (2002). *La fabbrica delle storie*. Guis, Laterza & Figli S.p.a., Roma-Bari. (ブルーナー, J. S. (2007). ストーリーの心理学 ― 法・文学・生を結ぶ (岡本夏木・吉村啓子・添田久美子, 訳). 京都：ミネルヴァ書房.)

Burr, V. (1995). *An Introduction to social constructionism*. London: Routledge. (バー, V. (1997). 社会的構築主義への招待 ― 言説分析とは何か (田中一彦, 訳). 東京：川島書店.)

Coward, R. & Ellis, J. (1977). *Language and materialism: Developments in semiology and the theory of the subject*. London: Routledge & Kegan Paul.

de Lauretis, T. (1984). *Alice doesn't: Feminism, semiotics, cinema*. London: Macmillan.

Deleuze, G. & Guattari, F. (1975). *L'Anti-Œdipe: Capitalisme et schizophrénie*. Paris: Minuit. (ドゥルーズ, G. & ガタリ, F. (2006). アンチ・オイディプス (上・下) (宇野邦一, 訳). 東京：河出文庫.)

Eco, U. (1976). *A theory of semiotics*. Bloomington: Indiana University Press. (エーコ, U. (1996). 記号論 (I・II) (池上嘉彦, 訳). 東京：岩波書店.)

Freud, S. (1912-1913). *Totem und Tabu*. Leibzig und Vienna: Heller. (フロイト, S. (2009). トーテムとタブー (須藤訓任・門脇健, 訳). 東京：岩波書店.)

Freud, S. (1921). *Massenpsychokogie und Ich-Analyse*. Leibzig, Vienna und Zurich: Internationaler Psychoanalytischer Verlag. (フロイト, S. (1970). 集団心理と自我の分析 (小此木啓吾, 訳). 東京：岩波書店.)

Gadamer, H. G. (1975). *Wahrheit und Methode: Grundzüge einer philosophischen Hermeneutik*. 4. Auflage. Tübingen: J. C. B. Mohr (Paul Siebeck). (ガダマー, H. G., (1986). 真理と方法 I ― 哲学的解釈学の要綱 (轡田収・麻生建・三島憲一・北川東子・我田広之・大石紀一郎, 訳). 東京：法政大学出版局.)

Habermas, J. (1973). *Legitimationsprobleme im Spätkapitalismus*. Frankfurt am Main: Suhrkamp. (ハーバーマス, J. (1979). 晩期資本主義における正統化の諸問題 (細谷貞雄, 訳). 東京：岩波書店.)

Heidegger, M. (1927). *Sein und Zeit*. Halle a. d. S.: M. Niemeyer. (ハイデガー, M. (2003). 存在と時間 (I・II・III) (原佑・渡邊二郎, 訳). 中公クラシックス, 東京：中央公論社.)

Hjelmslev, L. (1929). *Principes de grammaire générale*. Copenhague: Bianco Lunos Bogtrykkeri. (イェルムスレウ, L. (1958). 一般文法の原理 (小林英夫, 訳). 東京：三省堂.)

Hodge, R. & Kress, G. (1988). *Social semiotics*. Cambridge: Polity.

池上嘉彦. (1984). 記号論への招待. 東京：岩波書店.

伊藤正博. (1995). ソシュールからラカンへ ― シニフィアンの概念をめぐる考察. 大阪芸術大学紀要『芸術』, *18*. (http://www.osaka-geidai.ac.jp/geidai/laboratory/kiyou/pdf/kiyou18/kiyou18_06.pdf)

Julien, Ph. (1990). *Le retour à Freud de Jacques Lacan*. EPEL: Paris. (ジュリアン, Ph. (2002). ラカン、フロイトへの回帰 ― ラカン入門 (向井雅明, 訳). 東京：誠信書房.)

小島康次. (1991). 仮想世界のモデルと知識. 現代思想, *19* (6), 150-156.

久米博. (1978). 象徴の解釈学 ― リクール哲学の構成と展開. 東京：新曜社.

Lacan, J.（1966）. *Ecrits*. Paris: Seuil.（ラカン, J.（1972）. エクリ 1（宮本忠雄・竹内迪也・高橋徹・佐々木孝次, 訳）. 東京：弘文堂.）

Lacan, J.（1975）. *Les ecrits techniques de Freud: Le seminaire de Jacques Lacan* (Texte etabli par Jacques-Alain Miller). Paris: Seuil.（ラカン, J.（1991）. フロイトの技法論（ジャック-アラン・ミレール編）（小出浩之・小川豊昭・小川周二・笠原嘉, 訳）. 東京：岩波書店.）

Lacan, J.（1981）. *Le Psychoses: Le seminaire de Jacques Lacan* (Texte etabli par Jacques-Alain Miller). Paris: Seuil.（ラカン, J.（1987）. 精神病（ジャック-アラン・ミレール編）（小出浩之・鈴木國文・川津芳照・笠原嘉, 訳）. 東京：岩波書店.）

Lyotard, J. F.（1979）. *La condition postmoderne*. Paris: Minuit.（リオタール, J. F.（1984）. ポストモダンの条件 —— 知・社会・言語ゲーム（小林康夫, 訳）. 東京: 書肆風の薔薇.）

町田健.（2004）. ソシュールと言語学 —— コトバはなぜ通じるのか. 講談社現代新書, 東京：講談社.）

見附陽介.（2009）. M. M. バフチンの対話理論における人格とモノの概念 —— С. Л. フランクとの比較の観点から. スラヴ研究, 56, 63-89.

Nasio, J-D.（1988）. *Enseignement de 7 concepts cruciaux de la psychanalyse*. Paris: Revages.（ナシオ, J-D.（1990）. 精神分析7つのキーワード —— フロイトからラカンへ（榎本譲, 訳）. 東京：新曜社.）

斎藤環.（2003）. ひきこもり文化論. 東京: 紀伊国屋書店.

Saussure, F.（1910）. *3ème cours de linguistique générale*. Geneva: Bibliotheque Pubique et Universitaire.（ソシュール, F.（2007）. 一般言語学講義 —— コンスタンタンのノート（影浦峡・田中久美子, 訳）. 東京：東京大学出版会.）

塚本正明.（1995）. 現代の解釈学的哲学 —— ディルタイおよびそれ以後の新展開. 京都: 世界思想社.

ヴォロシーノフ, V. N.（1979）. 生活の言葉と詩の言葉『ミハイル・バフチン著作集1. フロイト主義・生活の言葉と詩の言葉』（斎藤俊雄, 訳）.（pp.213-262）東京：新時代社.（Voloshinov, V. N.（1926）. 原文ロシア語）

White, M. & Epston, D.（1990）. *Narrative means to therapeutic ends*. New York: Norton.（ホワイト, M.・エプストン, D.（1992）. 物語としての家族（小森康永, 訳）. 東京：金剛出版.）

Žižek, S.（1991）. *Looking awry: An Introduction to Jacques Lacan through popular culture*. Cambridge, Mass.: The MIT Press.（ジジェク, S.（1995）. 斜めから見る —— 大衆文化を通してラカン理論へ（鈴木晶, 訳）. 東京：青土社.）

4節　社会と文脈を重視する理論

阿部智恵子・樫田美雄・岡田光弘.（2001）. 資源としての障害パースペクティブの可能性 —— 障害者スポーツ（水泳）選手へのインタビュー調査から. 年報筑波社会学, *13*, 17-51.（http://kashida-yoshio.com/kashida/kashida.html にて無料で公開中）

Ariès, P.（1960）. *L'enfant et la vie familiale sous l'Ancien Regime*. Paris: Plion.（アリエ

ス, P.（1980）.〈子供〉の誕生 ── アンシァン・レジーム期の子供と家族生活（杉山光信・杉山恵美子, 訳）. 東京：みすず書房.）
Becker, H. S.（1963）. *Outsiders: Studies in the sociology of deviance*. London: The Free Press.（ベッカー, H. S.（1978）. アウトサイダーズ ── ラベリング理論とは何か（村上直之, 訳）. 東京：新泉社.）
Berger, P. & Luckmann, T.（1966）. *The social construction of reality: A treatise in the sociology of knowledge*. Garden City, NY: Anchor Books.（バーガー, P.・ルックマン, T.（2003）. 現実の社会的構成 ── 知識社会学論考（山口節郎, 訳）. 東京：新曜社.）
Butler, J. P.（1990）. *Gender trouble: Feminism and the subversion of identity*. New York: Routledge.（バトラー, J. P.（1999）. ジェンダー・トラブル ── フェミニズムとアイデンティティの攪乱（竹村和子, 訳）. 東京：青土社.）
Gergen, K. J.（1994）. *Realities and relationships: Sounding in social construction*. Cambridge: Harvard University Pres.（ガーゲン, K. J.（2004）. 社会構成主義の理論と実践 ── 関係性が現実をつくる（永田素彦・深尾誠, 訳）. 京都：ナカニシヤ出版.）
Goffman, E.（1961）. *Asylums: Essays on the social situation of mental patients and other inmates*. New York: Doubleday Anchor.（ゴフマン, E.（1984）. アサイラム ── 施設被収容者の日常世界（石黒毅, 訳）. 東京：誠信書房.）
後藤吉彦.（2005）. 障害者／健常者カテゴリーの不安定化にむけて. 社会学評論, 55（4）, 400-417.
後藤吉彦.（2007）. 身体の社会学のブレークスルー ── 差異の政治から普遍性の政治へ. 東京：生活書院.
後藤吉彦.（2010）. テーマ別研究動向（障害の社会学）. 社会学評論, 61（1）, 79-89.
石川准・倉本智明（編）.（2002）. 障害学の主張. 東京：明石書店.
石川准・長瀬修（編）.（1999）. 障害学への招待 ── 社会、文化、ディスアビリティ. 東京：明石書店.
樫田美雄.（2006）. フィールド研究の倫理とエスノメソドロジー ── 社会リアリティの変化と社会理解ループの変化. 平英美・中河伸俊（編）, 新版　構築主義の社会学 ── 実在論争を越えて（pp.260-284）. 京都：世界思想社.
樫田美雄・高森明・氏家靖浩・山本智子・山本真由美.（2009）. 特別支援教育と発達障害 ── その構造と論理の批判的検討. 臨床心理学研究, 46(3), 2-18.（http://kashida-yoshio.com/44_nichirinshin_tokushima/080920/080920_sympo.pdf 2012 年 11 月 23 日確認）
高森明.（2008）. アブノーマライゼーション宣言.（http://uramonken.at.webry.info/200810/article_1.html 2012 年 11 月 23 日確認）
栗原毅・久能代嗣.（2009）. アブノーマライゼーションについて考える. 臨床心理学研究, 47（2）, 105-116.
中河伸俊.（1999）. 社会問題の社会学 ── 構築主義アプローチの新展開. 京都：世界思想社.
中河伸俊・北澤毅・土井隆義（編）.（2001）. 社会構築主義のスペクトラム ── パースペクティブの現在と可能性. 京都：ナカニシヤ出版.
日本臨床心理学会（編）.（2010）. 幻聴の世界ヒアリング・ヴォイシズ. 東京：中央法規.

岡田光弘. (2001). 構築主義とエスノメソドロジー研究のロジック. 中河伸俊・北澤毅・土井隆義（編），社会構築主義のスペクトラム —— パースペクティブの現在と可能性 (pp.26-42). 京都：ナカニシヤ出版.
良知力. (1986). 魂の現象学 —— 社会思想家として. 東京：平凡社.
Ryle, G. (1949). *The concept of mind.* London: Hutchinson's University Library. (ライル, G. (1987). 心の概念 (坂本百大・宮下治子・服部裕幸，訳). 東京：みすず書房.)
Sedgwick, E. K. (1985). *Between men: English literature and male homosocial desire.* Columbia University Press. (セジウィック, E. K. (2001). 男同士の絆 —— イギリス文学とホモソーシャルな欲望 (上原早苗・亀澤美由紀，訳). 名古屋：名古屋大学出版会.)
Spector, M. B., & Kitsuse, J. I. (1987). *Constructing social problem.* New York: Aldine de Gruyter. (スペクター, M. B.・キツセ, J. I. (1990). 社会問題の構築 —— ラベリング理論をこえて (村上直之・中河伸俊・鮎川潤・森俊太，訳). 東京：マルジュ社.)
杉野昭博. (2007). 障害学 —— 理論形成と射程. 東京：東京大学出版会.
平英美・中河伸俊（編）. (2006). 新版 構築主義の社会学 —— 実在論争を越えて. 京都：世界思想社.
竹村和子. (2000). フェミニズム. 東京：岩波書店.
田中耕一. (2006). 構築主義論争の帰結 —— 記述主義の呪縛を解くために. 平英美・中河伸俊（編），新版 構築主義の社会学 —— 実在論争を越えて (pp.214-238). 京都：世界思想社.
立岩真也. (1995). 私的所有論. 東京：勁草書房.
浦野茂. (2008). 社会学の課題としての概念の分析 ——「構築主義批判・以後」によせて. 三田社会学, *13*, 47-59.
渡正. (2012). 障害者スポーツの臨界点. 東京：新評論.
Woolgar, S., & Pawluch, D. (1985). Ontological gerrymandering. *Social Problems*, *32*(2), 214-27. (ウールガー, S.・ポーラッチ, D. (2000). オントロジカル・ゲリマンダリング —— 社会問題をめぐる説明の解剖学. 平英美・中河伸俊（編）新版 構築主義の社会学 —— 実在論争を超えて (pp.184-213). 京都：世界思想社.)

3章 フィールド研究と参与観察

1節 フィールドへの参入と参与観察

安倍淳吉. (1965). 農山漁村青年の大都市における適応（非適応）無適応に関する研究 (I). 日本教育心理学会総会発表論文集, *7*, 78-79.
Agar, M. H. (1980). *The professional stranger.* Orland: Academic Press.
Becker, H. S. (1973). *Outsiders: Studies in the sociology of deviance* (2nd ed.). New York: Free Press. (ベッカー, H. S. (1993). アウトサイダーズ —— ラベリング理論とはなにか (村上直之，訳). 東京：新泉社.)
Carr, W., & Kemmis, S. (1986). *Becoming clitical.* Oxen: Routledge Falmer.
Cole, M. (1996). *Cultural psychology: A once and future discipline.* Cambridge, MA:

Belknap Press of Harvard University Press.（コール, M.（2002）. 文化心理学 —— 発達・認知・活動への文化-歴史的アプローチ（天野清, 訳）. 東京：新曜社.）

Cole, M. & Scribner, S.（1974）. *Culture and thought: A psychological introduction.* New York: Wiley.（コール, M. & スクリブナー, S.（1982）. 文化と思考 —— 認知心理学的考察（若井邦夫, 訳）. 東京：サイエンス社.）

江淵一公.（2000）. 文化人類学. 東京：放送大学教育振興会.

Flick, U.（1995）. *Qualitative Forschung.* Hamburg: Rowohlt Taschenbuch Verlag GmbH.（フリック, U.（2002）. 質的研究入門 ——〈人間の科学〉のための方法論（小田博志, ほか訳）. 東京：春秋社.）

Gaskins, S., Miller, P., & Corsaro, W. A.（1992）. Theoretical and methodological perspective in the interpretive study of children. *New Direction for Child Development, 58,* 5-23.

Geertz, C.（1973）. *The interpretation of cultures.* New York: Basic Books.

浜本満.（1997）. 民族誌. 山下晋司・船曳建夫（編）, 文化人類学キーワード（pp.4-5）. 東京：有斐閣.

泉靖一.（1980）. マリノフスキーとレヴィ＝ストロース. 泉靖一（編）, マリノフスキー／レヴィ＝ストロース（pp.5-54）. 東京：中央公論社.

Karabel, J. & Halsey, A. H.（1977）. *Power and ideology in education.* Oxford, UK: Oxford University Press.（カラベル, J. & ハルゼー, A. H.（1980）. 教育社会学のパラダイム展開（潮木守一, ほか編訳）. 教育と社会変動 上（pp.1-95）. 東京：東京大学出版会.）

古澤頼雄・斉藤こずゑ・都筑学（編）.（2000）. 心理学・倫理ガイドブック —— リサーチと臨床. 東京：有斐閣.

LeCompte, M. D. & Preissle, J.（1993）. *Ethnography and qualitative design in educational research*（2nd ed.）. San Diego: Academic Press.

Malinowski, B. K.（1922）. *Argonauts of the western Pacific.* London: Geroge Routledge & Sons.（マリノフスキー, B. K.（1980）. 西太平洋の遠洋航海者（寺田和夫・増田義郎, 訳）. 泉靖一（編）, マリノフスキー／レヴィ＝ストロース（pp.55-342）. 東京：中央公論社.）

南博文.（2004）. 現場・フィールド. 無藤隆・やまだようこ・南博文・麻生武・サトウタツヤ（編）, ワードマップ 質的心理学（pp.14-20）. 東京：新曜社.

Merriam, S. B.（1998）. *Qualitative research and case study applications in education.* San Francisco: Jossey-Bass Publishers.（メリアム, S. B.（2004）. 質的調査法入門 —— 教育における調査法とケース・スタディ（堀薫夫, ほか訳）. 京都：ミネルヴァ書房.）

箕浦康子（編）.（1999）. フィールドワークの技法と実際 —— マイクロ・エスノグラフィー入門. 京都：ミネルヴァ書房.

箕浦康子（編）.（2009）. フィールドワークの技法と実際Ⅱ —— 分析・解釈編. 京都：ミネルヴァ出版.

Minoura, Y.（2012）. The development of ethnographic studies of schooling in Japan. Kathryn, M. Anderson-Levitt（Ed.）. *Anthropologies of education*（pp.213-233）. New York: Berghahn Books.

茂呂雄二（編）.（2001）. 実践のエスノグラフィ. 東京：金子書房.

中野正大. (2003). シカゴ学派社会学の伝統. 中野正大・宝月誠（編), シカゴ学派の社会学 (pp.4-32). 京都：世界思想社.

西川麦子. (2010). フィールドワーク探求術 ── 気づきのプロセス、伝えるチカラ. 京都：ミネルヴァ書房.

野田浩資. (2003). ヒューズによる「シカゴ学派の伝統」の継承と伝達. 中野正大・宝月誠（編), シカゴ学派の社会学 (pp.268-276). 東京：世界思想社.

大橋英寿. (1998). 沖縄シャーマニズムの社会心理学的研究. 東京：弘文堂.

Rogoff, B. (2003). *The cultural nature of human development*. New York: Oxford University Press. (ロゴフ, B. (2006). 文化的営みとしての発達 ── 個人、世代、コミュニティ（當眞千賀子, 訳). 東京：新曜社.)

Said, E. W. (1978). *Orientalism*. New York: Georges Bouchanrdt. (サイード, E. W. (1993). オリエンタリズム（板垣雄三, 監修). 東京：平凡社.)

佐藤郁哉. (1984). 暴走族のエスノグラフィー ── モードの叛乱と文化の呪縛. 東京：新曜社.

佐藤郁哉. (2006). フィールドワーク ── 書を持って街へ出よう（増訂版). 東京：新曜社.

柴山真琴. (2001). 行為と発話形成のエスノグラフィー ── 留学生家族の子どもは保育園でどう育つのか. 東京：東京大学出版会.

柴山真琴. (2006). 子どもエスノグラフィー入門 ── 技法の基礎から活用まで. 東京：新曜社.

柴山真琴. (2009). エスノグラフィーにおける保育実践の記録. 保育学研究, 47(2), 134-138.

柴山真琴. (2013). エスノグラフィの考え方. 田島信元・南徹弘（編), 発達科学ハンドブック1　発達心理学と隣接領域の理論・方法論 (pp.309-317). 東京：新曜社.

志水宏吉. (1985). 「新しい教育社会学」その後. 教育社会学研究, 40, 193-207.

Spradley, J. P. (1980). *Participant observation*. Orland: Harcourt Brace Jovanovich.

高倉浩樹. (2009). 民族誌の書き方. 日本文化人類学会（編), 文化人類学事典 (pp.722-725). 東京：丸善.

高山龍太郎. (2003). 範例としての『ポーランド農民』. 中野正大・宝月 誠（編), シカゴ学派の社会学 (pp.90-102). 京都：世界思想社.

谷口明子. (2009). 長期入院児の心理と教育的援助 ── 院内学級のフィールドワーク. 東京：東京大学出版会.

Thomas, W. I. & Znaniecki, F. (1918-1920). *The Polish peasant in Europe and America* (5 Vols). Boston: R. G. Badger. (トマス, W. I.・ズナニエツキ, F. (1983). 生活史の社会学 ── ヨーロッパとアメリカにおけるポーランド農民（桜井厚, 部分訳). 東京：御茶の水書房.)

Willis, P. (1977). *Learning to labour*. New York: Columbia University Press. (ウィリス, P. (1996). ハマータウンの野郎ども（熊沢誠・山田潤, 訳). 東京：筑摩学芸文庫.)

Whyte, W. F. (1943). *Street corner society*. Chicago: The University of Chicago Press. (ホワイト, W. F. (1979). ストリート・コーナー・ソサイエティ（寺谷弘壬, 訳). 東京：垣内出版.)

山本登志哉. (2004). フィールドへの入り方. 無藤隆・やまだようこ・南博文・麻生武・サトウタツヤ (編), ワードマップ 質的心理学 (pp.66-71). 東京：新曜社.

山下晋司. (2005). 人類学をシステムアップする. 山下晋司・福島真人 (編), 現代人類学のプラクシス (pp.1-11). 東京：有斐閣アルマ.

結城恵. (1998). 幼稚園で子どもはどう育つか —— 集団教育のエスノグラフィ. 東京：有信堂.

2節　相互行為分析と談話分析

Billig, M. (1999). Whose terms? Whose ordinariness? Rhetoric and Ideology in Conversation Analysis. *Discourse and Society, 10*, 543-558.

Billig, M. (2005). *Laughter and ridicule: Towards a social critique of humour.* London: Sage Publications Ltd. (ビリッグ, M. (2011). 笑いと嘲り —— ユーモアのダークサイド (鈴木聡志, 訳). 東京：新曜社.)

Coulon, A. (1987). *L'Ethnométhodologie: Une sociologie racdicale.* Paris: Presses Universitaires de France. (クロン, A. (1996). 入門エスノメソドロジー —— 私たちはみな実践的社会学者である (山田富秋・水川喜文, 訳). 東京：せりか書房.)

Coulter, J. (1983). Contingent and a priori Structures in Sequential Analysis. *Human Studies, 6*(4), 361-376.

Coulter, J. (1979). *The social construction of mind: Studies in ethnomethodology and linguistic philosophy.* London: Macmillan. (クルター, J. (1998). 心の社会的構成 —— ウィトゲンシュタイン派エスノメソドロジーの視点 (西阪仰, 訳). 東京：新曜社.)

Dreyfus, H. L. (1991). *Being-in-the-world: A commentary on Heidegger's Being and Time, devision I.* Cambridge, Mass: MIT Press. (ドレイファス, H. L. (2000). 世界内存在 ——『存在と時間』における日常性の解釈学 (門脇俊介・貫成人・轟孝夫・榊原哲也・森一郎, 訳). 東京：産業図書.)

Edwards, D., & J. Potter. (1992). *Discursive psychology.* London: Sage.

Emerson, R. M., Fretz, R. I., & Shaw, L. L. (1995). *Writing ethnographic fieldnotes.* Chicago: University of Chicago Press. (エマーソン, R. M.・フレッツ, R. I.・ショウ, L. L. (1998). 方法としてのフィールドノート —— 現地取材から物語作成まで (佐藤郁哉・好井裕明・山田富秋, 訳). 東京：新曜社.)

Garfinkel, H. (1967). *Studies in ethnomethodology.* Englewood Cliffs, NJ: Prentice-Hall. (ガーフィンケル, H. (1987). エスノメソドロジー —— 社会学的思考の解体 (山田富秋・好井裕明・山崎敬一, 編訳). 東京：せりか書房.) (部分訳 (1989.) 日常性の解剖学 —— 知と会話 (北澤裕・西阪仰, 訳). 東京：マルジュ社.)

Garfinkel, H. (2002). In A. Rawls (Ed.). *Ethnomethodology's program: Working out Durkheim's aphorism.* Lanham: Rowman & Littlefield.)

Gilbert, N. G. & Mulkay, M. (1984). *Opening Pandora's box: A sociological analysis of scientists' discourse.* Cambridge: Cambridge University Press. (ギルバート, G. N.・マルケイ, M. (1990). 科学理論の現象学 (柴田幸雄・岩坪紹夫, 訳). 東京：紀伊國屋書店.)

Goode, D. (1994). *A world without words*. Philadelphia: Temple University Press.
橋内武. (1999). ディスコース——談話の織りなす世界. 東京：くろしお出版.
浜田寿美男. (2002).〈うそ〉を見抜く心理学——「供述の世界」から. 東京：日本放送出版協会.
Heidegger, M. (1927). *Sein und Zeit*. Halle a. d. S.: Max Niemeyer Verlag.（ハイデガー, M. (1963). 存在と時間（細谷貞雄，訳）. 東京：理想社.）
Holstein, J., & Gubrium, J. (1995). *The active interview*. Thousand Oaks, Calf: Sage Publications.（ホルスタイン, J.・グブリアム, J. (2004). アクティヴ・インタビュー——相互行為としての社会調査（山田富秋・兼子一・倉石一郎・矢原隆行，訳）. 東京：せりか書房.）
門脇俊介. (2008).『存在と時間』の哲学. 東京：産業図書.
門脇俊介. (2010). 破壊と構築——ハイデガー哲学の二つの位相. 東京：東京大学出版会
Kitzinger, C., & Frith, H. (1999). Just say no? The use of conversation analysis in developing a feminist perspective on sexual refusal. *Discourse and Society*, *10*(3), 293-316.
串田秀也. (2006). 相互行為秩序と会話分析——「話し手」と「共-成員性」をめぐる参加の組織化. 京都：世界思想社.
串田秀也・好井裕明（編）. (2010). エスノメソドロジーを学ぶ人のために. 京都：世界思想社.
前田泰樹. (2008). 心の文法——医療実践の社会学. 東京：新曜社.
前田泰樹・水川喜文・岡田光弘（編）. (2007). ワードマップ エスノメソドロジー. 東京：新曜社.
メイナード, 泉子 K. (1997). 談話分析の可能性——理論・方法・日本語の表現性. 東京：くろしお出版.
西阪仰. (1997). 相互行為分析という視点——文化と心の社会学的記述. 東京：金子書房.
西阪仰. (2001). 心と行為——エスノメソドロジーの視点. 東京：岩波書店.
西阪仰. (2008). 分散する身体——エスノメソドロジー的相互行為分析の展開. 東京：勁草書房.
Potter, J., & Wetherell, M. (1987). *Discourse and social psychology: Beyond attitude and behavior*. London: Sage Publications.
Ryle, G. (1949). *The concept of mind*. London: Hutchinson's University Library.（ライル, G. (1987). 心の概念（坂本百大・宮下治子・服部裕幸，訳）. 東京；みすず書房.）
Sacks, H. (1972). An initial investigation of the usability of conversational data for doing sociology. In D. Sudnow（Ed.）. *Studies in social interaction*（pp.31-74）. New York: Free Press.（サックス, H. (1989). 会話データの利用法——会話分析事始め.（北澤裕・西阪仰，訳）. 日常性の解剖学. 東京：マルジュ社.）
Sacks, H., Schegloff, E. A., & Jefferson, G. (1974). A Simplest Systematics for the Organization of Turn-Taking in Conversation. *Language, 50*(4).（サックス, H.・シェグロフ, E. A.・ジェファソン, G. (2010). 会話分析基本論集（西阪仰，訳）. 京都：世界思想社.）

桜井厚. (2002). インタビューの社会学 —— ライフストーリーの聞き方. 東京：せりか書房.
Schegloff, E. A. (1987). Between macro and micro: Contexts and other connections. In J. C. Alexander, B. Giesen, R. Munch, & N. J. Smelser (Eds.), *The micro-macro link.* (pp.207-234). Berkeley: University of California Press.
Schegloff, E. A. (1997). Whose Text? Whose Context? *Discourse and Society, 8*(2), 165-187.
Silverman, D. (1997). *Discourses of counseling: HIV counseling as social interaction.* London: Sage Publications.
Suchman, A. L. (1987). *Plans and situated actions: The problem of human-machine communication.* Cambridge: Cambridge University Press. (サッチマン, A. L. (1999). プランと状況的行為 —— 人間-機械コミュニケーションの可能性（佐伯胖・上野直樹・水川喜文・鈴木栄幸, 訳）. 東京：産業図書.)
Sudnow, D. (1967). *Passing on: The social organization of dying.* Englewood Cliffs, N.J.: Prentice-Hall. (サドナウ, D. (1992). 病院でつくられる死 ——「死」と「死につつあること」の社会学（岩田啓靖・志村哲郎・山田富秋, 訳）. 東京：せりか書房.)
鈴木聡志. (2007). ワードマップ 会話分析・ディスコース分析 —— ことばの織りなす世界を読み解く. 東京：新曜社.
上野千鶴子（編）. (2001). 構築主義とは何か. 東京：勁草書房.
山崎敬一（編）. (2004). 実践エスノメソドロジー入門. 東京：有斐閣.
山田富秋. (1991). 子どものけんかにみることばとからだ. 山田富秋・好井裕明, 排除と差別のエスノメソドロジー ——「いま-ここ」の権力作用を解読する. 東京：新曜社.
山田富秋. (1998). ローカルでポリティカルな知識を求めて. 山田富秋・好井裕明（編）, エスノメソドロジーの想像力. 東京：せりか書房.
山田富秋. (1999). 会話分析を始めよう. 好井裕明・山田富秋・西阪仰（編）, 会話分析への招待. 京都：世界思想社.
山田富秋. (2011a). フィールドワークのアポリア. 東京：せりか書房.
山田富秋. (2011b). ガーフィンケルとハイデッガー. 松山大学論集, *23*(5), 95-121.
山田富秋. (2012). 子ども社会学の可能性. 原田彰・望月重信（編）, 子ども社会学への招待. 東京：ハーベスト社.
Wetherell, M. (1998). Positioning and Interpretive Repertoires: Conversation Analysis and Post-Structuralism in Dialogue. *Discourse and Society, 9,* 387-412.
Wieder, L. A. (1974). *Language and social reality: The case of telling the convict code.* The Hague: Mouton. (ウィダー, L. A. (1987). 受刑者コード —— 逸脱行動を説明すること（部分訳）. エスノメソドロジー（山田富秋; 好井裕明・山崎敬一, 編訳）. 東京：せりか書房.)
Winch, P. (1958). *The idea of a social science and its relation to philosophy.* Atlantic Highlands, NJ: Humanities Press. (ウィンチ, P. (1977). 社会科学の理念 —— ウィトゲンシュタイン哲学と社会研究（森川真規雄, 訳）. 東京：新曜社.)
Wittgenstein, L. (1953). *Philosophical investigations.* Oxford: Brackwell. (ウィトゲンシ

ユタイン, L.（1976）. ウィトゲンシュタイン全集 8　哲学探究（藤本隆, 訳）. 東京：大修館書店.）

Wooffitt, R.（2005）. *Conversation analysis and discourse analysis*. London: Sage.

3節　フィールドにおける発達的研究

麻生武.（1992）. 身ぶりからことばへ —— 赤ちゃんにみる私たちの起源. 東京：新曜社.

麻生武.（1996a）. ピアジェ —— 認識の起源を問う. 浜田寿美男（編）, 発達の理論・明日への系譜（別冊発達）, *20*, 16-32. 京都：ミネルヴァ書房.

麻生武.（1996b）. 私たちの起源. 佐々木正人（編）, 心理学のすすめ（pp.25-50）. 東京：筑摩書房.

麻生武.（2007）. 発達と教育の心理学 —— 子どもは「ひと」の原点. 東京：培風館.

麻生武.（2008）. 生後2年目公園の仲間との出会い —— 25年前の日誌的記録から. 無藤隆・麻生武（編）, 質的心理学講座1　育ちと学びの生成（pp.79-104）. 東京：東京大学出版会.

麻生武.（2009）.「見る」と「書く」との出会い —— フィールド観察学入門. 東京：新曜社.

麻生武.（2011）. 発達の観察研究法と実例. 日本発達心理学会（編）, 発達科学ハンドブック2　研究法と尺度（pp.28-39）. 東京：新曜社.

麻生武・伊藤典子.（2000）. 1歳と2歳 —— 他者の意図に従う力・逆らう力. 岡本夏木・麻生武（編）, 年齢の心理学（pp.63-101）. 京都：ミネルヴァ書房.

Cole, M.（1996）. *Cultural psychology: A once and future discipline*. Cambridge, MA: Belknap Press of Harvard University Press.（コール, M.（2002）. 文化心理学 —— 発達・認知・活動への文化-歴史的アプローチ（天野清, 訳）. 東京：新曜社.）

Darwin, C.（1859）. *A On the origin of species by means of natural selection or the preservation of favoured races in the struggle for life*.（ダーウィン, C.（1990）. 種の起源 上下（八杉龍一, 訳）. 東京：岩波書店.）

Darwin, C.（1877）. A biological sketch of an infant. *Mind, 2*, 285-294.（ダーウィン, C.（1966）. 乳児の伝記的素描（黒田実郎, 訳編）胎児・乳児の行動と発達. 東京：岩崎学術出版社.）

Darwin, C.（1881）. *The formation of vegetable mould, through the action of worms, with observations on their habits*. New York: D. Appleton.（ダーウィン, C.（1994）. ミミズと土（渡辺弘之, 訳）. 東京：平凡社.）

グールド, S. J.（1994）. 解説 —— 小さな動物に託された大きなテーマ.（Darwin, C.（1881）. *The formation of vegetable mould, through the action of worms, with observations on their habits*. New York: D. Appleton.／ダーウィン, C.（渡辺弘之, 訳）. ミミズと土（pp.286-311）.東京：平凡社.）

Luria, A. R.（1979）. *The making of mind: A personal account of Soviet psychology*. In M. Cole and S. Cole（Eds.）. Cambridge, MA: Harvard University Press.（ルリア, A. R.（2010）. 偉大な記憶力の物語 —— ある記憶術者の精神生活（天野清, 訳）. 東京：岩波書店.）

宮内洋.（2004）.〈出来事〉の生成 —— 幼児同士の『トラブル』に見る説明の妥当性につい

て. 質的心理学研究, *3*, 28-48.

Piaget, J.（1936）. *La naissance de l'intelligence chez l'enfant.* Paris: Delachaux & Niestle.（ピアジェ, J.（1978）. 知能の誕生（谷村覚・浜田寿美男, 訳）. 京都：ミネルヴァ書房.）

佐々木正人.（2005）. ダーウィン的方法. 東京：岩波書店.

佐々木正人.（2011a）.「起き上がる」カブトムシ. 質的心理学研究, *11*, 46-62.

佐々木正人.（2011b）. 包囲する段差と行為の発達. 発達心理学研究, *22*（4）, 357-368.

柴坂寿子・倉持清美.（2003）. 園生活の中で泣きの多かったある子どもの事例. 質的心理学研究, *2*, 139-149.

Rogoff, B.（2003）. *The cultural nature of human development.* New York: Oxford University Press.（ロゴフ, B.（2006）. 文化的営みとしての発達 ── 個人、世代、コミュニティ（當眞千賀子, 訳）. 東京：新曜社.）

ヴィゴツキー, L. S.（2005）. 文化的 - 歴史的精神発達の理論（柴田義松, 監訳）. 東京：学文社.

和田純夫.（2004）. 宇宙創成から人類誕生までの自然史. 東京：ベレ出版.

Wallance, D. B., Franklin, M. B., & Keegan, R. T.（1994）. The observing eye: a century of baby diaries. *Human Development, 37*, 1-29.

4節　実践志向の質的研究の成り立ち

秋田喜代美.（2012）. 学びの心理学 ── 授業をデザインする. 東京：左右社.

Berger, P., & Luckmann, T.（1966）. *The social construction of reality: A treatise in the sociology of knowledge.* Garden City, NY: Anchor Books.（バーガー, P.・ルックマン, T.（2003）. 現実の社会的構成 ── 知識社会学論考（山口節郎, 訳）. 東京：新曜社.）

Bryman, A.（2006）. Mixed introduction: Mixed methods research. In A. Bryman（Ed.）. *Mixed research methods*（pp.XXV-LII）. Thousand Oaks, CA: Sage.）

Denzin, N., & Lincoln, Y.（Eds.）.（2000）. *Handbook of qualitative psychology*（2nd ed.）. London: Sage.（デンジン, N. K.・リンカン, Y. S.（2006）. 質的研究ハンドブック2（平山満義, 監訳）.（pp.229-264.）　京都：北大路書房.）

Erickson, F.（1986）. Qualitative methods in research on teaching. In M. C. Wittrock（Ed.）. *Handbook of research on teaching*（3rd ed.）,（pp.119-161）. New York: Macmillan.）

フーコー, M.（1984）.（石田英敬, 訳）. 啓蒙とは何か.（蓮見重彦・渡辺守章, 監修）, ミシェル・フーコー思考集成10　倫理／道徳／啓蒙（pp.3-25）. 東京：筑摩書房.

Glaser, B. G., & Strauss, A. L.（1967）. *The discovery of grounded theory: Strategies for qualitative research.* Chicago: Aldine Publishing Company.（グレイザー, B. G.・ストラウス, A. L.（1996）. データ対話型理論の発見 ── 調査からいかに理論をうみだすか（後藤 隆・大出春江・水野節夫, 訳）. 東京：新曜社.）

稲垣忠彦・佐藤学.（1996）. 子どもと教育 ── 授業研究入門. 東京：岩波書店.

小林敏明.（2010）.〈主体〉のゆくえ ── 日本近代思想史の一視角. 東京：講談社.

鯨岡峻.（2005）. エピソード記述入門 ── 実践と質的研究のために. 東京：東京大学出版会.

熊野純彦.（2009）. 和辻哲郎 ── 文人哲学者の軌跡. 東京：岩波書店.

Lincoln, Y. S., & Guba, E. G.（2000）. Paradigmatic ontoroversies, contradictions, and emerging confluences. In N. K. Denzin & Y. S. Lincoln（Eds.）. *Handbook of qualitative research*, 2nd ed.（pp.163-241）. Thousand Oaks, CA: Sage.）

Mead, G. H.（1934）. *Mind, self, and society: from the standpoint of a social behaviorist*. Chicago: University of Chicago Press.（ミード, G. H.（1973）. 現代社会学大系10 精神・自我・社会（稲葉三千男・滝沢正樹・中野収, 訳）. 東京：青木書店.）

無藤隆.（1997）. 協同するからだとことば —— 幼児の相互交渉の質的分析. 東京：金子書房.

無藤隆.（2005）. 質的研究の三つのジレンマ？「再詳述法」の提案による質的心理学の可能性. 質的心理学研究, *4*, 58-64.

無藤隆.（2007）. 現場と学問のふれあうところ —— 教育実践の現場から立ち上がる心理学. 東京：新曜社.

無藤隆・掘越紀香.（2008）. 保育を質的にとらえる. 無藤隆・麻生武（編）, 質的心理学講座1 育ちと学びの生成（pp.45-77）. 東京：東京大学出版会.

Sacks, H.（1974）. On the analyzability of stories by children. In R. Turner（Ed.）. *Ethnomethodogy*（pp.216-232）. Harmondsworth: Penguin.）

佐藤郁哉.（1984）. 暴走族のエスノグラフィー —— モードの叛乱と文化の呪縛. 東京：新曜社.

Schutz, A.（1970）. *On phenomenology and social relations: Selected writings*. Chicago: University of Chicago Press.（シュッツ, A.（1980）. 現象学的社会学（森川真規雄, 訳）. 東京：紀伊国屋書店.）

Searle, J. R.（1969）. *Speech acts: An essay in the philosophy of language*. Cambridge: Cambridge University Press.

鈴木貞美.（1979）. 日本人の生命観. 東京：中央公論社.

van Dijk, T. A.（Ed.）.（1985）. *Handbook of discourse analysis,* 4 vols. London: Academic Press.）

Wittgenstein, L.（1967）. *Philosophische Untersuchungen*. Frankfurt am Main: Suhrkamp.（ウィトゲンシュタイン, L.（1997）.『哲学的探求』読解（黒崎宏, 訳）. 東京：産業図書.）

5節　フィールドにおける学習・教育研究

秋葉昌樹.（1997）. 順番のスムーズな形成を妨げる左手 —— 学校保健室での〈養護教諭－生徒〉相互行為における対応の順番. 山崎敬一・西阪仰（編）, 語る身体・見る身体（pp.214-234）. 東京：ハーベスト社.

秋田喜代美.（2006）. 教師の日常世界へ. 秋田喜代美・佐藤学（編著）, 新しい時代の教職入門（pp.1-18）. 東京：有斐閣.

藤江康彦.（2000）. 一斉授業の話し合い場面における子どもの両義的な発話の機能 —— 小学5年の社会科授業における教室談話の分析. 教育心理学研究, *48*, 21-31.

藤江康彦.（2001）. 教室談話の成立機制 —— 行為－ローカルな文化－制度的装置の相互関連に着目して. 日本教育方法学会紀要（教育方法学研究）, *26*, 73-85.

藤江康彦.（2006）. 教育・学習研究における質的研究の留意点. 秋田喜代美・藤江康彦

(編),事例から学ぶはじめての質的研究法　教育・学習編（pp.21-45）．東京：東京図書．
堀越紀香．(2002)．「役に立つ」ことにこだわる私へのこだわり —— 新しいフィールドにおける輻輳的立場への動揺．Inter-Field, 3, 6-15.
一柳智紀．(2007)．「聴くことが苦手」な児童の一斉授業における聴くという行為 ——「対話」に関するバフチンの考察を手がかりに．日本教育方法学会紀要（教育方法学研究）, 33, 1-12.
一柳智紀．(2009)．物語文理解の授業談話における「聴き合い」の検討 —— 児童の発言と直後再生記述の分析から．発達心理学研究, 20(4), 437-446.
一柳智紀．(2010)．聴くという行為の課題構造に応じた相違 —— 2人の児童の発言に着目して．質的心理学研究, 10, 116-134.
稲垣恭子．(1989)．教師−生徒の相互行為と教室秩序の構成 ——「生徒コード」をてがかりとして．教育社会学研究, 45, 123-135.
磯村陸子・町田利章・無藤隆．(2005)．小学校低学年クラスにおける授業内コミュニケーション —— 参加構造の転換をもたらす「みんな」の導入の意味．発達心理学研究, 16 (1), 1-14.
Hargreaves, A. (2000). Mixed emotion: Teachers' perceptions of their interactions with students. *Teaching and Teacher Education, 16*, 811-826.
鹿毛雅治．(2002)．フィールドに関わる「研究者／私」—— 実践心理学の可能性．下山晴彦・子安増生（編），心理学の新しいかたち（pp.132-172）．東京：誠信書房．
金子真理子．(1999)．教室における評価をめぐるダイナミクス —— 子どもたちの行動戦略と学校適応．教育社会学研究, 65, 69-89.
桂直美．(2010)．「ワークショップ授業モデル」による表現の授業構成 ——「鑑識眼と批評」による授業パラダイムの転換．日本教育方法学会紀要（教育方法学研究）, 35, 59-70.
河野麻沙美．(2005)．授業における「数学ツール」の使用と概念理解の検討 —— P.Cobbの「立ち戻り」の視点から．日本教育方法学会紀要（教育方法学研究）, 31, 13-24.
河野麻沙美．(2007)．算数授業における図が媒介した知識構築過程の分析 ——「立ち戻り」過程に支えられた子どもたち同士の足場がけに注目して．質的心理学研究, 6, 25-40.
木原健太郎．(1958)．教育過程の分析と診断 —— 教育の生態と教育社会学．東京：誠信書房．
菊池知美．(2008)．幼稚園から小学校への移行に関する子どもと生態環境の相互調節過程の分析 —— 移行期に問題が生じやすい子どもの追跡調査．発達心理学研究, 19(1), 25-35.
木村優．(2010)．協働学習授業における高校教師の感情経験と認知・行動・動機づけとの関連 —— グラウンデッド・セオリー・アプローチによる現象モデルの生成．教育心理学研究, 58, 464-479.
木村優．(2011)．授業における高校教師のフロー体験に内在する実践的意義．教育方法学研究, 36, 25-37.
岸野麻衣・無藤隆．(2005)．授業進行から外れた子どもの発話への教師の対応 —— 小学校2年生の算数と国語の一斉授業における教室談話の分析．教育心理学研究, 53, 86-97.
岸野麻衣・無藤隆．(2006)．教師としての専門性の向上における転機 —— 生活科の導入に関わった教師による体験の意味づけ．発達心理学研究, 17(3), 207-218.

岸野麻衣・無藤隆．(2009)．学級規範の導入と定着に向けた教師の働きかけ ── 小学校3年生の教室における学級目標の標語の使用過程の分析．教育心理学研究, 57, 407-418．

小林朋子．(2009)．子どもの問題を解決するための教師へのコンサルテーションに関する研究．京都：ナカニシヤ出版．

松尾剛・丸野俊一．(2007)．子どもが主体的に考え，学び合う授業を熟練教師はいかに実現しているか ── 話し合いを支えるグラウンド・ルールの共有過程の分析を通じて．教育心理学研究, 55, 93-105．

松尾剛・丸野俊一．(2008)．主体的に考え，学び合う授業実践の体験を通して，子どもはグラウンド・ルールの意味についてどのような認識の変化を示すか．教育心理学研究, 56, 104-115．

松嶋秀明．(2005)．教師は生徒指導をいかに体験するか？── 中学校教師の生徒指導をめぐる物語．質的心理学研究, 4, 165-185．

Mcniff, J. (1988). *Action research: Principles and practice*. London: Routledge.

箕浦康子．(2009)．フィールドワークの理論と実際Ⅱ　分析・解釈編．京都：ミネルヴァ書房．

三宅なほみ・白水始．(2003)．学習科学とテクノロジ．東京：放送大学教育振興会．

森田京子．(2004)．アイデンティティー・ポリティクスとサバイバル戦略 ── 在日ブラジル人児童のエスノグラフィー．質的心理学研究, 3, 6-27．

茂呂雄二．(1991)．教室談話の構造．日本語学, 10(10), 63-72．

茂呂雄二．(1997)．発話の型 ── 教室談話のジャンル．茂呂雄二（編），対話と知 ── 談話の認知科学入門 (pp.47-75)．東京：新曜社．

本山方子．(2004)．小学3年生の発表活動における発表者の自立過程 ──「声が小さい」ことの問題化と「その子らしさ」の発見を中心に．質的心理学研究, 3, 49-75．

村瀬公胤．(2007)．授業研究の現在．教育学研究, 74(1), 41-48．

無藤隆．(2004)．研究における質対量 ── 生成の視点へ．無藤隆・やまだようこ・南博文・麻生武・サトウタツヤ（編），ワードマップ　質的心理学 ── 創造的に活用するコツ (pp.2-7)．東京：新曜社．

岡本能里子．(1997)．教室談話における文体シフトの指標的機能 ── 丁寧体と普通体の使い分け．日本語学, 16(3), 39-51．

坂本篤史．(2012)．授業研究の事後協議会を通した小学校教師の談話と教職経験──教職経験年数と学校在籍年数の比較から．発達心理学研究, 23(1), 44-54．

坂本美紀・山口悦司・稲垣成哲・大島純・大島律子・村山功・中山迅・竹中真紀子・山本智一・藤本雅司・橘早苗．(2010)．知識構築型アーギュメントの獲得 ── 小学生を対象とした科学技術問題に関するカリキュラムの開発と改善を通して．教育心理学研究, 58, 95-107．

佐藤公治．(1996)．認知心理学からみた読みの世界 ── 対話と協同的学習をめざして．東京：北大路書房．

Sawyer, R. K. (Ed.). (2006). *The Cambridge handbook of the learning sciences*. New York: Cambridge University Press.（ソーヤー, R. K.（編）．(2009)．学習科学ハンドブック

(森敏昭・秋田喜代美, 監訳). 東京：培風館.)
志水宏吉 (編). (2009). 「力のある学校」の探究. 吹田：大阪大学出版会.
重松鷹泰. (1961). 授業分析の方法. 東京：明治図書.
重松鷹泰・上田薫・八田昭平 (編). (1963). 授業分析の理論と実際. 名古屋：黎明書房.
清水由紀・内田伸子. (2001). 子どもは教育のディスコースにどのように適応するか —— 小学1年生の朝の会における教師と児童の発話の量的・質的分析より. 教育心理学研究, 49, 314-325.
砂沢喜代次・鈴木秀一. (1960). 授業調査 —— 授業の構造と教師の指導性. 北海道大学教育学部紀要, 7, 71-150.
田島充士. (2008). 単声的学習から始まる多声的な概念理解の発達 —— バフチンおよびヴィゴツキー理論の観点から. 質的心理学研究, 7, 43-59.
田島充士・森田和良. (2009). 説明活動が概念理解の促進に及ぼす効果 —— バフチン理論の「対話」の観点から. 教育心理学研究, 57, 478-490.
高垣マユミ・中島朋紀. (2004). 理科授業の協同学習における発話事例の解釈的分析. 教育心理学研究, 52, 472-484.
高垣マユミ・田原裕登志. (2005). 相互教授が小学生の電流概念の変容に及ぼす効果とそのプロセス. 教育心理学研究, 53, 551-564.
高垣マユミ・田原裕登志・富田英司. (2006). 理科授業の学習環境のデザイン —— 観察・実験による振り子の概念学習を事例として. 教育心理学研究, 54, 558-571.
高垣マユミ・田爪宏二・松瀬歩. (2007). 相互教授と概念変容教授を関連づけた学習環境の設定による概念変化の促進 —— 溶解時の質量保存の事例的検討. 教育心理学研究, 55, 426-437.
高垣マユミ・田爪宏二・降旗節夫・櫻井修. (2008). コンフリクトマップを用いた教授方略の効果とそのプロセス —— 実験・観察の提示による波動の概念学習の事例的検討. 教育心理学研究, 56, 93-103.
高垣マユミ. (2009). 認知的／社会的文脈を統合した学習環境のデザイン. 東京：風間書房.
徳舛克幸. (2007). 若手小学校教師の実践共同体への参加の軌跡. 教育心理学研究, 55, 34-47.
梅崎高行. (2004). スポーツ文脈におけるアクションリサーチ —— 子どもの動機づけをめぐって. 人間科学研究, 17(1), 35-47.
梅崎高行. (2007). 指導実践における関係性の変容 —— 教室以外の場での教育のエスノグラフィー. 秋田喜代美・藤江康彦 (編), 事例から学ぶはじめての質的研究法　教育・学習編 (pp.183-213). 東京：東京図書.
Wertsch, J. V. (1991). *Voices of the mind: Sociocultural approach to mediated action.* Cambridge, MA: Harvard University Press. (ワーチ, J. V. (2004). 心の声 —— 媒介された行為への社会文化的アプローチ (田島信元・佐藤公治・茂呂雄二・上村佳世子, 訳). 東京：福村出版.)
矢守克也. (2010). アクションリサーチ —— 実践する人間科学. 東京：新曜社.
吉田章宏. (1983). 教育心理学講座3　授業 (pp.29-44). 東京：朝倉書店.

4章 ナラティヴ研究とインタビュー

1節 ナラティヴとは

Bruner, J. S.（1986）. *Actual minds, possible worlds*. Cambridge, MA: Harvard University Press.（ブルーナー, J. S.（1998）. 可能世界の心理（田中一彦, 訳）. 東京：みすず書房.）

Bruner, J. S.（1990）. *Acts of meaning*. Cambridge, MA: Harvard University Press.（ブルーナー, J. S.（1999）. 意味の復権 —— フォークサイコロジーに向けて（岡本夏木・仲渡一美・吉村啓子, 訳）. 東京：ミネルヴァ書房.）

Bruner, J.（2002）. *Making stories*. Cambridge: Cambridge, MA: Harvard University Press.（ブルーナー, J. S.（2007）. ストーリーの心理学 —— 法・文学・生をむすぶ（岡本夏木・吉村啓子・添田久美子, 訳）. 京都：ミネルヴァ書房.）

Danto, A. C.（1965）. *Analytical philosophy of history*. London: Cambridge University Press.（ダント, A. C.（1989）. 物語としての歴史 —— 歴史の分析哲学（河本英夫, 訳）. 東京：国文社.）

Elms, A. C.（1994）. *Uncovering lives*. London: Oxford University Press.

Goolishan, H., & Anderson, H.（1992）. The client is the expert: Not-knowing approach to therapy. In S. McNamee & K. J. Gergen (Eds.). *Therapy as social construction* (pp.25-39). London: Sage.）

Hurwitz, B., Greenhalgh, T. & Skultuns, V.（2004）. *Narrative research in health and illness*. New York: BNJ books Blackwell.（ハーウィッツ, B.・グリーンハル, T.（2009）. ナラティブ・ベイスト・メディスンの臨床研究（斎藤清二・岸本寛史・宮田靖志, 監訳）. 東京：金剛出版.）

Kleinman, A.（1988）. *The illness narratives*. New York: Basic Books.（クラインマン, A.（1996）. 病いの語り（江口重幸・五木田紳・上野豪志, 訳）. 東京：誠信書房.）

森岡正芳.（2002）. 物語としての面接 —— ミメーシスと自己の変容. 東京：新曜社.

森岡正芳.（2005）. うつし 臨床の詩学. 東京：みすず書房.

野家啓一.（1996）. 物語の哲学. 東京：岩波書店.

能智正博（編）.（2006）.〈語り〉と出会う. 京都：ミネルヴァ書房.

小田博志.（2007）. ナラティヴと現場性. 日本保健医療行動科学会年報, 22, 27-37.

Ricœur, P.（1985）. *Temps et récit. I-III*. Paris: Éditions du Seuil.（リクール, P.（1990）. 時間と物語Ⅰ-Ⅲ（久米博, 訳）. 東京：新曜社.）

坂部恵.（1990）. かたり. 東京：弘文堂.

桜井厚.（2010）. ライフストーリーの時間と空間. 社会学評論, *60*（4）, 481-499.

White, M., & Epston, D.（1990）. *Narrative means and therapeutic ends*. New York: Norton.（ホワイト, M.・エプストン, D.（1992）. 物語としての家族（小森康永, 訳）. 東京：金剛出版.）

やまだようこ.（2000）. 人生を物語ることの意味 —— ライフストーリーの心理学. やまだようこ（編）, 人生を物語る —— 生成のライフストーリー (pp.1-38). 京都：ミネルヴァ書房.

2節 インタビューの概念

Allport, G. W. (1942). *The use of personal documents in psychological science*. New York: Social science research council. (オールポート, G. W. (1970). 心理科学における個人的記録の利用法 (大場安則, 訳). 東京：培風館.)

Atkinson, P., & Silverman, D. (1997). Kundera's immorality: The interview society and the invention of self. *Qualitative Inquiry, 3*, 304-325.

Atkinson, R. (1998). *The life story interview*. Thousand Oaks, CA: Sage.

バフチン, M. M. (1988). ことば対話テキスト (新谷敬三郎・伊東一郎・佐々木寛, 訳). 東京：新時代社.

Bertaux, D. (1997). *Les recits de vie: Perspective ethnosociologique*. Paris: Nathan Universit. (ベルトー, D. (2003). ライフストーリー ── エスノ社会学的パースペクティヴ (小林多寿子, 訳). 京都：ミネルヴァ書房.)

Bilu, Y. (1996). Ethnography and Hagiography: The dialectics of Life, Story, and Afterlife. In R. Josselson, (Ed.). Ethics and process in the narrative study of lives. *The narrative study of lives*, Vol.4. (pp.151-171). Thousand Oaks, CA: Sage.

Bradbury, P., & Sclater, S. D. (2000). Conclusion. In M. Andrews, S. Day Sclater, C. Squire, & A. Treacher (Eds.). *Lines of narrative: Psychosocial perspectives* (pp.193-198). London: Routledge.

Briggs, C. (2001). Interviewing, power/ Knowledge, and social inequality. In J. F. Gubrium & J. A. Holstein (Eds.). *Handbook of interview research: Context and method* (pp.911-922). Thousand Oaks, CA: Sage.

Burman, E. (1994). Interviewing. In P. Bannister, E. Burman, I. Parker, M. Taylor., & C. Tindall. (Eds.). *Qualitative methods in psychology: A Research Guide* (pp.49-71). Buckingham, UK: Open University Press. (バーマン, E. (2008). インタビュー. バニスター, P.・バーマン, E.・パーカー, I.・テイラー, M.・ティンダール, C. (編), 質的心理学研究入門 ── リフレキシビティの視点 (pp.64-92). (五十嵐靖博・河野哲也, 監訳). 東京：新曜社.)

遠藤利彦. (2006). 質的研究と語りをめぐるいくつかの雑感. 能智正博 (編), 語りと出会う ── 質的研究の新たな展開にむけて (pp.191-235). 京都：ミネルヴァ書房.

Flick, U. (1995). *Qualitative Forshung*. Hamburg: Rowohlt Taschenbuch Verlag GmbH. (フリック, U. (2002). 質的研究入門 ──〈人間の科学〉のための方法論 (小田博志・山本則子・春日常・宮地尚子, 訳). 東京：春秋社.)

Fontana, A., & Prokos, A. H. (2007). *The interview: From formal to postmodern*. Walnut Greek, CA: Left Coast Press.

Freud, S. (1955 [1907-1908]). Originalnotizen zu einem Fall von Zwangsneurose ("Rattenmann"). In A. Richard, und I. Grubrich-Simitis. (Hrsg.), *Sigmund Freud Nachtragsband Gesammelte Werke*. (1987). (s.505-569). Frankfurt: Fischer Verlag. (フロイト, S. (2006). 「ねずみ男」精神分析の記録 (北山修・高橋義人, 訳). 京都：人文書

院.)

Gubrium, J. F., & Holstein, J. A.（2001）. From the individual interview to the interview society. In J. F. Gubrium., & J. A. Holstein（Eds.）. *Handbook of interview research: Context and method*（pp.3-32）. Thousand Oaks, CA: Sage.

原田満里子・能智正博.（2012）. 二重のライフストーリーを生きる ── 障がい者のきょうだいの語り合いからみえるもの. 質的心理学研究, *11*, 26-44.

東村知子.（2012）. 母親が語る障害のある人々の就労と自立 ── 語りの形式とずれの分析. 質的心理学研究, *11*, 136-155.

Holstein, J. A., & Gubrium, J. F.（1995）. *The active interview*. Thousand Oaks, CA: Sage.（ホルスタイン, J. A., & グブリアム, J. F.（2004）. アクティヴ・インタビュー ── 相互行為としての社会調査（山田富秋・兼子一・倉石一郎・矢原隆行, 訳）. 東京：せりか書房.）

石井宏典.（2007）. 参与観察とインタビュー. やまだようこ（編）, 質的心理学の方法 ── 語りをきく（pp.72-85）. 東京：新曜社.

川野健治.（2008）. 自死遺族の語り ── 今、手紙を書くということ. やまだようこ（編）, 質的心理学講座2　人生と病いの語り（pp.79-99）. 東京：東京大学出版会.

川野健治.（2010）. 秘密, もしくは立ち上がる主体のために. 質的心理学フォーラム, *2*, 5-10.

川島大輔.（2007）. ライフレビュー. やまだようこ（編）, 質的心理学の方法 ── 語りをきく（pp.144-158）. 東京：新曜社.

木村敏.（1988）. あいだ. 東京：弘文堂（ちくま学芸文庫）.

Kvale, S., & Brinkmann, S.（2008）. *InterViews: Learning the craft of qualitative research interviewing*. 2nd ed. Thousand Oaks, CA: Sage.

Lévinas, E.（1949）. *En decouvrant l'existence avec Husserl et Heidegger*. Paris: Vrin.（レヴィナス, E.（1996）. 実存の発見 ── フッサールとハイデッガーと共に（佐藤真理人・三谷嗣・小川昌宏・河合孝昭, 訳）. 東京：法政大学出版局.）

Lewis, O.（1961）. *The children of Sanchez: Autobiography of a Mexican family*. New York: Random House.（ルイス, O.（1969）. サンチェスの子供たち ── メキシコの一家族の自伝（柴田稔彦・行方昭夫, 訳）. 東京：みすず書房.）

McAdams, D. P.（1993）. *The stories we live by: Personal myths and the making of the self*. New York: The Guilford Press.

Merriam, S. B.（1998）. *Qualitative research and case study applications in education*. San Francisco: Jossey-Bass.（メリアム, S. B.（2004）. 質的調査法入門 ── 教育における調査法とケース・スタディ（堀薫夫・久保真人・成島美弥, 訳）. 京都：ミネルヴァ書房.）

宮内洋.（2009）. インタビューにおける語りの扱いの相違 ── ある女性の〈非科学的〉な語りをもとに. 質的心理学フォーラム, *1*, 58-65.

Morgan, D. L.（2001）. Focus group interviewing. In J. F. Gubrium., & J. A. Holstein（Eds.）. *Handbook of interview research: Context and method*（pp.141-159）. Thousand Oaks, CA: Sage.

森岡正芳.（2009）. 対話空間を作る. 質的心理学フォーラム, *1*, 39-48.

能智正博.（2011）. 臨床心理学を学ぶ6　質的研究法. 東京：東京大学出版会.

大倉得史.（2011）.「語り合い」のアイデンティティ心理学. 京都：京都大学出版会.

Parker, I.（1992）. *Discourse dynamics: Critical analysis for social and individual psychology*. London: Routledge.

Piaget, J.（1926）. *La representation du monde chez l'enfant*. Paris: F. Alcan.（ピアジェ, J.（1955）. 臨床児童心理学Ⅱ　児童の世界観（大伴茂, 訳）. 東京：同文書院.）

Platt, J.（2001）. The history of the interview. In J. F. Gubrium., & J. A. Holstein（Eds.）. *Handbook of interview research: Context and method*（pp.33-54.）. Thousand Oaks, CA: Sage.

Roulston, K.（2010）. *Reflective interviewing: A guide to theory and practice*. Thousand Oaks, CA: Sage.

斎藤清二・山田富秋.（2009）. 討論. 質的心理学フォーラム, *1*, 66-70.

桜井厚.（2002）. インタビューの社会学——ライフストーリーの聞き方. 東京：せりか書房.

佐藤郁哉.（1992）. フィールドワーク——書を持って街へ出よう. 東京：新曜社.

柴山真琴.（2006）. 子どもエスノグラフィー入門——技法の基礎から活用まで. 東京：新曜社.

荘島幸子.（2012）. 質的研究における「秘密」. 質的心理学フォーラム, *3*, 90-92.

Smith, J. A.（1995）. Semi-structured interviewing and qualitative analysis. In J. A. Smith, R. Harre, & L. van Langenhove（Eds.）. *Rethinking methods in psychology*（pp.9-26）. London: Sage.

田垣正晋.（2007）. グループ・インタビュー. やまだようこ（編）, 質的心理学の方法——語りをきく（pp.114-123）. 東京：新曜社.

Thomas, W. I., & Znaniecki, F.（1927）. *The polish peasant in Europe and America*. New York: Knopf.（トーマス, W. I.・ズナニエツキ, F.（1983）. 生活史の社会学——ヨーロッパとアメリカにおけるポーランド農民（桜井厚, 訳）. 東京：御茶の水書房.）

Thompson, P.（2000）. *The voice of the past: Oral history*. 3rd ed. Oxford, UK: Oxford University Press.（トンプソン, P.（2002）. 記憶から歴史へ——オーラルヒストリーの世界（酒井順子, 訳）. 東京：青木書店.）

徳田治子.（2004）. ライフストーリー・インタビュー——人生の語りに立ち会う作法. 無藤隆・やまだようこ・南博文・麻生武・サトウタツヤ（編）, ワードマップ　質的心理学——創造的に活用するコツ（pp.148-154）. 東京：新曜社.

徳田治子.（2007）. 半構造化インタビュー. やまだようこ（編）, 質的心理学の方法——語りをきく（pp.100-113）. 東京：新曜社.

Vaughn, S., Schumm, J. S., & Sinagub, J. M.（1996）. *Focus group interviews in education and psychology*. Thousand Oaks, CA: Sage.（ヴォーン, S.・シューム, J. S.・シナグブ, J.（1999）. グループ・インタビューの技法（井下理・田部井潤・柴原宜幸, 訳）. 東京：慶應義塾大学出版会.）

やまだようこ.（2000）. 人生を物語る——生成のライフストーリー. 京都：ミネルヴァ書房.

やまだようこ.（2006）. 非構造化インタビューにおける問う技法——質問と語り直しプロセ

スのマイクロアナリシス. 質的心理学研究, 5, 194-216.

やまだようこ. (2007). ライフストーリー・インタビュー. やまだようこ (編), 質的心理学の方法 ── 語りをきく (pp.124-143). 東京：新曜社.

3節 インタビューの方法

Anderson, H. (1997). *Conversation, language, and possibilities: A postmodern approach to therapy.* New York: Basic books. (アンダーソン, H. (2001). 会話・言語・そして可能性 ── コラボレイティヴとは？ セラピーとは？ (野村直樹・青木義子・吉川悟, 訳). 東京：金剛出版.)

Atkinson, R. (1998). The life story interview. *Qualitative research methods series* Vol.44. Thousand Oaks, CA: Sage Publications.

Frank, A. W. (1995). *The wounded storyteller.* Chicago: The University of Chicago Press. (フランク, A. W. (2002). 傷ついた物語の語り手 ── 身体・病い・倫理 (鈴木智之, 訳). 東京：ゆみる出版.)

Chase, S. E. (2003). Learning to listen: Narrative principles in a qualitative research methods course. In R. Josselson, A. Lieblich, & D. P. MacAdams (Eds.). *Up close and personal* (pp.79-99). Washington DC: American Psychological Association.

Charmaz, K. (2006). *Constructing grounded theory: A practical guide through qualitative amalysis.* London: Sage publications.

Flick, U. (1995). *Qualitative Forschung.* Humburg: Rowohlt Taschenbuch Verlag GmbH. (フリック, U. (2002). 質的研究入門 ──〈人間の科学〉のための方法論 (小田博志・山本則子・春日常・宮地尚子, 訳). 東京：春秋社.)

Holstein, J. A., & Gubrium, J. F. (1995). The active interview. *Qualitative research methods series* Vol.37. Thousand Oaks, CA: Sage Publications.

カーン, D. L. (2005). 研究をどのように実施するのか. (Cohen, M. Z., Kahn, D. L., Steeves, R. H. (Eds.). (2000). *Hermeneutic phenomenological research.* Thousand Oaks: Sage./ (大久保功子, 訳). 看護における質的研究2 解釈学的現象学による看護研究 ── インタビュー事例を用いた実践ガイド (pp.85-104). 東京：日本看護協会出版.)

Kvale, S. (1996). *InterViews: An introduction to qualitative research interviewing.* Thousand Oaks, CA: Sage.

松尾純子. (2010). 体験を語り始める. 質的心理学研究, 9, 6-24.

Merriam, S. B. (1998). *Qualitative research and case study applications in education.* San Francisco: Jossey-Bass Publishers. (メリアム, S. B. (2004). 質的調査法入門 ── 教育における調査法とケース・スタディ (堀薫夫・久保真人・成島美弥, 訳). 京都：ミネルヴァ書房.)

宮地尚子. (2007). 環状島＝トラウマの地政学. 東京：みすず書房.

中澤潤. (2000). 調査的面接法の概観. 保坂亨・中澤潤・大野木裕明 (編), 面接法 ── 心理学マニュアル (pp.92-105). 京都：北大路書房.

能智正博. (2011). 臨床心理学を学ぶ6 質的研究法. 東京：東京大学出版会.

Smith, J. A. (1995). Semi-structured interviewing and qualitative analysis. In J. A. Smith, R. Haree, & L. V. Langenhove（Eds.）. *Rethinking methods in psychology*.（pp.9-26）. London: Sage Publications.

Spradley, J.（1979）. *The ethnographic interview*. New York: Holt, Rinehart & Winston.

鈴木淳子.（2002）. 調査的面接の技法. 京都：ナカニシヤ出版.

田垣正晋.（2004）. グループ・インタビュー ―― 集団の力が語りを生む. 無藤隆・やまだようこ・南博文・麻生武・サトウタツヤ（編）. 質的心理学 ―― 創造的に活用するコツ（pp.155-162）. 東京：新曜社.

徳田治子.（2007）. 半構造化インタビュー. やまだようこ（編）, 質的心理学の方法 ―― 語りをきく（pp.100-113）. 東京：新曜社.

Wengraf, T.（2001）. *Qualitative research interviewing*. London: Sage Publications.

やまだようこ.（2006）. 非構造化インタビューにおける問う技法. 質的心理学研究, 5, 194-216.

Yow, V. R.（2005）. *Recording oral history: A Guide for the humanities and social science*. 2nd ed. Maryland: AltaMira Press.（ヤウ, V. R.（2011）. オーラルヒストリーの理論と実践 ―― 人文・社会科学を学ぶすべての人のために（吉田かよ子, 監訳）. 東京：インターブックス.）

4節　ナラティヴ・テクストの分析

Austin, J. L.（1962）. *How to do things with words*. Cambridge, MA: Harvard University Press.（オースティン, J. L.（1978）. 言語と行為（坂本百大, 訳）. 東京：大修館書店.）

Bamberg, M.（2004）. Considering counter narratives. In M. Bamberg & M. Andrews（Eds.）. *Considering counter narratives*（pp.351-371）. Amsterdam: John Benjamins.

Bamberg, M. & Georgakopoulou, A.（2008）. Small stories as new perspective in narrative and identity analysis. *Text and Talk, 28*, 377-396.

Bruner, J.（1986）. *Actual minds, possible worlds*. Cambridge, MA: Harvard University Press.（ブルーナー, J.（1998）. 可能世界の心理（田中一彦, 訳）. 東京：みすず書房.）

Bruner, J.（2002）. *Making stories*. New York: Farrar, Straus, & Giroux.（ブルーナー, J.（2007）. ストーリーの心理学（岡本夏木・吉村啓子・添田久美子, 訳）. 東京：ミネルヴァ書房.）

Charmaz, C.（2006）. *Constructing grounded theory*. London: Sage.（シャーマズ, K.（2008）. グラウンデッド・セオリーの構築（抱井尚子・末田清子, 監訳）. 京都：ナカニシヤ出版.）

Clandinin, D. J., & Connelly, F. M.（2000）. *Narrative inquiry: Experience and story in qualitative research*. San Francisco, CA: Jossey-Bass.

Corbin, J., & Strauss, A.（2008）. *Basics of qualitative research*. 3rd ed. Los Angeles, CA: Sage.

Crossley, M. L.（1999）. *Introducing narrative psychology*. Buckingham, UK: Open University Press.（クロスリー, M. L.（2009）. ナラティヴ心理学セミナー（角山富雄・田

中勝博, 監訳). 東京：金剛出版.)
Daiute, C., & Lightfoot, C.（Eds.）.（2004）. *Narrative analysis*. Thousand Oaks, CA: Sage.
Denzin, N. K.（1989）. *Interpretive interactionism*. Thousand Oaks, CA: Sage.
Flick, U.（2007）. *Managing quality in qualitative research*. Los Angeles, CA: Sage.
Frank, A. W.（1995）. *The wounded storyteller*. Chicago, IL: University of Chicago Press.（フランク, A. W.（2002）. 傷ついた物語の語り手（鈴木智之, 訳）. 東京：ゆみる出版.)
Gee, J. P.（1985）. The narrativization of experience in the oral style. *Journal of Education, 167*, 9-35.
Gee, J. P.（1991）. A linguistic approach to narrative. *Journal of Narrative and Life History, 1*, 15-39.
Gergen, K.（1994）. *Realities and relationships*. Cambridge，MA: Harvard University Press.（ガーゲン, K.（2004）. 社会構成主義の理論と実践 —— 関係性が現実をつくる（永田素彦・深尾誠, 訳）. 京都：ナカニシヤ出版.)
Gregg, G. S.（2006）. The raw and the bland: A structural model of narrative identity. In D. P. McAdams, R. Josselson, & A. Lieblich（Eds.）. *Identity and story*（pp.63-87）. Washington, DC: American Psychological Association.
Gubrium, J., & Holstein, J.（2009）. *Analyzing narrative reality*. Los Angeles, CA: Sage.
浜田寿美男.（2009）. 私と他者と語りの世界 —— 精神の生態学へ向けて. 京都：ミネルヴァ書房.
Harré, R., & van Langenhove, L.（1999）. Introducing positioning theory. In R. Harré & L. van Langenhove（Eds.）. *Positioning theory*（pp.14-31）. Oxford, UK: Blackwell.
Hill, C. E., Thompson, B. J., & Williams, E. N.（1997）. A guide to conducting consensual qualitative research. *The Counseling Psychologist, 25*, 223-233.
川喜田二郎.（1967）. 発想法. 東京：中央公論社.
川野健治.（2005）. シークエンス分析 —— ナラティヴアナリシスを中心に. 伊藤哲司・能智正博・田中共子（編）, 動きながら識る、関わりながら考える —— 心理学における質的研究の実践（pp.131-138）. 京都：ナカニシヤ出版.
川島大輔.（2008）. 老年期にある浄土真宗僧侶のライフストーリーにみる死の意味づけ. 質的心理学研究, 7, 157-180.
木下康仁.（2007）. ライブ講義 M-GTA —— 実践的質的研究法：修正版グラウンデッド・セオリー・アプローチのすべて. 東京：弘文堂.
Labov, W., & Waletsky, J.（1967）. Narrative analysis: Oral versions of personal experience. In J. Helm（Ed.）. *Essays on the verbal and visual arts*（pp.12-44）. Seattle, WA: University of Washington Press.
Lieblich, A., Tuval-Mashiach, R., & Zilber, T.（1998）. *Narrative research: Reading, analysis, and interpretation*. London: Sage.
Macbeth, D.（2001）. On "reflexivity" in qualitative research. *Qualitative Inquiry, 7*, 35-68.
McAdams, D. P.（1993）. *The stories we live by*. New York: William Morrow.
McAdams, D. P., & Bowman, P. J.（2001）. Narrating Life's Turning Points: Redemption and

Contamination. In D. P. McAdams, R. Josselson, & A. Lieblich (Eds.). *Turns in the road* (pp.3-34). Washington, DC: American Psychological Association.

McLeod, J. (1997). *Narrative and psychotherapy*. Thousand Oaks, CA: Sage. (マクレオッド, J. (2007). 物語りとしての心理療法 —— ナラティヴ・セラピィの魅力 (下山晴彦, 監訳). 東京：誠信書房.)

Murray, M. (2008). Narrative psychology. In J. A. Smith (Ed.). *Qualitative psychology*. 2nd ed. (pp.111-132). Los Angeles, CA: Sage.

能智正博. (2007). "語り"と"ナラティヴ"のあいだ. 能智正博 (編), 語りと出会う —— 質的研究の新たな展開に向けて (pp.11-72). 京都：ミネルヴァ書房.

Riessman, C. (2008). *Narrative methods for the human sciences*. Thousand Oaks, CA: Sage.

Riessman, C. (1989). Life events, meaning and narrative: The case of infidelity and divorce. *Social Science and Medicine, 29*, 743-751.

戈木クレイグヒル滋子. (2008). 質的研究方法ゼミナール —— グラウンデッドセオリーアプローチを学ぶ. 東京：医学書院.

桜井厚. (2005). インタビューテクストを解釈する. 桜井厚・小林多寿子 (編著), ライフストーリー・インタビュー —— 質的研究入門 (pp.129-201). 東京：せりか書房.

サトウタツヤ (編著). (2009). TEMではじめる質的研究 —— 時間とプロセスを扱う研究をめざして. 東京：誠信書房.

高田明典. (2010). 現代思想のコミュニケーション的転回. 東京：筑摩書房.

得丸さと子. (2010). ステップ式質的研究法 —— TAEの理論と応用. 東京：海鳴社.

やまだようこ. (2000). 人生を語ることの意味 —— ライフストーリーの心理学. やまだようこ (編), 人生を物語る —— 生成のライフストーリー (pp.1-38). 京都：ミネルヴァ書房.

やまだようこ. (2000). 喪失と生成のライフストーリー. やまだようこ (編), 人生を物語る —— 生成のライフストーリー (pp.77-108). 京都：ミネルヴァ書房.

やまだようこ. (2007). 質的研究における対話的モデル構成法 —— 多重の現実、ナラティヴ・テクスト、対話的省察性. 質的心理学研究, *6*, 174-194.

やまだようこ. (2008). 多声テクスト間の生成的対話とネットワークモデル. 質的心理学研究, *7*, 21-42.

安田裕子・荒川歩・高田沙織・木戸彩恵・サトウタツヤ. (2008). 未婚の若年女性の中絶経験 —— 現実的制約と関係性の中で変化する多様な経路に着目して. 質的心理学研究, *7*, 181-203.

Wells, K. (2011). *Narrative inquiry*. New York: Oxford University Press.

Wertsch, J. V. (1998). *Mind as action*. New York: Oxford University Press. (ワーチ, J. W. (2002). 行為としての心 (佐藤公治, ほか訳). 京都：北大路書房.)

Willig, C. (2008). Discourse analysis. In J. A. Smith (Ed.). *Qualitative psychology*. 2nd ed. (pp.160-185). Los Angeles, CA: Sage.

Wooffitt, R. (1995). *Telling tales of the unexpected*. Hemel Hempstead, UK: Harvester. (ウーフィット, R. (1998). 人は不思議な体験をどう語るか (大橋靖史・山田詩津夫, 訳). 東

京：大修館書店.)

Wooffitt, R. (2005). *Conversation analysis and discourse analysis*. London: Sage.

5章　実践とともにあるアクションリサーチ

1節　アクションリサーチの哲学と方法

Bradford, J. P., Gibb, J. R., & Benne, K. D. (Eds.). (1964). *T-group theory and laboratory method: Innovation in re-education*. New York: Wiley.（ブラッドフォード, L. P.・ギッブ, J. R.・ベネ, K. D.（1971）.感受性訓練 —— Tグループの理論と方法（三隅二不二, 監訳）.東京：日本生産性本部.)

Bronfenbrenner, U. (1979). *The ecology of human development: Experiment by nature and design*. Cambridge, MA: Harvard University Press.（ブロンフェンブレンナー, U.（1996）.人間発達の生態学 —— 発達心理学への挑戦（磯貝芳郎・福富護, 訳）.東京：川島書店.)

Greenwood, D. J., & Levin, M. (2007). *Introduction to action research: Social research for social change*. 2nd edition. Thousand Oaks: Sage.

Lewin, K. (1931). The conflict between Aristotelian and Galileian modes of thought in contemporary psychology. *Journal of General Psychology, 5*, 141-177. In Gold, M. (Ed.). (1999). *The complete social scientist: A Kurt Lewin reader* (pp.37-66). Washington DC: American Psychological Association.（レヴィン, K.（1957）.現代心理学におけるアリストテレス的考え方とガリレオ的考え方との抗争（相良守次・小川隆, 訳）.パーソナリティの力学説.東京：岩波書店.)

Lewin, K. (1935). *A dynamic theory of personality: Selected papers*. New York: McGraw-hill.（レヴィン, K.（1957）.パーソナリティの力学説（相良守次・小川隆, 訳）.東京：岩波書店.)

Lewin, K. (1936). *Principles of topological psychology*. New York: McGraw-hill.

Lewin, K. (1948a). Group decision and social change. In T. M. Newcomb & E. L. Hartley (Eds.), *Readings in social psychology* (pp.330-341). New York: Henry Holt. In Gold, M. (Ed.). (1999). *The complete social scientist: A Kurt Lewin reader*. (pp.265-284). Washington DC: American Psychological Association.

Lewin, K. (1948b). *Resolving social conflicts: Selected papers on Group Dynamics*. New York: Harper.（レヴィン, K.（1954）.社会的葛藤の解決 —— グループ・ダイナミックス論文集.（末永俊郎, 訳）.東京：東京創元社.)

Lewin, K. (1951). *Field theory in social science: Selected theoretical papers*. New York: Harper.（レヴィン, K.（1979）.社会科学における場の理論（猪股佐登留, 訳）.東京：誠信書房.)

Marrow, A. J. (1969). *The practical theorist: The life and work of Kurt Lewin*. New York: Basic Books.（マロー, A. J.（1972）.クルト・レヴィン —— その生涯と業績（望月衛・宇津木保, 訳）.東京：誠信書房.)

宮本匠・渥美公秀.（2009）.災害復興における物語と外部支援者の役割について ―― 新潟県中越地震の事例から.実験社会心理学研究, 49, 17-31.

宮本匠・渥美公秀・矢守克也.（2012）.人間科学における研究者の役割 ―― アクションリサーチにおける「巫女の視点」.実験社会心理学研究, 52, 35-44.

Parker, I.（2005）. *Qualitative psychology: Introducing radical research*. Maidenhead, Berkshire: Open University Press.（パーカー, I.（2008）.ラディカル質的心理学 ―― アクションリサーチ入門（八ッ塚一郎, 訳）.京都：ナカニシヤ出版.）

Schein, E. H.（1995）. Kurt Lewin's change theory in the field and in the classroom: notes toward a model of managed learning. Invited paper for a special issue of Systems Practice edited by Susan Wheelan. Working paper（Sloan School of Management, MIT）. http://dspace.mit.edu/handle/1721.1/2576

質的心理学フォーラム.（2010）.物語りと共約幻想.質的心理学フォーラム, 2, 4-57.

White, R. K., & Lippitt, R.（1960）. *Autocracy and democracy: An experimental inquiry*. New York: Harper.

矢守克也・網代剛・吉川肇子.（2005）.防災ゲームで学ぶリスク・コミュニケーション ―― クロスロードへの招待.京都：ナカニシヤ出版.

2節 コミュニティと産業・組織におけるアクションリサーチ

Bavelas, A., Festinger, L., Woodward, P., & Zander, A.（1947）. *The relative effectiveness of a lecture method and a method of group decision for changing food habits*. Bulletin of the Committee on Food Habits. National Research Council. Cited in Bennett（1955）.

Benett, E. B.（1955）. Discussion, decision, commitment, and consensus in "group decision." *Human Relations, 8*, 251-273.

Bertalanffy, L. v.（1950）. An outline of general system theory. *British Journal for the Philosophy of Science, 1*, 139-164.

Bion, W. R.（1961）. *Experiences in groups*. London: Tavistock.

Chambers, R.（1994）. The origins and practice of participatory rural appraisal. *World Development, 22*(7), 953-966.（ビオン, W. R.（2003）.グループ・アプローチ ―― 《集団力学と集団心理療法》の画期的業績・人間援助の心理学（小林ポオル・光吉俊二・尾川丈一, 訳）.新潟：亀田ブックサービス.）

Chambers, R.（1997）. *Whose reality counts? Putting the first last*. London: Intermediate Technology.（チェンバース, R.（2000）.参加型開発と国際協力 ―― 変わるのはわたしたち（野田直人・白鳥清志, 監訳）.東京：明石書店.）

Cooperrider, D., Whitney, D., & Stavros, J. M.（2003）. *Appreciative inquiry handbook: The first in a series of AI workbooks for leaders of change*. San Francisco: Berrett-Koehler.

Daniels, H., Edwards, A., Engeström, Y., Gallagher, T., & Ludvigsen, S. R.（2010）. *Activity theory in practice: Promoting learning across boundaries and agencies*. London: Routledge.

de Roux, G. I.（1991）. Together against the computer: PAR and the struggle of Afro-

Colombians for public services. In O. Fals Borda & M. Rahman (Eds.). *Action and knowledge: Breaking the monopoly with participatory action research* (pp.37-53). New York: Apex.

Emery, F., & Torsrud, E. (1976). *Democracy at work: The report on the Norwegian industrial democracy program.* Leiden: Springer.

Emery, M., & Purser, R. E. (1996). *The search conference: A powerful method for planning organizational change and community action.* San Francisco: Jossey-Bass.

Engeström, Y. (1987). *Learning by expanding: An activity-theoretical approach to developmental research.* Helsinki: Orienta-Knosultit. (エンゲストローム, Y. (1999). 拡張による学習 —— 活動理論からのアプローチ (山住勝広, ほか訳). 東京：新曜社.)

Engeström, Y. (2005). *Developmental work research: Expanding activity theory in practice.* Berlin: Lehmans Media.

Engeström, Y. (2007). Putting Vigotsky to work: The Change Laboratory as an application of double stimulation. In H. Daniels, M. Cole, & J. V. Wertsch (Eds.). *Cambridge companion to Vygotsky* (pp.363-382). Cambridge: Cambridge University Press.

Engeström, Y. (2009). From learning environments and implementation to activity systems and expansive learning. *Actio, 2*, 17-33.

Engeström, Y. (2008). *From teams to knots: Activity-theoretical studies of collaboration and learning at work.* New York: Cambridge University Press. (エンゲストローム, Y. (2013). ノットワークする活動理論 —— チームから結び目へ (山住勝広・山住勝利・蓮見二郎, 訳). 東京：新曜社.)

Engeström, Y., Virkkunen, J., Helle, M., Pihlaja, J., & Poikela, R. (1996). Change Laboratory as a tool for transforming work. *Journal of Lifelong Learning in Europe, 1*(2), 10-17.

Fals-Borda, O., & Rahman, M. (Eds.). (1991). *Action and knowledge: Breaking the monopoly with participatory action research.* New York: Apex.

Freire, P. (1970). *Pedagogy of the oppressed.* New York: The Seabury Press. (フレイレ, P. (1979). 被抑圧者の教育学 (小沢有作・楠原彰・柿沼秀雄・伊藤周, 訳). 東京：亜紀書房.)

Gergen, K. (1999). *An invitation to social construction.* London: Sage. (ガーゲン, K. (2004). あなたへの社会構成主義 (東村知子, 訳). 京都：ナカニシヤ出版.)

Gergen, K. J. (2009). *Relational being.* New York: Oxford University Press.

Greenwood, D. J., & Levin, M. (2007). *Introduction to action research.* Thousand Oaks: SAGE.

Habermas, J. (1984). *The theory of communicative action: Reason and the rationality of society.* Boston: Beacon.

東村知子. (2006). アクションリサーチにおける質的心理学の方法によるセンスメーキング —— 町村合併で翻弄された過疎地域活性化運動の再定位. 心理学評論, 49, 530-545.

伊藤周. (1979). 解説 —— パウロ・フレイレの人と教育思想. フレイレ, P., (小沢有作・楠原彰・柿沼秀雄・伊藤周, 訳) 被抑圧者の教育学 (pp.255-305). 東京：亜紀書房.

(Freire, P. (1970). *Pedagogy of the oppressed*. New York: The Seabury Press.)

関西学院大学災害復興制度研究所. (2009). サンタクルズダウンタウン復興計画（和文訳）.

Lewin, K. (1948). *Resolving social conflicts: Selected papers on group dynamics*. New York: Harper & Row.（レヴィン, K.（1954）. 社会的葛藤の解決 ── グループ・ダイナミックス論文集（末永俊郎, 訳）. 東京：東京創元社.）

Lewin, K. (1951). *Field theory in social science: Selected theoretical papers*. New York: Harper.（レヴィン, K.（1979）. 社会科学における場の理論（猪股佐登留, 訳）. 東京：誠信書房.）

Lewin, K., Lippitt, R., & White, R. (1939). Patterns of aggressive behaviour in experimentally created "social climates". *Journal of Social Psychology, 10*, 271-99.

Ludema, J. D., Whitney, D., Mohr, B. J., & Griffin, T. J. (2003). *The appreciative inquiry summit: A practitioner's guide for leading large-group change*. San Francisco: Berrett-Koehler.

Minkler, M., & Wallerstein, N. (Eds.). (2003). *Community-Based Participatory Research for health*. San Francisco: Jossey-Bass Publishers.

三隅二不二. (1978). リーダーシップ行動の科学. 東京：有斐閣.

三隅二不二・高牧助. (1988). 事故予防とグループ・ダイナミックス. 三隅二不二・丸山康則・正田亘（編）, 事故予防の行動科学（pp.124-143）. 東京：福村出版.

中村和彦. (2006). Tグループを用いたラボラトリー・トレーニングの構造に関する比較研究 ── 日本・米国・インドにおけるプログラムの相違について. 人間関係研究（南山大学人間関係研究センター紀要）, *5*, 123-139.

中村和彦・杉山郁子・植平修. (2009). ラボラトリー方式の体験学習の歴史. 人間関係研究（南山大学人間関係研究センター紀要）, *8*, 1-29.

日本・地域と科学の出会い館（編）. (1997). ひまわりシステムのまちづくり ── 進化する社会システム. 東京：はる書房.

Norman, D. A. (1993). *Things that make us smart: Defending human attributes in the age of the machine*. Reading: Addison-Wesley.（ノーマン, D. A.（1996）. 人を賢くする道具 ── ソフト・テクノロジーの心理学（岡本明, ほか訳）. 東京：新曜社.）

Reason, P. (Ed.). (1994). *Participation in human inquiry*. London: SAGE.

佐々木薫・永田良昭. (1987). 技法としての集団力学. 佐々木薫・永田良昭（編）, 集団行動の心理学（pp.302-316）. 東京：有斐閣.

作道信介. (2006). 東村論文について ── アクションリサーチの現場報告として. 心理学評論, *49*, 546-550.

Senge, P. (1990). *The fifth discipline: The art and practice of the learning organization*. New-York: Doubleday.（センゲ, P.（1995）. 最強組織の法則 ── 新時代のチームワークとは何か（守部信之, ほか訳）. 東京：徳間書店.）

杉万俊夫. (2000). 住民自治の社会システムをめざして. 杉万俊夫（編）, よみがえるコミュニティ ── フィールドワーク人間科学（pp.29-148）. 京都：ミネルヴァ書房.

杉万俊夫（編著）. (2006). コミュニティのグループ・ダイナミックス. 京都：京都大学学術

出版会.

Sugiman, T.（2006）. Theory in the context of collaborative inquiry. *Theory and Psychology, 16*, 311-325.

杉万俊夫.（2008）. 地域活性化のアクションリサーチ. サトウタツヤ・南博文（編）, 質的心理学講座③ 社会と場所の経験（pp.155-181）. 東京：東京大学出版会.

杉万俊夫.（2013）. グループ・ダイナミックス入門 —— 組織と地域を変える実践学. 京都：世界思想社.

Trist, E. L.（1960）. Foreword. In W. Brown（Ed.）, *Exploration in management*（pp.xiii-xxii）. London: William Heinemann.

Trist, E., & Bamforth, K. W.（1951）. Some social and psychological consequences of the longwall method of coal getting. *Human Relations, 4*, 3-38.

Trist, E., & Murray, H.（Eds.）.（1993）. *The social engagement of social science: A Tavistock anthology*. Volume Ⅱ: The socio-technical perspective. Philadelphia: University of Pennsylvania Press.

Weisbord, M., & Janoff, S.（2000）. *Future search: An action guide to finding common ground in organizations and communities.* Second edition. San Francisco: Berrett-Koehler.

矢守克也.（2010）. アクションリサーチ —— 実践する人間科学. 東京：新曜社.

吉田道雄・三隅二不二・山田昭・三角恵美子・桜井幸博・金城亮・松田良輔・松尾英久・徳留英二.（1995）. リーダーシップPM理論に基づくトレーニングの開発. *INSS Journal, 2*, 214-248.

3節　質的研究者の実践としての倫理

舩橋晴俊・長谷川公一・畠中宗一・勝田晴美.（1985）. 新幹線公害 —— 高速文明の社会問題. 東京：有斐閣.

直野章子.（2008）. 被爆を語る言葉と痛みの共振. 日本学報（大阪大学大学院文学研究科日本学研究室）, *27*, 69-92.

日本社会学会.（2006）. 日本社会学会倫理綱領にもとづく研究指針. http://www.gakkai.ne.jp/jss/about/shishin.pdf（情報取得 2013/5/13）

野上元・福間良明（編）.（2012）. 戦争社会学ブックガイド. 大阪：創元社.

Malinowski, B.（1967）. *A diary in the strict sense of the term.* New York: Harcourt, Brace & World.（マリノフスキー, B.（1987）. マリノフスキー日記（谷口佳子, 訳）. 東京：平凡社.）

宮内洋・好井裕明（編著）.（2010）. 〈当事者〉をめぐる社会学. 京都：北大路書房.

桜井厚.（2002）. インタビューの社会学 —— ライフストーリーの聞き方. 東京：せりか書房.

桜井厚.（2012）. ライフストーリー論. 東京：弘文堂.

桜井厚・小林多寿子.（2005）. ライフストーリー・インタビュー —— 質的研究入門. 東京：せりか書房.

好井裕明.（2004）.「調査するわたし」というテーマ. 好井裕明・三浦耕吉郎（編著）, 社会

学的フィールドワーク (pp.2-32). 京都：世界思想社.

好井裕明. (2010). 差別問題研究のおける2つの当事者性. 宮内洋・好井裕明（編著）,〈当事者〉をめぐる社会学 (pp.163-181). 京都：北大路書房.

輸入血液製剤による HIV 感染被害問題調査研究委員会（編）. (2009). 医師と患者のライフストーリー —— 輸入血液製剤による HIV 感染被害問題調査研究最終報告書. 大阪：ネットワーク医療と人権.

4節　障害や福祉の場におけるアクションリサーチ

渥美公秀. (2001). ボランティアの知 —— 実践としてのボランティア研究. 吹田：大阪大学出版会.

Denzin, N., & Lincoln, Y. (Eds.). (2000). *Handbook of qualitative psychology* (2nd ed.). London: Sage. (デンジン, N. K.・リンカン, Y. S. (2006). 質的研究ハンドブック2（平山満義, 監訳）. (pp.229-264.) 京都：北大路書房.)

藤井達也. (2006). 参加型アクションリサーチ —— ソーシャルワーク実践と知識創造のために. 社会問題研究, *55*(2), 45-64.

Gauld, S., Smith, S., & Kendall, M. B. (2011). Using participatory action research in community-based rehabilitation for people with acquired brain injury: from service provision to partnership with Aboriginal communities. *Disability and Rehabilitation, 33*(19-20), 1901-1911.

Goeke, S. & Kubanski, D. (2012). Menschen mit Behinderungen als GrenzgängerInnen im akademischen Raum: Chancen partizipatorischer Forschung. Forum Qualitative Sozialforschung, 13. Retrieved from Forum Qualitative Sozialforschung website: http://www.qualitative-research.net/index.php/fqs/article/view/1782/3302

東村知子. (2006). アクションリサーチにおける質的心理学の方法によるセンスメーキング —— 町村合併で翻弄された過疎地域活性化運動の再定位. 心理学評論, *49*, 530-545.

鹿毛雅治. (2003). フィールドに関わる「研究者／私」—— 実践心理学の可能性. 下山晴彦・子安増生（編著）, 心理学の新しいかたち —— 方法への意識 (pp.132-172). 東京：誠信書房.

Kemmis, S. & McTaggart, R. (2000). Participatory action research. In N. K. Denzin & Y. Lincoln (Ed.). *Handbook of qualitative research*, second edition (pp.567-605). Thousand Oaks, California: Sage. (デンジン, N. K.・リンカン, Y. S. (2006). 質的研究ハンドブック2巻（平山満義, 監訳）. 京都：北大路書房. 所収 (pp.229-264).)

Kleinman, A. (1988). *The illness narratives: Suffering, healing and the human condition.* New York: Basic Books. (クラインマン, K. (1996). 病いの語り —— 慢性の病いをめぐる臨床人類学（江口重幸・五木紳・上野豪志, 訳）. 東京：誠信書房.)

小林　仁・渥美公秀・花村周寛・本間直樹. (2010). 馴致された生活環境を再構成するためのプロジェクト型ツールのデザインと実践. 実験社会心理学研究, *49*, 180-193.

小林傳司. (2004). 誰が科学技術について考えるのか —— コンセンサス会議という実験. 名古屋：名古屋大学出版会.

McDaid, S. (2009). An equality of condition framework for user involvement in mental health policy and planning: Evidence from participatory action research. *Disability and Society, 24*(4), 461-474.

箕浦康子. (2009). アクションリサーチ. フィールドワークの技法と実際Ⅱ　分析・解釈編 (pp.53-72). 東京：東京大学出版会.

Mirza, M., Gossett, A., Chan, N. K. C., Burford, L., & Hammel, J. (2008). Community reintegration for people with psychiatric disabilities: Challenging systemic barriers to service provision and public policy through participatory action research. *Disability and Society, 23*(4), 323-336.

Ollerton, J. & Horsfall, D. (2012). Rights to research: Utilising the Convention on the Rights of Persons with Disabilities as an inclusive participatory action research tool. *Disability and Society, 27*, 1-15.

下山晴彦. (2003). 質的調査の考え方とデータ収集技法. 南風原朝和・市川伸一・下山晴彦（編）, 心理学研究法 (pp.35-45). 東京：放送大学教育振興会.

Spradley, J. P. (1980). *Participant observation*. Victoria, Australia: Wadsworth Thomson learning.

杉万俊夫. (2006). コミュニティのグループ・ダイナミックス. 京都：京都大学学術出版会.

武田丈. (2011). ソーシャルワークとアクションリサーチ［1］. ソーシャルワーク研究, *37*, 46-54.

田垣正晋. (2007). 障害者施策推進の住民会議のあり方とアクション・リサーチにおける研究者の役割に関する方法論的考察. 実験社会心理学研究, *46*, 173-184.

田垣正晋. (2012). 先進事例からみる障害者施策推進の住民会議のあり方. 実験社会心理学研究, *52*, 45-62.

浦河べてるの家. (2005). べてるの家の「当事者研究」. 東京：医学書院.

Weick, K. S. (1995). *Sensemaking in organizations*. Thousand Oaks: Sage Publications. (ワイク, K. S. (2001). センスメーキング・イン・オーガニゼーションズ（遠田雄志・西本直人, 訳）. 東京：文眞堂.)

矢守克也. (2006). 語りとアクションリサーチ —— 防災ゲームをめぐって. 心理学評論, *49*, 514-525.

矢守克也. (2007). アクションリサーチ. やまだようこ（編）, 質的心理学の方法 (pp.178-189). 東京：新曜社.

5節　保育・教育の場におけるアクションリサーチと実践的知識

Adelman, C. (1993). Kurt Lewin and the origins of action research. *Educational Action Research, 1*(1), 7-24.

秋田喜代美・無藤隆・安見克夫・藤岡真紀子. (1995). コンサルテーションによる保育環境の構成 —— 保育研究会の継続的検討. 保育学研究, *33*, 210-217.

秋田喜代美・キャサリンルイス. (2008). 授業の研究　教師の学習 —— レッスンスタディへの誘い. 東京：明石書店.

Argyris, C. & Schön, D. A.（1996）. *Organizational learning II: Theory, method and practice*. Reading, Mass.: Addison-Wesley.

Bruner, J.（1991）. The narrative construction in reality. *Critical Inquiry, 18*, 1-21.

Dewey, J.（1933）. *How we think*. NY: Prometeus Books.

Elliott, J.（1991）. *Action research for educational change*. London: Open University Press.

Elliott, J.（2007）. *Reflecting where the acion is: The selected works of John Elliott*. London: Routledge.

福田秀子・無藤隆・向山陽子.（2000）. 園舎の改善を通しての保育実践の変容Ⅰ ── 研究者と保育者によるアクションリサーチの試み. 保育学研究, *38*(2), 87-94.

Goldman, R., Pea, R., Barron, B., & Derry, S.（Eds.）.（2006）. *Video research in the learning sciences*. NY: Rouledge.

細川大輔.（2013）. 国語科教師の学び合いによる実践的力量形成の研究 ── 協働学習的アクションリサーチの提案. 東京：ひつじ書房.

勝野正章.（2000）. L. ステンハウスのカリキュラム論と教師の「教育の自由」. 北星論集（経）*38*, 11-22.

Kemmis, S.（2001）. Exploring the relevance of critical theory of action research: Emancipatory action research in the foosteps of Jurgen Habermas. In P. Reason & H. Bradbury（Eds.）. *Handbook of action research: Participative inquiry and practice*（pp.91-102）. London: Sage Pub.

Kemmis, S. & McTaggart, R.（1988）. *The action research reader*. Third edition. Victoria: Deakin University Press.

木村優.（2010）. 情動的実践としての教職専門性 ── 教師が授業中に経験し表出する情動の探究. 東京大学大学院教育学研究科博士学位論文.

Leitch, R. & Day, C.（2006）. Action research and reflective practice: Towards a holistic view. *Educational Action Research, 8*(1), 179-193.

Lewis, C., Perry, R., & Murata, A.（2006）. How should research contribute to instructional improvement? *Educational Researcher, 35*(3), 3-14.

Lewis, C., Akita, K. & Sato, M.（2010）. Lesson study as a human science., *National Society for the Study of Education*, Vol.*109*(1), 222-237.

三上明洋.（2010）. ワークシートを活用した実践アクションリサーチ ── 理想的な英語授業をめざして. 東京：大修館書店.

村上博文.（2009）. 乳児保育室の空間変成と"子ども及び保育者"の変化 ── K保育所0歳児クラス：自由遊び時間におけるアクションリサーチ. 東京大学大学院教育学研究科紀要, *49*, 21-32.

中坪史典・秋田喜代美・増田時枝・安見克夫・砂上史子・箕輪潤子.（2011）. 保育カンファレンスにおける保育者の語りの特徴 ── 保育者の感情の認識と表出を中心に. 乳幼児教育学研究, *19*, 1-10.

中坪史典・秋田喜代美・増田時枝・箕輪潤子・安見克夫.（2012）. 保育カンファレンスにおける談話とその規定因. 保育学研究, *50*(1), 29-40.

Penuel, W., Fishman, B., Cheng, B., & Sabelli, N. (2011). Organizing research and development at the intersection of learning, implementation, and design. *Educational Researcher, 40*(7), 331-337.

Reavey, P. & Prosser, J. (2012). Visual research in psychology. In H. Cooper (Ed.). *APA handbook of research methods in psychology: Vol.2. Research designs* (pp.185-207). American Psychological Association.

Reavey, P. (Ed.). (2011). *Visual methods in psychology: Using and interpreting images in qualitative research.* Hove and NY: Psychological Press.

酒井朗（編）.(2007). 進学支援の教育臨床社会学 —— 商業高校におけるアクションリサーチ. 東京：勁草書房.

佐野正之（編）.(2005). はじめてのアクションリサーチ —— 英語の授業を改善するために. 東京：大修館書店.

汐見稔幸・村上博文・松永静子・保坂佳一・志村洋子.(2012). 乳児保育室の空間構成と"子どもの行為及び保育者の意識"の変容. 保育学研究, *50*(3), 64-74.

Shön, D. (1983). *The reflective practitioner: How professionals think in action.* New York: Basic Books.（ショーン, D.（2001）. 専門家の知恵 —— 反省的実践家は行為しながら考える（佐藤学・秋田喜代美, 訳）.東京：ゆみる書房.）

Shulman, L. (2004). *The wisdom of practice: Essays on teaching, learning, and learning to teach.* San Francisco: Jossey-Bass.

Somekh, B. & Zeichner, K. (2009). Action research for educational reform: Remodeling action research theories and practices in local contexts. *Educational Action Research, 17*(1), 5-21.

Stenhouse, L. (1975). *An introduction to curriculum research and development.* London: Heinemann Educational Books.

Stenhouse, L. (1980). *Curriculum research and development in action.* London: Heinemann Educational Books.

Tobin, J. & Davidson, P. (1991). The ethics of polyvocal ethnography: Empowering vs extualizing children and teachers. *International Journal of Qualitative Studies in Education, 3*(3), 271-283.

Tochon, F. V. (2007). From video cases to video pedagogy: A framework for video feedback and reflection in pedagogical research praxis. In R. Goldman, R. Pea, B. Barron, & S. Derry (Eds.). *Video research in the learning sciences* (pp.53-65). NY: Routledge.

Zeichner, K. (2001). Educational action research. In P. Reason & H. Bradbury (Eds.). *Handbook of action research: Participative inquiry and practice* (pp.273-283). London: Sage Pub.

6章　変革とともにある質的心理学

1節　生活と暮らしの変革

浜田寿美男・伊藤哲司.（2010）.「渦中」の心理学へ ── 往復書簡・心理学を語りなおす. 東京：新曜社.

伊藤哲司.（2011）. 路地の密集 ── ハノイの路地のエスノグラフィー. *Journal of Asian Urbanism, 4*, 4-7.

伊藤哲司・山本登志哉.（2005）. アジア映画をアジアの人々と愉しむ ── 円卓シネマが紡ぎだす新しい対話の世界. 京都：北大路書房.

伊藤哲司・山崎一希.（2009）. 往復書簡・学校を語りなおす ──「学び、遊び、逸れていく」ために. 東京：新曜社.

筧裕介.（2011）. 地域を変えるデザイン ── コミュニティが元気になる30のアイディア. 東京：英知出版.

加古川グリーンシティ防災会 HP. http://www.greencity.sakura.ne.jp/greencity_bousaikai/index.html

南博文.（1993）. エスノ・環境・エコロジー ── 生活世界の発達科学をめざして. 別冊発達, *15*, 240-253.

大倉得史.（2011）.「語り合い」のアイデンティティ心理学. 京都：京都大学学術出版会.

Thomas, P. R.（1983）. *Japan's high schools*. Berkeley: University of California Press.（トーマス, P. R.（1988）. 日本の高校 ── 成功と代償（友田泰正, 訳）. 東京：サイマル出版会.）

ウダバラチチゴ.（2012）. 内モンゴル人と日本人が相手の文化に対して抱く違和感の分析と比較. 茨城大学大学院人文科学研究科修士論文（未公刊）.

やまだようこ・南博文.（1993-2002）. 人生のなかば ── ふたつながら生きる（第1回 − 第35回）発達, *55-89*.（連載）

山本耕一郎 HP. http://kyworks.net/

山本登志哉・伊藤哲司（編著）.（2004）. 現実に立ち向かう心理学. 現代のエスプリ, *449*.

山本登志哉・伊藤哲司.（2011）. 日韓傷ついた関係の修復 ── 円卓シネマが紡ぎだす新しい対話の世界2. 京都：北大路書房.

矢守克也.（2009a）. 防災人間科学. 東京：東京大学出版会.

矢守克也.（2009b）.「書簡体論文」の可能性と課題. 質的心理学研究, *8*, 64-74.

矢守克也・渥美公秀（編著）.（2011）. 防災・減災の人間科学 ── いのちを支える、現場に寄り添う. 東京：新曜社.

2節　共同知を創出するものづくりワークショップ

Chambers, R.（2002）. *Participatory workshops: A sourcebook of 21 sets of ideas and activities*. London: Earthscan.（チェンバース, R.（2004）. 参加型ワークショップ入門（野田直人, 監訳）. 東京：明石書店.）

Clarkson, J., Coleman, R., Keates, S., & Lebbon, C.（2003）. *Inclusive design: Design for the whole population*. London: Springer.

Clayton, M. C. (1997). *The innovator's dilemma: When new technologies cause great firms to fail.* Boston, Mass: Harvard Business School Press.)

Coleman, R. (2001). Designing for our future selves. In Preiser, W. F. E. (Ed.). *Universal design handbook.* New York: McGraw-Hill. (Preiser, W. F. E. (編). (2003). ユニバーサルデザインハンドブック (pp.35-59). (秋山哲男, ほか訳). 東京：丸善.)

Handwerker, P. W. (2002). *Quick ethnography: A guide to rapid multi-method research.* Walnut Creek, CA: Altamira Press.

堀公俊・加藤彰. (2008). ワークショップデザイン —— 知をつむぐ対話の場づくり. 東京：日本経済新聞出版社.

Hume, L. & Mulcock, J. (Ed.). (2004). *Anthropologists in the field: Cases in participant observation.* New York: Columbia University Press.

木村大治. (2006). 平等性と対等性をめぐる素描. 人間文化（神戸学院大学人文学会）, *21*, 40-43.

Kline, S. J. (1985). Innovation is not a linear process. *Research Management, 28*(4), 36-45.

古瀬敏（編著）. (1998). ユニバーサルデザインとはなにか —— バリアフリーを超えて. 東京：都市文化社.

Merton, P. K. (1987). The Focused Interview and Focus Groups: Continuities and Discontinuities. *Public Opinion Quarterly, 51*, 550-556.

茂木一司・上田信行・苅宿俊文・佐藤優香・宮田義郎. (2010). 協同と表現のワークショップ —— 学びのための環境のデザイン. 東京：東信堂.

森幹彦・喜多一. (2012). ものづくりワークショップ. システム制御情報学会, *56*(2).

中川聰（監修）. (2002). ユニバーサルデザインの教科書. 東京：日経BP社.

中野民夫. (2001). ワークショップ —— 新しい学びと創造の場. 東京：岩波書店.

西山里利・塩瀬隆之・西山敏樹・又吉慧・加納三代. (2010). 看護におけるインクルーシブデザインワークショップ手法活用の可能性. 日本看護技術学会誌, *9*(1), 50-54.

Schumpeter, J. A. (1943). *Capitalism, socialism, and democracy.* London: G. Allen & Unwin. (シュムペーター, J. A. (1995). 資本主義・社会主義・民主主義. (中山伊知郎・東畑精一, 訳). 東京：東洋経済新報社.)

Schwartzman, H. B. (1992). *Ethnography in organizations* (Qualitative Research Methods). Newbury Park, Calif.: Sage Publications.

塩瀬隆之. (2007). ワークショップによる対話教育. やまだようこ（編）, 質的心理学の方法 —— 語りをきく (pp.282-294). 東京：新曜社.

Shiose, T., Toda, K., Kawakami, H., & Katai, O. (2007). Inclusive design workshop by regional cooperation between an NPO and a university. *International Workshop on Intercultural Collaboration* (IWIC-07), Springer-Verlag LNCS 4568, pp.355-367.

Spradley, J. P. (1980). *Participant observation.* New York: Holt, Rinehart & Winston.

Utterback, J. M., Vedin, B-A., Alvarez, E., Ekman, S., Sanderson, S. W., Tether, B., & Verganti, R. (2006). *Design-inspired innovation.* Singapore: World Scientific.

3節　質的アプローチの教育と学習

荒川歩・安田裕子・サトウタツヤ．(2012)．複線径路・等至性モデルの TEM 図の描き方の一例．立命館人間科学研究, 25, 95-107．

麻生武．(2009)．「見る」と「書く」との出会い —— フィールド観察学入門．東京：新曜社．

陳俊甫・安藤昌也・村尾俊幸・大坪克俊・網代剛．(2009)．ものづくり PBL の実践に関する研究．産業技術大学院大学紀要, 3, 141-156．

Creswell, J. W., & Plano Clark, V. L. (2007). *Designing and conducting: Mixed methods research.* United States, London and New Delhi: Sage Publications.（クレスウェル, J. W.・プラノ クラーク, V. L. (2010)．人間科学のための混合研究法 —— 質的・量的アプローチをつなぐ研究デザイン（大谷順子, 訳）．京都：北大路書房．）

同志社大学．(2009)．同志社大学 PBL 推進支援センター．http://ppsc.doshisha.ac.jp/（情報取得 2013/1/29）

Flick, U. (2007). *Qualitative Sozialforschung: Eine Einfuhrung.* Humburg: Rowohlt Taschenbuch Verlag.（フリック, U. (2011)．質的研究入門 ——〈人間の科学〉のための方法論（小田博志, 監訳）．東京：春秋社．）

伊藤哲司．(2009)．みる・きく・しらべる・かく・かんがえる —— 対話としての質的研究．東京：北樹出版．

伊藤哲司・能智正博・田中共子（編著）．(2005)．動きながら識る、関わりながら考える —— 心理学における質的研究の実践．京都：ナカニシヤ出版．

木下康仁．(2007)．ライブ講義 M-GTA —— 実践的質的研究法：修正版グラウンデッド・セオリー・アプローチのすべて．東京：弘文堂．

九州工業大学．(2010)．PBL（課題解決型学習）を基軸とする工学教育プログラム．http://www.mns.kyutech.ac.jp/~nakao-m/pbl/index.html（情報取得 2013/1/29）

松繁卓哉．(2010)．「患者中心の医療」という言説 —— 患者の知の社会学．東京：有斐閣．

松嶋秀明・徳田治子・荒川歩・浦田悠・やまだようこ．(2007)．協働の学びを活かした語りデータの分析合宿．やまだようこ（編），質的心理学の方法 —— 語りをきく（pp.238-251）．東京：新曜社．

Merriam, S. B. (1998). *Qualitative research and case study applications in education.* New York: John Wiley & Sons.（メリアム, S. B. (2004)．質的調査法入門 —— 教育における調査法とケース・スタディ（堀薫夫・久保真人・成島美弥, 訳）．京都：ミネルヴァ書房．）

Merriam, S. B., & Simpson, E. L. (2000). *A guide to research for educators and trainers of adults.* 2nd Edition. Malabar: Krieger Publishing Company.（メリアム, S. B.・シンプソン, E. L. (2010)．調査研究法ガイドブック —— 教育における調査のデザインと実施・報告（堀薫夫, 監訳）．京都：ミネルヴァ書房．）

箕浦康子．(1999)．フィールドワークの技法と実際 —— マイクロ・エスノグラフィー入門．京都：ミネルヴァ書房．

中村高康．(2007)．混合研究法．小泉潤二・志水宏吉（編），実践的研究のすすめ —— 人間科学のリアリティ（pp.233-247）．東京：有斐閣．

中坪史典（編）.（2012）. 子ども理解のメソドロジー —— 実践者のための「質的実践研究」アイディアブック. 京都：ナカニシヤ出版.

能智正博.（2007）. 質的心理学の教え方と学び方. やまだようこ（編）, 質的心理学の方法 —— 語りをきく（pp.192-204）. 東京：新曜社.

能智正博.（2011）. 臨床心理学を学ぶ6 質的研究法. 東京：東京大学出版会.

大谷尚.（2008）. 4ステップコーディングによる質的データ分析手法SCATの提案 —— 着手しやすく小規模データにも適用可能な理論化の手続き. 名古屋大学大学院教育発達科学研究科紀要（教育科学）, 54, 27-44.

大谷尚.（2011）. SCAT: Steps for Coding and Theorization —— 明示的手続きで着手しやすく小規模データに適用可能な質的データ分析手法. 感性工学, 10, 155-160.

戈木クレイグヒル滋子.（2008）. 質的研究方法ゼミナール —— グラウンデッドセオリーアプローチを学ぶ. 東京：医学書院.

佐藤郁哉.（2002）. フィールドワークの技法 —— 問いを育てる、仮説をきたえる. 東京：新曜社.

佐藤郁哉.（2008）. 質的データ分析法 —— 原理・方法・実践. 東京：新曜社.

佐藤学.（1997）. 教育方法学. 東京：岩波書店.

サトウタツヤ.（2012）. 理論編 —— 時間を捨象しない方法論、あるいは、文化心理学としてのTEA. 安田裕子・サトウタツヤ（編著）, TEMでわかる人生の径路 —— 質的研究の新展開（pp.209-243）. 東京：誠信書房.

Schwartz, P., Mennin, S., & Webb, G.（2001）. *Problem study learning: Case study, experience and practice.* London: Taylor & Francis Group.（Schwartz, P., Mennin, S., & Webb, G.（2007）. 世界の大学での小グループ問題基盤型カリキュラム導入の経験に学ぶ（大西弘高, 監訳）. 東京：篠原出版新社.）

社会学教育委員会.（2003年10月-2006年10月）.（2006）.「質的な分析の方法に関する科目」の授業内容に関する調査報告書. 日本社会学会社会学教育委員会.
http://www.gakkai.ne.jp/jss/pdf/situteki.pdf

Tesch, R.（1990）. *Qualitative research: Analysis types and software tools.* London: Falmer Press.

内田樹.（2002）. 寝ながら学べる構造主義. 東京：文藝春秋.

やまだようこ・家島明彦・塚本朱里.（2007）. ナラティヴ研究の基礎実習. やまだようこ（編）, 質的心理学の方法 —— 語りをきく（pp.206-222）. 東京：新曜社.

矢守克也.（2010）. アクションリサーチ —— 実践する人間科学. 東京：新曜社.

安田裕子・サトウタツヤ.（2007）. フィールドワークの論文指導. やまだようこ（編）, 質的心理学の方法 —— 語りをきく（pp.224-236）. 東京：新曜社.

4節 社会実践のパラダイム

Andersen, T.（1991）. *The reflecting team: Dialogues and dialogues about the dialogues.* New York: Norton.（アンデルセン, T.（2001）. リフレクティング・プロセス —— 会話における会話と会話（鈴木浩二, 訳）. 東京：金剛出版.）

渥美公秀. (2001). ボランティアの知 —— 実践としてのボランティア研究. 吹田：大阪大学出版会.

渥美公秀. (2011a). 協働的実践. 矢守克也・渥美公秀・近藤誠司・宮本匠（編著），ワードマップ　防災・減災の人間科学 —— いのちを支える，現場に寄り添う (pp.2-7). 東京：新曜社.

渥美公秀. (2011b). 災害復興過程の被災地間伝承 —— 小千谷市塩谷集落から刈羽村への手紙. 大阪大学大学院人間科学研究科紀要, 36, 1-18.

Banister, P., Burman, E., Parker, I., Taylor, T., & Tindall, C. (1994). *Qualitative methods in psychology: A research guide*. Buckingham: Open University Press.（バニスター, P.・バーマン, E.・パーカー, I.・テイラー, M.・ティンダール, C. (2008). 質的心理学研究法入門 —— リフレキシビティの視点（五十嵐靖博・河野哲也, 監訳）. 東京：新曜社.）

Cresswell, J. W., & Plano Clark, V. L. (2007). *Designing and conducting mixed methods research*. Thousand Oaks, Calif: Sage Publications.（クレスウェル, J. W.・プラノ クラーク, V. L. (2010). 人間科学のための混合研究法 —— 質的・量的アプローチをつなぐ研究デザイン.（大谷順子, 訳）. 京都：北大路書房.）

Denzin, N. (1989). *The research act: A theoretical introduction to sociological research methods*. Englewood Cliffs, NJ: Prentice Hall.

Greenwood, D. J., & Levin, M. (2000). Reconstructing the relationships between universities and society through action research. In N. K. Denzin & Y. S. Lincoln（Eds.）. *Handbook of qualitative research*. 2nd ed. Thousand Oaks, CA: Sage.（グリーンウッド, D. J.・レヴィン, M. (2006). アクションリサーチによる大学と社会の関係の再構築. 質的科学ハンドブック 1　質的研究のパラダイムと眺望 (pp.63-86).（平山満義, 監訳）. 京都：北大路書房.）

Greenwood, D, J., & Levin, M. (2007). *Introduction to action research: Social research for social change*. 2nd ed. Thousand Oaks, Calif: Sage.）

浜田寿美男・伊藤哲司. (2010).「渦中」の心理学へ —— 往復書簡・心理学を語りなおす. 東京：新曜社.

Harre, R. (1979). *Social being*. Oxford: Basil Blackwell.

東村知子. (2006). アクションリサーチにおける質的心理学の方法によるセンスメーキング —— 町村合併で翻弄された過疎地域活性化運動の再定位. 心理学評論, 49, 530-545.

川村敏明. (2005). わきまえとしての「治せない医者」. 浦河べてるの家. べてるの家の「当事者研究」(pp.256-277). 東京：医学書院.

神戸新聞社. (1996). 連載〈「圧死」を追う〉被災地発・問わずにいられない（2）検案書は語る／短時間の窒息死が大半 [http://www.kobe-np.co.jp/sinsai/96assi/ren-assi02.html] 1996年1月12日付

近藤誠司・矢守克也・奥村与志弘・李旉昕. (2012). 東日本大震災の津波来襲時における社会的なリアリティの構築過程に関する一考察 —— NHKの緊急報道を題材とした内容分析. 災害情報, 10, 77-90.

見田宗介. (1979a). 社会意識分析の方法. 現代社会の社会意識 (pp.122-180). 東京：弘文

堂.
見田宗介. (1979b). まなざしの地獄. 現代社会の社会意識 (pp.1-57). 東京: 弘文堂.
宮本匠・渥美公秀・矢守克也. (2012). 人間科学における研究者の役割 — アクション・リサーチにおける「巫女の視点」. 実験社会心理学研究, 52, 35-44.
室崎益輝. (2007). 阪神・淡路大震災犠牲者聞き語り調査 (室崎益輝チーム) が得た教訓. (財) ひょうご震災記念21世紀研究機構「平成19年度オーラル・ヒストリーの記録に基づく災害時対応の教訓の活用化報告書」(p.16-23). [http://www.dri.ne.jp/updata/ouraru_5003.pdf]
内閣府. (2006). 人的被害 阪神・淡路大震災教訓情報資料集 [http://www.bousai.go.jp/1info/kyoukun/hanshin_awaji/data/detail/1-1-2.html]
野口裕二. (2002). 物語としてのケア — ナラティヴ・アプローチの世界へ. 東京: 医学書院.
大澤真幸. (2008). 解説. 見田宗介, まなざしの地獄 — 尽きなく生きることの社会学 (pp.99-122). 東京: 河出書房新社.
大澤真幸. (2009). 増補 虚構の時代の果て. 東京: 筑摩書房.
Parker, I. (2004). *Qualitative psychology: Introducing radical research*. Maidenhead, Berkshire: Open University Press. (パーカー, I. (2008). ラディカル質的心理学 — アクションリサーチ入門 (八ッ塚一郎, 訳). 京都: ナカニシヤ出版.)
Reason, P., & Bradbury, H. (2001). *Handbook of action research: Participative inquiry & practice*. London: Sage Publications.
斎藤環. (2009). 心理学化する社会 — 癒したいのは「トラウマ」か「脳」か. 東京: 河出書房新社.
杉万俊夫. (2006). コミュニティのグループ・ダイナミックス. 京都: 京都大学学術出版会.
杉万俊夫. (2007). 質的方法の先鋭化とアクションリサーチ. 心理学評論, 49, 551-561.
杉万俊夫. (2013). グループ・ダイナミックス入門 — 組織と地域を変える実践学. 京都: 世界思想社.
Takeuchi, Y., Xu, W., Kajitani, Y., & Okada, N. (2012). Investigating risk communication process for community's disaster reduction with a framework of "communicative survey method." *Journal of Natural Disaster Science, 33*, 49-58.
浦河べてるの家. (2005). べてるの家の当事者研究. 東京: 医学書院.
矢守克也. (2009a). 防災人間科学. 東京: 東京大学出版会.
矢守克也. (2009b). 質的心理学の現状と課題. 比較日本文化研究, 12, 21-30.
矢守克也. (2009c). 災害情報のダブル・バインド. 災害情報, 7, 28-33.
矢守克也. (2010). アクションリサーチ — 実践する人間科学. 東京: 新曜社.
矢守克也. (2011a). ジョイン&シェア. 矢守克也・渥美公秀・近藤誠司・宮本匠 (編著), ワードマップ 防災・減災の人間科学 — いのちを支える、現場に寄り添う (pp.77-80). 東京: 新曜社.
矢守克也. (2011b). インタビュー調査. 矢守克也・渥美公秀・近藤誠司・宮本匠 (編著), ワードマップ 防災・減災の人間科学 — いのちを支える、現場に寄り添う (pp.47-53). 東京: 新曜社.

矢守克也. (2012).「津波てんでんこ」の4つの意味. 自然災害科学, *31*, 35-46.

Yamori, K. (in press). Revisiting the concept of tsunami tendenko: Tsunami evacuation behavior in the Great East Japan Earthquake. In Disaster Prevention Research Institute, Kyoto University (Ed.). *Natural disaster science and mitigation engineering DPRI Reports (Vol.1): Studies on the 2011 Off the Pacific Coast of Tohoku Earthquake*.Tokyo: Springer.

矢守克也・渥美公秀・近藤誠司・宮本匠. (2011). ワードマップ　防災・減災の人間科学 ——いのちを支える、現場に寄り添う. 東京：新曜社.

矢守克也・吉川肇子・網代剛. (2005). ゲームで学ぶリスク・コミュニケーション ——「クロスロード」への招待. 京都：ナカニシヤ出版.

吉本和弘・矢守克也. (2011). 地域連携支援のための実践クロスロード. 災害情報, *9*, 180-185.

人名索引

■A

阿部智恵子　182
安倍淳吉　195
Adelman, C.　420
Adler, A.（アドラー）　330
Agar, M. H.　202
会田薫子　82, 86, 90
網代剛　361, 467, 502
秋葉昌樹　261
秋田喜代美　73, 242, 271, 429, 430
Allport, G. W.（オールポート）　33, 35, 37-40, 295
天野清　232, 233
Amdur, R. J.　78, 80
Andersen, T.　497
Anderson, H.　277, 309
安藤寿康　74
安藤昌也　467
安藤典明　74
青柳肇　71
荒川歩　477
Argyris, C.（アージリス）　424
Aristotelēs（アリストテレス）　147, 351, 352
Ariès, P.（アリエス）　173
麻生武　43, 44, 50, 223, 224, 227, 231-233, 235-237, 476, 477
Atkinson, P.　294
Atkinson, R.（アトキンソン）　302, 314, 316
渥美公秀　361, 414, 499-501
Austin, J, L.　29, 337

■B

Bakhtin, M. M.（バフチン）　17, 19, 31, 136, 143, 144, 153-157, 166, 303, 339
Baldwin, M.（ボールドウィン）　224
Bamberg, M.（バンバーグ）　339, 341
Bamforth, K. W.　369
Banister, P.（バニスター）　501
Bankert, E. A.　78 , 80
Barthes, R.（バルト）　30, 68
Bateson, G.（ベイトソン）　173
Bavelas, A.　366
Becker, H. S.（ベッカー）　193
Benner, P.（ベナー）　120, 125, 126, 128, 129
Berger, P.（バーガー）　105, 244
Bertalanffy, L. v.（ベルタランフィ）　368
Bertaux, D.（ベルトー）　302, 305
Biklen, S. K.　79
Billig, M.（ビリッグ）　205, 213
Billing, J.（ビリング）　83
Bilu, Y.　304
Bion, W. R.（ビオン）　368
Blumer, H.（ブルーマー）　13, 36, 65, 66, 193
Bogdan, R.　79
Boundon, R.　26
Bowman, P. J.　336
Bradbury, H.（ブラッドベリー）　499
Bradbury, P.　304
Bradford, J. P.　357
Brentano, F.（ブレンターノ）　60, 121, 122
Breuer, J.（ブロイアー）　166
Bridgman, P. W.（ブリッジマン）　56
Briggs, C.　304
Brinkmann, S.（ブリンクマン）　72, 75, 76, 86, 87, 93, 295-298, 304
Bronfenbrenner, U.（ブロンフェンブレン

557

ナー） 93, 349, 360
Bruner, J. S.（ブルーナー） 4, 11, 13, 21, 22, 33, 38-42, 106, 158, 276-279, 283, 288-292, 335, 339, 427
Bryman, A.（ブライマン） 254
Burman, E. 304
Burr, V. 158
Butler, J. P.（バトラー） 177
Bücher, K.（ビュッヘル） 191

■ C
Carr, W. 196
Chambers, R. 365, 451
Charmaz, K.（シャーマズ） 313, 314, 328
Chase, S. E. 311, 312
陳俊甫 467
Cherkaoui, M. 26
Clandinin, D. J.（クランディニン） 79, 92, 343
Clarkson, J. 454, 457, 458
Cole, M.（コール） 110, 194, 232
Coleman, R. 454
Comte, A.（コント） 61
Connelly, F. M.（コネリー） 79, 92, 343
Cooper, H.（クーパー） 25, 26
Cooperrider, D.（クーパライダー） 370, 371
Corbin, J. 329
Corsaro, W. A.（コルサロ） 195
Coulter, J.（クルター） 206-208, 211
Coward, R. 143
Creswell, J. W. 478, 491
Crossley, M. L.（クロスリー） 329, 330

■ D
Daiute, C. 327
Danto, A. C.（ダント） 30, 278
Darwin, C. R.（ダーウィン） 24, 223, 224, 226, 228-231, 234, 237

Davidson, P.（ダヴィッドソン） 428
Davis, K. E. 68
Day, C. 421, 424
de Lauretis, T. 143
Deleuze, G.（ドゥルーズ） 161, 169
Demeulenaere, P. 26
Denzin, N.（デンジン） 5, 13, 26, 31, 32, 119, 251, 342, 491
de Roux, G. I. 377
Derrida, J.（デリダ） 15, 18-20, 30, 169
Descartes, R.（デカルト） 117-119, 150
Dewey, J.（デューイ） 424
Dilthey, W. C. L.（ディルタイ） 61, 62, 67, 145, 146, 150, 151
Dostoyevsky, F.（ドストエフスキー） 144, 154, 155, 354
Dreyfus, H. L.（ドレイファス） 215, 216
Duckett, P. 83
Durkheim, E.（デュルケム） 196

■ E
江淵一公 191, 192, 203
Eco, U.（エーコ） 136, 137, 142, 143
Edwards, D.（エドワーズ） 212
Ehrenfels, Ch. von（エーレンフェルス） 107
Elliot, J.（エリオット） 418, 422-424, 430
Ellis, J. 143
Emerson, R. M.（エマーソン） 221
Emery, F. 369
Emery, M. 369
遠藤利彦 304
Engeström, Y.（エンゲストローム） 110, 111, 363, 369, 373, 374, 375
Epston, D.（エプストン） 158, 277, 284
Erickson, F. 247
Erikson, E. H.（エリクソン） 24, 32, 35, 41, 42, 103

■F

Fals-Borda, O.（ファルス - ボルダ）377
Fink, E.（フィンク）131
Firth, H.　214
Flick, U.（フリック）7, 14, 77, 78, 80, 199, 200, 300-302, 307, 310-313, 342, 468
Fontana, A.　86, 295, 296, 298-302, 304, 305
Foucault, M.（フーコー）15, 169, 205, 211, 240, 241
Frank, A. W.（フランク）322, 330
Frankl, V. E.（フランクル）103
Franklin, M. B.　223
Freire, P.（フレイレ）363, 376, 377
Freud, S.（フロイト）24, 32, 33, 35, 41, 42, 102, 103, 113, 160-164, 166, 168, 169, 295, 297, 466
藤江康彦　269, 271
藤井達也　402, 403
福田秀子　429
福間良明　394
文野洋　83, 88, 91
舩橋晴俊　391
降旗節夫　264

■G

Gadamer, H-G.（ガダマー）61, 149, 150, 152, 153, 160
Galilei, G.（ガリレイ）351, 352
Garfinkel, H.（ガーフィンケル）214, 215, 217, 244, 437, 468
Gaskins, S.（ガスキンス）195
Gauld, S.（ゴールド）403
Gee, J. P.（ジー）333, 334
Geertz, C.（ギアーツ）12, 203, 484
Georgakopoulou, A.　341
Gergen, K.（ガーゲン）14, 15, 22, 31, 68, 105, 106, 365, 370-372
Gibb, J. R.　357

Gilbert, N. G.（ギルバート）212
Giorgi, A. P.（ジオルジ）106
Glaser, G. B.（グレイザー）11, 13, 31, 35, 36, 244, 475, 476
Goeke, S.（ゲーク）404
Goffman, E.（ゴフマン）171, 172, 193
Goldman, R.　427
Goode, D.（グード）217-221
Goolishan, H.　277
Gould, S. J.（グールド）225
Greenhalgh, T.　284, 289
Greenwood, D. J.（グリーンウッド）361, 364, 369, 489, 495, 499
Gregg, G. S.　325
Guattari, F.（ガタリ）161
Guba, E. C.（グーバ）106, 251
Gubrium, J. F.（グブリアム）25, 221, 294, 296, 300, 304, 305, 308, 313, 320, 324, 337, 339, 341

■H

Habermas, J.（ハーバーマス）151-153, 160, 370, 421
Halsey, A. H.　193
浜田寿美男　212, 228, 229, 337, 446, 447, 494
浜渦辰二　124
Hammersley, M.（ハマースリー）75, 76, 199
Handwerker, P. W.　449
原田満里子　302
Hargreaves, A.　267, 271
Harré, R.（ハレ）68, 494, 338
橘内武　212
秦野悦子　43
八田昭平　260
Heidegger, H.（ハイデガー）61, 116, 120, 126, 128, 129, 146, 149, 151, 215-217, 219, 220, 468

Heider, F.（ハイダー） 24, 32, 34, 35
Hepburn, A. 30
Hermans, H. J. M.（ハーマンス） 104
日高友郎 92
東村知子 89, 302, 379, 407, 501
Hill, C. E. 343
広瀬寛子 125
Hjelmslev, L.（イェルムスレウ） 139, 142, 144
Hodge, R. 143
Holstein, J. 221, 294, 296, 300, 304, 305, 308, 313, 320, 324, 337, 339, 341
堀公俊 450, 451
掘越紀香 270
Horsfall, D.（ホースフォール） 404
星野一正 81
細川大輔 422
細谷恒夫 122-124
Hughes, E.（ヒューズ） 193
Hume, D.（ヒューム） 64
Hume, L. 449
Hurwitz, B. 284, 289
Husserl, E.（フッサール） 30, 60, 62, 115, 116, 118-126, 129, 131, 132, 134, 297, 468

■ I
一柳智紀 269
池上嘉彦 136
稲垣恭子 261
稲垣忠彦 242
伊勢田哲治 64
石井宏典 299
石川幹人 63
磯村陸子 263
伊藤正博 167
伊藤典子 235, 236
伊藤周 376
伊藤哲司 436, 437, 442, 445-447, 473, 476, 477, 494

泉靖一 191

■ J
Jakobson, R. O.（ヤコブソン） 143
James, H.（ジェームズ） 41, 42
James, W.（ジェームズ） 24, 32, 103
Janet, P.（ジャネ） 102
Janoff, S. 372
姜英敏 442
Julien, Ph.（ジュリアン） 163
Jung, C. G.（ユング） 24

■ K
門脇俊介 215, 216
鹿毛雅治 262, 402
Kahn, D. L.（カーン） 316, 317
筧裕介 439, 440
金沢吉展 77, 78, 91
金子真理子 265
Kant, I.（カント） 106, 147
Karabel, J. 193
樫田美雄 178, 185
加藤彰 450, 451
勝野正章 418
桂直美 264
川喜田二郎 31, 328
川村敏明 498, 500
川野健治 87, 298, 334
河野麻沙美 263
川島大輔 300, 328
Keegan, R. T. 223
Kemmis, S. 196, 404, 421
Kempen, H. J. G. 104
Kendall, M. B. 403
木田元 116-124, 129, 132
木原健太郎 260
菊池知美 266
Kilpatrick, W. H.（キルパトリック） 467
木村大治 464

木村優　267, 425
木村敏　303
木下康仁　328, 475, 476, 483, 484
岸野麻衣　263, 267, 268
喜多一　451
北村篤司　82
北村透谷　243
Kitsuse, J. I.（キツセ）　184
Kitzinger, C.　214
Kleinman, A.（クラインマン）　281, 282, 407
Kline, S. J.（クライン）　448
高禎助　367
小林朋子　262
小林仁　407
小林多寿子　384
小林傳司　406, 407
小林敏明　242
小浜逸郎　72
Köhler, W.（ケーラー）　16, 24, 32, 109
小泉潤二　479
小島康次　162
古澤頼雄　199
古瀬敏　456
Kress, G.　143
Kubanski, D.（クバンスキ）　404
Kuhn, T.（クーン）　30, 64
鯨岡峻　250
熊野純彦　242
久米博　145
久能代嗣　178
倉持清美　228
栗原毅　178
黒沢香　71
串田秀也　206, 207, 210
Kvale, S.（クヴァル）　72, 75, 76, 85-87, 93, 295-298, 304, 308, 309, 312, 319, 320, 323

■ L

Labov, W.（ラボフ）　332
Lacan, J.（ラカン）　29, 143, 144, 161, 163-169
Laing, R. D.（レイン）　103, 173
LeCompte, M. D.　196, 198
Leitch, R.　421, 424
Levin, M.（レヴィン）　361, 364, 369, 489, 495, 499
Lewin, K.（レヴィン）　24, 32-35, 109, 348-361, 363, 365, 367, 368, 376, 417, 418, 419, 467
Lewis, C.（ルイス）　430
Lewis, O.（ルイス）　296
Lieblich, A.（リーブリッチ）　329, 330
Lightfoot, C.　327
Lincoln, Y.（リンカン）　5, 13, 26, 32, 79, 106, 119, 251
Lippitt, R.　355, 365
Luckmann, T.（ルックマン）　105, 244
Ludema, J. D.　372
Luria, A. R.（ルリヤ）　233
Lyotard, J. F.（リオタール）　159, 160
Lévi-Strauss, C.（レヴィストロース）　29, 136
Lévinas, E.（レヴィナス）　297

■ M

Macbeth, D.　342
町田健　140
町田利章　263
前田泰樹　206, 211, 214
Malinowski, B.（マリノフスキー）　191, 192, 384, 466
Marrow, A. J.　348, 351, 355-357, 361
丸野俊一　263
丸山高司　61
松尾純子　84, 332
松尾剛　263

人名索引　561

松瀬歩　264
松繁卓哉　467
松嶋秀明　267, 479, 481, 482
McAdams, D. P.（マクアダムス）　21, 302, 329, 336
Mcdaid, S.　403
McLeod, J.　340
McNamee, S.　22
McTaggart, R.（マクタガート）　404, 421
Mead, G. H.（ミード）　65, 250
Mead, M.（ミード）　355
メイナード, 泉子 K.　205, 212
Mennin, S.　467
Merleau-Ponty, M.（メルロ＝ポンティ）　54, 116, 120, 125, 126, 129-132, 134
Merriam, S. B.（メリアム）　190, 198, 202, 299, 301, 307, 310, 318, 320, 478
Merton, P. K.　451
Merton, R. K.（マートン）　193
三上明洋　422
Mill, J. S.（ミル）　61
Miller, P.（ミラー）　195
南博文　47, 48, 50-52, 445
Minkler, M.　365
箕浦康子　192, 195, 196, 201, 270, 271, 403, 405, 473, 474, 476
Mirza, M.　403
Mishler, E. G.　85
三隅二不二　365-367
見田宗介　491-493
見附陽介　154, 156
宮地尚子　322
三宅なほみ　262
宮本匠　361, 500
宮坂道夫　93
宮内洋　227, 303
茂木一司　450
Morgan, D. L.　300, 302
森幹彦　451

森岡正芳　277, 279, 280, 290, 291, 298
森田和良　264
森田京子　265
茂呂雄二　110, 194, 269
Morris, C. W.（モリス）　142
本山方子　266
Mott, L.（モット）　174
Mulkay, M.（マルケイ）　212
村上博文　429
村本由紀子　82
村尾俊幸　467
村瀬公胤　260
室崎益輝　495-497
Murray, H.　368
Murray, H. A.（マレー）　40
Murray, M.（マレー）　336
無藤隆　25, 50, 51, 249-251, 257, 262, 263, 267, 268

■ N

永田良昭　366
中河伸俊　183, 184
中川聰　456
中村和彦　367, 368
中野正大　192, 193
中野卓　92
中野民夫　450
中島朋紀　264
中坪史典　477
中澤潤　316
直野章子　395
Nasio, J-D.（ナシオ）　164
Newton, I.（ニュートン）　99
西田幾多郎　242, 243
西川麦子　202
西村ユミ　115, 133
西山里利　452
西阪仰　205-207, 209-211, 213, 214, 216, 217

能智正博　73, 82, 92, 276, 298, 301, 302, 307, 319, 321, 325, 466-468, 472, 473, 477, 478, 481, 482
野田浩資　193
野家啓一　278
野上元　394
野口裕二　497
Norman, D. A.　374

■ O

Ogden, C. K.（オグデン）　142
呉宣児　442
大橋英寿　37, 195
岡本能里子　269
大倉得史　85, 298, 301, 441
Ollerton, J.（オラトン）　404
大澤真幸　492-494
大谷尚　475, 477, 482, 485
大坪克俊　467

■ P

Parker, I.（パーカー）　73, 76, 80, 92, 304, 361, 494, 498, 502
Parse, R. R.（パースィ）　120
Parsons, T.（パーソンズ）　193
Paterson, J. G.（ペイターソン）　119
Pawluch, D.（ポーラッチ）　184
Peirce, C. S.（パース）　136, 137, 141, 142
Penuwel, W.　430
Piaget, J.（ピアジェ）　22, 24, 32, 35, 44, 113, 223, 224, 228-231, 237, 295
Plano Clark, V. L.　478, 491
Plato（プラトン）　147
Platt, J.　295, 296, 304
Plummer, K.（プラマー）　31
Pollio, H. R.（ポリオ）　125, 126
Popper, K. R.（ポパー）　64
Potter, J.（ポッター）　30, 105, 212
Preissle, J.　196, 198

Prokos, A. H.　86, 295, 296, 298-302, 304, 305
Propp, V.（プロップ）　31
Prosser, J.　91, 427
Purser, R. E.　369

■ R

Ragsdale, R. G.（ラグスデール）　475
Rahman, M.　377
Reason, P.（リーゾン）　365, 499
Reavey, P.　91, 427
Ricœur, P.（リクール）　18, 30, 69, 151, 283
Riessman, C.（リースマン）　332, 333
Rogoff, B.（ロゴフ）　110, 194, 232
Rohlen, T.（ローレン）　435
Roulston, K.　297
Rubin, H. J.　90
Rubin, I. S.　90
Ryle, G.（ライル）　184

■ S

Sacks, H.（サックス）　205, 206, 211, 244, 247
Said, E. W.（サイード）　203
戈木クレイグヒル滋子　328, 476, 477
斉藤こずゑ　199
斎藤清二　296, 303
斎藤環　159, 498
坂部恵　277
酒井朗　422
坂本篤史　267
坂本美紀　264
作道信介　379
桜井厚　83, 92, 218, 290, 295, 296, 302, 339, 384
櫻井修　264
佐野正之　422
Sartre, J-P.（サルトル）　120, 129

人名索引　563

笹栗俊之　74, 75
佐々木薫　366
佐々木正人　234-236
佐々木保行　73
佐藤郁哉　85, 194, 202, 250, 300, 481, 484, 485
佐藤公治　261
佐藤学　242, 476
サトウタツヤ　47, 48, 50, 104, 108, 112, 330, 474, 477, 479, 483
Saussure, F.（ソシュール）　27, 136-144, 149, 166-169
Sawyer, R. K.（ソーヤー）　262
Schegloff, E. A.（シェグロフ）　211-213
Schein, E. H.（シャイン）　360
Scheler, M.（シェーラー）　125
Schleiermacher, F. D. E.（シュライアーマッハー）　61, 145, 150
Schön, D.（ショーン）　93, 424
Schulman, L.（シュールマン）　431
Schultz, D. P.　59
Schultz, S. E.　59
Schumm, J. S.　302
Schumpeter, J. A.（シュムペーター）　448
Schutz, A.（シュッツ）　244
Schwartz, P.　467
Schwartzman, H. B.　449
Sclater, S. D.　304
Scribner, S.（スクリブナー）　194
Seale, C.　25
Searle, J. R.（サール）　29, 247
Sebeok, T. A.（シービオク）　142
Sedgwick, E. K.（セジウィック）　177
柴坂寿子　228
柴田義松　232
柴山真琴　195, 197, 199, 201, 300
重松鷹泰　260, 269
志水宏吉　194, 270, 479
清水由紀　265

下山晴彦　401
汐見稔幸　429
塩瀬隆之　451, 454, 499
白川静　72
白水始　262
荘島幸子　298
Silverman, D.（シルバーマン）　25, 212, 294
Simpson, E. L.（シンプソン）　478
Sinagub, J. M.　302
Skultuns, V.　284, 289
Smith, J. A.　301, 312, 319, 321
Smith, S.　403
Socrates（ソクラテス）　295, 297
Spector, M. B.（スペクター）　184
Spencer, H.（スペンサー）　192
Spradley, J. P.（スプラドレー）　200, 201, 313, 405, 451
Stavros, J. M.　370
Stenhouse, L.（ステンハウス）　418, 419
Stevens, S. S.（スチーヴンス）　54, 56
Strauss, A. L.（ストラウス）　11, 13, 31, 35, 36, 193, 244, 329, 475, 476
Suchman, A. L.（サッチマン）　215
Sudnow, D.　221
菅野幸恵　84
杉万俊夫　363, 373, 378, 379, 406, 407, 412, 414, 489, 491, 494, 499, 501
杉野昭博　178
砂沢喜代次　260
鈴木淳子　308
鈴木聡志　212, 214
鈴木貞美　243
鈴木秀一　260

■T
田垣正晋　302, 315, 408, 410, 414
田原裕登志　264
平英美　183

田島充士　263, 264
高田明典　342
高垣マユミ　261, 264
高橋亜希子　89
高倉浩樹　203, 204
高森明　178
高山龍太郎　192
武田丈　402, 403
竹村和子　174-176
Takeuchi, Y.　499
田中耕一　184
田中共子　52, 473, 477
谷口明子　195
谷村覚　228, 229
Taylor, C.（テイラー）　65, 66
Taylor, S. J.　88
田爪宏二　264
Tesch, R.（テシュ）　481
Thomas, S. P.（トーマス）　125, 126
Thomas, W. I.（トマス）　192, 193, 295
Thompson, B. J.　343
Thompson, P.　30, 295, 305
Thorsrud, E.　369
Thukydides（トゥキュディデス）　295
Tobin, J.（トービン）　428
Tochon, F. V.　427
徳田治子　301, 302, 309
得丸さと子　342
徳舛克幸　268
Tolstoy, L. N.（トルストイ）　155
當眞千賀子　232
Tomey, A. M.　119
富田英司　264
Toombs, S. K.（トームス）　125
Toulmin, S.（トゥールミン）　6, 7
Traianou, A.　75, 76
Trist, E.（トリスト）　368, 369
塚本正明　145
都筑学　199

Tuval-Mashiach, R.　329, 330

■ U
内田伸子　265
内田樹　483
ウダバラチゴ　441, 442
上田薫　260
上野千鶴子　212
梅崎高行　268
浦野茂　184
Utterback, J. M.　462

■ V
Valsiner, J.（ヴァルシナー）　60, 108, 110-112, 330
van Dijk, T. A.　247
van Langenhove, L.　338
Vaughn, S.　302
Voloshinov, V. N.（ヴォロシーノフ）　143
Vygotsky, L.（ヴィゴツキー）　24, 32, 109, 110, 113, 194, 223, 224, 232, 237, 260

■ W
和田純夫　230
Waletsky, J.　332
Wallance, D. B.　223
Wallerstein, N.　365
Wallon, H.（ワロン）　224
鷲田清一　133
綿巻徹　43
渡邊二郎　127, 128
渡辺恒夫　60, 63
渡邊芳之　104
渡正　182
Watson, J. B.（ワトソン）　113
和辻哲郎　242, 243
Webb, G.　467
Weber, M.（ウェーバー）　196, 233
Weick, K. S.（ワイク）　407

Weisbord, M. 372
Wells, K. 325, 327, 332
Wengraf, T. 314
Werner, H.（ウェルナー） 224
Wertsch, J. V.（ワーチ） 110, 262, 269, 339
Wetherell, M.（ウェザレル） 105, 212-214, 216, 217
White, M.（ホワイト） 158, 277, 284
White, R. K. 355, 365
Whitehead, A. N. 11
Whitney, D. 370
Whyte, W. F.（ホワイト） 193
Wieder, L. A. 221
Williams, E. N. 343
Willig, C.（ウィリッグ） 25, 30, 339
Willis, P.（ウィリス） 194
Winch, P.（ウィンチ） 206, 210
Wittgenstein, L.（ウィトゲンシュタイン） 15-17, 30, 64, 67, 68, 151, 205-209, 215, 251, 335
Wooffitt, R.（ウーフィット） 212, 337, 338
Woolgar, S.（ウールガー） 183, 184
Wrubel, J.（ルーベル） 126, 128, 129
Wundt, W.（ヴント） 32, 59, 191, 194

■ Y

やまだようこ（山田洋子） 7-9, 11, 17, 20, 21, 25, 26, 28, 36, 37, 42, 43, 45-48, 50, 276, 297, 299, 301, 302, 308, 310, 321, 324, 335, 341, 445, 473
山田富秋 212-215, 217, 218, 221, 296, 303
山本登志哉 199, 442, 447
山下晋司 190
山崎一希 445
矢守克也 262, 361, 364, 412, 414, 415, 437, 438, 445, 467, 469, 491, 494, 495, 496, 498-500, 502, 503
安田裕子 108, 112, 331, 474, 477, 479
吉田章宏 271
好井裕明 207, 210, 213, 214, 384, 391
吉川肇子 361, 502
吉本和弘 503
Young, M. F. D.（ヤング） 193
Yow, V. R.（ヤウ） 315, 316, 318
結城恵 194

■ Z

Zderad, L. T.（ズデラード） 119
Zeichener, K. 420
Zilber, T. 329, 330
Znaniecki, F.（ズナニエツキ） 192, 295
Žižek, S.（ジジェク） 169

事項索引

■ A to Z

AI（Appreciative Inquiry）　370-372
American Psychological Association　82
Community Based Participatory Research　365
DIPEx（Database of Personal Experiences of Health and Illness）　288
FORD Teaching Project　418
F 科目　469
GIsML（Guided Inquiry supporting Multiple Literacies）　264
GT（Grounded Theory）　11, 31, 35, 65, 244, 245, 249, 296, 327, 328, 331, 467, 475, 476
HSS（Historically Structured Sampling）　483
IRB（Institutional Review Board）　78
KJ 法　31, 327, 368, 470
M-GTA　328, 475, 476, 483, 484
National Commission for the Protection of Human Subjects of Biomedical and Behavioral Research　74
NBR（Narrative Based Research）　288-291
OG（Ontological Gerrymandering）問題　183
Participatory Rural Appraisal　365
PM 理論　365
Program-Based Learning　467
Project-Based Learning　467, 471
reflection　424
SCAT（Steps for Coding and Theorization）　475, 477, 482
SNS（Social Networking Service）　449
TCPS（Tri-Council Policy Statement）　75
TEA（Trajectory Equifinality Approach）　483
TEM（Trajectory Equifinality Model）　330, 474, 483
TEM 図　331
TLMG（Three Layers Model of Genesis）　483
T グループ（training group）　357, 367
VUC の運動　377
World Medical Association　74

■ あ　行

アイソモルフィズム（心理物理同形説）　16
アイデンティティ　12, 39, 103, 242
アクション　354
　――サイエンス　424
　――方略（action strategies）　423
アクションリサーチ（action research）　6, 9, 10, 76, 106, 109, 245, 260, 262, 348-350, 354, 355, 358, 359, 363, 400, 415, 417, 418, 429, 467, 469, 489
　――のスパイラル　501
　教育の――　420, 430
　教室の――　420
　共同生成的――　499
　参加型――　363, 376, 377, 403, 405, 420
　社会福祉における――の定義　401-403
　智頭町活性化の――　378
　保育・教育現場における――　417
　保育への――　428
アクティヴ・インタビュー論　221
遊びの観察　246
新しい教育社会学　193, 261
厚い記述（分厚い記述）　203, 484
アプリシエイティヴ・インクワイアリー（Appreciative Inquiry: AI）　370-372

567

アメリカ心理学会　74
アリストテレス的思考様式　351
暗黙的知　256

異化　437
医学モデル　177, 282
生きられた現実　385
一なる印し　165
一般システム理論　368
意図的なナイーブさ　309
イノベーション　448
意味　6, 12, 13, 65, 158, 385
　　——されるもの（シニフィエ）　27, 138, 167
　　——するもの（シニフィアン）　27, 138, 165-167
　　——の行為（acts of meaning）　4
　　——の構成（construction of meaning）　278
医療　284
因果関係　13
インクルーシブデザイン（Inclusive Design）　454, 457
インタビュー（Interview）　6, 9, 294, 297, 307, 364
　　——・ガイド　311
　　——社会（interview society）　294
　　——・スケジュール　311, 312
　　——調査　495, 502
　　——における権力性　304
　　——における質問技法　318
　　——における倫理的配慮　317
　　——に先立つ面会　316
　　——の共同構築　304
　　——の時間・回数　316
　　——の質問の形式　320
　　——の導入　312
　　——の歴史　295
　　——場面の設定　315

アクティヴ・——論　221
インフォーマル・——　299
グループ・——　300, 301, 315
研究実践としての——　309
構造化——　299
個別——　300
専門的会話としての——　308
調査——（research interview）　294, 307
半構造化——　299, 301
非構造化——　295, 299
フォーマル・——　299
ライフストーリー・——　302, 303
インタビュアー　294, 302, 307, 308, 313
　　——の専門性　314
インタビュイー　294, 302, 307, 308, 313, 502
インターラクティヴ性　476, 483
インターローカリティ　412-415, 431, 445
インターローカルな見方　437
インフォーマル・インタビュー　299
インフォームド・コンセント　80-84, 317

ヴィゴツキーの三角形　110
ウィトゲンシュタイン派エスノメソドロジー　206
ヴィラリカ・ユーザーズ・コミッティー（VUC）　377
薄い記述　484
「内側から」述べる「病い」（illness）　282
浦河べてるの家　404, 497

エスノグラフィー（ethnography）　6, 190, 195, 244, 245, 247, 250, 265, 289, 295, 341, 364, 468, 469
　　データ収集法としての——　196
エスノメソッド　437, 468
エスノメソドロジー　15, 193, 214, 244-247, 468
エピソードの記述　250

エビデンス 425
冤罪 447
円卓シネマ 442, 443

応答（response） 396
　──する責任（responsibility） 396
往復書簡 445
大きな物語（meta-narratives） 159, 160
大文字の他者 168
オート（自己）エスノグラフィー 252
オーバーラポール 85
オープンコラボレーション 463
オーラル・ヒストリー 305
　──研究 30
オリエンタリズム批判 203
オリジナルな談話（original discourse） 282
音声 290
オントロジカル・ゲリマンダリング（Ontological Gerrymandering）問題 183

■か 行

外在性 8, 154
解釈 256
解釈学（hermeneutics） 18, 61, 65, 145, 149-151, 254
　──的循環 61, 65, 254
　──的転回 66, 67
　──の場 150, 151
解釈傾向 215
解釈的アプローチ（interpretive approaches） 193, 195-197
解釈的質問 320
解釈的ブリコレール 253
解釈論 18
介入的研究 264
概念分析 210
外部者 435
会話 6

　──理解 247
会話分析（Conversation Analysis） 205, 206, 211, 214, 220, 245, 336, 338
科学的実証主義 278
科学的心理学 59
科学的データ 57
科学的な観察 233
科学方法論 56
学習環境デザイン 264
拡張的学習のサイクル 374
学問のことば 484
加古川グリーンシティ防災会 438
仮説演繹法 65, 66
仮説検証型 6
仮説生成型研究技法 65
語り 276, 277, 325
　仮定法の── 335
語り方 290
語り手 287, 298
語りなおし 321, 445
価値観 406
価値指向的 406
学会 48
学界 256
学級 261
学校 259, 261, 265, 445
活動理論の第三世代 111
仮定法の現実（subjunctive reality） 291
仮定法の語り 335
カテゴリー化 227, 356
カテゴリー分析 327
カリキュラム開発 418
ガリレオ的思考様式 351, 352
カルチュラル・スタディーズ 30
看護 400
看護学 119, 125, 470
看護師 452
観察 194, 199, 200, 225, 233, 237, 477
　──可能性 207

事項索引 | 569

——記録　226
　　遊びの——　246
　　科学的な——　233
　　現象的——　233, 237
　　参与——（participant observation）　6, 9, 191, 197, 198, 199
　　日誌的——記録　232
観察者　405
　　——の位置取り　405
感受性訓練　357, 359
間テクスト性（intertextuality）　144, 339

聞き手　287, 291
記号　137
　　——過程　142
　　——機能　137, 142
　　——システム　159
　　促進的——　112
記号学　27, 252
記号論　136, 137, 141, 142, 149
擬似的な障害体験　219
記述　98, 130, 194, 225, 250, 256, 262, 271
　　——の薄さ　485
　　——の批判的考察　219
　　厚い——（分厚い——）　203, 484
　　薄い——　484
　　エピソードの——　250
　　時間（変化の）——　283, 284
技術革新　448
記述主義批判　184
技術的熟達者　424
傷つきやすさ（vulnerability）　322
客体　7, 10
客観　7, 10
　　——化　8
　　——性　123
客観的世界　118
教育エスノグラフィー　246
教育研究（educational research）　422, 423

教育実践　259
教育についての研究（research on education）　422, 423
教育のアクションリサーチ　420, 430
教育優先地域（Educational Priority Area）　418
境界　240
教師　266, 271
　　——の実践的知識　426
教室談話　261, 269
教室のアクションリサーチ　420
供述　337
　　——分析　212
教授方略　264
共振　395
協同実践　499
共同主観的構成　124
共同生成　10
　　——探究（cogenerative inquiry）　499
共同生成的アクションリサーチ（cogenerative action research model）　499
共同知創出　499
共同的研究　106
協働的実践　499
協同的探求（co-operative inquiry）　499
協同当事者　487, 499
協力者　85
極限化　493
近代科学　6

クイア理論（Queer theory）　175
クイックアンドダーティー　458
具体性の科学　234
苦痛の声　372
クラインモデル　448
グラウンデッド・セオリー（Grounded Theory: GT）　11, 31, 35, 65, 244, 245, 249, 296, 327, 328, 331, 467, 475, 476
グラウンド・ルール　263

グランド・セオリー　44
グループ・インタビュー　300, 301, 315
グループ・ダイナミックス（集団力学）
　349, 368, 406
　——研究センター（Research Center for Group Dynamics）　356
「クロスロード」　502

経験論的実証主義　61
形相的還元　132
計測　225, 226
啓蒙　240
ゲシュタルト質　107
ゲシュタルト心理学　61, 107, 348
ケース・ヒストリー　245
欠損（インペアメント）　178
ゲート・キーパー　82, 89
研究協力者（participant）　5, 25, 86
研究実践としてのインタビュー　309
研究者　5, 86, 405, 490
研究対象者　271
研究倫理　71
言語　29
　——の水準　500
健康と病いの個人的体験のデータベース（Database of Personal Experiences of Health and Illness: DIPEx）　288
言語化　419, 484
言語学　144
言語ゲーム　15, 16, 30, 67, 151, 209, 251
言語行為論　29, 247
言語哲学　205
言語論的転回（linguistic turn）　27, 29, 67, 68, 151, 276
現実のメタ化　288
現象学　60, 115, 124, 125, 129, 130, 132, 254
　——的還元　122, 123, 131
現象学的社会学　193, 244

現象学的心理学　60, 468
検証基準（proof criterion）　213
現象的観察　233, 237
言説（discours）　68, 143, 158　⇒ディスコース
言説心理学　30
言説分析　364
現存在（Dasein）　146, 149, 215, 217
現場（フィールド）　6
　——のことば　484
現場（フィールド）心理学　47

合議制質的研究　343
公共性　59
高次心理機能　109
講習会（日本質的心理学会）　479, 480
口述されるもの　7
構造化インタビュー　299
構造主義　27, 29, 158
構築主義　468
　社会問題の——　179
行動科学　368
行動主義　56, 65
　——理論　113
功利主義　72
個人情報　88, 89, 91
個人情報保護法　91
個人心理学　194
コストとベネフィット　78
個性記述的研究（方法）　37, 38
個体史　231, 232
コード　29
言葉（ことば）　143
　——の構成的（constitutive）な側面　276
　——の指示的（referential）な側面　276
　学問の——　484
　現場の——　484
　二次的——　265
　理論の——　484

事項索引 | 571

子どもの発話　263
個別インタビュー　300
コミュニカティヴサーベイ（communicative survey）　499
コラボレイティヴ・アプローチ　277
混合法（mixed methods）、混合研究法（mixed methods research）　254, 257, 478, 491
コンサルティング任せ　400
コンサルテーション　262
コンセンサス会議　406

■さ　行

災害教育　361
再現性　57, 59
再枠組み化（リフレーミング）　424
差延　19
　――論　15
作業療法士　452
サーチ・カンファレンス　369
参加型アクションリサーチ　363, 376, 377, 403, 405, 420
三角測量　247, 255　⇒トライアンギュレーション
参加者　405
参与観察（participant observation）　6, 9, 191, 197, 198, 199

ジェンダー　178
自我　161, 163
シカゴ学派　30, 192, 295
時間　108, 148, 228, 230
　――（変化の）記述　283, 284
　――的なもの　7
自己　39, 105
　――のポジション（Ｉポジション）　104
　――の理論　103
　――物語（self narrative）　280
　対話的――（論）　104

志向性　60
思考の言語化　484, 485
市場共創型イノベーション　463
自然科学　8, 118, 491, 494, 495
自然史の時間　230
自然主義　254
　――的態度　125
自然的態度　60, 121, 123
実験　349
実験心理学　8
実験的意識心理学　59
実証主義　134
　――的アプローチ（positivistic approaches）　196, 197
実践研究　248, 401
実践者　247, 256
　――の知　422
実践の原理（principles）　423
実践の生態学（ecology of practice）　421
実践の対象化　242
実践・批判・開発モデル　476
実践を通しての研究　262
質的アプローチの教育　468
質的研究　4, 7, 25, 101, 118, 185, 240, 257, 354, 398, 466, 481
　――の教育カリキュラム　469
　――の実習　473
　――の授業　472
　――の歴史　24, 26, 28
　――法　227
　――モデル　7
質的研究者　253
質的心理学　4, 25, 33, 38, 262, 264
　――の認識論　60
『質的心理学研究』　45, 50
質的心理学研究法セミナー（日本質的心理学会研究交流委員会）　481
質的調査　449
質的データ　4, 36, 46, 491

質的なアプローチのマニュアル化　495
質的方法　254
質問紙調査　364
自伝的ナラティヴ　245
シニフィアン　27, 138, 165-167
シニフィエ　27, 138, 167
支配的物語（マスター・ナラティヴ）　23
　　支配的言説　105
社会学　171, 172
社会学教育委員会　469
社会技術システム理論　368
社会構成主義（社会構築主義）（social constructionism）　14, 105, 157, 172, 173, 183, 184
社会実践　487
社会調査士資格認定機構　469
社会的構成　305
　　――主義　31, 68, 260, 263
社会的場面　173
社会的文脈　179
社会福祉　400
　　――におけるアクションリサーチ　401, 403
社会・文化　230
　　――アプローチ　263, 468
　　――の歴史（文脈）　6, 231
写真　91, 426
修正版グラウンデッド・セオリー・アプローチ（M-GTA）　328, 475, 476, 483, 484
集団（教室における）　268
集団決定法　366, 367
集団精神分析　368
習得（mastery）　339
住民会議　408
主観　7, 10
　　――性　124, 150
授業　263
　　――研究　430
主体（subject）　8, 10, 144, 242
　　――性　242
　　――と客体　119
　　――の死　1159
守秘義務　90, 317
循環・螺旋型研究方略　6
障害（ディサビリティ）　178
　　――の社会モデル　177
障害学　173, 177, 179, 180, 185, 403, 405
障害者権利条約　404
障害者施策　408
障害者スポーツ　182
状況主義　73
省察（リフレクション）　6　⇒リフレクシヴィティ
　　情動的モードの――（emotional reflection）　424
　　知的モードの――（intellectual reflection）　424
状況論（状況の理論）　423, 468
常識心理学　34
常識的な前提　398
小集団活動　366
小集団研究　349
少数者の問題　356
象徴的相互作用論　65, 193
情報科学　32
情報処理プロセス　33
症例研究　466
書簡体論文　446
事例　37, 256, 354
事例研究（ケース・スタディ）　38, 245, 250
素人　406
人権の尊重　383
身体の水準　500
信念　278
信憑性（believability）　279
人文科学　156
人文科学カリキュラムプロジェクト

（Humanistic curriculum project） 418
シンボリック相互作用 65
―― 論 13, 30, 36
心理学 7, 68, 156, 233, 243
―― 化する社会 498
―― の〈対象〉 62
人間の―― 278
心理学認識論史 59
「心理学の新しい表現法に関する論文集」 48, 49
心理療法 284
人類史の時間 230

遂行的（performative）な側面 337
数量化 57
数量的データ 46
筋／プロット 285
ストーリー 158, 277, 292, 335
―― ライン 329
生の――（the story of a life） 289
補償の―― 336
モデル・―― 339
ライフ―― 302, 303

生活世界 123, 124
生活防災 438
生起頻度 225
正常化の偏見 498
正常性バイアス 498
精神科学（Geisteswissenshaft） 61
精神分析 102, 114, 161
生成継承性（generativity） 336
生成的ネットワーク（網目）モデル 20
正統的周辺参加 267
世界授業研究学会（World Association of Lesson Studies） 430
世界内存在 131
世人の支配 217-219, 221
切片化 249

説明 61
―― の真実さ 279
セミナー 479
センスメーキング 363, 378
研究者の―― 414
実践者による―― 407
潜入取材 83
専門家 406, 450
専門的会話としてのインタビュー 308
専有（appropriation） 339

相互教授法 264
相互行為・共同生成モデル 9
相互行為分析 205, 206, 211, 214, 220
相互作用（インタラクション、相互行為） 5
操作主義 56, 59, 65, 66
―― 認識論 57
操作的定義 57
操作における公共性 57
創発特性 171
促進的記号 112
組織内人口構成 462
組織風土 365
ソーシャルアクション 403
ソーシャルネットワークサービス（Social Networking Service: SNS） 449
「外側から」構成する疾患（disease） 282
存在論（ontology） 100
―― 的透明性 215

■た 行
ダイアローグ 446
体験 62
対抗ナラティヴ（counter narrative） 339
第三者 490, 499
対等性 464
代表性 493
対話（dialogue） 17, 157, 305, 337, 342,

482, 485
──性　144
──の倫理　370
複数の声からなる──（ポリローグ）　19
ポリフォニーとしての──　153, 157
臨床的──（ナラティヴ・セラピー）　144
対話的自己（論）　104
対話論（バフチン）　31, 153
タヴィストック人間関係研究所　368
ダーウィン的方法　234
他者　124, 153
　──性の問題　298
　──の心理学　56
　──への視点　58
多声（性）（ポリフォニー）　17, 370
多声的ナラティヴ理解　341
多声的ビジュアルエスノグラフィー　428
脱構築　30
　──主義　161
多様性（ダイバーシティ）　12, 171
談話（discourse）　205
談話分析　205, 211, 212, 245

地域開発プロジェクト（Community Development Project）　418
地域性（ローカリティ）　12
地域リハビリテーション　403
「小さな声」　459
チェンジラボラトリー　373-375
知覚　131
知識構築型アーギュメント　265
地質学的時間　229
智頭町活性化のアクションリサーチ　378
知的障害者　178
超越論的還元　131
調査インタビュー（research interview）　294, 307

調査協力者　397
調査対象者　383
調査報告書（民族誌）　202
調査倫理　382, 396

定位家族　180
ディスコース（言説、言述）　6, 158
　──分析　18, 30, 67, 105, 212, 247, 336, 339
ディスコース心理学（discursive psychology）　212
定性的研究　47
定性的分析　4
定量的分析　4
出来事のプロット化　284
テクスト（text）　6, 12, 17, 18, 68, 149, 324
デザイン　438
　──思考　439
デザインインスパイアード・イノベーション　462
デザインリサーチ　449
デセプション　83
データ　324
デブリーフィング　83
伝統的心理学モデル　7

問い直し　321
同一化　163-165
道具的存在性（Zuhandenheit）　215
当事者　6, 391, 405, 435, 450, 461, 487, 490, 499
　──研究　497, 498, 500
　──性　381, 388, 395, 396
　──の志向（participants' orientations）　213
　協同──　487, 499
　被差別──　397
　非──　435
道徳　72

東北学派　195
特殊なもの　7
匿名化　92
閉ざされた質問（closed question）　319
トップダウン　6
トポロジー心理学　109
トライアンギュレーション　6, 426, 478, 491
トラウマ　322

■な 行
内観法　194
内部者　435
　── の視点（emic view）　197
内容の知識　214, 216, 220
内容分析　252
ナラティヴ（narrative）　4, 6, 12, 20, 40, 106, 157, 159, 276, 277, 284, 288, 290, 292, 325, 326, 363, 370　⇒物語
　── ・アプローチ　13, 33, 107, 157, 158, 281, 285, 288, 290
　── ・エスノグラフィー　252
　── が語られる現場力　287
　── が生成されるプロセス　336
　── 環境　339
　── 研究　38
　── 心理学　13
　── ・セラピー　22, 277, 497
　── ・ターン（物語的転回）　5, 13, 27, 39, 40, 69, 106, 308
　── ・ディスコース分析　252
　── 的知　160
　── ・テクスト　324, 326
　── ・トーン　329
　── の構成要素　279, 332
　── の生成　343
　── のプロット形式　335
　── 分析　327
　── ・ベイスド・リサーチ（Narrative Based Research: NBR）　288-291
　── 論　42
　共有可能な ──　93
　自伝的 ──　245
　支配的物語（マスター・──）　23
　対抗 ──（counter narrative）　339
　多声的 ── 理解　341
　マスター・──　339
　物語モード（── ・モード）　21-23, 107
　問題の ──　370

二次的ことば　265
二重の時間性（narrative diachronicity）　427
日常会話分析　15
日常言語学派　67
日誌研究会　43
日誌的観察記録　232
日本質的心理学会　43, 47, 50, 52, 256, 479
日本心理学会　74, 86, 90
日本発達心理学会　74
ニュールック心理学　106
人間科学　5, 65, 491, 494
人間観　5, 7
人間主義　240, 242
人間の心理学　278
認識論（epistemology）　5, 54, 56, 100
　── 的解読格子　54, 58
　── の転回　296
認知科学　32
認知革命（cognitive revolution）　33, 39
認知心理学　13, 247

■は 行
バイアス（誤差）　496
ハイデガー的トラブルメーカー　217
配慮的交渉　215
迫真性（believability）　287
「八戸のうわさ」プロジェクト　439

発見の文脈　64
発生の三層モデル（Three Layers Model of Genesis: TLMG）　111, 483
発想法　31
発達心理学　230
発達的ワークリサーチ　363, 369, 373
発話（パロール）　27
場の関係性　289
場の理論　109, 368
パラダイム　329
　──戦争（Paradigm Wars）　254
　──論　64
パロール　138, 143, 167
半構造化インタビュー　299, 301
反証可能性原理　64
阪神・淡路大震災　496, 501
反省的実践家（reflexive practitioner）　93, 424
反省的分析　130
判断停止（エポケー）　60, 121
範例的様式（paradigmatic mode）　279

ヒアリング・ヴォイシズ運動　181
ピアレビュー　489
被害者　391-394, 397
東日本大震災　447, 498, 503
被験者（subject）　25
非構造化インタビュー　295, 299
非合法活動　90
被差別当事者　397
ビジネスエスノグラフィー　449
ビジュアルなデータ　427
微笑（smile）　225
非専門家　406
ビデオ　426, 428
非当事者　435
被爆体験　394
批判的アプローチ（critical approaches）　196, 197

批判的社会心理学　30
批判的談話分析（Critical Discourse Analysis）　205, 212
比喩的表現（imagery）　329
病気（sickness）　282
表現　145
開かれた質問（open-ended question）　319

ファシリテータ　451
フィールド（現場）　198, 250, 259
　──調査　75
　──の選択　270
　──への参入　270
フィールド（現場）心理学　47
フィールドノーツ　201, 202, 250
フィールドワーク　245, 289
フェミニスト　213
フェミニズム　15, 171, 173-175, 178-180, 185
　──論　31
フォーカスグループ　301, 455
フォークサイコロジー（folk psychology）　22, 278
フォーマル・インタビュー　299
部外者の視点（etic view）　197, 198, 200
不確実性　271
複数の声からなる対話（ポリローグ）　19
複線径路・等至性モデル（Trajectory Equifinality Model: TEM）　108, 112, 330
付箋　457
普遍主義　72
普遍性　11
フューチャーサーチ　372
プライバシー　387, 397
　──の保護　317, 383
プラグマティズム　255
ブリコラージュ（日曜大工仕事）　29, 136, 251
プロジェクト・メソッド　467

事項索引 | 577

文化　159, 198
文化心理学　468
文化人類学　191, 247, 466
文化歴史学派　194
分析　271
分析哲学　67, 69
文脈（コンテクスト）　12, 172, 173, 183
　――依存性（インデキシカリティ）　183
　――主義　11
　――情報　426
　社会的――　179
　発見の――　64
　物語的――　288
　ローカルな――　221

平均化　493
ベターメント（改善、変革）　363, 376, 488
ヘルシンキ宣言　74
「ベルモント・レポート」　74, 75, 85, 88

保育　428
保育・教育現場　246
　――におけるアクションリサーチ　417
保育へのアクションリサーチ　428
防災　361
法則定立的（nomothetic）研究　38
方法の知識（エスノメソッド）　211, 214, 216, 220
保健医療　400
ポジショニング（位置取り）　104
ポジション（立ち位置）　338
ポジティヴ・アプローチ　372
ポストヴィゴツキアン　261
ポスト構造主義　30, 67, 157, 158, 252
ポストモダン　157, 159, 161
ボトムアップ　6
ボランティア活動　502
ポリフォニー（多声性）　166
ポリフォニー的（ダイアローグ的）外在性　154
ポリフォニーとしての対話　153, 157
ホワイトモデル　461
翻訳不可能性　395

■ま　行

マスター・ナラティヴ　339
マルチローグ　446

ミクロなエスノグラフィー　247
見出し評価ゲーム　482
見習い（apprenticeship）　199
民族・文化心理学　194

無意識　167
無知の姿勢　309

メタ言語学　144
メタ視点　289
メタ・トライアンギュレーション　255
メタファー　289
メタ理論（metatheory）　100
面接調査　75

もうひとつの心理学　292
目撃証言　337
目的的サンプリング　310
モデル化　468
モデル構成的現場（フィールド）心理学　43, 45, 46
モデル・ストーリー　339
物語　158, 276, 277, 325　⇒ナラティヴ
　――行為　69
　――的アイデンティティ　39
　――的自己　39, 42
　――的文脈　288
　――的様式（narrative mode）　278, 279
　――文（narrative sentence）　278
　――モード（ナラティヴ・モード）　21-

578

23, 107
　大きな―（meta-narratives）　159, 160
　支配的―（マスター・ナラティヴ）
　　23
物語的展開　⇒ナラティヴ・ターン
モノグラフ　190
ものづくりワークショップ　448
モノローグ　446
　―的外在性　154
問題解決型 PBL（Program-Based Learning）
　467
問題解決性能　171

■や　行―――――――――――――
薬害 HIV 感染被害問題調査　391
病い　407

雪だるま式サンプリング　88
ユーザー　455
　―参加型デザイン　454, 464
　リード―　455
ユニバーサルデザイン　456
揺らぎ　397

「余計なこと」　386, 488

■ら　行―――――――――――――
ライフストーリー　21, 107, 112, 221, 468
　―・インタビュー　302, 303
ライフナラティヴ研究　112
ライフヒストリー　107, 245, 364
羅生門的アプローチ　296
ラピッドエスノグラフィー　449
ラボラトリー・トレーニング　357, 367
ラポール　85, 199
　オーバー―　85
ランガージュ　138, 161, 167
ラング（言語）　27, 138, 143

理解　61, 67
利害関係者　407
リサーチ・クエスチョン　310
リーダー　355, 366
リーダーシップ　357
　―研究　358
　―・スタイル　365
　―・トレーニング　366
　―の PM 理論　365
リードユーザー　455
リフレクシヴィティ　342
リフレクション（省察）　6
リフレクシヴな視点　360
リフレクティング・チーム　497
領域密着理論　11
両義的な発話　269
量的研究（方法）　101, 227, 254
量的データ　36, 491
理論　98, 490
　―のことば　484
輪郭線　165
臨床心理学　8, 467
臨床的対話（ナラティヴ・セラピー）　144
隣接対（adjacency pair）　210
倫理　72
　―的妥当性　397
倫理委員会　78, 79

歴史　228
歴史学　30
歴史的構造化サンプリング（Historically Structured Sampling: HSS）　483
歴史的時間　229
レッスンスタディ　430
レトリック分析　205
連結手続き（tying procedures）　211

ローカリティ　239, 412, 415, 445
ローカル（なもの）　7, 245, 406, 464

事項索引 | 579

——セオリー　431
　　——な現場　363
　　——な事例　431
　　——な文脈（コンテクスト）　221
　　——な見方　437
　　——ナレッジ　267
録音　315
論理実証主義　16, 59, 63, 105, 494

論理実証モード（パラダイグマティック・モード）　21-23, 106
論理文法分析　212

■わ 行
ワークショップ　357, 359, 450, 479
私性（I'ness）　282

執筆者一覧 (執筆順、★は編集委員)

★やまだようこ（山田洋子）【1章1節、2節】
　名古屋大学大学院博士後期課程中退。教育学博士。現在、立命館大学特別招聘教授・京都大学名誉教授。主な研究領域は、生涯発達心理学、ナラティヴ心理学。主要著作に、『ことばの前のことば』（2010年、新曜社）、『喪失の語り』（2007年、新曜社）、『質的心理学の方法』（編、2007年、新曜社）他がある。

渡辺　恒夫（わたなべ　つねお）【1章3節】
　京都大学大学院文学研究科博士課程単位取得退学。博士（学術）。現在、東邦大学名誉教授、国際総合研究機構客員主任研究員。主な研究領域は、自我体験、心理学の哲学、現象学。主要著作に、『フッサール心理学宣言』（2013年、講談社）、『人はなぜ夢を見るのか』（2010年、化学同人）、『自我体験と独我論的体験』（2009年、北大路書房）他がある。

★能智正博（のうち　まさひろ）【1章4節、4章4節】
　シラキュース大学大学院教育学研究科修了。Ph.D.　現在、東京大学大学院教育学研究科教授。主な研究領域は、臨床心理学、ナラティヴ研究。主要著作に、『臨床心理学をまなぶ6：質的研究法』（2011年、東京大学出版会）、『はじめての質的研究法：臨床・社会編』（共編、2007年、東京図書）、『〈語り〉と出会う』（編著、2006年、ミネルヴァ書房）他がある。

★サトウタツヤ（佐藤達哉）【2章1節】
　東京都立大学大学院博士課程中退。博士（文学 東北大学）。現在、立命館大学文学部教授／研究部長。主な研究領域は、文化心理学／心理学史。主要著作に、『方法としての心理学史』（2011年、新曜社）、『学融とモード論の心理学』（2012年、新曜社）、『質的心理学の展望』（2013年、新曜社）他がある。

西村ユミ（にしむら　ゆみ）【2章2節】
　日本赤十字看護大学大学院看護学研究科博士後期課程修了。博士（看護学）。現在、首都大学東京大学院人間健康科学研究科教授。主な研究領域は、看護学、身体論。主要著作に、『語りかける身体』（2001年、ゆみる出版）、『交流する身体』（2007年、日本放送出版協会）、『身体をめぐるレッスン3』（分担、2007年、岩波書店）他がある。

小島康次（こじま　やすじ）【2章3節】
　北海道大学大学院教育学研究科博士（後期）課程単位取得退学。教育学修士。現在、北海学園大学経営学部教授。主な研究領域は、認知発達心理学。主要著作に、J.バーナー『発達する心の理論』（分担訳、2006年、ブレーン出版）、『心理学におけるダイナミカルシステム理論』（分担、2008年、金子書房）、『発達心理学と隣接領域の理論・方法論』（分担、2013年、新曜社）他がある。

樫田美雄（かしだ　よしお）【2章4節】
　筑波大学大学院博士課程中退。社会学修士（東京都立大学）。現在、神戸市看護大学准教授。主な研究領域は、エスノメソドロジー・医療社会学・高等教育研究。主要著作に、『いのちとライフコースの社会学』（分担、2011年、弘文堂）、『エスノメソドロジーを学ぶ人のために』（分担、2010年、世界思想社）、D.メイナード『医療現場の会話分析』（分担訳、2004年、勁草書房）他がある。

柴山真琴（しばやま　まこと）【3章1節】
　東京大学大学院教育学研究科博士課程修了。博士（教育学）。現在、大妻女子大学教授。主な研究領域は、発達心理学、異文化間教育学。主要著作に、『行為と発話形成のエスノグラフィー』（2001年、東京大学出版会）、『子どもエスノグラフィー入門』（2006年、新曜社）、『Applied Developmental Psychology』（分担、2005年、Age Publishing）他がある。

山田富秋（やまだ　とみあき）【3章2節】
東北大学大学院文学研究科博士後期課程単位取得退学。早稲田大学博士（文学）。現在、松山大学人文学部社会学科教授。主な研究領域は、エスノメソドロジー、ライフストーリーの社会学。主要著作に、『フィールドワークのアポリア』（2011年、せりか書房）、『ライフストーリーの社会学』（編、2005年、北樹出版）、『老いと障害の質的社会学』（編、2004年、世界思想社）他がある。

★麻生　武（あさお　たけし）【3章3節】
大阪市立大学大学院文学研究科後期博士課程単位取得退学。博士（文学）。奈良女子大学名誉教授。主な研究領域は、発達心理学、臨床発達心理学。主要著書に、『身ぶりからことばへ』（1992年、新曜社）、『発達と教育の心理学』（2007年、培風館）、『「見る」と「書く」との出会い』（2009年、新曜社）他がある。

無藤　隆（むとう　たかし）【3章4節】
東京大学大学院教育学研究科博士課程中退。現在、白梅学園大学子ども学部教授。主な研究領域は、発達心理学・教育心理学・保育学。主要著作に、『現場と学問のふれあうところ』（2007年、新曜社）、『幼児教育の原則』（2009年、ミネルヴァ書房）、『質的心理学講座第1巻　育ちと学びの生成』（共編著、2008年、東京大学出版会）他がある。

藤江康彦（ふじえ　やすひこ）【3章5節】
広島大学大学院教育学研究科修了。博士（教育学）。現在、東京大学大学院教育学研究科准教授。主な研究領域は、授業研究、カリキュラム研究、教師研究。主要著作に、『授業研究と学習過程』（共著、2010年、放送大学教育振興会）、『授業の研究　教師の学習』（分担、2008年、明石書店）、『はじめての質的研究法　教育・学習編』（共編著、2007年、東京図書）他がある。

森岡正芳（もりおか　まさよし）【4章1節】
京都大学大学院教育学研究科博士課程修了。博士（教育学）。現在、立命館大学総合心理学部教授。主な研究領域は、臨床心理学、文化心理学、臨床ナラティヴアプローチ。主要著作に、『カウンセリングと教育相談』（編著、2012年、あいり出版）、『うつし　臨床の詩学』（2005年、みすず書房）、『物語としての面接』（2002年、新曜社）他がある。

川島大輔（かわしま　だいすけ）【4章2節】
京都大学大学院教育学研究科博士後期課程修了。京都大学博士（教育学）。現在、中京大学心理学部准教授。主な研究領域は、生涯発達心理学、死生学。主要著作に、『質的心理学の方法』（分担、2007年、新曜社）、『パーソナリティ心理学ハンドブック』（分担、2013年、福村出版）、『自死で大切な人を失ったあなたへのナラティヴ・ワークブック』（2014年、新曜社）他がある。

徳田治子（とくだ　はるこ）【4章3節】
お茶の水女子大学大学院博士後期課程人間文化研究科単位取得後退学。現在、高千穂大学人間科学部准教授。主な研究領域は、発達心理学。主要著作に、『質的心理学の方法』（分担、2007年、新曜社）、『乳幼児のこころ』（分担、2011年、有斐閣）、『社会・文化に生きる人間（発達科学ハンドブック5）』（分担、2012年、新曜社）他がある。

八ッ塚一郎（やつづか　いちろう）【5章1節】
京都大学大学院人間・環境学研究科博士課程修了。博士（人間・環境学）。現在、熊本大学教育学部准教授。主な研究領域は、グループ・ダイナミックス、社会的表象論。主要著作に、『ワードマップ　社会・文化・活動の心理学』（分担、2012年、新曜社）、『復興と支援の災害心理学』（分担、2012年、福村出版）、I.パーカー『ラディカル質的心理学』（訳、2008年、ナカニシヤ出版）他がある。

永田素彦（ながた　もとひこ）【5章2節】
京都大学大学院人間環境学研究科博士前期課程修了。博士（人間・環境学）。現在、京都大学大

学院人間・環境学研究科教授。主な研究領域は、グループ・ダイナミックス、社会心理学。主要著作に、『East Japan Earthquake and Tsunami』（分担、2012年、Research Publishing Services）、『Genomics and society』（分担、2006年、Earthscan Publications）、K．J．ガーゲン『社会構成主義の理論と実践』（共訳、2004年、ナカニシヤ出版）他がある。

好井裕明（よしい　ひろあき）【5章3節】
東京大学大学院博士課程単位取得退学。博士（文学）。現在、日本大学文理学部社会学科教授。主な研究領域は、社会問題のエスノメソドロジー、被爆問題の社会学、映画社会学。主要著作に、『批判的エスノメソドロジーの語り』（1999年、新曜社）、『差別原論』（2007年、平凡社）、『ゴジラ・モスラ・原水爆』（2007年、せりか書房）他がある。

田垣正晋（たがき　まさくに）【5章4節】
京都大学大学院教育学研究科修了。博士（教育学）。現在、大阪府立大学人間社会システム科学研究科教授。主な研究領域は、障害者心理学、障害者福祉学。主要著作に、『中途肢体障害者における「障害の意味」の生涯発達的変化』（2007年、ナカニシヤ出版）、『これからはじめる医療・福祉の質的研究入門』（2008年、中央法規出版）、『障害・病いと「ふつう」のはざまで』（編著、2006年、明石書店）他がある。

★秋田喜代美（あきた　きよみ）【5章5節】
東京大学大学院教育学研究科博士課程修了。博士（教育学）。現在、東京大学大学院教育学研究科教授。主な研究領域は、教育心理学、保育学、授業研究。主要著作に、『学びの心理学』（2013年、左右社）、『保育のみらい』（2011年、ひかりのくに）、『授業の研究　教師の学習』（共編、2008年、明石書店）他がある。

伊藤哲司（いとう　てつじ）【6章1節】
名古屋大学大学院文学研究科博士課程単位取得退学。博士（心理学）。現在、茨城大学人文学部教授。主な研究領域は、社会心理学、ベトナム文化研究。主要著作に、『「渦中」の心理学へ』（共著、2010年、新曜社）、『みる　きく　しらべる　かく　かんがえる』（2009年、北樹出版）、『日韓傷ついた関係の修復』（共編著、2011年、北大路書房）他がある。

塩瀬隆之（しおせ　たかゆき）【6章2節】
京都大学大学院工学研究科修士課程精密工学専攻修了。博士（工学）。現在、京都大学総合博物館准教授。主な研究領域は、システム工学。主要著作に、「博物館でワクワク学ぶ」（『発達』連載、2011年、ミネルヴァ書房）、『フィールド情報学入門』（分担、2009年、共立出版）、『フィクション論への誘い』（分担、2013年、世界思想社）他がある。

安田裕子（やすだ　ゆうこ）【6章3節】
立命館大学大学院文学研究科博士課程中退。博士（教育学、京都大学）。現在、立命館大学総合心理学部准教授。主な研究領域は、臨床心理学、生涯発達心理学。主要著作に、『不妊治療者の人生選択』（2012年、新曜社）、『TEMでわかる人生の径路』（共編著、2012年、誠信書房）、『グローバル化時代における生殖技術と家族形成』（分担、近刊、日本評論社）他がある。

★矢守克也（やもり　かつや）【6章4節】
大阪大学大学院人間科学研究科博士課程単位取得退学。博士（人間科学）。現在、京都大学防災研究所教授、同大学院情報学研究科教授。主な研究領域は、社会心理学、防災心理学。主要著作に、『巨大災害のリスク・コミュニケーション』（近刊、ミネルヴァ書房）、『アクションリサーチ』（2011年、新曜社）、『防災人間科学』（2009年、東京大学出版会）他がある。

編集委員の分担について

本書の基本コンセプト、構成、執筆方針全般については編集委員全員が何度も議論を交わしつつ策定したが、本書が広汎な領域・内容にわたるため、最終的に次のように責任分担をして編集作業にあたった。

1章　やまだようこ・麻生　武
2章　サトウタツヤ・能智正博
3章　麻生　武・秋田喜代美
4章　能智正博・やまだようこ
5章　秋田喜代美・矢守克也
6章　矢守克也・サトウタツヤ

質的心理学ハンドブック

初版第1刷発行 2013年9月5日
初版第3刷発行 2018年1月15日

編集委員　やまだようこ・麻生　武
　　　　　サトウタツヤ・能智正博
　　　　　秋田喜代美・矢守克也
発行者　　塩浦　暲
発行所　　株式会社 新曜社
　　　　　〒101-0051 東京都千代田区神田神保町3-9
　　　　　電話(03)3264-4973(代)・Fax(03)3239-2958
　　　　　E-mail: info@shin-yo-sha.co.jp
　　　　　URL http://www.shin-yo-sha.co.jp/
印刷所　　銀河
製本所　　イマヰ製本所

Ⓒ Japanese Association of Qualitative Psychology, 2013　Printed in Japan
ISBN978-4-7885-1354-9　C1011

―― 新曜社の関連書 ――

心理学における現象学的アプローチ
理論・歴史・方法・実践
ジオルジ／吉田章宏 訳　A5判・3400円

語り ―― 移動の近代を生きる
あるアルゼンチン移民の肖像
辻本昌弘　四六判・2600円

フィールド心理学の実践
インターフィールドの冒険
上淵寿・フィールド解釈研究会 編　A5判・2500円

質的心理学の展望
サトウタツヤ　A5判・3200円

不妊治療者の人生選択
ライフストーリーを捉えるナラティヴ・アプローチ
安田裕子　A5判・3800円

「見る」と「書く」との出会い
フィールド観察学入門
麻生武　四六判・2800円

音を創る、音を聴く
音楽の協同的生成
佐藤公治　四六判・3200円

現場と学問のふれあうところ
教育実践の現場から立ち上がる心理学
無藤隆　四六判・2300円

「渦中」の心理学へ
往復書簡 心理学を語りなおす
浜田寿美男・伊藤哲司　四六判・2400円

質的心理学の方法
語りをきく
やまだようこ 編　A5判・2600円

アクションリサーチ
実践する人間科学
矢守克也　A5判・2900円

子どもエスノグラフィー入門
技法の基礎から活用まで
柴山真琴　A5判・1900円

暴走族のエスノグラフィー
モードの叛乱と文化の呪縛
佐藤郁哉　四六判・2400円

批判的エスノメソドロジーの語り
差別の日常を読み解く
好井裕明　四六判・3200円

データ対話型理論の発見
調査からいかに理論をうみだすか
グレイザー・ストラウス／後藤他訳　A5判・4200円

質的心理学研究法入門
リフレキシビティの視点
バニスター他／五十嵐・河野監訳　A5判・2800円

実践グラウンデッド・セオリー・アプローチ
現象をとらえる
戈木クレイグヒル滋子　A5判・1800円

やまだようこ著作集　刊行中 ――――
　第1巻　**ことばの前のことば**　A5判・4800円
　うたうコミュニケーション
　第8巻　**喪失の語り**　A5判・4300円
　生成のライフストーリー
　第10巻　**世代をむすぶ**　A5判・3200円
　生成と継承

■ ワードマップ・シリーズ ――――

質的心理学
創造的に活用するコツ
無藤隆他 編　四六判・2200円

フィールドワーク 増訂版
書を持って街へ出よう
佐藤郁哉　四六判・2200円

会話分析・ディスコース分析
ことばの織りなす世界を読み解く
鈴木聡志　四六判・2000円

グラウンデッド・セオリー・アプローチ
理論を生みだすまで
戈木クレイグヒル滋子　四六判・1800円

現代エスノグラフィー
新しいフィールドワークの理論と実践
藤田結子・北村文 編　四六判・2300円

エスノメソドロジー
人びとの実践から学ぶ
前田・水川・岡田 編　四六判・2400円

状況と活動の心理学
コンセプト・方法・実践
茂呂雄二他 編　四六判・2700円

防災・減災の人間科学
いのちを支える・現場に寄り添う
矢守克也・渥美公秀 編　四六判・2400円

■ **質的心理学研究**　1号〜12号　バックナンバーあります。

＊表示価格は消費税を含みません。